REFORMA POLÍTICA-ELECTORAL E INNOVACIÓN INSTITUCIONAL EN AMÉRICA LATINA (1978-2016)

A mis queridos padres, Roberto y Doli,
muchas gracias por tanto apoyo y amor;

A mis queridísimos hijos, Daniel y Christian, los amo;

De manera muy especial, a mi hermosa y tierna Nachi, por su
amor, compañía y apoyo incondicional; y

A mi fiel compañero Recoleto

.

*Esta obra constituye mi humilde contribución,
mi grano de arena, a la construcción permanente de
la democracia en América Latina y el Caribe, tarea a la que he
dedicado las últimas tres décadas de mi vida profesional, pensando,
dialogando, escribiendo, viajando, aprendiendo, brindando
asesoría dirigida a reformar constituciones y marcos jurídicos
político-electorales y ayudando a reformar, modernizar, fortalecer
e innovar instituciones democráticas.*

DANIEL ZOVATTO

REFORMA POLÍTICA-ELECTORAL E INNOVACIÓN INSTITUCIONAL EN AMÉRICA LATINA (1978-2016)

Cátedra Mezerhane sobre Democracia, Estado de Derecho y Derechos Humanos

Colección Anales N° 1

Ediciones EJV International

Miami, 2017

Colección Anales

1   *Reforma política-electoral e innovación institucional en América Latina, (1978-2016)*, Daniel Zovatto, Caracas 2017, 772 páginas.

©   Daniel Zovatto
    Email: zovattopersonal@yahoo.com
    Depósito Legal: DC2017000304
    ISBN: 978-980-365-375-0.
    1a edición, 2017

    Editado por: Editorial Jurídica Venezolana - Miami Dade College
    Avda. Francisco Solano López, Torre Oasis, P.B., Local 4,
    Sabana Grande,
    Apartado 17.598 – Caracas, 1015, Venezuela
    Teléfono 762.25.53, 762.38.42. Fax: 763.5239
    http://www.editorialjuridicavenezolana.com.ve
    Email fejv@cantv.net

    Impreso por: Lightning Source, an INGRAM Content company
    para Editorial Jurídica Venezolana International Inc.
    Panamá, República de Panamá.
    Email: ejvinternational@gmail.com

    Diagramación, composición y montaje
    por: Francis Gil, en letra Times New Roman, 12
    Interlineado: Exacto 13, Mancha 11,5 x 18

A MANERA DE PRÓLOGO

¿CALIDAD, MUTACIÓN O FINAL CONSTITUCIONAL DEL TEATRO DE LA DEMOCRACIA? (ELEMENTOS PARA UNA TEORÍA NORMATIVA)

> "El problema de la época actual no es la falta de reconocimiento retórico de fórmulas de legitimación democrática sino la confusión de sus postulados". Ulrich Rödel et al., *La cuestión democrática*, Madrid, Huerga y Fierro, 1997

Representa para mí un verdadero honor escribir algunas líneas sobre la crisis actual y la calidad de la democracia, a manera de prólogo y a propósito de la obra sobre *Reforma política y electoral e innovación institucional en América Latina*, cuyo autor es mi estimado amigo Daniel Zovatto. Él es un intelectual y politólogo de origen argentino, jurista e internacionalista, experto en elecciones y profesor universitario de dilatada trayectoria, quien fuera Director Adjunto del Instituto Interamericano de Derechos Humanos y Director Ejecutivo de CAPEL, el más importante centro de asesoría y promoción electoral con el que cuenta la región.

Al profesor Zovatto no es necesario que se le presente. Aparte de que en la actualidad ejerce como Director Regional para América Latina del Instituto para la Democracia y la Asistencia Electoral (IDEA International), con sede en Estocolmo, luego de haberse desempeñado como Secretario Ejecutivo de la Unión Interamericana de Organismos Electorales, su labor ensayística sobre la democracia, los partidos políticos y su financiamiento, las elecciones y su observación, es ampliamente conocida. Es el mejor testimonio de su solidez intelectual. Sobre todo, es reveladora de su capacidad para someter las teorías y conceptos, como las especulaciones en los ámbitos distintos de su preocupación como analista, al riguroso y demoledor tamiz de la investigación empírica.

Dentro de sus numerosas publicaciones (más de 25 libros y 100 artículos) destacan los libros: *De las normas a las buenas prácticas: el desafío del financiamiento político en América Latina* (2004); *La política importa. Democracia y desarrollo en América Latina* (2006); *Regulación jurídica de los partidos políticos en América Latina* (2006); *Reforma política y electoral en América Latina, 1978-2007* (2008); *Cómo hacer que funcione el sistema presidencial* (2009); *Financiamiento de los partidos políticos en América Latina* (2011); *Democracias en movimiento. Mecanismos de democracia directa y participativa en América Latina (2014); y El costo de la democracia: Ensayos sobre el financiamiento político en América Latina* (2015).

La obra que introducen estas notas y se incorpora a la Colección Anales no es de menor importancia a las señaladas. Todo lo contrario. Se trata de una investigación crucial, muy esperada, elaborada a profundidad y actual, sobre la cuestión democrática latinoamericana y las características de la nueva transición que toma cuerpo en la región; que a la par de mostrar, con apoyo en datos duros, nuestra evolución institucional y electoral, de valorar los desafíos que se le plantean en general a la misma democracia y en lo particular a su puerta de ingreso, el voto, traza líneas que sirven de respuesta a las más variadas incertidumbres que hacen presa de quienes cuestionan su calidad y sobre todo la de los políticos.

No obstante, por afincarse sobre principios invariables y demostrados, estimando sin prevenciones ideológicas la realidad de las distintas experiencias democráticas que estudia, muestra Zovatto, al término, un optimismo moderado acerca de nuestro porvenir democrático y que al caso –de allí su prudencia– dependerá del quehacer responsable de nuestras élites.

Sea lo que fuere, lo que sí es criterio asentado en el autor, es que "…queda claro que no se dará respuesta a los graves problemas de gobernabilidad y de representación únicamente mediante la reforma constitucional o la ingeniería institucional… Por todo ello, en el previsible siguiente ciclo de cambio institucional sería deseable que predominen las reformas basadas en una discusión cuidadosa, en la evidencia empírica y, sobre todo, alejadas de las prescripciones teóricas "puras" para sustentar las decisiones en una metodología histórica que comprenda la imbricación inevitable entre los tres sistemas: el de gobierno, el electoral y el de los partidos políticos".

En homenaje al autor y como preliminar a su obra, entonces, dejo en sus manos y las de los lectores las siguientes consideraciones que, en lo personal y como producto de mi observación cotidiana, me suscita el argumento de la democracia. A la misma la califico de derecho humano totalizante –es lo crucial en su crisis de cambio de naturaleza– a partir de mi libro sobre *El derecho a la democracia* (Editorial Jurídica Venezolana. Caracas, 2008), nacido de mi discurso de ingreso a la Academia Nacional de Derecho y Ciencias Sociales de Buenos Aires.

SOBRE LA CRISIS Y LA TOTALIZACIÓN DE LO PÚBLICO EN MANOS PRIVADAS

La crisis abierta o el relajamiento de la democracia en Iberoamérica acaso indica, aguas abajo y a profundidad, en lo negativo, el manido desencanto general de la gente con la política, y en lo positivo, el reclamo de la gente por una mejor calidad de la democracia y de la política.

Los síntomas recientes de aquélla se acumulan sin solución de continuidad.

Dentro de la última perspectiva, la positiva, la fenomenología descrita puede sugerir o ser el síntoma de una mutación en la naturaleza de la propia democracia, a saber, su acelerada desestatización y su radicalización intensa, al comprometer a sectores hasta ahora ajenos a la politización que rechazan al Estado como cárcel de ciudadanía; y/o, probablemente, el anuncio de su final histórico (Guéhenno, Jean-Marie, *El fin de la democracia.* Paidós. Barcelona, 1995): de su cesación como sistema de gobierno y forma de organización del poder en la república junto a la necesidad de una reinvención *ex novo* de lo democrático.

Dicha crisis, de conjunto y como lo creo, es lo que permite, por una parte, que algunos sectores intelectuales, desde inicios del presente siglo, hablen de "pos-democracia" como una suerte actual de neopopulismo autoritario que se niega a la mediación institucional y se apalanca, para el ejercicio de la política como hecho mesiánico y mediático, léase narcisista, sobre las redes digitales globales y la televisión; o que otros, entre quienes me encuentro, observemos la transformación de la propia democracia en "derecho humano totalizante" y de los pueblos, que los gobiernos han de garantizar, tal y como reza la Carta Democrática Interamericana; a pesar de la pertinente exigencia de debatir y acaso reconsiderar, a la luz de las nuevas realidades, los elementos esenciales y los componentes fundamentales de la democracia, constantes en ésta.

Lo último lo hago constar como preocupación en mis más recientes libros, el *Digesto de la Democracia* (EJV, 2014) y *La democracia del siglo XXI y el final de los Estados* (La Hoja del Norte, 2014).

Se trata de dos tendencias que corren en paralelo –la de la pos-democracia o el neo-cesarismo populista, y la de la radicalización intensiva de la actividad política en manos de la sociedad civil no partidaria– y que aún no alcanzan su ordenación o ajuste constitucional; dejando a salvo, en el primero de los indicados supuestos, los procesos constituyentes y las reformas constitucionales que tienen lugar en Venezuela, Ecuador y Bolivia, a objeto de ponerle término al principio democrático de los gobiernos alternativos.

Luigi Ferrajoli (*Principia Iuris: Teoría del derecho y de la democracia*, 2. Teoría de la democracia. Trotta. Madrid, 2012), agudo observador y teórico de la democracia, ante los trastornos demenciales que provoca el tiempo de la globalización en el ámbito de lo normativo y orgánico de la llamada democracia constitucional (Salazar Ugarte, Pedro. *La democracia constitucional*. FCE/UNAM. México, 2011), demanda, por consiguiente, imaginar esas nuevas categorías constitucionales que alcancen reflejar de modo adecuado y eficaz las inéditas realidades sociales y políticas que catapulta desde sus inicios el presente siglo y su sociedad "desterritorializada" de la información. En la práctica, pide constituir otra vez a la democracia y la vida política, no solo reconstituirla como consecuencia de la crisis epistemológica que sufre y en curso.

Piénsese, a manera de ejemplo y para mejor comprender la significación del indicado fenómeno, en la realidad de la llamada "ciudadanía digital". La misma desborda los muros del espacio y privilegia al tiempo, tanto como lleva hasta el plano de lo público todo aquello que desde la Antigua Grecia hasta la modernidad se considera inherente al fuero privado o la intimidad de las personas. En contrapartida, el control y escrutinio de la vieja y la nueva esfera pública creada por esa "ciudadanía digital", practicada a través del periodismo subterráneo o de redes (Facebook, Instagram, Twitter, Snapchat), a la vez se privatiza e individualiza, desafiando incluso a los autoritarismos en boga.

Lo privado deja de ser tal y se torna en esfera pública, y a ésta, es lo inédito, ya no la alcanza tutelar el funcionariado del Estado sino la propia gente; queda sujeta al dominio y arbitrio de cada persona o particular, usuario de aquéllas.

Lo cierto es que tal dinámica política, más allá de lo simbólico y de su efecto social movilizador e instantáneo, no alcanza fraguar instituciones, es decir, mal logra darle residencia ciudadana a la explosión de datos y de mensajes preocupados por lo político.

Desde finales del siglo XX, sobre todo una vez como se afirma con premura la victoria del moderno Estado liberal de Derecho –esencialmente garantista y procurador de la relatividad del comportamiento ciudadano a tenor de sus derechos crecientes y dentro de un Estado minimalista– una vez ocurrido el fracaso de las democracias populares situadas tras la Cortina de Hierro (Aspremont, Jean d'. *L'etat non democratique en droit international*. Pedone. Paris, 2008), no pocos intentan justificar la búsqueda de una síntesis renovada o innovadora que evite la solución maniquea –por perjudicial– para ese Estado social y democrático, que es logro de nuestra contemporaneidad. Aun así, el primero y también éste viven sus horas menguadas, en especial el último, según lo afirma la literatura política alemana, pues "ha convertido al individuo democrático en un simple cliente de las ofertas del mercado político".

LAS HIPÓTESIS DE LA CRISIS DEMOCRÁTICA Y LOS TEORIZADORES

Más allá de lo indicado, lo cierto es que se arguyen distintas hipótesis o se hacen reflexiones varias e inmediatas acerca de la democracia, a pesar del contexto de incertidumbre global que nos aqueja a todos y su complejidad. Éste, en lo inmediato, se muestra poco proclive a la democratización y, en lo inmediato, procura efectos demoledores sobre la estabilidad y viabilidad de las localidades humanas y políticas de carácter nacional, reunidas bajo el mismo Estado y como signos de un poder territorial y jurisdiccional en abierta declinación. Tanto que se habla de la "desestatización de la política".

En concreto:

a) Se afirma la pérdida de legitimidad de la democracia representativa, que algunos consideran teóricamente incompatible –el asunto viene de atrás, desde la Revolución Francesa– con la misma noción de la democracia por ser ejercicio de la soberanía popular; y que otros la aprecian, en su citada pérdida de legitimidad y de cara al mismo principio de unidad de la soberanía, como extraña a sociedades en violento deslave y desarticulación, en las que hasta los partidos políticos se hacen indiferenciados. Éstos se desatan de cosmovisiones y mutan en franquicias electorales - en la misma medida en que se multiplican exponencialmente los actores sociales y ocurre el desencanto general con la "política". Los últimos, a su vez, reclaman de sus derechos a la participación al margen de los profesionales de la política, no bastándoles como espacio el de la "democracia vigilada": la de la opinión pública o del ejercicio de la libertad de prensa como cuarto poder formal, moderador de la idea inevitable de la representación, que postula la especialidad de la actividad política y la imposibilidad material del gobierno asambleario.

b) También se sostiene, *pari passu*, que las tendencias hacia la desarticulación de la sociedad civil y en rechazo a la totalización normativa o simbólica de su realidad, procuran, en sus nuevos modos de hacerse presente en la vida política, el pluralismo democrático (Utz, A.F. y H.B. Streithofen, *La concepción cristiana de la democracia pluralista.* Herder, Barcelona, 1978). Pero la multiplicación, exponencial, de los derechos civiles y políticos, paradojalmente, propicia comportamientos dictatoriales. Es el caso, en un extremo del tablero, de los "millenials" o internautas, individuos selectivos en sus relaciones dentro del mundo digital y excluyentes de todo aquél a quien consideran molesto, cuyas ideas no comparten o les resultan inútiles; y en el otro, el de los miembros de los exclusivos e igualmente excluyentes nichos sociales o cavernas primarias –reclamantes del derecho a la diferencia– que se consideran causahabientes de los Estados, hasta ahora claustros de la sociedad y la ciudadanía: Pueblos originarios, afrodescendientes, ambientalistas, tribus urbanas, LGBT, feministas, grupos neo-religiosos, movimientos comunitarios, etc., que no se reconocen en "los otros".

c) Se especula, así mismo, que en uno y otro plano de los anteriores, un fenómeno que se revela coetáneo a la misma globalización de las comunicaciones y la presencia masiva en sus espacios públicos múltiples de las realidades sociales hasta ahora enclaustradas en los Estados unitarios, es la emergencia del periodismo subterráneo o de redes; crítico e irreverente, expresivo de lo que ahora se califica como "políticamente correcto" a la vez que instantáneo, pero incapaz o inhabilitado para contrastar o verificar datos e informaciones, y como tal propiciador de una democracia self-service, de "usa-y-tire", mejor ganada para el voluntarismo político unilateral de los ahora ex ciudadanos.

d) Se debate, en igual orden, sobre el señalado desencanto con la democracia –obviamente la orgánica y formal, sea en su versión liberal ortodoxa o la progresista– entre otras razones por la falencia que acusa el Estado en su vocación asistencialista y al revelarse impotente para contener y dar respuesta a las novedosas demandas exponenciales procuradas por la inflación de los derechos humanos, la señalada multiplicación de las expresiones sociales "desterritorializadas" del pueblo, y el efecto demostración-consumo que auspicia la misma globalización comunicacional, generadora de conglomerados ávidos y conductualmente insatisfechos.

e) Se aprecia, en fin y como consecuencia, en medio de la disolución social corriente y sobre el defecto del Estado para responder a la inflación coetánea de derechos constitucionalmente protegibles –de suyo relativizados o trivializados en su núcleo pétreo como derechos del hombre, los que le pertenecen al hombre como tal– el advenimiento de una suerte de "democracia iliberal" o de neo-cesarismo; capaz, por ende y por vocación, de reconcentrar la gestión de la república en manos de líderes carismáticos y populares, realizadores de una democracia sin libertades –salvo en sus nominalismos crecientes– y ajena, según lo antes indicado, a las mediaciones institucionales (pos-democracia).

Lo anterior revela, cuando menos, una crisis real ¿dentro o más allá de la democracia? –no lo sabemos– y es prueba de la insuficiencia del ejercicio del voto popular –a pesar de su igual pérdida de significado al hacerse también inflacionario por su cotidianidad y mediante la repetida práctica de referendos– para la reconfiguración institucional que demanda la hora; para la resolución de conflictos sociales que crecen como mar de leva; o como medida de legitimidad de la propia democracia, que no sea para la confirmación de los autoritarismos personalistas en boga y negados al mencionado principio de la alternabilidad en el ejercicio del poder.

La literatura política y constitucional de finales e inicios del siglo es elocuente respecto del problema.

Norberto Bobbio (*Crisis de la democracia.* Editorial Ariel. Barcelona, 1985, y *El futuro de la democracia.* FCE. México, 2001), montado sobre el desmantelamiento de la Cortina de Hierro, así como revela su optimismo sobre el "futuro de la democracia" basado en su expansión cuantitativa y geográfica, a la vez habla de crisis de la democracia, del mismo Estado y del estado de Derecho, bajo los signos de la ingobernabilidad, la privatización de lo público o invisibilidad del poder o poder oculto; pero no aprecia que, en la práctica y por obra de la revolución digital, desaparecen los espacios de lo privado que se hacen públicos en las redes globales, si bien bajo dominio de sus usuarios.

Alain Touraine (*Qu'est-ce que la démocratie?* Fayard. Paris, 1994), desde finales del siglo XX busca redefinir la democracia y observa cómo la sociedad, ahora libre de ataduras, comienza a ser víctima de su propia fuerza; es decir, que al alejarse de la amenaza permanente de las manifestaciones totalitarias y apalancarse sobre un pluralismo intensivo –liquidando la cultura de la coherencia– puede perder el mínimo de "divergencia tolerable" que la impulse hacia objetivos de interés común democrático.

Javier Roiz (*El gen democrático*. Trotta. Madrid, 1996), señala el afianzamiento de la democracia en nuestros días pero denuncia la "pestilencia de la democracia" en sus corruptelas, su culto a la mentira, su falta de visión de futuro para compensar los sufrimientos del presente; pero acaso omite que se trata de la misma corruptela histórica, en lo adelante exponencial por obra de la transparencia y la globalización de los medios y en donde la práctica de la mentira "como Estado" puede ser la resultante del propio sismo que sufre, en la transición, la institucionalidad democrática antes depuradora de la falacia política. El fascismo, en efecto, es el paradigma histórico del régimen de la mentira, como lo revelan los magistrales ensayos de Piero Calamandrei (*Il fascismo come regime della menzogna*. Laterza. Roma, 2014, y *Sin legalidad no hay libertad*. Trotta. Madrid, 2016). Se hace fisiológico en el seno del Estado y se desarrolla sobre un lindero que separa la legalidad de la ilegalidad creando legalidades adulteradas, como en la actual experiencia de los países de Iberoamérica que adhieren al Socialismo del siglo XXI, siendo su emblema Venezuela.

En la vertiente alemana, Ulrich Rödel, Günter Frankenberg, y Helmut Dubiel (*La cuestión democrática*. Huerga § Fierro. Madrid, 1997) tocan la "cuestión democrática" para destacarla como proyecto no hipotecado históricamente, secularizado y de final abierto, que exige volver a las leyes universales de la decencia humana en medio de la oposición entre "políticos realistas" y "opositores de principio"; en otras palabras, situada aquélla en un punto medio entre quienes, desde el ángulo liberal, usan las instituciones para filtrar a la voluntad popular y mantenerla dentro de valores constituciones preestablecidos e inmodificables, y quienes, desde la izquierda marxista, postulan una "democracia verdadera" donde desaparecen las mediaciones entre intereses particulares y colectivos. De modo que, el ejemplo o enseñanza, para dichos autores, es la de producir el cambio desde adentro –como las tensiones constructivas que dentro del parlamento alemán provocan los verdes frente a los partidos tradicionales; pero ello no basta, por lo visto con la mencionada experiencia del citado Socialismo del siglo XXI, venido de la fuente marxista y que ahora usa a la democracia liberal –es lo inédito– para alcanzar el poder con sus reglas y luego vaciarlas de contenido, mediante el uso de sus mayorías e instalando lo que en propiedad son "dictaduras del siglo XXI" o autoritarismos electivos (demodictaduras).

Pierre Rosanvallon (*La démocratie inachevée*. Éditions Gallimard. Paris, 2000), regresa sobre los pasos de la historia para apuntar el carácter frágil sobrevenido de la democracia representativa y al efecto poner sobre la mesa la cuestión central, en su perspectiva, de las desigualdades; que, como cabe repetirlo, probablemente son las mismas que se arrastran o acaso menores a las del pasado democrático conocido, pero hoy ventiladas libremente al hacerse estrechos los espacios geográficos y las realidades sociales por obra de la misma Aldea Global.

Ralf Dahrendorf (*Después de la democracia*. Crítica. Barcelona, 2002), montado sobre la realidad en boga constata lo antes dicho, a saber, que "ni siquiera las elecciones parecen capaces ya de dar respuestas satisfactorias y duraderas" en cuanto a lo que nos acontece con la democracia y su experiencia. Y es que, en efecto, la emergencia de neo-autoritarismos o los mesianismos posdemocráticos, procura la devaluación del voto popular en tanto no los favorezca; en una tendencia que, al postergar el principio de la alternabilidad en el ejercicio del poder –que en la democracia carece de propietario y ha de mantenerse simbólicamente vacío– hace mutar el acto electoral en otro de corte netamente plebiscitario.

Francesco Viola (*La democracia deliberativa, entre constitucionalismo y multiculturalismo*. UNAM. México, 2006), prefiere apostar a una democracia deliberativa para contener o dar salida positiva a los efectos globales del multiculturalismo; en otras palabras, para ponerle una cota racional a la radicalización democrática.

Zygmunt Bauman (*La sociedad sitiada*. FCE. Buenos Aires, 2004), advierte sobre el problema de la sociedad sitiada y las instituciones políticas confinadas territorialmente, en un momento en el que la velocidad reduce las distancias y prosterna los espacios, en orden a lo antes afirmado; tal y como lo advierte, desde la fuente vaticana el polémico Papa Francisco: "el tiempo es más importante que el espacio".

Ferrajoli, citado antes, en su teoría de la democracia hace crítica severa de las concepciones procedimentales de la democracia en vigor, revelando sus aporías; sosteniéndolas como puertas de entrada a la libertad, pero declarándolas insuficientes para definir la calidad de una democracia.

Laurence Whitehead (*Democratización, teoría y experiencia*. FCE. México, 2011), por último, habla del carácter errático de los regímenes "democráticos" que emergen tras el colapso del socialismo real; cuyo paradigma, sin lugar a dudas, es el zarismo democrático ruso de Vladimir Putin.

Sea lo que fuere, Zovatto, como petición de principio y en las páginas de su libro es claro en cuanto a lo vertebral dentro del debate: "cada vez son más numerosos los autores –entre los cuales me incluyo– que sostienen que la calidad de las instituciones políticas constituye un factor crucial (si bien no el único) para explicar por qué algunas sociedades se democratizan mientras otras no lo hacen; por qué ciertas democracias se consolidan mientras otras no, así como para explicar, en parte, la calidad de las democracias".

LA CARTA DEMOCRÁTICA INTERAMERICANA: ¿UNA RESPUESTA ADECUADA?

Los redactores de la Carta Democrática Interamericana de 2001, observando que llegado el siglo actual la dicotomía clásica entre los gobiernos militares y civiles de elección popular se ve desplazada por otra más peligrosa, sinuosa, a saber, la de gobernantes electos mediante voto democrático quienes luego, durante sus ejercicios, prosternan la experiencia de la democracia, a la vez que optan por una estrategia nominal defensiva, a saber, reiteran repetidamente los símbolos y normas que consideran constantes en toda democracia mientras practican la autocracia son cortapisas.

En tal sentido, retomando las consideraciones que respecto de la propia democracia hace la Declaración de Santiago de 1959, al prescribir que no basta el voto para afirmarla y al enunciar sus aspectos sustantivos, la Organización de los Estados Americanos (OEA) vuelve sobre ellos y los sistematiza en el novísimo texto mencionado *supra*. Distingue, ésta vez, entre la legitimidad democrática de origen y la de ejercicio, prescribiendo y diferenciando los elementos esenciales de la democracia de los componentes fundamentales de su ejercicio; todo ello con el propósito claro –es la intención– de conjurar los peligros o amenazas de la corriente "antipolítica" y de los autoritarismos antidemocráticos en emergencia, cuya primera manifestación regional tiene lugar en Perú con el gobierno de Alberto Fujimori.

Aún así, siendo empíricamente constatable que los elementos y componentes de la democracia, doce en total, han sido corroborados o confirmados en su validez y carácter vinculante por más de 681 enseñanzas de la Corte Interamericana de Derechos Humanos, a propósito de casos y situaciones en los que privilegia la interpretación democrática *pro homine et libertatis* respecto de derechos violados y convencionalmente tutelados; e incluso, visto que dicha Carta hace constar –lo señalo *supra*– que la democracia es un derecho de los pueblos que los gobiernos se obligan a garantizar –con lo que la noción teóricamente se desplaza desde lo institucional y procedimental hacia lo material, como derecho humano totalizante– todas a una de las respectivas premisas apuntan de conjunto hacia la consideración de la democracia como régimen o forma de organización del poder, con vistas al comportamiento positivo o negativo que se espera de éste y de la sociedad en el campo de las libertades.

Cabrá investigar, así las cosas, si el mito de la estatalidad o el culto de su poder, representa o no un resabio inamovible de la cultura política Iberoamericana y su concepción de la democracia, dada la "desterritorialización" de la política y los órdenes constitucionales (Azzariti, Gaetano. *Il costituzionalismo moderno puó sopravvivere?* Laterza. Roma-Bari, 2013).

Por lo pronto, no siendo este el momento para concluir al respecto, cabe tener presente, sí, que nuestras raíces constitucionales –las de Venezuela durante los años 1810 y 1811– predican lo contrario y se oponen al cesarismo democrático que, posteriormente, se afirma bajo los dictados de la doctrina bolivariana y el positivismo de inicios del siglo XX.

Volvamos, pues, a lo que nos ocupa.

En una rápida mirada y consideración crítica inicial, cabe observar que los elementos esenciales de la democracia constante en la Carta, que son cinco, se encuentran trastornados en sus contenidos sin mengua de sus señaladas actualizaciones doctrinales y normativas por parte de la Corte Interamericana:

(1) **El respeto de los derechos humanos**, cuya progresividad y en sus núcleos pétreos o de base ha de ser reconocida y garantizada por el Estado, se ve reducido en cuanto al criterio de universalidad que define y caracteriza a dichos derechos, una vez como se les particulariza socialmente y multiplica sin límites bajo el argumento del derecho a la diferencia;

(2) **el acceso al poder y su ejercicio conforme al Estado de Derecho**, es trastornado por una tendencia que hace de las leyes un bosque tupido por el deslave social y la citada inflación de los derechos de los "diferentes", fomentándose la inseguridad jurídica al hacer confusos los marcos de predictibilidad de la conducta de las personas en el ejercicio de sus respectivos derechos;

(3) **las elecciones libres y justas** se encuentran debilitadas en su fuerza decisional y son desafiadas, sea por el núcleo de lo indecidible por las mayorías en una democracia, sea, sobre todo, por quienes, alegando la primacía del Bien Común, relativizan las manifestaciones de la soberanía popular; o, por virtud del mismo acto electoral, tecnológicamente inextricable y confiado en su lectura a la aristocracia digital, acaso dejan de ser gobernadas por sus propios titulares, los votantes y los elegidos;

(4) **el pluralismo partidario**, al ser palmaria la indiferenciación que acusan los partidos bajo presión de un poder social difuso que, como realidad, los transforma en mecanismos del mercado, y al mostrarse políticamente huidizo el elector contemporáneo, se desfi-

gura como elemento vertebral de la democracia y apenas expresa atomización política y social; sobreponiéndose, en lo adelante, las modalidades asociativas primarias o de interés político, cubiertas bajo el manto de ONG's;

(5) **la separación de poderes del Estado, como garantía de los derechos**, en fin, ahora se encuentra sujeta o condicionada por la presión de necesidades decisionales signadas por la velocidad de cambio de las propias realidades sociales y económicas y sus exigencias, sean globales o sean domésticas.

En otra perspectiva, distinta de la explicada o aparentemente próxima en su desiderátum estatal –la contenida en la Carta Democrática– se sitúa la reflexión que acerca del desencanto democrático realiza, en su momento, el Programa de las Naciones Unidas para el Desarrollo (*La democracia en América Latina*, 2004). A la par de predicar el agotamiento del modelo democrático representativo y coincidir con la idea de la "calidad de la democracia" – entendida como expansión de los derechos que trasponen los límites de la ciudadanía y afirman lo social, o la "ciudadanía social" para reducir desigualdades e inequidades– al término predica la vuelta a la centralidad y fortalecimiento del Estado (*Vid*. Hobbes, Thomas. *Leviatán, o la materia, forma y poder de una república eclesiástica y civil*. FCE. Buenos Aires, 1992) como único garante apropiado de las "nuevas generaciones" de derechos. En otras palabras, la democracia se ha de legitimar en la idea del bienestar y sólo se asegura con el restablecimiento de las competencias del Estado soberano espacial o territorial, artilugio decimonónico y fuente, bajo dicha concepción, de los autoritarismos personalistas en boga.

En una u otra perspectiva, es lo importante, la obra de Zovatto, sin mengua de que no sólo se abre sin complejos sino que incita a un debate a fondo y realista sobre lo explicado, salva lo esencial, a su entender: "...es precisamente este derecho a la democracia representativa, en los términos conceptualizados por la Carta Democrática Interamericana, el que como ciudadanos de América debemos reivindicar, promover, exigir y defender de cara a los nuevos desafíos y peligros que la democracia enfrenta en nuestra región".

"No existen democracias consolidadas", agrega, para luego remitir a las enseñanzas de la doctrina: "La democracia, a decir de Sartori, antes que nada y sobre todo es un "ideal". Pero también, como acertadamente dice Touraine, es un "trabajo". Es, en definitiva, como expresa Dahl, una "construcción permanente" que hay que reinventar, recrear, perfeccionar y defender todos los días".

EN BÚSQUEDA DE LA DEMOCRACIA MORAL, EN EL TEATRO DE LA DEMOCRACIA

Esperanza Guisán (*Más allá de la democracia,* Tecnos, Madrid, 2000), quizás observando la explicada tendencia hacia la politización –en nombre de la anti-política– de todos los actores sociales, y prosternando ella el argumento clásico de la división del trabajo que obliga a la representación de lo político, reclama la falta de reflexión por parte de la ética y la filosofía más allá de los ámbitos en que los individuos llevan a cabo sus metas, libremente. Señala, en tal orden, el mal funcionamiento de la democracia que conocemos, por prudencial y por propiciar una existencia mediocre en ausencia de los sueños de perfección y utopía propios a lo humano; reclamando en su defecto de una práctica democrática moral profunda. No por azar, Francisco Plaza (*El silencio de la democracia,* El Nacional, Caracas, 2011), a la luz de los temas o problemas enunciados propone "recobrar el sentido integral de la democracia", más allá de sus formas.

Sin embargo, casi transcurridas las dos primeras décadas del siglo XXI, quienes se convencen de la inviabilidad contemporánea del Estado asistencialista –tal y como lo entiende en su momento el Estado social y democrático de Derecho– y del agotamiento del Estado territorial, optan por una suerte de relativización de la democracia, no sólo frente a la emergencia de los neo-cesarismos posdemocráticos citados.

La inflación de derechos y la fragmentación social ocurren de modo manifiesto, es verdad, en los ámbitos constitucionales de quienes, como resurrectos del despotismo y/o socialismo real, auspician la tendencia neo-autoritaria abroquelados con la tesis del PNUD (*La democracia en América Latina,* Nueva York, 2004), a cuyo tenor es más importante para la población su bienestar que la libertad; pero de tal tendencia se contaminan, como se constata, hasta las democracias más serias de las Américas, incluida la de los Estados Unidos.

La breve experiencia transcurrida y constante en lo que va del siglo demuestra que se trata de un anti-modelo o modelo posdemocrático, de corte fascista, que, por una parte, diluye el entramado institucional y lo pone al servicio de hombres o líderes providenciales quienes establecen una relación directa y paternal con el pueblo (Nun, José. *Democracia: ¿Gobierno del pueblo o gobierno de los políticos?* FCE. México, 2002), auxiliados por el mismo tejido mediático de la globalización y, por la otra, sosteniéndose éstos bajo las formas mínimas de la democracia. Al efecto, en modo de hacer viables sus comportamientos antidemocráticos, desmantelan las leyes conocidas –garantistas de los derechos– y las sustituyen, según lo dicho, por un bosque o selva normativa tupida e impenetrable, prometedora, eso sí, y simbólicamente reivindicatoria, dentro de la que se pierde la certeza o el claro entendimiento de lo jurídico. Se le hace decir a la ley lo que no dice dentro en una práctica sistemática de la mentira, legalizada, para proteger a los aliados incluso en sus crímenes e ilícitos, y a fin de proscribir a los ajenos o irredentos, cultores de la democracia representativa, aún en sus comportamientos constitucionalmente ortodoxos.

Lo cierto, a todas éstas, es que ambas perspectivas –la del Estado liberal y relativista como la versión autoritaria de la "democracia participativa y protagónica"– se desmoronan al término y ya pasada una generación desde el instante en que ha lugar al denominado "fin de la historia" o la "muerte de las ideologías hacia 1989; justamente, por cuanto ambas, en sus diferencias, o han hecho del relativismo –de lo "políticamente correcto"– un dogma de la democracia o la fuente en la que se afirma el neopopulismo y su tráfico de ilusiones.

Bajo propulsión del relativismo ético y social dominante y en emergencia hacen aguas, por fuerza, ambas perspectivas. La democracia liberal cede bajo el tsunami de corrientes migratorias de vocación fundamentalista, aceleradas por la misma globalización y sin ánimos de mixturarse dentro de los cánones culturales de aquella por relativa y que, por lo mismo, contradiciéndose, se ve obligada a la formulación de un "derecho penal del enemigo" para defenderse, haciendo resucitar el despotismo. Bien lo previene, no se olvide, Hannah Arendt (*Los orígenes del totalitarismo*, Taurus, Madrid, 1998), al sostener que la democracia no se sostiene ni reinventa sino de cara y ante la presencia de su opuesto, el totalitarismo, cuyo riesgo ha de tenerse siempre presente; pues si las minorías han de participar con la libertad necesaria para hacerse mayorías en la democracia, nada garantiza que éstas, al término, se decidan por el fin de la democracia.

La matizada "democracia participativa", así las cosas, defendida por el ahora llamado Socialismo del siglo XXI, de neta factura marxista y autoritaria, fenece no obstante en la actualidad como víctima de sus contradicciones: La unidad y encarnación del Estado en sus gendarmes de nuevo cuño no alcanza efectividad autoritaria más que por la violencia –inadmisible bajo los cánones del siglo XXI– y al demostrarse inviable en contextos de severo relativismo y fragmentación social como los animados por la citada inflación de los derechos y la garantía de protección de los nichos sociales primarios de vocación fundamentalista (ambientalistas, de género, de raza u origen, comunitarios, neo-religiosos, etc.). El totalitarismo, a fin de cuentas, como anti-modelo de la democracia, implica la negación del conflicto mediante la imposición de un dogma legitimador y "las sociedades democráticas [subsisten] en la medida que se fundamentan en un cuestionamiento institucionalizado de sí mismas", renunciando a cualquier tipo de unidad, por débil que fuera.

Sobre las bases anteriores, entonces, queda como tarea pendiente la construcción *ex novo* de una teoría normativa y constitucional de la democracia, a menos que se la considere históricamente superada. Acaso implica y ello parece evidente, su mutación con relación a sus referentes históricos, y sólo podrá medirse su calidad sobre la base de las categorías que de aquella emerjan, a menos que se pretenda declarar la calidad democrática de realidades democráticas inexistentes y superadas, a la luz de los ejemplos señalados.

El libro de Zovatto que sigue a estas páginas no es ajeno al asunto, y lo sitúa en perspectiva histórica. Dice, al efecto, que "el proceso de transición a la democracia durante la tercera ola –se refiere a la transición que tiene lugar entre 1974 y 1990, explicada por Samuel Huntington– se basó en tres grandes movimientos: i) liberalización, que impuso las antiguas normas provenientes de la revolución noratlántica de finales del siglo XIX –en su versión moderna, supone un discurso acerca del respeto de los derechos humanos, civiles y políticos, que se expresan bajo la forma de una "etización" de la política, expresada en la conexión entre ética y derechos humanos–; ii) imposición de formas de economías de mercado más "puras", menos controladas por el Estado, que supuso el fin de las regulaciones y planificaciones, la pérdida del papel dominante del Estado como agente económico, y una apertura creciente de las economías, y iii) proceso de construcción o reconstrucción de la democracia, según el país en cuestión, entendiendo por tal, exclusivamente, la construcción de una "poliarquía", es decir, restringiendo la definición del término democracia exclusivamente a sus aspectos políticos, de acuerdo con la formulación realizada por Dahl".

Y agrega que, "sin embargo, algunos regímenes plebiscitarios o populistas de la región han degenerado en situaciones que podrían entrar dentro de las llamadas "democracias iliberales" o "autoritarismos competitivos". Todos estos procesos de transición se hicieron bajo el imperio del concepto de democracia política (también denominada formal o procedimental), dejando de lado el concepto de democracia "sustantiva", que permeó gran parte del discurso de izquierda en los años sesenta y setenta del siglo pasado".

De modo que, junto a la previsión válida Arendt, cabe la de Whitehead, a saber, entender que la democracia –para ser tal– es un teatro trágico o dramático.

La descripción no sugiere, aun cuando algunos lo piensen, que la obra democratizadora sea orfebrería de utileros; de esos que apenas se ocupan de vestir a los actores, mover los andamios, preparar la escena para la representación de un drama o una tragedia, y luego cobrar por sus servicios.

Hablo del teatro democrático pues es la imagen metafórica que mejor describe la lucha pendiente por la democracia y la libertad en un continuo sin ataduras y de final abierto.

Un drama, una tragedia a ser representada requiere, primero que todo, de narrativa, de un texto consistente, susceptible de animar y rescatar al público; en lo particular al escéptico por la mala calidad de la obra democrática que denuncia, sin medir su agotamiento modélico.

Sólo el texto de una obra permite ordenar el reparto adecuado de los actores –en el caso de los actores de la democracia– para que, al margen de sus actuaciones respectivas, todos a uno logren armonía de conjunto y aseguren un desenlace a la trama. Y para que, al término, ganen todos con la satisfacción emocionada del auditorio que les mira, que también es partícipe central de la obra que convoca.

Esto importa entenderlo y mucho, sobre todo con vistas al final exitoso de toda transición democrática o democratizadora como la que se le plantea a nuestros países de un modo agonal.

El texto o la narrativa de cualquier obra teatral es a menudo complejo, otras no, pero siempre ha de ser susceptible de amarrar a cada actor, permitiéndole mimetizarse con su personaje. Esto garantiza parte del éxito.

En el caso de la democracia, la narrativa de su obra actual no es la misma de los griegos y tampoco la escrita al concluir la Segunda Gran Guerra del siglo XX. Es una trama permanentemente conflictiva, bajo debate constante, según las inéditas coordenadas del tiempo actual. Pero ha de contar con anclas que la fijen en un punto no debatible –el respeto a la dignidad y naturaleza de la persona humana– y que le permita, como a toda nave anclada, moverse de un lado hacia el otro dentro del límite invariable de lo que es.

El público que observa desde la galería puede captar en los actores de escena discursos distintos e inconexos, que pueden corresponder o no a los niveles distintos y las variantes de los diálogos planteados; mas lo cierto es que, a lo largo de la obra y al término, no la pueden desconocer quienes ocupan las butacas del teatro y ya han pagado su abono con el sufrimiento o la expectativa. Luego del clímax de la obra, donde todo es aparente confusión, sucesivamente se han de resolver los conflictos entre los personajes de la trama.

La audiencia no puede ser olvidada por los actores –como si estuviesen en ensayo permanente– y ha de ser tenida presente, a riesgo de su decepción. La crítica, como ha de esperarse, jamás será complaciente. Hará correr ríos de tinta.

Dice bien Whitehead que "si la democratización se considera esencialmente como una cuestión de pacto entre las élites ¿en dónde encontramos los elementos de la persuasión y simpatía pública necesarios para construir el entendimiento y apoyo ciudadanos más amplios que requiere el acuerdo alcanzado?

Volvamos, pues, al principio. Toda obra teatral exige de un guion y de contenidos, a objeto, además, de fijar los momentos del diálogo entre los actores y sus protagonismos. Y al caso, como lo recuerda el catedrático a quien invoco, cabe entender que el liderazgo político –como en toda representación teatral– implica tener capacidad para la retórica, oído para la musicalidad del lenguaje, para conjurar imágenes de futuros posibles, y para desviar la atención de obstáculos insalvables.

Toda transición democratizadora, en suma, carece de destino si en ella sólo priva la improvisación. Si falta el orden previo para las salidas a la escena será un desastre. Si cada actor, presa de su egolatría, incluso considerándose el mejor, no es fiel al conjunto de la narrativa que le da cobertura a la obra ni es capaz, con su actuación, de alimentar el apetito de la audiencia, de ganar su atención, de mover su adhesión emocional, al final, tampoco será capaz de entregar un culmen satisfactorio. La democracia, en suma, no es medianía, es hacer perpetua y expansiva la politización, celebrando sus conflictos y dirimiéndolos por vías pacíficas.

SOBRE LA CALIDAD DE LA DEMOCRACIA Y SU REINVENCIÓN NORMATIVA

De modo que, la primera constatación sobre la crisis corriente de la democracia o de las exigencias que plantea la democratización es que ahora la sociedad la contiene y justifica, no ella –como expresión de la organización política del Estado– a la sociedad; de allí lo válido de la metáfora teatral. Pero de allí, asimismo, la necesidad de una reinvención de los símbolos y normativa democráticos, con vistas a la posible medición de su calidad, pues como lo apunta

César Cancino (*La muerte de la ciencia política*. Sudamericana. Buenos Aires, 2008), "entre más una democracia posibilita que los ciudadanos, además de elegir a sus representantes, puedan sancionarlos, vigilarlos, controlarlos y exigirles tomen decisiones acordes con sus necesidades y demandas, dicha democracia será de mayor calidad, y viceversa".

El autor citado, luego de abordar el debate reciente sobre la democracia y al preguntarse −con vistas al mejoramiento integral de los regímenes políticos existentes− sobre "las condiciones que permiten, en primer lugar, el nacimiento o la recuperación de una democracia después de una experiencia antidemocrática, para abordar ulteriormente el problema de sus distintos desarrollos y, por último, de su perdurabilidad en el tiempo y/o el regreso a una forma autoritaria o de otro tipo antidemocrático", replantea otra vez la fórmula de Arendt.

Su conclusión es lapidaria. La política es democrática o no es política, entendiendo por democracia aquella forma de sociedad que es expresión del espacio público, del estar con los otros, un proyecto colectivo nacido de los imaginarios sociales"; de donde, a pesar de la crítica sobrevenida de la democracia liberal, cabe rescatar los resultados de su crítica al totalitarismo, pues este fue el producto de una elección durante el siglo XX, a saber, "reducir la radical pluralidad de perspectivas éticas, estéticas y políticas... a una única visión del mundo".

La pregunta actual y pertinente, con vistas a la fragmentación social y la radicalización del pluralismo, consecuencia de la desestatización de la política, es sobre el límite mínimo de aquella y de éste, y sobre la banalización resultante en materia de derechos, haciéndolos irrelevantes. La respuesta, que no la tengo en lo personal, ha de ser la del ancla de la nave y sus movimientos limitados para volver a considerar la calidad de la democracia, para aceptar su cambio histórico y contenerla sobre los bordes que la desfiguren −la "posdemocracia"− o le pongan un final −más allá de la democracia− si la exigencia moral que se le pide igualmente desborda y deviene en dogma totalitario.

Por lo pronto cabe reiterar las premisas de todo ello: en democracia todo es discutible y lo que no lo es, no es democrático; y los paradigmas de la democracia –salvo el ancla de la dignidad de la persona humana– son todos debatibles, pues en cada período de la historia de la democracia se han movido al ritmo de las olas, según la imagen que nos muestra Huntington.

Mediante elecciones, hijas de las revoluciones de finales del siglo XVIII e inicios del XIX, en los años '20 y '30 del siglo XX se instalan los totalitarismos, mediante democracias que privilegian lo electoral. En la vuelta a la democracia, finalizada la 2da. Gran guerra, la preocupación explicable y dominante es, por ende, su seguridad institucional a partir del Estado nación. No obstante, a partir de los años '60, los componentes de la democracia de ejercicio se hacen exigentes y toma cuerpo, además, la idea de la "esperanza política", la del Estado de bienestar que se ocupa de la sociedad a través de sus mecanismos territoriales y servicios de asistencia. Ella se frustra, incluso así, al depender más del crecimiento económico esperado que de una decisión política duradera.

Sucesivamente, encuentran otra vez espacio propicio, frente a la insurgencia o insatisfacción social sobrevenida, las dictaduras militares o "autoritarismos burocráticos" de corte fascista y credo económico neoliberal, a manera de reflujo; hasta que ceden progresivamente y logra restablecerse el flujo democrático durante los años '80, alcanzando a Portugal con su revolución de los claveles (1974), España, Europa oriental y América Latina, que experimentan una suerte de Tercera Vía democrática, modernizadora del Estado, proclive a la emancipación social, y socialmente sensible.

Pero a inicios del siglo XXI, atribuyéndosele a la democracia renacida las culpas de su fracaso social, ocurre otro reflujo o retracción de las libertades bajo la férula de un Estado populista y paternalista, que al igual que los totalitarismos del siglo XX nace de la práctica democrática electoral para ponerle fin a la democracia liberal representativa y sus instituciones. Y el resultado de la reconcentración y centralización de lo político, en modo de sostener el edificio social en progresiva fractura –anomia– ha sido el total fracaso social y económico –lo muestra la experiencia de Venezuela. Dada su "heterodoxia", a saber, el uso inflacionario de la democracia hasta vaciarla de significado, provoca una dicotomía insoluble en lo inmediato: la coexistencia de un autoritarismo estatal militarista y centralizador con una sociedad "líquida" –es la imagen de Cancino– e imposible de contener en su radicalidad democrática; y que en medio de sus *necesidades*, que la hipotecan al primero y la sujetan mediante su violencia, sigue prefiriendo sus posibilidades de *realización* individual y autónoma.

Concluiría con una apreciación o pregunta que me hago en mi libro *La democracia del siglo XXI y el final de los Estados* (2014):

¿Cuál es la ruta?

Refundar los vínculos sociales, revitalizar la urdimbre de nuestra sociedad apelando a la ética de la solidaridad, tanto como buscar la unidad del pueblo en la memoria de sus raíces, permitiéndole sostener su identidad en la diversidad necesaria del género humano. Ello a fin de hacerle invulnerable a la lógica de la supervivencia o el manejo de tácticas de salvataje que derivan en dogmas de fe –el relativismo– para los unos y para los otros; dividiendo a los antiguos ciudadanos aún más, justamente, por falta o pérdida de lo esencial, es decir, de la narrativa o cosmovisión compartida posible y que otra vez los amalgame, más allá de las necesidades intestinas o profanas, en el marco del teatro de la democracia.

Zovatto, a todo evento, previene sobre la brega –el optimismo de la voluntad– que es e implica, a fin de cuentas, el bien de la democracia:

"La vida democrática constituye un caldo de cultivo vital y dinámico que suele propiciar cambios importantes en la cultura política y en lo que las sociedades no podían admitir o siquiera imaginar hasta hace muy poco tiempo. Estas tres décadas y media de reformismo sistemático validan la tesis de Hirschman: la democratización latinoamericana fue viable y será posible si somos capaces de trascender el fatalismo y nos colocamos al acecho de los acontecimientos históricos inusitados, de las raras y nuevas concatenaciones, de los pequeños senderos que nos permiten construir un cambio que nos conduzca hacia delante. Estas lecciones han sido corroboradas a lo largo de los últimos 38 años, y en un sentido muy profundo establecen el carácter cambiante que por necesidad –no por virtud– ha asumido la democracia en la región", concluye.

Agradecemos, pues, al profesor Zovatto el valiosísimo aporte que con el presente libro hace a la Colección Anales que tengo a bien dirigir y al debate pendiente sobre la reconstrucción de la democracia contemporánea en América Latina, como también a Editorial Jurídica Venezolana y su fundador, el profesor Allan Brewer Carías, por asumir la responsabilidad muy delicada de su edición.

Pompano Beach, Florida, 6 de febrero de 2017.

Asdrúbal Aguiar

Ex Juez de la Corte Interamericana de Derechos Humanos

Ex ministro de relaciones interiores de Venezuela

Director de la Cátedra Mezerhane sobre Democracia, Estado de Derecho y Derechos Humanos (Miami Dade College)

Profesor Titular y Doctor en Derecho de la UCAB (Venezuela) y *Honoris Causa* de la Universidad del Salvador (Buenos Aires)

INTRODUCCIÓN:

LA CENTRALIDAD DE LAS INSTITUCIONES Y DE LA POLÍTICA PARA LA GOBERNABILIDAD DEMOCRÁTICA Y EL DESARROLLO

1. *El aporte del neoinstitucionalismo a las instituciones políticas*

DESDE que, hace más de doscientos años, Charles de Montesquieu y Adam Smith señalaran el vínculo que existe entre el bienestar de las naciones y un marco legal capaz de asegurar la vigencia de ciertos derechos, el tema no ha dejado de ser objeto de debate y discusión en foros tanto políticos como académicos.

En las ciencias sociales, las instituciones han importado, dejado de importar y vuelto a importar. Durante mucho tiempo la capacidad institucional se percibió mayormente como un "residuo no explicado" (Hirschman)[1]. Como apunta un informe del BID de 2006 (La política de las políticas públicas): "El desarrollo se concebía principalmente como una función de la acumulación de capital, partiendo del supuesto implícito de que la capacidad institucional seguiría a los recursos"[2]. Para decirlo en palabras de Arturo Israel: "El

---

1   Ernesto Stein, Mariano Tommasi, Koldo Echebarria, Eduardo Lora, J. Mark Payne (coords.), *La política de las políticas públicas. Progreso económico y social en América Latina. Informe 2006*, BID, Harvard University, Planeta, Cambridge (MA), 2006, pp. 12-13.

2   *Ibídem*, p. 12.

desarrollo institucional era un problema de todos, pero no era el problema de nadie"[3].

Pero, desde la segunda mitad del siglo XX, Ronald Coase y académicos neoinstitucionalistas como Douglas North[4] examinaron la relevancia de las instituciones[5] para adquirir, en la década de los noventa, un protagonismo renovado y creciente. El neoinstitucionalismo,[6] en sus más diversos enfoques, parte de la premisa de que las instituciones importan, y subrayan, en mayor o menor medida, el papel central que éstas desempeñan en la estructuración de la política, así como en la estabilidad y certeza que otorgan a la interacción política.

A fines de la década de los años noventa del siglo pasado, se observa una tendencia a revalorizar a las instituciones como actores fundamentales de los cambios en los modos de hacer política y en el tejido social. La perspectiva neoinstitucional es valiosa para el estudio de los sistemas políticos-constitucionales y de los partidos políticos, los cambios del Estado en su arquitectura y fisonomía, el desempeño institucional y la gobernabilidad.[7]

---

3   *Idem.*

4   Luis Alberto Moreno y Vidar Helgesen, "Prólogo", en J. Mark Payne, Daniel Zovatto G. y Mercedes Mateo Díaz, (coords.), *La política importa. Democracia y desarrollo en América Latina*, BID-IDEA, Washington, 2006, pp. v-vi.

5   Por instituciones, los autores citados se refieren a las reglas, tanto formales como informales, que gobiernan la vida económica y política.

6   El pensamiento institucional destaca el papel desempeñado por las estructuras institucionales en la imposición de elementos ordenadores de las conductas, de la convivencia y de las diversas interacciones entre los individuos, la sociedad y el Estado, respectivamente. Véase también Daniel Zovatto G., "Instituciones, democracia y desarrollo", *La Nación* (Costa Rica, 27 de octubre de 2013). Disponible en: http://www.nacion.com/opinion/foros/Instituciones-democracia-desarrollo_0_1374662543.html.

7   José Antonio Rivas Leone, "El neoinstitucionalismo y la revalorización de las instituciones", *Reflexión Política*, año 5, núm. 9, (IEP-UNAB, Santander, Colombia), junio de 2003, p. 44. Véase, asimismo: James G. March y Johan P. Olsen, *El redescubrimiento de las instituciones. De la teoría organiza-*

Como bien apuntan Freidenberg y Došek, "Las instituciones generan incentivos y condicionan el comportamiento de los actores que participan en el sistema político". En efecto:

Las instituciones generan incentivos y condicionan el comportamiento de los actores que participan en el sistema político (…). Las reglas formales son importantes en todo sistema político. Pueden ser definidas como las normas y procedimientos que restringen, condicionan y facilitan el comportamiento de los políticos y los electores en un sistema (North, 1990; O'Donnell, 1996). A diferencia de las reglas informales, éstas se encuentran escritas en los documentos que tienen validez legal, otorgan legitimidad al sistema y normalmente suelen ser respetadas por los actores o empleadas estratégicamente cuando se trata de perjudicar al adversario político. Aun cuando recientemente se ha cuestionado la capacidad de estas reglas para reflejar las expectativas de los actores y los comportamientos efectivos en países en desarrollo (O'Donnell, 1996; Levitsky y Murillo, 2010), su conocimiento permite al menos identificar los escenarios y las limitaciones que los actores políticos enfrentan cuando toman sus decisiones.[8]

Para decirlo en palabras del Banco Interamericano de Desarrollo (BID): "La política ejerce su impacto más importante en el desarrollo a través de su efecto en las instituciones. El razonamiento es claro: si la política es importante para las instituciones y las instituciones son importantes para el desarrollo, la política debe importar para el desarrollo".[9]

En este mismo sentido se pronuncia el Foro Económico Mundial (WEF, por sus siglas en inglés) para el cual la competitividad depende de 12 pilares, siendo uno de los más importantes el de las instituciones. Para el WEF, las instituciones son las que definen la manera

---

cional a la ciencia política, 2ª ed., FCE, México, 1997, pp. 9-40 (Col. Nuevas lecturas de Política y Gobierno).

8   Flavia Freidenberg y Tomás Došek, "Las reformas electorales en América Latina (1978-2015)", en Kevin Casas Zamora, Raquel Chanto, Betilde Muñoz-Pogossian y Marian Vidaurri (eds.), Reformas políticas en América Latina: tendencias y casos, OEA, Washington, 2016.

9   BID, Desarrollo más allá de la economía. Informe 2000. Progreso económico y social en América Latina, BID, Washington, 2000.

en que se producirá, distribuirá y asignará la riqueza, lo cual explica el éxito de ciertas economías, así como el fracaso o mediocridad de otras.[10]

En efecto, cada vez son más numerosos los autores –entre los cuales me incluyo– que sostienen que la calidad de las instituciones políticas constituye un factor crucial (si bien no el único) para explicar por qué algunas sociedades se democratizan mientras otras no lo hacen; por qué ciertas democracias se consolidan mientras otras no, así como para explicar, en parte, la calidad de las democracias.

Como apunta Negretto:

> Aun cuando no existen pruebas que sustenten todas las predicciones sobre la causalidad de las instituciones, un número importante de estudios ha demostrado que el diseño institucional es un componente básico para explicar una amplia gama de resultados relevantes para las ciencias sociales, como la calidad y el desempeño de los regímenes democráticos, la estabilidad política, la política fiscal y el crecimiento económico.[11]

Dentro de esta línea de pensamiento destacan, entre otros, Dani Rodrik, Daron Acemoglu y James A. Robinson.

Rodrik ha expresado que:

> Las instituciones relacionadas con la economía de mercado están necesariamente inmersas en un conjunto de instituciones políticas ajenas a esa economía. Para contar con instituciones eficientes relacionadas con la economía de mercado, pareciera necesario disponer de instituciones políticas democráticas que permitan garantizar la creación de normas justas y eficientes, que se dicten y apliquen de manera equitativa y sistemática. Para ser adecuadas y eficaces, estas instituciones relacionadas con la economía de mercado deben adaptarse a las condiciones sociales, económicas, históricas y culturales, y a las necesidades propias del país en cuestión. Dada la imposibilidad

---

10 Véase WEF, "The global competitiveness Report". Disponible en: http://www3.weforum.org/docs/WEF_GlobalCompetitivenessReport_2013-14.pdf.

11 Gabriel N. Negretto, *La política del cambio constitucional en América Latina*, FCE, México, 2015, p. 310.

de contar con modelos de validez universal, la creación y la permanencia de las instituciones dependen de una participación ciudadana amplia y eficaz mediante instituciones representativas y bien desarrolladas. A la luz de este razonamiento –concluye Rodrik–, las instituciones políticas democráticas pueden verse como "metainstituciones" subyacentes de un universo más amplio de instituciones que apoyan la economía de mercado.[12]

Por su parte, Acemoglu y Robinson en su libro *Por qué fracasan los países*,[13] resaltan la importancia de la política y de las instituciones políticas. Los citados autores señalan que hay ciertos grupos de instituciones económicas, como los derechos de propiedad, el cumplimiento de los contratos, y otras, que generan incentivos para las inversiones y la innovación. Estas instituciones, que ellos denominan "inclusivas", son las que crean una igualdad de oportunidades mediante las cuales un país puede desplegar más efectivamente sus talentos. "Las instituciones económicas inclusivas, sin embargo –expresan estos autores– son la excepción en lugar de ser la norma." Las que prevalecen son las instituciones que ellos denominan "extractivas", las cuales son nefastas para el crecimiento y el desarrollo de las naciones.

[...] estas instituciones extractivas no se desarrollan por error. Son diseñadas por los políticamente poderosos para extraer recursos de la masa de la sociedad para el beneficio de unos pocos. Estas instituciones, a su vez, son mantenidas con instituciones políticas extractivas que concentran el poder en las manos de una élite. Esta élite, esencialmente, diseña, mantiene y se beneficia de estas instituciones extractivas. [...] ¿Por qué estas instituciones extractivas florecen y persisten?

A juicio de Acemoglu y Robinson, aquí es donde la política entra en la ecuación. Cuando las instituciones políticas concentran el poder en las manos de unos pocos, esos grupos que monopolizan el

---

12   Dani Rodrik, "Institutions for High-Quality Growth: What They are and How to Acquire Them", *Studies in Comparative International Development*, vol. 35, núm. 3, 2000, pp. 3-31.

13   Daron Acemoglu y James A. Robinson, *Por qué fracasan los países. Los orígenes del poder, la prosperidad y la pobreza*, Grupo Planeta, Barcelona, 2012.

poder político pueden mantener esas instituciones a pesar de que éstas fracasen en crear los incentivos para el crecimiento económico. En otras palabras, si bien las instituciones económicas son las que determinan los incentivos económicos y la resultante asignación de los recursos, las inversiones y la innovación, es la política la que determina cómo funcionan las instituciones económicas y cómo han evolucionado. A juicio de los citados autores, las instituciones políticas son las más determinantes, ya que de ellas depende la capacidad de los ciudadanos para controlar e influir en el gobierno y sacar provecho propio. Si son fuertes e incluyentes, impiden que haya personas que abusen del poder para amasar sus propias fortunas y llevar a cabo sus propias agendas en perjuicio del resto de la sociedad.

En este sentido, el libro propugna la tesis de que los países fracasan porque sus instituciones son débiles y "extractivas", es decir, son excluyentes: privilegian a unos grupos de la sociedad por encima de otros y concentran el poder en una élite que actúa para su propio beneficio. Según los autores, estas estructuras no crean los incentivos necesarios para que la gente ahorre, invierta, se eduque, innove y acceda a nuevas tecnologías. Y para que no quede duda de la relevancia central que tiene la política y las instituciones políticas, afirman que no se puede tener éxito económico sin una política de calidad.

La doctrina, empero, no es pacífica en relación con este importante punto. El economista Jeffrey D. Sachs,[14] entre otros, critica fuertemente este enfoque que sostiene que el desarrollo económico depende de un único factor: la existencia de instituciones políticas "inclusivas". Sachs sostiene que a pesar de todos los problemas que existen con la teoría de Acemoglu y Robinson, los lectores sentirán simpatía por tal enfoque, ya que estos autores cuentan una historia que muchos quieren escuchar: que la democracia occidental es rentable no sólo política sino también económicamente. Sin embargo, agrega, la vida real de la economía no es ni tan sencilla ni tan justa.

---

14 Jeffrey D. Sachs, "Government, Geography and Growth. The True Drivers of Economic Development", *Foreign Affairs*, septiembre/octubre de 2012.

Los regímenes autoritarios a veces logran un rápido crecimiento mientras algunas democracias languidecen.[15]

La historia de Acemoglu y Robinson es a veces correcta: las cuestiones políticas y los malos gobiernos sí pueden matar al desarrollo. Sin embargo, la clave para entender el desarrollo debe permanecer abierta a la verdadera complejidad de los procesos globales de la innovación y la difusión, así como a las innumerables vías a través de las cuales la política, la geografía, la economía y la cultura pueden dar forma a las corrientes tecnológicas alrededor del mundo.

Concluyendo Sachs, que el desarrollo económico será aún más complejo en las próximas décadas. En la medida en que el cambio climático siga avanzando como consecuencia del factor humano, muchas regiones podrían verse afectadas por impactos ambientales devastadores, tales como olas de calor, sequías e inundaciones, que están por completo fuera de su control.

Las poblaciones migrarán en respuesta a los patrones desiguales del cambio demográfico. Los avances en la tecnología de la información y de las comunicaciones harán posibles nuevos tipos de redes globales de producción. En un mundo tan complejo y complicado, las explicaciones del crecimiento económico que se centren en una sola variable serán cada vez menos útiles.

2. *La relación entre democracia y desarrollo*

Desde hace ya más de medio siglo, la ciencia política registra un intenso y agitado debate sobre la relación entre desarrollo y democracia, así como entre desarrollo y libertad. Fue Seymour Lipset,[16] el padre de la teoría de la modernización, quien, en 1959, con su

---

15   Los trabajos empíricos como los de Przeworski dan cuenta de esta relación. El autor subraya la interdependencia de las transformaciones políticas y económicas, y apoya su análisis en abundantes datos locales. Véase análisis empírico de Przeworski en: http://books.glogle.es/books/about/Democracia_y_mercado.html?d=HvmnS64Cg78C&rendir_esc=y.

16   Seymour Martin Lipset, "Algunos requisitos sociales de la democracia: desarrollo económico y legitimidad política", *American Political Science Review*, vol. 53, marzo 1959, pp. 69-105.

obra seminal *Algunos requisitos sociales de la democracia,* señaló la poderosa relación que existe entre desarrollo económico y democracia, en otras palabras: entre el nivel de desarrollo económico de un país y la probabilidad de ser una democracia.

Según este autor, los países ricos tienden a ser más democráticos, ello por cuanto existe una relación positiva muy fuerte, entre ingreso y democracia, y también, si bien en menor medida, entre educación y democracia. Este argumento ha llevado, y sigue haciéndolo en nuestros días (erróneamente en mi opinión), a que ciertos autores afirmen que la democracia sólo es posible en sociedades que sean lo suficientemente ricas y educadas.

Creen, asimismo, que un incremento en la prosperidad económica y en el nivel de educación de una sociedad que vive bajo un régimen autoritario vendrá necesariamente acompañado de un proceso de democratización.

Esta postura es criticada por Acemoglu, Johnson, Robinson y Yared,[17] quienes señalan que existe muy poca evidencia de la relación causal entre el nivel de ingreso y/o de educación y la democracia o las transiciones a la democracia. Para estos autores no existe relación entre cambios en el nivel de ingresos per cápita y cambios en el nivel de la democracia. En otras palabras, si bien la gran mayoría de los países ricos son más democráticos, no existe evidencia alguna de que los países que crecen económicamente más rápido que otros tiendan a convertirse en más democráticos.

Y si bien existe una correlación positiva entre ingreso y democracia, ello no implica que haya una relación causa-efecto del ingreso en la democracia. Sostienen, por el contrario, que sí existe una correlación positiva entre desigualdad y democracia. El análisis comparado evidencia que países con tasas altas de desigualdad y, por ende, con coeficientes de Gini elevados, tienden a ser menos democráticos. Para dichos autores, en cambio, existen factores

---

17 Daron Acemoglu, Simon Johnson, James A. Robinson y Pierre Yared, "From Education to Democracy?", *American Economic Review*, vol. 95, núm. 2, 2004, pp. 44-49.

históricos que parecieran ser determinantes para explicar el desarrollo tanto político como económico de las sociedades.

Como bien señala Diamond, en el extremo superior del espectro de desarrollo, la relación apuntada por Lipset es verdaderamente sorprendente si se toman como base los indicadores de Freedom House y el Índice de Desarrollo Humano del Programa de las Naciones Unidas para el Desarrollo (PNUD) que se analizan en el capítulo 1. No ocurre lo mismo en el extremo inferior del espectro, donde la relación entre desarrollo y democracia se ha erosionado drásticamente en años recientes, ya que un número sorprendente de países pobres ha adoptado sistemas democráticos.

Cabe destacar, eso sí, como bien advierte Diamond que "[...] en muchos casos, éstas son democracias no liberales, de baja calidad, con serios problemas de gobernabilidad y, en algunos países, se podría incluso debatir si satisfacen siquiera el perfil de democracia electoral. Aun así, no existe precedente histórico para tantos países pobres en el mundo considerados como democracias".[18]

Sobre lo que sí existe un amplio consenso, es que el desarrollo económico transforma una sociedad en maneras que dificultan mantener la concentración de poder en una persona, un partido o una pequeña élite. El desarrollo altera la estructura económica y social de un país, dispersando ampliamente el poder y los recursos. Asimismo, cambia profundamente las actitudes y valores hacia una dirección democrática.

Para Lipset, el desarrollo amplía la clase media y eleva los niveles de educación e información entre el público en general. Una vez que un país alcanza un nivel medio de desarrollo e ingreso nacional, la desigualdad tiende a disminuir, la distancia social se reduce, lo mismo que la polarización política entre las clases.

Por ello, para este autor, al generar un aumento en el ingreso, una mayor seguridad económica y una educación superior a gran escala, el desarrollo económico es un factor crucial para que la democracia

---

18   Larry J. Diamond, *Developing Democracy: Toward Consolidation*, The Johns Hopkins University Press, Baltimore, 1999.

sea factible, "al permitir a aquellos en los estratos más bajos que desarrollen perspectivas de más largo plazo y más complejas, y posturas más gradualistas de la política".[19]

Y dentro de esta línea de pensamiento, Boix y Stockes[20] han afirmado que mayores niveles de igualdad aumentan las probabilidades de una transición a la democracia y luego su supervivencia. Por su parte, Inglehart y Welzel[21] llegaron a una conclusión similar utilizando datos de 1950-1990.

A su vez, Przeworski[22] y sus colegas sostienen que la tendencia más importante a tener en cuenta es la que expresa que los países ricos tienden a seguir siendo democráticos, mientras que los más pobres son más propensos a experimentar un declive o incluso una pérdida de la democracia. Al analizar las democracias y los procesos de democratización ocurridos entre 1950 y 1990, encontraron que el nivel de desarrollo económico aparece asociado significativamente a la estabilidad de las democracias una vez que éstas se establecen. Las democracias tienen mayores posibilidades de sobrevivir, y de hecho se prolongan durante más tiempo mientras mayor sea el grado de desarrollo económico del país.

Sin embargo, en la investigación de estos autores, la posibilidad de que un régimen autoritario se transforme en una democracia no resultó significativamente asociada al nivel de desarrollo económico. Asimismo, según sus datos, en 28 de 39 casos, el quiebre de la democracia vino acompañado por una caída del ingreso durante al menos un año de los dos que precedieron dicho quiebre. Un análisis

19 Seymour Martin Lipset, *El hombre político: las bases sociales de la política*, The Johns Hopkins University Press, Baltimore, 1981, p. 45.

20 Carlos Boix y Susan C. Stokes, "Endogenous Democratization", *World Politics*, vol. 55, julio 2003, p. 531.

21 Ronald Inglehart y Christian Welzel, *Modernization, Cultural Change and Democracy: The Human Development Sequence*, Cambridge University Press, Cambridge, 2005, p. 169.

22 Adam Przeworski, Michael E. Álvarez, José Antonio Cheibub y Fernando Limongi, *Democracia y desarrollo: instituciones políticas y bienestar en el mundo, 1950-1990*, Cambridge University Press, Cambridge, 2000.

histórico comparado demuestra que numerosas transiciones a la democracia, tanto durante el siglo XIX como en el XX, tuvieron lugar en periodos caracterizados por malestar y turbulencias sociales de peso. La evidencia que surge de los procesos de quiebre democrático y de transiciones a la democracia en América Latina es compatible con estos hallazgos.

En efecto, conflictos sociales, por lo general conflictos de clase y distributivos, han estado detrás de numerosos colapsos y quiebres democráticos en la región.

Para Diamond:

> Más sorprendente, sin embargo, es la riqueza de datos que se han acumulado para demostrar que cuando las vidas de las personas se ven transformadas por el desarrollo económico, ellas adoptan progresivamente valores democráticos: entre mayores sean los niveles de educación, ingreso, exposición a los medios y estatus ocupacional, más democráticos serán los valores, actitudes y conductas de la gente. En particular, la gente con mayor nivel de educación tiende a ser más tolerante de las diferencias y la oposición, más respetuosa de los derechos de las minorías y tiende a valorar más la libertad y a confiar más en otras personas. Estas personas se inclinan más a participar en la política y a formar parte de organizaciones, confiadas en su capacidad de influir en el gobierno. Algunos de estos valores democráticos parecen incluso ser promovidos solamente por el hecho de vivir en un país más desarrollado, independientemente del nivel socioeconómico del individuo.[23]

Existe asimismo otra dimensión a considerar: la relación entre desempeño del régimen democrático y la legitimidad. Hay cada vez más estudios que demuestran que la gente valora el desempeño polí-

---

23   Pierre Rosanvallon, *El buen gobierno*, Manantial, Buenos Aires, 2015. Como señala Rosanvallon, "En la era del predominio del Poder Ejecutivo, la clave de la democracia está en las condiciones del control que sobre él ejerza la sociedad". Precisamente por ello, para este autor, el problema de la democracia ya no es sólo el de la crisis de representación sino también el del mal gobierno, es decir las relaciones entre gobernados y gobernantes.

tico de la democracia[24] también como un fin en sí mismo, y no sólo como un medio para alcanzar un desarrollo económico sostenible y amplio.

Dentro de esta corriente destaca Amartya Sen, Premio Nobel de Economía, 1998, quien ha enfatizado que:

Las personas que se encuentran en necesidad económica también necesitan una voz política. La democracia no es un lujo que puede esperar por la llegada de la prosperidad en general [y] hay muy poca evidencia que indique que la gente pobre, si tuviese la oportunidad de escoger, preferiría rechazar la democracia. Parece ser que cada vez más la gente pobre y los públicos masivos en países de bajo ingreso se están dando cuenta de que elecciones justas y libres, tribunales accesibles y un gobierno honesto son instrumentos importantes para el desarrollo económico y la justicia social. La calidad de la gobernabilidad es, por lo tanto, la variable intermedia esencial y a menudo descuidada entre la democracia y el desarrollo. Una vez que pongamos atención a eso, y una vez que nos enfoquemos a mejorar la justicia y neutralidad de la administración electoral, la independencia y capacidad de los tribunales, la representatividad, capacidad y accesibilidad de los organismos representativos locales de los partidos políticos en todos los niveles, y la transparencia general y rendición de cuentas del gobierno para usar los recursos públicos con el fin de promover el bienestar público, descubriremos que la democracia no es sólo consistente con el desarrollo económico sino que puede ser un gran activo para obtener el tipo de desarrollo que saca a las personas de la pobreza y les proporciona vidas dignas.[25]

---

24 En efecto, los estudios en varias regiones del mundo demuestran que las personas en las democracias nuevas forman su propio juicio. Algunos estudios previos que establecen este hecho son los de Gabriel Almond y Sidney Verba, *The Civic Culture*, Princeton University Press, Princeton, 1963: véase también Alex Inkeles, "Participant Citizen shipin Six Developing Countries" *American Political Science Review*, vol. 63, núm. 3, 1969, pp. 1120-1141. Estas asociaciones emergen asimismo de la mayoría de estudios recientes sobre actitudes y valores hacia la democracia y de la World Values Survey.

25 Amartya Sen, "Democracia como valor universal", en Larry J. Diamond y Marc. F. Plattner (eds.), *The Global Divergence of Democracies*, Johns Hopkins University Press, Baltimore, 2001, p. 13.

Inscrita en esta línea de pensamiento, mi investigación parte de un hecho palmario y evidente, y de magnitud regional: los últimos 38 años marcan la etapa dentro de la cual se produjo la mayor mutación democrática de América Latina en toda su historia.

Dentro de este periodo, durante la fase fundacional –que se extendió de 1978 a 2000– los 18 países latinoamericanos aquí analizados[26] se incorporaron al fenómeno político global definido por Huntington como "La tercera ola democratizadora".[27] En ese lapso, la región optó por la democracia como la única forma de gobierno *(the only game in town)*.

En las próximas décadas, los expertos podrán reconocer en este periodo un comportamiento que se identifica por su singularidad. En estas tres décadas y media se condensa un problema fundamental de una época, el tránsito del autoritarismo a la democracia –y posteriormente su consolidación–, el cual por su forma y características es posible distinguirlo de cualquier otro periodo en la historia latinoamericana.

Dentro de este proceso de democratización o redemocratización (según el caso particular de cada uno de los 18 países), en paralelo, se ha venido desarrollando un intenso y rico proceso de reforma constitucional, política y electoral que ha contribuido a reconfigurar radicalmente la región. Como bien expresa Nohlen, "la reforma político-electoral ocupó y sigue ocupando un lugar relevante en la agenda política de América Latina durante las últimas tres décadas y media".[28]

Esta observación se constata no sólo en las reformas políticas y electorales que se programan y llevan a cabo en la totalidad de los

---

26 El análisis no incluye a Cuba y Haití.

27 Samuel P. Huntington, *La tercera ola. La democratización a finales del siglo XX*, Paidós, Barcelona, 1994.

28 Daniel Zovatto G. y J. Jesús Orozco Henríquez (coords.), *Reforma política y electoral en América Latina (1978-2007)*, prólogo de Dieter Nohlen, IIJ/UNAM-IDEA, México, 2008, p. 15.

países de América Latina sino también en el intenso proceso de reformas constitucionales que se promueven.[29]

3. Centralidad de la política, reformas político-electorales e innovación institucional

Como indican Jarquín y Echebarría:

> Resulta claro que la política importa en el proceso de crear, concretar y garantizar la sostenibilidad de instituciones legítimas y adoptar políticas públicas que funcionen en beneficio de toda la ciudadanía. En términos más precisos, es la calidad de la democracia lo que importa. –Y agregan–: Podría decirse entonces, que el ejercicio efectivo de la democracia es fundamental para contar con un sector público eficaz y para el establecimiento de un marco legal que propicie el desarrollo social y económico. La adopción de políticas públicas eficaces, justas y sustentables, la asignación justa y eficiente de los recursos públicos y la provisión efectiva de servicios públicos dependen de la existencia de instituciones representativas que permitan tomar en cuenta las preferencias e intereses de la ciudadanía.[30]

Pese a esta centralidad de la política y de las instituciones político-constitucionales y económicas para la gobernabilidad democrática y el desarrollo, lo cierto es que durante mucho tiempo no se prestó la debida atención a estudiar, sistemática y comparativamente, las reformas y las innovaciones institucionales político-electorales que tuvieron lugar durante La tercera ola para evaluar sus rasgos, tendencias y efectos principales. Sobre todo, hasta qué punto estas reformas han incidido en aliviar los problemas de participación, representación y gobernabilidad que no sólo afectan la calidad de la democracia sino también las posibilidades del desarrollo.

Si bien durante las últimas décadas se ha producido una creciente y nutrida literatura sobre los regímenes de gobierno (presidencia-

---

29 Gabriel L. Negretto, *Making Constitutions: Presidents, Parties, and Institutional Choice in Latin America*, Cambridge University Press, Cambridge, 2008.

30 Edmundo Jarquín y Koldo Echebarría, "El papel del Estado y la política en el desarrollo de América Latina (1950-2005)", en J. Mark Payne *et al*, *La política importa..., op. cit.*, 2006, pp. 12-13.

lismo y parlamentarismo), los sistemas electorales y los partidos políticos y sus sistemas, el estudio comparado de las reformas político-electorales en América Latina, sin perjuicio de algunos trabajos pioneros en este campo,[31] es aún embrionario, sobre todo en lo que refiere al impacto que éstas han tenido en la estabilidad y la gobernabilidad del sistema democrático, en el mejoramiento de los niveles de participación y representación, en el fortalecimiento de los niveles de transparencia y la rendición de cuentas de parte de los actores políticos, así como en relación con el desarrollo económico y social de la región.

Antes de establecer las hipótesis de trabajo a partir de las cuales deseo explicar esta histórica mutación democrática (La tercera ola) y el inédito proceso de reforma político-electoral que tuvo lugar durante ese periodo, me interesa formular tres precisiones preliminares de gran importancia:

> ➢ Durante esos 38 años, en América Latina se ha producido la mayor cantidad de novedades, de cambios e innovaciones institucionales y legales, así como la experimentación de fórmulas de-

---

31 *Ibídem*, pp. 3-209; Daniel Buquet, "Entre la legitimidad y la eficacia: reformas en los sistemas de elección presidencial en América Latina", *Revista Uruguaya de Ciencia Política*, vol. 16 (Instituto de Ciencia Política, Montevideo, 2007), pp. 35-36; Ana Maria Mustapic, "Del malestar con los partidos a la renovación de los partidos", IFCH, São Paulo, 2007; J. M. Payne *et al., La política importa...*, *op. cit.*, 2006; Mark P. Jones, *Electoral Laws and the Survival of Presidential Democracies*, University of Notre Dame Press, South Bend (IN), 1995; F. García Díez, *The Emergence of Electoral Reforms in Contemporary Latin America*, Institut de Ciéncies Politiques i Socials, Barcelona, 2001; Josep Colomer, *¿Cómo votamos? Los sistemas electorales del mundo. Pasado, presente y futuro*, Gedisa, Barcelona, 2004; Gabriel L. Negretto, "Choosing How to Choose Presidents. Parties, Military Rulers, and Presidential Elections in Latin America", *Journal of Politics*, vol. 68, núm. 2, 2006, pp. 421-433; Dieter Nohlen, Daniel Zovatto G., José de Jesús Orozco Henríquez, José Thompson (comps.), *Tratado de derecho electoral comparado de América Latina*, 2ª ed., IIDH-CAPEL-Universidad de Heidelberg-IDEA-TEPJFM-IFE-FCE, México, 2007; Osvaldo Hurtado, "Elementos para una reforma política en América Latina", Banco Interamericano de Desarrollo, Washington, 2005 (Serie de informes técnicos del Departamento de Desarrollo Sostenible).

mocratizadoras de toda su historia republicana. Lo anterior constituye el rostro de una tradición democrática propia, pensada, imaginada y construida en nuestra región en estas tres décadas y media. Ante ello, luce propicio preguntarse si ésta es una evolución propia y específicamente latinoamericana y cuáles son los rasgos particulares de la democracia en la región.

> Mi investigación parte de una enorme cantidad de cambios constitucionales y legales (políticos y electorales) que han sido acompañados de procesos de innovación institucional; con seguridad los más amplios en la historia política de la región.

En efecto, el periodo objeto de estudio se caracteriza, sobre cualquier otro rasgo, por una fuerte apuesta acerca de la definición y redefinición de las reglas del juego y de las instituciones.

Las transiciones empezaron poniendo especial énfasis en el cambio dentro de los sistemas electorales; poco después sobrevendría una explosión reformista en los sistemas de partidos y luego una revisión importante en muy diversos andamiajes de los sistemas de gobierno.

La reforma permanente de estas variables es lo que singulariza el periodo histórico de mi análisis. Pregunto: ¿Cuáles son los temas y las cuestiones más importantes que, en estas tres décadas y media, ha abordado el proceso reformador? ¿Cuáles son los rasgos, las tendencias y los efectos principales de este proceso y de sus reformas?

> Los diversos y numerosos procesos de reforma político-electorales han tenido lugar en circunstancias marcadas por los ritmos nacionales y el *path dependence*[32] de cada país. No responden, por tanto, a un decurso siempre racional, siguiendo una trayectoria teleológica, con sentido claro de lo que se busca corregir y adónde se quiere llegar.

---

32 James Mahoney, "Path Dependent Explanations of Regime Change: Central America in Comparative Perspective", *Studies in Comparative International Development*, vol. 36, núm. 1, 2001, pp. 111-141 y Paul Pierson, "Increasing Returns, Path Dependence, and the Study of Politics", *American Political Science Review*, vol. 92, núm. 4, 2000, pp. 251-267.

Este estudio parte de una divisa llana pero válida en su sencillez: *la región escapó como pudo del autoritarismo*. Esto implica que se transformó sin un plan preconcebido, sin estrategias pensadas, en medio de una tensión permanente entre el pasado y el futuro, y mediante la aceptación de salidas subóptimas para los actores.

Por lo tanto, me interesa identificar si esta experiencia política, constitucional, legal e institucional puede ser útil para la construcción del porvenir. En otras palabras: si lo aprendido en estas tres décadas y media constituye ya un corpus teórico y práctico lo suficientemente sólido, amplio y sistematizado para convertirse en un instrumento eficaz del reformismo futuro, sin la necesidad imperiosa de importar irremediablemente (a veces forzadamente) las lecciones e instituciones de otras regiones.

Mi indagación clave apunta a discernir si América Latina cuenta hoy con el suficiente bagaje teórico y político comparado para, desde la experiencia adquirida en estos treinta y ocho años, hacer frente a las reformas del futuro cercano. Y, asimismo, averiguar cuáles son las principales lecciones que, en relación con los procesos de reformas político-electorales y con el rediseño y funcionamiento de las instituciones democráticas, hemos aprendido durante La tercera ola.

En un sentido profundo, mi trabajo busca analizar los cambios, tendencias y efectos que se han desarrollado durante La tercera ola en relación con los seis principales temas que guiaron la gran mayoría de las reformas político-electorales de las últimas tres décadas y media, a saber:

- La necesidad de transitar del presidencialismo al parlamentarismo o, en su defecto, la necesidad de renovar el presidencialismo con el cometido de reequilibrar la relación entre el Ejecutivo y el Legislativo;
- La necesidad de buscar, vía reforma del sistema electoral, un mejor equilibrio entre representación y gobernabilidad;
- La necesidad de modernizar, fortalecer, democratizar e institucionalizar a los partidos políticos y sus sistemas;
- La necesidad de transparentar el origen y destino del dinero en la vida política y la de generar condiciones más equitativas del proceso político-electoral, así como la relación entre el financiamiento político y la corrupción;

- La necesidad de modernizar y fortalecer los órganos electorales como instancias independientes e idóneas para garantizar la organización de elecciones con integridad, y
- La necesidad de suplir el déficit de la democracia representativa con mecanismos de democracia directa.

Respecto de cada uno de estos seis grandes temas, en este libro trataré de dar respuesta a las siguientes preguntas:

- ¿Cuáles han sido los rasgos principales de la mayoría de los procesos de reforma?
- ¿Cuáles han sido las principales tendencias regionales de estas reformas? y
- ¿Qué lecciones surgen de estas experiencias de cara a los procesos de reforma político-electoral para el futuro inmediato?

4. *Plan de la obra*

El objetivo principal de este trabajo es recopilar, sistematizar y analizar, en el marco de una perspectiva comparada, los procesos de reforma político-electoral[33] en 18 países de América Latina,[34] desde 1978 –inicio de La tercera ola– hasta 2016.

Siguiendo a Buquet, defino el proceso de reforma político-electoral como "un proceso político competitivo (que implica la interacción de diferentes agentes con intereses variados o contrapuestos), que se desarrolla dentro de un contexto democrático".[35] En otras palabras, las reformas son un producto de la política y sólo ocurren por obra de la competencia política. Por ello, el tipo de proceso político de toda reforma depende, en gran medida, de la estructura de la competencia política.

---

33 Daniel Buquet, "Entre la legitimidad y la eficacia:...", art. *cit.*, 2007.

34 Los 18 países cubiertos por esta investigación son: Argentina, Bolivia, Brasil, Chile, Colombia, Costa Rica, Ecuador, El Salvador, Guatemala, Honduras, México, Nicaragua, Panamá, Paraguay, Perú, República Dominicana, Uruguay y Venezuela. El periodo analizado comprende de 1978 a 2016.

35 Daniel Buquet, "Entre la legitimidad y la eficacia:...", art. *cit.,* 2007.

El concepto de reforma político-electoral que empleo en este trabajo es de carácter amplio, es decir, que va más allá del concepto restringido y tradicional (utilizado, entre otros, por Lijphart y que hace mención, fundamentalmente, a los componentes duros del sistema electoral).[36] En este sentido, dentro del concepto amplio de reforma político-electoral incluyo, además de los componentes tradicionales, otros temas que guardan relación con la reelección de los presidentes, la regulación de los partidos políticos (mecanismos de democracia interna y sistemas de financiamiento), modernización y fortalecimiento de los organismos electorales, cuotas de género o paridad en las candidaturas así como la regulación de los mecanismos de democracia directa.

La importancia de esta cuestión radica, como señalan Freidenberg y Došek, en que:

> Los cambios a las reglas de juego suponen procesos competitivos de las élites, las cuales buscan alterar el modo en que está distribuido el poder (Boix, 1999; García Díez, 2006; Buquet, 2007 y Norris, 2011); a su vez, éstos se encuentran dominados por intereses partidistas, normalmente sin participación directa de la ciudadanía (Norris, 2011: 531) o, incluso, muchas veces se realiza a sus espaldas. Estos procesos no son inocentes ni casuales. Por el contrario, en toda reforma electoral los actores políticos buscan influenciar la competencia política con sus preferencias (Nohlen, 1981: 141; Norris, 2011: 531).[37]

Enmarcada en este objetivo central, mi investigación pretende describir y analizar este proceso de reforma político-electoral, y diseccionarlo en sus componentes fundamentales para poder identificar sus rasgos, tendencias y efectos principales.

Entiendo que el estudio de La tercera ola en América Latina y el proceso de reformas político-electorales que tuvo lugar durante este periodo exigen considerar una tipología diferente de la que se utiliza tradicionalmente en los estudios sobre la democracia y las transiciones democráticas en la región.

---

36 Flavia Freidenberg y Tomás Došek, "Las reformas electorales...", art. *cit.*, 2015.

37 *Idem.*

Como se observa en el cuadro 1, Chile y Uruguay sufrieron interrupciones autoritarias; sin embargo, la construcción de Estados de derecho democráticos antes de esas interrupciones fue considerable.

En un segundo grupo de países, de menor tradición y densidad democrática, los cambios ocurridos durante La tercera ola hicieron que se retomara el proceso de construcción democrática interrumpido por repetidas y/o prolongadas experiencias autoritarias durante el siglo pasado. Entre éstos cabe citar a Argentina, Brasil, Bolivia, Perú y Ecuador (si bien existen diferencias importantes entre estos países).

Finalmente, hay un tercer grupo de países cuya experiencia de vida democrática, durante el siglo XX, es significativamente más corta. Entre ellos se encuentran México, Paraguay, la gran mayoría de los países de América Central –salvo Costa Rica– y República Dominicana.

Adicionalmente, se debe tomar en consideración que el tránsito hacia la democracia en América Latina, sobre todo en su primera etapa, se produjo en un contexto económico adverso (la década perdida de los años ochenta del siglo pasado), en el que para un sector importante de la población no ha sido fácil visualizar los logros de esa democracia.

Cabe apuntar, asimismo, que el proceso de redemocratización latinoamericano ha tenido que convivir con periodos recesivos o de escaso crecimiento y con choques externos que han impedido que dicho proceso coincida con las expectativas de la población durante una parte importante de estos 38 años.

CUADRO 1.   *Transición hacia la democracia: 1978-2016*

País	Año de la transición (o año en que se inicia el estudio)	Años de vida democrática desde el inicio del estudio	Elecciones en el periodo 1978-2016	
			Presidenciales	Legislativas
Argentina	1983	33	1983, 1989, 1995, 1999, 2003, 2007, 2011, 2015.	1983, 1985, 1987, 1989, 1991, 1993, 1995, 1997, 1999, 2001, 2003, 2005, 2007, 2009, 2011, 2013, 2015.
Bolivia *(d)*	1982	34	1980, 1985, 1989, 1993, 1997, 2002, 2005, 2009, 2014.	1980, 1985, 1989, 1993, 1997, 2002, 2005, 2009,2014.
Brasil	1985	31	1989, 1994, 1998, 2002, 2006, 2010, 2014.	1986, 1990, 1994, 1998, 2002, 2006, 2010,2014
Chile	1990	26	1989, 1993, 1999-2000, 2005-2006, 2009, 2013.	1989, 1993, 1997, 2001, 2005, 2009, 2013.
Colombia (a)	1978	38	1978, 1982, 1986, 1990, 1994, 1998, 2002, 2006, 2010, 2014.	1978, 1982, 1986, 1990, 1991, 1994, 1998, 2002, 2006, 2010, 2014.
Costa Rica (a)	1978	38	1978, 1982, 1986, 1990, 1994, 1998, 2002, 2006, 2010, 2014.	1978, 1982, 1986, 1990, 1994, 1998, 2002, 2006, 2010, 2014.

Sigue página siguiente

País	Año de la transición (o año en que se inicia el estudio)	Años de vida democrática desde el inicio del estudio	Elecciones en el periodo 1978-2016	
			Presidenciales	Legislativas
Ecuador	1979	37	1978-1979, 1984, 1988, 1992, 1996, 1998, 2002, 2006, 2009, 2013.	1979, 1984, 1986, 1988, 1990, 1992, 1994, 1996, 1998, 2002, 2006, 2009, 2013.
El Salvador	1984	32	1984, 1989, 1994, 1999, 2004, 2009,2014.	1985, 1988, 1991, 1994, 1997, 2000, 2003, 2006, 2009, 2012, 2015.
Guatemala	1985	31	1985, 1990, 1995, 1999, 2003, 2007, 2011, 2015.	1985, 1990, 1994, 1995, 1999, 2003, 2007, 2011, 2015.
Honduras	1982	34	1981, 1985, 1989, 1993, 1997, 2001, 2005, 2009, 2013.	1981, 1985, 1989, 1993, 1997, 2001, 2005, 2009, 2013.
México (b)	2000	16	2000, 2006, 2012.	2000, 2003, 2006, 2009, 2012, 2015.
Nicaragua	1990	26	1990, 1996, 2001, 2006, 2011, 2016.	1990, 1996, 2001, 2006,2011, 2016.
Panamá	1989	27	1989, 1994, 1999, 2004, 2009, 2014.	1994, 1999, 2004, 2009,2014.

Sigue página siguiente

País	Año de la transición (o año en que se inicia el estudio)	Años de vida democrática desde el inicio del estudio	Elecciones en el periodo 1978-2016	
			Presidenciales	Legislativas
Paraguay	1989	27	1989, 1993, 1998, 2003, 2008, 2013.	1989, 1993, 1998, 2003, 2008, 2013.
Perú	1980	36	1980, 1985, 1990, 1995, 2000, 2001, 2006, 2011, 2016.	1980, 1985, 1990, 1995, 2000, 2001, 2006, 2011, 2016.
República Dominicana	1978	38	1978, 1982, 1986, 1990, 1994, 1996, 2000, 2004, 2008, 2012, 2016.	1978, 1982, 1986, 1990, 1994, 1998, 2002, 2006, 2010, 2016.
Uruguay	1985	31	1984, 1989, 1994, 1999, 2004, 2009, 2014.	1984, 1989, 1994, 1999, 2004, 2009, 2014.
Venezuela (a) (c)	1978	38	1978, 1983, 1988, 1993, 1998, 2000, 2006, 2012, 2013.	1978, 1983, 1988, 1993, 1998, 2000, 2005, 2010, 2015.

a) *Colombia, Costa Rica y Venezuela.* Estos países elegían a sus líderes mediante procesos electorales razonablemente libres y competitivos mucho antes de 1978, año que se toma como punto de partida para el estudio en su conjunto. En el caso de estos países, el año de inicio es aquel en el cual el primer presidente elegido durante el periodo asumió sus funciones.

b) *México.* Debido a que experimentó un prolongado proceso de liberación política y democratización, los cambios políticos institucionales ocurridos se analizaron a partir de 2000, año en que se produjo la alternancia política después de 71 años de gobiernos consecutivos del Partido Revolucionario Institucional (PRI).

c) *Venezuela.* En 2004 se llevó a cabo un referendo revocatorio presidencial. Y en 2007 y 2009 se celebraron los respectivos referendos sobre el tema de la reelección indefinida.

d) *Bolivia.* En 2008 se llevó a cabo un referendo revocatorio presidencial.

Asimismo, y durante estas últimas tres décadas y media, salvo algunas excepciones (en términos de países y de periodos), la región ha crecido por debajo de su potencial y en forma desigual y errática. Además, los indicadores de pobreza y desigualdad siguen evidenciando déficits importantes (sin perjuicio de una reducción importante de la primera y más leve de la segunda), mientras la corrupción y la impunidad siguen presentes, y la violencia y la inseguridad crecen de manera exponencial en un número importante de países.

En contraposición a esta experiencia latinoamericana, es posible recordar que la historia de la expansión de la democracia en los países más desarrollados (sobre todo en Europa después de la segunda Guerra Mundial) ha estado ligada a ciclos vigorosos de crecimiento y redistribución, que han hecho evolucionar en paralelo a la democracia política y a la democracia económica y social (Estado de bienestar); modelo que está actualmente en crisis en varios países europeos.

Así, en Europa, los pactos político, social y fiscal han sido casi coincidentes y coherentes en el tiempo, y se han reforzado mutuamente. Éste no ha sido el caso de América Latina durante estos treinta y ocho años[38].

5. *Estructura de la obra*

La obra se estructura en torno a tres grandes partes, además de la Introducción y la Conclusión.

En esta Introducción se exponen las interrogantes principales que sirven de guía a la presente obra.

En la primera parte de la obra (que abarca el capítulo I), se lleva a cabo un análisis del contexto democrático vigente en América Latina y de su evolución desde el inicio de La tercera ola (1978) hasta el año 2016. Se presenta una breve caracterización de La tercera ola a partir de tres dimensiones:

---

38   Véase Manuel García-Pelayo "Segundo círculo y decisión consensuada (consideraciones en torno al problema de la participación de los partidos y las organizaciones de interés en las decisiones estatales)" en *Documentación administrativa*, n° 188, Madrid, 1980, pp. 7-32.

> El perfil que adopta el proceso de democratización en la región desde la perspectiva política;

> El contexto socioeconómico en el que tiene lugar, sobre todo, el tema de la pobreza y la desigualdad; y

> La problemática de corrupción, la debilidad del Estado de Derecho y la creciente violencia, factores todos ellos que constituyen rasgos específicos de la convivencia inédita de la democracia con elevados niveles de pobreza, la peor desigualdad del mundo y gravísimos problemas de violencia e inseguridad ciudadana.

La segunda parte consta de cuatro capítulos (II, III, IV y V), en los cuales se emprende el análisis de las reformas llevadas a cabo en relación con el sistema de gobierno, el sistema electoral y la regulación de los partidos políticos.

Más precisamente, el capítulo II, se refiere a las reformas al régimen de gobierno. En él se hace énfasis en las reformas orientadas a fortalecer o debilitar el hiperpresidencialismo, así como en aquellos cambios tendientes a modificar el régimen en aras de uno semipresidencial o parlamentario. También se analizan las reformas que se establecieron para reequilibrar las relaciones entre los poderes Ejecutivo y Legislativo.

El capítulo III aborda las reformas al régimen electoral en América Latina. En él se pone particular atención a las que se han llevado a cabo para modificar el sistema de elección presidencial, la duración del mandato, la reelección, la simultaneidad de las elecciones y los componentes del sistema de elección legislativa. Asimismo, se analizan las reformas tendientes a lograr una mayor equidad (leyes de cuotas y de paridad) de género en el ámbito de la participación política.

En el capítulo IV se estudia en detalle el tema del balotaje y la reelección. En el V se analizan las reformas de los marcos jurídicos de los partidos políticos; se destaca lo referido a la democracia interna, tanto para la elección de autoridades como para la elección de candidaturas. Asimismo, se examina lo referido a las reformas sobre candidaturas independientes (que eliminan el monopolio de la representación a los partidos políticos) y sobre el transfuguismo (asunto de creciente importancia a escala regional).

En la tercera parte (que incluye los capítulos VI, VII y VIII) se analizan los cambios en relación con tres temas de gran relevancia:

➢ El financiamiento de los partidos políticos y de las campañas electorales (capítulo VI);

➢ Las reformas a los organismos electorales, tanto en el ámbito administrativo como jurisdiccional (capítulo VII), y

➢ La regulación creciente de los mecanismos de democracia directa en la región (capítulo VIII).

Cada capítulo concluye con una evaluación preliminar de las reformas adoptadas, así como de sus tendencias e impacto en la práctica.

Por último, se presentan los principales hallazgos del libro y las conclusiones generales de la investigación.

6. *Límites y dificultades de la obra*

Delimitación del campo de estudio. Las reformas político-electorales analizadas en este libro (con base en los seis temas arriba identificados) no agotan, en modo alguno, la amplia agenda de reformas constitucionales, legales e institucionales que han tenido lugar en América Latina durante las últimas tres décadas y media; agenda de reformas y de investigación que están en constante movimiento y revisión.

Existen, en efecto, otras áreas de reformas, las cuales decidí no incluir debido a la necesidad de delimitar el campo de estudio, entre las que por su importancia cabe mencionar: *1)* los procesos de reforma constitucional en la casi totalidad de los países de la región;[39]

---

39 Durante estos últimos 37 años (1978-2015), como analiza Negretto, América Latina ha sido un campo fértil para la experimentación en el cambio constitucional. "Desde 1978, la mayoría de los países de la región han reemplazado o enmendado su carta magna, a menudo en forma radical. Durante estos procesos, los reformadores han alterado las fórmulas para elegir a presidentes y legisladores, los ciclos electorales, la duración de los cargos, los poderes presidenciales, la relación entre gobiernos nacionales y locales,

2) la reforma del sistema judicial; *3)* la incorporación plena de los derechos humanos acompañada en muchos casos de la constitucionalización de la figura del Ombudsman o Defensor del Pueblo; *4)* los procesos de descentralización política, y *5)* el fortalecimiento de los órganos de *accountability* horizontal.

Esta investigación tampoco aborda aspectos tales como los orígenes de las reformas, las causas que les dan origen, las condiciones que posibilitan su éxito o fracaso, ni un análisis profundo de sus posibles efectos en el funcionamiento del sistema político. Todos éstos son temas y cuestiones muy relevantes que otras investigaciones deberán ir profundizando en futuros trabajos.

Desafíos y dificultades. El estudio de las reformas político-electorales en nuestra región debe encarar un importante desafío: el estado de cambio permanente (legislación interminable), debido a la tan elevada frecuencia de las reformas.

De hecho, durante el proceso de elaboración de esta obra he tenido que incluir reformas que se adoptaron en el límite del periodo de análisis, con la certeza (y las angustias), incluso, de que en el momento de enviar el manuscrito a imprenta (diciembre de 2016) existen nuevos procesos de reforma en trámite o nuevas reformas aprobadas en varios países de la región.

Un desafío adicional consiste en la dificultad de acceder a determinadas fuentes primarias y secundarias, así como a bases de datos fiables, para estar en posibilidades de contar con la cantidad y la calidad de información necesaria para llevar adelante un estudio comparado que cubra los 18 países de la región durante un periodo de 38 años.

La mayor parte de la información aquí recopilada, sistematizada y analizada proviene de diálogos y extensas consultas a: *1)* políticos, legisladores y miembros de organismos electorales de los 18 países latinoamericanos; *2)* académicos de fuera y de dentro de la región; *3)* análisis de las Constituciones, las leyes electorales y sobre partidos políticos, normas legales complementarias y un largo

---

así como el papel del Poder Judicial, el banco central y los organismos de control". Gabriel L. Negretto, "Choosing How to Choose…", art. *cit.,* p. 12.

etcétera, y *4)* revisión de las bases de datos de numerosos organismos internacionales, *think tanks*, centros de investigación y universidades, entre las que destaca la base de datos de IDEA Internacional.

Confieso que la tarea de acceder, sistematizar y analizar toda esta información (garantizando la mayor certeza posible) para los seis ámbitos de estudio arriba señalados, en 18 países y por un periodo de 38 años resultó muy ardua. Como tuve ocasión de señalar en algunos de mis anteriores trabajos, la dificultad de encontrar fácilmente información accesible y confiable sobre estos temas en algunos países evidencia la baja relevancia que esta materia ha tenido hasta fecha reciente y, por el otro, la relativa debilidad y en algunos casos la limitada transparencia de algunas instituciones políticas y electorales de la región.

Cabe advertir, asimismo, que en algunos países latinoamericanos aún existen vacíos legales de importancia o bien legislaciones político-electorales con baja calidad desde el punto de vista de la técnica legislativa, imprecisiones e incluso contradicciones entre las normas generales y las específicas, todo lo cual aumenta la dificultad a la hora de elaborar el análisis comparado.

Una tercera limitación se relaciona con el tiempo transcurrido desde la adopción de las reformas político-electorales al año 2016. Si bien en algunos países, y sobre algunos temas, el tiempo transcurrido es lo suficientemente largo para intentar sacar conclusiones preliminares, por el contrario, respecto de un buen número de países y de una cantidad considerable de temas es aún prematuro pretender sacar conclusiones contundentes.

Las reformas demandan más tiempo para su maduración, y tanto los actores (sobre todo, debido a la alta volatilidad de algunos sistemas de partidos) como la ciudadanía están aprendiendo a adaptarse a las nuevas reglas del juego. Sin embargo, en estas tres décadas y media ha dado inicio un importante proceso de aprendizaje, de ensayo y error, del cual es posible extraer enseñanzas valiosas de cara a las reformas político-electorales del futuro inmediato.

Público meta. Los principales destinatarios de esta obra, si bien no los únicos, son: *1)* los políticos (y sus asesores) o los responsables de la toma de decisiones en la vida política de los países de la región; *2)* los legisladores involucrados en la evaluación y constante revisión de las normas político-electorales; *3)* los miembros y funcionarios de los organismos electorales; *4)* los miembros de los organismos internacionales, institutos políticos y fundaciones que realizan estudios e investigaciones y llevan a cabo programas de asistencia técnica en este ámbito; *5)* los miembros de la sociedad civil interesados en participar en los procesos de discusión y control ciudadano, y *6)* los expertos y académicos interesados en el estudio y la investigación de los procesos de reforma político-electoral e innovación institucional en América Latina.

REFLEXIÓN FINAL

Este libro ha pasado por un largo periodo de gestación. Es el producto de muchos años (cerca de tres décadas) de estudio, investigación y trabajo en el terreno de la consultoría política y electoral de naturaleza institucional en América Latina. En su redacción me he beneficiado de trabajos académicos, consejos y experiencias de un gran número de personas provenientes de diferentes sectores (políticos, legisladores, miembros de organismos electorales, académicos, sociedad civil, organismos internacionales), a las cuales sería imposible intentar enumerar, y a quienes expreso mi reconocimiento y gratitud.

En su redacción me he nutrido, asimismo, en varias de mis obras colectivas previas, en especial: De las normas a las buenas prácticas: el desafío del financiamiento político en América Latina (2004); La política importa. Democracia y desarrollo en América Latina (2006); Regulación jurídica de los partidos políticos en América Latina (2006); Reforma política y electoral en América Latina, 1978-2007 (2008); Cómo hacer que funcione el sistema presidencial (2009); Financiamiento de los partidos políticos en América Latina (2011); Democracias en movimiento. Mecanismos de democracia directa y participativa en América Latina (2014); El costo de la democracia: Ensayos sobre el financiamiento político en América Latina (2015).

Mi deseo más profundo es que esta obra contribuya a enriquecer el debate y a alentar el intercambio de experiencias comparadas (buenas y malas prácticas) sobre las reformas político-electorales y los procesos de innovación institucional dirigidos a fortalecer la integridad de las elecciones y a mejorar la calidad de la democracia y de sus instituciones políticas en la etapa de pos transición que vive actualmente América Latina.[40]

---

40 Coincido plenamente con Dante Caputo para quien América Latina vive actualmente su fase postransición, cuyo rasgo principal es: "que los desafíos actuales tienen menos que ver con el retorno del pasado militar en la región que con las grandes dificultades para expandir los derechos de ciudadanía y la proliferación de grandes concentraciones de poder político opuestas al objetivo democrático", en OEA (coord.), *Política, dinero y poder. Un dilema para las democracias de las Américas*, FCE, OEA, IFE, Gobierno de España, IDEA Internacional, México, 2011, p. 29 (Col. Política y Derecho). Disponible también en: www.oas.org/es/sap/docs/OEA_Poliit_dinero_poder_s.pdf.

I.   LA TERCERA OLA DEMOCRÁTICA EN AMÉRICA LATINA (1978-2016)

1. *La larga y trágica noche que precedió a "La tercera ola".*

MIENTRAS más trabajan los historiadores y mientras más se fortalece entre nosotros lo que llamamos "memoria histórica", más sabemos de qué trató realmente el periodo autoritario y dictatorial de América Latina. La evidencia, la labor historiográfica y la reconstrucción literaria muestran la naturaleza de aquella larga y trágica noche que postergó o suspendió la democracia en nuestra región durante décadas. A través de informes rigurosamente documentados y preparados dentro de las instituciones democráticas es posible reconocer, a la distancia, sus rasgos más cruentos.[41]

En Argentina, el presidente Raúl Alfonsín creó la Comisión Nacional sobre la Desaparición de Personas (Conadep), la cual investigó los crímenes del gobierno militar entre 1976 y 1983. En su histórico informe *Nunca Más*, de 1984,[42] la citada Comisión –presidida por el escritor Ernesto Sábato– identificó a 8.960 desaparecidos; señaló, además, que el número podía ser mayor y elaboró una lista de más de 1.000 responsables directos de la represión ejercida por la dictadura militar.

Más de dos décadas después, en 2005, el Congreso argentino declaró la nulidad de las leyes de Obediencia Debida y de Punto Final,

---

41   Michel Lund, Myriam Méndez-Montalvo y Daniel Zovatto G., "Comisiones de la verdad. La experiencia latinoamericana", *Nexos: 47,* vol. XXVI, núm. 319, año 26, 2004, pp. 47-53.

42   Comisión Nacional sobre la Desaparición de Personas (Conadep), informe *Nunca más,* conocido también como "Informe Sábato", septiembre de 1984.

tras lo cual instrumentó un abanico de políticas públicas para la memoria y la educación cívica, y creó archivos y museos que permiten, desde el presente democrático, enfrentar el doloroso pasado de la masacre perpetrada.

A su modo, otras naciones de la región han vivido procesos de transición similares. Así, por ejemplo, en septiembre de 2003 el Presidente de Chile, Ricardo Lagos, encomendó a una comisión de ocho personas –presidida por el obispo Sergio Valech y denominada Comisión Asesora para la Calificación de Detenidos Desaparecidos, Ejecutados Políticos y Víctimas de Prisión Política y Tortura– la elaboración de un informe sobre las torturas perpetradas durante los 17 años de la dictadura (desde el 11 de septiembre de 1973 hasta el 10 de marzo de 1990).

El resultado, tras 12 meses de indagatorias, fue un extenso y bien documentado informe que dio cuenta de los más de 800 centros de tortura, las técnicas empleadas, el contexto político, los testimonios, las trágicas consecuencias que éstas acarrearon en las vidas de miles de víctimas y las propuestas para la reparación de daños.[43]

Después de este informe, el presidente Lagos creó, en 2010, el Instituto Nacional de Derechos Humanos con el fin de preservar el testimonio de las víctimas y considerarlo "un patrimonio de Chile" para las futuras generaciones. En una entrevista con el diario español *El País*, en 2004, Lagos señaló: "Pasarán 30, 40, 50 años, pero las generaciones futuras tienen que saber, para que ¡nunca más! –Y agregó–: Nos hemos atrevido a mirar la verdad sin esconderla debajo de la alfombra".[44]

---

43 El propósito de la Comisión Valech era suplir las carencias de la Comisión Rettig, que sólo se pronunció sobre quienes habían muerto a manos de agentes del Estado durante el gobierno militar. Las torturas y prisiones no habían sido contempladas con anterioridad. Mediante este acto, Lagos reivindicaba la dignidad de estas otras víctimas de la dictadura. El logro (si bien parcial) de la Comisión Rettig fue haber establecido durante el primer gobierno de la transición, en 1991, la existencia de 3.000 detenidos-desaparecidos y ejecutados políticos, cuya existencia siempre negó la dictadura pinochetista.

44 Ricardo Lagos, entrevista, *El País* (Madrid, 5 de diciembre 2004).

Por su parte, el 10 de diciembre de 2014, la presidenta Bachelet, con el objetivo de poner fin a la amnistía que encubre los crímenes cometidos durante la dictadura de Augusto Pinochet, envió al Congreso una serie de proyectos de ley para declarar imprescriptibles los delitos de lesa humanidad y crear la Subsecretaria de Derechos Humanos.[45] El anuncio se realizó el mismo día en que se conmemora la Declaración Universal de los Derechos Humanos y que, en Chile, coincidió con el octavo aniversario de la muerte del general Pinochet, cuya dictadura dejó un saldo de más de 3.200 muertos y desaparecidos.

En el caso de Perú, el Informe de la Comisión de la Verdad y Reconciliación (CVR),[46] presidida por Salomón Lerner Febres, documentó de un modo conmovedor la guerra que en dos décadas condenó a muerte a 69.000 peruanos, en su inmensa mayoría pobres, totalmente inocentes atrapados entre la lógica dictatorial del gobierno y la apuesta totalitaria de Sendero Luminoso.

---

45   Cabe tener presente que, en la práctica, la Corte Suprema dejó de aplicar esta ley de amnistía desde 2004, acogiéndose a convenios internacionales suscritos antes de la dictadura de Pinochet. La Ley 20.885 creó la Subsecretaria de Derechos Humanos y adecuó la ley orgánica del Ministerio de Justicia. Respecto de los crímenes de lesa humanidad, la reforma para declararlos imprescriptibles e inamnistiables a la fecha (diciembre de 2015) aún no ha sido aprobada.

46   La Comisión de la Verdad y de la Reconciliación (CVR) fue creada en junio de 2001 por el presidente provisional Valentín Paniagua, quien convocó a diferentes miembros de la sociedad civil. La Presidencia estaba a cargo de Salomón Lerner Febres, entonces rector de la Pontificia Universidad Católica del Perú. Su objetivo principal fue elaborar un informe sobre la violencia armada interna, vivida en Perú entre 1980 y 2000. Además de investigar la violencia terrorista de Sendero Luminoso y el Movimiento Revolucionario Túpac Amaru (MRTA), la CVR intentó profundizar en las causas de esa violencia y en la dura represión militar contra estos movimientos terroristas, que cobró principalmente víctimas civiles en este fuego cruzado. Para ello, recogió el testimonio de 16.985 personas y organizó 21 audiencias con las víctimas de la violencia, a las que asistieron más de 9.500 personas. El Informe Final se hizo público en agosto de 2003, ante el presidente Toledo. Disponible en: Wikipedia: http://es.wikipe-dia.org/wiki/Comisi%C3%-B3n_de_la_Verdad_y_Reconciliaci%C3%B3n_(Per%C3%BA).

En El Salvador, la Organización de las Naciones Unidas (ONU) designó una comisión en 1991, tras 12 años de guerra civil entre el gobierno y el Frente Farabundo Martí para la Liberación Nacional (FMLN). De las 22,000 denuncias de violaciones a los derechos humanos que estudió la comisión, 5% se atribuyó a la guerrilla y el resto al Ejército y sus escuadrones paramilitares.[47] Por su parte, en Guatemala, la Comisión para el Esclarecimiento Histórico (CEH) estudió más de 8.000 testimonios y 42. 275 muertes en 36 años de guerra civil.[48]

Varios otros países, entre ellos Brasil y Uruguay, también han hecho importantes esfuerzos para recordar y documentar (construir memoria histórica) lo que pasó durante aquella etapa trágica, marcada por la infamia y por el miedo a hacer política.[49]

---

47   La Comisión de la Verdad para El Salvador fue un organismo establecido por los Acuerdos de Paz de Chapultepec, que pusieron fin a la guerra civil que vivió ese país. Investigó las más graves violaciones a los derechos humanos ocurridas durante este conflicto bélico. La Comisión estuvo constituida por el ex presidente colombiano Belisario Betancur, el venezolano Reinaldo Figueredo y el estadounidense Thomas Buergenthal, designados para esta función por la ONU. Disponible en: Wikipedia, http://es.wikipedia.org/wiki/Comisi%C3%B3n_de_la_Verdad_para_El_Salvador.

48   Según el informe de la ONU "Comisión para el Esclarecimiento Histórico, durante el llamado Genocidio Maya", se produjeron más de 200.000 muertos y más de 45.000 desaparecidos a lo largo de la contienda que duró 36 años. Según la ONU, militares y paramilitares cometieron 80% de los crímenes. Anualmente, se perpetraron 6.000 asesinatos, de los que 98% ha quedado sin castigo ya que las víctimas, en su mayoría indígenas mayas, no se atrevieron a interponer los correspondientes recursos judiciales. Disponible en: Wikipedia: http://es.wikipedia.org/wiki/Genocidio_guatemalteco. También, véase, Carlos Sabino, *Guatemala: la historia silenciada (1944-1989)*, II Tomos, Fondo de Cultura Económica, Guatemala, 2008.

49   En mayo de 2012 la Presidente de Brasil, Dilma Rousseff, instaló la Comisión Nacional de la Verdad (CNV), creada por Rousseff en 2011, la cual tiene la responsabilidad de investigar y esclarecer las violaciones de los derechos humanos cometidas durante la dictadura militar. Esta Comisión tiene un plazo de dos años para investigar los crímenes contra los derechos humanos ocurridos entre 1946 y 1988, aunque se centrará sobre todo en el último régimen militar (1964-1985). La Comisión de la Verdad de Brasil solicitó en el mes de noviembre de 2014 la sanción penal contra agentes

No es éste el sitio para recrear las páginas de los citados informes, pero es pertinente aludir a su contexto, fruto de la vida en democracia. Y es que América Latina ya puede recordar en democracia lo que vivió hace más de 37 años, porque su política y su sociedad son hoy, afortunadamente, otra cosa. Como bien apunta Elster, "no se puede recordar el presente". Una sociedad "que ha cursado su transición de un régimen a otro, necesita realizar un corte de caja en el calendario",[50] tiene la necesidad de llamar "pasado" a un conjunto de hechos para poder "recordarlos". Esto es especialmente cierto cuando lo recordado es un momento de gran sufrimiento colectivo padecido por toda una sociedad.

Empezar con este breve inventario de tan malos recuerdos responde simplemente a la necesidad de señalar de dónde viene la región (de dónde venimos los latinoamericanos), describiendo de manera somera el escenario del que las sociedades latinoamericanas quisieron escapar denodadamente. Si se reuniera el cúmulo de informes, documentos, cifras y testimonios que se han elaborado en América Latina para no olvidar su pasado autoritario y las graves violaciones a los derechos humanos cometidas durante este trágico periodo de nuestra historia, se entendería al instante la urgencia que experimentó la región, hace tres décadas y media, para alcanzar o recuperar, según sea el caso, la democracia.

---

públicos que cometieron crímenes durante la dictadura en este país, y el 10 de diciembre de 2014 la citada Comisión presentó su informe final sobre las violaciones a los derechos humanos cometidos durante la dictadura militar entre 1964 y 1985 que, según el informe, dejó 191 muertos y 243 desaparecidos. La principal conclusión de la CNV es que ha quedado verificado el carácter sistemático de las violaciones de los derechos humanos. Algunas de las principales recomendaciones de la CNV son: *1)* que las fuerzas ramadas reconozcan las violaciones; *2)* que no se aplique la Ley de Amnistía de 1979 a los responsables de los abusos; *3)* que se apliquen medidas judiciales contra sus autores, y *4)* que las policías de todos los estados brasileños sean desmilitarizadas. Por su parte en Uruguay, en abril de 2011, la Cámara de Senadores aprobó un proyecto que dejó sin efecto la Ley de Caducidad, permitiendo con ello poner fin a la amnistía para así juzgar a los militares que cometieron crímenes entre 1973 y 1985.

50 Jon Elster, *Rendición de Cuentas. La justicia transicional en perspectiva histórica*, Editorial Katz, Buenos Aires, 2006, p. 100.

Por ello, la presente investigación tiene como punto de partida la convicción, expresada por Guillermo O'Donnell,[51] de que es hora de realizar un alto en el camino y examinar con rigor, sin contemplaciones ni disculpas, a los regímenes políticos desarrollados en América Latina durante los últimos 38 años. Es necesario elaborar un examen riguroso de la democracia existente en nuestros países y emprender la crítica democrática a las democracias, pero sin olvidar, ni siquiera por un momento, que la más imperfecta de nuestras democracias actuales será siempre infinitamente superior que la más blanda de las dictaduras.

2. *Transición y consolidación democrática: breve revisión de la literatura comparada*[52]

En la doctrina no existe acuerdo acerca de cuáles son las causas principales que explican la transición del autoritarismo a la democracia y su posterior consolidación o no. Huntington,[53] por ejemplo, elabora una lista que contiene 27 diferentes factores que, afirma, han sido esgrimidos por la literatura politológica y sociológica para promover la democracia.

Una rápida revisión de la literatura comparada evidencia la existencia de diferentes enfoques metodológicos en los últimos 50 años. Como bien señala Colomer:[54]

> Dos enfoques básicos se pueden distinguir en la literatura sobre cambio de régimen y transiciones a la democracia. Uno enfatiza los

---

51 Guillermo O'Donnell, *Disonancias. Críticas democráticas a la democracia*, Prometeo Libros, Buenos Aires, 2007.

52 Para este sección hemos utilizado extensamente y en detalle el excelente artículo de Daron Acemoglu y James A. Robinson, "A Theory of Political Transitions", *The American Economic Review*, vol. 91, núm. 4 (septiembre de 2001), pp. 938-963.

53 Samuel P. Huntington *La tercera ola. La democratización a finales del siglo XX*, Paidós, Barcelona, 1994, pp. 37-38.

54 Josep M, Colomer, *Teorías de la transición*, Paidós, Barcelona, 1994, pp. 37-38, así como en *Revista de Estudios Políticos* (Nueva época), núm. 86, Madrid, octubre-diciembre de 1994. Disponible en versión digital: http://www.cepc.es/rap/Publicaciones/Revistas/3/REPNE_086_241.pdf.

requisitos estructurales, socioeconómicos o culturales de la democracia [...] El otro enfoque toma los regímenes políticos como resultados de procesos estratégicos de cambio. Aquí se da el papel principal a opciones e interacciones por parte de los actores.

A finales de los años cincuenta del siglo pasado varios autores (como ya tuvimos ocasión de analizar en la introducción), entre ellos Lipset y Moore, dieron origen a la "corriente estructuralista" que ponía el acento en la forma en la cual factores socioeconómicos subyacentes determinan el surgimiento de la democracia.

Para Lipset,[55] como también tuvimos ocasión de analizar en la introducción, existe una fuerte correlación empírica entre el ingreso per cápita y la democracia, señalando que el surgimiento de la democracia se produjo cuando la sociedad se modernizó, "un proceso asociado con la urbanización creciente, una importancia mayor de la industria, logros educativos más altos y la creciente complejidad de la sociedad".

Dentro de esta misma línea de pensamiento, Moore[56] señaló que la democracia es únicamente uno de los tres "caminos al mundo moderno"; los otros dos fueron el fascismo y la revolución comunista. Según este autor, la democracia surgió cuando la agricultura se comercializó y dejó de caracterizarse por relaciones laborales feudales y semifeudales, y donde la burguesía se fortaleció.

Estos enfoques "estructurales", como bien apuntan Acemoglu y Robinson,[57] fueron objeto de crítica de parte de numerosos politólogos en la década de 1970 por ser demasiado deterministas y apolíticos, entre los que destacan Linz,[58] Rustow[59] y Stepan.[60] Esta crítica

55 Seymour Martin Lipset, "Some Social Requisites of Democracy: Economic Development and Political Legitimacy", *American Political Science Review*, vol. 53, núm. 1, 1959.

56 Barrington Moore, *Social Origins of Dictatorship and Democracy: Lord and Peasant in the Making of the Modern World*, Beacon Press, Boston, 1966.

57 Daron Acemoglu y James A. Robinson, "A Theory of Political Transitions", art. *cit.*, 2001.

58 Juan José Linz, "Crisis, Breakdown, and Reequalibration", en Juan José Linz y Alfred Stepan, *The Breakdown of Democratic Regimes*, The Johns Hopkins University Press, Baltimore, 1978.

vino acompañada asimismo de un cambio de enfoque: se pasó de la democratización al colapso de la democracia. El proyecto de investigación comparado sobre el colapso de la democracia encabezado por Linz y Stepan fue clave en la reorientación del enfoque de parte de un sector importante de la doctrina.

Estos autores proponían poner atención sistemática a la dinámica del proceso político de descomposición y el colapso de la democracia. De acuerdo con su análisis, el colapso o no de la democracia no estaba determinado por estructuras o condiciones socioeconómicas, sino que era consecuencia de opciones específicas, tanto favorables como desfavorables para la democracia, de parte de los actores relevantes. Más precisamente, para Linz,[61] la democracia colapsa porque pierde "legitimidad", fenómeno que sucede debido a una falla de los políticos demócratas como consecuencia de su incapacidad de resolver los problemas.

Durante la década de 1970, Dahl[62] propuso un nuevo marco metodológico para entender el proceso de democratización, cuya tesis central afirma que quienes gobiernan se democratizarán cuando el costo de tolerar a la oposición caiga –de manera que estarán preparados para darles derechos políticos– o, bien, cuando los costos de la represión se vuelvan demasiado altos. Para el padre de la poliarquía, la democracia surgió cuando el poder llegó a estar ampliamente distribuido en la sociedad, es decir cuando la sociedad se volvió pluralista –algo inducido, por ejemplo, por el crecimiento en los ingresos y la industrialización–, lo cual produjo que los costos de reprimir se volvieran altos y, simultáneamente, los costos de la tolerancia se volvieran bajos.

59 Walt Whitman Rostow, *Politics and the Stages of Growth*, Cambridge University Press, Cambridge (MA), 1971.

60 Juan José Linz y Alfred C. Stepan, *The Breakdown of Democratic Regimes*, *op. cit.*, 1978.

61 *Ibídem*, p. 50.

62 Robert Alan Dahl, *Polyarchy; Participation and Opposition*, Yale University Press, New Haven, 1971, pp. 15-16.

Dentro de la misma década encontramos, asimismo, a O'Donnell[63] quien fue un crítico mordaz de la teoría de la modernización, haciendo notar que el colapso de la democracia en América Latina mediante golpes de Estado –que tuvieron lugar durante las décadas de 1960 y 1970 precisamente en los países latinoamericanos más ricos: Argentina, Brasil y Uruguay– debilitó severamente la confianza en la tesis principal de esta teoría: la relación entre ingresos y democracia, y la idea de que la modernización promovía la democracia.

En la década de 1980 asistimos a un nuevo cambio de enfoque: se regresa al tema de las democratizaciones. Destaca por su importancia el proyecto de "transiciones" dirigido por O'Donnell, Schmitter, Whitehead, y el posterior libro de O'Donnell y Schmitter,[64] que recoge las conclusiones principales de esta investigación, en línea con la tesis metodológica de Linz y Stepan que sostenía que las explicaciones estructurales sobre las democratizaciones eran inadecuadas. El libro de O'Donnell y Schmitter distingue entre los "duros" y los "blandos" en un régimen autoritario; analiza las varias interacciones entre los grupos relevantes y los tipos de situaciones y dilemas que pueden surgir entre el fin de un régimen autoritario y el inicio de la democracia; enfatiza que la democracia es creada por la voluntad y las decisiones de individuos que están escasamente constreñidos por factores ambientales, y si bien no presenta una explicación sobre cuándo ocurre la democratización, sí ofrece varias generalizaciones, la más famosa de las cuales expresa: "Afirmamos que no hay transición alguna cuyo inicio no sea la consecuencia –directa o indirecta– de importantes divisiones dentro del régimen autoritario mismo, principalmente a lo largo de la fluctuante segmentación entre duros y blandos".[65]

En la siguiente década, la atención de la investigación comparada puso acento en la consolidación democrática, en especial, las

---

63 Guillermo O'Donnell, *Modernization and Bureaucratic-Authoritarianism*, Institute for International Studies, UCLA, Berkeley, 1973.

64 Guillermo O'Donnell y Philippe C. Schmitter, *Transitions from Authoritarian Rule; Tentative Conclusions about Uncertain Democracies*, The Johns Hopkins University Press, Baltimore, 1986.

65 *Ibídem*, p. 19.

diferencias en la naturaleza de la democracia y la existencia de diferentes caminos de los regímenes autoritarios a los democráticos. De los numerosos y valiosos trabajos, destaca la investigación de Linz y Stepan,[66] basados en la idea central de que la forma que toma la democracia, una vez iniciada, depende de la naturaleza del régimen anterior. Y dentro de esta línea de pensamiento, Linz y Stepan distinguen cuatro tipos de régimen no democrático: autoritario, totalitario, postotalitario y sultanístico[67]. El tipo de democracia que surge corrientemente depende, según el punto de vista de estos autores, del tipo de régimen no democrático que inicialmente estaba montado.[68]

Durante la década de 1990, la literatura sobre la consolidación democrática también atestigua el resurgimiento de enfoques que ponen énfasis en la cultura política, cuyo principal antecedente son los trabajos de Almond y Verba,[69] viendo a ésta como un factor de peso que influye de manera determinante en los procesos de consolidación.[70]

Como bien señalan Acemoglu y Robinson,[71] otros autores, entre ellos Huntington, han intentado integrar tanto enfoques estructurales como aquellos basados en actores a la democracia y su consolidación. Huntington[72] propuso una compleja red de factores que influencian la democratización, y argumentaba que éstos varían de acuerdo con cuál "ola" de democracia se analizaba. Y respecto a La tercera ola, Huntington enumera cinco factores como los más im-

---

66 Juan José Linz y Alfred Stepan, *Problems of Democratic Transition and Consolidation: Southern Europe, South America, and Post-Communist Europe*, The Johns Hopkins University Press, Baltimore, 1996.

67 Giovanni Sartori, *Il sultanato*, Laterza, Roma, 2009.

68 *Ibídem*, p. 55.

69 Gabriel Almond y Sidney Verba, *The Civic Culture: Political Attitudes and Democracy in Five Nations*, Little, Brown, and Co., Boston, 1963.

70 Larry Diamond, *Developing Democracy: Toward Consolidation*, The Johns Hopkins University Press, Baltimore, 1999.

71 Daron Acemoglu y James A. Robinson, "A Theory of Political...", art. *cit.*, 2001.

72 Samuel P Huntington., *The Third Wave: Democratization in the Late 20th Century,* University of Oklahoma Press, Norman, Oklahoma, 1991, pp. 45-46.

portantes, a saber: *1*) la crisis de legitimidad autoritaria creada por la recesión económica inducida por los impactos del petróleo en la década de 1970 y la crisis de la deuda internacional de la década de 1980; *2*) el crecimiento del ingreso y el aumento en educación que se experimentó en la década de 1960; *3*) el cambio en la actitud de la Iglesia católica; *4*) los cambios en las políticas de las instituciones internacionales, los Estados Unidos y la Unión Soviética, y *5*) el efecto multiplicador de protestas que llevó al contagio y la diseminación internacional de la democracia.

Para Acemoglu y Robinson, el discurso de Huntington sobre los efectos del nivel de ingresos en la democracia difiere poco del de Lipset. Argumenta que durante La tercera ola la democracia se vio beneficiada por los "niveles más altos de bienestar económico, que llevaron a alfabetismo, educación y urbanización más diseminados, una clase media más grande y el desarrollo de valores y actitudes que apoyan la democracia".[73]

Sin embargo, "el surgimiento de condiciones sociales, económicas y externas favorables a la democracia nunca es suficiente para producir democracia. Cualesquiera que sean sus motivos, algunos líderes políticos tienen que querer que suceda".[74] Por lo tanto, las condiciones estructurales son necesarias, pero no suficientes para que la democratización ocurra. El análisis de Huntington del proceso de democratización en muchos aspectos refleja el de O'Donnell y Schmitter.[75]

Otro trabajo importante que hay que considerar es el de Haggard y Kaufman,[76] quienes se concentran en demostrar la importancia de las crisis económicas en precipitar democratizaciones, y después se enfocan en la interacción entre democratización, reformas políticas económicas y consolidación democrática. Este trabajo sugiere que el principal mecanismo de transmisión entre las crisis y las transi-

---

73 Daron Acemoglu y James A. Robinson, "A Theory of Political...", art. *cit.*, p. 106.

74 *Ibídem*, p. 108.

75 Guillermo O'Donnell y Philippe C. Schmitter, *Transitions...*, *op. cit.*, 1986.

76 Stephan Haggard y Robert. R. Kaufman. *The Political Economy of Democratic Transitions*, Princeton University Press, Princeton, 1995.

ciones democráticas es que las crisis engendran descontento social contra los regímenes no democráticos.

Por su parte, Mainwaring y Pérez-Liñán, en un reciente libro,[77] proponen un enfoque alternativo al denominado "excepcionalismo latinoamericano".[78] Formulan su hipótesis privilegiando a los actores políticos por encima de las explicaciones estructuralistas y las características culturales; enfatizando la importancia de los factores políticos por encima de los económicos, e incluyendo el contexto regional como elemento clave para tener en cuenta.

Para los citados autores, los cambios de régimen político en América Latina se explican por las siguientes tres variables principales: *1)* la radicalidad e intensidad de las preferencias por las políticas públicas de los actores, pues su proclividad por políticas radicales aumenta la probabilidad de quiebre tanto para las democracias como para las semidemocracias; *2)* las preferencias normativas de los actores hacia el tipo de régimen, pues su preferencia por la democracia aumenta la probabilidad de transición hacia regímenes competitivos a la vez que los previenen de su quiebra, y *3)* la influencia directa e indirecta de los actores internacionales, pues un contexto regional favorable a la democracia hace más probables las

---

77 Scott P. Mainwaring y Aníbal Pérez-Liñán, *Democracies and Dictatorships in Latin America. Emergence, Survival, and Fall*, Cambridge. University Press, Cambridge (MA), 2013.

78 Por "excepcionalismo latinoamericano" se hace referencia al hecho de que los indicadores clásicos de modernización económica son malos indicadores del cambio y sobrevivencia de los regímenes políticos en la región. Dicho "excepcionalismo" consiste en que la modernización económica tardía, en lugar de derivar en democracias, lo hiciera en autoritarismos burocráticos en el Cono Sur durante las décadas de 1960 y 1970. Pero también al hecho de que la generación de democracias y semidemocracias latinoamericanas a partir de mediados de los años setenta hayan sobrevivido condiciones que las teorías de la modernización consideran desfavorables: crisis económicas, alta inflación, bajo crecimiento y desigualdad persistente. Sabina Morales, "Reseña" del libro de Scott P. Mainwaring y Aníbal Pérez-Liñán, *Democracies and Dictatorships,,,, op. cit.*, 2013, *Crolar-Critical Reviews on Latin American Research*, vol. 3, núm. 2, 2014, pp. 91-93. Disponible también en: http://www.crolar.org/index.php/crolar/article/view/155/pdf_90.

transiciones a los regímenes competitivos al mismo tiempo que les sirve de factor protector contra su quiebre.[79]

En resumen: un análisis comparado de la literatura sobre La tercera ola permite identificar y sistematizar una serie de acuerdos en relación con los factores que facilitan y obstruyen los procesos de democratización. Los siguientes son los más comunes:

➢ Existen pocas condiciones preexistentes para el surgimiento de la democracia.

➢ No hay un factor único suficiente o necesario para el surgimiento de la democracia. Por el contrario, el surgimiento de la democracia en un país es el resultado de una combinación de múltiples causas.

➢ La combinación de causas que promueven la transición a la democracia y su consolidación varía de país a país.

➢ Las causas responsables del surgimiento de la democracia no son las mismas que promueven su consolidación.

➢ La combinación de causas generalmente responsables para una ola de democratización difiere de las responsables de otras olas posteriores.[80]

Como bien señala Shin, la corriente mayoritaria de los politólogos pareciera coincidir en que:

> [...] el establecimiento de una democracia viable en una nación ya no se ve más como el producto de niveles más altos de modernización, ilustrados por riqueza, estructura de clase burguesa, valores culturales tolerantes e independencia económica de actores externos. En vez de eso, se ve más como un producto de interacciones estratégicas y acuerdos entre élites políticas, escogencias conscientes entre varios tipos de constituciones democráticas y sistemas electorales y de partidos.[81]

---

79 *Idem.*

80 *Ibídem*, p. 151.

81 Doh C. Shin, citado en Daron Acemoglu y James A. Robinson, "A Theory of Political...", art. *cit.,* p. 108.

3. La tercera ola democrática en América Latina

A. El rol de las elecciones durante la transición democrática: una visión retrospectiva

Desde finales de la década de 1970 y hasta la fecha, América Latina vive el proceso de transición a la democracia de mayor amplitud, profundidad y permanencia de toda su historia. El aumento del número de democracias en la región entre 1978 y 2000 ha sido impresionante. En 1900 sólo el 5% de la población latinoamericana disfrutaba vivir en un régimen democrático o semidemocrático. En 1950 el porcentaje subió a 58%, para luego caer a 12% durante el apogeo de las dictaduras militares (mediados de 1970), para recuperarse posteriormente y llegar a 98% en 2006.[82] Como ya señalamos, esta transición formó parte de un proceso mayor de democratización –"La tercera ola" en palabras de Huntington– que abarcó zonas periféricas del mundo avanzado (España, Grecia, Portugal y Turquía), el mundo socialista, una parte importante del tercer mundo y la totalidad de América Latina , con la única excepción de Cuba.

Los primeros procesos de apertura y transición a la democracia en América Latina, tuvieron lugar en República Dominicana (1978) y la región Andina, encabezados por Ecuador (1976-1979), Perú (1980) y Bolivia (con serias dificultades entre 1979-1982). De la región Andina, la ola se trasladó, a principios de los ochenta, a América Central: Honduras, Guatemala y El Salvador. Entre 1984 y 1989 marchó a los países del Cono Sur: Argentina, Brasil y Uruguay. Finalmente, entre 1989 y 1990, se agregaron los países restantes: Chile y Paraguay (1989), Nicaragua y Panamá (1990).

A partir de los años setenta, México comenzó a experimentar cambios en la estructura de su partido dominante –el Revolucionario Institucional (PRI)–. Durante la presidencia de Salinas de Gortari (1988-1994), pero sobre todo durante la de Zedillo (1994-2000), se puso en marcha un proceso de reforma política, cuyos resultados en la elección de medio periodo del 6 de julio de 1997 vivieron su

---

82 Scott P. Mainwaring y Aníbal Pérez-Liñán, *Democracies and Dictatorships...*, *op. cit.*, 2013, p. 4.

prueba de fuego más importante. En 2000 con el triunfo de Vicente Fox del Partido Acción Nacional (PAN) se produjo la alternancia después de más de siete décadas ininterrumpidas de gobiernos priistas. Después de dos gobiernos consecutivos del PAN, por espacio de 12 años (Vicente Fox y Felipe Calderón), el PRI regresó a los Pinos en 2012 de la mano de Enrique Peña Nieto.

Colombia, por su parte, incorporó al juego político a un sector importante del movimiento guerrillero M19 y adoptó, en 1991, por consenso, una nueva Constitución Política con el propósito de renovar su sistema político. La idea tuvo como uno de sus objetivos principales debilitar la partidocracia tradicional, al punto que se impuso un calendario electoral que desligaba todos los mandatos. Se impuso la idea de una consulta directa a la ciudadanía mediante la incorporación de mecanismos de democracia directa que complementaran la democracia representativa; sin embargo, ello produjo el efecto no deseado del debilitamiento del sistema de partidos y el incremento de la influencia del dinero proveniente del narcotráfico y de los paramilitares en el campo electoral.

El proceso de transición a la democracia durante La tercera ola se basó en tres grandes movimientos: *i*) liberalización, que impuso las antiguas normas provenientes de la revolución noratlántica de finales del siglo XIX –en su versión moderna, supone un discurso acerca del respeto de los derechos humanos, civiles y políticos, que se expresan bajo la forma de una "etización" de la política, expresada en la conexión entre ética y derechos humanos–; *ii*) imposición de formas de economías de mercado más "puras", menos controladas por el Estado, que supuso el fin de las regulaciones y planificaciones, la pérdida del papel dominante del Estado como agente económico, y una apertura creciente de las economías, y *iii*) proceso de construcción o reconstrucción de la democracia, según el país en cuestión, entendiendo por tal, exclusivamente, la construcción de una "poliarquía", es decir, restringiendo la definición del término democracia exclusivamente a sus aspectos políticos, de acuerdo con la formulación realizada por Dahl.

Sin embargo, algunos regímenes plebiscitarios o populistas de la región han degenerado en situaciones que podrían entrar dentro de las llamadas "democracias iliberales" o "autoritarismos competitivos". Todos estos procesos de transición se hicieron bajo el imperio del concepto de democracia política (también denominada formal o procedimental), dejando de lado el concepto de democracia "sustantiva", que permeó gran parte del discurso de izquierda en los años sesenta y setenta del siglo pasado. Se trató, por tanto, exclusivamente, de superar situaciones autoritarias, recobrando o adquiriendo libertades políticas y creando condiciones para la celebración de elecciones libres, justas y competitivas capaces de legitimar a los nuevos gobiernos.

Fue precisamente dentro de este contexto de transición a la democracia que se celebraron, a finales de los setenta y durante los ochenta, la totalidad de las elecciones "fundantes" o de "apertura" en América Latina. Las elecciones fueron, así, una parte fundamental del proceso de transición a la democracia en la región, pero para su éxito tuvieron que ser parte, en la gran mayoría de los casos, de un acuerdo global de traspaso de régimen. Cuando este acuerdo existió, las elecciones trajeron moderación a la escena política y contribuyeron significativamente en favor del proceso de redemocratización. Por el contrario, a falta de acuerdo, las elecciones fueron actos rituales, incapaces de generar confianza y credibilidad en las autoridades electas mediante el fraude (Panamá, 1989), o de contribuir a la solución de la grave crisis política (Nicaragua, 1984; El Salvador, 1989; República Dominicana, 1994, y Perú, 2000).

En estos cinco casos, las elecciones, lejos de contribuir a la solución de la crisis política, constituyeron parte sustancial de la misma. La solución provino de manera diferente en cada uno de ellos: intervención armada de los Estados Unidos en el caso de Panamá; mediación de la ONU (con participación de la OEA) en los casos de Nicaragua y El Salvador; presión de los Estados Unidos, de la OEA, de la comunidad internacional y de la Iglesia católica para acortar el mandato del Presidente reelecto (Joaquín Balaguer) y convocar a una nueva elección dos años antes en República Dominicana; y mediación de la OEA y fuerte presión de la oposición en Perú que condujo al final del "fujimorato".

B. *Los antecedentes*

Las transiciones de régimen político producidas en la Europa mediterránea de los años posteriores al término de la segunda Guerra Mundial, y las de los años setenta, si bien desembocaron en elecciones, éstas no constituyeron el paso prioritario. La primera fase del proceso de transición se debió a ocupaciones militares, como en Alemania e Italia; a complejas negociaciones, donde la elección fue un componente más, como en el caso español, o a un golpe militar que provocó la apertura política, como en Portugal. En todas estas situaciones, las elecciones fueron un agregado (que apareció tras la transición en sí misma y de la existencia de un gobierno provisional), que por lo general no implicaba más que refrendar lo actuado hasta ese momento.

Por el contrario, en América Latina, si bien algunos procesos electorales tuvieron ese alcance (Uruguay de 1984 es el caso típico), la mayoría de las elecciones fueron parte sustancial del acuerdo de transición, ya que no hubo administraciones de transición *ad hoc* sino que el antiguo régimen, aunque liberalizado, se mantuvo en pie hasta el final.

Así, en algunos países el proceso democrático estuvo precedido por el ajuste en las reglas del juego constitucional. A esos efectos fueron convocadas asambleas constituyentes, o se consultó a los electores en plebiscitos o referéndums. En otros casos, en cambio, se convocó directamente a la ciudadanía con el fin de elegir autoridades que se encargaran de los nuevos gobiernos y del proceso de cambio. El carácter de la consulta electoral y las restricciones que se impusieron dependieron de la fuerza del antiguo régimen.

Si se pasa lista a los procesos de cambio político operados en los años ochenta, observamos que hubo un solo caso de elecciones sin ningún tipo de condicionamientos, como única y exclusiva forma de transición: Argentina en 1983. La derrota militar en la guerra de las Malvinas un año antes, generó un vacío de poder que precipitó la salida del gobierno militar, que había tomado el poder en 1976 mediante un golpe de Estado. No existió, por tanto, ninguna negociación pública y explícita previa, ni sobre las reglas del juego democrático ni sobre las candidaturas posibles. Sencillamente, el sistema partidario debió autorregularse para enfrentar el cambio de régimen.

Al contrario, en los demás países donde se registraron procesos de transición, las elecciones, por lo general más de una, constituyeron la llave del cambio de régimen. Repasemos los casos: en Ecuador, a inicios de 1978, se aprobó por referéndum una nueva Constitución y en julio de ese mismo año se llevó a cabo la primera elección presidencial de la transición. Debido a que ningún candidato obtuvo el 50% más uno de los votos, hubo necesidad de ir a una segunda vuelta (celebrada en 1979) de la cual resultó electo Jaime Roldós quien moriría poco tiempo después (en 1981) en un accidente aéreo.

En Perú, se acordó la convocatoria a una constituyente para resolver el problema de la exclusión del partido Alianza Popular Revolucionaria Americana (APRA) y fijar las reglas del juego democrático. Aprobada la nueva Carta en julio de 1979, se convocó a elecciones generales en 1980, dando así inicio al proceso redemocratizador.

Bolivia tuvo una transición tortuosa durante los primeros años. Fue precisamente el resultado electoral de 1979 y 1980 el que prolongó, de 1979 a 1982, el cambio de régimen. Al no satisfacer el triunfo del Movimiento Nacionalista Revolucionario (MNR) a los personeros del *ancien régime,* durante este corto periodo se sucedieron varios golpes de Estado. El empate entre Unidad Democrática y Popular (UDP) y el MNR en 1979 y el triunfo de UDP, más el crecimiento de la izquierda en 1980, motivaron el desconocimiento de los resultados electorales. Pero los partidos también aprendieron una lección: sin un acuerdo en lo fundamental no habría retorno posible a la democracia.

A partir de los resultados de 1982, el gobierno de Hernán Siles Zuazo llevó a una colosal hiperinflación; sin embargo, desde esa fecha ya no hubo más golpes de Estado en Bolivia sino elecciones sucesivas acompañadas de sofisticados acuerdos entre las fuerzas políticas con el objetivo de alcanzar mayorías legislativas estables que aseguraran la gobernabilidad. Hubo, en cambio, varias crisis políticas durante la primera década de 2000 que llevaron, por un lado, a la salida anticipada de varios presidentes y, por el otro, a la llegada del gobierno de Evo Morales, a partir de 2006, el cual se mantiene hasta la fecha.

En Brasil, el largo proceso de "apertura" diseñado cuidadosamente por los militares, fue pautado por diversas consultas electorales, restringidas por las reglas impuestas por el régimen de facto anterior. Este proceso desembocó finalmente en una elección parlamentaria competitiva, dentro de un marco que excluyó la consulta presidencial directa en 1984, pero que delineó el escenario político conocido como "Nova República". A partir de allí, se abrió un proceso de cambio de las reglas del juego, convocando a una asamblea constituyente, la cual adoptó, en 1988, una nueva constitución política. Como culminación de este proceso, en 1989 se produjo la primera elección presidencial por votación popular directa.

En el caso chileno, en 1980, en pleno régimen militar, fue aprobada una nueva Constitución bajo la modalidad del referéndum. Esta normativa presidió el cambio de 1988-1989. Fracasados los intentos de derribar el régimen, mediante la combinación de presiones internas e internacionales durante el periodo 1982-1988, la oposición aceptó el reto impuesto por el régimen de facto y decidió transitar a la democracia de acuerdo con las reglas impuestas por Pinochet. Es por ello que disputó y ganó el plebiscito de octubre de 1988, el cual abrió el camino a la transición democrática.

En efecto, la derrota de Pinochet permitió acuerdos de élites para reformar no sólo la Constitución de 1980, sino también el sistema electoral (plebiscito de 1989), permitiendo así, en diciembre de 1989, la celebración de una elección competitiva que ganó la oposición de la mano de Patricio Aylwin. La condición para el triunfo de la oposición fue que ésta debió presentarse unida, pero no sólo a los efectos de ganar la confrontación electoral sino, además, para garantizar la gobernabilidad.

En Uruguay también fue una sucesión de eventos electorales lo que pautó el camino de la transición. El resultado adverso a los intereses de los militares en el poder, en el plebiscito de 1980, fue el primero de esos actos. Luego sobrevino una consulta para conformar autoridades partidarias y, finalmente, una elección nacional en 1984, con la exclusión de dos candidaturas presidenciales relevantes: la de Wilson Ferreira Aldunate (Partido Nacional) y la de Líber Seregni (Frente Amplio).

Paraguay es el único caso en que la elección de mayo de 1989 no fue el acto principal de la transición. Un golpe militar en febrero de ese mismo año puso fin al antiguo régimen, dando paso a un proceso de liberalización. Pero, en sí misma, la transición fue pautada por un cronograma electoral que sustituyó, en gran medida, a una inexistente negociación entre las Fuerzas Armadas y las élites partidarias. El general Andrés Rodríguez (consuegro del dictador depuesto y líder del golpe de Estado: general Alfredo Stroessner) obtuvo un claro triunfo en mayo de 1989. Tres años después, en 1992, se adoptó una nueva Constitución Política.

En estos 26 años (1989-2015) la democracia paraguaya ha mantenido su vigencia, no exenta de sobresaltos y crisis institucionales que motivaron el fin anticipado de dos mandatos presidenciales constitucionales (Raúl Cubas en 1999 y Fernando Lugo en 2012).

En América Central, las elecciones también han sido el principal protagonista de los procesos de transición a la democracia, incluso en aquellos países con conflictos armados internos. Nicaragua y El Salvador son los casos típicos. En El Salvador, tras el golpe de Estado de 1979 y el inicio de la lucha armada por el FMLN en 1980, el gobierno salvadoreño, con apoyo de los Estados Unidos, optó por una doble estrategia: lucha antiguerrillera y realización de comicios en los que se eligió una asamblea constituyente; en 1983 se aprobó una nueva Constitución; en 1984 se eligió Presidente, y en 1985 y 1988 se eligieron parlamentarios y autoridades municipales. En 1989 y 1994 se realizaron nuevas elecciones presidenciales, y en 1991 y 1994 se eligieron parlamentarios y autoridades municipales. Por su parte, el presidente Cristiani (Alianza Republicana Nacionalista: Arena) y el FMLN, con la mediación de la ONU, firmaron la paz en enero de 1992 (Acuerdos de Paz de Chapultepec). Al año siguiente tuvieron lugar las elecciones presidenciales llamadas las "elecciones del siglo" de las cuales resultó victorioso el candidato del oficialista Arena, Calderón Sol.

En Nicaragua, hasta la caída del dictador Somoza en 1979, los procesos electorales carecieron de relevancia. Con el triunfo del sandinismo, como era de esperarse, no se pasó a un régimen de partido único, dada la ideología predominante de los triunfadores. El nuevo escenario mundial indicaba que este tipo de experiencia, triunfante en Cuba, ya no sería aceptable. Ante ello, y vista la historia previa del Frente Sandinista de Liberación Nacional (FSLN)

–cuyo fundador Carlos Fonseca Amador, impuso formas de adaptación local del marxismo a los nuevos tiempos– y el esfuerzo de la tendencia tercerista liderada por los hermanos Ortega, los sandinistas optaron por un marco político donde era posible mantener las consultas electorales.

La idea del FSLN era mostrar acatamiento a uno de los principios democráticos, reafirmando la expresión de la soberanía popular, al tiempo que controlaba si eran adecuados sus mecanismos de movilización y educación. Al mismo tiempo, dado el conflicto con los "contras", el régimen recibía también legitimación. Sin embargo, no resultó fácil al gobierno sandinista contrarrestar una corriente de opinión nacional e internacional, que expresaba que las elecciones de 1984 no habían sido competitivas. La guerra continuó y, en 1990, se celebraron nuevamente elecciones generales. La presión internacional forzó a una mayor fiscalización del proceso y a garantizar la libre expresión ciudadana. Contra todos los pronósticos, triunfó la oposición (Unión Nacional Opositora [UNO], liderada por Violeta Chamorro), abriendo paso a un complejo proceso de cohabitación entre el gobierno de la presidenta Chamorro y los sandinistas.

En Honduras, en 1980 se realizó una elección para integrar una convención constituyente, la cual adoptó una nueva Carta Política en 1982. En este mismo año se celebraron elecciones democráticas para Presidente y Congresistas. La continuidad constitucional se mantuvo desde entonces (sin perjuicio del golpe de Estado de 2009 que puso fin anticipado al mandato constitucional del presidente Manuel Zelaya)[83], habiéndose realizado elecciones generales en estos 33 años de manera ininterrumpida; la última de ellas tuvo lugar en noviembre de 2013.

En Guatemala, un golpe de Estado militar en 1982 inició el camino para la transición. En 1984 se eligió una asamblea constitu-

---

83   Allan R. Brewer-Carías "Reforma Constitucional, Asamblea Nacional Constituyente y Control judicial contencioso administrativo: El caso de Honduras (2009) y el precedente venezolano (1999)" en *Revista de la Facultad de Derecho*, N° 60-61, (2005-2009), Universidad Católica Andrés Bello. Caracas, 2009. pp. 63-112.

yente y un año después, en el marco de la nueva Constitución de 1985, se eligió Presidente[84]. En noviembre de 1990 y enero de 1991 se produjo la segunda elección general. En mayo de 1993 el entonces Presidente Constitucional, Jorge Serrano, fracasó con su "autogolpe" y debió, a los pocos días, abandonar el país exiliándose en Panamá. Felizmente, el proceso democrático no se rompió y el Congreso llenó el vacío, designando como Presidente Constitucional al entonces Procurador de los Derechos Humanos, Ramiro de León Carpio, quien completó el periodo presidencial por el cual había sido electo Serrano.

Por su parte, el gobierno del presidente Álvaro Arzú (electo en las terceras elecciones generales de enero de 1996) y la Unidad Revolucionaria Nacional Guatemalteca (URNG), contando con la mediación de la ONU, firmaron la paz el 29 de diciembre de 1996. En estos 30 años (1985-2015), Guatemala ha realizado elecciones generales de manera ininterrumpida. Una fuerte presión social, consecuencia de graves hechos de corrupción, forzaron la renuncia del presidente Otto Pérez Molina y de la vicepresidenta Ingrid Roxana Baldetti Elías provocando la llegada de Alejandro Maldonado Aguirre como Presidente Constitucional interino (designado por el Congreso) para completar el periodo presidencial constitucional de Pérez Molina (hasta enero de 2016). Del proceso electoral de 2015 (que volvió a recurrir a un balotaje para definir la elección presidencial), Jimmy Morales surgió como nuevo Presidente Constitucional para el periodo 2016-2020.

En Panamá, las elecciones también resultaron protagonistas de un cambio político de gran dimensión. La manipulación de los resultados de la consulta electoral de mayo de 1989 colocó al general Noriega en el camino de la confrontación con los Estados Unidos, confrontación que culminó con la invasión estadunidense del 20 de diciembre de ese mismo año. Tras la derrota de Noriega y encarcelado en los Estados Unidos, un nuevo Tribunal Electoral anuló los

---

84 Jorge Mario García Laguardia, *Breve historia constitucional de Guatemala.* Universidad de San Carlos de Guatemala-Editorial Universitaria. Guatemala, 2010.

resultados fraudulentos de la elección de mayo y proclamó Presidente de la República a Guillermo Endara. En enero de 1991 tuvo lugar una elección complementaria a nivel legislativo y local, que ganó la oposición. El proceso democrático ha continuado desde entonces sin tropiezos.

En República Dominicana, el régimen de Joaquín Balaguer perpetuó prácticas clientelares en un marco de competencia en el que existía un sistema de tres partidos relevantes (Partido Reformista Social Cristiano: PRSC; Partido Revolucionario Dominicano: PRD, y Partido de la Liberación Dominicana: PLD). Las irregularidades constituyeron el rasgo característico de las elecciones que tuvieron lugar en esos años, si bien sus resultados terminaron por aceptarse. En las elecciones de 1994, Balaguer, que buscaba reelegirse, cometió un fraude que generó la descalificación de las elecciones, rechazo de sus resultados y grave crisis política. Bajo escrutinio internacional, y con la mediación de la Iglesia católica, de la OEA y de otras misiones internacionales de observación electoral, se logró una salida negociada a la crisis, cuyos acuerdos quedan plasmados en la reforma de 1994. Uno de sus puntos principales consistió en la reducción del periodo presidencial de Joaquín Balaguer de cuatro a dos años.

En resumen: durante la primera etapa del proceso de transición, las elecciones cumplieron un papel clave, constituyéndose en el vehículo para transitar del autoritarismo a la democracia. Los procesos electorales contribuyeron igualmente a la creación de un espacio de contestación e inclusión, aportando también su cuota en favor de la creación de condiciones de moderación entre las principales fuerzas políticas en pugna. Consecuentemente, los sectores extremos, tanto de izquierda como de derecha, quedaron marginados por las fuerzas políticas moderadas de ambos lados, así como ante el electorado.

Como bien apunta Huntington, las elecciones no sólo son el medio por el cual las democracias operan: durante La tercera ola significaron, al mismo tiempo, el mecanismo para debilitar y poner fin a los regímenes autoritarios.

En síntesis, durante la primera etapa de La tercera ola democratizadora (1978-1990), las elecciones no sólo significaron el retorno a la vida democrática sino, al mismo tiempo, el fin de las dictaduras. La moderación política, la voluntad de poner fin al régimen autoritario y recobrar el escenario democrático, además del deseo de contribuir a la pacificación del país, fueron los elementos que estuvieron presentes en la mayoría de estas elecciones. Dos factores adicionales que también influyeron en favor de los procesos de apertura y de transición democrática, y que vale la pena mencionar, son los siguientes: *i*) el hecho de que tanto las élites políticas como las empresariales advirtieron en esa coyuntura histórica un costo menor en apoyar la democracia del que habían experimentado en el pasado, sumando así su apoyo a la transición democrática, y *ii*) un contexto regional favorable a la democracia, incluida la política exterior de los Estados Unidos, en especial, la propiciada por el presidente James Carter (incluido el tema de los derechos humanos).

4. *El debate actual sobre la democracia: breve introducción*

El reciente rally electoral 2013-2016 estuvo cargado de simbolismo en América Latina. Durante su desarrollo tuvo lugar no solo el inicio de un nuevo ciclo económico (como analizaremos más adelante en este mismo capítulo) sino también la emergencia de un nuevo ciclo político-electoral. Por ello, la ocasión no podría ser más oportuna para realizar un balance sobre la situación actual de las democracias en la región y para intentar reflexionar sobre las prioridades y los desafíos de la agenda política y electoral de los próximos años. Tanto en el plano global como en el ámbito regional latinoamericano asistimos a un "cambio de época" más que a una época de cambios.

Como bien advierte Alan Touraine[85] en su ensayo *El fin de las sociedades*, la transición del capitalismo industrial al capitalismo financiero y especulativo ha vuelto inservibles (al vaciarlas de contenido) todas las categorías político-sociales del pasado –Estado, nación, democracia, clase, familia– que nos ayudaban a construir la sociedad, pensar las prácticas sociales y gobernar el mundo. Para el sociólogo francés, la política es hoy una realidad muy degradada y distorsionada; señala que su carácter noble sólo puede resurgir de la ética.

---

85   Alain Touraine, *¿Qué es la democracia?*, FCE, México, 1994.

Este "cambio de época" también es analizado por Moisés Naím[86] en su último libro, *The End of Power*, en el cual hace un relato de las tres revoluciones que actualmente están en marcha: la del más, la de la movilidad y la de la mentalidad. Según este autor, el siglo XXI tiene más de todo: más gente, más urbana, más joven, más sana y más educada; así como, también, más productos en el mercado, más partidos políticos, más armas y más medicinas, más crimen y más religiones. La pobreza extrema se ha reducido más que nunca, y la clase media sigue creciendo. Para 2050, el número de personas que conformarán la población mundial será cuatro veces mayor que 100 años atrás. Una clase media impaciente, mejor informada y con más aspiraciones –advierte Naím– está haciendo más difícil el ejercicio del poder tanto a nivel global como en el ámbito regional latinoamericano.

La revolución de la "movilidad" implica que no sólo hay más personas con mejor nivel de vida, sino que, además, se movilizan más que nunca. Por su parte, dicha revolución implica que una población que consume y se moviliza sin cesar, que tiene acceso a más recursos y más información, ha experimentado también una inmensa transformación cognitiva y emocional. La Encuesta Mundial de Valores [*World Values Survey*] deja en claro, a nivel mundial, la importancia creciente de las libertades individuales y de la igualdad de género, así como la intolerancia al autoritarismo; también es global la insatisfacción con los sistemas políticos y las instituciones de gobierno.

Como podemos observar, estas tres revoluciones tienen consecuencias positivas y negativas para el avance de la democracia tanto a nivel global como regional.

La revista *The Economist*[87] publicó en 2014 un ensayo titulado *¿En qué ha fallado la democracia?*, en el cual se señala que, si bien alrededor de 40% de la población mundial –más personas que nunca antes– vive en países que celebran regularmente elecciones libres y

---

86 Moisés Naím, *The End of Power: From Boardrooms to Battlefields and Churches to States, Why Being In Charge Isn't What It Used to Be*, Basic Books, New York, 2013.

87 The Economist, "What's gone wrong with democracy", *The Economist*, 1 de marzo de 2014.

justas, el avance global de la democracia podría haber llegado a su fin, e incluso parece que algunos países van en reversa. Según la revista inglesa:

La democracia está pasando por momentos difíciles. Donde se ha sacado a autócratas del poder, en la mayoría de los casos los oponentes han fracasado en crear regímenes democráticos viables. Incluso en las democracias establecidas, las fallas en el sistema se han vuelto preocupantemente visibles y la desilusión con la política es una plaga. Sin embargo, hace pocos años la democracia parecía que iba a dominar el mundo.

Y agrega:

2013 fue el octavo año consecutivo en el que la libertad mundial disminuyó (según datos de Freedom House), habiendo alcanzado el punto máximo de avance a principios de este siglo. Pero, a partir del año 2000 –destaca *The Economist*–, los problemas que enfrenta la democracia son más profundos: muchas democracias nominales han migrado hacia la autocracia, manteniendo una apariencia democrática externa a través de la celebración de elecciones, pero sin los derechos y las instituciones que le dan sostenibilidad. Una primera alerta es cuando los presidentes tratan de erosionar los límites de sus poderes constitucionales. Los controles y el equilibrio de poder son tan vitales para la sostenibilidad democrática, como lo es el ejercicio del voto.

En este mismo sentido se pronuncia Dani Rodrik[88] en su artículo "Repensar la Democracia", para quien:

La difusión de las normas democráticas de los países avanzados occidentales al resto del mundo tal vez haya constituido el beneficio más significativo de la globalización. Sin embargo, no todo marcha sobre ruedas para la democracia. Los actuales gobiernos democráticos muestran un mal desempeño y su futuro enfrenta serias dudas. Por su parte, en los países avanzados, la insatisfacción con el gobierno surge de su incapacidad para producir políticas económicas eficaces para el crecimiento y la inclusión. En las nuevas democracias del mundo en desarrollo, la falta de salvaguarda de las libertades civiles y de la libertad política es una fuente adicional de descontento.

---

88 Dani Rodrik, "Repensar la democracia", 11 de junio de 2014. Disponible en: www.Project-syndicate.org.

Francis Fukuyama,[89] por su parte, en un reciente ensayo titulado "At the 'End of History' Still Stands Democracy" [Al final de la historia, la democracia sigue en pie], argumenta que 25 años después de la caída del Muro de Berlín y de la masacre de la Plaza de Tiananmen, la democracia liberal (si bien enfrenta muchos y graves desafíos) sigue sin tener rivales reales.

Fukuyama, si bien en su enfoque actual es más realista y sobrio que el expresado hace dos décadas y media en su ensayo "¿El fin de la historia?", reconoce la incertidumbre que existe acerca de cuánto tardará el mundo entero en alcanzar la democracia, cierra su artículo publicado en *The Wall Street Journal* con una nota optimista, en la que afirma que no debemos dudar respecto al tipo de sociedad que se encuentra al final de la Historia: *la democracia liberal*.

Estos libros, ensayos y artículos dan cuenta del importante debate que existe en la actualidad a nivel global sobre la democracia; debate que también tiene lugar en nuestra región, sobre todo con respecto a la calidad de nuestras democracias, tema que abordaremos a continuación.

5. *Estado actual de las democracias en América Latina*

Nuestro balance sobre el estado de las democracias en América Latina se asienta en dos precisiones preliminares: *i*) la necesidad de efectuar un análisis equilibrado del proceso de democratización en la región; un balance alejado tanto de una visión pesimista como de una mirada simplista y autocomplaciente, que muestre al mismo tiempo los avances logrados durante estos 38 años, pero también los déficits y retos que hoy enfrentan las democracias de la región, y *ii*) la necesidad de tener presente la heterogeneidad estructural de América Latina.

La región es una, pero múltiple a la vez, ya que, como analizaremos más adelante, existen diferencias importantes con respecto al nivel de desarrollo democrático entre los 18 países, reconocidos comúnmente

---

89 Francis Fukuyama, "At the 'End of History' Still Stands Democracy", *Wall Street Journal*, junio 6 de 2014. Véase también, en *ibídem*, *Political Order and Political Decay: From the Industrial Revolution to the Globalization of Democracy*, Farrar, Straus and Giroux, Nueva York, 2014.

como el espacio latinoamericano. Por ello hay que evitar caer en el error (muy común) de pensar la región de manera uniforme.

En nuestros días, la situación política de América Latina es radicalmente diferente a la de hace tan sólo tres décadas y media. Una mirada histórica explica que, a mediados de 1970, sólo en Colombia, Costa Rica y Venezuela se elegía con regularidad a las autoridades públicas mediante procesos electorales libres, abiertos y competitivos; en los demás países, sus sociedades padecían una estructura autoritaria o dictatorial.

Hoy, por el contrario, y pese a todas sus carencias y déficits, la democracia es la forma mayoritaria de gobierno que se practica en la región. En palabras de Juan J. Linz,[90] la democracia es actualmente en América Latina *the only game in town*.

El fenómeno resulta de tanta trascendencia que hoy puede decirse que, desde hace más de tres décadas, América Latina vive el proceso de redemocratización más largo, extenso y profundo de toda su historia, consecuencia de una doble transición (triple en algunos países): *i*) del autoritarismo a la democracia; *ii*) de economías fuertemente intervenidas por el Estado y relativamente cerradas a economías más abiertas y orientadas al mercado y, *iii*) sólo en ciertos países, de un estado de guerra a la paz.[91]

Sin embargo, la región presenta una paradoja: es la única zona del mundo que combina regímenes democráticos en la casi totalidad de los países que la integran; con amplios sectores de su población viviendo por debajo de la línea de la pobreza (28% para 2014, según la CEPAL); con la distribución del ingreso más desigual del mundo (sin desconocer los avances registrados en los últimos años en algunos países); con altos niveles de corrupción, y con las tasas de homicidios más elevadas del planeta. En ninguna otra región del mundo, la democracia experimenta esta inédita combinación que repercute en su calidad, como analizaremos más adelante.

---

90 Juan José Linz y Alfred C. Stepan, "Toward Consolidated Democracies", *Journal of Democracy*, NED, vol. 7. núm. 2, Washington, abril de 1996.

91 Carlos Sojo, *Democracias con fracturas: gobernabilidad, reforma económica y transición en Centroamérica*, Flacso, San José, Costa Rica, 1999.

Una de las características centrales de este proceso democratizador son los desajustes producidos entre la política y la sociedad. Para algunos, no sólo existe un retraso en las formas de hacer política sino también en las formas de pensarla. Como bien apunta Manin,[92] el patrón de la "democracia de partidos" ha declinado con el auge de nuevos modos de hacer política, debido a los cambios operados en las sociedades mismas y en la cultura, a través de la fuerte presencia de los medios de comunicación, cuya consecuencia es la "videocracia" de la que nos habla Giovanni Sartori,[93] además de la tecnología y las redes sociales.[94]

Durante las últimas décadas, estos desajustes, junto con las crisis de gobernabilidad que suelen acompañarlos, condujeron a los países latinoamericanos a una intensa agenda de reformas constitucionales, políticas y electorales, dirigidas a equilibrar, ajustar y sintonizar los sistemas políticos con realidades sociales dinámicas y con las crecientes expectativas y exigencias de una ciudadanía que demanda más y mejores niveles de representación, participación, transparencia, rendición de cuentas, así como servicios públicos de mayor calidad.

En muchos casos surgen nuevas necesidades de reformas políticas y constitucionales para adaptarse a los resultados de la propia democratización. En otras palabras: por primera vez aparecen necesidades de cambio para enfrentar las consecuencias de la democracia misma. Como bien apunta Alcántara, en una región caracterizada por múltiples diferencias internas, este nuevo contexto de reformas está permeado por tres grandes tendencias:

> ➢ La democracia es el método de organización de la política en estos países, de manera prácticamente unánime, y se extiende de forma continuada y con muy leves sobresaltos durante el último cuarto de siglo, aspectos insólitos en la historia de la región que se aproxima a los dos siglos de práctica republicana independiente.

---

92 Bernard Manin, *Los principios del gobierno representativo*, Cambridge University Press, Londres, 1997.

93 Giovanni Sartori, *Videopolítica. Medios, información y democracia de sondeo*, FCE-ITESM, México, 2005.

94 Manuel Castells, *Redes de Indignación y de Esperanza*, Alianza Editorial, 2015.

➢ La democracia pone el acento en cuestiones fundamentalmente procedimentales que tienen que ver con los elementos configuradores de la poliarquía. En este ámbito, buena parte de los países latinoamericanos han avanzado enormemente hasta alcanzar cotas que les sitúan entre los países de mayor desarrollo político. No obstante ello, se pueden encontrar diferencias notables entre los distintos países cuando se aplican criterios tendentes a analizar la calidad de los procesos desde el estricto imperio de los mecanismos institucionales que articulan el juego político.

➢ El énfasis en los elementos procedimentales de la democracia ha dejado al descubierto, sin embargo, aspectos que tienen que ver con el ejercicio efectivo de la ciudadanía y con los resultados de la política. Al estar ésta basada en principios de ciudadanía universal, los individuos no sólo reclaman participar de una manera u otra haciendo explícita la igualdad política que les hace soberanos, fundamentalmente mediante el voto, también demandan la resolución de trabas que no hacen efectiva dicha igualdad en otras facetas de la vida cotidiana y que supone el ejercicio pleno de dicha soberanía no sólo en el ámbito cívico y político sino también en el marco social y económico. Esta falencia es especialmente preocupante en América Latina.[95]

En síntesis, por primera vez en su historia, la región puede mostrar 38 años de gobiernos democráticos, lo cual no es poca cosa. No obstante lo anterior, persisten profundas desigualdades; subsisten niveles importantes de pobreza; existe, en un buen número de países, una marcada debilidad institucional y altos niveles de corrupción y violencia, todo lo cual ha producido un aumento de los niveles de insatisfacción ciudadana con el funcionamiento de la democracia y con las élites, expresada en algunos países a través de un amplio descontento popular con consecuencias desestabilizadoras para los propios países, que han provocado la finalización anticipada de los mandatos constitucionales de al menos 16 presidentes entre 1978 y 2016.

---

95 Manuel Alcántara, "Calidad de la democracia y retos de la política en América Latina", en Seminario Democracia y Reformas Política en México y América Latina, Centro de Formación del Instituto Electoral del Estado de México, Toluca (México), 26 y 27 de noviembre de 2007, pp. 17-18.

En otras palabras, por primera vez en su historia, América Latina ha construido una democracia de mínimos que ha durado tres décadas y media. Ahora, el reto consiste en construir una democracia de calidad, incluyente, gobernable y sostenible en el tiempo.

6. *La calidad de las democracias en la región*

En América Latina el debate sobre la consolidación democrática ha dado paso al debate sobre la calidad institucional de la democracia (O'Donnell *et al.,* 2004.[96] Diamond y Morlino, 2004;[97] Cameron, 2007;[98] Levine y Molina, 2011;[99] Penfold, Corrales y Hernández, 2014).[100]

El término calidad de la democracia, que comenzó a abrirse paso en la región hace apenas una década, tiene:

> [...] un carácter complejo al estar vinculado tanto a significados diferentes para el término de calidad de acuerdo con los sectores industriales y de mercadotecnia, como a visiones dispares del concepto de democracia. [...] Hay una visión de la democracia donde se enfatiza más su capacidad de provocar la participación de la ciudadanía, de estimular debates y deliberación sobre las opciones que enfrenta un país o una comunidad, de proteger los derechos de los individuos y grupos marginales frente a los grupos de poder, de promover la justicia social. Esta perspectiva es diferente a la de una democracia configurada sobre los valores de la libertad, igualdad política y el control

96 Guillermo O'Donnell, Jorge Vargas Cullell y Osvaldo Lazetta (eds.), *The Quality of Democracy, Theory and Practice*, Notre Dame University Press, Notre Dame (IN), 2004.

97 Larry Diamond y Leonardo Morlino, *The Quality of Democracy*, Center on Democracy, Development, and The Rule of Law Stanford Institute on International Studies, Stanford, 2004.

98 Maxwell A. Cameron, "Citizenship deficits in Latin America's democracies", *Convergencia*. vol. 14, núm. 45 (Universidad Autónoma del Estado de México, Toluca, México), septiembre-diciembre, 2007, pp. 11-30.

99 Daniel H. Levine y José E. Molina (eds.), *The Quality of Democracy in Latin America*, Lynne Rienner Publishers, Boulder (CO), 2011.

100 Michael Penfold, Javier Corrales y Gonzalo Hernández Jiménez, "Los invencibles: La reelección presidencial y los cambios constitucionales en América Latina", *Revista de Ciencia Política*, vol. 3, núm. 34, 2014.

sobre las políticas públicas y sus hacedores a través del funcionamiento legítimo y legal de instituciones estatales.[101]

¿En medio de tantas contradicciones y tantas desigualdades qué tipo de democracia ha construido América Latina en estos 38 años? ¿Cuáles son las principales características de su proceso de democratización y cuáles han sido los resultados que configuran la región?

En términos empíricos, pueden considerarse varios índices que con metodologías diferentes abordan aspectos relativos al desempeño de la política, intentando medir los distintos grados de calidad de la democracia. En nuestro análisis utilizaremos los tres siguientes: *i*) el índice de Freedom House –el más antiguo–; *ii*) el índice de Desarrollo Democrático de la Fundación Konrad Adenauer, y *iii*) el Índice de la Unidad de Inteligencia de *The Economist*. Por su parte, en IDEA Internacional, en 2012, comisionamos a un grupo de expertos –encabezado por el cientista político italiano Leonardo Morlino–,[102] la elaboración de un estudio comparado sobre la calidad de la democracia en América Latina, investigación sobre la cual volveremos al final de este apartado.

Respecto del índice de Freedom House, cabe señalar que este índice se establece anualmente sobre la base de opiniones subjetivas de expertos que evalúan el estado de la libertad global según la experimentan los individuos. No se trata, por consiguiente, de una evaluación del rendimiento de los gobiernos *per se*, sino de los derechos y las libertades que gozan las personas. El índice, cuyo propósito es evaluar el grado de libertad, entendida como oportuni-

---

101 Manuel Alcántara Sáez, "Luces y sombras de la calidad de la democracia en América latina", *Revista de Derecho Electoral*, núm. 6 (Tribunal Supremo de Elecciones. San José, Costa Rica), segundo semestre de 2008, p. 2; David Altman y Aníbal Pérez Liñán (2002). Véase una aproximación teórica y empírica en Guillermo O'Donnell, Jorge Vargas Cullell y O. Lazzetta, *The Quality...*, *op. cit.*, 2004. Asimismo, en diferentes trabajos en *Journal of Democracy*, vol. 15, núm. 4, 2004, y más extensamente en Larry J. Diamond y Leonardo Morlino, *Assessing the Quality of Democracy*, The Johns Hopkins University Press, Baltimore, 2005.

102 Leonardo Morlino, *La calidad de las democracias en América Latina*, IDEA Internacional, 2014.

dad para actuar espontáneamente en una variedad de terrenos fuera del control del gobierno y de otros centros de dominio potencial, se compone de dos apartados bien diferenciados: uno para los derechos políticos y otro para las libertades civiles.[103]

El índice de 2015 es bastante similar al de 2014. Como se puede observar en el cuadro I.6.1, ocho de los 18 países de América Latina están catalogados como países libres (Chile, Costa Rica y Uruguay con las mejores calificaciones), y diez como parcialmente libres, siendo, Guatemala Honduras y Venezuela los casos con las peores puntuaciones entre los países que se analizan.

Al comparar los índices de 2014 y 2015 observamos que 16 de los 18 países no registraron ningún cambio en ninguna de las dos categorías (derechos políticos y derechos civiles). Los únicos casos que experimentaron un descenso en la calificación de los derechos políticos son Guatemala y República Dominicana. Guatemala, desciende de 3 a 4 en libertades políticas debido a los hechos de corrupción atribuidos al ex presidente Otto Pérez Molina, a su vicepresidenta y a varios de sus ministros y funcionarios, además de los actos de violencia acontecidos durante el proceso electoral presidencial de 2015.

República Dominicana disminuyó de 2 a 3 en libertades políticas a causa a una decisión de la Corte Constitucional, de 2014, dirigida a despojar la ciudadanía, de forma retrospectiva, a cientos de dominicanos de ascendencia haitiana.

En el caso de Panamá, la valoración de los derechos políticos disminuyó de 1 a 2 en 2014 (y se mantiene en el mismo nivel en la medición de 2015) debido a la preocupación en relación a que las autoridades no estaban investigando a fondo ni con la celeridad requerida, las denuncias de corrupción contra el entonces presidente Ricardo Martinelli y otros funcionarios de su gobierno, así como agresiones verbales y retención de información de periodistas que informan sobre la corrupción gubernamental.

---

103 El índice de Freedom House para Derechos Políticos y Libertades Civiles está construido en una escala de 1 a 7, en el que "1" indica el mayor grado de libertad y "7" indica la ausencia de las libertades y derechos considerados.

CUADRO I.6.1.   *Índice Freedom House 2016*

País	Estatus de libertad	Derechos políticos	Libertades políticas
Argentina *	Libre	2	2
Bolivia *	Parcialmente libre	3	3
Brasil *	Libre	2	2
Chile *	Libre	1	1
Costa Rica *	Libre	1	1
Colombia *	Parcialmente libre	3	4
República Dominicana *	Parcialmente Libre	3▼	3
Ecuador *	Parcialmente libre	3	3
El Salvador * ↓	Libre	2	3
Guatemala *	Parcialmente libre	4▼	4
Honduras ↓	Parcialmente libre	4	4
México *	Parcialmente libre	3	3
Nicaragua	Parcialmente libre	4	3
Panamá *	Libre	2	2
Paraguay *	Parcialmente libre	3	3
Perú *	Libre	2	3
Uruguay *	Libre	1	1
Venezuela	Parcialmente libre	5	5

FUENTE: https://freedomhouse.org/sites/default/files/FH_FITW_Report_2016.pdf

*   Estado de un país como una democracia electoral. 1 representa el más libre y 7 menos libre.

▲▼   hacia arriba o hacia abajo indica una mejoría o un empeoramiento en las calificaciones o el estado de libertad desde la última encuesta.

↓↑   Indica una tendencia negativa o positiva

Las calificaciones reflejan los acontecimientos mundiales en el año 2015

Por su parte, si comparamos la situación de los países de la región durante la última década (2007-2016) podemos observar (cuadro I.6.2), por un lado, una marcada estabilidad en 10 países y, por el otro, Colombia, Guatemala, Honduras, México, Nicaragua, Panamá, República Dominicana y Venezuela han sufrido, en cambio, modificaciones negativas de importancia en su calificación, siendo

Honduras, República Dominicana y Venezuela los que han experimentado un mayor descenso.

CUADRO I.6.2. *Evolución Índice de Freedom House 2007-2016 Valores medios de los índices de derechos políticos y de libertades civiles)*

País	2007	2008	2009	2010	2011	2012	2013	2014	2015	2016	Evolución 2007-2016
Argentina	2.0	2.0	2.0	2.0	2.0	2.0	2.0	2.0	2.0	2.0	=
Bolivia	3.0	3.0	3.0	3.0	3.0	3.0	3.0	3.0	3.0	3.0	=
Brasil	2.0	2.0	2.0	2.0	2.0	2.0	2.0	2.0	2.0	2.0	=
Chile	1.0	1.0	1.0	1.0	1.0	1.0	1.0	1.0	1.0	1.0	=
Colombia	3.0	3.0	3.0	3.5	3.5	3.5	3.5	3.5	3.5	3.5	0.5
Costa Rica	1.0	1.0	1.0	1.0	1.0	1.0	1.0	1.0	1.0	1.0	=
Ecuador	3.0	3.0	3.0	3.0	3.0	3.0	3.0	3.0	3.0	3.0	=
El Salvador	2.5	2.5	2.5	2.5	2.5	2.5	2.5	2.5	2.5	2.5	=
Guatemala	3.5	3.5	3.5	3.5	4.0	4.0	3.5	3.5	3.5	4.0	0.5
Honduras	3.0	3.0	3.0	3.0	4.0	4.0	4.0	4.0	4.0	4.0	1.0
México	2.5	2.5	2.5	2.5	2.5	3.0	3.0	3.0	3.0	3.0	0.5
Nicaragua	3.0	3.0	3.0	3.5	4.0	4.0	4.5	3.5	3.5	3.5	0.5
Panamá	1.5	1.5	1.5	1.5	1.5	1.5	1.5	2.0	2.0	2.0	0.5
Paraguay	3.0	3.0	3.0	3.0	3.0	3.0	3.0	3.0	3.0	3.0	=
Perú	2.5	2.5	2.5	2.5	2.5	2.5	2.5	2.5	2.5	2.5	=
República Dominicana	2.0	2.0	2.0	2.0	2.0	2.0	2.0	2.5	2.5	3.0	1.0
Uruguay	1.0	1.0	1.0	1.0	1.0	1.0	1.0	1.0	1.0	1.0	=
Venezuela	4.0	4.0	4.0	4.0	4.5	5.0	5.0	5.0	5.0	5.0	1.0

FUENTE: http://www.freedomhouse.org/ y Manuel Alcántara (2014).

Por su parte, el segundo índice, el de Desarrollo Democrático (IDD) de la Fundación Konrad Adenauer, examina el comportamiento democrático de los 18 países que integran la región. Después de haber alcanzado el valor máximo en la medición de 2009, con 5.238 puntos, el desarrollo democrático regional experimentó dos años consecutivos de caída. En 2012 se presentó un leve incremento de 0.353, obteniendo un promedio regional de 4.975. Por su parte, en 2013 el promedio regional decrece 0.107 (4.868) y en 2014 disminuye nuevamente 0.266 para un promedio regional de 4.602, el más bajo histórico como consecuencia de que en 2014 una cantidad mayor de países desciende en la puntuación del índice respecto de los que avanzan.[104]

CUADRO I.6.3.   *Índice de Desarrollo Democrático en América Latina - 2009 a 2014 (comparado)*

País	2009	2010	2011	2012	2013	2014	Diferencia 2013-2014
Uruguay	9.262	9.732	8.907	9.612	10.000	10.000	0
Chile	10.000	10.000	10.000	9.962	9.039	8.523	−0.516
Costa Rica	9.696	9.252	8.500	10.000	9.288	8.485	−0.803
Argentina	5.852	5.657	4.986	5.664	5.355	6.650	1.295
Perú	5.587	5.765	6.067	5.696	5.502	6.415	0.913
México	6.490	5.455	4.925	5.373	5.056	5.019	−0.037
El Salvador	3.490	3.526	3.464	4.362	4.485	4.810	0.325
Panamá	7.191	6.127	5.142	6.048	5.243	4.768	−0.475
Ecuador	3.484	2.931	2.068	2.846	3.251	4.640	1.389
Brasil	4.514	4.691	4.835	4.907	5.053	4.197	− 0.856

Sigue página siguiente

---

104   El IDD utiliza una escala del 0 al 10, donde el 10 representa el máximo nivel de democracia.

País	2009	2010	2011	2012	2013	2014	Diferencia 2013-2014
Bolivia	2.593	3.079	3.326	2.733	3.663	3.292	−0.371
Colombia	4.053	4.305	3.692	3.968	3.744	3.230	−0.514
Paraguay	3.860	3.621	3.636	3.806	2.771	3.179	0.408
Nicaragua	3.795	3.039	2.927	2.892	3.511	2.630	−0.881
Venezuela	3.591	3.354	2.469	2.418	2.649	2.406	−0.243
Honduras	3.859	2.537	3.230	3.328	3.169	1.943	−1.226
República Dominicana	3.677	2.741	3.118	2.952	3.115	1.770	−1.345
Guatemala	3.284	2.999	1.898	2.983	2.716	0.876	−1.84
Promedio	5.238	4.934	4.622	4.975	4.868	4.602	−0.266

FUENTE: Konrad Adenauer y Polilat: http://www.idd-lat.org/

En efecto, el análisis desagregado de este índice muestra que para 2014 sólo nueve países quedan por encima del promedio regional 4.602: *i*) tres con altos niveles de desarrollo democrático (Costa Rica, Chile y Uruguay) con puntajes superiores a 8.45, y *ii*) seis con niveles medios de desarrollo (Argentina, El Salvador, Ecuador, México, Panamá y Perú).

Por su parte, otros seis países: Bolivia, Brasil, Colombia, Nicaragua, Paraguay y Venezuela presentan un nivel bajo de desarrollo (ubicados en una banda entre 4.197 y 2.40). Finalmente, Honduras, República Dominicana y Guatemala (en este orden) presentan niveles inferiores a 1.95, lo cual los coloca con los niveles de desarrollo democrático más bajos de toda la región.

En 2015 el promedio regional experimenta una recuperación de 0.24% respecto del año anterior alcanzando de 4.86%. Sin embargo, y pese a esta mejora, sólo siete países quedan por encima del promedio regional. Costa Rica, Chile y Uruguay siguen manteniendo los índices de desarrollo democrático más elevados, seguidos de Panamá, país que presenta una importante recuperación (2.35 puntos) respecto de 2014.

Con un índice de desarrollo medio se encuentran Argentina, Bolivia, Brasil, Ecuador y Perú (ubicados en una banda que va entre 6.20 y 4.72). Otros cinco países se colocan en niveles bajos de desarrollo democrático, a saber: Colombia y Paraguay que se mantienen en niveles similares a la medición de 2014; El Salvador y México descienden de un índice medio a uno de bajo desarrollo, y República Dominica mejora su calificación, pasando de 1.77 a 3.37 puntos. Finalmente, Guatemala, Honduras, Nicaragua y Venezuela presentan los niveles más bajos de desarrollo democrático, con puntuaciones inferiores a 2.00, siendo Guatemala el país con el índice más bajo de la región: 1.53 puntos.

Por su parte, un análisis comparado de la evolución de estos datos durante la última década evidencia que 11 países (casi dos terceras partes) han disminuido su nivel de desarrollo democrático: Colombia, Chile, Costa Rica, El Salvador, Guatemala, Honduras, México, Nicaragua, Paraguay, República Dominicana y Venezuela.

CUADRO I.6.4. *Evolución Índice de Desarrollo Democrático en América Latina*

País	2006	2007	2008	2009	2010	2011	2012	2013	2014	2015	Evolución 2006-2015
Argentina	5.33	6.12	6.12	5.85	5.66	4.99	5.66	5.35	6.65	5.90	↑0.57
Bolivia	2.73	3.28	3.28	2.59	3.08	3.33	2.73	3.66	3.30	4.75	↑2.02
Brasil	4.47	4.58	4.58	4.51	4.69	4.84	4.91	5.05	4.19	4.74	↑0.25
Chile	10.00	10.00	10.00	10.00	10.00	10.00	9.96	9.04	8.52	8.75	↓1.25
Colombia	4.36	4.78	4.78	4.05	4.31	3.69	3.97	3.74	3.23	3.25	↓1.11
Costa Rica	9.70	9.71	9.71	9.70	9.25	8.50	10.00	9.29	8.48	9.09	↓0.61
Ecuador	2.24	3.21	3.21	3.48	2.93	2.07	2.85	3.25	4.64	4.95	↑2.71
El Salvador	4.71	3.97	3.97	3.49	3.53	3.46	4.36	4.48	4.81	4.16	↓0.55
Guatemala	3.83	3.50	3.50	3.28	3.00	1.90	2.98	2.71	0.88	1.53	↓2.30
Honduras	4.43	4.78	4.78	3.86	2.54	3.23	3.33	3.17	1.94	1.98	↓2.45
México	5.92	5.57	5.57	6.49	5.46	4.93	5.37	5.06	5.01	4.38	↓1.54

Sigue página siguiente

País	2006	2007	2008	2009	2010	2011	2012	2013	2014	2015	Evolución 2006-2015
Nicaragua	3.15	2.73	2.73	3.80	3.04	2.93	2.89	3.51	2.63	1.85	↓1.30
Panamá	6.83	6.45	6.45	7.19	6.13	5.14	6.05	5.24	4.76	7.11	↑0.28
Paraguay	3.75	3.88	3.88	3.86	3.62	3.64	3.81	2.77	3.18	3.97	↓0.22
Perú	3.59	4.11	4.11	5.59	5.77	6.07	5.70	5.50	6.41	6.20	↑2.61
República Dominicana	4.19	2.90	2.90	3.68	2.74	3.12	2.95	3.11	1.77	3.37	↓0.82
Uruguay	8.40	9.38	9.38	9.26	9.73	8.91	9.61	10.00	10.00	10.00	↑ 1.6
Venezuela	2.72	2.85	2.85	3.59	3.35	2.47	2.42	2.65	2.40	1.59	↓1.13

FUENTE: http://www.idd-lat.org/ y Manuel Alcántara (2014).

Respecto del tercer índice (Unidad de Inteligencia de la revista *The Economist*, 2015),[105] cabe apuntar que éste se compone de cinco variables y clasifica a 167 países en cuatro tipos de regímenes de acuerdo con el nivel de desarrollo democrático: *i*) democracias plenas; *ii*) democracias imperfectas; *ii*) regímenes híbridos, y *iv*) regímenes autoritarios.

La distribución de los tipos de regímenes por región muestra que en Europa del Este y, en menor medida, en Asia y América Latina, se concentra la mayor cantidad de democracias imperfectas (cuadro I.6.5). El análisis señala asimismo que, a pesar del progreso de democratización de las últimas décadas en América Latina, muchos países de la región protagonizan todavía democracias frágiles. En ellos, los niveles de participación electoral son generalmente bajos, existe una cultura democrática débil y florece con facilidad el fenómeno del caudillismo político. Asimismo, en los últimos años se han experimentado retrocesos significativos en algunas áreas, entre ellas la libertad de prensa.

---

105 *Idem.*

CUADRO I.6.5.   *Índice Democrático, 2015*

Región	Promedio índice de democracia	Número de países	Democracias completas	Democracias imperfectas	Regímenes híbridos	Regímenes autoritarios
América del Norte	8.56	2	2	0	0	0
Europa occidental	8.42	21	14	6	1	0
América Latina y el Caribe	6.37	24	1	15	6	2
Asia y Australasia	5.74	28	2	13	8	5
Europa del Este	5.55	28	0	15	6	7
África Sub-sahariana	4.38	44	1	8	12	23
Medio Oriente y África del Norte	3.58	20	0	2	4	14
Total	5.55	167	20	59	37	51

FUENTE: Elaboración propia con base en el Índice de la Unidad de Inteligencia
de la revista *The Economist* 2015, en:
http://www.eiu.com/Handlers/White-paperHandler.ashx?fi=EIU-
Democracy-Index-2015.pdf&mode=wp&campaignid=Democra-
cyIndex2015

Al observar la distribución de países en el IDD de 2013 puede advertirse que sólo dos países latinoamericanos eran considerados democracias plenas: Costa Rica y Uruguay (los únicos con valores por encima de 8 puntos). La gran mayoría de los países de la región (un total de 10) eran calificados como democracias imperfectas: Argentina, Brasil, Chile, Colombia, El Salvador, México, Panamá, Paraguay, Perú y República Dominicana. Por su parte, seis países eran catalogados como regímenes híbridos: Bolivia, Ecuador, Guatemala, Honduras, Nicaragua y Venezuela. Sólo un país, Cuba, era considerado como régimen autoritario.

De acuerdo con este índice, la balanza entre los países que han mejorado o empeorado en términos de calidad de la democracia durante los últimos años (2006-2013) está bastante equilibrada (cuadro I.6.6). Nueve países han mejorado sus índices de democracia: Argentina, Colombia, Ecuador, El Salvador, México, Paraguay,

Perú, República Dominicana y Uruguay. Y otros nueve han visto disminuir sus calificaciones: Bolivia, Brasil, Chile, Costa Rica, Guatemala, Honduras, Nicaragua, Panamá y Venezuela.

CUADRO I.6.6. *Índice de Democracia de la Unidad de Inteligencia de la revista The Economist 2006-2013*

País	2006	2008	2010	2011	2012	2013	Evolución 2006-2013
Argentina	6.53	6.63	6.84	6.84	6.84	6.84	↑ 0.31
Bolivia	5.98	6.15	5.92	5.84	5.84	5.79	↓ 0.19
Brasil	7.38	7.38	7.12	7.12	7.12	7.12	↓ 0.26
Chile	7.89	7.89	7.67	7.54	7.54	7.80	↓ 0.09
Colombia	6.40	6.54	6.55	6.63	6.63	6.55	↑ 0.15
Costa Rica	8.04	8.04	8.04	8.10	8.10	8.03	↓ 0.01
Ecuador	5.64	5.64	5.77	5.72	5.78	5.87	↑ 0.23
El Salvador	6.22	6.40	6.47	6.47	6.47	6.53	↑ 0.31
Guatemala	6.07	6.07	6.05	5.88	5.88	5.81	↓ 0.26
Honduras	6.25	6.18	5.76	5.84	5.84	5.84	↓ 0.41
México	6.67	6.78	6.93	6.93	6.90	6.91	↑ 0.24
Nicaragua	5.68	6.07	5.73	5.56	5.56	5.46	↓ 0.22
Panamá	7.35	7.35	7.15	7.08	7.08	7.08	↓ 0.27
Paraguay	6.16	6.40	6.40	6.40	6.26	6.26	↑ 0.10
Perú	6.11	6.31	6.40	6.59	6.47	6.54	↑ 0.43
República Dominicana	6.13	6.20	6.20	6.20	6.49	6.74	↑ 0.61
Uruguay	7.96	8.08	8.10	8.17	8.17	8.17	↑ 0.21
Venezuela	5.42	5.34	5.18	5.08	5.15	5.07	↓ 0.35

FUENTE: Índice de Democracia de la Unidad de Inteligencia de la revista *The Economist*, Londres, www.eiu.com y Manuel Alcántara (2014).

Los datos del Informe de 2015 no muestran mayores oscilaciones en relación con los años previos. El principal cambio fue el descenso de Costa Rica que pasó de democracia plena a democracia imperfecta. Resultado de ello, a la fecha, únicamente un país es considerado democracia plena: Uruguay; 11 países son considerados democracias imperfectas (Argentina, Brasil, Chile, Colombia, Costa Rica, El Salvador, México, Panamá, Paraguay Perú, y República Dominicana); seis son clasificados regímenes híbridos (Bolivia, Ecuador, Guatemala, Honduras, Nicaragua y Venezuela), y sólo uno, Cuba sigue catalogado como régimen autoritario. Mientras Uruguay, con la posición 19 a nivel mundial, es el país mejor posicionado de la región, Nicaragua (posición 95) y Venezuela (posición 99) son, en este orden, los dos países peor calificados de América Latina, a excepción del caso cubano que ocupa la posición 129 a nivel global.

CUADRO I.6.7. *Índice de Democracia de la Unidad de Inteligencia de The Economist 2015*

	País	Clasifi-cación	Resul-tado total	Proceso electo-ral y plura-lismo	Funcio-namiento del go-bierno	Participa-ción política	Cultura política	Liber-tades civiles
Democracia plena	Uruguay	19	8.17	10	8.93	4.44	7.5	10
Democracia imperfecta	Costa rica	23	7.96	9.58	7.5	6.11	6.88	9.71
	Chile	30	7.84	9.58	8.57	4.44	6.88	9.71
	Panamá	45	7.19	9.58	6.43	6.11	5	8.82
	Argentina	50	7.02	9.17	5	6.11	6.88	7.94
	Brasil	51	6.96	9.58	6.79	5.56	3.75	9.12
	República Dominicana	60	6.67	8.75	5.71	5	6.25	7.65
	El salvador	61	6.64	9.17	6.07	4.44	5	8.53
	Colombia	62	6.62	9.17	7.14	3.89	4.38	8.53
	Perú	65	6.58	9.17	5	6.11	4.38	8.24
	México	66	6.55	8.33	6.07	7.22	4.38	6.76
	Paraguay	71	6.33	8.33	5.71	5	4.38	8.24

Sigue página siguiente

	País	Clasifi-cación	Resul-tado total	Proceso electoral y plura-lismo	Funciona-miento del gobierno	Participa-ción política	Cultura política	Liber-tades civiles
Régimen híbrido	Guatemala	80	5.92	7.92	6.07	3.89	4.38	7.35
	Ecuador	83	5.87	8.25	4.64	5	4.38	7.06
	Honduras	84	5.84	8.75	5.71	3.89	4.38	6.47
	Bolivia	85	5.75	7	5.36	5	3.75	7.65
	Nicaragua	95	5.26	6.17	3.29	4.44	5.63	6.76
	Venezuela	99	5	6.08	3.93	5	4.38	5.59
Autoritario	Cuba	129	3.52	1.75	4.64	3.89	4.38	2.94

FUENTE: *Índice de Democracia de la Unidad de Inteligencia de la revista The Economist.*

Finalmente, analizaremos el informe de IDEA Internacional, elaborado por Morlino a solicitud de IDEA, el cual consta de dos componentes fundamentales. El primero es un marco teórico que permite definir lo que, en una democracia, debemos entender por "calidad". El segundo, a partir de las dimensiones extraídas del marco teórico, y con base en numerosos estudios y encuestas existentes en la región, permite medir la calidad de la democracia en los países de América Latina.

Para Morlino, una democracia de calidad contiene tres dimensiones:

➤ Es un régimen ampliamente legitimado que satisface por completo a sus ciudadanos (calidad en términos de resultados);

➤ Es un régimen en que los ciudadanos, asociaciones y comunidades que lo componen gozan de libertad e igualdad (calidad en términos de contenidos), y

➤ Es un régimen en que los propios ciudadanos tienen el poder de verificar y evaluar si su gobierno persigue los objetivos de libertad e igualdad dentro de las reglas del Estado de derecho (calidad en términos de procedimientos).

En el proyecto se planteó una cuestión central: ¿Existen distintos patrones de democracia en América Latina? En concreto, los investigadores se preguntaron si es posible diferenciar entre regímenes que siguen la democracia liberal tradicional y aquellos que son democracias neopopulistas, que se caracterizan por altos niveles de participación pero, al mismo tiempo, cuentan con bajos niveles de responsabilidad institucional y de competencia política.

Y, a la luz de los resultados cualitativos y cuantitativos que arroja la investigación comparada, Morlino y su equipo concluyen que:

> Los datos [como lo muestra el cuadro I.6.8] sugieren la existencia de un patrón dominante de democracia que se caracteriza en forma sostenida por valores altos o bajos en casi todas las dimensiones. Esto quiere decir –señala Morlino– que tenemos democracias de alta o de baja calidad, pero no distintos patrones de democracia que invaliden la coherencia a través de las diversas dimensiones. En esta imagen medianamente homogénea, las únicas excepciones son Venezuela, Nicaragua y, parcialmente, Ecuador.

CUADRO I.6.8. *Calidad de la democracia en América Latina*

País	ED	RCE	RCI	PP	CP	L	IS	R	Total
Uruguay	3.44	3.74	3.74	4.75	4.07	4.78	2.65	3.84	3.88
Chile	3.82	4.42	2.69	4.54	3.71	4.78	3.00	3.84	3.85
Costa Rica	3.63	4.04	2.82	4.07	4.39	4.33	3.37	3.50	3.77
Brasil	2.50	4.86	3.40	4.23	4.28	4.17	2.85	3.16	3.68
Argentina	2.27	3.75	4.34	4.17	3.93	4.17	3.09	3.26	3.62
Perú	2.46	3.07	3.57	4.12	3.89	3.50	2.55	3.03	3.27
El Salvador	2.19	3.77	3.45	3.53	3.67	3.98	2.44	2.98	3.25
Paraguay	1.81	3.70	3.39	3.58	3.54	3.58	2.31	3.23	3.14
México	2.37	3.47	3.25	3.44	3.68	3.11	2.99	2.78	3.14
Bolivia	2.16	3.50	3.38	4.08	2.70	3.48	2.33	2.97	3.08
Guatemala	2.37	3.86	2.27	3.30	3.92	3.37	2.13	2.94	3.02
Colombia	1.77	3.10	3.33	2.66	3.54	3.22	2.31	3.07	2.88
Ecuador	1.74	2.38	1.96	3.74	3.42	3.22	2.50	3.49	2.81
Nicaragua	1.70	1.15	3.49	3.07	2.92	2.21	2.41	2.86	2.48
Venezuela	0.92	1.85	2.67	2.91	2.74	2.00	3.10	3.19	2.42

FUENTE: *IDEA Internacional-LUISS (2014), La calidad de las democracias en América Latina.* Informe para IDEA Internacional, IDEA Internacional, 2014.

Ello ciertamente no significa, como bien advierten los investigadores, que los países latinoamericanos tengan sistemas democráticos tradicionales afianzados. La "democracia delegativa", tan bien descrita por O'Donnell, está muy presente en la región. Se trata de una democracia con una calidad pobre, donde el acto político de los ciudadanos se reduce a votar, mientras que sus demandas son ignoradas hasta la siguiente contienda electoral. Asimismo, los ciudadanos cuentan con pocos medios para controlar la corrupción y el mal gobierno.

Otra de las conclusiones principales que surge de este proyecto comparado es la existencia de, por lo menos, tres grandes áreas en las que resulta urgente, si se desea avanzar hacia una democracia de mayor calidad, poner en marcha reformas de fondo: *i*) políticas que fortalezcan la capacidad administrativa, institucional y fiscal de los Estados; *ii*) políticas que mejoren la seguridad ciudadana, y *iii*) políticas anticorrupción.

En síntesis, los resultados combinados del *Informe para IDEA Internacional* y los tres índices arriba analizados ponen en evidencia el alto grado de heterogeneidad de las democracias latinoamericanas, las cuales pueden ser ordenadas en tres grandes grupos, además de la situación especial de Cuba:

➢ Un primer grupo formado por Chile, Costa Rica y Uruguay, caracterizado por contar con los índices de democracia más elevados de América Latina, destacando Uruguay como el mejor posicionado de los tres;

➢ Un segundo grupo de países con índices de democracia entre alto y medio, pero con diferencias muy importantes entre sí: Argentina, Bolivia, Brasil, Colombia, El Salvador, Ecuador, México, Panamá, Paraguay, Perú y República Dominicana;

➢ Un tercer grupo formado por los países que cuentan con los índices de democracia más bajos, constituido por Guatemala, Honduras, Nicaragua y Venezuela, y

➢ La situación particular de Cuba.

7. *Avance sostenido en materia de democracia electoral*

Desde el inicio de La tercera ola a la fecha se han celebrado en la región más de 300 procesos electorales (presidencial y legislativa) y más de medio centenar de procesos de democracia directa a nivel nacional.

Según los informes de las principales misiones de observación electoral (OEA, ONU, UE, Centro Carter), la gran mayoría se ha efectuado sin irregularidades significativas que hayan incidido de manera determinante en los resultados finales.

En efecto, gradualmente, durante las últimas décadas se han venido estableciendo y consolidando mecanismos que garantizan mayor transparencia y participación de los diferentes actores políticos con aspiraciones presidenciales y la elección de los gobernantes.

Si se entiende que los procesos de transición hacia la democracia se definen por la existencia de un marco normativo –que delimita reglas de juego claras y transparentes de un régimen democrático en el cual se dan elecciones libres, justas y periódicas de los gobernantes, y que además se cuenta con una institucionalidad que da soporte a estos procesos–, puede afirmarse que la mayoría de los países de la región obtiene una nota media o alta en el cumplimiento de estos requisitos.

Como ya se señaló, a inicios de los años setenta sólo en Colombia, Costa Rica y Venezuela existían regímenes democráticos que se correspondían con los citados estándares. En la actualidad, puede afirmarse que en América Latina las elecciones y, consecuentemente, la democracia electoral se han afianzado como el único medio legítimo de acceso a los cargos públicos.[106]

Según el índice de Democracia Electoral (IDE), que mide cuatro indicadores básicos –sufragio, elecciones limpias, elecciones libres y cargos públicos electos–, durante el periodo comprendido entre 1977 y 2008 se han venido registrando avances importantes en la

---

106 OEA-PNUD, *Nuestra democracia*, PNUD-OEA-FCE, México, 2010, p. 62 (Colección Sociología). Por su parte, D. Nohlen se pronuncia a favor del concepto de democracia electoral al señalar: "Es equivocado percibir a la democracia electoral como democracia diminutiva. Lo electoral es condición imprescindible para que la democracia en sus dimensiones axiológicas (libertades) y poliárquicas (estructuras procedimientos) se mantenga y progrese". Dieter Nohlen, *Sobre democracia electoral. La importancia de lo electoral en el desarrollo político de América Latina,* 2011, p. 4. Disponible en: www.trife.gob.mx/ccje/Archivos/ponencias/ConferenciaDieterNohlen%5B1%5D.pdf.

región.[107] El IDE señala que "el promedio (cuyo valor varía entre 0 y 1) para América Latina sube rápidamente de 0.28 en 1977 a 0.69 en 1985, y a 0.86 en 1990, mejorando de ahí en adelante para terminar 2002 con 0.93". Asimismo, para 2008 se presenta un índice de 0.96, lo cual pone de manifiesto el notable avance registrado en los procedimientos electorales.[108]

GRÁFICA I.7.1. *Índice de Democracia Electoral en América Latina* (1977-2008)

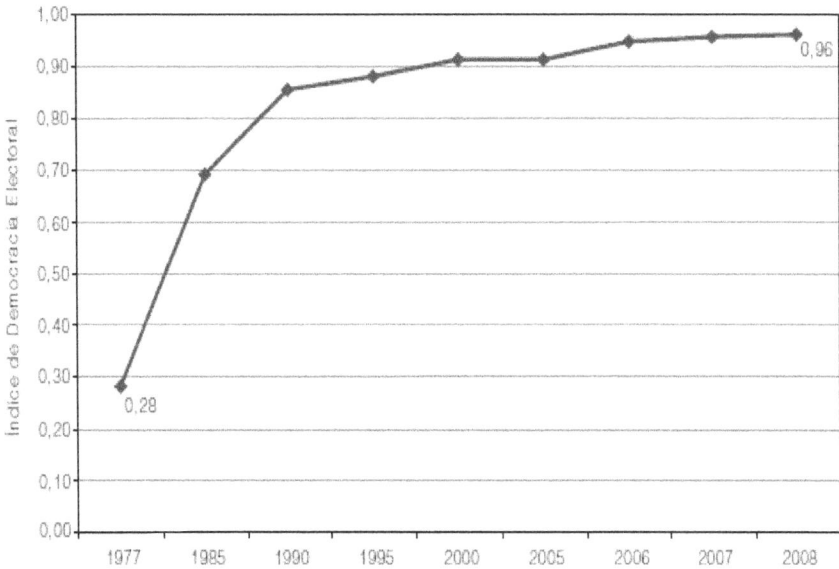

FUENTE: OEA y PNUD, 2010.[109]

El citado informe señala que la democracia ha avanzado en sus procedimientos electorales de manera importante, alcanzando en 2008 su nivel más alto desde 1977 (0.96 contra 0.28). Es conveniente señalar que este indicador sólo recoge los elementos básicos para

---

107 El Índice de Democracia Electoral (IDE) fue elaborado por el PNUD en 2004 y luego actualizado para el informe *Nuestra democracia, op. cit.,* 2010, p. 64.

108 *Idem.*

109 *Ibídem*, p. 65.

la definición de una democracia electoral, por lo que muchas de las diversas distorsiones que suelen afectar el proceso electoral no aparecen reflejadas en el mismo. Hoy en día, casi la totalidad de los países de América Latina son "democracias electorales".[110]

Sin embargo, los resultados cerrados (y a veces no tan cerrados) en algunas elecciones erosionaron parte de la credibilidad ganada y, en algunos países, dieron lugar a crisis político-electorales: México (en las dos últimas elecciones presidenciales de 2006 y 2012), Nicaragua (2011), República Dominicana (2012), Venezuela y Honduras (2013), El Salvador (2014) y República Dominicana y Nicaragua (2016), por citar algunos de los casos más relevantes de los últimos años.

Los conflictos postelectorales, si bien de intensidad desigual, se caracterizaron por denuncias e impugnaciones ante la autoridad electoral y la opinión pública, así como por los cuestionamientos que surgieron sobre la imparcialidad de los organismos electorales. Pese a ello, los resultados terminaron por aceptarse, en la gran mayoría de los casos, por la totalidad de los contendientes.[111]

No obstante, el significativo avance registrado, como analizaremos más adelante en este mismo apartado, un importante porcentaje de la ciudadanía latinoamericana sigue siendo escéptica sobre la limpieza (ausencia de fraude) de las elecciones en la región, así como sobre el valor del voto como instrumento de cambio.

---

110 *Idem.*

111 Aunque, en las elecciones en México de 2006 y 2012, el proceso electoral se realizó con relativa normalidad, los resultados en ambas elecciones no fueron aceptados por el partido opositor, el Partidos Revolucionario Democrático (PRD). En 2006, luego de un largo proceso de impugnación del proceso, Andrés Manuel López Obrador se negó a aceptar el resultado que colocaba al candidato del (Partido Acción Nacional) PAN, Felipe Calderón como presidente electo. En 2012, nuevamente se impugnaron los resultados por parte del PRD, que dieron el triunfo al candidato del Partido Revolucionario Institucional (PRI), Enrique Peña Nieto. Las elecciones presidenciales en República Dominicana dieron la victoria al candidato oficialista Danilo Medina del Partido de la Liberación Dominicana (PLD), quien derrotó a Hipólito Mejía del Partido Revolucionario Dominicano (PRD).

Los casos más sonados en materia de denuncias de fraude ocurridos en México han sido tres: en 1988, cuando Carlos Salinas de Gortari accedió a la Presidencia tras una votación accidentada en la que se "cayó" el sistema informático de conteo de votos; en 2006 la denuncia de fraude que el entonces candidato del PRD, Andrés Manuel López Obrador, realizó sobre los resultados que dieron la victoria al PAN y que consagró como presidente a Felipe Calderón; y en 2012 donde el mencionado candidato del PRD impugnó los resultados que otorgaban la victoria al candidato Enrique Peña Nieto por supuestos actos de fraude. Empero, en el caso de México, las denuncias de fraude no impidieron que los tres mandatarios electos (Salinas de Gortari, Calderón y Peña Nieto) asumieran sus cargos.

Sin embargo, México no fue el único que debió enfrentar denuncias de irregularidades y fraude. Desde 1978 a la fecha, tres crisis electorales dispararon igual número de crisis políticas profundas que llevaron al fin adelantado del régimen involucrado como responsable de las denuncias de irregularidades y fraudes electorales: *i*) Panamá en 1989, vía intervención militar de los Estados Unidos, que puso fin al régimen autoritario de Manuel Noriega; *ii*) República Dominicana en 1994, vía acuerdo alcanzado entre las partes en conflicto gracias a la mediación de la Iglesia católica y la OEA, que redujo el término del mandato presidencial de Joaquín Balaguer de cuatro a dos años y estableció la prohibición de la reelección inmediata o consecutiva, y *iii*) Perú en 2000, consecuencia de la crisis desatada por las graves irregularidades producidas durante las elecciones generales de ese mismo año, que llevaron al Congreso de la República a declarar vacante la Presidencia de la República, aduciendo "incapacidad moral permanente" de Alberto Fujimori, y provocando de esta manera el fin del régimen conocido como "fujimorato".

Estas crisis y las denuncias de fraude e irregularidades electorales, presentes en varias elecciones, vienen generando un clima de incertidumbre en ciertos sectores de la ciudadanía latinoamericana, ya que se duda que las elecciones sean lo suficientemente limpias o competitivas.

Latinobarómetro midió en 2015 la percepción ciudadana sobre la limpieza del proceso electoral. Solamente en siete de los 18 países de la región 50%, o un porcentaje superior, de la población entrevistada cree en la limpieza de sus elecciones. La lista la encabeza Uruguay país en el que 82% opina que las elecciones son limpias. Le siguen, en orden descendente Chile con 67%, Costa Rica y Ecuador con 60%, Argentina con 57%, República Dominicana con 56% y Perú con 50%.

GRÁFICA I.7.2.   *Percepción sobre elecciones limpias América Latina*, 2015

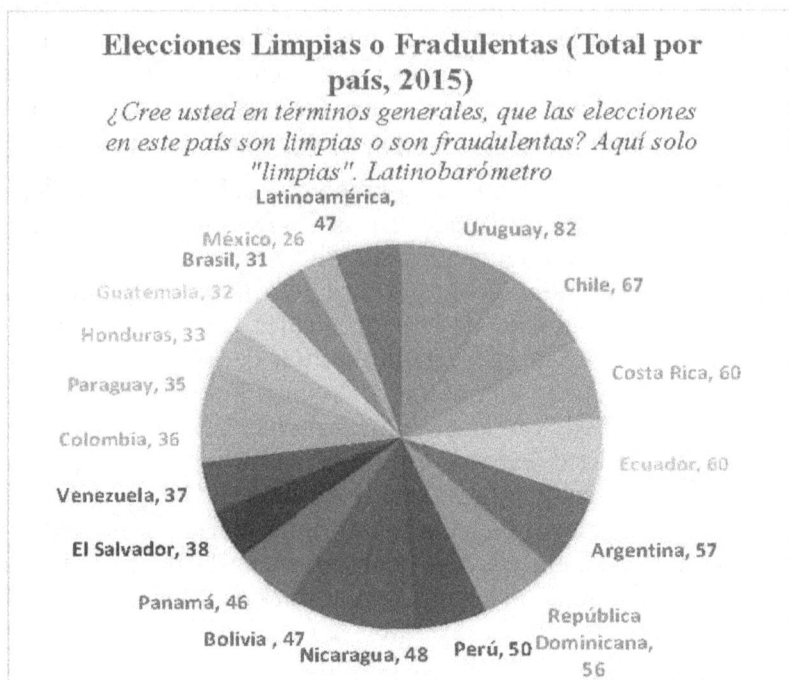

Elecciones Limpias o Fradulentas (Total por país, 2015)

¿Cree usted en términos generales, que las elecciones en este país son limpias o son fraudulentas? Aquí solo "limpias". Latinobarómetro Latinoamérica,

México, 26 — 47
Brasil, 31
Uruguay, 82
Guatemala, 32
Chile, 67
Honduras, 33
Paraguay, 35
Costa Rica, 60
Colombia, 36
Ecuador, 60
Venezuela, 37
El Salvador, 38
Argentina, 57
Panamá, 46
Bolivia, 47
Nicaragua, 48   Perú, 50
República Dominicana, 56

FUENTE: Latinobarómetro 2015.

Entre 1995 y 2015 la proporción que considera que las elecciones son limpias se ha incrementado, pasando de 44% a 47%, mientras que la proporción que considera que los procesos electorales son fraudulentos se ha reducido, descendiendo de 46% a 43%. El incremento es aún más alto (10 puntos) si lo medimos desde el punto más bajo (que tuvo lugar en 2005) cuando sólo 37% opinaba que las elecciones eran limpias. Cabe apuntar que, en 2015, por primera vez, el porcentaje que considera que las elecciones son limpias (47%) es superior al porcentaje que estima que son fraudulentas (43%).

GRÁFICA I.7.3. *Percepción elecciones limpias o fraudulentas*
América Latina 1995-2015

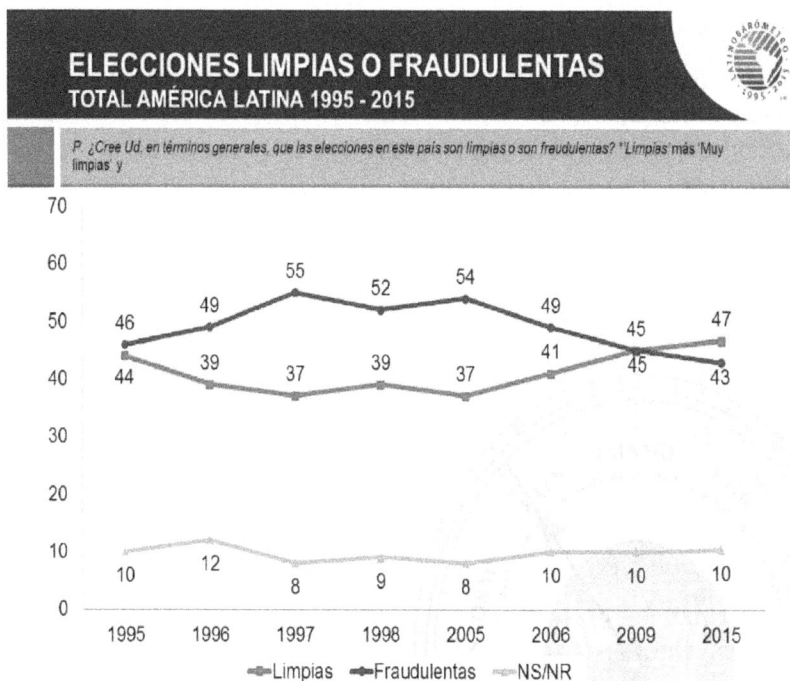

ELECCIONES LIMPIAS O FRAUDULENTAS
TOTAL AMÉRICA LATINA 1995 - 2015

P ¿Cree Ud. en términos generales, que las elecciones en este país son limpias o son fraudulentas? "Limpias" más "Muy limpias" y

FUENTE: Latinobarómetro 2015.

Según Latinobarómetro, de todos los cambios que tuvieron lugar en la región en estas últimas tres décadas y media en materia de cultura política, "ésta es quizá la única que puede mostrar un cambio tan significativo en la opinión pública, logrando invertir las mayorías, y avanzar en la legitimidad de los procesos".[112]

Paralelamente, la valoración positiva de la eficacia del voto para cambiar las cosas también ha venido en aumento en la región. Según datos de Latinobarómetro, entre 1995 y 2009 la confianza en la utilidad del voto aumentó significativamente. El porcentaje, de acuerdo con la frase "Como uno vote puede hacer cambiar las cosas

112   Informe Latinobarómetro 1995-2015, *op. cit.*, p. 63.

en el futuro", aumentó 10 puntos, pasando de 57% en 1995 a 67% en 2009. Estos datos evidencian una transformación gradual y positiva de la cultura política en una región históricamente acostumbrada hasta fecha reciente al cambio político violento.

En síntesis: el panorama regional revela un creciente apoyo al procedimiento electoral como fuente exclusiva de la legitimidad democrática de origen e instrumento de transformación social, si bien matizado por un nivel de desconfianza sobre la transparencia de las elecciones en determinados países.

De todo lo anterior se desprende que el fortalecimiento de la integridad de las elecciones[113] es un objetivo que, a decir de la Comisión Global,[114] y de autores como Pippa Norris,[115] demandará atención prioritaria en la agenda electoral latinoamericana de los próximos años.

8. *Participación electoral*

A. *Precisiones conceptuales: participación política y participación electoral*

La participación electoral desempeña un papel central en el funcionamiento del sistema democrático: personas que escasamente se involucran en la vida política de una nación, el día de las elecciones expresan sus preferencias por distintos candidatos. El momento de

---

113 Por elecciones con integridad hacemos referencia, siguiendo en este punto al reciente *Informe de la Comisión Global*, a "aquellas elecciones que están basadas en los principios democráticos del sufragio universal e igualdad política, tal como se reflejan en los acuerdos y normas internacionales, caracterizadas por una preparación y gestión profesionales, imparciales y transparentes a lo largo de todo el ciclo".

114 Informe de la Comisión Global, *Profundizando la Democracia. Una estrategia para mejorar la integridad electoral en el mundo.* Disponible en: http://www.ine.mx/docs/IFE-v2/CAI/CAI-Varios/2012/3erForoDemocraciaLat/3erForoDemocraciaLat-docs/Informe-Comision-Global.pdf.

115 Pippa Norris, *Why Electoral Integrity Matters*, Cambridge University Press, Cambridge (MA), 2014.

la emisión del voto es la única ocasión en que, por lo común, participa más del 50% de la ciudadanía de los países democráticos.

A diferencia del ejercicio del sufragio –mecanismo más formal y episódico de participación ciudadana–, el concepto de participación política es mucho más amplio, y puede definirse como toda actividad del ciudadano destinada a intervenir en la designación de sus gobernantes o a influir en la formación de la política estatal. Comprende las acciones colectivas o individuales, legales o ilegales, de apoyo o de presión, mediante las cuales una o varias personas intentan incidir en las decisiones sobre el tipo de gobierno que debe regir a una sociedad, en la manera como se dirige el Estado, o en decisiones específicas del gobierno que afectan a una comunidad o a sus miembros individuales.

Si bien existen datos cuantitativos y comparativos sobre la participación electoral, los relacionados con la participación política son más irregulares y dispersos, por lo que en este apartado analizaremos únicamente los primeros. Diversos autores sugieren que los votantes tienen mayores probabilidades que los no votantes de interesarse en la política y participar de manera más regular en otras formas de actividad política.[116]

Un factor que no mediremos directamente en este análisis (pero que sin lugar a dudas incide en la calidad de la participación electoral) es el grado de información política que adquiere la ciudadanía por medio de la prensa escrita y televisiva, y de otros medios de comunicación, incluidas las redes sociales. Por lo tanto, desde un punto de vista conceptual, la participación política debe medirse al menos en dos dimensiones: *i)* el nivel de participación, es decir, la cantidad de ciudadanos que votan o se involucran –de otra manera y en alguna medida– en el sistema político, y, *ii)* la intensidad o calidad de esa intervención, que denota el grado de compromiso ciudadano con las formas más demandantes de participación y su nivel de información política.

---

116 Robert Putnam, *Bowling Alone: The Collapse and Revival of American Community*, Simon & Schuster,Nueva York, 2000.

Naturalmente, las consideraciones respecto de la participación electoral y su valor para la democracia implican suposiciones sobre la naturaleza del proceso de votación. Por ejemplo, se asume que las elecciones se realizan en un amplio contexto de protección de las libertades democráticas y que el proceso de votación se lleva a cabo en un marco de libertad e integridad.

Durante las últimas tres décadas y media en América Latina, como ya señalamos en el punto anterior, se han logrado avances importantes en relación con la transparencia y la credibilidad de las elecciones, si bien aún resta mucho camino por recorrer. En la actualidad, existen organismos encargados de la gestión electoral en la totalidad de los países de la región. Todos ellos adquirieron carácter permanente, un número creciente de funciones y mayores niveles de autonomía, imparcialidad y profesionalismo, como tendremos ocasión de analizar en detalle en el capítulo VII de esta obra.

B. *Importancia de la participación electoral*

Entre las funciones más importantes que cumplen las elecciones en el sistema democrático, podemos destacar las siguientes: *i*) legitimar la autoridad gubernamental; *ii*) formar el gobierno; *iii*) reclutar dirigentes políticos; *iv*) promover la discusión y el debate públicos sobre distintos temas, y *v*) facilitar el desarrollo y el ejercicio de la ciudadanía.[117] Naturalmente, el grado en que los ciudadanos ejercen su derecho (o deber) de votar, afecta de manera directa la eficacia con que estas funciones se cumplen. Si bien todas ellas son importantes, nuestro análisis destacará dos cuyo papel es fundamental para el funcionamiento democrático: *i*) proveer a la opinión pública de un medio para exteriorizar sus preferencias sobre políticas públicas, y *ii*) proporcionar a la opinión pública un mecanismo para responsabilizar a los funcionarios públicos de sus actuaciones.

La probabilidad de que las elecciones traigan consigo una representación política eficaz y responsable depende de una amplia gama de factores institucionales, entre ellos: la naturaleza del sistema electoral y de partidos; la capacidad del Poder Legislativo, y la in-

---

117 Andrew Heywood, *Politics*, Macmillan, Londres, 1997.

dependencia y efectividad de las entidades encargadas de una rendición de cuentas horizontal. Sin embargo, podría argumentarse que la base de un "buen" gobierno radica en una ciudadanía bien informada y altamente participativa.

Cuanto menor sea el número de personas que participen –individualmente o en el marco de organizaciones de la sociedad civil–, mayores serán las probabilidades de que se ignoren las necesidades y demandas ciudadanas, y de que los funcionarios cedan a la inclinación de perseguir intereses privados.

Dos grandes riesgos surgen de una escasa participación electoral. En primer lugar, es probable que las políticas públicas ignoren o desconozcan las necesidades e intereses de los grupos ciudadanos que se abstienen de participar en el proceso electoral.[118] Esto puede generar un círculo vicioso: esos grupos son ignorados en el momento de la toma de decisiones, lo cual los margina aún más del sistema político y refuerza el sesgo de las políticas públicas.

El segundo peligro es que, si la participación política es escasa, las acciones de los funcionarios del Estado estarán menos sujetas al control público, lo que aumentará las posibilidades de que sus conductas indiferentes o corruptas pasen desapercibidas y, en consecuencia, no sean sancionadas en las urnas. Las sociedades con niveles bajos de participación e información política tienen menos capacidad de prever e indicar a los funcionarios públicos las políticas que conducen a un buen desempeño, y menos voluntad de presionar por la aplicación de estas políticas.

De hecho, un nivel bajo o decreciente de participación electoral puede no sólo obstaculizar la representación democrática efectiva, sino también, reflejar una falta de credibilidad en las instituciones democráticas que podría demorar la consolidación del régimen democrático, e incluso amenazar su estabilidad. La escasa participación electoral es particularmente preocupante en sociedades en las

---

118 Arend Lijphart, "Unequal participation: Democracy's unresolved dilemma. Presidential address American Political Science Association, 1996", *American Political Science Review*, vol. 91, 2007, pp. 1-14.

que la transición a la democracia es reciente y no existen bases amplias de prácticas y valores democráticos.

Si grandes sectores de la población no votan, es más difícil construir una cultura democrática y fortalecer la legitimidad y la capacidad funcional de instituciones democráticas como el Congreso y el Poder Judicial. Más aún, será difícil fomentar una gestión transparente y responsable de los fondos públicos y garantizar que los funcionarios estatales actúen con sensibilidad ante los intereses de la ciudadanía y se abstengan de incurrir en actividades ilícitas. En pocas palabras, una escasa participación electoral puede desencadenar un ciclo de deterioro en el que la desilusión ante el desempeño de la clase política se convierta en caldo de cultivo de una mayor desconfianza y distanciamiento de la política, lo que a su vez reduce aún más la participación y los incentivos para un buen desempeño.

Sin embargo, debemos tener presente que la participación electoral es sólo una de las varias dimensiones de la participación política. Además, no existe una relación lineal entre la participación electoral y el grado de desarrollo democrático. Tampoco existe una relación directa entre apoyo a la democracia y participación electoral.[119] En otros términos, los países que tienen una participación electoral más alta no necesariamente cuentan a la vez con una democracia más desarrollada. Por ello, comparar datos acerca de los diferentes niveles de participación electoral entre diferentes países (viejas y nuevas democracias, etc.) es un ejercicio interesante, pero, por sí solo, no es suficiente para determinar la salud o la calidad de la democracia. Autores como Levine y Molina lo consideran como uno entre varios indicadores a tomar en cuenta para determinar la calidad general de la democracia.[120]

---

119 Como bien señala el informe de Latinobarómetro 1995-2015: "La relación entre las elecciones y la satisfacción con la democracia y su apoyo no confirma la tesis de las democracias electorales. Independientemente de la manera como funcione la representación democrática en los países, con las sucesivas elecciones, e independiente de la participación electoral de cada país, el apoyo a la democracia no aumenta ni disminuye por ello".

120 Daniel H. Levine y José E. Molina (eds.), *The Quality...*, *op. cit.*, 2011, pp. 9 y 24.

C. Niveles de participación electoral en América Latina

¿Cuál ha sido la evolución del nivel de la participación electoral en América Latina durante estas tres décadas y media?

La primera aclaración necesaria es que los datos de participación electoral con base en la población en edad de votar (PEV) y el total de votantes inscritos (padrón electoral) correspondientes a los mismos países y al mismo periodo de estudio (1978-2015) difieren entre sí, tal como se puede observar en la siguiente gráfica.

GRÁFICA I.8.1   *Promedio de participación electoral en elecciones presidenciales América Latina 1978-2015, por país según población en edad de votar y padrón electoral*

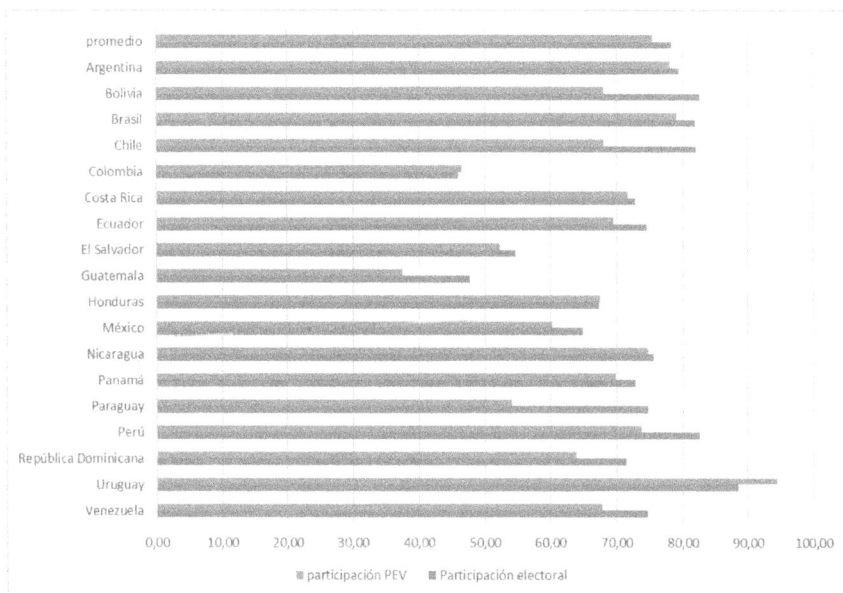

FUENTE: *Elaboración propia con datos de la base de datos de International IDEA.* Disponible en: www.idea.int

Por su parte, un análisis de la participación electoral de los 18 países durante el periodo de estudio, tomando como base los votantes inscritos, y a partir de las variaciones que surgen del promedio ponderado de la participación electoral cada cuatro años (cuadro I.8.1 y gráfica I.8.2), evidencia que efectivamente ha habido una reducción en los niveles de participación electoral tanto en las elecciones presidenciales como en las legislativas, siendo estas últimas donde se ubica el mayor descenso, si bien la diferencia entre ambas categorías es sólo marginal.

CUADRO I.8.1. *Promedio ponderado de la participación electoral en América Latina (elecciones presidenciales y legislativas votantes inscritos, 1978-2015)*

Año	Presidenciales		Legislativas	
	Países	Participación electoral a/	Países	Participación electoral a/
1978-1981	7	74.82	7	73.61
1982-1985	10	78.03	11	77.04
1986-1989 b/	13	74.22	14	77.91
1990-1993 c/	11	73.00	17	70.98
1994-1997	14	69.89	20	66.33
1998-2001	18	70.40	18	68.92
2002-2005	14	71.54	16	63.52
2006-2009	18	67.53	17	67.26
2010-2012	10	72.17	11	65.42
2013-2015	14	69.05	15	68.83
Diferencia entre el primer y último periodo		−5.77		−4.78
Participación 2009-2012		73.01		67.77
Diferencia en participación periodo 2013-2015 y 2009-2012		−3.96		−1.06

FUENTE: Elaboración propia con datos de la base de datos de International IDEA. Disponible en: www.idea.int

a/ Promedio ponderado por el número de países en donde hubo elecciones esos años a partir del promedio simple del porcentaje de electores en los países en los que ese año se realizaron comicios.

b/ En 1987 no se efectuaron elecciones presidenciales en países de América Latina.

c/ En 1992 no se efectuaron elecciones legislativas en países de América Latina.

Si se comparan los resultados del rally electoral 2009-2012 con el periodo electoral 2013-2015, observamos una caída de 3.96% de la participación electoral en elecciones presidenciales y de 1.06% para las elecciones legislativas. Si los datos de este último periodo (2013-2015) se contrastan con los del inicio de La tercera ola (1978-1981), el descenso en la participación electoral es más significativo: 5.77% para las elecciones presidenciales y 4.78% para las legislativas.

GRÁFICA I.8.2. *Promedio ponderado de participación electoral en América Latina (elecciones presidenciales y legislativas, votantes inscritos, 1978-2015)*

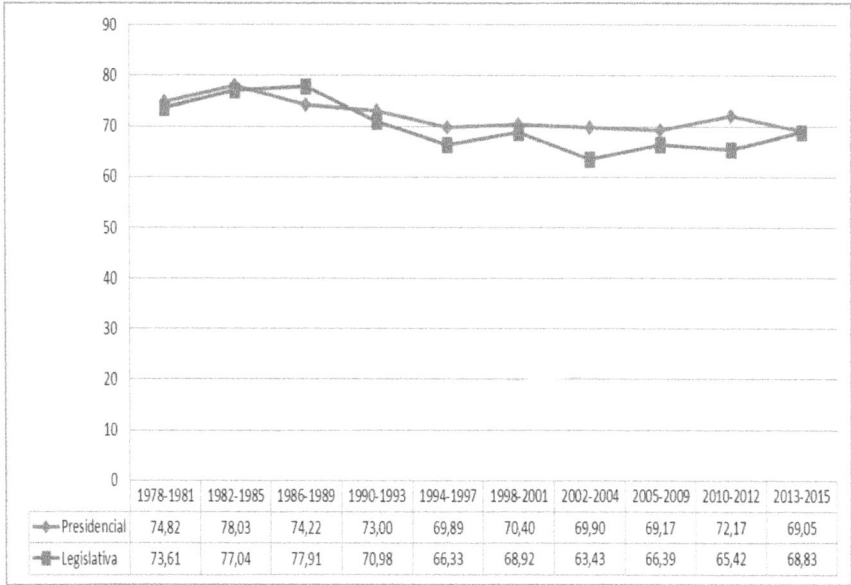

	1978-1981	1982-1985	1986-1989	1990-1993	1994-1997	1998-2001	2002-2004	2005-2009	2010-2012	2013-2015
Presidencial	74,82	78,03	74,22	73,00	69,89	70,40	69,90	69,17	72,17	69,05
Legislativa	73,61	77,04	77,91	70,98	66,33	68,92	63,43	66,39	65,42	68,83

FUENTE: Elaboración propia con datos de la base de datos de International IDEA. Disponible en: www.idea.int

En resumen: los datos oficiales (provenientes de los organismos electorales de América Latina)[121] evidencian que durante los últimos años se ha producido una disminución en la participación elec-

---

121   IDEA International. Véase la base de datos sobre la participación electoral (Voter TurnOut), disponible en: www.idea.int.

toral. Y si bien es cierto que, apoyados en esos mismos datos, no podría hablarse de una "crisis generalizada de la participación electoral", debe reconocerse el hecho de que algunos países presentan preocupantes niveles de abstención, sobre todo El Salvador, Guatemala y, particularmente, Colombia y, más recientemente Chile, como consecuencia del cambio operado en el sistema electoral que transitó de un sistema de inscripción voluntaria y voto obligatorio a uno de inscripción automática y voto voluntario.

En el otro extremo, Uruguay sigue siendo el país con los niveles más altos de participación electoral de América Latina y uno de los países con las tasas de participación más altas a nivel mundial, cercanas a 90 por ciento.[122]

Un análisis comparado de la participación electoral a escala mundial evidencia que, con la única excepción de Europa occidental (cuyas tasas son las más altas a nivel global), los niveles de participación electoral de nuestra región son similares, o incluso más altos, que los de otras zonas del planeta.[123]

Ahora bien, el promedio regional de afluencia a las urnas, tomando como base a los votantes inscritos, esconde sin embargo amplias variaciones entre los distintos países. La gráfica I.8.3 muestra las diferencias para el periodo 1978-2015, donde se observa que Brasil Bolivia, Chile (el último es un caso *ad hoc* hasta fecha reciente por las características de su sistema electoral) Perú y Uruguay se ubican en los primeros lugares con promedios de participación electoral en elecciones presidenciales por arriba de 80%, mientras que El Salvador y Guatemala se ubican al final de la tabla con promedios de participación por debajo de 55%, mientras Colombia (con la tasa de participación electoral más baja de toda la región) ocupa el último lugar con un promedio de participación inferior a 50 por ciento.

---

122 Mercedes Mateo Díaz y J. Mark Payne, "Trends in electoral participation", en J. Mark Payne, Daniel Zovatto G. y Mercedes Mateo Díaz (coords.), *Democracies in Development: Politics and Reform in Latin America*, IDB-IDEA-David Rockefeller Center for Latin American Studies-Harvard University, Washington, 2007, pp. 266-267.

123 *Idem.*

GRÁFICA I.8.3. *Promedio de participación electoral en América Latina (elecciones presidenciales y legislativas, votantes inscritos, por país 1978-2015)*

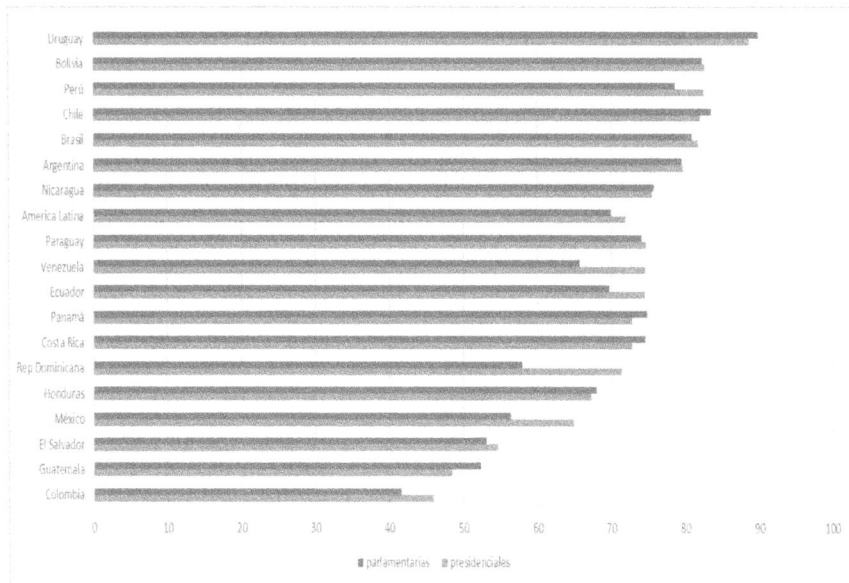

FUENTE: Elaboración propia con datos de la base de datos de International IDEA. Disponible en: www.idea.int

En cuanto a la relación descontento ciudadano-participación electoral, cabe destacar, como bien señalan Mateo y Payne,[124] que no existe una vinculación directa y automática entre el descontento y la desconfianza ciudadana con los partidos y las dirigencias políticas –que reiteradamente revelan las encuestas– con las conductas electorales abstencionistas. El fenómeno de desafección puede ocurrir o no, pero depende también de otros factores, entre ellos: las circunstancias políticas de cada país; la legislación electoral; la cultura política, y los distintos grados de apertura de los sistemas electorales para generar nuevos canales de participación.

---

124 Mercedes Mateo Díaz y J. Mark Payne, "Trends...", art. *cit.,* 2007, pp. 244-248.

Por ello, debe tenerse en cuenta que la herencia institucional desempeña también un papel significativo, y que un grado determinado de abstencionismo e incluso, ciertos incrementos en la participación electoral pueden resultar irrelevantes en unos casos y especialmente graves y significativos en otros, atendiendo a la tradición institucional y al valor cultural del voto.

La obligatoriedad legal para votar, en especial en los países que establecen sanciones no justificadas en caso de abstenciones y donde estas sanciones se aplican efectivamente, pareciera ser una de las variables institucionales de mayor influencia sobre los niveles de participación.[125] No obstante, cabe observar que la influencia de este factor no debe exagerarse, ya que a pesar de las regulaciones establecidas al hacer obligatorio el voto, aproximadamente 15-22% de los electores registrados no acudió a votar en países como Bolivia, Ecuador y Perú durante el periodo que cubre esta investigación. De la misma forma, la concurrencia o simultaneidad de las elecciones presidenciales y legislativas se revela también como una variable institucional explicativa de la participación electoral. Respecto de este último punto es posible afirmar que las elecciones parlamentarias concurrentes suelen generar mayor participación electoral que cuando se celebran en fechas separadas.

---

125 *Ibídem*, p. 252.

GRÁFICA I.8.4. *Promedio de la participación en elecciones legislativas en América Latina (elecciones concurrentes y no concurrentes agrupadas por país 1978-2015)*

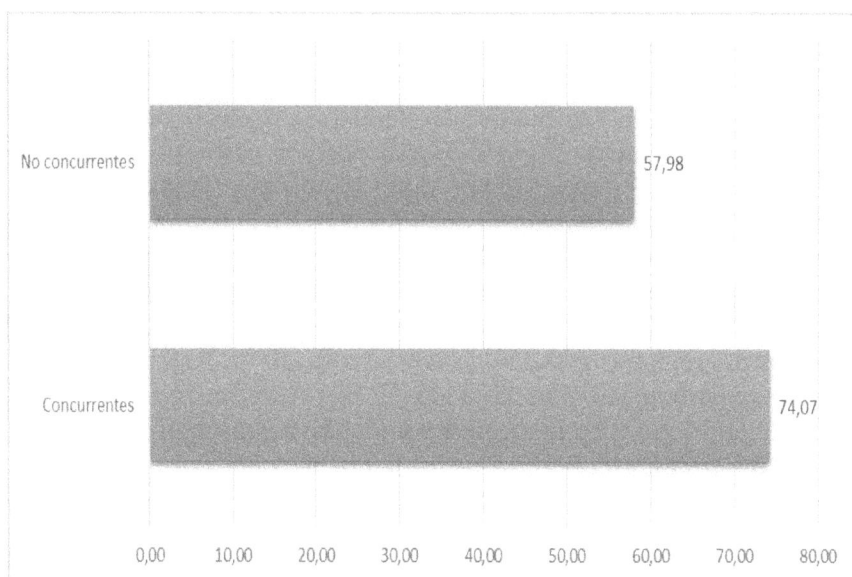

FUENTE: Elaboración propia con datos de la base de datos de International IDEA. Disponible en: www.idea.int

En síntesis, a la luz de estos datos se puede concluir que el empadronamiento automático, el voto obligatorio con sanciones ejecutables y las elecciones concurrentes parecieran ser el diseño institucional que más favorece la participación electoral.

D. *Participación electoral 2013-2016*

Las elecciones que tuvieron lugar durante el periodo 2013-2016 dan cuenta de importantes novedades. En primer lugar, cabe descartar la importante caída en el porcentaje de participación electoral en Chile: desciende de 86.94% (2010) a 41.98% (2013) para las elecciones presidenciales y de 87.67% (2009) a 49.25% (2013) en la elección parlamentaria. Esta caída en los niveles de participación es consecuencia (como ya señalamos) del cambio del sistema electoral que mutó de uno de inscripción voluntaria y voto obligatorio a otro de inscripción automática y voto voluntario.

En Costa Rica la participación electoral también desciende de 69.21% (2010) a 55.64% para las elecciones presidenciales de 2014, ante la necesidad de ir a una segunda ronda electoral y a la sorpresiva retirada de la campaña electoral del candidato oficialista Johnny Araya.

En cambio, en otros países los niveles de participación electoral –sean altos o bajos– se mantienen dentro de las tendencias históricas. Uruguay mantiene los niveles más altos de participación (89%), y Colombia, en el otro extremo, sigue siendo el país sudamericano con la tasa más baja de participación (43%). En la región centroamericana, Costa Rica, Nicaragua y Panamá cuentan con la mayor participación (por arriba de 70%), mientras que Guatemala y El Salvador presentan los niveles más bajos (inferiores a 55%). Las diferencias entre ambas regiones geográficas son significativas. Así, mientras los niveles de participación en América del Sur alcanzan 76.6% y 74.5% para las elecciones presidenciales y legislativas, respectivamente, en América Central, este porcentaje es de 65.2% y 66%.

CUADRO I.8.4. *Participación electoral en elecciones presidenciales y legislativas 2013-2015*

País	Tipo de elecciones	
	Presidencial	Legislativas
2013		
Argentina		77.17
Paraguay	68.02	68.24
Chile*	41.98	49.25
Ecuador	81.08	80.84
Honduras	59.14	61.16
Venezuela	79.64	
2014		
Bolivia	91.86	87.45
Brasil*		80.60
Colombia*	47.90	43.58

Sigue página siguiente

País	Tipo de elecciones	
	Presidencial	Legislativas
Costa Rica*	55.64	68.38
El Salvador*	60.17	
Panamá	76.76	75.19
Uruguay*	88.57	89.62
2015		
Argentina*	80.77	81.07
El Salvador		45.91
Guatemala*	56.32	71.13
México		47.72
Venezuela		73.76
Promedio	**69.05**	**68.83**

FUENTE: www.idea.int

/*   Países donde se celebraron segundas vueltas electorales. Los datos corresponden al porcentaje de participación en la segunda ronda electoral.

Cabe apuntar que de las tres elecciones presidenciales que tuvieron lugar en 2016, en dos países (Perú y República Dominicana) los niveles de participación electoral se mantuvieron dentro de los promedios históricos. En Perú, la participación en la primera vuelta fue de 81.80% mientras en la segunda ronda fue de 80.09%[126]. Por su parte, en la República Dominicana, el nivel de participación fue de 69,69 %[127].

En Nicaragua en cambio, la participación electoral disminuyó fuertemente respecto de la media histórica registrada en los últimos 25 años, si bien no existe acuerdo entre el Consejo Supremo Electoral y la oposición respecto de las cifras exactas de participación y abstención electoral[128].

---

126   Fuente: ONPE: www.onpe.gob.pe.
127   Fuente: Junta Central Electoral: www.jce.gob.do.
128   En el caso de Nicaragua, una de las principales razones que motivo una fuerte caída de la participación electoral fue el boicot llevado a cabo por la oposición a las elecciones debido a la falta de garantías. La oposición hizo

9. *Maratón electoral 2009-2016: resultados y tendencias*

En un clima de bastante normalidad (salvo algunas, aunque importantes excepciones que ya hemos mencionado), la región ha concluido la primera etapa (2009-2012) de uno de los *rallies* electorales más importantes de las últimas décadas. En efecto, en dicho periodo, 17 de los 18 países de América Latina celebraron elecciones presidenciales generales (sólo Paraguay quedó fuera de este ciclo). Por su parte, en 2013 comenzó un nueva fase electoral (2013-2016), periodo en el cual 17 países celebraron elecciones presidenciales (sólo México queda fuera de este ciclo, ya que sus próximas elecciones presidenciales tendrán lugar en 2018). Si sumamos ambos ciclos electorales, observaremos que por primera vez en nuestra historia, en un periodo de tan sólo ocho años se llevaron a cabo 34 comicios presidenciales. Nunca antes, la región había experimentado una agenda electoral tan intensa e importante en un lapso tan corto.

El escenario regional muestra un nivel de heterogeneidad política con tres corrientes principales: derecha y centro-derecha; centro-izquierda o izquierda moderada, y países del ALBA (Alternativa Bolivariana para América Latina y el Caribe) alineados detrás del llamado socialismo del siglo XXI.

En el caso de América del Sur constatamos que existen dos izquierdas con matices claramente diferenciadores, no sólo de respuesta al fracaso del neoliberalismo sino también de culminación de un ciclo político-electoral donde la alternancia era su consecuencia natural.

Estas tendencias generaron, como bien apunta Alcántara:

> [...] procesos con vocación de cambio social y basados en una fuerte transformación de la élite en el poder político que están cons-

---

un llamado a la abstención para expresar su protesta frente a las graves irregularidades perpetradas por el régimen autoritario de Daniel Ortega durante el proceso electoral. Existe asimismo una fuerte discrepancia entre la oposición y el Consejo Supremo Electoral (CSE) en relación con el porcentaje real de participación electoral: mientras el CSE anuncia una abstención del 31.8%, por su parte la oposición habla de niveles de abstención superiores al 60%. Véase, Carlos Fernando Chamorro. Después de la protesta nacional del 6/11. Confidencial. 14 de noviembre de 2016. Confidencial. com.ni.

truyendo una mística propia mediante la gestación de mitos, o la rein-terpretación de los ya existentes –Bolívar–, y también de un discurso nuevo. Pero, por otra parte, procesos también de institucionalización variopinta que están alcanzando logros tanto en el terreno socio-económico como en el político, en experiencias que se inclinan cla-ramente a la derecha en Colombia y Paraguay. Chile –tras 20 años de gobiernos de centro-izquierda– ha tenido una breve experiencia de gobierno de derecha para volver a la pauta anterior a inicios de 2014.

Por otra parte, Chile y Colombia –superadora del personalismo uribista y abriendo un proceso negociador de la paz con la guerrilla– configuran dos escenarios de notable madurez institucional, contra-riamente a Perú y Paraguay que conforman contextos poliédricos con un sistema de partidos virtualmente volatilizado, el primero, y un no-table anquilosamiento oligárquico, el segundo. Un caso aparte que debe considerarse es el de México y el regreso del PRI al gobierno que, en los inicios del nuevo mandato, está sentando las bases para ar-ticular grandes acuerdos nacionales de profundo calado.[129]

A la luz de los resultados electorales del periodo 2009-2012, una segunda interrogante que merece respuesta es precisar cuál fue la tendencia predominante en América Latina en términos de alternan-cia o continuidad durante el citado periodo.

Para responderla, debemos hacer la distinción entre América del Sur y América Central. En el primer caso, es decir en América del Sur (durante 2009-2012) han tenido lugar nueve elecciones presi-denciales de las 17 mencionadas: Argentina, Bolivia, Brasil, Chile, Colombia, Ecuador, Perú, Uruguay y Venezuela. De éstas, en siete países los electores optaron por la continuidad (misma persona o mismo partido). Las únicas dos excepciones en las que hubo alter-nancia fueron Chile (país al que en 2009, tras 20 años de gobierno de la Concertación, llegó al poder una coalición de centro-derecha liderada por el presidente Sebastián Piñera), y en Perú (en 2011, cuando Ollanta Humala sucedió a Alan García en la Presidencia).

---

129 Manuel Alcántara Sáez, "Los retos actuales de la política en América Lati-na", *Revista Mexicana de Análisis Político y Administración Pública De-partamento de Gestión Pública y Departamento de Estudios Políticos y de Gobierno*, vol. 2 núm. 2 (Universidad de Guanajuato, México, julio-diciembre 2013), pp. 9-30. Disponible en: http://www.remap.ugto.mx/in-dex.php/remap/article/view/53.

Como podemos observar, durante este periodo, América del Sur ha mostrado una tendencia continuista, ya sea mediante la reelección consecutiva de sus presidentes o bien por la prolongación de los partidos gobernantes. Dicha tendencia se mantuvo durante 2013 y 2014 con las victorias del presidente Maduro en Venezuela (continuidad del chavismo), de las reelecciones consecutivas de los presidentes Rafael Correa, Juan Manuel Santos, Evo Morales y Dilma Rousseff (en Ecuador Colombia, Bolivia y Brasil, respectivamente), y el triunfo del oficialista Tabaré Vázquez (FA) en Uruguay. La alternancia, por su parte, tuvo lugar nuevamente en Chile (con el triunfo de Bachelet encabezando la Nueva Mayoría), en Paraguay, con el regreso al gobierno del partido Colorado de la mano del presidente Horacio Cartes, en 2015 con el triunfo de Mauricio Macri (Cambiemos) en la elección presidencial argentina y, más recientemente en 2016, con el triunfo de Pedro Pablo Kuczynski en la elección presidencial de 2016.

En cambio, en México y América Central la tendencia predominante durante el periodo 2009-2012 marchó en sentido opuesto. En cinco elecciones (El Salvador, Guatemala, Honduras, México y Panamá) se produjo alternancia, mientras en las tres restantes hubo continuidad (Costa Rica, Nicaragua y República Dominicana). Durante el periodo 2013-2016 la tendencia fue más equilibrada: en cuatro casos hubo continuidad: en Honduras (triunfo del oficialista Juan Orlando Hernández del Partido Nacional), en El Salvador (victoria del oficialista Salvador Sánchez Cerén del FMLN), y en República Dominicana y en Nicaragua con las reelecciones consecutivas de los presidentes oficialistas Danilo Medina y Daniel Ortega respectivamente. En cambio, en otros tres casos se dio la alternancia: Costa Rica (triunfo de Luis Guillermo Solís del PAC), Guatemala (triunfo de Jimmy Morales del partido FCN-Nación) y Panamá (victoria de Juan Carlos Varela del Partido Panameñista).

➤ *¿Qué tendencias se pueden extraer de este inédito maratón electoral?*

El legado de las 34 elecciones presidenciales celebradas entre 2009 y 2016, como ya adelantamos, es el de una región heterogénea en términos políticos, con una marcada tendencia hacia el centro (ya sea desde la derecha o desde la izquierda) que, en la mayoría de los casos, ha privilegiado la moderación, el pragmatismo y la estabilidad.

En cuanto a la orientación ideológica, en América del Sur existe un balance entre gobiernos de centro-izquierda y de izquierda –socialismo del siglo XXI– (Uruguay, Chile, Bolivia, Ecuador y Venezuela), y gobiernos de derecha y centro derecha (Paraguay, Brasil, Colombia, Argentina y Perú). Este balance se produjo recién a fines de 2015 e inicios del 2016 (triunfo de Macri, destitución vía juicio político de Rousseff y victoria de Kuczynski), ya que durante la última década la tendencia era claramente favorable a los gobiernos de izquierda y de centro izquierda. En América Central estamos igualmente ante la presencia de un equilibrio entre gobiernos de derecha o centro-derecha (Panamá, Honduras, Guatemala) y de centro-izquierda o izquierda (Costa Rica, El Salvador y Nicaragua). En el caso de República Dominicana, la tendencia favorece la continuidad (cuatro gobiernos seguidos, desde 2004, del centro-derechista PLN). Y en México, en las elecciones de 2012 se produjo la alternancia después de dos gobiernos consecutivos del PAN (2000-2012), con el regreso del PRI a Los Pinos de la mano de Enrique Peña Nieto.

En segundo lugar, las oposiciones dificultaron las victorias a los oficialismos, obligándolos a ir a una segunda vuelta en aquellos países donde existe el balotaje (salvo Ecuador en 2013, Bolivia en 2014 y República Dominicana y Nicaragua en 2016) y con resultados cerrados en varios casos, pero fueron incapaces de forzar la alternancia salvo en los casos de Argentina, Chile, Guatemala y Perú, donde, si bien hubo necesidad de acudir a un balotaje, se produjo la alternancia. En efecto, en seis de las diez elecciones sudamericanas del periodo 2013-2016 hubo continuidad del oficialismo: Bolivia, Brasil, Ecuador, Colombia, Venezuela y Uruguay. En América Central, en cambio, como analizamos más arriba, la tendencia es más pareja entre cambio y continuidad, si bien los resultados de las dos elecciones presidenciales del 2016 fueron favorables a la continuidad del oficialismo vía reelección consecutiva en ambos casos.

Tercero, el electorado, sobre todo en América del Sur, pareciera haber optado hasta fecha reciente (finales de 2014) no tanto por el cambio, entendido como alternancia, sino por "el cambio en la continuidad", reeligiendo a los oficialismos pero, al mismo tiempo, enviándoles un mensaje de insatisfacción con la actual situación y demandando ajustes. Sin embargo, esta tendencia ha sufrido modificaciones importantes, sobre todo a partir de la segunda mitad de

2015, a la luz de los resultados de las elecciones presidenciales de Argentina de 2015, de las legislativas de Venezuela (de diciembre de 2015) y de las presidenciales peruanas de 2016 donde el triunfo (en los tres casos) lo obtuvo la oposición.

Cuarto, el balotaje está cada vez más de moda. De las 13 elecciones presidenciales celebradas entre 2013 y 2016 cuyos países tienen regulada la segunda vuelta, en todas ellas (salvo Ecuador en 2013, Bolivia en 2014 y en República Dominicana y Nicaragua en 2016) hubo necesidad de recurrir a un balotaje para definir la Presidencia: Argentina, Brasil, Chile, Colombia, Costa Rica, El Salvador, Guatemala, Uruguay y Perú.

Quinto, la reelección consecutiva (en República Dominicana y Nicaragua en 2016, en Brasil, Bolivia y Colombia, en 2014 y en Ecuador en 2013) sigue siendo infalible. Como analizaremos con mayor detalle en el capítulo IV, todo presidente latinoamericano que buscó su reelección inmediata entre 1978 y 2014 la obtuvo, a excepción de dos que no lo lograron: Hipólito Mejía en República Dominicana (2004) y Daniel Ortega en Nicaragua, cuando fue derrotado en 1990 por Violeta Barrios de Chamorro. Este último, sin embargo, regresó al poder en 2006 vía reelección alterna, fue reelegido por primera vez en 2011 (en elecciones cuestionadas tanto en el ámbito interno como internacional) y nuevamente reelegido, por segunda vez consecutiva, en 2016 en elecciones sin observación internacional y con bajos niveles de integridad debido a la falta de garantías, transparencia y competencia.

10. *Avances dispares en materia de ciudadanía integral*

La ciudadanía, entendida desde una perspectiva integral (T. H. Marshall),[130] es decir política, civil y social, presenta grados de desarrollo muy dispares. En materia de ciudadanía política es donde la región ha logrado a la fecha los avances más importantes, como se ha visto en el recuento anterior y, en buena medida, gracias al forta-

---

130 Thomas H. Marshall, "Citizenship and Social Class", en *Ibídem* (comp.), *Class, Citizenship and Social Development*, Doubleday, Garden City (NY), 1965.

lecimiento de la democracia. En materia de ciudadanía civil se registran asimismo avances significativos sin perjuicio de los retos que aún quedan por superar.

En el ámbito del fortalecimiento de la ciudadanía cabe destacar la disminución de violaciones a los derechos humanos y el fin de la política de terrorismo de Estado que caracterizó los años de las dictaduras y los autoritarismos. El surgimiento de nuevas instituciones, especializadas y autónomas, diseñadas para velar en favor de determinados derechos, como por ejemplo la acción de tutela instaurada en Colombia, que tiene por objeto la protección inmediata de los derechos fundamentales ante acciones u omisiones de las autoridades que los vulneran o amenazan; o el Instituto Federal de Acceso a la Información de México, garante de la entrega de los documentos oficiales del gobierno federal; la consolidación de las oficinas de Ombudsman y el fortalecimiento de las jurisdicciones constitucionales son avances importantes en este sentido.

Se registran, asimismo, progresos significativos en materia de legislación, lo cual contrasta, sin embargo, con la escasa capacidad de los Estados para garantizar estos derechos en la práctica. En relación con los sistemas de administración de justicia, se observa en la región una carencia de recursos económicos y humanos que la vuelven frágil e ineficaz en numerosos países. Por otro lado, el Poder Ejecutivo mantiene una interferencia importante en las cortes supremas y consejos de las magistraturas de varios países. En el terreno positivo, cabe apuntar las reformas constitucionales llevadas a cabo en algunos países dirigidas a fortalecer la independencia y profesionalización de los poderes judiciales. Otro tema preocupante es el de la población carcelaria (y su sobrepoblación), pues los derechos de los reos son escasamente respetados, al punto de que casi la mitad de los presos en la región no ha recibido ni proceso ni condena.[131]

---

131 Para más información sobre las condiciones en las cárceles en América Latina y los derechos de los presos, véase: "¿Sin salida? Las cárceles en América Latina", *Nueva Sociedad*, núm. 208, marzo-abril 2007; Andrew Coyle, *A Human Rights Approach to Prison Management*, International Centre for Prison Studies, King's College, Londres, 2009.

Pero es en materia de ciudadanía social, entendida como el derecho a una vida digna, el ámbito en el cual, pese a los importantes avances logrados durante los últimos años, que las tendencias son realmente preocupantes, constituyéndose en el principal desafío de las sociedades latinoamericanas. Al decir del Informe del PNUD y OEA:

> [...] la región tiene los recursos materiales, humanos y políticos para no sufrir la mayor concentración de ingresos del mundo. Por los mismos motivos, 180 millones de pobres y 71 millones de personas que padecen hambre representan una situación que no se compadece con el nivel de desarrollo y riqueza de la región. Hay recursos para modificar las condiciones de vida de casi 200 millones de latinoamericanos. Otra ciudadanía social es realizable y exigible.[132]

11. *Los déficits socioeconómicos*

Nuestra búsqueda de un desarrollo más acelerado, perdurable, incluyente y equitativo ha ido transcurriendo por paradigmas sucesivos. Las luces y las sombras del desarrollo latinoamericano durante el siglo XX no remiten tanto a ciclos de crecimiento, como a su calidad en términos de perdurabilidad, cohesión social interna, renovación periódica de las bases del crecimiento y competitividad internacional. En efecto, América Latina creció mucho durante el siglo pasado y su progreso social no es despreciable; sin embargo, continúa presentando importantes déficits sociales, y su posición dentro de la economía mundial continúa dejando mucho que desear.[133]

---

132 OEA-PNUD, *Nuestra democracias...*, *op. cit.,* 2010, p. 44.

133 Edmundo Jarquín y Koldo Echebarría, "El papel del Estado y la política en el desarrollo de América Latina (1950-2005)", en, J. Mark Payne, Daniel Zovatto G. y Mercedes Mateo Díaz (coords.), *La política importa. Democracia y desarrollo en América Latina*, BID-IDEA, Washington, 2006. pp. 1-18; Rosemary Thorp, *Progreso, pobreza y desarrollo. Una historia económica de América Latina en el Siglo XX*, BID, Washington, 1998. Una historia económica de esa larga búsqueda a lo largo del siglo XX se la debemos al desaparecido Fernando Fajnzylber, *Industrialización e internacionalización en América Latina*, FCE, México, 1980. Más recientemente, véase una brillante síntesis de los problemas económicos de nuestros países en William Easterly, *The Elusive Quest for Growth: Economists Adventures and Misadventures in the Tropics,* MIT Press, Cambridge (MA), 2002.

Efectivamente, después de dos décadas de reformas neoliberales, inspiradas en el Consenso de Washington, y sin perjuicio de reconocer sus aspectos positivos, lo cierto es que los hechos se han encargado de dejar en claro sus límites irrecusables.[134] Por ello, y de un tiempo a la fecha, el debate viene subrayando la necesidad de una segunda generación de reformas, haciendo hincapié en la dimensión institucional y en una revalorización de la política y del Estado. Así, junto con el creciente reconocimiento del valor intrínseco de la democracia en cuanto a la libertad y los derechos humanos, existe ahora una aceptación cada vez mayor de las contribuciones positivas de la democracia para el desarrollo.[135]

A.- *Desaceleración económica*. El crecimiento económico durante estos últimos 38 años ha sido irregular y volátil. En términos agregados, América Latina atravesó durante el quinquenio 2003-2008 su mejor momento económico de las últimas tres décadas. Para 2008, con el inicio de la crisis mundial, la región finalizó el año con un crecimiento agregado de 3.9%, y durante 2009, se hicieron evidentes los mayores impactos. En efecto, la tasa de variación del crecimiento para 2009 fue de -1.9%, sin duda el año más difícil para la región durante la última década. Sin embargo, de acuerdo con datos del FMI, América Latina logró una pronta y sostenida recuperación y presentó un crecimiento positivo de 5.9% en 2010, 4.5% en 2011, 2.9% en 2012, y 2.7% en 2013. Empero, la promesa de que ésta sería la "década de América Latina" no cristalizó, y las tasas de crecimiento (según también datos del FMI) comenzaron a disminuir. Desde 2011, el crecimiento económico de América Latina ha estado sufriendo año tras año una desaceleración. Según da-

---

134 Eduardo A. Lora y Ugo G. Panizza, "Structural Reforms in Latin America Under Scrutiny", documento preparado para el seminario *Reforming Reforms*, IADB-IAIC, Fortaleza (Brasil), 11 de marzo de 2002. Disponible en: http://www.iadb.org/res.

135 Para esclarecer las relaciones complejas entre desarrollo y democracia, véase José María Maravall, *Los resultados de la democracia,* Alianza Editorial, Madrid, 1995; D. Rodrik, "Repensar la democracia", art. *cit.,* 2014; Amartya Sen, *Development as Freedom*, Knopf, Nueva York, 1999; Moisés Naím, *Latin America's Journey to the Market: From Macroeco-nomic Shocks to Institutional Therapy,* ICS Press, San Francisco, 1995.

tos de la CEPAL, la economía latinoamericana creció (promedio regional) únicamente 1.2% en 2014 y sufrió una contracción de 0.4% en 2015. Para 2016, la CEPAL proyecta una nueva contracción de 0.9%.[136] Tanto el FMI como el BM cuentan con proyecciones similares. El BID, por su parte, ha señalado que el crecimiento económico de la región (como promedio regional y sin desconocer la alta diversidad de las existentes situaciones nacionales) continuará siendo bajo, alrededor de 1.7% hasta 2020.[137]

GRÁFICA I.11.1. *Tasas anuales de variación del producto interno bruto (PIB) 1990-2015.*

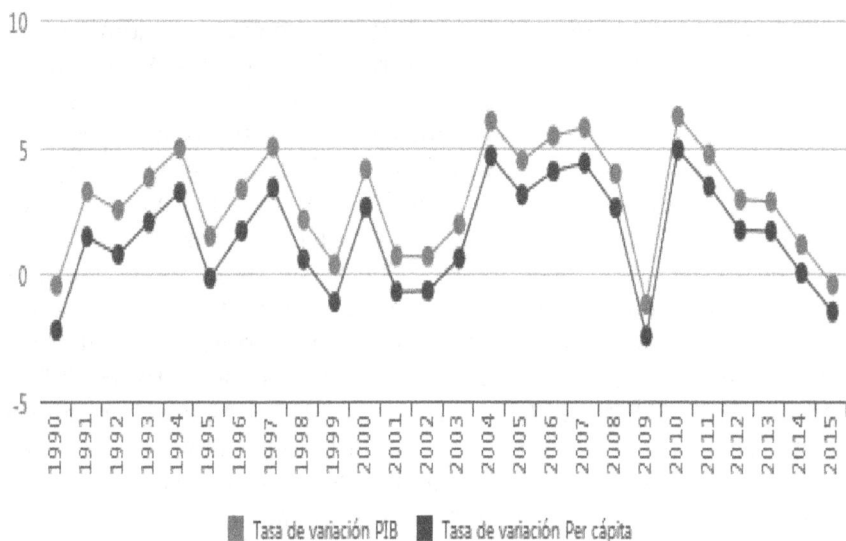

FUENTE: *Datos oficiales de la CEPAL.* Disponible en: http://estadisticas.cepal.org/cepalstat/Perfil_Regional_Economico.html

---

136 Coyuntura económica y laboral en América Latina y el Caribe, edición N° 15, comunicado de prensa conjunto de la CEPAL y OIT de 19 de octubre de 2016. Según CEPAL y OIT la actividad económica de América Latina y el Caribe se contraerá -09% en 2016. Disponible en: http://www.cepal.org.

137 Informe del BID, presentado por su economista jefe José Juan Ruiz en la reunión anual del Banco celebrada en Bahamas en abril de 2016.

B. *Estancamiento de la reducción de la pobreza y pérdida de empleo.* Durante La tercera ola, y sobre todo durante la última década (la llamada "década dorada" que comprende el periodo 2003-2013), han tenido lugar progresos sociales muy importantes (si bien aún queda mucho camino por recorrer), avances que han impactado positivamente en la calidad de vida de la población. De acuerdo con datos presentados por la CEPAL (véase gráfica I.11.2), desde 1980 a la fecha la situación de pobreza en la región ha experimentado una reducción muy importante. En ese lapso, cuatro de cada 10 latinoamericanos se encontraban por debajo de la línea de pobreza. Esa proporción creció hasta 4.8 en 1990. Luego, en 2002, estimulados por la crisis en el Cono Sur, los niveles de pobreza volvieron a los puntos más altos desde 1990 (4.3 por cada 10 personas).Entre 2002 y 2008 se logró disminuir hasta 10.4 puntos porcentuales. Esta tendencia a la baja continuó en 2011, cuando, según datos de la CEPAL, la pobreza alcanzó 29.6% de la población mientras 11.6% de la población vivía en situación de indigencia. Entre 2012 y 2014 la pobreza bajó a 28% y la indigencia se ubicó en torno a 12%.[138]

Por su parte, un informe de la CEPAL de diciembre de 2015 (Panorama Social de América Latina 2015), que abarca el periodo 2010-2014, advierte que la pobreza en la región habría subido 1%, y la indigencia 0.6%.

---

138 Moisés Naím, *Panorama social de América Latina y el Caribe*, 2013. Disponible en: http://www.eclac.cl/noticias/paginas/8/33638/panorama_social_versionfinal .pdf; http://www.asocamerlat.org/CEPAL_PanoramaSocial2013_AmericaLatina_diciembre2013.pdf; http://repositorio.cepal.org/bitstream/handle/11362/37626/S1420729_es.pdf?sequence=6.

GRÁFICA I.11.2. *América Latina: evolución de la pobreza y la indigencia, 1980-2015*[a]

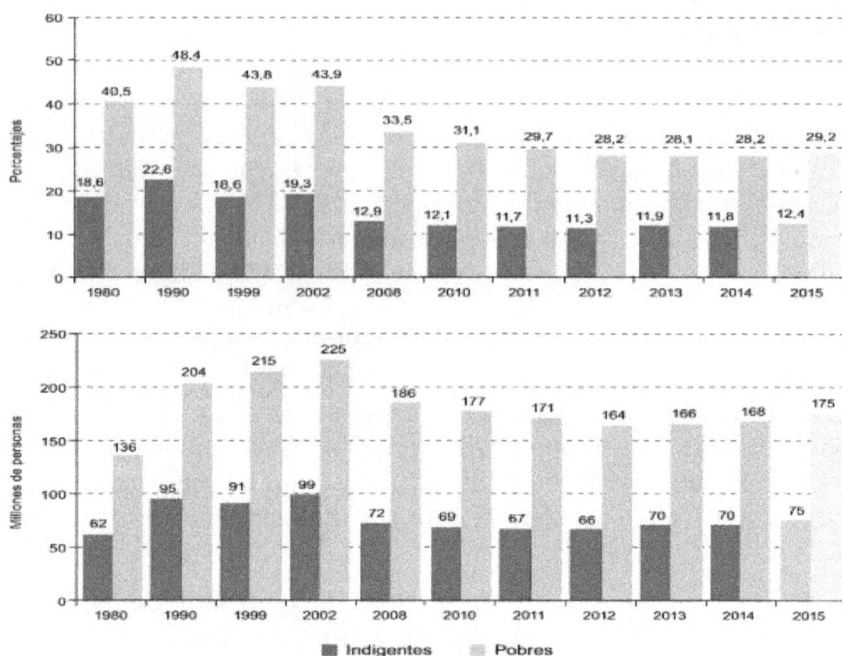

FUENTE: CEPAL. *Panorama Social de América Latina 2015. Comisión Económica para América Latina y el Caribe (CEPAL), sobre la base de tabulaciones especiales de las encuestas de hogares de los respectivos países.* Disponible en: http://repositorio.cepal.org/bitstream/handle/11362/39965/S1600227_es.pdf?sequence=1

[a] Estimación correspondiente a 18 países de la región más Haití. Las cifras que aparecen sobre las secciones superiores de las barras representan el porcentaje y el número total de personas pobres (indigentes más pobres no indigentes). Las cifras relativas a 2015 corresponden a una proyección.

Cabe notar, empero, que la mayoría de los pobres que ascendieron no se integraron directamente en la clase media. Pasaron a formar parte de un grupo ubicado entre los pobres y la clase media, que el Banco Mundial[139] denomina "vulnerables", y que actualmente constituye la clase social más numerosa en toda la región (38%).Según el citado organismo, durante la última década la clase media creció 50% y por primera vez superó el porcentaje de pobres en la región (32% de clase media y 29% de pobres).[140]

Sólo dos años después (en octubre de 2014), en su informe *Desigualdad en una América Latina con menor crecimiento*, el mismo Banco Mundial encendió las luces ámbar al advertir que, como consecuencia de la marcada desaceleración económica que vivía la región (si bien con alto grado de heterogeneidad), algunos países podrían experimentar dificultades para mantener las conquistas sociales de la última década.

Dentro de esta misma línea de pensamiento, encontramos los informes de la CEPAL y de la OIT (de 2015), que también advierten del riesgo de estancamiento en la lucha contra la pobreza (e incluso de un posible aumento de la misma), así como de la pérdida de empleos y de un aumento de la precarización de los mismos, debido a la aguda desaceleración económica que vive la región sobre todo América del Sur.

---

139 Disponible en: http://www.bancomundial.org/es/news/pressrelea-se/2013/04/17/remarkable-declines-in-global-poverty-but-major-challenges-remain.

140 A la luz de estos datos, Augusto de la Torre, economista en jefe para América Latina y el Caribe del Banco Mundial ha dicho que "si bien América Latina ha sido una región de ingresos medios por mucho tiempo, [ahora] aparentemente comenzamos a convertirnos en una región de clase media, que es una cosa distinta. –Y agrega–: Que si bien las noticias son bastante buenas, la durabilidad y sustentabilidad de este fenómeno son temas de debate". Declaración de Augusto de la Torre en el Seminario "Movilidad económica y el surgimiento de la clase media en América Latina", CEPAL-Banco Mundial. Para Martin Hopenhayn, director de la División de Desarrollo Social de la CEPAL, "En la medida en que no haya un cambio estructural, es decir, un salto productivo que a mediano plazo apunte hacia una mayor convergencia en sectores de mayor productividad de la población, se coloca a esta expansión de la clase media hoy día un tope en términos de largo plazo y de sostenibilidad en el tiempo".

En relación con la pobreza, de acuerdo con la CEPAL (Panorama Social de América Latina, 2015)[141] la tasa de pobreza como promedio regional se situó en 2014 en 28.2%, mientras la tasa de indigencia alcanzó 11.8% del total de la población, por lo que en términos porcentuales ambas mantuvieron su nivel respecto de 2013. Empero, el número total de personas pobres creció en 2014, alcanzando los 168 millones, de los cuales 70 millones se encontraban en situación de indigencia. Para 2015 y 2016, la CEPAL prevé un aumento tanto de la tasa de pobreza como de la tasa de indigencia por lo que, de confirmarse estas proyecciones, la población en situación de pobreza superaría los 175 millones en 2015, de los cuales al menos 75 millones estarían en situación de indigencia.

Respecto del empleo, según la OIT (Panorama Laboral de América Latina, 2015)[142]la marcada desaceleración económica que afecta a la región (sobre todo a América del Sur)desde 2013 en adelante, comienzan a reflejarse lentamente sobre el empleo, que en un principio registró impactos moderados. Empero, en 2015 esta situación cambió, y se experimentó el primer aumento significativo en la tasa de desocupación en cinco años. Según datos de la OIT, a finales de 2015, había 19 millones de personas desempleadas. Por su parte, un documento conjunto de CEPAL y OIT (de octubre de 2016) advierte que para el segundo semestre de 2016 no se prevé una mejora significativa de la situación laboral (afectada por la desaceleración económica que sufre la región) lo cual provocaría un nuevo aumento del desempleo abierto urbano regional el cual podría subir al 8.6% a fines de 2016, si bien con una marcada heterogeneidad entre países y subregiones[143].

Otra de las tendencias preocupantes identificada por la OIT –que de confirmarse podría aumentar la informalidad– son los indicios de disminución del empleo asalariado y un aumento en el trabajo por

---

141 Véase CEPAL, Panorama Social de América Latina 2014 y 2015.

142 Véase OIT, Panorama Laboral de América Latina 2015.

143 Véase Indicadores laborales de América Latina y el Caribe continúan deteriorándose en medio de contracción económica regional. Comunicado de prensa conjunto de CEPAL y OIT. 19 de octubre de 2016. www.cepal.org.

cuenta propia. En efecto, casi la mitad de la fuerza de trabajo de nuestra región (280 millones de personas) tiene empleo informal, lo que implica ingresos bajos, inestabilidad laboral y falta de protección de derechos sociales.

Ahora bien, los promedios regionales expresan una realidad heterogénea. En efecto, y semejante a otros ámbitos, tanto la desaceleración como los cambios en las tasas de desempleo y otros indicadores laborales se manifiestan a diferentes velocidades en los distintos países: mientras algunos están en abierta contracción otros, en cambio, mantienen números positivos.[144]

Para la OIT, el nuevo ciclo económico que atraviesa la región demanda la necesidad de poner en marcha una combinación de medidas de corto, mediano y largo plazo. En el corto, los países deben implementar políticas del mercado laboral y macroeconómicas dirigidas a mitigar los efectos de la desaceleración en las empresas, en los puestos de trabajo y en los ingresos.[145]

Por su parte, en el mediano y largo plazo la prioridad sigue siendo, la necesidad de avanzar, de manera urgente, en procesos de diversificación y de desarrollo productivo con el objetivo de impulsar una transformación de las economías dirigida a garantizar un crecimiento más sostenido e inclusivo con más y mejores empleos.

---

144 José Manuel Salazar-Xirinachs, "Una crisis en cámara lenta", *La Prensa* (prensa.com), 19 de marzo de 2016. Como bien señala Salazar-Xirinachs: "Más allá de las diferencias, en la región, como un todo, hubo un cambio de ciclo y el escenario, al menos por ahora, es poco alentador. Este panorama plantea desafíos concretos e inmediatos, porque el empeoramiento de la situación laboral implica que la crisis se refleja en la situación de las personas, y afecta tanto a los grupos más vulnerables, incluyendo los hogares pobres, como a la clase media que ve sus expectativas frustradas".

145 Para Salazar-Xirinachs "La oportunidad es propicia para recurrir a la guía que ofrece el Pacto Mundial para el Empleo, de la OIT, adoptado en 2009 por representantes de gobiernos, trabajadores y empleadores de todo el mundo, que contiene un portafolio de políticas con demostrada efectividad en momentos de recesión económica y crisis en el mercado de trabajo. Se trata de medidas para reducir los impactos negativos en el empleo, apoyar a las empresas, mantener niveles de demanda agregada e impulsar la generación y recuperación de los empleos en combinación con protección social.

En resumen: para decirlo en palabras de Salazar-Xirinachs, Director Regional de la OIT para América Latina y El Caribe:

Actuar sobre el empleo es la forma en que se puede beneficiar a los grupos vulnerables y a las clases medias, a la vez que se promueve la base productiva de las economías. De lo contrario, esta crisis en cámara lenta podría no sólo complicar aún más la gobernabilidad aumentando la conflictividad social y la desconfianza en las instituciones políticas, sino dejar un legado de estancamiento en el progreso de nuestras sociedades e incluso de retrocesos en los logros económicos y sociales alcanzados.[146]

C. *La elevada desigualdad: la asignatura pendiente.* Cabe tener presente, asimismo, que la desigualdad sigue siendo la gran asignatura regional pendiente. Como correctamente ponen de manifiesto dos informes de la CEPAL[147] y del Programa de las Naciones Unidas para el Desarrollo (PNUD)[148] América Latina sigue siendo, pese a los importantes avances registrados, la región más desigual del mundo. En efecto, y según el PNUD (2010), 10 de los 15 países más desiguales del mundo se encuentran en nuestra región, al tiempo que "el coeficiente de Gini del ingreso en la región es 65% más elevado que el de los países de ingreso alto, 36% más alto que el de los países del este asiático y 18% más alto que el del África subsahariana".[149] Y, lo que es más grave, la persistencia de la desigualdad, acompañada de una baja movilidad social, llevó a la región a caer en una "trampa de desigualdad" que se transmite entre generaciones.

---

146 José Manuel Salazar-Xirinachs, "Una crisis…", art. *cit.,* 2016.

147 CEPAL, *La hora de la igualdad: brechas por cerrar, caminos por abrir,* 2010. Disponible en:

http://repositorio.cepal.org/bitstream/handle/11362/13309/S2010986_es.pdf ?sequence=1. Aquí, la CEPAL señala que los países de América Latina y el Caribe deben recuperar el papel del Estado como promotor de la igualdad y transformar sus estructuras industriales y tecnológicas a fin de cerrar las profundas brechas sociales que persisten en la región.

148 PNUD, *Informe regional sobre desarrollo humano para América Latina y el Caribe. Actuar sobre el futuro, romper la transmisión inter generacional de la desigualdad,* 2010. Disponible en: http://hdr.undp.org/es/informes/regional/destacado/RHDR-2010-RBLAC.pdf.

149 *Ibídem,* p. 37.

Según la CEPAL, un número importante de países de la región logró avances en la distribución de los ingresos durante el periodo 2002 a 2014. Como consecuencia, el coeficiente de Gini pasó de 0.507 en 2010 a 0.497 en 2013 y a 0.491 en 2014. Pese a este descenso, en 2014 el ingreso per cápita de las personas del 10% de mayores ingresos fue 14 veces superior que el del 40% de menores entradas.[150]

El efecto negativo de la desigualdad, no sólo desde la perspectiva económica sino también desde el punto de vista social y de la democracia, ha sido muy bien abordado por numerosos autores, entre ellos Piketty[151] y Stiglitz, premio Nobel de Economía (2001) en su obra *El precio de la desigualdad*: el 1% de la población tiene lo que el 99% necesita.[152] Según Stiglitz, las consecuencias de la desigualdad son conocidas, entre otras: altos índices de criminalidad, problemas sanitarios, menores niveles de educación, de cohesión social y de esperanza de vida. Todo ello tiene un impacto negativo, disminuyendo la confianza ciudadana en los partidos y las instituciones, aumentando el abstencionismo y la apatía, y poniendo en peligro la democracia misma.

En resumen: en las últimas décadas la región ha crecido, ha logrado reducir la pobreza y ha sido capaz de elevar el ingreso de sus ciudadanos hasta 13.000 dólares per cápita (en paridad de poder adquisitivo). Asimismo, durante la gran recesión de 2009 ha resistido mejor que otras zonas del mundo. Sin embargo, como bien señala Joaquín Estefanía:

> [...] no ha logrado cerrar la brecha de bienestar que la separa de los países más desarrollados o de otros emergentes de fuera de la región. ¿Por qué? La respuesta reside en una productividad muy baja y que, además, retrocede con respecto a esos mismos países. Esa brecha

---

150 CEPAL, *Panorama Social de América Latina* 2015.

151 Thomas Piketty, "La mayor desigualdad la provoca el desempleo", *El País*, domingo 11 de enero de 2015. Disponible en: http://economia.elpais.com/economia/2015/01/09/actualidad/1420836043_696183.html. Para este autor "el aumento de la desigualdad ha pasado a ocupar un lugar prioritario en las agendas políticas debido a que ésta [la desigualdad] hace que los ciudadanos pierdan su fe en un sistema por el que se sienten injustamente tratados y cuyo estatus, en semejantes condiciones, no tienen ningún interés en mantener, con las consiguientes consecuencias políticas que se empiezan a observar en Europa."

152 Joseph. E. Stiglitz, *El precio de la desigualdad*, Taurus, México, 2015.

que genera el aumento insuficiente de la productividad en América Latina es el factor que explica la siguiente paradoja: que a pesar de los buenos datos macroeconómicos de los últimos tiempos los actuales ciudadanos latinoamericanos y caribeños tengan frente a los Estados Unidos, como lo señala el Banco Interamericano de Desarrollo, un nivel relativo de ingresos per cápita inferior al que experimentó la generación de sus padres y abuelos.[153]

12. *Apoyo a la democracia estable y representación política en crisis*

Dentro del actual contexto latinoamericano, caracterizado por la desigualdad, la pobreza (no obstante los importantes avances registrados), la debilidad institucional y del Estado de derecho, la corrupción, la impunidad y la inseguridad, cabe preguntarse si los regímenes democráticos están cumpliendo con el ejercicio del "buen gobierno",[154] si la ciudadanía considera que la democracia es una buena opción. La respuesta para la segunda interrogante –por positiva– puede sorprender a muchos.

Pero, una cosa es una buena democracia (entendida como mecanismo para seleccionar y controlar a los gobernantes) y otra es un buen gobierno (entendido, por ejemplo, como aquel que satisface las expectativas de sus electores).[155]

En promedio, según Latinobarómetro 2015, 56% de las personas latinoamericanas considera que la democracia es preferible a cualquier otra forma de gobierno. Entre 2013 y 2015, ocho de los 18 países de la región sufren una disminución en el apoyo a la democracia. Por su abrupta caída, destacan El Salvador y Guatemala con 8 puntos porcentuales, Paraguay con 6 puntos, y Honduras y Panamá con 4 y 5 puntos respectivamente. En menor medida encontramos a Argen-

---

153   Joaquín Estefanía, "El gran laboratorio", *El País*, 26 de octubre de 2014. Disponible también en: http://elpais.com/elpais/2014/10/24/opinion/141-4158052_983927.html.

154   Pierre Rosanvallon. *El buen gobierno,*. Manantial, Buenos Aires, 2015.

155   Daniel H. Levine y José E. Molina, *The Quality of Democracy in Latin America*, Lynne Rienner Publishers, Boulder (CO), 2011, p. 16.

tina y Venezuela con 3 puntos porcentuales y a Nicaragua con 2 puntos porcentuales de pérdida en el apoyo a la democracia.[156]

CUADRO I.12.1.   *Apoyo a la democracia por país diferencia 2013-2015*

	2013	2015	Diferencia 2013-2015
Países donde aumenta el apoyo a la democracia			
México	37	48	11
Ecuador	62	70	8
Uruguay	71	76	5
Brasil	49	54	5
Costa Rica	53	57	4
Bolivia	61	65	4
República Dominicana	60	63	3
Colombia	52	55	3
Chile	63	65	2
Perú	56	56	0
Guatemala	41	33	-8
El Salvador	49	41	-8
Paraguay	50	44	-6
Panamá	49	44	-5
Honduras	44	40	-4
Venezuela	87	84	-3
Argentina	73	70	-3
Nicaragua	50	48	-2
América Latina	56	56	0

FUENTE: *Elaboración propia a partir de Latinobarómetro 2015.*

---

156 http://www.latinobarometro.org/documentos/LATBD_INFOR-ME_LB_2015.pdf.

Estos mismos datos de Latinobarómetro 2015 evidencian que las actitudes hacia la democracia en América Latina son complejas y no están exentas de contradicciones. Venezuela y Uruguay son las democracias con mayor nivel de apoyo social en la región, mientras Guatemala y Honduras son los países con el perfil de mayor evocación autoritaria.

Con respecto al apoyo a la democracia, ésta se mantiene en una situación que podríamos calificar de "equilibrio de nivel medio". En efecto, si bien el apoyo a la democracia no ha aumentado significativamente tampoco se ha desplomado. Este apoyo, medido por Latinobarómetro durante los últimos 20 años, evidencia un nivel de soporte estable entre 53 y 63%, si bien ha crecido de manera continua y sostenida durante de 2007 a 2010, dato que se ha mantenido en 56% entre 2013 y 2015.

El año con el nivel de apoyo a la democracia más alto fue 1997 (con 63%), y el peor 2001, cuando el apoyo a la democracia cayó a 48%, la única vez que descendió por debajo de la mitad de la población. El apoyo o la evocación al autoritarismo se han mantenido estables, entre 15 y 20% (promedio regional). Lo que ha crecido es la indiferencia entre democracia y autoritarismo (que subió de 14% a 22%) y los niveles de insatisfacción con el funcionamiento de la democracia, sobre todo con las principales instituciones de la democracia representativa, en especial, con los parlamentos y los partidos políticos.[157]

Los datos desagregados de Latinobarómetro 2015 muestran asimismo que los latinoamericanos creen que sus democracias benefician a unos pocos y no a las mayorías. Sólo 28% cree que se gobierna para el bien de todo el pueblo, fluctuando de 56% a 12%. Sin embargo, no desean un retorno a las dictaduras: 66% dice que bajo ninguna circunstancia aprobaría un gobierno militar. En oposición a las muy divulgadas advertencias de que la región corre el riesgo de un retorno a las dictaduras, más de la mitad de los latinoamericanos continúa apoyando la democracia pese a que son pocos los que con-

---

157 Véase los sucesivos informes de Latinobarómetro en: www.latinobarometro.org.

sideran que está funcionando adecuadamente (los demócratas insatisfechos). Ciertamente, mientras 56% apoya a la democracia sólo 37% está satisfecho con su funcionamiento.[158]

Por su parte, el Informe del año 2014 del Barómetro de las Américas[159] señala que el apoyo al sistema democrático como forma de gobierno sigue siendo indiscutible; sin embargo, este sentimiento ha sufrido un retroceso hasta los niveles más bajos en 10 años. En el sondeo de 2012 puntuaba 71 sobre 100; en 2014 ha caído a 69.[160]

Existen, asimismo, otras dos variables que no pueden soslayarse en el análisis de los procesos de democratización y gobernabilidad en América Latina: los partidos políticos y la representación política. En la región, la ciudadanía se manifiesta escéptica, desconfiada e insatisfecha con los partidos políticos; lo mismo sucede con los poderes legislativos que son los escenarios institucionales prioritarios donde se evalúa cotidianamente la actuación e interacción de las diversas fuerzas partidarias. Incluso en coyunturas de alta exposición pública, como son los periodos electorales, los partidos políticos mantienen bajos niveles de confianza, como se observa en los diversos informes de Latinobarómetro.

No obstante el déficit de confianza y credibilidad, la opinión de la ciudadanía es positiva con respecto a la necesidad de los partidos políticos y los Congresos para la existencia y operatividad de la democracia como forma de gobierno. Los partidos deben considerar esta percepción como una ventana de oportunidad para su remozamiento, evolución o mejoramiento.

---

158 http://www.infoamerica.org/primera/lb_2011.pdf.

159 Barómetro de las Américas 2014. Véase.http://www.vanderbilt.edu/lapop/insights/IO908es_v3.pdf.

160 *Idem.*

GRÁFICA I.12.1. *Percepción hacia la democracia con o sin parti-dos políticos, América Latina, 1997-2013*

PUEDE HABER DEMOCRACIA SIN PARTIDOS POLÍTICOS
TOTAL AMÉRICA LATINA 1997 - 2013 - TOTALES POR PAÍS 2013

P. Hay gente que dice que sin partidos políticos no puede haber democracia, mientras que hay otra gente que dice que la democracia puede funcionar sin partidos. ¿Cuál frase está más cerca de su manera de pensar? "Aquí solo 'La democracia puede funcionar sin partidos políticos'.

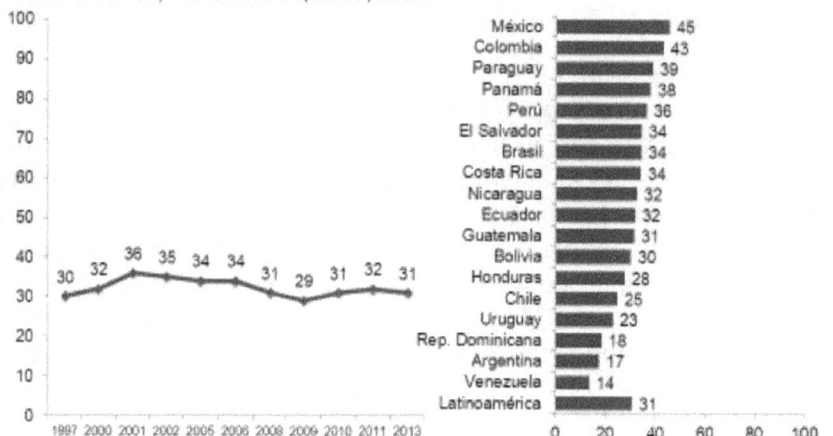

País	Valor
México	45
Colombia	43
Paraguay	39
Panamá	38
Perú	36
El Salvador	34
Brasil	34
Costa Rica	34
Nicaragua	32
Ecuador	32
Guatemala	31
Bolivia	30
Honduras	28
Chile	25
Uruguay	23
Rep. Dominicana	18
Argentina	17
Venezuela	14
Latinoamérica	31

Línea 1997-2013: 30 32 36 35 34 34 31 29 31 32 31

Fuente: Latinobarómetro 1997 - 2013

Sin embargo, el malestar de los ciudadanos hacia los partidos políticos no se ha traducido en una alta abstención electoral. Las tasas de participación electoral, como ya vimos, se han mantenido relativamente estables en la mayoría de los países durante los últimos años, sin perjuicio de un leve declive en el promedio regional. Por otra parte, como bien advierte Alcántara, apenas un número reducido de mandatarios del centenar de candidatos que han llegado a la Presidencia durante las últimas tres décadas lo hicieron sin el apoyo de los partidos políticos.[161]

---

161 Según Manuel Alcántara estos cinco mandatarios son: Alberto Fujimori (Perú, 1990); Hugo Chávez (Venezuela, 1999); Sixto Durán-Ballén (Ecuador, 1992); Lucio Gutiérrez (Ecuador, 2002) y Rafael Correa (Ecuador, 2006). – OEA-PNUD, *Nuestra democracia…, op. cit.,* 2010, p. 105.

En cuanto a la medición de la confianza hacia las instituciones, ésta "no ha cambiado sustantivamente en la región. Los grados de confianza hacia ellas tienen un orden que se mantiene notablemente estable a la luz de los grandes cambios en otros ámbitos que han sufrido esos países".[162] El análisis sitúa a la Iglesia católica en el primer lugar de confianza de la ciudadanía (69%), seguida de los medios de comunicación (49%), y en los últimos lugares a los sindicatos (29%) y los partidos políticos (20%), cuya confianza ha venido en constante disminución conforme pasan los años.

GRÁFICA I.12.2. *Confianza en las instituciones, América Latina, 2015*

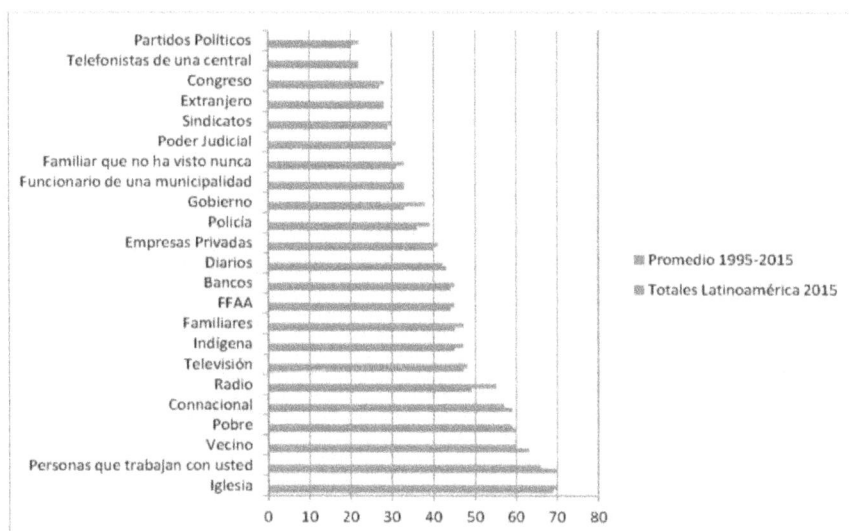

FUENTE: *Latinobarómetro 2015.*

13. *La importancia de las variables políticas*

El mal desempeño económico durante parte de La tercera ola –crecimiento bajo, volatilidad de los precios internacionales, crisis energética y alimentaria y sus efectos potenciales en la salvaguarda de niveles bajos de inflación, desigualdad alta– no registra una co-

---

162 Latinobarómetro, 2015.

rrelación directa con la pervivencia de la democracia en América Latina. A juicio de Mainwaring y Pérez-Liñán,[163] la perdurabilidad y resistencia de la democracia en América Latina, cuya especificidad es propia, está más asociada a las variables políticas que a las económicas o el nivel de desarrollo.[164]

A la memoria histórica, es decir, a la conciencia de no repetir nunca más el pasado autoritario o dictatorial, suma Mainwaring la disminución de los niveles de polarización política, el compromiso –fuerte aunque oscilante– de parte de las élites y de la ciudadanía en favor de la democracia junto con políticas y mecanismos regionales en apoyo de la misma. Todos estos factores, según el citado autor, han desempeñado un papel importante en la perdurabilidad y resistencia de la democracia en América Latina, sin perjuicio de reconocer las importantes diferencias que existen entre los países de la región en cuanto a su calidad.

Cabe distinguir, asimismo, entre el momento de emergencia de la democracia y su continuidad en el tiempo, del mismo modo que una cosa significa escapar de un estado traumático o indeseable y otra muy distinta construir un escenario institucional alternativo. Por lo tanto, resulta igualmente importante distinguir entre la perdurabili-

---

163 Scott P. Mainwaring y Aníbal Pérez Liñán, "Latin American Democratization since 1978. Democratic Transitions, Breakdowns and Erosions", en Frances Hagopian y Scott P. Mainwaring, *The Third Wave of Democratization in Latin America: Advances and Setbacks*, Cambridge University Press, Nueva York, 2005, pp. 14-59.

164 Como bien señalan Levine y Molina: "Scholars of democracy in Latin America, and of democracy and democratization in general, agree on a few important facts. There is agreement that the current wave or cycle of democracy has been more durable and has more depth and better prospects for survival than others in recent historical experience. There is agreement that the origins of this new or renewed set of political systems can be attributed more to the operation of political variables –the discredit of previous authoritarian governments, qualities of leadership and pact making, and extensive social support– than to economic or purely institutional factors. Indeed, many of the new Latin American democracies emerged in the midst of economic crisis and have survived severe down-turns that might have endangered their survival in earlier times". Daniel H. Levine y José E. Molina, *The Quality...*, op. cit., 2011, p. 1.

dad de la democracia y la calidad del sistema político. Coincidimos con los autores que opinan que los factores políticos son fundamentales para entender la pervivencia del sistema democrático en América Latina. La calidad de las instituciones, los valores y actitudes hacia la democracia y la relación entre sociedad civil, ciudadanos y partidos políticos, son variables fundamentales para entender no sólo la perdurabilidad sino también la calidad de la democracia. Igualmente importan, y mucho, el compromiso genuino de los actores principales (de las élites gobernantes, empresariales y culturales) con la democracia y, por supuesto, el contexto internacional y, sobre todo el regional, en favor de su vigencia.

Lo que los ciudadanos esperan y lo que los gobiernos entregan como respuesta depende, en buena medida, de la calidad y el buen funcionamiento de las instituciones gubernamentales y de la representación política. En aquellos países donde estas instituciones son sólidas, competentes y alcanzan lo que se proponen, donde los partidos políticos están más próximos a la gente, es donde encontramos un sistema político más institucionalizado y donde se refuerzan los lazos efectivos entre la sociedad civil, los ciudadanos y los partidos políticos. En ese escenario, la democracia pareciera estar inoculada de retrocesos autoritarios, mejor preparada para resistir crisis y para enfrentar los escándalos de corrupción (demasiado frecuentes en nuestra región).

A contrario sensu, en situación de baja calidad institucional, escaso arraigo social del sistema de partidos políticos, sociedad civil movilizada pero no conectada con los partidos, los líderes antisistema movilizan más fácilmente el apoyo popular y propinan exitosos "golpes de la calle". La evidencia parece demostrar que las mayores garantías para la pervivencia de la democracia las poseen aquellas sociedades en las que la sociedad civil está conectada con los partidos políticos y las instituciones. Dicho de manera sucinta, la pervivencia de la democracia depende, en gran medida, de la calidad de las instituciones, de la calidad de la representación política y de la calidad de los liderazgos políticos.[165]

---

165 Manuel Alcántara Sáez, *El oficio del político*, Tecnos, Madrid 2012.

En efecto, como hemos dicho, las instituciones importan, y mucho, no sólo para la pervivencia de la democracia sino también para su calidad. Se debe, sin embargo, evitar caer en el simplismo monocausal, tan común en América Latina, de responsabilizar demasiado a la institucionalidad o esperar demasiado de ella.

Hay que prestar atención a otros dos factores: la calidad y la responsabilidad de los liderazgos y la cultura política. Ciertamente, los contextos culturales y los liderazgos no sólo cuentan en el momento de diseñar las instituciones sino también en su manejo y funcionamiento.

Como bien apuntan Beato y Vives,[166] una de las principales causas de ese rezago es la ausencia de consensos sociales básicos que den continuidad a las políticas. Y ante la falta de esos consensos básicos en torno a un número reducido pero fundamental de políticas de Estado estratégicas, los países han ido migrando constantemente entre paradigmas ideológicos excluyentes, con la consiguiente volatilidad de las reglas del juego.

Importa, asimismo, tomar en cuenta el comportamiento de los actores políticos y de las élites económicas; su lealtad efectiva al entramado democrático es un factor clave para la consolidación o los sobresaltos y la descomposición de la situación democrática. La historia política reciente de América Latina vuelve a dar la razón a Linz, en torno a los diez compromisos clave para hacer viable y sostenible la democracia, y cuyo centro es la interiorización de conductas de parte de los actores que contienden por el poder.[167]

La investigación comparada evidencia, también, que la credibilidad en las instituciones depende del "trato" que éstas brindan a la gente y si la gente considera que establece vínculos con la autoridad en condiciones de igualdad. Esta realidad institucional y esta percepción social dependen de tres factores típicos: *i*) si las relaciones se establecen con ciudadanos pobres; *ii*) si las personas tienen o no

---

166 Paulina Beato y Antonio Vives, "¿Por qué está quedando atrás América Latina?", Serie de Informes técnicos del Departamento de Desarrollo Sostenible, BID, Washington, 2005.

167 Juan José Linz, *La quiebra de las democracias*, Alianza Editorial, México, 1990, pp. 68-71.

educación y comprensión de sus derechos, y *iii*) si cuentan con conexiones, gestorías, líderes que los apoyan. Por ello, si una reforma político-electoral, por ambiciosa que pretenda ser en relación con sus resultados, no es capaz de producir una mejoría concreta de este aspecto central, difícilmente contribuirá de manera significativa a aumentar la legitimidad y credibilidad de las instituciones.

Por otro lado, la democracia en América Latina no parece haber producido aún un tejido social más sólido y más solidario entre los ciudadanos. Actualmente cuenta con bajísimos niveles de confianza interpersonal (16%, según Latinobarómetro 2015), comparados con los de Europa, Canadá o los Estados Unidos, que los duplican e, incluso, los triplican.[168] No queda claro, sin embargo, que la confianza interpersonal genere a su vez mayores niveles de confianza en el gobierno, en las instituciones políticas o en los partidos políticos. Según Friedman, "el estancamiento (económico y social) daña, por sobre cualquier otra cosa, el ánimo de una sociedad", la vuelve temerosa y conservadora.

Estos procesos típicos de estancamiento, constituyeron una masa mayoritaria de personas "que miran al futuro con temor, no con ilusión", y un clima social corrosivo, pues los pobres, al volverse cada vez más urbanos y metropolitanos, se hallan "en cercanía y en contraste permanente ya no sólo con sus solas carencias sino con lo que no poseen ni pueden poseer"; por el contrario, las clases acaudaladas se "acicatean permanentemente para establecer su diferencia, su distancia social y asumen la mentalidad de gueto, la cultura del *wasp establishment*"; ambos vectores dan paso a una tensión permanente y masiva, que reproduce la desconfianza en todas direcciones.[169]

---

168 Latinobarómetro. Disponible en: www.Latinobarometro.org.
169 Benjamin Friedman, *The Moral Consequences of Economic Growth*, Random House, Nueva York, 2005, p. 15.

14. *Altos niveles de opacidad y corrupción*

La corrupción ha sido una constante histórica en la mayoría de los países de la región, y todo indica que este flagelo es uno de los problemas más graves y persistentes de América Latina.

La corrupción y la percepción de corrupción ha sido uno de los factores más significativos a la hora de moldear la confianza que los ciudadanos latinoamericanos han puesto en las instituciones públicas. En otras palabras, es una de las razones que contribuye de manera importante a los altos niveles actuales de cinismo y desconfianza en la clase política que existen en nuestra región.

Según el Barómetro Global de Corrupción[170] (Transparencia Internacional), los partidos políticos son la institución que en América Latina es percibida como la más corrupta: 78% en el sondeo afirma que éstos son "corruptos" o "muy corruptos". Esto es: muy por encima del promedio global de 64% de la encuesta, que incluye un total de 114 países de todo el mundo. Los Parlamentos y/o Congresos son los segundos que más sospechas de corrupción despiertan entre la gente. Setenta y un por ciento de los encuestados en los 11 países de la región considera que el Poder Legislativo es "corrupto" o "muy corrupto", nuevamente muy por encima del promedio global que es de 57 por ciento.

A ello se suma la alta desconfianza, en términos de permeabilidad, a las prácticas de corrupción que muestran instituciones como el Poder Judicial y la policía.

Sin embargo, la corrupción no es un problema exclusivo de la política o las entidades del Estado. La ola privatizadora que, en mayor o menor medida, recorrió la región en las últimas dos décadas parece haber contribuido a incrementar la percepción ciudadana de la corrupción, tanto en el ámbito público como privado. Los bajos niveles de confianza que arrojan las grandes empresas privadas en varios sondeos regionales son indicio de ello. Casi 45% de los encuestados latinoamericanos afirma que el sector empresarial de sus países es "corrupto" o "muy corrupto". Esta percepción se vio ali-

---

170 http://issuu.com/transparencyinternational/docs/2013_globalcorruption-barometer_en/1?e=2496456/3903358.

mentada, asimismo, como consecuencia de los graves escándalos de corrupción, conflictos de interés, tráfico de influencia y financiamiento político irregular que en años recientes irrumpieron en varios países de la región y pusieron en evidencia las relaciones oscuras entre la política y los negocios (entre ellos Argentina, Brasil, Chile, Guatemala, Honduras, México, Panamá y Venezuela).

Como bien señala Alejandro Salas, Director Regional de Transparencia Internacional para América Latina,[171] el sector privado "Tiene mucha responsabilidad. Hay una expresión que dice que 'para bailar el tango se necesitan dos'". Para la corrupción es lo mismo, está el que cobra el soborno y el que lo paga. Vuelvo a citar el caso de Petrobras en Brasil, ya que es muy gráfico. Ahí se descubrió, gracias a la formidable labor de valerosos jueces y fiscales, y de la Policía Federal, que grupos de empresarios, funcionarios y políticos corruptos unieron fuerzas para crear un sistema de abuso y extracción de recursos de la paraestatal brasileña. Los empresarios fueron tan culpables como los funcionarios o políticos.

Como la corrupción se relaciona con el dinero, y con el poder de ese dinero, entre muchos ciudadanos se instala la sensación de que, detrás de las cortinas de nuestras democracias, se ejercen negociaciones ocultas entre poderes fácticos poderosos, cuyos resultados favorecen en primer término a los involucrados, pero no necesariamente a la población en general. Y ello socava peligrosamente los fundamentos democráticos de la sociedad.

En efecto, el Barómetro Global de Corrupción arroja que 54% de los encuestados en América Latina piensa que los gobiernos están "en gran medida" o "enteramente" manejados por un puñado de entidades grandes que actúan en beneficio propio.

El ámbito que mejor ilustra las sospechas de corrupción y la opacidad que existe en las altas esferas del poder en cuanto a cómo se conquistan influencias, es la relación entre el dinero y la política. Aunque ha habido avances legislativos para regular estos vínculos, el financiamiento de la política (desde las campañas electorales al lobby corporativo para lograr leyes favorables o las adjudicaciones de

---

171 Entrevista a Alejandro Salas del 31 de enero de 2016. Disponible en: www.metro.rd.do.

grandes contratos fiscales por parte de entes privados) sigue siendo uno de los aspectos más opacos de las democracias de la región.

A esta opacidad y percepción de corrupción se suma que, en muchos países, no existen mecanismos claros de rendición de cuentas por parte de las instituciones públicas, o maneras para acceder a información pública confiable, lo que, merecidamente o no, contribuye a elevarla aún más.

¿Hay más corrupción en la región en nuestros días que en el pasado? Según el índice de Transparencia Internacional de 2014, que coloca una puntuación según el nivel de percepción de corrupción en una escala de 0 (muy corrupto) a 100 (muy limpio), y ubica la posición en relación a 175 países y territorios, América Latina muestra un estancamiento al comparar la situación actual (2014) de la corrupción con respecto a la de 2013 y 2012.

Esta lista de 175 países está encabezada por Dinamarca y Nueva Zelanda, con 92 y 91 puntos respectivamente, los países con sectores públicos menos corruptos. Los últimos en la lista son Somalia y Corea del Norte, ambos con ocho puntos. Con un promedio mundial de 43 puntos, 14 de los 18 países de América Latina se ubican por debajo de esta puntuación (el promedio para esta región apenas alcanza 38 puntos de 100), lo cual muestra que la corrupción es sistémica, y en donde las instituciones son más débiles y existe un dominio del poder político.

Con 19 puntos, Venezuela está entre los 10 países con sectores públicos más corruptos en todo el mundo, a la par de Angola, Guinea-Bissau y Yemen, aunque superados por Afganistán, Irak, y Sudán. Venezuela (puesto 161), Paraguay (150), Nicaragua (133) y Honduras (126), aparecen entre las más corruptas de América Latina con puntajes por debajo de los 29 puntos.

Chile y Uruguay tienen 73 puntos cada uno y se ubican en el lugar 21 de los países menos corruptos del mundo. El tercer país latinoamericano con mejor puntuación es Costa Rica, que ocupa el lugar 47 (subió dos puestos respecto de 2013) y obtuvo una calificación de 54 puntos. Brasil aparece en el puesto 69 con una calificación de 43 puntos sobre 100; mientras que Bolivia y México están relegados al lugar 103 con 35 puntos. Ambos subieron tres sitios y ganaron un punto.

CUADRO I.14.1. *Índice de percepción de la corrupción en América Latina*, 2014

País	Puntaje sobre 100 puntos	Puesto que ocupan en el ranking mundial
Chile	73	21
Uruguay	73	21
Costa Rica	54	47
Brasil	43	69
El Salvador	39	80
Perú	38	85
Colombia	37	94
Panamá	37	94
Bolivia	35	103
México	35	103
Argentina	34	107
Ecuador	33	110
Guatemala	32	115
República Dominicana	32	115
Honduras	29	126
Nicaragua	28	133
Paraguay	24	150
Venezuela	19	161

FUENTE.   Elaboración propia a partir de datos de Transparencia Internacional. http://www.transparency.org/cpi2014/results

Por su parte el Índice de 2015 presenta guarismos similares (si bien en algunos casos con ciertas diferencias) a los de 2014. Los dos países mejor posicionados (con 70 puntos o más) siguen siendo Uruguay y Chile (este último, pese a mantener una buena posición perdió tres puntos respecto del año anterior como consecuencia de los escándalos que salieron a la luz pública en 2015).

El resto de los países de la región tiene 55 puntos (Costa Rica que, con este puntaje, es el tercer país mejor posicionado en la tabla regional) o una cifra menor. Los últimos cuatro países de la tabla (con las peores niveles de percepción) son Guatemala, Nicaragua, Paraguay y Venezuela, todos ellos con un puntaje inferior de 30. Cabe señalar que Brasil fue el país que perdió mayor cantidad de puntos (5) cayendo por debajo de los 40 puntos (debido a los graves escándalos derivados, entre otros, como ya se mencionó, de los casos de Petrobras y Lava Jato).

CUADRO I.14.2. *Índice de percepción de la corrupción en América Latina, 2015*

País	Puntaje sobre 100 puntos	Puesto que ocupan en el ranking mundial
Uruguay	74	21
Chile	70	23
Costa Rica	55	40
Cuba	47	56
El Salvador	39	72
Panamá	39	72
Brasil	38	76
Colombia	37	83
Perú	36	88
México	35	95
Bolivia	34	99
República Dominicana	33	103
Argentina	32	107
Ecuador	32	107
Honduras	31	112
Guatemala	28	123
Nicaragua	27	130
Paraguay	27	130
Venezuela	17	158

FUENTE: Elaboración propia a partir de datos de Transparencia Internacional. http://www.transparency.org/cpi2015

En resumen: Los datos arriba analizados permiten afirmar que la corrupción es un problema sistémico en América Latina y que para avanzar será necesario implementar reformas institucionales muy profundas.

En materia de percepción de la corrupción cabe señalar que, frente al estancamiento de los últimos años, a partir de 2015 hemos visto una sucesión de grandes escándalos de corrupción que han desencadenado en un número importante de países de la región, movimientos sociales anti-corrupción, enjuiciamiento de políticos, funcionarios públicos y empresarios al más alto nivel, y crisis políticas de diversa magnitud.[172]

En efecto, prácticas de corrupción que hasta hace poco eran consideradas "normales" (por ejemplo, "roba pero hace") comienzan a ser inaceptables para una clase media que demanda una gestión del gobierno que no sólo sea más eficaz sino también más transparente y que rinda cuentas. Un análisis regional comparado evidencia que entre la segunda mitad de los años noventa y la primera década de este siglo tuvo lugar un fuerte incremento del debate y de la oferta anticorrupción con el ánimo de disuadir y detectar a los corruptos.[173] Ahora bien, como correctamente recomienda Salas, es impor-

---

172 Kevin Casas Zamora y Miguel Carter, "La corrupción que sacude nuestras democracias", Clarín, Opinión, 6 de abril de 2016. Disponible en: www.clarin.com.

173 "De esta manera surge, por ejemplo, la Convención Interamericana contra la Corrupción de la Organización de Estados Americanos (OEA), el primer instrumento de su tipo a escala global que buscaba el acuerdo de países para mejorar los mecanismos de prevención y colaboración entre Estados miembro en las Américas. También aparecen otros tratados internacionales promovidos por la Organización de las Naciones Unidas (OEA) y la Organización para la Cooperación y el Desarrollo Económicos (OCDE). Además, se crean agencias anticorrupción, se promueve el gobierno electrónico, se crean leyes y mecanismos para mejorar las compras y contrataciones públicas, se exige a funcionarios que declaren sus patrimonios y se mejoran los sistemas de gestión financiera y de compras y de contrataciones públicas, entre muchas otras medidas". Alejandro Salas, "Más corrupción en América Latina?", *Nueva Sociedad*, agosto de 2015. Disponible en: http://nuso.org/articulo/mas-corrupcion-en-america-latina.

tante que este aumento del debate y de la oferta anticorrupción venga acompañada de una mayor demanda ciudadana anticorrupción.[174] Esto significa, en palabras del propio funcionario de Transparencia Internacional:

> [...] que las ciudadanas y los ciudadanos le damos un valor real a quien combate y rechaza la corrupción, incluidos nosotros mismos. En la práctica esto significa que dejamos de votar en las elecciones por políticos que son conocidos por sus vínculos con la corrupción, que dejamos de comprar bienes o servicios de empresas que hacen negocio gracias a la corrupción, que no justifiquemos los pequeños sobornos a funcionarios y que marginemos socialmente a aquellos que se benefician del dinero público. La diferencia con solamente generar conciencia es que cuando demandamos un freno a la corrupción, también tenemos que estar dispuestos a hacer algo en contra de ella, en lugar de ser solamente victimas pasivas del problema.[175]

15. *Niveles elevados de inseguridad ciudadana*

América Latina y el Caribe tienen la tasa de homicidios más alta del mundo: 23 asesinatos por cada 100.000 habitantes en 2012, según los datos de la ONU. Constituye más del doble de la tasa del África subsahariana (11.2 homicidios), la segunda región en la clasificación. Uno de cada tres homicidios en el mundo se produce en América Latina y 30% de ellos está relacionado con bandas. América Central supera la media, con 34 homicidios por cada 100.000 habitantes. En América del Sur, la tasa es de 17.

Como bien señala el PNUD (2013): "En años recientes, América Latina ha sido el escenario de dos grandes expansiones: la económico-social y la delictiva. Pese a los avances en crecimiento y las me-

---

174 En este mismo sentido se pronuncian Casas Zamora y Carter para quienes "la reciente ola de escándalos ha sido precedida por dos décadas de un paciente esfuerzo de construcción normativa, desarrollo institucional y creación de mecanismos de rendición de cuentas, diseñados para prevenir y combatir la corrupción. Este proceso, frecuentemente inducido por presiones externas, está empezando a dar frutos". Kevin Casas Zamora y Miguel Carter, "La corrupción...", art. *cit.*, 6 de abril de 2016.

175 *Idem.*

joras en salud, educación y reducción de pobreza y desigualdad, la región se ha tornado en la más insegura del mundo".

Según el citado informe, América Latina es la única región del mundo en donde han aumentado los niveles de homicidio durante la primera década del siglo XXI. En nuestra región, cada año acontecen más de 100.000 muertes violentas, si bien existe una alta heterogeneidad entre los países. En 11 de los 18 países, las tasas de homicidios superan la clasificación de "nivel epidémico", con más de 10 homicidios por cada 100.000 habitantes.

El robo, por su parte, se ha triplicado en los últimos 25 años, así como el aumento en el uso de la violencia al cometerlo. No es de extrañar, entonces, que la falta de seguridad sea el principal problema de la región y la prioridad número uno para la mayoría de sus ciudadanos.

Para empeorar aún más esta grave amenaza al orden jurídico y democrático de la región, muchos de los crímenes se relacionan con el narcotráfico o bandas de crimen organizado. Estos grupos disponen muchas veces de un poder financiero, e incluso militar, capaz de poner en jaque a instituciones y procesos democráticos. Baste recordar cómo el Cártel de Cali financió campañas políticas en la Colombia de los años noventa, o cómo las organizaciones narcotraficantes mexicanas han ejercido una verdadera guerra en contra de las instituciones policiales y armadas en los últimos años.

La debilidad del sistema judicial genera altos niveles de impunidad. Mientras la tasa mundial de condena por homicidio es de 43 sentencias por cada 100 asesinatos, en América Latina es de apenas 20 condenas.

Por otra parte, la creciente percepción de inseguridad, el "adelgazamiento" del Estado, y la ineficacia de la policía (aunado a los altos niveles de corrupción que la aquejan), han alentado la contratación de vigilantes privados, que ha crecido en la región a una tasa anual estimada de 10%. En consecuencia, América Latina tiene hoy casi 50% más vigilantes privados (3,811.302) que agentes de policía (2.616.753). Como bien indica el PNUD, "los agentes de seguridad privada de América Latina son los más armados del mundo, con una tasa de posesión de armas por empleado 10 veces mayor que la de Europa occidental".

Por todas estas razones, la inseguridad es actualmente la principal preocupación de los latinoamericanos y uno de los problemas más graves que vive América Latina. Con intensidades diferenciadas entre países, la región sufre una epidemia de violencia, acompañada del crecimiento y difusión de los delitos, así como del aumento del temor entre los ciudadanos. Cabe apuntar que el deterioro de la seguridad no se ha dado de manera homogénea. Hay un primer grupo de países en los que la violencia letal es la que más aqueja a la población; mientras que, en un segundo grupo, los niveles de homicidio son relativamente bajos, aunque experimentan un incremento considerable de los delitos patrimoniales aunados a un fuerte aumento de la percepción ciudadana de inseguridad. Esta heterogeneidad se da no sólo entre países sino también al interior de ellos.

Según datos del PNUD, el problema de la inseguridad ciudadana ha aumentado en toda la región; en algunos casos con violencia letal, es decir, con homicidios; en otros casos con delitos contra la propiedad, como los robos.[176] La paradoja en América Latina es que, de forma paralela al fortalecimiento de la democracia y a la disminución de la pobreza y de la desigualdad (esta última sólo en algunos países), la proporción de robos se ha triplicado en los últimos 25 años, y la tasa de homicidios se incrementó 11% durante la última década.

A juicio de las Naciones Unidas "Si comparamos la situación actual con lo que sucedía hace dos décadas, la región tiene hoy en día economías más fuertes e integradas, democracias más consolidadas, así como Estados que han asumido mayores responsabilidades en la protección social. Pero el flanco débil de la región es la violencia, el crimen y la inseguridad". Para el PNUD, ello se debe a que el crecimiento que ha experimentado la región durante la última década ha sido "más en cantidad que en calidad". En otras palabras, no obstante el importante crecimiento económico registrado, la región continúa experimentando "fragilidades en el empleo, rezagos en la in-

---

176 PNUD., *Informe Regional de Desarrollo Humano 2013-2014. Seguridad Ciudadana con rostro humano: diagnóstico y propuestas para América Latina.* Disponible en: http://www.latinamerica.undp.org/content/dam/rblac/img/IDH/IDH-AL%20Informe%20completo.pdf.

clusión de las poblaciones más jóvenes, crecimientos urbanos acelerados acompañados de fracturas en el tejido social y de clases medias vulnerables".

Existen asimismo, según el PNUD, factores adicionales que explican esta paradoja: *i*) los déficits de capacidades en materia de justicia y seguridad (altos niveles de impunidad, crisis de los sistemas carcelarios, desconfianza ciudadana en la justicia y la policía); *ii*) el deterioro de los vínculos familiares, la escuela y la comunidad, y *iii*) la multiplicación y agudización de las amenazas a la seguridad tanto en espacios privados como públicos.[177]

Según datos del Latinobarómetro de 2015, la percepción de inseguridad aumentó de 55% (2011) a 63% (2015). Por todo ello, no debe extrañarnos que en la mayoría de los países de América Latina, a sus ciudadanos les preocupe más la delincuencia (28%) que el desempleo (16%).[178] Sólo en tres países el desempleo es el problema principal: Colombia, Costa Rica y Nicaragua. En Venezuela el problema principal es la falta de alimentos y el desabastecimiento. Finalmente, en Brasil la corrupción es percibida como el principal problema.[179]

---

177 *Idem.* Para Muñoz, los factores arriba apuntados "relevan la complejidad y multiplicidad de los problemas que subyacen a la inseguridad ciudadana. Más aún, exigen pensar en respuestas integrales de política pública incluyendo el papel de los actores no estatales y de la comunidad internacional. – Y agrega–: Hay que pasar de la reflexión a la acción, con respuestas creativas e innovadoras, aprendiendo de los aciertos y las fallas".

178 Latinobarómetro 2011, *op. cit.*

179 Latinobarómetro 2011, *op. cit.*

CUADRO I.15.1. *Percepción del problema más importante del país, América Latina, 2015*

País	Problema más importante en el país	2015	Problemas económicos
Delincuencia/seguridad pública			
Argentina	Delincuencia/seguridad pública	35	30
Bolivia	Delincuencia/seguridad pública	23	27
Chile	Delincuencia/seguridad pública	17	16
El Salvador	Delincuencia/seguridad pública	42	24
Guatemala	Delincuencia/seguridad pública	21	34
Honduras	Delincuencia/seguridad pública	29	41
México	Delincuencia/seguridad pública	27	33
Panamá	Delincuencia/seguridad pública	25	32
Paraguay	Delincuencia/seguridad pública	25	32
Perú	Delincuencia/seguridad pública	36	30
Uruguay	Delincuencia/seguridad pública	37	21
República Dominicana	Delincuencia/seguridad pública	26	35
Desocupación/desempleo			
Colombia	Desocupación/desempleo	24	32
Costa Rica	Desocupación/desempleo	29	49
Nicaragua	Desocupación/desempleo	36	59
Corrupción			
Brasil	Corrupción	22	18
Desabastecimiento/falta de alimentos			
Venezuela	Desabastecimiento/falta de alimentos/acaparamiento	46	66

FUENTE: *Latinobarómetro 2015.*

Los datos del Barómetro de las Américas (2014) son coincidentes sobre este punto, al expresar:

> Si hay una tendencia clara a lo largo de la última década en las Américas es que sus ciudadanos están mucho más preocupados por el crimen que hace 10 años. Uno de cada tres encuestados considera que

es el problema más importante que afronta su país. –Y agrega–: En 2004, hace 10 años, la economía era, con diferencia, lo que preocupaba más a los ciudadanos (60.3%), con la seguridad en segundo lugar (22.5%). En 10 años, la foto ha cambiado [...]. El miedo en América Latina está en el punto más alto de la última década.[180]

A la grave situación presentada en la región, se suma la vertiente sobre las formas o manifestaciones de la violencia. Datos de la Agencia de los Estados Unidos de América para el Desarrollo Internacional (USAID, por sus siglas en inglés) indican que entre 50.000 y 350.000 personas son miembros de pandillas juveniles (maras) en México y en el norte de América Central. Estas pandillas tienen incidencia en los niveles de violencia vividos en la región (rivalidades territoriales y pago de impuestos o rentas por medio de extorsiones), así como en tareas de apoyo al crimen organizado.

Los niveles de inseguridad y sus implicaciones políticas, sociales y económicas, no pueden ser analizados sin hacer referencia a la penetración del crimen organizado y, especialmente, el narcotráfico. Al respecto, se señala que "la región continúa siendo la principal productora de marihuana y cocaína del mundo, y de manera significativa aumenta su participación en la producción de drogas opiáceas y sintéticas".[181] Además, los países latinoamericanos se constituyen como sitios de tránsito y almacenamiento, puntos de acceso al mercado estadunidense y espacios para la legitimación de capitales ilícitos. En estos territorios, caracterizados por ser barriadas pobres y con poblaciones en situación de exclusión social, el déficit de estatalidad es extremo. Ante la situación de poca o nula presencia estatal, se presentan escenarios de mayor delincuencia y altos grados de inseguridad.

En resumen: como bien señala el Barómetro de las Américas, "la violencia y el crimen constituyen los principales factores de desestabilización de las democracias de América Latina por la desconfianza en las instituciones que provocan entre los ciudadanos, que

---

180 Barómetro de las Américas 2014, *op. cit.*

181 Comisión Latinoamericana sobre Drogas y Democracia, citado en OEA-PNUD, *Nuestra democracias..., op. cit.,* 2010, p. 185.

167

en buena medida se inclinan por políticas de mano dura y baja calidad democrática que pueden desembocar en violaciones a derechos fundamentales".[182] Para el citado informe, la persistencia del crimen y la violencia en América Latina y el Caribe conducen a "democracias en riesgo", en las que ganan terreno la centralización del poder y, en los casos más extremos, soluciones populistas, ilegales o violentas, como los grupos paramilitares, las patrullas ciudadanas o la condescendencia con los linchamientos públicos.

En este mismo sentido, se pronuncia la Organización de los Estados Americanos (OEA), para quien "la inseguridad ciudadana no sólo es una de las amenazas centrales de la convivencia civilizada y pacífica, sino también un desafío para la consolidación de la democracia y el Estado de derecho".[183]

16. *Ataques a la independencia de la justicia y a la libertad de expresión*

En varios países de la región han aumentado los casos de acoso y presión a la justicia, en especial de parte del Poder Ejecutivo. Cada vez son más los gobiernos que presionan o se quejan públicamente de fallos de tribunales que consideran que no concuerdan con su agenda política o su visión ideológica. En otros casos, ha habido intentos directos de controlar el Poder Judicial, al poblarlo de jueces simpatizantes o directamente militantes del oficialismo. Sobra argumentar por qué esta tendencia a tratar de eliminar gradualmente la independencia de los poderes del Estado representa en sí un peligro a la democracia.

La debilidad del Estado de derecho, presente en varios países de la región, es una de sus asignaturas pendientes más importantes, no sólo para garantizar la seguridad jurídica que necesitan las inversiones y la economía de mercado sino para garantizar, asimismo, la vigencia plena y efectiva de los derechos humanos.

---

182 Barómetro de las Américas, *op. cit.*, 2014.

183 *Ibídem.*, p. 187.

También se ha observado otra tendencia que socava el sano funcionamiento de la democracia: los ataques a la libertad de expresión. Sea mediante subterfugios legales, cambios en la legislación, compra de información favorable o, llanamente, intimidación a periodistas, diversos grupos de poder, que van desde el Ejecutivo hasta cárteles de narcotráfico o grandes grupos empresariales, tratan de obtener una cobertura informativa favorable a sus perspectivas y causas mediante métodos no siempre ortodoxos.

Este problema se torna aún más complejo si se considera que en muchos países los medios de comunicación más influyentes son propiedad de familias poderosas o de grandes corporaciones. Es decir, en gran parte de la región la estructura de la prensa es oligopólica y defiende intereses concretos, sean ideológicos o comerciales. Por lo tanto, con argumentos como la falta de diversidad entre los medios influyentes o que éstos sólo responden a intereses comerciales de sus dueños, no resulta tan difícil que una parte de la población acepte los ataques o una eventual intervención del gobierno en este "cuarto poder del Estado".

Según la ex relatora de la OEA para la Libertad de Expresión, Catalina Botero (2014), cinco son los principales desafíos en esta materia. El primero, guarda relación con la violencia contra las personas que ejercen su libertad de expresión. El segundo, es el uso del derecho penal como mecanismo de responsabilidad ulterior por el ejercicio de la libertad de expresión. También está el uso del desacato o de la injuria y calumnia para enjuiciar y condenar a las personas que hacen denuncias sobre altos funcionarios. Eso afecta directamente la capacidad de tener una deliberación vigorosa, importante, sin temor a sufrir represalias. El tercer desafío, es la censura indirecta, el uso del poder estatal para premiar a los medios amigos y castigar a los críticos. El cuarto es el acceso a la información –tema donde se han dado avances muy importantes en América Latina–. Por su parte, el quinto, tiene que ver con garantizar una amplia diversidad y pluralismo (incluida la protección de las radios comunitarias indígenas y de sectores marginados), ya que la deliberación no es completa si no están representadas todas las voces, intereses y necesidades que existen en una sociedad.

17. *Más de tres décadas y media sosteniendo el aliento*

Más de una década después de su lanzamiento, el desafío para América Latina puesto sobre la mesa por el PNUD sigue vigente y con renovada actualidad: construir una democracia de ciudadanía, y (agregamos) de instituciones fuertes, modernas y legítimas. Los gobernantes han llegado al poder con el desafío de diseñar e implementar políticas y estrategias que, por una parte, promuevan el crecimiento económico y mantengan activa su economía, y por la otra, que sean capaces de sacar de la pobreza y la indigencia a un tercio de la población que aún la padece y disminuir sensiblemente la desigualdad.

La disciplina macroeconómica aprendida a golpes en la década de los ochenta ha reportado beneficios, mientras el control de la inflación ha contribuido indudablemente a reducir los niveles de pobreza. No así el crecimiento económico, que sigue siendo volátil y deficitario en generación de empleo digno, como lo denuncia año con año el informe regional de la Organización Internacional del Trabajo (OIT).

Los gobiernos, por su parte, han comprendido que la orientación minimalista de las políticas sociales focalizadas de los años ochenta no permitiría ningún horizonte de progreso contra la indigencia, como en efecto lo han logrado las políticas cuasi universales de transferencias condicionadas de dinero en efectivo que encadenan la satisfacción de necesidades de ingreso con el acceso a oportunidades de educación y salud. Los logros en este sentido no son menores y se deben a la confluencia de dinámicas positivas entre políticas económicas pro estabilidad y políticas sociales pro inclusión.

Empero, resta todavía mucho camino por recorrer, debido a la magnitud del problema, la estrechez y rigidez de los recursos fiscales,[184] aún insuficientes a causa de una estructura tributaria regresi-

---

184 Véase CEPAL, *Panorama fiscal de América Latina*, 2015. Si bien la recaudación promedio paso de 13.6% del PIB en 1990 a 21.7% en 2014, los recursos fiscales siguen siendo insuficientes para financiar los bienes y servicios públicos de calidad que demanda la ciudadanía. Los niveles de recaudación impositiva de América Latina están muy debajo de la media de los

va, las exigencias ciudadanas en aumento y la desaceleración de la economía regional.

Las bases estructurales de la política pueden colaborar con el proceso democrático si los gobiernos aseguran estabilidad macroeconómica y mejora de las condiciones de vida de la población. Algunos países avanzan bien en ambos terrenos; otros logran mejoras sociales a partir de transferencias públicas en circunstancias macroeconómicas contrastantes con el resto de la región (alta inflación y bajo crecimiento). Y existen los que no avanzan mucho, ni en lo uno ni en lo otro.

Pero como hemos analizado más arriba, la estructura económica y social no es lo único que alimenta el proceso democrático y su fortaleza. La calidad de la política, los liderazgos y las instituciones también importan y mucho.

REFLEXIÓN FINAL

Como se señaló al inicio de este capítulo, y reiteramos ahora, América Latina presenta una situación inédita en el escenario mundial, pues combina por un lado países que cuentan en su casi totalidad con regímenes políticos democráticos, y por otro, al mismo

---

países de la OCDE, que son alrededor del 34.4% del PIB. Dentro de la región, como en muchos otros temas, hay mucha heterogeneidad. Brasil y Argentina con porcentajes de recaudación impositiva cercanos al 32 o 33% del PIB destacan por su elevado nivel mientras Guatemala, en el otro extremo, con sólo 12.6%, es uno de los países con los niveles más bajos de recaudación de impuestos. La recaudación de impuestos a las personas naturales también es muy baja: sólo 2% del PIB frente a 9% en los países de la OCDE. Además, la alta evasión constituye uno de los principales puntos débiles de los sistemas tributarios, la cual da un monto equivalente a 2.2 puntos del PIB de América Latina en el caso del IVA y 4.1 puntos del PIB en el caso del impuesto a la renta, lo que suma un total de 320.000 millones de dólares en 2014. Además del bajo nivel recaudatorio, los impuestos en la región no son una herramienta efectiva de desarrollo económico ya que por lo general no ayudan a reducir la desigualdad, ni a incrementar la eficiencia económica ni a favorecer la estabilidad macroeconómica. En efecto, más de 50% se recauda vía impuestos al consumo y sólo un porcentaje muy menor vía impuestos directos, que son los de carácter más progresivo.

tiempo, con amplios sectores de su población que viven por debajo de la línea de pobreza (cercano a un tercio de la población), con la distribución del ingreso más desigual del mundo, elevados niveles de corrupción y frente a una ola creciente de violencia e inseguridad.

Del balance de estos 38 años de democracia se desprenden razones tanto para la esperanza como para la frustración. Hay motivos para ver el vaso medio lleno, pero también para verlo medio vacío. América Latina se encuentra a medio camino, como bien han dicho Cardoso y Foley.[185]

No cabe ninguna duda de que el avance logrado en estos años en materia de elecciones libres y justas, así como en relación con la vigencia y respeto de los derechos humanos y la democratización es significativo, es un activo que hay que reconocer y valorar. Sin embargo, las democracias de la región acusan déficits importantes así como grados diversos de fragilidad y enormes desafíos, entre los que destacan los problemas institucionales que afectan la estabilidad política, la gobernabilidad y el Estado de Derecho[186], la independencia y la relación entre los poderes, el funcionamiento de los sistemas electorales y del sistema de partidos políticos, así como los graves problemas de inseguridad ciudadana que convierten a América Latina en una de las regiones más violentas del mundo.

Por otra parte, el lamentable y condenable golpe de Estado del 28 de junio de 2009 en Honduras, y los controvertidos "juicios políticos" de 2012 en Paraguay y de 2016 en Brasil constituyen campanazos de alerta que nos advierten sobre los importantes desafíos que aún enfrentan nuestras democracias. En efecto, la vida democrática es un proceso complejo, inacabado, no lineal, que suele sufrir retro-

---

185 Fernando Henrique Cardoso y Alejandro Foxley (eds.), *A medio camino: nuevos desafíos de la democracia y el desarrollo en América Latina*, Uqbar-Cieplan, Santiago de Chile, 2009.

186 Allan R. Brewer-Carías, *Principios del Estado de Derecho. Aproximación histórica*, Cuadernos de la Cátedra Mezerhane sobre democracia, Estado de derecho y derechos humanos, Miami Dade College, Programa Goberna Las Américas, Editorial Jurídica Venezolana International, Miami-Caracas, 2016.

cesos y desvíos. Por ello, el desafío de toda sociedad democrática reside, precisamente, en ser capaces de procesar los conflictos sociales y políticos, por profundos que éstos sean, con estricto apego a los procedimientos de la democracia.

Los años recientes han mostrado que el acceso al gobierno por medio de elecciones limpias y justas es condición necesaria pero insuficiente para el desarrollo democrático. Importa tanto el mecanismo de elección como la gestión democrática del gobierno. No es posible que gobernantes democráticos aspiren, después de ser legítimamente electos, a gobernar sin escrutinio público, por decreto, sin debate legislativo y sin respetar la división de poderes. De ahí que, como bien establece el artículo 3 de la Carta Democrática Interamericana,[187] no sólo es importante ser electo democráticamente, sino igualmente importante gobernar democráticamente.

Por otro lado, la crisis económica internacional mostró al mundo desarrollado que el mercado, librado a su voluntad, es un terreno peligroso. Históricamente, en América Latina se ha puesto demasiada confianza en la capacidad distributiva de los mercados. La democracia seguirá inestable en tanto las sociedades no se doten de Estados eficaces, ni grandes ni pequeños sino de Estados estratégicos capaces de garantizar los derechos humanos en su perspectiva indivisible e integral. Se requiere, entonces, un "Estado políticamente legítimo, fiscalmente responsable y técnicamente competente, que pueda actuar en cooperación y de forma complementaria con las organizaciones y movimientos de la sociedad civil y el sector privado".

Urge, asimismo, reformar el sistema tributario y de transferencias para generar una mayor capacidad fiscal y colocar la solidaridad social en el centro de la vida colectiva. Es necesario, además, contar con visiones de país de largo plazo y con políticas de Estado asentadas en amplios consensos para escapar de la "miopía estratégica" que desde hace tiempo tiene atrapada a la región.

---

187 El artículo 3 de la Carta Democrática Interamericana establece: "Son elementos esenciales de la democracia representativa, entre otros [...] el acceso al poder y su ejercicio con sujeción al Estado de derecho".

Finalmente, no debemos olvidar que la sostenibilidad de la democracia depende asimismo del grado de cohesión de la sociedad. Sociedades fragmentadas, con mayorías o minorías excluidas por prácticas políticas y económicas discriminatorias no ofrecen terreno fértil a la convivencia democrática, sino todo lo contrario. Para América Latina, el desafío más urgente es reconocer que la integración social de los sectores excluidos no puede ser reparada superficialmente; debe por el contrario ser asegurada mediante un esfuerzo colectivo de gobiernos capaces, empresas responsables y ciudadanos comprometidos con los derechos de los demás.

Sin embargo, y sin querer de modo alguno desconocer o subestimar la cantidad y gravedad de los déficits y desafíos que hay por delante, lo cierto es que en estos 38 años no sólo se ha logrado recuperar la democracia y hacerla durar sino también, al mismo tiempo, generarle un importante piso de apoyo ciudadano, tal como evidencian los datos de Latinobarómetro y del Barómetro de las Américas que hemos analizado. Y esto no es poca cosa.

Por todo ello, el debate en nuestros días no se da como en el pasado entre democracia o autoritarismo, entre democracia formal y democracia real. Por el contrario, se da sobre la calidad de la democracia, de cómo construir más y mejor ciudadanía, de cómo transitar de una democracia electoral a una de ciudadanos y de instituciones, de cómo conciliar democracia con desarrollo en el marco de sociedades con mayores niveles de cohesión social y mayor equidad de género, de cómo buscar una relación más estratégica entre el mercado y el Estado y una más funcional entre Estado y sociedad, de cómo lograr que la democracia dé respuestas a nuevos tipos de demandas provenientes de sociedades más complejas, más modernas, más urbanas, de cómo hacer funcionar de manera eficaz la democracia en un contexto internacional globalizado.

Como puede observarse, todos estos temas constituyen problemas de la democracia que deben discutirse en democracia y cuya solución debe ser encontrada de manera democrática.

En otras palabras, el debate central de nuestros días radica en cómo diseñar y poner en marcha opciones político-institucionales democráticas capaces de resolver las nuevas demandas ciudadanas (políticas, económicas, sociales y culturales), sobre todo las que guardan relación con la pobreza y la equidad, en un contexto de acelerada y compleja globalización. Todo ello, además, en una América Latina caracterizada por una diversidad estructural heterogénea cada vez mayor, atravesada por importantes diferencias ideológicas, que sigue experimentado dificultades para avanzar en materia de integración y que es incapaz de actuar en el plano internacional con una sola voz en defensa de sus intereses.

Resumiendo: la ocasión para llevar adelante un balance sobre la situación actual de la democracia y tratar de definir la agenda futura de cara a la próxima década no podría ser más oportuna. La región asiste a un debate renovado en torno a la calidad de la democracia, la integridad de las elecciones y el nuevo papel del Estado.

En efecto, América Latina cuenta hoy con democracias más consolidadas, mayores y mejores políticas públicas en materia de protección social y economías más fuertes e integradas. Estos importantes avances en el ámbito económico, social y político no deben soslayar ni subestimar las importantes amenazas que en nuestra región conspiran contra una ciudadanía más plena, unas instituciones más legítimas, un Estado de derecho más vigoroso, una prensa más independiente y una democracia de mejor calidad.

Asimismo, en un contexto latinoamericano de desaceleración económica y crecimiento mediocre (que como analizamos compromete la sostenibilidad de los avances sociales e impacta negativamente en el mercado laboral) e intenso maratón electoral, los gobiernos latinoamericanos tendrán que hacer frente a las expectativas y demandas ciudadanas en condiciones de mayor austeridad. Como consecuencia de todo ello, los conflictos sociales seguirán presentes o incluso en aumento, con reclamos que, si bien no pondrán en juego la continuidad democrática (esperamos no equivocarnos), seguramente harán la gobernabilidad más compleja.

De ahí la importancia de estar atentos frente a la irrupción de nuevos fenómenos y tendencias. Para decirlo con palabras de O'Donnell: la "realidad obliga" a actualizarnos de manera permanente para poder analizar y detectar la realidad e identificar los nuevos fenómenos, las nuevas realidades y tendencias que emergen en la región.

En efecto, más que las tradicionales regresiones autoritarias, la democracia en América Latina se ve amenazada actualmente por procesos de estancamiento, amesetamiento o erosión, así como por nuevos tipos de populismos y autoritarismos –más sofisticados y difíciles de controlar, como por ejemplo los llamados "autoritarismos competitivos", "democracias delegativas", "democracias iliberales"– que atentan contra su calidad.

La paz interestatal que caracteriza a nuestra región contrasta con los altos niveles de violencia intraestatal. Subsisten, asimismo, importantes amenazas, entre otras: regímenes populistas, hiperpresidencialismos, fiebre reeleccionista, altos niveles de corrupción, Estados de derecho débiles y acoso a la libertad de expresión. Todo ello enciende una luz de alerta sobre el peligro de caer en el error de los aplausos prematuros.

La región se encuentra, entonces, ante un momento de inflexión histórica, tanto en materia de democracia como de desarrollo. Y como toda etapa de inflexión, crisis y cambio, la actual está preñada de desafíos pero también de importantes oportunidades. El gran desafío pasa ahora por cómo seguir avanzando y hacer sostenible este proceso en el mediano y largo plazo en un contexto global plagado de retos e incertidumbres.

Hoy más que nunca, el futuro de la democracia latinoamericana está en nuestras manos.

II. SISTEMA DE GOBIERNO Y GOBERNABILIDAD DEMOCRÁTICA

1. *El laberinto de la gobernabilidad*

EN un momento temprano de la democratización latinoamericana, alrededor de 1983, Octavio Paz nos advertía que: "Uno de los mayores recursos retóricos contra la democracia en América Latina es el fantasma de la ingobernabilidad… como si el continente sólo pudiera emprender su desarrollo y sólo pudiera ser moderno, si es autoritario". Esa observación fue constatada en diversos episodios históricos a lo largo del siglo XX, sinuoso periodo que mostró una región "oscilante entre el desorden y la tiranía, la violencia anárquica y el despotismo, con breves pero fructíferos episodios de vida democrática".[188]

La democracia no representa simplemente el cambio de tripulación de una nave estatal intacta. Por el contrario, la democracia consiste en el cambio de la nave, la transformación morfológica del gobierno, la mutación de las condiciones institucionales, sociales, políticas-constitucionales y aun culturales, mediante las cuales se gobierna una nación. El tránsito democrático no implica la simple llegada de una legión de demócratas a los cargos de gobierno y a los de representación política. Llegar a la democracia supone que el gobierno cambia en su estructura, configuración y hábitos, porque se ha modificado el contexto donde actúa, mucho más libre, alerta y crítico.

---

188 Octavio Paz, *Tiempo nublado*, Seix Barral, Barcelona, 1983, p. 31.

Conforme la vida democrática se asienta, es muy difícil encontrar que algún actor político –el presidente, un partido, el congreso, los grupos de oposición– pueda hacer realidad, sin mediaciones, su propia voluntad y desplegar sus proyectos de manera impoluta. Como bien señala Hans Magnus Enzensberger: "gobernar en condiciones pluralistas equivale a una fuerte y abundante ingestión de ranas y de sapos".[189]

Equivale a tragarse todas y cada una de las descalificaciones que se profirieron contra el adversario en la campaña electoral; sentarse con el odiado contrincante y dialogar; pedir anuencia, comprensión y, humildemente, solicitar acuerdos; ceder en temas que resultan especialmente sensibles; atender peticiones del opositor; deformar muchos de los propósitos centrales; colocar en el gobierno propio a figuras que antes fueron inaceptables; votar sobre asuntos de los que no se está convencido y estar dispuesto a consultar y negociar todos los días las decisiones gubernamentales con los rivales históricos.

En esta misma línea de pensamiento, Daniel Innerarity ha señalado:

> La democracia es un equilibrio entre acuerdo y desacuerdo, entre desconfianza y respeto, entre cooperación y competencia, entre principios y circunstancias. La política es el arte de distinguir correctamente en cada caso entre aquello en lo que debemos ponernos de acuerdo y aquello en lo que podemos e incluso debemos mantener el desacuerdo. –Y agrega–: La política democrática no puede producir cambios en la realidad social sin algún tipo de cesión mutua. –Y concluye–: Una democracia, más que un régimen de acuerdos, es un sistema para convivir en condiciones de profundo y persistente desacuerdo. –Pero advierte que–: en asuntos que definen nuestro contrato social o en circunstancias especialmente graves los acuerdos son muy importantes y vale la pena invertir en ellos nuestros mejores esfuerzos.[190]

---

189   Hans Magnus Enzensberger, *Zigzag*, Anagrama, Barcelona, 1999, p. 59.
190   Daniel Innerarity, "La importancia de ponerse de acuerdo", *El País*. Opinión, Madrid, 19 de octubre de 2012. Véase también *ibídem*, *La política en tiempos de indignación*, Galaxia Gutenberg, Madrid, 2015.

En síntesis, esto significa un gobierno en condiciones pluralistas; una estación política muy pocas veces experimentada en la historia latinoamericana hasta la llegada de La tercera ola a la región. Es un estadio más denso, complejo, muchas veces exasperante y, también, más sofisticado.

Y por si fuera poco, el escenario contemporáneo de la democracia latinoamericana inyecta todavía dosis de mayor complejidad: en numerosos países de la región, los presidentes deben convivir con poderosos y procelosos gobernadores de partidos diversos en zonas clave, dueños de sus propios imperativos y agendas. Deben negociar con un archipiélago de poderes municipales y locales de la más amplia variedad. Y si ése no es el caso, administran un poder que resulta menor frente al que disponen grandes empresas, nacionales y transnacionales, que operan en el territorio nacional y que esperan que la política los favorezca directamente o que al menos no los estorbe, sin olvidar el poder creciente de los medios de comunicación.

Y no se trata de una coyuntura ni de una casualidad transitoria producto de un mal momento electoral; por el contrario, esa pluralidad constituye el dato permanente y clave de la democracia en el subcontinente. Su divisa no es el gobierno que lo puede todo, que consigue impulsar su programa porque aplasta cualquier disidencia y porque hace privar un solo interés por encima de los demás. Casi por definición, la democracia significa lo opuesto: un tránsito de tensión y negociación incesante, una forma de gobierno que vive permanentemente desafiada. En América Latina, la democracia ha experimentado esa vorágine social y política en sus primeros 38 años democráticos y ha aprendido, con sus luces y sus sombras, a vivir dentro del laberinto de la gobernabilidad.

2. *Gobernabilidad: un concepto proteico*

El concepto de gobernabilidad es extremadamente debatible y, a menudo, está "cargado de implicaciones pesimistas y conservadoras porque se asocia inmediatamente a su término gemelo, ingobernabilidad, y a la mitificación del estado de quietud, de obediencia pasiva de los ciudadanos".[191] Para Gianfranco Pasquino, gobernabilidad es un término doble: "Capacidad del gobernante y respuesta a las demandas de los ciudadanos [y, por tanto,] un proceso en curso, no un fenómeno acabado, expresión de relaciones complejas entre los componentes de un sistema político".[192]

Si bien el término registra ciertos antecedentes en los tratados de los clásicos, sin lugar a dudas, el debate contemporáneo encontró su texto de referencia en los trabajos de Michel Crozier, Samuel P. Huntington y Joji Watanuki, quienes lo instalaron de lleno en la ciencia política desde mediados de los años setenta del siglo pasado, señalando los nuevos escenarios de crisis en las economías desarrolladas, la emergencia de los nuevos movimientos sociales y el agrietamiento del "Estado de bienestar".[193]

En 1975, estos autores presentaron a la Comisión Trilateral un informe sobre "la gobernabilidad de las democracias". Su tesis central: en Europa occidental, en Japón y en los Estados Unidos se estaba abriendo una brecha en continuo crecimiento entre las nuevas y variadas exigencias sociales en expansión, las cuales se multiplicaban frente a gobiernos con recursos cada vez más escasos (recursos financieros, pero también de autoridad), insuficientes en sus marcos institucionales y "en sus capacidades exigidas por una nueva sociedad y un nuevo mundo".[194]

Esta tesis acentuaba que el principal problema de las democracias requería ser atajado con cambios en las estructuras de gobierno, en las instituciones, en las capacidades legales, en el modo en que interactuaban con la sociedad y en el modelo de desarrollo econó-

---

191 Claus Offe, *Partidos políticos y nuevos movimientos sociales*, Editorial Sistema, Madrid, 1998, p. 17.

192 Norberto Bobbio, Nicola Matteucci y Gianfranco Pasquino (coords.), *Diccionario de política*, Siglo XXI Editores, México, 1998, p. 24.

193 Michel Crozier, Samuel P. Huntington y Joji Watanuki,*The Crisis of Democracy. Report on the Governability of Democracies to the Trilateral Commission*, New York University Press, Nueva York, 1975.

194 *Ibídem*, pp. 32-36.

mico. La desestructuración de los pilares del estilo de vida occidental planteaba así un problema de gobernabilidad.

Muy pronto, América Latina desarrolló su propia discusión regional en torno a la gobernabilidad (a la ingobernabilidad, más propiamente), atizada por tres complejos fenómenos que estallaron a comienzos de los años ochenta y que, casualmente, coincidieron con la llegada de La tercera ola en la región: *1)* la crisis de la deuda y los programas de ajuste macroeconómico; *2)* la crisis del modelo del Estado interventor (el ogro filantrópico, para decirlo en palabras de Octavio Paz) que, supuestamente, todo lo podía, y *3)* el cambiante escenario del Estado mismo, bajo el influjo de las transiciones democráticas que reformaban lenta pero persistentemente, aquí y allá, la fisonomía de los gobiernos, las instituciones y los Estados.

Antonio Camou define la gobernabilidad como "[…] un estado de equilibrio dinámico entre el nivel de las demandas societales y la capacidad del sistema político para responderlas de manera legítima y eficaz".[195] Aunque esta definición no se separa de los referentes del concepto clásico, es importante advertir la relevancia de los adjetivos que coloca: "equilibrio dinámico" y "respuesta legítima y eficaz".

Según el citado autor, el estado de equilibrio alcanzado en determinado momento puede resultar volátil y en extremo inestable. Y, precisamente por ello, con mucha frecuencia los pactos de gobernabilidad en la región suelen convertirse en meros sucedáneos de oscuros acuerdos de palacio, si acaso algo transparentes y democráticos.

Para Juan Carlos Portantiero, en cambio, la gobernabilidad no puede entenderse como una acción de dominación de una clase sobre otra, sino como un conjunto de interacciones complejas y contradictorias que pasan por el Estado y que, desde allí, modelan a la sociedad. La novedad de Portantiero consiste en demostrar que, en nuestros países, "el Estado todavía no alcanza suficiente grado de

---

195 Antonio Camou, "Gobernabilidad", en Laura Baca Olamendi y Judith Bosker (comps.), *Léxico de la política*, Fondo de Cultura Económica, México, 2000, pp. 283.

soberanía y autonomía frente a los más fuertes intereses privados" y, por lo tanto, no alcanza grados suficientes de gobernabilidad.[196]

A pesar de sus envoltorios autoritarios, el Estado latinoamericano (el mexicano en especial, entonces su campo de estudio) era más débil de lo que parecía, pues no podía establecer un orden ni una conducción nacional sin ver sus iniciativas permanentemente bloqueadas.

Otros autores vieron las raíces de la ingobernabilidad en la impotencia del Estado para desarrollar sus políticas desarrollistas, dirigistas e interventoras. Si el Estado ya no cuenta con recursos fiscales suficientes, y ya no articula una serie de iniciativas coordinadas y consistentes a lo largo del tiempo para buscar el crecimiento económico y el desarrollo, más temprano que tarde la nación se enfrenta a un serio problema de gobernabilidad.[197]

Ángel Flisfisch desarrolló, en cambio, otra hipótesis al expresar que la gobernabilidad:

> [...] es la capacidad de las instituciones de avanzar hacia objetivos definidos de acuerdo con su propia actividad y de movilizar con coherencia las energías de sus integrantes para proseguir esas metas previamente definidas. La gobernabilidad es una propiedad específica de los gobiernos y de los actores sociopolíticos relevantes: la eficacia para llevar adelante sus metas y encuadrar a los gobernados.[198]

Otras definiciones, más prescriptivas y deudoras de las escuelas gerenciales han sostenido que gobernabilidad es la "acción del Estado que, actuando en consonancia con los valores constitucionales, avanza hacia los propósitos estratégicos formulados".[199] Del mismo modo, utilizan el término otras escuelas y coordenadas de pensa-

---

196 Juan Carlos Portantiero, *La producción de un orden. Ensayos sobre la democracia entre el estado y la sociedad*, Nueva Visión, Buenos Aires, 1988, p. 122.

197 James O'Connor, *La crisis fiscal del Estado*, Península, Barcelona, 1994.

198 Ángel Flisfisch, *Gobernabilidad y consolidación democrática*, FLACSO, Santiago de Chile, 1987.

199 Peter Ferdinand Drucker, *The New Realities*, Harper and Row, Nueva York, 1989, p. 58.

miento más antiguas que aluden a la gobernabilidad como el espacio que genera las condiciones para un "buen gobierno", o sea un gobierno que "colme las aspiraciones y necesidades de los individuos porque son parte de un Estado".[200] En otras palabras, gobernabilidad es satisfacción y justicia para los gobernados.

Otra corriente doctrinaria vincula la gobernabilidad con la estabilidad, es decir con la "duración de un determinado régimen", con su capacidad de adaptación y una mayor flexibilidad institucional respecto de los cambios en el entorno nacional e internacional. Norberto Bobbio lo planteó así: "[...] la capacidad de una constitución de durar, de no corromperse fácilmente, de no degradarse, de no convertirse en una constitución opuesta, es uno de los más importantes –si no el principal– criterios que se emplean para distinguir las constituciones buenas de las malas".[201]

Manuel Alcántara ofrece, por su parte, un estudio metódico acerca de las "condiciones que afectan a la acción del gobierno como producto de fuerzas diversas" en los episodios históricos de cambio y de transición. Se trata de un amplio tratado de gobernabilidad en condiciones democráticas que revisa todas las dimensiones involucradas en su operación (sistema político, régimen de gobierno, formación de políticas públicas, entorno internacional, etc.).

Su conclusión no da para ilusionar a nadie, pero no por ello debe considerarse menos cierta: la gobernabilidad, dice Alcántara, es una situación que no está dada de antemano, no es intrínseca ni permanente; es, más bien, "un conjunto de condiciones para la acción de gobierno y para su desempeño" que debe crearse de manera sistemática y permanente.[202]

Lo analizado anteriormente evidencia, que del debate latinoamericano (y mundial) surgen al menos cuatro corrientes principales del

---

200 A. Camou, "Gobernabilidad ", art. *cit.,* 2000, p. 282.

201 Norberto Bobbio, *Liberalismo y democracia*, Fondo de Cultura Económica, México, 1991, pp. 42-46.

202 Manuel Alcántara, *Gobernabilidad, crisis y cambio. Elementos para el estudio de la gobernabilidad de los sistemas políticos en épocas de crisis y de cambio*, Fondo de Cultura Económica, México, 2004, p. 39.

concepto: *1)* gobernabilidad como eficacia (razón de Estado); *2)* gobernabilidad como posibilidad de dirigismo económico (desarrollo); *3)* gobernabilidad como legitimidad (buen gobierno), y *4)* gobernabilidad como estabilidad sistémica (duración de la ley y de los mecanismos esenciales del Estado).

En el año 2000, 25 años después de la publicación de su primer Informe, la Comisión Trilateral encargó la elaboración de un nuevo análisis sobre la salud de las democracias capitalistas avanzadas.[203] A la distancia, y con un profuso e incesante debate intelectual como precedente, los nuevos autores llegaron a una definición mucho más parca, concisa y acotada, pero que será la base de mi discusión posterior: "gobernabilidad es la capacidad para establecer límites al comportamiento de los individuos, las organizaciones y las empresas".

Larry Diamond y Leonardo Morlino, por su parte, han formulado una definición minimalista muy parecida a la de la Comisión Trilateral de 2000, pero distinguiendo entre "gobernabilidad democrática" y "calidad de la democracia". Y reservaron el ámbito de la "calidad de la democracia" a las capacidades del Estado para garantizar las libertades, los derechos fundamentales, el imperio de la ley, la competitividad del sistema, la amplia participación ciudadana, un piso mínimo de desarrollo e igualdad y una rendición de cuentas –vertical y horizontal– efectivas.[204]

Al escindir la noción de gobernabilidad democrática de todo componente cualitativo, se visualiza su núcleo conceptual esencial, sobre el cual se levantan todos los demás ingredientes deseables: eficacia, estabilidad, durabilidad, desarrollo económico y buen gobierno. Ese núcleo esencial es posible en virtud de un conjunto de reglas, instituciones y prácticas estatales que construyen la capacidad de contener los intereses (legales, paralegales e ilegales).

---

203 Susan J. Pharr y Robert D. Putman (eds.), *Disaffected Democracies: What's Troubling the Trilateral Countries*, Princeton University Press, Princeton (NJ), 2000.

204 Larry Diamond y Leonardo Morlino, *Assessing the Quality of Democracy*, The Johns Hopkins University Press, Washington, D.C., 2005, pp. 14-29.

En síntesis, como podemos observar, es difícil trabajar sobre la base de un concepto que se presta a tantos usos e interpretaciones. No es casual, por lo tanto, que durante los últimos años hayan surgido conceptos totalmente nuevos (como el de "gobernanza")[205] para intentar comprender un fenómeno complejo y proteico, pero a la vez, fundamental de nuestra vida política democrática.

3. El debate: presidencialismo o parlamentarismo

Desde el inicio de La tercera ola, las democracias presidencialistas latinoamericanas han visto desfilar una rica agenda de reformas –cosméticas algunas, profundas otras– ante las exigencias y las críticas permanentes en torno a su débil gobernabilidad y la acusada falta de estabilidad y eficacia.

Las explicaciones de este fenómeno varían y señalan un amplio abanico de causales consideradas con mayor o menor énfasis, según la disciplina o la tradición teórica de que se trate. *Grosso modo*, las siguientes han sido las coordenadas esenciales de ese descontento a lo largo de las últimas décadas:[206]

➢ La endémica y nunca resuelta debilidad fiscal de los Estados latinoamericanos, que limita estructuralmente su capacidad de dar respuesta a las demandas sociales.

➢ Los límites que la globalización impone a los márgenes de decisión y de maniobra de los propios Estados.

➢ La captura de los gobiernos y Estados por parte de actores sociales bien localizados (intereses privados, monopolios, propietarios de la tierra o de grandes empresas, etc.).

---

205 Fernando Mayorga y Eduardo Córdova, *Gobernabilidad y gobernanza en América Latina*, Documento de trabajo NCCR Norte-Sur, IP8, Ginebra, 2007. Véase también Agustí Carrillo i Martínez, *La gobernanza hoy: 10 textos de referencia*, Instituto Nacional de Administración Pública, Madrid, 2005.

206 Véase Terry L. Karl, "Economic Inequality and Democratic Instability", *Journal of Democracy*, vol. 11, núm. 1 (The Johns Hopkins University Press, Baltimore, enero de 2000), pp. 149-156.

➢ La presencia cada vez mayor y densa del crimen organizado y de las redes ilícitas que constriñen y corrompen las capacidades institucionales.

➢ Los resabios y los componentes no extirpados que provienen de la época del autoritarismo y que limitan o deforman al gobierno democrático.

➢ El tipo de régimen político y la ingeniería constitucional sobre la que actúan los Estados.

El último punto ocupará el centro del análisis comparativo e histórico de este capítulo.

El debate sobre el régimen político y su relación con la gobernabilidad se instaló con fuerza y de manera temprana en los procesos de transición de la región. Diversos académicos (Juan Linz, Alfred Stepan, Arturo Valenzuela, etc.) afirmaron que, entre las razones del derrumbe de las democracias latinoamericanas durante las décadas precedentes, sobre todo de 1960 a 1970, se encontraban las deficiencias fatales e inherentes al presidencialismo,[207] justo el tipo de régimen vigente en los 18 países de la región.[208]

---

207 El libro clásico de este debate se debe a Juan José Linz y Arturo Valenzuela (coords.), *Las crisis del presidencialismo. Perspectiva comparada*, vol. 1, y *Las crisis del presidencialismo. El caso de Latinoamérica*, vol. 2, Alianza Editorial, Madrid, 1997 y 1998, respectivamente. Véase también: Juan José Linz, "The Perils of Presidentialism", *Journal of Democracy*, vol. 1, núm. 1 (The Johns Hopkins University Press, Baltimore, 1990), pp. 51-69, y "The Virtues of Parlamentarism", *Ibídem*, núm. 4, pp. 35-39.

208 En materia de sistemas presidenciales, la doctrina señala al de los Estados Unidos como el presidencialismo prototipo. Sin embargo, hay que tomar en cuenta, en relación con el funcionamiento del sistema presidencial estadunidense, una serie de criterios propios de este país, entre ellos: *1)* la disciplina de los grupos parlamentarios, débilmente marcada en los Estados Unidos debido, en parte, al sistema electoral de pluralidad, y *2)* el marcado nivel de coordinación y entrelazamiento que existe entre los poderes *(checks and balances)* más que por una estricta división de éstos. Dieter Nohlen, "El presidencialismo: Análisis y diseños institucionales en su contexto", *Revista de Derecho Público*, núm. 74 (Universidad de Chile, Santiago de Chile, 2011).

En efecto, en América Latina, el presidencialismo es, por tradición, el tipo de sistema político preferido, si bien existen diferencias importantes en los sistemas presidenciales latinoamericanos. Como bien advierte Dieter Nohlen, el presidencialismo de unicidad regional latinoamericana no existe, ni como modelo ni como fenómeno real. A nivel histórico-empírico, el presidencialismo latinoamericano es cambiante y de características nacionales. La tradición presidencialista de la región, cuyos orígenes datan del siglo XIX (durante los procesos de formación del Estado nacional), "no es un mero fenómeno institucional, fundamentado en la historia del siglo XIX, sino que se encuentra arraigada en valores, preferencias y patrones culturales ampliamente compartidos en las sociedades latinoamericanas".[209]

Estos estudiosos críticos del presidencialismo argumentaron que si las democracias latinoamericanas deseaban sobrevivir se requería una "segunda transición": pasar de un régimen presidencial a uno parlamentario. El pesimismo sobre la viabilidad del presidencialismo tuvo su raíz en tres preocupaciones generales, a saber: *1)* la separación de las elecciones presidenciales de las legislativas (con la consiguiente legitimidad dual). Muchas veces, esto conduce a un estancamiento político, sobre todo en sistemas de partidos relativamente fragmentados en los que el Ejecutivo carece de mayoría en el Legislativo; *2)* Los periodos fijos de mandato (rigidez) para el presidente y los legisladores. Esta variable puede generar mayor inestabilidad, ya que el sistema corre el riesgo de caer en una parálisis política a causa de un jefe de Estado incompetente o impopular, y *3)* La característica según la cual el ganador se lo lleva todo en las elecciones presidenciales.

El mensaje de Linz y Valenzuela era marcadamente pesimista: la democracia de América Latina no podría sobrevivir al presidencialismo; las experiencias precedentes y su propia mecánica interna quebrarían el gran esfuerzo político invertido en las transiciones de La tercera ola.

---

209 D. Nohlen, "El presidencialismo...", art. *cit.,* 2011.

Las reacciones a este planteamiento no tardaron en llegar. En los años posteriores, varios analistas igualmente destacados argumentaron en sentido inverso, subrayando las ventajas de los regímenes presidencialistas, al mismo tiempo que señalaban con la misma claridad las fallas y distorsiones que generan los gobiernos parlamentarios:[210]

➤ Los regímenes presidencialistas ofrecen al votante más alternativas electorales; por un lado, permitiéndole escoger un jefe de Estado y, por otro, representantes, lo que potencia su capacidad electiva y refleja mejor las preferencias específicas de los ciudadanos.

➤ Los regímenes presidencialistas proporcionan a la ciudadanía un mecanismo más directo para exigir que sus gobernantes rindan cuentas porque el congreso, al ser electo de modo independiente, se integra como un contrapeso vigilante del Ejecutivo.

➤ Los regímenes presidencialistas dan a los legisladores mayor libertad para discutir diferentes opciones políticas, ya que la oposición no pone en peligro la supervivencia del gobierno ni éste se expone a una nueva convocatoria a elecciones.

➤ Al establecer mandatos presidenciales fijos, el régimen presidencial resulta más estable en el tiempo que el parlamentario, pues la experiencia comparada muestra (el caso de Italia) las dificultades para sostener un gobierno de coalición entre fuerzas distintas.

Mientras este debate ocupaba los ámbitos académicos, en el terreno de la política práctica la gran mayoría de los países de la región optaba por preservar o reformar su sistema presidencial pero sin llegar al extremo de pretender sustituirlo por otro.[211] Sin embar-

---

210 Matthew S. Shugart y John L. Carey, *Presidents and Assemblies. Constitutional Design and Electoral Dynamics*, Cambridge University Press, Nueva York, 1992, pp. 28-54; Dieter Nohlen y Mario Fernández (eds.), *El presidencialismo renovado, instituciones y cambio político en América Latina*, Nueva Sociedad, Caracas, 1998; Scott Mainwaring y Matthew S. Shugart, *Presidentialism and Democracy in Latin. America*, Cambridge University Press, Cambridge, 1997.

211 Jorge Carpizo, *Concepto de democracia y sistema de gobierno en América Latina*, IIJ/UNAM, México, 2007, pp. 87, 111-112.

go, las transiciones democráticas en manos del presidencialismo han tenido que desarrollarse sobre la base de preocupantes déficits de justicia social, alto desempleo, pobreza y desigualdad, y de otros tantos déficits político-institucionales que ya hemos revisado en detalle en el capítulo I, entre los cuales destacan por su importancia: la debilidad del Estado de derecho; los altos niveles de opacidad y la insuficiente rendición de cuentas; el clientelismo, la corrupción y la impunidad; el desprestigio de los partidos y la clase política; la disminución de la eficiencia del gobierno; los altos niveles de inseguridad ciudadana y, en general, los problemas estructurales que dificultan la gobernabilidad democrática.[212]

Así, la pregunta instalada con crudeza desde los años ochenta fue si el presidencialismo podía romper esos enormes e históricos nudos que desafían a diario la gobernabilidad de los países y, más allá, la aceptación de la democracia como régimen político preferente entre los ciudadanos.[213] Desde entonces, presidencialismo o parlamentarismo se convirtieron en el eje de uno de los debates centrales de la ciencia política latinoamericana.

Pero antes de continuar con nuestro análisis hace falta una última precisión conceptual. A lo largo de este capítulo, por sistema presidencial se entiende a aquel que reúne en un solo individuo –el Presidente de la República– las funciones de jefe de Estado y jefe de Gobierno. El presidente es elegido de modo directo por los ciudadanos y no puede ser destituido por el Legislativo salvo en casos

---

212 Dieter Nohlen, *El institucionalismo contextualizado. La relevancia del contexto en el análisis y diseño institucionales*, UNAM-Porrúa, México, 2006, pp. 56-64; Guillermo A. O'Donnell, "Polyarchies and the (Un) Rule of Law in Latin America", en Juan E. Méndez, Guillermo O'Donnell y Paulo Sergio Pinheiro (eds.), *The (Un) Rule of Law and the Underprivileged in Latin America,* University of Notre Dame Press-Helen Kellogg Institute for International Studies, Notre Dame (IN), 1999, p. 326.

213 Según datos de Latinobarómetro 2013, tanto el apoyo difuso (valoración positiva de la democracia) como el apoyo específico (satisfacción con la democracia) son relativamente bajos y presentan una tendencia zigzagueante. El apoyo de la democracia en América Latina ha sido fluctuante: 58% en 1995, 63% en 1997, 48% en 2001, 54% en 2007, 59% en 2009, 61% en 2010, 58% en 2011 y 56% en la medición de 2013.

excepcionales de juicio político. Correlativamente, el presidente queda inhabilitado para disolver el parlamento, de modo que los mandatos de ambos poderes son fijos.[214]

Por su parte, el sistema parlamentario se caracteriza por un Ejecutivo dual, en tanto que las funciones de jefe de Estado y jefe de Gobierno se encomiendan a personas distintas. El jefe de Gobierno es elegido por la mayoría parlamentaria, fuente de su poder, y que queda por consiguiente en condiciones de exigir responsabilidad política al gobierno, a uno de sus miembros o al gabinete en su totalidad y propiciar la conclusión anticipada de su encargo. En tanto, y correlativamente, el jefe de Gobierno puede solicitar al jefe de Estado la disolución anticipada del parlamento.

Nohlen señala que el presidencialismo, al igual que el parlamentarismo, es una modalidad de gobierno en el marco de la democracia constitucional representativa. Mientras que el presidencialismo (de naturaleza bicéfala) se caracteriza por una separación relativamente fuerte entre el congreso y el titular del Ejecutivo, en el sistema parlamentario (de naturaleza monocéfala) existe un estrecho vínculo entre la mayoría parlamentaria y el gobierno, ya que el segundo surge del primero.[215]

En su libro *La quiebra de las democracias*,[216] Linz intentó formular una demostración exhaustiva de la "inferioridad estructural" del presidencialismo, resaltando la relación entre los derrumbes democráticos y los problemas de transición de la democracia con la permanencia del presidencialismo en América Latina. El autor recomendaba, por lo tanto, sin restricciones, introducir el parlamenta-

---

214 Es posible identificar otras diferencias relevantes entre sistema presidencial y sistema parlamentario, para lo cual consúltese J. Carpizo, *Concepto de democracia...*, *op. cit.*, 2007, pp. 40-42 y 46-50, así como Maurice Duverger, *Instituciones políticas y derecho constitucional*, Ariel, Barcelona, 1962, pp. 319. En todo caso, ciertamente hay que tomar en cuenta las características que se señalan a continuación, en el sentido de tipos puros con valor heurístico para el análisis empírico, y no como si fuesen la realidad misma.

215 Para un análisis detallado de las diferencias entre presidencialismo y parlamentarismo, véase: D. Nohlen, "El presidencialismo...", art. *cit.,* 2011.

216 J. J. Linz, "The Perils of Presidentialism.", art. *cit.,* 1990.

rismo como la mejor opción para toda la región, no obstante sus diferencias políticas, su grado de desarrollo o sus especificidades históricas.

Linz defendía su tesis de manera elocuente con estos argumentos: puede ser una mera casualidad (o no) que muchos sistemas presidenciales hayan encontrado serios problemas para establecer democracias estables, pero resultaba empíricamente claro que las más grandes dificultades de las democracias en América Latina aparecían asociadas a los enredos y tapones que el presidencialismo engendra de manera inevitable.

Para Linz, los sistemas parlamentarios no siempre garantizan la estabilidad prometida, pero cuentan con una ventaja indiscutible: la flexibilidad indispensable para afrontar los difíciles pasos hacia la transición democrática. Y dentro de esta línea de pensamiento afirmaba: "Sólo insisto en que el presidencialismo parece que supone un mayor riesgo para una política democrática estable que el parlamentarismo contemporáneo".[217]

Los principales argumentos de Linz reiteran y desarrollan las objeciones clásicas al sistema presidencial. En dicho sistema existe una legitimidad dual (una que constituye al presidente, otra que integra el cuerpo legislativo) que, en circunstancias muy frecuentes (gobiernos divididos), generan conflictos que complican inevitablemente la gobernabilidad además de privilegiar los intereses privados.

Criticaba la rigidez del mandato en los sistemas presidenciales, pues el Ejecutivo es elegido por un periodo fijo sin que exista la posibilidad de introducir ajustes según lo requieran los sucesos políticos, económicos y sociales. Por el contrario, en el sistema parlamentario el primer ministro puede solicitar un voto de confianza al Poder Legislativo y, en caso de no conseguirlo, ello dispararía un cambio de gobierno.

Pero lo más preocupante del presidencialismo –aclara Linz– es que dispone de un mecanismo para "ganarlo todo", ya que exclusi-

---

217 *Ibídem*, pp. 78-82.

vamente el candidato victorioso integra el Poder Ejecutivo. Por el contrario, en un sistema parlamentario, el primer ministro, que no alcanza más de 50% de los escaños, está obligado a formar un gobierno de coalición para poder subsistir. Asimismo, en el sistema presidencial la responsabilidad y obligación de rendir cuentas corresponde únicamente al Poder Ejecutivo.

Por ello, es muy probable que a la oposición sólo le corresponda la crítica y fiscalización del presidente, sin tener el menor incentivo para otorgarle ningún apoyo ni responder a ninguna de sus iniciativas. Cuando el congreso es tan refractario al trabajo del presidente (como sucede con frecuencia), éste se ve en la tentación de saltarse el cerco legislativo y utilizar medidas clientelistas y el reparto de beneficios para intentar ganar apoyos y neutralizar a la oposición.

Otro de los aspectos que suscita una crítica mayor reside en la concentración de poder que provocan uno y otro sistema. En el sistema presidencial, la concentración de poderes en el Ejecutivo, en muchas ocasiones y sobre todo al inicio de La tercera ola, ha impulsado a limitar su mandato en el tiempo (principio de no reelección), lo cual resulta casi siempre frustrante para líderes y políticos profesionales que han demostrado hacer bien su trabajo.

Ello dio lugar, como analizaremos en profundidad en el capítulo IV, a una tendencia reformista en favor de la reelección, primero para pasar de la alterna a la consecutiva y, más recientemente, en algunos países, de la consecutiva a la indefinida. Además, el presidencialismo latinoamericano carece de un jefe de Estado (o de un rey) que pueda intervenir simbólicamente como poder moderador y que en casos de crisis acuda al escenario como un elemento imparcial que colabore a superarlos.

En los sistemas presidencialistas las elecciones son marcadamente individualistas, y en numerosas ocasiones de carácter plebiscitario. Más que por un partido o programa definido, se vota por una persona para que se haga cargo del destino del país. Esta tendencia a la personalización de la política se agrava aún más en los tiempos de las campañas fuertemente mediáticas, electrónicas, en los "tiempos de la videopolítica", para decirlo en términos de Giovanni Sartori.[218]

Cabe advertir, además, que el sistema presidencial posibilita que un advenedizo acceda al poder, sobre todo si en el país no existe un sistema institucionalizado de partidos. Las candidaturas para ocupar la jefatura de gobierno pueden surgir repentinamente y aprovechar el malestar y la frustración social, capitalizando el efecto de quienes acometen el papel de salvador fuera del sistema de partidos. En estos escenarios, el problema de gobernabilidad vuelve a aparecer con especial fuerza porque los presidentes advenedizos son siempre ajenos a los partidos políticos y, por ello, suelen no contar con apoyo suficiente en el congreso.

En contraste, Linz sostiene que el régimen parlamentario propicia mayor responsabilidad hacia el gobierno, una mayor obligación de los propios partidos para rendir cuentas (salvo en un fraccionamiento político extremo) y la necesidad de cooperar y realizar compromisos ciertos y pluralistas (a menos que uno de ellos obtenga la mayoría absoluta de las curules). Asimismo, el parlamentarismo puede soportar mejor un cambio de liderazgo sin provocar una crisis de régimen.

La obra de Linz se convirtió en el alegato mejor formulado en contra del régimen presidencial latinoamericano, cuyo origen se remonta a la emulación libertaria de la Revolución y la Constitución estadunidenses. Como era de esperarse, las tesis de Linz suscitaron diversas reacciones:[219]

➢ desde su asunción plena e incondicional (Valenzuela);[220]

---

218 Giovanni Sartori, *Homo videns: la sociedad teledirigida*, Taurus, Madrid, 1998.

219 Richard Ortiz Ortiz, "Contextos, instituciones y actores políticos: Dieter Nohlen y el estudio de las instituciones políticas en América Latina", en D. Nohlen, *El institucionalismo...*, *op. cit.*, pp. 6-13.

220 Arturo Valenzuela, "The Crisis of Presidentialism", en Scott Mainwaring y Arturo Valenzuela, *Politics, Society, and Democracy: Latin America*, Westview Press, Boulder (CO), 1998.

> su relativización mediante la introducción de otras variables en el análisis (Mainwaring);[221]

> su aceptación sin admitir la solución parlamentaria (Sartori);[222]

> la defensa del presidencialismo (Mettenheim)[223] y, por último,

> la crítica frontal y abierta (Nohlen).[224]

Nohlen se distancia clara y explícitamente de los supuestos y las argumentaciones de Linz, y critica su idealismo implícito, la construcción artificial de modelos institucionales "ideales" y el uso de especulaciones deductivas orientadas a analizar tipos "puros".[225] Sus principales observaciones críticas a la tesis de Linz son:

> Su monocausalismo;

> El nivel abstracto de comparación entre presidencialismo y parlamentarismo;

> La escogencia selectiva de la dimensión espacio-temporal favorable al parlamentarismo;

> La falacia de comparar una realidad, el presidencialismo en América Latina, con una posibilidad: el parlamentarismo como alternativa, y

---

221 Scott Mainwaring, "Presidentialism, Multipartidism, and Democracy. The Difficult Combination", *Comparative Political Studies*, vol. 24, núm. 1 (Sage, Londres, 1993), pp. 198-228; Scott Mainwaring y Matthew S. Shugart, "Presidencialismo y Democracia en América Latina: revisión de los términos del debate", en Scott Mainwaring y Matthew S. Shugart (comps.), *Presidencialismo y democracia en América Latina*, Paidós, Buenos Aires, 2002, pp. 19-64.

222 Giovanni Sartori, *"Neither Presidentialism nor Parlamentarism"*, en Juan José Linz y Arturo Valenzuela, *The Failure of Presidential Democracy*, The Johns Hopkins University Press, Baltimore, 1994, pp. 107 y ss.

223 K. von Mettenheim (ed.), *Presidential Institutions and Democratic Politics*, The Johns Hopkins University Press, Baltimore, 1997.

224 D. Nohlen, *El institucionalismo...*, *op. cit.*, pp. 43-54.

225 *Ibídem* Un análisis de las observaciones de Nohlen a las argumentaciones de Linz se encuentra en R. Ortiz Ortiz, "Contextos...", art. *cit.*, pp. 12-16.

> El error (desde el punto de vista de la ingeniería política) de hacer una sola propuesta parlamentaria para los países de toda la región sin tener en cuenta las diferencias importantes que existen entre ellos; de manera particular, la necesidad de contar con un sistema de partidos bien institucionalizados para que el sistema parlamentario pueda funcionar adecuadamente.

A diferencia de Linz, Nohlen desarrolla su propio punto de vista para la evaluación del funcionamiento de los sistemas de gobierno mediante un enfoque que él llama "histórico-empírico". Su propuesta es investigar de manera comparativa y cualitativa las variantes institucionales que realmente existen en las democracias modernas, mediante la descripción sistemática de sus arreglos concretos en conexión estrecha con su contexto histórico, social, político y cultural.

A juicio del citado profesor alemán, sólo el examen del conjunto de los factores pertinentes puede explicar adecuadamente la complejidad del funcionamiento institucional y de la estabilidad política. Por lo tanto, no es posible establecer *a priori* la superioridad universal de cierto modelo constitucional de gobierno, toda vez que en la estabilidad, eficacia y rendimiento de las instituciones políticas "el contexto hace la diferencia".[226]

---

226 Dieter Nohlen, "El presidencialismo...", art. *cit.*, 2011, pp. 10 y 11. Para este autor, "No basta [...] considerar los sistemas presidenciales sólo por sí mismos. Para valorar el funcionamiento de las instituciones, conviene tomar en cuenta el entorno en el que actúan como sistema y su interrelación con él. El contexto debe entenderse en sentido múltiple". Y enumera, entre otros, el Estado, la democracia como concepto genérico, las formas de participación política informales, la sociedad civil, la cultura política y la experiencia histórica. De ahí que, como señala el citado autor: "Esta enorme complejidad de relaciones contextuales del presidencialismo en América Latina es de inmensa importancia para la consultoría política. Hace más que cuestionable pensar en una receta única de reforma político-institucional para resolver las muy diversas situaciones y estructuras percibidas como críticas. No existen evidencias para la expectativa de que se puede traspasar sin una institución que rinde en determinado contexto a otro muy diferente y tenga los mismos efectos. Las migraciones institucionales tienen sus límites [...]".

Años más tarde, Sartori se incorporó al debate y sintetizó su postura en la fórmula "ni presidencialismo ni parlamentarismo", pues, a su juicio, ambos sistemas tienen problemas importantes. Al mismo tiempo que indicó que los sistemas presidenciales funcionan mal, ya que en términos generales, han resultado muy frágiles, señalando a su vez, con respecto a la democracia parlamentaria, que no funciona si no existen partidos adaptados al parlamentarismo, es decir, partidos cohesionados y/o disciplinados. Por ello, en su perspectiva, la solución para América Latina reside en un sistema presidencialista alternativo o intermitente.

La propuesta de Sartori consiste en un sistema con dos motores que no se encienden de forma simultánea sino sucesivamente. El sistema comienza operando como parlamentario y, si funciona bien, continúa como tal; de lo contrario, si se apaga el motor parlamentario, se enciende el motor presidencial para adoptar sus características propias.[227]

La idea básica de esta propuesta es que, a un sistema parlamentario que funciona se lo recompensa permitiéndole continuar; en tanto que a un sistema parlamentario que no funciona se lo sanciona descontinuándolo y haciéndolo funcionar en clave presidencial.

Aunque Sartori comparte plenamente el cuestionamiento de las deficiencias sistémicas del presidencialismo, también sostiene que de esas críticas no se deduce automáticamente que la "buena alternativa" sea el parlamentarismo, y sentencia: "El parlamentarismo puede resultar un fracaso tanto y tan fácilmente como el presidencialismo" si no se producen las condiciones indispensables para su funcionamiento, sobre todo partidos parlamentariamente adecuados. Sartori afirma con acierto que "la mejor forma política es la que sea más aplicable en cada caso. Esto equivale a decir que el contexto es esencial".[228]

---

227 Giovanni Sartori, *"Neither Presidentialism nor Parlamentarism"*..., art. *cit.,* 1994, pp. 170-172.

228 *Ibídem*, p. 170. Algunas de estas observaciones aparecen publicadas en Daniel Zovatto G. y José de Jesús Orozco Henríquez (coords.), *Reforma*

4. *La necesidad de un presidencialismo renovado*

La realidad latinoamericana actual evidencia que en América Latina los sistemas presidenciales no fueron reformados según las recomendaciones normativo-deductivas en favor del parlamentarismo. También demuestra que los pronósticos pesimistas acerca de su estabilidad no se cumplieron. En efecto, sin perjuicio de las crisis políticas que produjeron la salida anticipada de más de 15 presidentes electos (como analizamos en el capítulo I), las democracias de la región sobrevivieron durante estas tres décadas y media. Luego de 38 años, podemos afirmar que el presidencialismo se ha mantenido, reformado e incluso fortalecido en algunos casos, mostrando una inusitada capacidad de adaptación a los nuevos desafíos, un mejor desempeño relativo y un notable grado de persistencia.[229]

Asimismo, las propuestas sobre la reforma del sistema presidencial, favorables a un presidencialismo renovado, han sido bien acogidas no sólo por un sector importante de la doctrina sino por parte de los actores políticos de la región.[230] Por lo tanto, podemos afir-

---

política y electoral en América Latina, 1979-2007, IIJ-UNAM-IDEA, México, 2008.

229 Dieter Nohlen y Mario Fernández (eds.), *El presidencialismo renovado...*, *op. cit.*, 1998. De ahí que, en la discusión sobre presidencialismo *versus* parlamentarismo, Nohlen ya no represente una posición minoritaria. Lentamente se ha impuesto la tesis de que las ventajas o desventajas de los sistemas del gobierno no se pueden discutir en abstracto, sino se debe incluir en el análisis las condiciones históricas concretas de la política y de la sociedad. Así, el "institucionalismo contextualizado" ha logrado acreditarse como una perspectiva productiva para abordar la discusión politológica sobre las formas de gobierno en democracias no consolidadas y sus efectos sobre la estabilidad democrática (véase R. Ortiz Ortiz, "Contextos, instituciones y actores políticos...", *art. cit.,* pp. 6-13). Para Nohlen, las razones para mantener el presidencialismo residen "en la cultura política, la tradición, la experiencia histórica y la estructura política latinoamericanas. Ante este trasfondo, el balance de presidencialismo no es tan negativo como afirman sus críticos". Véase también *ibídem, Presidencialismo versus parlamentarismo en América Latina* (eds.), Nueva Sociedad, Caracas, 1991, p. 3.

230 *Cf.*, por ejemplo: Dieter Nohlen y Mario Fernández, *Presidencialismo versus parlamentarismo...*, *op. cit.,* 1991; Jorge Carpizo, "México, ¿sistema

mar que, tres décadas y media después del inicio de La tercera ola, América Latina sigue siendo hoy una región presidencialista.

Cabe, empero, hacer una precisión. En efecto, a pesar de su persistencia y tradición, de su arraigo político y su funcionamiento ininterrumpido aun en duras condiciones, sería incorrecto hablar de "un" presidencialismo latinoamericano a secas. Como ya se señaló, en estas tres décadas y media de transiciones, democratización y consolidación pluralista, en realidad han surgido "los presidencialismos", basados en distintas combinaciones y fórmulas adoptados por los 18 países de la región, con distinto éxito, para que sus democracias sobrevivan.[231]

Precisamente por ello, como bien aconseja Nohlen:

[...] la enorme complejidad de relaciones contextuales del presidencialismo en América Latina es de inmensa importancia para la consultoría política. Hace más que cuestionable pensar en una receta única de reforma político-institucional para resolver las muy diversas situaciones y estructuras percibidas como críticas. —Y agrega—: Las migraciones institucionales tienen sus límites, por lo tanto, hay que suponer incluso que el contexto diferente va a producir efectos distintos y no deseados de las mismas instituciones formales. De ahí la importancia de procurar que las instituciones por trasladar sean adaptables a las culturas políticas internas, pues en su funcionamiento el contexto hace la diferencia.[232]

---

presidencial o parlamentario?", *Cuestiones Constitucionales*, núm. 1 (IIJ/UNAM, México, 1999), pp. 49-84; *Ibídem, Concepto de democracia...*, *op. cit..*, 2007; Jorge Lanzaro (comp.), *Tipos de presidencialismo y coaliciones políticas en América Latina*, CLACSO, Buenos Aires, 2001; Diego Valadés, *El gobierno de gabinete*, UNAM, México, 2003.

231 José de Jesús Orozco Henríquez y Daniel Zovatto G., "Alcance de los poderes presidenciales en los países latinoamericanos", en Andrew Ellis, José de Jesús Orozco Henríquez y Daniel Zovatto G. (coords.), *Cómo hacer que funcione el sistema presidencial*, UNAM-IDEA Internacional, México, 2009, p. 94.

232 Dieter Nohlen, "El presidencialismo: análisis y diseños institucionales en su contexto", *Revista Latinoamericana de Política Comparada*, vol. 6 (Celaep, diciembre 2012, pp. 49-76), p. 63. Disponible en: http://www.hss.de/fileadmin/americalatina/Ecuador/downloads/celaep_6-final.pdf.

Todo lo anterior no implica, naturalmente, que los cambios no sean necesarios o que las críticas como las formuladas por Linz no se consideren ni pertinentes ni útiles. La realidad latinoamericana evidencia que los sistemas presidenciales vigentes en América Latina deben ser mejorados, rejuvenecidos o reformados; pues tal como hoy existen, en la mayoría de los países no responden a las aspiraciones democráticas actuales. Por ello, en esta investigación abogamos, en plena coincidencia con Nohlen, en favor de una reforma controlada del presidencialismo que contribuya a su renovación y por un funcionamiento parlamentarista del sistema mediante el fortalecimiento del Legislativo y el mejoramiento y flexibilización de las relaciones entre el Ejecutivo y el Legislativo.

La razón de peso de esta propuesta reside en que "pocas cosas son más difíciles que la decisión de cambiar el sistema de gobierno"; de ahí que sea más factible, en nuestra opinión, apostar por una "adecuación funcional" a los sistemas presidencialistas mediante "pasos institucionales y prácticos" de acuerdo con la realidad y la problemática de cada país.[233]

Las sugerencias de reforma se dirigen particularmente a la creación de incentivos institucionales (rompiendo con la lógica de *the winner takes it all* del presidencialismo clásico) para conformar coaliciones estables en el Legislativo que apoyen el trabajo del gobierno. Además se deben desconcentrar las funciones del presidente en la figura de un jefe de Gabinete o primer ministro (que, en principio, ya es norma constitucional en países como Argentina y Perú), con los siguientes objetivos:[234]

---

233 *Ibídem*, "Sistemas de gobierno: perspectivas conceptuales y comparativas", en Dieter Nohlen y Mario Fernández (comps.), *Presidencialismo versus parlamentarismo...*, *op. cit.*, p. 5.

234 Asimismo, a propósito de la discusión sobre posibles reformas institucionales en vista de alguna crisis política, conviene recomendar prudencia y mesura, pues en América Latina es frecuente el reflejo condicionado de responder a una crisis con una nueva reforma o una nueva Constitución. Debe realizarse una evaluación adecuada de las verdaderas causas que desataron la crisis, pues es difícil que ésta se resuelva únicamente con manipulaciones institucionales. Los actores políticos y los grupos de la sociedad civil deben,

➤ Llevar la conducción del día a día del gobierno, principalmente la coordinación del gabinete y la supervisión de la administración del Estado;

➤ Ejercer la función de enlace y negociación entre el Poder Ejecutivo y el Legislativo para superar posibles bloqueos mutuos, y

➤ Garantizar la protección de la figura presidencial del desgaste cotidiano de la política, evitando el peligro de que el presidente sea el responsable de toda política y, por ende, de todos los problemas.

En síntesis, la constatación histórica registra tres décadas y media de vida democrática dentro del presidencialismo. En la práctica, el parlamentarismo no ha logrado un apoyo suficiente para ser adoptado como sistema de gobierno alternativo. Pese a la simpatía que el parlamentarismo suscitó entre amplios sectores —sobre todo académicos y de ciertos grupos de la sociedad civil— en estos 38 años, sólo tres países consideraron seriamente las propuestas para modificar el diseño del régimen político: Argentina, Bolivia y Brasil y, como analizaremos a continuación, en ninguno de los tres casos, el presidencialismo fue sustituido por otro sistema de gobierno.

5. *Iniciativas para modificar el sistema presidencial durante las últimas décadas*

Durante el periodo que cubre esta investigación (1978-2016), las propuestas en favor de la adopción de un sistema parlamentario en determinado país se han formulado primordialmente en ámbitos académicos y, sólo ocasionalmente, a través de alguna iniciativa promovida por fuerzas políticas minoritarias que no han llegado a cristalizar en la mayoría de los casos. La excepción ha sido Brasil, en donde de manera formal la comisión encargada de elaborar el anteproyecto de la nueva Constitución incluyó en su informe final, publicado en 1987, la propuesta de un sistema parlamentario.

---

en primer lugar, rescatar la centralidad de las instituciones representativas y los resultados de reformas políticas previas (véase Dieter Nohlen y Mario Fernández [eds.], *Presidencialismo versus parlamentarismo...*, *op. cit.*, 1991, pp. 53-58).

Finalmente, la Asamblea Nacional Constituyente de 1988 optó por la continuación del régimen presidencial, pero previó la celebración de un plebiscito en 1993[235] para que el propio electorado decidiera entre monarquía y república, así como entre presidencialismo y parlamentarismo, cuyo resultado fue el triunfo de la república presidencial.

Otras dos experiencias en las cuales, de manera explícita, sendas comisiones de reforma constitucional pusieron sobre la mesa la parlamentarización del sistema presidencial han sido los casos de Argentina y Bolivia, ambos en 1994.

En lo que se refiere a Argentina, y como resultado del llamado Pacto de Olivos entre el entonces presidente Carlos Menem y el ex presidente Raúl Alfonsín, a cambio de la pretensión del primero de obtener la regulación en la Constitución de la reelección consecutiva o inmediata del presidente y del vicepresidente de la República, Alfonsín insistió en el proyecto elaborado por el Consejo para la Consolidación de la Democracia durante su administración (que presidió el jurista Carlos Nino), de acuerdo con el cual, para mitigar el denominado "hiperpresidencialismo hegemónico", se proponía la adopción de un modelo semipresidencial como el francés o, al menos, como el portugués, si bien las negociaciones posteriores fueron desdibujando ese objetivo para acordar, finalmente, la creación de un jefe de Gabinete de ministros, que tiene a su cargo la administración general del país.[236]

---

235 Bolivar Lamounier y Dieter Nohlen (comps.), *Presidencialismo ou Parlamentarismo*, IDESP-Ediçoes Loyola, São Paulo, 1993. Véase también Scott Mainwaring, "Pluripartidismo, federalismo fuerte y presidencialismo en Brasil", en Scott Mainwaring y Matthew S. Shugart (eds.), *Presidencialismo y democracia en América Latina*, Buenos Aires, Paidós, 2000.

236 Mario D. Serrafero, *La Jefatura de Gabinete y las crisis políticas: el caso De la Rúa*, www.saap.org.ar/esp/docs-revista/revista/pdf/1 (consultado el 27 de junio de 2014); María Angélica Gelli, "Constitución de la Nación Argentina", Tomo II, 4ª ed. ampliada y actualizada, La Ley, Buenos Aires, 2009. Véase, asimismo, Fabiana Haydeé Schafrik, "El Jefe de Gabinete de Ministros a veinte años de la reforma de la Constitución Nacional", en Alberto García Lema y Antonio María Hernández (coords.) *A veinte años de la re-*

En cuanto a Bolivia, hacia julio de 1992 y como resultado de un debate previo, el grupo de trabajo encabezado por Linz formuló dos propuestas, una de las cuales fue la adopción de un sistema parlamentario y otra la parlamentarización del régimen presidencial a través de la redefinición de las relaciones entre el Legislativo y el Ejecutivo. Después de los llamados "Acuerdos del 9 de julio" y la conformación de una comisión de "alto nivel", que se convirtió en "cumbres políticas" entre jefes de partidos y especialistas dedicados a definir el sentido de la reforma, se arribó en 1994, a la modificación de más de 30 artículos constitucionales, parlamentarizando parcialmente de este modo el sistema presidencial boliviano.[237]

Años más tarde, en 2007 y 2008, el presidente Evo Morales convocó a un nuevo proceso constituyente del que emergió la Asamblea Legislativa Plurinacional (Cámara de Diputados y de Senadores), mediante la cual se removió la facultad del Legislativo para nombrar Presidente y Vicepresidente de la República. En el artículo 166 de la *Nueva Constitución Política del Estado* (2009),[238] se precisa la elección presidencial "mediante sufragio universal, obligatorio, directo, libre y secreto", y la necesidad de que la candidatura ganadora

> [..] haya reunido 50% más uno de los votos [...] o que haya obtenido un mínimo de 40% de los votos válidos, con una diferencia de al menos 10% en relación con la segunda candidatura. En caso de que ninguna de las candidaturas cumpla estas condiciones se realizará una segunda vuelta electoral entre las dos candidaturas más votadas [...]. Será proclamada a la Presidencia y a la Vicepresidencia del Estado la candidatura que haya obtenido la mayoría de los votos.

En resumen, el debate sobre las relaciones entre el Ejecutivo y el Legislativo, y la búsqueda de un adecuado equilibrio entre ambos poderes han estado en el centro de la historia política de los últimos

forma constitucional de 1994, Abeledo-Perrot, Buenos Aires, 2014, pp. 147-153.

237 René Antonio Mayorga, *Presidencialismo parlamentarizado y gobierno de coalición en Bolivia*, CLACSO, Buenos Aires, Argentina, 2001.

238 Susanne Käss e Iván Velásquez Castellanos (eds. responsables), *Visión crítica a la nueva Constitución política del Estado*, Konrad Adenauer Stiftung, La Paz, Bolivia, 2009.

38 años. La tendencia dominante fue intentar "inyectar dosis de parlamentarismo"[239] en distintas zonas y en diversos engranajes del sistema presidencial.

En efecto, los procesos de reforma política sobre los regímenes de gobierno de la región durante el periodo de análisis han estado orientados hacia la renovación o racionalización de los sistemas presidenciales, aunque no siempre con la extensión y profundidad deseada o requerida, centrándose en las relaciones Legislativo-Ejecutivo (aun cuando algunos abarcaron también al Poder Judicial), a menudo con el objetivo de fortalecer al Legislativo (a diferencia de las reformas previas que tendieron a fortalecer al Ejecutivo y las llevadas a cabo en los países del ALBA) y consolidar un sistema de controles, pesos y contrapesos en aras de lograr un mejor equilibrio entre ambos poderes.

Al mismo tiempo que se solidificaban los procesos y las instituciones electorales, se emprendía un camino de reformas para buscar nuevos pesos y contrapesos entre poderes –casi siempre debilitando al presidente– para lograr un mejor balance y equilibrio entre el Legislativo y el Ejecutivo. Lo anterior se confirma con un dato crucial: la mayoría de los 18 países analizados estableció una nueva Constitución en los últimos 38 años (Bolivia, Brasil, Chile, Colombia, Ecuador, El Salvador, Guatemala, Honduras, Nicaragua, Paraguay, Perú, República Dominicana y Venezuela) y el resto (Argentina, México, Panamá y Uruguay) aprobó en el mismo periodo al menos alguna reforma constitucional relevante con el propósito de fortalecer los controles interorgánicos entre el Legislativo y el Ejecutivo.

Costa Rica fue uno de los pocos países que quedó al margen de este periplo constituyente si bien, en este país centroamericano se buscó fortalecer la capacidad de control vía el Poder Judicial, con la creación de la Sala Cuarta (de la Corte Suprema) con competencia en materia constitucional.[240]

---

239 José Woldenberg, *Después de la transición: gobernabilidad, espacio público y derechos*, Cal y Arena, México, 2006.

240 Cabe indicar que, en el caso de Chile, la Constitución de 1980 fue aprobada por la dictadura.

Empero, como adelantamos más arriba, esta tendencia no ha estado presente en las reformas constitucionales de Venezuela (1999), Ecuador (2008) y Bolivia (2009), las cuales a contracorriente de las tendencias dominantes en la región, buscaron un fortalecimiento del presidencialismo (mayores atribuciones, reelección consecutiva, amplia incorporación de mecanismos de democracia directa que permiten al presidente ejercitar una democracia con fuente contenido plebiscitario, etc.).

CUADRO II.5.1. *Constituciones vigentes y reformas referidas a las relaciones Legislativo y Ejecutivo durante los últimos 38 años*

País	Constitución vigente	Reformas
Argentina	1853	1994
Bolivia	2009	2009 (artículo 398)
Brasil	1988	2010 (Enmienda)
Chile	1980	1989, 2005
Colombia	1991	2003, 2007
Costa Rica	1949	—
Ecuador	2008	—
El Salvador	1983	1991
Guatemala	1985	1994
Honduras	1982	—
México	1917	1977, 1986,2014
Nicaragua	1987	1995, 2000, 2005
Panamá	1972	1983, 1994, 2004
Paraguay	1992	—
Perú	1979, 1993	—
República Dominicana	2010	—
Uruguay	1967	1996
Venezuela	1999	2009 (Enmienda)

FUENTE: Elaboración propia, con base en las constituciones respectivas.

Otra tendencia presente en la región fue la de intentar transitar desde el presidencialismo al semipresidencialismo. Para ciertos autores, ésta es una alternativa mucho más razonable que la de pasar del presidencialismo al parlamentarismo.[241] Evidentemente, la opción semipresidencial no es nueva en América Latina, ya que surgió como alternativa al inicio mismo del debate sobre presidencialismo y parlamentarismo. Ejemplo de ello es la propuesta del Consejo para la Consolidación de la Democracia (de 1986 y 1988) en Argentina, en tiempos del presidente Alfonsín, que acabamos de analizar más arriba.

Nohlen señala que en América Latina, el semipresidencialismo debería concebirse como parte de la democracia presidencial, con algún correctivo parlamentario; debería concebirse dentro de la línea propuesta por Diego Valadés, es decir como:

> La parlamentarización en el sentido de adoptar instituciones de origen parlamentario, pero preservando la estructura básica del sistema receptor. [Por ello] el elemento central que debe ponerse sobre la mesa es la responsabilidad del gobierno frente al parlamento, es decir la relación del jefe de Gobierno con el Presidente y con el parlamento, y cómo se debería hacer efectiva esta responsabilidad, por qué tipo de relación de confianza.[242]

---

241 Para Nohlen, un sistema semipresidencial debe contener tres elementos: *1)* elecciones directas del presidente; *2)* facultades condicionadas del presidente, y *3)* dependencia del jefe de Gobierno (con su gabinete) de la confianza en el parlamento. El criterio decisivo es el de la distribución de competencias entre las figuras que componen el Ejecutivo, el Presidente y el jefe de Gabinete (primer ministro), y la relación de confianza del primer ministro que se establece ya sea con el presidente o con el parlamento, o bien con ambos a la vez. Por ello, a la hora de las reformas del presidencialismo, las reflexiones y sugerencias deberían centrarse en el diseño de dichas relaciones. Para Duverger, el semipresidencialismo puede funcionar (en función de la correlación de fuerzas en el parlamento) como un sistema parlamentario, presidencial o equilibrado.

242 Nohlen advierte que la gran tentación entre los constitucionalistas latinoamericanos consiste en pensar el semipresidencialismo en la perspectiva europea de su concepto, como sistema parlamentario con correctivos presidencialistas, y no en la perspectiva de un sistema presidencial con correcti-

México ha sido el país, en el que durante los últimos años ha habido un debate más intenso en torno al semipresidencialismo. En Chile, asimismo, la idea de transitar hacia un sistema semipresidencial pareciera ir ganando fuerza.[243]El fin de la hegemonía del Partido Revolucionario Institucional (PRI), la alternancia durante dos sexenios a partir de 2000 a cargo del Partido Acción Nacional (PAN), la existencia de tres partidos políticos principales (PRI, PAN y Partido de la Revolución Democrática-PRD) y de un gobierno dividido desde 1997, han dificultado la gobernabilidad en el país y llevado a los actores políticos y a la academia a buscar opciones en materia de ingeniería política.

Con el propósito de superar estos obstáculos, Valadés ha propuesto el "gobierno de gabinete" como una nueva forma de organización y funcionamiento del sistema presidencial mexicano, en la cual no sólo el presidente sino también el gabinete en su conjunto ejercen funciones de gobierno, superando de esta manera la estructura individual de la Presidencia. El objetivo central es desconcentrar el poder del presidente y, así, mejorar la gobernabilidad democrática.

La propuesta prevé la creación de un jefe de gabinete (quien es designado y revocado por el presidente, pero debe ser ratificado por una de las cámaras del congreso: el Senado), al que le corresponde la coordinación del gabinete y la conducción de las relaciones con el congreso. El objetivo de esta propuesta es lograr gobernabilidad en situaciones de gobierno dividido, buscando de este modo incentivar la cooperación entre el Ejecutivo y el congreso.[244]

---

vos parlamentarios, que sería más oportuno para las reformas institucionales en América Latina.

243 Entre las varias propuestas destaca la del Senador Andrés Allamand quien propone la necesidad de modificar el régimen político chileno para pasar de un sistema presidencial a uno semipresidencial conformado por un Presidente y un Primer Ministro. Este último sería designado por el Presidente y ratificado por el Congreso. Por su parte, la UDI propone transitar hacia un presidencialismo moderado.

244 Diego Valadés, *El gobierno de gabinete*, 2ª ed., IIJ-UNAM, México, enero, de 2005 (Serie de Estudios Jurídicos, núm. 52).

La reciente reforma mexicana de 2014 avanzó parcialmente en este camino al reconocerle al Presidente de la República la facultad de optar por un gobierno de coalición con uno o varios de los partidos que cuenten con representación en el Congreso de la Unión. De optar el Presidente por esta opción, el gobierno de coalición se regulará por un convenio y un programa específicos que deben ser aprobados por la mayoría de los miembros del Senado. La norma constitucional señala, asimismo, que el convenio debe establecer las causas de la disolución del gobierno de coalición.[245]

6. *Tipos de presidencialismo y clasificación en América Latina*

Con el objeto de comprender mejor las respectivas características, diferencias y semejanzas entre los diversos sistemas presidenciales latinoamericanos, se estima conveniente clasificarlos a partir de una tipología específica, a pesar de los riesgos de imprecisiones derivadas de la propia naturaleza del derecho constitucional y su interacción dinámica con la realidad política, así como de la complejidad de algunos casos frontera que dificultan su ubicación en un tipo determinado.[246]

A. *Antecedentes en la región de la forma de gobierno presidencial*

Aunque el régimen presidencial se generalizó en el continente americano durante los siglos XIX y XX, debe recordarse que no ha constituido la única forma de gobierno ensayada en América Latina.[247] Entre los ejemplos opuestos a la fórmula presidencial eminen-

---

245 Constitución Política de los Estados Unidos Mexicanos, *Diario Oficial de la Federación*, 10 de febrero de 2014. Artículo 89.– Quien ocupe provisionalmente la Presidencia no podrá remover o designar a los Secretarios de Estado sin autorización previa de la Cámara de Senadores. Asimismo, entregará al Congreso de la Unión un informe de labores en un plazo no mayor a diez días, contados a partir del momento en que termine su encargo.

246 Se excluyen de este análisis, evidentemente, los regímenes que cuentan con la figura de Presidente si éste no ha emergido de la votación libre, abierta, regular, legal y participativa de la sociedad en cuestión.

247 Daniel Zovatto G., José de de Jesús. Orozco Henríquez (coords.), *Reforma política...*, *op. cit.*, 2008, p. 6.

temente republicana puede citarse el régimen monárquico o imperial que se adoptó en algunas de las colonias emancipadas, como en el caso de México en 1821 y, posteriormente, bajo Maximiliano (1865-1867), si bien el régimen imperial que logró establecerse y alcanzó mayor eficacia fue el brasileño, que funciono de 1823 a 1889.

Por otra parte, dentro de las formas de gobierno democráticas de carácter republicano, adoptadas en la región pero distintas a las presidenciales, es frecuente identificar como régimen parlamentario el establecido en Chile entre 1891 y 1924 (si bien ciertos autores se resisten a calificarlo como tal). En realidad, pareciera que dicho sistema podría calificar más bien como un tipo de sistema presidencial, denominado por Jorge Carpizo[248] (como analizaremos en el apartado siguiente) como presidencialismo parlamentarizado. Dentro de este tipo de presidencialismo podemos mencionar el establecido en las constituciones de Chile de 1833, Perú de 1856 y Uruguay de 1934.

De manera similar, y dentro del modelo de presidencialismo, cabría mencionar los sistemas que contemplaron matices parlamentarios o, incluso, aquellos que establecieron un presidencialismo atemperado, con cierto predominio del Legislativo, como el de las constituciones de Uruguay de 1839, México de 1857 y Chile de 1925. Por otra parte, y como una forma distinta de gobierno, conviene recordar el ejemplo del régimen directorial o colegiado uruguayo, consistente en un Ejecutivo colegiado (similar al suizo), vigente de 1918 a 1933 y de 1952 a 1966.

B. *Tipos de presidencialismo: clasificación*

Hacia mediados del siglo pasado, una de las primeras clasificaciones de los diversos sistemas presidenciales en América Latina fue la de Karl Loewenstein, quien diferenció entre presidencialismo puro, presidencialismo atenuado y parlamentarismo aproximado.[249]

---

248 Jorge Carpizo, *Concepto de democracia y sistema de gobierno en América Latina*, México, UNAM, 2007, pp. 194-207.

249 Karl Loewenstein, "La 'presidencia' fuera de los Estados Unidos (Estudio comparativo de instituciones políticas)", *Boletín del Instituto de Derecho*

Desde entonces a esta fecha transcurrió mucho tiempo y múltiples cambios han tenido lugar en los sistemas presidenciales de la región, sobre todo a partir de La tercera ola, propiciando un caleidoscopio institucional y político más complejo, así como nuevas y diversas clasificaciones doctrinales.

A la hora de distinguir entre diversos tipos de sistemas presidenciales, Nohlen propone la siguiente tipología:

➢ Hiperpresidencialismo o presidencialismo dominante;

➢ Presidencialismo reforzado o racionalizado;

➢ Presidencialismo puro o equilibrado;

➢ Presidencialismo atenuado, y

➢ Presidencialismo parlamentarizado.

Similar a la tipología anterior, es la elaborada por Carpizo quien, en atención a lo establecido en la respectiva norma constitucional, distingue cinco tipos:

➢ Presidencialismo puro;

➢ Presidencialismo predominante;

➢ Presidencialismo atemperado;

➢ Presidencialismo con matices parlamentarios, y

➢ Presidencialismo parlamentarizado.[250]

Carpizo analiza asimismo los regímenes presidenciales latinoamericanos desde una óptica doble, al mismo tiempo política y constitucional, al considerar el sistema de partidos y el sistema electoral

---

Comparado de México, año 2, núm. 5 (Instituto de Derecho Comparado, México, 1949), pp. 21-28.

250 J. Carpizo, *Concepto de democracia....*, *op. cit.*, 2007, pp. 193-198. Véase también: Scott Mainwaring y Matthew S. Shugart (eds.), *Presidentialism and Democracy in Latin America*, Cambridge University Press, Nueva York, 1997 [*Presidencialismo y democracia...,op. cit.*, 2000]; Manuel Alcántara, *Sistemas Políticos de América Latina*, Tecnos, Madrid, 1999; Jorge Lanzaro, *Tipos de presidencialismo...*, *op. cit.*, 2001, y Dieter Nohlen, "El presidencialismo...", art. *cit.*, 2011, pp. 6-10.

en su interacción e influencia con la estructura normativa (gobiernos de coalición o gobierno compartido, gobierno dividido y el poder de la calle), para producir una segunda tipología:

> ➢ Presidencialismo hegemónico;

> ➢ Presidencialismo equilibrado, y

> ➢ Presidencialismo débil.

Con base en estas tipologías, Carpizo advierte que mientras el presidencialismo puro, el predominante, el atemperado y el de matices parlamentarios pueden configurar alguno de los tipos que se presentan en la realidad (como el hegemónico, el equilibrado o el débil), el presidencialismo parlamentarizado, en cambio, sólo puede ser hegemónico o débil.[251]

A continuación se exponen las características básicas de dicha tipología a partir de lo que prevé la letra de las respectivas Constitu-

---

251 EL estudio del grado de eficacia de las disposiciones constitucionales es particularmente importante en América Latina tomando en cuenta que, según la clasificación ontológica de las constituciones elaborada por Loewenstein, para la década de los setenta durante el predominio del autoritarismo varios países contaban con una Constitución "nominal", en tanto que se aprecia una falta de concordancia entre la realidad del proceso político y las normas por efecto de factores sociales y económicos. Si bien la función de la Constitución nominal es educar a la población sobre un gobierno democrático constitucional que establezca límites a los detentadores del poder, la aspiración es que la misma se convierta en una auténtica Constitución "normativa" que rija y determine el proceso político y todos se ajusten a sus respectivos límites. Cabe señalar que en los países de la región también se encontraba el tercer tipo de constituciones a que alude Loewenstein y que denomina "semánticas", en tanto que, en ocasiones, las respectivas constituciones lograban plena eficacia pero no constituían sino la formalización de la situación existente del poder político en beneficio exclusivo de los detentadores fácticos del poder, quienes las utilizaban para estabilizar y perpetuar su poder, pervirtiendo la noción de constitución y desvalorizando su función en la democracia constitucional (véase Karl Loewenstein, *Teoría de la Constitución* [trad. Alfredo Gallego], 2ª ed., Editorial Ariel, Barcelona, 1976, pp. 216-231). Sobre la relación entre validez y eficacia de las normas constitucionales, véase José de Jesús Orozco Henríquez, *El derecho constitucional consuetudinario*, UNAM, México, 1983, pp. 89 y ss.

ciones, en especial, el cúmulo de atribuciones del Presidente de la República y, sobre todo, la responsabilidad ministerial. A partir de tales características se pretende ubicar y clasificar las diversas especies de sistemas presidenciales que realmente existen en la región. En todo caso, ha de insistirse que la siguiente clasificación tiene exclusivamente propósitos analítico-comparativos y se basa en un estudio formal de los textos constitucionales latinoamericanos de acuerdo con el criterio apuntado. Por ello, la clasificación presentada también podría diferir con otros autores que utilicen criterios distintos, por ejemplo, el peso dado al conjunto de atribuciones de control que posee el congreso sobre el presidente. Dentro de ese razonamiento, se encontrará a Colombia como un tipo extremo en el que siguen predominando las facultades presidenciales, y por otro lado a Chile, donde las limitadas atribuciones congresuales, sin embargo, son ejercidas vigorosamente, dando un peso y un protagonismo especial a su vida parlamentaria.

a) *Presidencialismo puro*

Aun cuando cabría afirmar que ya no existen sistemas presidenciales puros, salvo quizás el de los Estados Unidos (si por "pureza" se entiende aquel que ha mantenido sin mayores alteraciones sus características originales),[252] es posible identificar aún al presidencialismo puro como el que se aproxima al modelo estadunidense en sus aspectos esenciales: un Poder Ejecutivo unitario y de elección popular (directa o indirecta) por un periodo fijo o determinado; existencia de equilibrios –frenos y contrapesos– entre los órganos del poder; el presidente designa y remueve libremente a los ministros, quienes son responsables ante él; el presidente posee la facultad de veto legislativo; ni el presidente ni los ministros son responsables políticamente ante el congreso, aunque estos últimos pueden ser sujetos de juicio político, o bien de juicio de responsabilidad o *impeachment* en el caso del presidente (si bien esta alternativa puede acarrear la destitución, a diferencia de los sistemas parlamentarios, ello no deriva de una pérdida de confianza o moción de censu-

---

252 Diego Valadés, *La parlamentarización de los sistemas presidenciales*, UNAM, México, 2007, p. 4.

ra por una gestión administrativa inadecuada sino de haber incurrido en alguna causa de responsabilidad prevista en la Constitución o la ley).

En realidad, en la historia latinoamericana de los últimos 38 años sólo cuatro presidentes han sido removidos a través del procedimiento de *impeachment*: Fernando Collor de Melo en Brasil, en 1992; Carlos Andrés Pérez en Venezuela, en 1993; Abdallá Bucaram en Ecuador, en 1997 (destituido por el congreso con el argumento de incapacidad mental), y Fernando Lugo en Paraguay, en 2012.[253]

En general, estos sistemas no contemplan matices parlamentarios aun cuando conserven, por la influencia española de la Constitución de Cádiz de 1812, algunas figuras como el refrendo ministerial de los actos del presidente. Y, a diferencia de lo establecido por la Constitución de Estados Unidos de 1787, con frecuencia, el presidente latinoamericano cuenta con la facultad de iniciativa de leyes y no requiere la ratificación del Senado para la designación de los ministros o secretarios de Estado. Un elevado número de países de la región adoptó en el siglo XIX un presidencialismo puro, y entre los que actualmente lo conservan, en sus aspectos esenciales, se encuentran Brasil, Chile, Honduras y México.

b) *Presidencialismo predominante*

Coincide con las características esenciales del presidencialismo puro, salvo la relativa al importante equilibrio ideal que debiera existir entre los órganos del poder público y los mecanismos de frenos y contrapesos. Por el contrario, en este tipo, la Constitución confiere al presidente gran cúmulo de facultades (incluso en ámbitos económicos) y se lo concibe como el pivote, eje o columna del sistema político-constitucional.

---

253 Aníbal Pérez-Liñán, *Juicio político al presidente y nueva inestabilidad en América Latina*, Fondo de Cultura Económica, Buenos Aires, 2009, p. 305. El ex presidente paraguayo Raúl Cubas Grau renunció en 1999 cuando el parlamento se encontraba reunido para proceder a su destitución mediante juicio político por actos de corrupción y por el asesinato del vicepresidente Luis María Argaña.

En esa construcción se establece un desequilibrio en favor del órgano ejecutivo, que se vuelve predominante y, correlativamente, sus controles devienen demasiado débiles porque los encargados de esa función carecen de autonomía, a veces escasa o incluso nula (si bien existen mecanismos razonablemente eficaces de protección de los derechos fundamentales, por lo que se aleja de una autocracia).

Desde el siglo XIX y hasta finales del XX, nuestra región se caracterizó por la preponderancia constitucional del Ejecutivo sobre el resto de los poderes públicos; no obstante, paulatina y sistemáticamente, se ha revertido la tendencia en busca de un mayor equilibrio entre los respectivos órganos del Estado, aunque con frecuencia sin éxito. Empero, como ya tuvimos ocasión de advertir, esta tendencia no ha estado presente en las reformas constitucionales de Bolivia, Ecuador y Venezuela, que buscaron un fortalecimiento del presidencialismo.

El régimen constitucional de República Dominicana exige mayorías calificadas muy difíciles de construir si el parlamento acusa o adjudica responsabilidad política al presidente; en tal caso, se requieren tres cuartas partes, respectivamente, de los miembros de las cámaras de diputados y senadores (por lo general, en otras naciones del subcontinente bastan dos terceras partes de los miembros presentes). Superar el veto legislativo del presidente obliga de modo indispensable a la conformación de dos terceras partes del número total de las cámaras que componen el congreso; es decir, superar la observación presidencial de las leyes que el país se propone emitir requiere prácticamente la unanimidad de los partidos dominicanos. No obstante, con las reformas constitucionales de 2010 se brindan algunas potestades al congreso, como, por ejemplo, la promulgación de legislación si, vencido el plazo constitucional para ello, el Ejecutivo no procediera con la promulgación y publicación de la misma.

Por otro lado, para modificar ciertas medidas legislativas en ámbitos relevantes (como el régimen legal de la moneda o de la banca, así como del presupuesto de ingresos y el gasto público), cuya iniciativa no se haya originado en la Presidencia (pues en este último caso basta la mayoría simple), se exigen dos terceras partes del total de legisladores.

Ciertas materias escapan de forma total al control del congreso (el presidente puede legislar ordinariamente sobre zonas aéreas, marítimas, fluviales y militares, así como en la habilitación de puertos y costas marítimas). Y cuando el propio congreso no se encuentra reunido, el presidente está facultado para ordenar la suspensión de derechos en situaciones de emergencia, la modificación al presupuesto de egresos o la designación interina de las vacantes en la Cámara de Cuentas o la Junta Central Electoral. En resumen: República Dominicana es un buen ejemplo del presidencialismo predominante en América Latina.

c) *Presidencialismo atemperado*

A diferencia del presidencialismo predominante, en el atemperado la Constitución diseña al Poder Legislativo como pivote o eje del sistema político-constitucional y le otorga las atribuciones más importantes; generalmente, las competencias legislativas del presidente se encuentran reducidas e, incluso, carece de la facultad de veto. Si bien podría considerarse que este presidencialismo sólo tiene valor histórico, es importante identificarlo para comprender adecuadamente los demás tipos existentes (o los que pueden existir en la región).

Un ejemplo es la Constitución mexicana de 1857 (hasta la reforma de 1874), por la que se estableció un congreso unicameral con predominio, desapareciendo el Senado (a pesar de preverse un régimen federal) por estimarlo un "órgano aristocratizante y conservador". El presidente carecía de la facultad de veto, pues sólo podía hacer observaciones a las leyes, que se superaban con la mayoría simple de los miembros presentes del congreso.[254]

---

254 Héctor Fix-Zamudio, "Valor actual del principio de la división de poderes y su consagración en las constituciones de 1857 y 1917", *Boletín del Instituto de Derecho Comparado de México*, año XX, núms. 58-59 (Instituto de Derecho Comparado-UNAM, México, enero-agosto de 1967), pp. 36 y ss.; J. J. Orozco Henríquez, "La división de poderes", en *Derechos del pueblo mexicano. México a través de sus constituciones*, 3ª ed., Doctrina Constitucional, t. I. Miguel Ángel Porrúa, LII Legislatura de la Cámara de Diputados del Congreso de la Unión, México, 1985, pp. 647-651.

d) *Presidencialismo con matices parlamentarios*

Bajo esta modalidad, los mecanismos de control del poder público son esencialmente los del sistema presidencial puro. Sin embargo, esta variante admite o incorpora algunos aspectos que se inspiran en el modelo parlamentario.

Piénsese, por ejemplo, en la existencia de un consejo de ministros con facultades amplias y donde el congreso puede censurar a un ministro; la repercusión política que podría tener esa eventual diferencia en la opinión pública no es desdeñable, como tampoco lo es la erosión que podría acarrear en las relaciones entre el Legislativo y el Ejecutivo. Sin embargo, la decisión final sobre la dimisión del censurado sigue siendo facultad discrecional exclusiva del presidente;[255] por ello este sistema no se considera parlamentarizado sino sólo de matices parlamentarios.

Hace falta insistir en que la posibilidad de emitir la censura a un ministro por parte del congreso (ya sea que conduzca automáticamente a su dimisión, como ocurre en el presidencialismo parlamentarizado, o dependa de la decisión final del presidente, como en el presidencialismo con matices parlamentarios) debe diferenciarse del llamado juicio político que se prevé en varias constituciones latinoamericanas.

En efecto, aunque la consecuencia de este procedimiento pueda significar también la separación del cargo, existe una diferencia fundamental: la censura no necesariamente debe demostrar que el ministro involucrado haya incurrido en la violación de alguna disposición constitucional o legal, sino que basta una gestión que se considere inadecuada. En el juicio político, por su parte, el estándar es más riguroso, ya que se requiere probar que el alto funcionario

---

255 Cabe advertir que, para Jorge Carpizo, si un sistema presidencial prevé la censura de algún ministro por el congreso, pero al efecto exige una mayoría calificada o muy calificada (no sólo cuando la dimisión del ministro censurado dependa finalmente del presidente), se trataría también de un caso de presidencialismo con matices parlamentarios (*cf.* Carpizo, *Concepto de democracia..., op. cit.*, 2007, pp. 201-202) y no de presidencialismo parlamentarizado, como aquí se sostiene.

señalado incurrió efectivamente en alguna causa de responsabilidad prevista en la Constitución o en la ley.

Entre los países cuya Constitución establece un presidencialismo con matices parlamentarios se encuentran: Costa Rica, El Salvador, Nicaragua, Panamá y Paraguay.[256]

e) *Presidencialismo parlamentarizado*

Para los efectos de este trabajo, la diferencia fundamental entre el presidencialismo con matices parlamentarios y el presidencialismo parlamentarizado radica en que este último no sólo admite la posibilidad de que el congreso se reserve la atribución de censurar a los ministros, sino que la misma suponga la remoción o dimisión del censurado con independencia de la voluntad del presidente.

Por otra parte, a diferencia del sistema parlamentario, el presidente sigue siendo el pivote del sistema político-constitucional, pues concentra las funciones de jefe de Estado y de Gobierno (el hecho de que el jefe de Gabinete en Argentina o el presidente del Consejo en Perú puedan ser removidos libremente por el Presidente, justifica que no se les considere jefes de Gobierno, identificando al sistema respectivo como presidencial, si bien parlamentarizado). En efecto en ambos países la figura de jefe de Gabinete o de presidente del Consejo es una figura débil y con escaso margen de autonomía frente al Presidente de la República.

Dicho de otro modo: la última de las tipologías se caracteriza por introducir en un sistema presidencial controles propios del sistema parlamentario que llegan a alterarlo notablemente. El gabinete y los

---

256 Valadés ilustra cómo, incluso en los Estados Unidos, se han hecho intentos de "parlamentarizar" el presidencialismo, mediante la posible censura de algún secretario de Estado (citando el intento senatorial con respecto a William Seward durante el gobierno de Abraham Lincoln en 1862) o del procurador general (como ocurrió con Alberto González en 2007 durante el mandato de George W. Bush, donde 53 senadores votaron a favor de la censura y 38 en contra, pero se requerían cuando menos 60 votos a favor para que el Senado hubiera podido formular una recomendación no vinculante al presidente de los Estados Unidos). *Cf.* Diego Valadés, *La parlamentarización..., op. cit.*, 2007, pp. 19-21.

ministros son individualmente responsables, lo mismo ante el presidente como ante el congreso; por tanto, este último puede censurar y, llegado el caso, emitir un voto de falta de confianza a los ministros, quienes entonces deben separarse del cargo mediante diversos mecanismos.

En algunos casos, además, el presidente puede disolver anticipadamente el congreso y convocar a elecciones, a pesar de lo cual se respeta el periodo fijo del mandato presidencial. Entre los países cuya Constitución establece un presidencialismo parlamentarizado, según los criterios apuntados, se encuentran: Argentina, Colombia, Guatemala, Perú, Uruguay[257] y Venezuela.[258]

Con base en lo analizado hasta aquí, podemos formular al menos dos conclusiones preliminares. Primera, que después de tres décadas y media, la democracia en América Latina tiene un rostro inequívocamente presidencialista; la construcción de su nuevo pluralismo ha sido posible con el formato y las bases históricas presidencialistas, lo que a su vez ha dado lugar al periodo de vida democrática más duradero de toda su historia.

---

257 Jorge Lanzaro, "Democracia presidencial y alternativas pluralistas. El caso uruguayo en perspectiva comparada", en Isidoro Cheresky e Inés Pousadela (comps.), *Política e instituciones en las nuevas democracias latinoamericanas*, Paidós, Buenos Aires, 2000.

258 Lo anterior, atendiendo, como se ha insistido, a lo previsto en el texto constitucional con especial referencia a la responsabilidad política ministerial, pues desde la perspectiva de la realidad político-constitucional cabría ubicar a Venezuela, por ejemplo, como un presidencialismo hegemónico; de manera similar, teniendo en cuenta que, en la práctica en Colombia no ha funcionado la moción de censura, hay quien lo consideraría como un sistema presidencial acentuado, sólo matizado con algunas instituciones del sistema parlamentario, por lo que bajo este último criterio podría colocarse a Colombia entre los sistemas presidenciales con matices parlamentarios (al respecto, es importante ver los artículos, de Allan R. Brewer-Carías, "Reforma electoral en el sistema político en Venezuela", y Humberto de la Calle Lombana, "Reforma electoral en Colombia", reunidos en Daniel Zovatto G. y José de Jesús Orozco Henríquez (coords.), *Reforma política...*, *op. cit.*, 2008). Para el caso de Bolivia, véase: Fundación Milenio, *Proyecto de reforma a la Constitución Política del Estado 1991-1992*, Milenio, La Paz, 1997.

Segunda: las transiciones democráticas han transformado el presidencialismo histórico de la región, que ha recibido, en un número importante de países, dosis diversas de mecanismos y procedimientos de control parlamentario. Es el presidencialismo el que ahora muda por efecto de la lucha política democrática, y su mutación adaptativa ha caminado en varias direcciones, conforme los regímenes pluralistas se asientan o se debilitan.

BALANCE Y REFLEXIÓN FINAL

La experiencia comparada ha demostrado que no existe un modelo de sistema de gobierno que se considere ideal para todos los países. Gran parte del éxito depende del contexto político, las tradiciones institucionales, el sistema de partidos y la cultura política, entre otros factores que deben tenerse en cuenta.

No sólo en América Latina sino también en otras partes del mundo, la experiencia sugiere que el sistema presidencial, como cualquier otro sistema de gobierno, tiene sus fortalezas y debilidades, pero no existe nada inherentemente negativo en su funcionamiento que imposibilite a través del mismo buscar y mantener un sistema democrático.[259]

Un elemento muy importante que debe considerarse, a la hora de evaluar el funcionamiento de los sistemas presidenciales, es la divergencia que suele haber entre la las normas y la realidad. Hay que evitar poner demasiado énfasis en el papel que desempeñan las disposiciones formales de la Constituciones en el funcionamiento del presidencialismo.

Otros factores metaconstitucionales son clave para comprender adecuadamente por qué, más allá del diseño que se escoja, el hiperpresidencialismo se hace presente como consecuencia de que, entre

---

259 A esta conclusión llegaron los participantes del Seminario internacional "Cómo hacer que funcione el sistema presidencial", organizado por el Instituto de Investigaciones Jurídicas de la UNAM e IDEA Internacional, y celebrado en México en 2008. Véase Andrew Ellis, Kirsti Samuels, "Para que el presidencialismo funcione: compartir y aprender de la experiencia global", en Andrew Ellis *et al.*, *Cómo hacer que funcione...*, *op. cit.*, 2009, p. 523.

otras causas, los mecanismos de equilibrio de poderes son frágiles, los partidos políticos débiles y poco institucionalizados, y las estructuras judiciales no gozan de la necesaria independencia.

Incluso el estilo de liderazgo del presidente en turno, así como el de las élites políticas (tanto las del oficialismo como las de la oposición) y la cultura política de la población en su conjunto, son todos elementos que desempeñan un papel muy importante en el funcionamiento en la práctica del presidencialismo.

En los sistemas presidencialistas, la gobernabilidad está directamente vinculada con la relación y tensión inherente entre el Poder Ejecutivo y el Legislativo, y el cumplimiento de sus obligaciones y competencias es un aspecto central para el buen desarrollo del gobierno.

La gran pregunta por responder es ¿cómo encontrar un equilibrio entre dos desafíos: por un lado, impedir que un presidente adquiera demasiado poder y se convierta en un autócrata, y, por el otro, evitar que las facultades presidenciales sean tan limitadas que conduzcan a la inmovilidad y al desgobierno?

En otras palabras, dos objetivos clave de este debate son: *1)* cómo moderar sin debilitar demasiado el poder presidencial, y *2)* cómo establecer el mayor número posible de incentivos orientados a promover la colaboración entre los poderes Legislativo y Ejecutivo, tema que es fundamental para lograr un adecuado funcionamiento del presidencialismo.

En otras palabras, lo que verdaderamente importa, más allá del sistema mediante el cual se elige al presidente (tema que analizaremos en el capítulo III), es la existencia y eficiencia de mecanismos que permitan al Ejecutivo formar la agenda legislativa y organizar en torno a ella la mayoría necesaria para obtener su aprobación sin degenerar en un hiperpresidencialismo que termine haciendo un uso abusivo de su poder.

El poder presidencial fuerte no es necesariamente destructivo por naturaleza. Puede ser igualmente constructivo cuando esta fortaleza se utiliza para promover la deliberación y ampliar el principal círculo de negociación política. Un presidente fuerte puede constituir una figura que une e integra simbolizando el Estado, sobre todo en momentos en que la legislatura está muy dividida. Sin embargo, un presidente fuerte puede también degenerar en hiperpresidencialismo (y nuestra región está repleta de ejemplos de esta patología). En efecto, un presidente fuerte que utiliza el poder de manera abusiva, para fines sectoriales, y que busca controlar al resto de los poderes (sobre todo al Judicial), anulando o debilitando la libertad de expresión constituye un serio peligro para la vigencia de una auténtica democracia.

En efecto, para que un sistema presidencial funcione adecuadamente, el gobierno debe tener, por un lado, la capacidad de responder con eficacia y eficiencia ante los problemas sociales y económicos urgentes para el país, tomando medidas acordes con el interés general. El presidente es la cabeza del gobierno, elegido para liderar al país con una visión de largo plazo, al tiempo que resuelve los problemas cotidianos propios de la compleja vida social y política. En este sentido, un gobierno eficaz requiere que el primer mandatario y el resto del Poder Ejecutivo dispongan de suficientes facultades constitucionales para actuar de manera eficiente. Pero, por el otro lado, en un esquema de división de poderes, el congreso debe cumplir adecuadamente sus responsabilidades de representación y supervisión del Ejecutivo, y con ello reforzar la idea del control político entre los poderes del Estado.

Sin embargo, al cumplir el congreso su papel, se instala de inmediato la aparente paradoja entre eficacia y representación, que reside en el corazón del debate latinoamericano contemporáneo. La necesidad de un presidente fuerte pero acotado, capaz de tomar decisiones pero controlado, y de un congreso que canalice las demandas y necesidades de la ciudadanía, pero que trascienda los intereses de una clientela o de un sector; un congreso que debata, evalúe, fiscalice, pero que no entorpezca el gobierno. Ésta es la ecuación política clave, y aún no resuelta, de la democracia en América Latina.

Las dificultades aumentan cuando el sistema de elección legislativa genera una conformación del congreso excesivamente fragmentada entre muchos partidos. En este caso, se estaría dando prioridad a la representatividad por encima de la gobernabilidad del sistema político (tema que también analizaremos en el capítulo III, que versa sobre las reformas al sistema electoral). En este escenario, las relaciones entre el Ejecutivo y el Legislativo se pueden complicar al grado de tener sistemas políticos bloqueados, o simplemente inoperantes.

En otras palabras, un congreso fuertemente fraccionado tiende a bloquear acciones políticas propuestas por el Ejecutivo. En este mismo escenario, el Legislativo podría correr el riesgo de caer en la incapacidad de supervisar eficazmente al Ejecutivo, y con ello incumplir otro de los objetivos centrales del diseño constitucional. Para evitar este escenario, la solución clásica de la ciencia política apunta a dos fórmulas:

> ➢ Revisar la configuración del sistema electoral con el objetivo de reducir el multipartidismo extremo, o bien,

> ➢ Modificar la estructura fundamental del régimen político para pasar del sistema presidencialista a uno parlamentario o semipresidencialista.[260]

Una clara reacción a la fragmentación del sistema de partidos ha sido la creciente tendencia de los presidentes latinoamericanos a forjar coaliciones con otros partidos, de muy distinto signo, con el fin de facilitar su conducción gubernamental. En este sentido, la disminución gradual en el porcentaje de gobiernos de mayoría unipartidista –salvo en los países del ALBA, y más recientemente en Uruguay y República Dominicana– ha propiciado la construcción paralela de gobiernos cada vez más respaldados por coaliciones.

Empero, esta medida alternativa de los presidentes en condiciones pluralistas requiere estudios más detallados que permitan determinar la viabilidad general de las coaliciones para aliviar los problemas de gobernabilidad en regímenes presidencialistas y multipartidistas.

Así, por ejemplo, Chasquetti[261] considera que los regímenes de gobierno problemáticos no son los presidencialismos a secas, sino

---

260 J. Mark Payne, Daniel Zovatto G., Mercedes Mateo Díaz, *La* política importa: *democracia y desarrollo en América Latina*, BID-IDEA Internacional, Washington, 2006, p. 123.

261 Daniel Chasquetti, "Democracia, multipartidismo y coaliciones en América Latina: evaluando la difícil combinación", en J. Lanzaro, *Tipos de presidencialismo...*, *op. cit.*, 2001.

los presidencialismos multipartidistas extremos (más de cuatro partidos) sin capacidad de formar coaliciones de gobierno.

Pese a que durante la últimas tres décadas y media la casi totalidad de los países de la región realizaron procesos de reforma en sus Constituciones y reformaron sus leyes electorales y de partidos, ninguno modificó la estructura básica de su régimen político.

No obstante ello, las "dosis de parlamentarismo" o de semipresidencialismo han cristalizado a través de tres elementos del sistema: *1)* permitir que el congreso censure y destituya a los ministros del Gabinete; *2)* facultar al presidente para que en circunstancias excepcionales disuelva el congreso, y *3)* la creación del cargo de jefe de Gabinete o alguna fórmula parecida, parcialmente responsable ante el Poder Legislativo.

Otra tendencia adicional fue la de imponer controles o restringir el poder presidencial de emitir decretos, además de fortalecer las capacidades del Poder Legislativo mediante la modernización de sus sistemas de información y la profesionalización del personal de apoyo con que cuentan los congresos y las comisiones legislativas.[262]

Por el contrario, en ciertos casos, otorgar a los presidentes poderes excesivos en el ámbito legislativo ha impedido al congreso desarrollar la capacidad de participar eficazmente en el proceso de formulación de políticas y de supervisión del Ejecutivo. Desde luego, el desarrollo de esas capacidades también fue restringido por ciertos rasgos del sistema electoral, como la inexistencia de procedimientos democráticos internos en los partidos y la influencia excesiva de los dirigentes en la selección de candidatos.

Por otra parte, el Poder Legislativo se ha debilitado como consecuencia del elevado índice de rotación entre los legisladores, a causa de límites establecidos al periodo de su mandato, procedimientos de designación dentro de sus partidos o la falta de prestigio y de recompensas. Si los diputados tienen poca motivación o posibilidades de forjar una carrera en el Legislativo y mantener su cargo, también tendrán pocos alicientes para responder a las demandas e

---

262 J. Mark Payne *et al.*, *La política importa...*, *op. cit.*, 2006, p. 124.

intereses de sus electores, o de invertir en el desarrollo de conocimientos y capacidades necesarias para desempeñar un papel más activo en la vigilancia y en la formulación de políticas.

Resumiendo: pese a las numerosas reformas, legales y de hecho, que han tenido lugar en relación con el presidencialismo en la región durante las últimas tres décadas y media, el presidente sigue manteniendo una cuota significativa de poder (y en varios países incluso mayor de la que tenía) en la compleja y difícil relación entre el Ejecutivo y el Legislativo. El resultado neto de este proceso de cambio es que la figura presidencial se mantiene relativamente fuerte en un buen número de países desde el punto de vista de sus poderes constitucionales y metaconstitucionales.

En otras palabras, la tendencia mayoritaria de las reformas en la región ha ido en el sentido de reforzar los poderes del Ejecutivo y del Presidente y, en mucho menor medida, los poderes del Parlamento; una tendencia no sólo de carácter regional sino también universal, que se experimenta con la (mal) llamada presidencialización de los parlamentarismos europeos y, más generalmente, con la presidencialización de las democracias contemporáneas (Rosanvallon) [263].

Por todo ello, América Latina se enfrenta a un nuevo contexto regional que demanda un debate renovado en torno a la efectividad y capacidad de gobernabilidad del régimen político. En nuestra opinión, las respuestas a estas carencias y dilemas no pasan necesariamente por un cambio total de régimen, ya que los cambios radicales (de un sistema presidencial a uno parlamentario) son los más difíciles de llevar a cabo debido a los altos niveles de consenso que la reforma exige para poder ser adoptada.

Como bien señala Arend Lijphart, es muy complejo transitar del presidencialismo al parlamentarismo, ya que ello implica pasar de democracias mayoritarias a democracias consensuales, lo cual requiere revalorizaciones y cambios culturales que no son fáciles de lograr.

---

263 Pierre Rosanvallon, *El buen gobierno*, Manantial, Buenos Aires, 2015.

En efecto, más que reformas radicales, los desarrollos graduales tienen mayor probabilidad de producir los resultados deseados, ya que si las enmiendas son muy abruptas y ambiciosas existe el peligro de que los cambios de reglas abstractas diseñadas (técnicamente y sin tomar en cuenta el contexto de forma adecuada) supuestamente para "mejorar incentivos" puedan generar fuertes resistencias o producir efectos negativos no deseados.

Entre las reformas graduales que podrían considerarse dirigidas a mejorar el funcionamiento de un sistema presidencial, nuestra propuesta está en línea con las recomendaciones que adoptamos durante el seminario internacional "Cómo hacer que funcione el sistema presidencial", a saber:

➢ Un sistema electoral que dé al presidente una parte razonable de apoyo en la legislatura, aunque no necesariamente una mayoría cómoda;

➢ Que el presidente tenga pocos o nulos poderes para legislar por decreto, y

➢ Que los partidos políticos tengan el grado adecuado de control sobre sus representantes en la legislatura (ni muy poco que lleve a los miembros líderes de la legislatura a comprar apoyo –literal o figurativamente– cada vez que exista un asunto que debatir, ni mucho que conduzca a conflictos innegociables entre el presidente y el liderazgo de los partidos).[264]

En síntesis, lo que proponemos es combinar limitación presidencial con división efectiva de poderes y un parlamento fuerte, lo que implica al menos tres requisitos:

➢ El establecimiento constitucional de competencias parlamentarias (legislativas y de control);

➢ capacidades institucionales para ejercer esas competencias, y

---

264 Andrew Ellis *et al.*, *Cómo hacer que funcione...*, *op. cit.*, 2009, p. 524. Véase también Jorge Lanzaro, "Presidencialismo con partidos y sin partidos. El presidencialismo en América Latina: debates teóricos y evolución histórica", en Jorge Lanzaro (ed.), *Presidencialismo y Parlamentarismo. América Latina y Europa Meridional*, Centro de Estudios Políticos y Constitucionales, Madrid 2012.

➤ Incentivos reales para ejercer dichas competencias y para dotarse de capacidades institucionales (lo que de hecho implica no solo reformas de gobierno, sino también una reforma del Estado que incluya la estructura parlamentaria).Lo anterior remite a las reglas que modelan las carreras parlamentarias y el grado de relativa independencia de los parlamentarios con respecto a los liderazgos políticos, presidenciales y partidarios

Conforme a lo analizado anteriormente, reafirmamos la tesis de que sobre este tema no existen soluciones institucionales generales, aplicables a todos los países por igual, y que, por ello, es importante realizar reformas contextualizadas y de carácter específico, referidas a países concretos y situaciones específicas.

La relevancia de las instituciones (sobre todo en sistemas presidenciales con instituciones frágiles y partidos débiles y poco representativos), la cultura política y los liderazgos son igualmente aspectos a tomar en cuenta. Respecto de este último factor, hicimos énfasis en la necesidad de tomar en cuenta el aprendizaje democrático de los actores políticos, porque, como lo indica la experiencia comparada, la madurez y calidad de la élite política es un elemento clave para el adecuado funcionamiento de todo sistema de gobierno, incluido el presidencial.[265]

Treinta y ocho años después del inicio de La tercera ola, y tres décadas después de la obra seminal de Linz sobre el presidencialismo y el parlamentarismo, América Latina sigue viviendo, hasta cierto punto, bajo la sombra del ilustre profesor español, porque ningún país de la región ha encontrado hasta la fecha un diseño que resuelva de manera duradera y eficiente la difícil ecuación de la gobernabilidad democrática. Sin embargo, y al mismo tiempo, ninguno ha retrocedido en sus condiciones democráticas por efecto de su régimen presidencial.

---

265 *Ibídem*, p. 525.

III. SISTEMA ELECTORAL
Y GOBERNABILIDAD DEMOCRÁTICA

1. *Sistema electoral*

HACE ocho décadas, Ortega y Gasset señaló que "la salud de la democracia depende de un mísero detalle técnico: el procedimiento electoral, si el régimen democrático es acertado –si se ajusta a la realidad– todo va bien, si no, aunque el resto marche óptimamente, todo va mal".[266] La frase es elocuente, pues concentra la sencillez y la fragilidad de la dimensión electoral de la democracia; por eso no es casual que tal procedimiento se haya "convertido en el tema central de la ciencia política en el siglo XX", según el balance secular de Gianfranco Pasquino.[267]

En efecto, "el sistema electoral es probablemente la ley más importante del sistema democrático",[268] la que tiene más impactos, consecuencias, y la que expresa mejor el equilibrio político social. Comoquiera que sea, no hay duda de que el tema ha sido el pivote de la democratización en América Latina y en algunas transiciones, incluso el factor decisivo, el que resume todo el proceso de cambio social, político y cultural en los últimos 38 años.

---

266 José Ortega y Gasset, *La rebelión de las masas*, Editorial Austral, Madrid, 2005, p. 204.

267 Gianfranco Pasquino, *Sistemas políticos comparados*, Prometeo Libros y Bononiae Libris, Buenos Aires, 2000.

268 Douglas W. Rae, *The Political Consequences of Electoral Laws*, Yale University Press, New Haven, 1971.

Algunos autores han llegado a definir al sistema electoral como "...el conjunto de elementos normativos y sociopolíticos que configura el proceso de designación de titulares de poder, cuando este proceso se basa en preferencias expresadas por los ciudadanos de una determinada comunidad política".[269] No obstante, en este capítulo utilizaremos un concepto mucho más modesto, restringido y normalmente aceptado, es decir:

> [...] el conjunto de normas que determinan las formalidades y procedimientos con que los electores seleccionan a los candidatos y partidos políticos de su preferencia y la conversión de votos en escaños (si hablamos de elecciones parlamentarias) o bien en el acceso al Poder Ejecutivo (si hablamos de elecciones presidenciales).[270]

Los sistemas electorales constituyen, por lo tanto, una combinación de varios elementos de diversos tipos, entre otros: las circunscripciones o distritos electorales; el tipo de candidatura; la modalidad del voto; el calendario de convocatoria electoral; la fórmula o criterio de conversión de votos en escaños y la barrera electoral que permite la sobrevivencia de un partido.

Una manera muy sencilla de mirar y clasificar al sistema electoral es el tipo de procedimiento matemático que se utiliza para la conversión de los votos en escaños o cargos ejecutivos (la fórmula electoral).

1. Sistema de elección presidencial

    Mayoría

    Relativa

    Absoluta con dos vueltas

    Relativa Calificada (Segunda vuelta con umbral reducido)

---

269 Josep María Vallès y Agustí Bosch, *Sistemas electorales y gobierno representativo*, Ariel, Barcelona, 1997, pp. 33 (Ciencia Política).

270 Dieter Nohlen, *Sistemas electorales y partidos políticos*, Fondo de Cultura Económica, México, 1998, p. 34.

2. Sistema de elección legislativa

Representación proporcional

Mayoría

Relativa

Absoluta con dos vueltas

Sistema mixto

Mayoritario[271]

Proporcional

Sistema binominal[272]

Esto no quiere decir que la fórmula electoral sea el único elemento que rodea al sistema de elección presidencial y legislativa, ni siquiera que sea lo más importante de todas sus características. Existen otros, entre los cuales cabe destacar los siguientes: duración del mandato presidencial; normativa y práctica de la reelección; simultaneidad de las elecciones (ejecutivas y legislativas); características en el registro de votantes; características de las circunscripciones, y tipo de listas utilizadas para la elección de los representantes legislativos.

Es ampliamente conocido que, por sus consecuencias políticas, la selección de un sistema electoral constituye una de las decisiones más importantes para cualquier democracia, especialmente debido a su impacto sobre el número de partidos, el incentivo o la inhibición al pluralismo y la composición de las asambleas y los gobiernos.

---

271 También denominado "segmentado" o "paralelo".

272 Este sistema combina una fórmula electoral que sigue las pautas de la fórmula proporcional de D'Hondt, pero que al combinarla con circunscripciones de dos escaños produce resultados de carácter excluyente respecto de los partidos minoritarios, pero que tienden a favorecer especialmente a la segunda fuerza política; por este carácter híbrido, lo clasificamos como un tipo particular *(sui generis)* de sistema electoral, siguiendo en esto a D. Nohlen, *Sistemas electorales...*, *op. cit.*, 1998.

Cuando los sistemas de partidos se fragmentan en exceso, la gobernabilidad de los países democráticos se vuelve más compleja, y en regímenes presidencialistas tienden a producir cada vez más gobiernos de coalición. Estas alianzas son una de las principales salidas para que los presidentes cuenten con algún respaldo legislativo y para garantizar un gobierno efectivo mínimo.

Sin embargo, la existencia de una coalición gobernante y su condición teóricamente mayoritaria no siempre significa que el presidente cuente con el apoyo individual de legisladores de los partidos que la integran, y tampoco que las alianzas sobrevivan todo el periodo presidencial.

Ciertamente, la efectividad gubernamental aumenta al introducirse en el presidencialismo esta forma de gobierno (presidencialismo de coalición), sin desconocer los desafíos y problemas que suelen acompañar esta modalidad. Sí parece claro que sociedades complejas, con representación multipartidista (como las latinoamericanas), requieren para su funcionamiento de una cultura política de colaboración y reparto de poder, entonces resulta inevitable volver la mirada al tipo de sistema electoral y los incentivos que promueve o las conductas que inhibe, ya que la normativa electoral, además de incidir en el número de partidos representados y en la naturaleza de los vínculos entre representantes y electores, influye también en la credibilidad y fortaleza institucional de los partidos políticos y los sistemas partidarios.

Por ejemplo, el uso de listas cerradas y bloqueadas ha facilitado, en algunos casos, la formación de partidos fuertes —con estructuras verticales y liderazgo continuo—, además de bloques partidarios disciplinados en el ámbito legislativo. Sin embargo, esta ganancia en la gobernabilidad mediante la utilización de ese tipo de listas y un armado centralizado de las candidaturas por parte de las dirigencias partidarias, ha suscitado fuertes críticas debido al déficit de democracia interna, el bajo margen de elección que se brinda al elector y al reducido nivel de rendición de cuentas personal frente al electorado, pues los legisladores electos en esas condiciones, se dice, responderán más a su dirigencia partidaria (a quienes les deben el lugar que ocupan en las listas) que a la ciudadanía que los votó.

Desde hace ya varios lustros, todos estos debates y todas estas críticas son recurrentes en América Latina. Y en abstracto pueden resultar pertinentes y razonables; sin embargo, no obstante su obvia relevancia, sus efectos no deben exagerarse, sobre todo en relación con la gobernabilidad o el sistema de partidos.[273] Hay que tener siempre presente que las instituciones no operan en el vacío; por tanto, el contexto (político, cultural, socioeconómico) tiene también un peso importante.

Esto explica que determinado sistema electoral no funcione necesariamente de la misma forma en todos los países. Los efectos dependen en gran medida del contexto sociopolítico en el cual opera. Por ello, somos de la opinión de que, para tener una mejor comprensión, resulta más útil el institucionalismo contextualizado (como bien recomienda Nohlen) que el análisis basado en tipos ideales. Al respecto, el *Manual de sistemas electorales* de IDEA Internacional[274] señala:

> Los sistemas electorales generan otras consecuencias que van más allá de este efecto primario. Algunos alientan, o incluso refuerzan, la formación de partidos políticos; otros, sólo reconocen la figura de candidaturas individuales. El tipo de sistema de partidos que se va desarrollando, en especial el número y tamaño relativo de los partidos con representación parlamentaria, es algo en lo que influye de manera decisiva el sistema electoral. También influye en la cohesión y disciplina interna de los partidos: algunos sistemas pueden alentar la formación de facciones, donde distintas corrientes de un partido están constantemente en desacuerdo entre ellas, mientras que otros sistemas pueden fomentar partidos que hablen con una sola voz y supriman el disenso interno.
>
> Los sistemas electorales también pueden influir en la forma en que los partidos realizan campañas electorales y en la forma en que se conducen las élites, contribuyendo así a determinar el contexto políti-

273 D. Nohlen, *Sistemas electorales...*, *op. cit.*, 1998.

274 Andrew Ellis, Ben Reilly y Andrew Reynolds, *Diseño de sistemas electorales: El nuevo manual de IDEA Internacional*, IDEA Internacional, Instituto Federal Electoral y Tribunal Electoral del Poder Judicial de la Federación, México, 2006, p. 6. Disponible en: http://www.idea.int/publications/esd/es.cfm.

co general; pueden estimular o inhibir la formación de alianzas inter-partidistas y pueden ofrecer incentivos para que los partidos busquen contar con una amplia base de soporte entre el electorado, o para que se concentren en bases de apoyo más restringidas de carácter étnico o de parentesco.

En efecto, los sistemas electorales tienen claras consecuencias en el número de partidos, pero la elección de los sistemas electorales la llevan a cabo los partidos políticos ya existentes. En otras palabras, los sistemas electorales –como otras instituciones políticas– son también creaciones de los partidos, las asambleas y los gobiernos previamente actuantes, cada uno de los cuales tiende a preferir aquellas fórmulas y procedimientos institucionales que puedan consolidar, reforzar o aumentar su poder relativo.

De modo que resulta muy poco productivo especular sobre el sistema electoral ideal, el mejor, el más democrático, cuando lo que debe atenderse son las oportunidades de cambio que ofrece la realidad, los problemas a considerar y los actores involucrados en la coyuntura histórica.

A. *Diseño del sistema electoral*

Todas las democracias latinoamericanas actuales han protagonizado intensos procesos de discusión, lucha y negociación para diseñar su sistema electoral, y no existen reglas sobre la manera de abordarlos. Sin embargo, precisamente por la profusión del fenómeno, la literatura ya es amplia y vasta, y desde el principio se puede identificar una serie de criterios que clarifican lo que se quiere lograr y lo que se desea evitar.

La reconstrucción historiográfica muestra que en los procesos de cambio en nuestros países se han planteado preguntas esenciales y reiteradas: ¿Queremos un sistema electoral que consolide un régimen sólido y estable de partidos como referentes de los intereses sociales? ¿O, más bien, deseamos candidaturas independientes, figuras personales y eliminar el monopolio de representación de los partidos políticos?

Por otra parte, ¿se busca un sistema de elección con una amplia oferta electoral para que los electores dispongan de un rango extendido de opciones de donde escoger? Si es así, habrá que tomar en cuenta que, muy probablemente, la papeleta de votación será grande y compleja, lo que traerá complicaciones para aquellos electores con bajos niveles de escolaridad o de edad muy avanzada. Cada una de las decisiones que adoptemos en relación con la configuración del sistema electoral encarna al menos un dilema significativo, con impacto en el conjunto del edificio democrático.[275]

B. *Llegada (mundial) de la proporcionalidad*

Desde el siglo XIX y principios del XX, en Europa occidental y en el mundo industrializado se produjo un cambio espectacular en los sistemas electorales: un giro desde los métodos basados en la regla de la mayoría hacia la representación proporcional (sólo la gran mayoría de las naciones de habla inglesa permaneció inmune a este principio).

Durante La tercera ola podemos decir que América Latina multiplicó su interés por la puesta en marcha de diversas modalidades de representación proporcional para favorecer su proceso de democratización, todo lo cual propició un importante incremento en la can-

---

275 Para volver al *Manual para el diseño de sistemas electorales*, de IDEA Internacional, mencionaremos algunos de los criterios que han sido o deben ser tomados en cuenta: *i*) ofrecer representación geográfica, ideológica, político-partidista y descriptiva, esto último en el sentido de que debe tender a ser un "reflejo" de la sociedad en sus diversas características; *ii*) hacer que las elecciones sean accesibles y significativas (debe ser fácil votar, papeleta sencilla, cercanía del elector al centro de votación, registro de electores actualizado y garantía del voto secreto); *iii*) ofrecer incentivos para la conciliación; *iv*) facilitar un gobierno estable y eficiente, que el sistema electoral se perciba como justo, claro, equitativo y legítimo; *v*) asegurar la rendición de cuentas del gobierno; *vi*) asegurar la rendición de cuentas de los representantes; *vii*) promover la oposición y supervisión legislativa salvaguardando los derechos de las minorías; *viii*) fortalecer a los partidos políticos como espacios insustituibles de la participación social y como maquinarias indisolublemente asociadas a la democracia; *ix*) hacer de las elecciones un proceso regular y sostenibles en el tiempo, y *x*) considerar, dentro del sistema electoral, normas internacionales (Declaración Universal de los Derechos Humanos, Convenio Internacional sobre Derechos Civiles y Políticos, etc.).

tidad y calidad de estudios sobre la materia en las últimas décadas tanto en nuestra región como alrededor de todo el mundo.[276]

Según Grofman y Lijphart,[277] existen seis diferencias importantes en la literatura actual sobre sistemas electorales respecto de la etapa anterior:

➢ Mayor variedad de perspectivas teóricas.

➢ Vínculos entre el estudio de los sistemas electorales y el de los sistemas de partidos, así como entre la investigación sobre sistemas electorales y el estudio del diseño constitucional, se han convertido en cuestiones clave.

➢ Interés creciente en superar el nivel nacional para observar los sistemas electorales y el impacto de los sistemas electorales nacionales sobre la política regional y local.

➢ Ampliación considerable del rango de temas, abarcando nuevos factores, como el de la representación de las minorías y los temas de género.

➢ Mayor reconocimiento de que reglas electorales que parecieran idénticas podrían diferir significativamente en sus consecuencias debido a los factores contextuales, y

➢ Hoy se reconoce que es posible que los efectos de cambios en los sistemas electorales no se produzcan inmediatamente, pues los actores podrían necesitar tiempo para tomar conciencia de la naturaleza de las estrategias óptimas en el nuevo sistema.

El debate ha cobrado, asimismo, nueva fuerza y enfoques novedosos. Por un lado, sigue abierta la discusión acerca del grado en que los cambios en las reglas electorales afectan/impactan la con-

---

276 En los últimos años, varios países han introducido reformas importantes a sus sistemas electorales, entre ellos: Italia, Japón y Nueva Zelanda. Estas reformas, acompañadas del impacto que ha tenido a nivel mundial la Tercera Ola, incluida América Latina, se tradujo en un notable resurgimiento del interés por los efectos de las leyes electorales sobre la representación y efectividad de los sistemas políticos, así como sobre el sistema de partidos políticos.

277 Bernard Grofman y Arend Liphart, *Electoral Laws and Their Political Consequences,* Universidad de California, San Diego (CA), 1994.

formación de los sistemas de partidos, frente al supuesto de que éstos son principalmente una construcción de conflictos sociales latentes en la sociedad.

Las leyes clásicas de Duverger han sido reinterpretadas, primero por Sartori y más recientemente por otros autores, para quienes los países con un número efectivo bajo de partidos tenderán a cambiar las reglas electorales de modo que reduzcan la proporcionalidad, mientras que los sistemas electorales con un número efectivo alto de partidos tenderán a cambiar las reglas electorales de modo que aumenten la proporcionalidad. Para estos autores "los cambios en las reglas electorales tienden no tanto a producir, ni siquiera a permitir o restringir el número de partidos, sino sobre todo a cristalizar, consolidar o reforzar el sistema de partidos previamente existente".[278]

Como quiera que sea, los sistemas de representación proporcional –en sus diferentes modalidades– son hoy los más comunes a escala mundial y también en América Latina. En efecto, para las elecciones de Asamblea más de la mitad de las democracias actuales en países con más de un millón de habitantes usan la representación proporcional (57%), seguidos por los sistemas de mayoría (23%) y, en tercer lugar, por los sistemas mixtos (20%).[279]

Las tendencias de las reformas que han tenido lugar durante los últimos cien años van en favor de sistemas más incluyentes, y por ende en dirección a la representación proporcional. Si tomamos como base el estudio citado (para un total de 289 sistemas electorales utilizados en 94 países en 2.145 elecciones desde principios del siglo XIX), vemos que se han registrado 82 cambios mayores de sistemas electorales. Los países con el mayor número de reformas electorales han sido los de la Europa latina —Grecia con nueve, Francia con siete, Italia y Portugal con seis y España con cuatro—.

---

278 Josep Colomer, "Las elecciones primarias presidenciales en América Latina y sus consecuencias políticas", en Juan Manuel Abal Medina y Marcelo Cavarozzi, *El asedio a la política: los partidos latinoamericanos en la era neoliberal*, Homo Sapiens, Rosario (Argentina), 2002.

279 *Map of Freedom in the World, 2008*, Freedom House, Washington, 2008. Disponible en: http://www.freedomhouse.org.

Fuera de esta zona geográfica destacan: Dinamarca con cuatro y, en América Latina, Brasil con seis.

Los sistemas mixtos también se han difundido ampliamente, como son, entre otros, los casos de Japón y México que pasaron de sistemas de mayoría relativa a sistemas mixtos paralelos.

Con respecto a los cambios operados en los sistemas electorales para elecciones presidenciales, también se ha consolidado una tendencia mundial a favor de sistemas más incluyentes y complejos. La regla de la mayoría relativa, que fue una fórmula típica para nuevas elecciones presidenciales, se usa actualmente sólo en una quinta parte de los países. En las últimas décadas han cobrado fuerza la regla de mayoría absoluta y la de mayoría relativa calificada,[280] ambas con segunda vuelta electoral directa entre los dos candidatos más votados.

La vieja idea de una elección meridiana, que constituye con extrema sencillez al poder presidencial y a las asambleas legislativas, va quedando atrás y, en su lugar, aparecen fórmulas cada vez más complejas que buscan incorporar demandas y valores más allá de la simple mayoría. Esta tendencia también está presente en América Latina.

Nuestro análisis comparativo parte de las siguientes coordenadas constitutivas:

➢ Sistema de elección presidencial.

➢ Sistema de elección legislativa.

➢ Simultaneidad de las elecciones.

➢ Duración del mandato presidencial, y

➢ Participación de las mujeres en la vida electoral y democrática.

---

280 Sistema que, en este trabajo, denominamos de "segunda vuelta con umbral reducido".

2. *Sistema de elección presidencial: tendencias de reforma y estado actual*

En estos últimos 38 años, la reflexión, discusión pública y negociación política en torno al sistema electoral se han vuelto más sofisticadas en toda América Latina. La primera observación puede resumirse así: hay una clara tendencia a construir reglas e instituciones complejas, pues la fórmula de mayoría relativa parece cada vez más inadecuada para los contextos de fuerte pluralismo y de intensa competencia electoral.[281]

Como se indicó en párrafos anteriores, el sistema de elección presidencial puede dividirse en tres tipos: *1*) el sistema por mayoría relativa; *2*) el sistema por mayoría absoluta con segunda vuelta, y *3*) el sistema de segunda vuelta con umbral reducido o de mayoría relativa calificada.

En el primer caso, resulta ganador el candidato con el mayor número de votos; en el segundo, para salir victorioso hace falta alcanzar al menos 50% más uno del total de votos.[282] En circunstancias en las que ninguno de los candidatos llegue a esa cifra, deberá convocarse a una segunda vuelta electoral. La tercera opción, es el sistema de segunda vuelta con umbral reducido, la cual tiene lugar cuando se asigna un porcentaje mínimo (que está por debajo de 50%) que alguno de los candidatos debe alcanzar para ganar en la primera vuelta. Más adelante (y sobre todo en el capítulo IV) analizaremos en detalle las diversas modalidades que ha adoptado este sistema en América Latina.

Los efectos e incentivos de cada uno de estos sistemas de elección son diversos. Al respecto cabe señalar:

---

281 G. Cox y S. Morgenstern, "Reactive Assemblies and Proactive Presidents. A Typology of Latin American Presidents and Legislatures", documento preparado para el 21° Congreso Internacional de la Asociación de Estudios de América Latina, Chicago, 24-26 de septiembre de 1998; S. Morgenstern y B. Nacif, *Legislative Politics in Latin America,* Cambridge University Press, Nueva York, 2002.

282 Más exactamente, debe alcanzar un número de votos equivalente a dividir entre dos el total de votos válidos y elevar el resultado al entero superior siguiente.

En los sistemas de mayoría simple, el candidato con mayor número de votos en la primera y única ronda resulta triunfador; esto incentiva a los partidos (en especial a los pequeños y medianos) a establecer alianzas y organizar coaliciones antes de la elección, y a los votantes a optar por los candidatos o partidos con oportunidades viables de triunfo. Si el número de candidatos y partidos que luchan por la presidencia es obligatoriamente limitado, es probable que el efecto de arrastre limite también el número de partidos y alianzas partidistas que obtengan escaños en el Congreso.

En los sistemas mayoritarios con segunda vuelta, los incentivos para que los partidos formen alianzas antes de la primera ronda son más débiles, ya que potencialmente existen dos ganadores y resulta poco probable que la votación permita decidir quién será el presidente. Incluso los partidos relativamente pequeños tienen un incentivo para presentar su propio candidato presidencial, ya que eso ampliará sus oportunidades de obtener escaños, y alcanzar un número importante de votos reforzará su posición negociadora frente a uno de los candidatos que participe en la segunda vuelta. Además, los votantes tienen más libertad para expresar su preferencia verdadera durante la primera vuelta, ya que tendrán una segunda oportunidad de elegir entre los dos candidatos más viables (Shugart y Carey, 1992; Shugart, 1995; Jones, 1996). Por lo tanto, en comparación con el sistema de mayoría relativa, la fórmula de mayoría absoluta con segunda vuelta estimula a más partidos a participar en la lucha por la presidencia y por obtener escaños en el Congreso. Con el tiempo, el paso del sistema de mayoría relativa al de mayoría absoluta con segunda vuelta podría agravar los problemas de gobernabilidad democrática, al reducir la cantidad de votos que consiga en la primera vuelta el candidato que resulte finalmente vencedor y al limitar el apoyo partidista con que contará el presidente en el Congreso. [283]

Sin embargo, con respecto a los efectos de la segunda vuelta (balotaje o *ballotage*), Pérez Liñán indica que en la mayor parte de los casos el presidente podría ser electo por mayoría relativa sin alterar el resultado final, y la realización de una segunda vuelta (con el costo adicional que ello implica) parece innecesaria para garantizar la legitimidad electoral.

---

283 J. Mark. Payne, Daniel Zovatto G., y Mercedes Mateo Díaz (coords.), *La política importa. Democracia y desarrollo en América Latina*, BID-IDEA, Washington, 2006, p. 23.

Por otro lado, existen casos en los que la segunda vuelta parece desempeñar un papel relevante; especialmente en aquellas circunstancias en las que el electorado está dispuesto a utilizar el balotaje para formar una "mayoría negativa" y revertir el resultado inicial. En estos casos, sin embargo, la utilización de la doble vuelta puede tener efectos negativos para la gobernabilidad democrática a menos que exista un sistema de partidos históricamente institucionalizado y capaz de encapsular el conflicto político.[284]

Más allá del debate teórico, la situación en América Latina muestra que, durante los últimos años, en varios países de la región, han tenido lugar reformas importantes que han modificado el sistema de elección presidencial. Así, numerosos países reformaron sus marcos jurídicos para adoptar el balotaje bajo diversas modalidades, entre los cuales cabe citar los siguientes: Argentina, Bolivia, Brasil, Colombia, Perú, Ecuador, Nicaragua (en varias oportunidades para finalmente abandonarlo), República Dominicana y Uruguay. Sobre este tema volveremos más adelante, en el capítulo IV.

En Argentina se produjeron modificaciones tanto en el sistema de votación como en el de elección. En efecto, durante 150 años se había utilizado el sistema de elección indirecta para Presidente y Vicepresidente de la Nación, y con la reforma constitucional de 1994 se adoptó el sistema de elección directa. La reforma contó con el fuerte apoyo de los partidos políticos mayoritarios con el propósito de fortalecer la legitimidad democrática del presidente por elección popular y la gobernabilidad del sistema presidencialista. Asimismo, se pasó de un sistema de mayoría relativa a uno con segunda vuelta y umbral reducido. El umbral se estableció en 45%, o bien 40% con una diferencia de 10 puntos porcentuales sobre el segundo lugar.

En Brasil también se modificó el sistema de votación indirecta por uno de votación directa a través de la Enmienda Constitucional 25, aprobada por el Congreso en mayo de 1985, que eliminó el Co-

---

284 Aníbal Pérez Liñán, "Los efectos del *ballotage* en los sistemas electorales y de partidos en América Latina", Trabajo preparado para el II Seminario Iberoamericano sobre Partidos Políticos, Cartagena de Indias (Colombia), 19-22 de septiembre de 2006.

legio Electoral, encargado hasta entonces de elegir al Presidente de la República.

En Perú, con la sanción de la Constitución de 1979, se pasó de un sistema de mayoría relativa a un sistema de mayoría absoluta con dos vueltas. Este cambio no se aplicó sino a partir de 1985.

En Bolivia, la reforma de 1994 había modificado el sistema de elección presidencial en la segunda vuelta, para hacerla desembocar finalmente en una votación dentro del Congreso.[285] No obstante, la Constitución sancionada mediante referéndum de enero de 2009 y promulgada el 7 de febrero del mismo año, modificó la fórmula para la elección de presidente y vicepresidente, haciendo que su designación dependa de obtener 50% más uno de los votos válidos o un mínimo de 40% de los votos válidos, con una diferencia de al menos 10% en relación con la segunda candidatura. En caso de que ninguna de las candidaturas cumpla estas condiciones, tendrá lugar una segunda vuelta electoral entre las dos más votadas.

En Colombia (1991), República Dominicana (1994) y Uruguay (1996), la reforma cambió el sistema anterior de mayoría relativa a uno nuevo de mayoría absoluta con dos vueltas. En Nicaragua, durante las últimas dos décadas se realizaron tres reformas, cuya tendencia fue pasar de un sistema de mayoría relativa a uno de segunda vuelta y umbral reducido. En la primera, en 1995, se estableció un umbral de 45% de los votos; cuatro años después, en la reforma de 1999, se redujo a 40%, o de 35% con una diferencia de 5 puntos porcentuales sobre el segundo lugar. La tercera reforma tuvo lugar a inicios de 2014, y su objetivo fue abandonar el sistema de segunda vuelta con umbral reducido y volver al sistema de mayoría relativa.[286]

---

285 Hasta 1994 pasaban a la elección en el Congreso las tres fórmulas más votadas en caso de que ninguna hubiera obtenido la mayoría absoluta (mitad más uno) de los votos populares. La reforma constitucional de 1994 redujo a dos fórmulas presidenciales las que debían ser votadas en el Congreso.

286 El artículo 146 de la Constitución Política de Nicaragua, reza: "La elección del Presidente y del Vicepresidente de la República se realiza mediante el sufragio universal, igual, directo, libre y secreto. Serán elegidos quienes ob-

Finalmente, cabe mencionar el caso de Ecuador, que en 1998 protagonizó una modificación sustancial, y 10 años después (2008) otra más, bajo el gobierno del presidente Rafael Correa. En la nueva Constitución de la República, la votación se emite por el "binomio de candidaturas" para la presidencia y vicepresidencia, por mayoría absoluta.[287]

En suma, durante el periodo 1978-2015 se registra una tendencia a pasar del sistema de mayoría relativa al de mayoría a dos vueltas o al de segunda vuelta con umbral reducido en la elección de presidente. El objetivo principal de tales reformas fue fortalecer la legitimidad de origen del candidato ganador o, en algunos casos, reducir las posibilidades de que un tercer partido alcanzara la presidencia.

Si bien es difícil emitir un juicio definitivo sobre los efectos de estas modificaciones, la experiencia comparada evidencia que en varios casos la meta de fortalecer el mandato presidencial no se alcanzó. Por el contrario, en algunos países la gobernabilidad se debilitó cuando el candidato ganador de la segunda vuelta no fue el mismo que triunfó en la primera.

Además, el paso hacia el sistema mayoritario a dos vueltas parece haber contribuido, en varias ocasiones, a fragmentar el sistema de partidos, reduciendo la cantidad de votos que el candidato ganador obtiene en la primera ronda, así como el número de escaños que su partido obtiene en el Legislativo. No obstante, la experiencia parece evidenciar que el efecto adverso indirecto es menor si el umbral para elegir un ganador durante la primera ronda está por debajo de 50 por ciento.

---

tengan la mayoría relativa de votos". Consúltese: www.ineter.gob.ni/constitucion/pollitica/de/nicaragua/y/sus/reformas.pdf.

287 La Constitución Política de 1998, en el artículo 165 incluía: "Si en la primera votación ningún binomio hubiere logrado mayoría absoluta, se realizaría una segunda vuelta electoral dentro de los siguientes cuarenta y cinco días, y en ella participarían los candidatos que hayan obtenido el primero y segundo lugar en la primera vuelta. No será necesaria la segunda votación si el binomio que obtuvo el primer lugar alcanzara más de 40% de los votos válidos y una diferencia mayor de 10 puntos porcentuales sobre la votación lograda por el ubicado en segundo lugar". La Constitución de 1978 sólo establecía "por mayoría absoluta de sufragios, en votación directa, universal y secreta, conforme a la ley".

CUADRO III.2.1. *Países con reformas en el sistema de elección presidencial* (1978-2016)

País	Sistema anterior		Año del cambio	Descripción del cambio
	Mayoritario a dos vueltas	Mayoría relativa a una vuelta		
Argentina		X	1994	De mayoría relativa a dos vueltas con umbral reducido (45 o 40% y ventaja de 10 puntos porcentuales sobre el contendiente más cercano); también de indirecta a directa.
Bolivia	X (Si ningún candidato lograba mayoría absoluta decidía el Congreso entre los dos primeros)		2009	Segunda vuelta electoral si no se alcanza 50% más uno de los votos, o 40% con una diferencia de 10 puntos porcentuales.
Brasil			1985	De votación indirecta a directa, con mayoría absoluta y doble vuelta.
Perú	X		1985	De mayoría relativa a mayoría absoluta a dos vueltas.
Colombia		X	1991	De mayoría relativa al de mayoría absoluta a dos vueltas.
Ecuador	X		2008	Elección con mayoría de 50% + 1 o 40% y ventaja de 10 puntos porcentuales sobre el contendiente más cercano. De no cumplirse ambos supuestos, segunda vuelta entre los dos "binomios" (presidente y vicepresidente más votados).

Sigue página siguiente

País	Sistema anterior		Año del cambio	Descripción del cambio
	Mayoritario a dos vueltas	Mayoría relativa a una vuelta		
Nicaragua		X	1995 1999 2014	De mayoría relativa a dos vueltas con umbral reducido de 45%; luego el umbral se redujo aún más, a 40 o 35% con una ventaja de 5 puntos porcentuales sobre el contendiente más cercano. En 2014 se regresa al sistema de mayoría relativa
República Dominicana		X	1994	De mayoría relativa al de mayoría a dos vueltas.
Uruguay		X	1997	De mayoría relativa al de mayoría a dos vueltas.

FUENTE: Elaboración propia, con base en J. M. Payne *et al.* (coords.), *La política importa...*, *op. cit.*, p. 26.

Considerando las reformas realizadas durante el periodo de estudio, es posible describir el siguiente panorama: seis países eligen a sus presidentes mediante el sistema de mayoría relativa (Honduras, México, Panamá, Paraguay, Venezuela y, a partir de 2014, Nicaragua). En ocho casos (Brasil, Chile, Colombia, El Salvador, Guatemala, Perú, República Dominicana y Uruguay) gana en primera vuelta el candidato que obtiene 50% más uno de los votos válidos, mientras que en los restantes cuatro países (Argentina, Bolivia, Ecuador y Costa Rica) se instaló al mismo tiempo un sistema de segunda vuelta con umbral reducido.

CUADRO III.2.2.   *Sistemas de elección presidencial*

País	Mayoritario a dos vueltas	Dos vueltas con umbral reducido	Mayoría relativa a una vuelta
		X (Umbral de 45 o 40% y ventaja de 10 puntos porcentuales sobre el contendiente más cercano)	
		X (Umbral de 50% + 1, o 40% y 10 puntos porcentuales sobre el contendiente más cercano)	
Brasil	X		
Chile	X		
Colombia	X		
		X (Umbral de 40% del total de votos válidos)	
Ecuador		X (Umbral de 50% + 1, o 40% y ventaja de 10 puntos porcentuales sobre el contendiente más cercano)	
El Salvador	X		
Guatemala	X		
Honduras			X
México			X
Nicaragua			X
Panamá			X
Paraguay			X
Perú	X		
República Dominicana	X		
Uruguay	X		
Venezuela			X
Total	8	4	6

FUENTE: *Elaboración propia.*

En síntesis, en la región predominan los sistemas mayoritarios de dos vueltas con dos variantes fundamentales (mayoría absoluta o umbral reducido). En teoría, esto resuelve o ayuda al fortalecimiento del mandato del presidente electo, pues la segunda ronda tendería a garantizar que el mandatario emerja de una mayoría clara. En apariencia, esta variable influiría de manera positiva en la legitimidad del mandato y en sus posibilidades de acción, despliegue de programas y gobierno,[288] pero la realidad se muestra mucho más reacia a las promesas de esta fórmula. Más adelante, en el capítulo IV, ahondaremos sobre este tema.

3. *Sistema de elección legislativa: tendencias de reforma y estado actual*

Como bien señalan Freidenberg y Došek: "Una de las reformas más comunes ha sido modificar la fórmula electoral en la elección de los legisladores, en el sentido de favorecer la proporcionalidad y abandonar el principio mayoritario que había sido predominante en la región. De este modo, el valor de la representación e inclusión de diversos grupos ha primado sobre el de la eficacia de las instituciones (se privilegió la representatividad sobre la eficiencia y la gobernabilidad democrática)". Esto provoca diversas consecuencias sobre el sistema político.[289] La representación proporcional ha sido el principio mayoritariamente adoptado,[290] ya que nueve sistemas políticos han introducido reformas hacia alguna fórmula más distributiva.[291]

---

288 J. Mark Payne, Daniel Zovatto G. y Mercedes Mateo Díaz (coords.), *La política importa...*, *op. cit.*, 2006, p. 22; José E. Molina. "Sistemas electorales parlamentarios y modelos de representación política: efecto de los distritos electorales, la fórmula electoral y el tamaño del congreso", *Revista de Derecho Electoral (Tribunal Supremo de Elecciones, Costa Rica)*, núm. 15 (enero-junio), 2013, pp. 84-111.

289 Esta tendencia también es identificada en Gabriel L. Negretto, "La reforma política en América Latina. Reglas electorales y distribución de poder entre Presidente y Congreso", *Desarrollo Económico*, vol. 50, núm. 198, 197-221, 2010, p. 203 (Disponible en: http://www.eges.com.ar/archivos/publicaciones/publicacion8.pdf).

290 Un grupo minoritario de sistemas políticos emplea la fórmula de cuotas y restos (Hare), normalmente complementada con la asignación de los esca-

Como ya hemos indicado, el sistema de elección legislativa influye claramente en los niveles de gobernabilidad democrática. Más que por su efecto directo en el régimen democrático, el sistema electoral influye en la gobernabilidad por su impacto en la estructura y el funcionamiento del sistema de partidos políticos. Ese impacto, incluso, dista de ser totalmente predecible, porque el sistema electoral interactúa con una multitud de factores, entre ellos la profundidad y diversidad de las divisiones sociales, políticas y económicas, la naturaleza del régimen político, la cultura política y con otros más coyunturales.[292]

Asimismo, el sistema electoral ejerce un efecto directo en la forma en que se traduce la elección en una asignación determinada de poder y autoridad. Los sistemas de elección legislativa en la región se pueden clasificar en cuatro grandes categorías:[293]

➢ Los sistemas de representación proporcional son los que adjudican los escaños según el porcentaje de votos obtenidos por cada partido, reflejando de esta forma en el Poder Legislativo la heterogeneidad política de la sociedad. Su principal objetivo es representar a los grupos políticos de acuerdo con su fuerza político-electoral.

➢ Los sistemas de mayoría relativa que asignan los escaños al candidato o partido que haya obtenido mayor cantidad de

---

ños restantes por la regla del resto mayor (Brasil, Colombia, Costa Rica, Ecuador, El Salvador, Honduras y Nicaragua). Este criterio es más imparcial con respecto a partidos grandes y pequeños, y suele ser más proporcional (José de Jesús Orozco Henríquez, *Las reformas electorales en perspectiva comparada en América Latina*, 2010, p. 6. Disponible en: http://www.tse.go.cr/revista/art/9/orozco_henriquez.pdf).

291 Flavia Freidenberg y Tomás Došek. "Las reformas electorales en América Latina [1978-2015]", en Kevin Casas Zamora, Raquel Chanto, Betilde Muñoz-Pogossian y Marian Vidaurri (eds.), *Reformas políticas en América Latina: tendencias y casos*, OEA Washington, 2015.

292 International IDEA, *The International IDEA Handbook of Electoral System Design*, International IDEA, Estocolmo, 1997.

293 J. Mark Payne, Daniel Zovatto G. y Mercedes Mateo Díaz (coords.), *La política importa...*, *op. cit.*, 2006, pp. 41-89.

votos, con lo cual se favorece a los partidos más grandes y se reducen las posibilidades de representación para los más pequeños. Este sistema está diseñado para propiciar la formación de mayorías y, con ello, el principio de gobernabilidad es la prioridad. Una variante es el sistema de mayoría relativa con representación de minorías, donde el partido con mayor cantidad de votos en la circunscripción obtiene la mayoría de escaños, pero el partido en segundo lugar también puede obtener representación.

➢ Sistema binominal vigente en Chile entre 1989 y 2015.[294] En este sistema, los partidos o coaliciones presentan listas de candidatos en circunscripciones binominales. Los electores votan por un candidato, pero los partidos (o las coaliciones) acumulan los votos. De esta manera, cada uno de los dos partidos con mayor número de votos gana un escaño, a menos que el partido que queda en primer lugar obtenga el doble de sufragios que el que queda en segundo lugar, en cuyo caso obtiene los dos escaños. Ésta es una for-

---

294 Después de 25 años desde el fin de la dictadura y tras cinco gobiernos democráticos, el 21 de enero de 2015, el Parlamento chileno puso fin al sistema binominal (impulsado por el gobierno autoritario de Augusto Pinochet y vigente desde 1989) remplazándolo por un nuevo sistema electoral que tiene mayores niveles de proporcionalidad y representatividad. La iniciativa fue impulsada por la presidenta Michelle Bachelet, quien se había comprometido a movilizar a su mayoría oficialista y lograr la aprobación del proyecto de ley antes del 31 de enero de 2014. El nuevo sistema aprobado comenzará a regir a partir de las elecciones parlamentarias de 2017 y, entre otros aspectos, establecerá cupos impares en determinados distritos y circunscripciones, lo que forzará a que se termine el empate entre los dos principales conglomerados. También aumentará el número de diputados, de 120 a 155, y el de senadores, de 38 a 50, con el objetivo de dar mejor representatividad a los lugares con mayor número de habitantes. El proyecto aprobado por el Congreso implicará un completo rediseño del mapa electoral de Chile, incentivos para la creación de nuevos partidos políticos y una ley de cuotas, que establece que la relación máxima entre candidatos hombres y mujeres debe ser 60 y 40%, respectivamente. La nueva ley será promulgada luego de la revisión del Tribunal Constitucional. La derecha ha recurrido al organismo por considerar que el proyecto aprobado en el Congreso es un traje hecho a la medida de la izquierda y una derrota para la democracia.

ma particular de generar un sistema mayoritario, donde se favorece a los dos partidos más grandes y, en particular, a la segunda fuerza electoral.

➢ Sistemas mixtos, entre los que encontramos el sistema mixto mayoritario o segmentado y el sistema mixto proporcional. El sistema segmentado o mixto mayoritario es utilizado en México y Venezuela. En este caso, coexisten en un mismo sistema las fórmulas de representación proporcional y la de mayoría, pero funcionando en forma paralela. En México, el elector cuenta con dos votos, uno para elegir las tres quintas partes de los congresistas por mayoría relativa en circunscripciones uninominales, y el otro voto para elegir las restantes dos quintas partes de los representantes por medio de representación proporcional en circunscripciones plurinominales. En el caso de la elección de la Asamblea Nacional en Venezuela, el elector cuenta igualmente con dos votos, uno para los candidatos nominales y de representación indígena que se eligen por mayoría relativa (116 diputados en 2015), y otro para la elección por lista cerrada y bloqueada, utilizando la fórmula proporcional de D'Hondt en circunscripciones de dos o tres escaños (51 diputados en 2015). El sistema mixto proporcional (representación proporcional personalizada) se utiliza en Bolivia. En este sistema, los electores cuentan también con dos votos, uno para elegir candidatos en circuitos uninominales de mayoría relativa (50% del total), y otro para votar por listas de partidos. Cada elector puede votar por uno de los candidatos nominales de su circuito de mayoría relativa y por una lista de partido en su circunscripción. A diferencia de los sistemas mixtos mayoritarios, en los sistemas mixtos proporcionales la fórmula proporcional y mayoritaria no se aplican en forma paralela o independiente, sino que ambas están vinculadas de modo que la fórmula proporcional, aplicada con base en los votos lista, determina cuántos escaños del total de la circunscripción corresponden a cada partido; se restan luego los que haya obtenido la organización en circuitos de mayoría relativa, y si aún le faltan al partido cargos por adjudicar, éstos se le otorgan de la lista que presentó.

4. Sistema de elección para la Cámara Baja

En la mayoría de los países de la región se realizaron reformas para modificar los sistemas de elección legislativa o, al menos, alguno de sus componentes. No obstante, en muchos casos estos cambios fueron menores y, por ende, no representaron una modificación sustantiva de los sistemas legislativos de cada país. En concreto, durante el periodo de este trabajo (1978-2016) 16 países modificaron el sistema de elección legislativa: Argentina, Bolivia, Chile, Colombia, Ecuador, El Salvador, Guatemala, Honduras, México, Nicaragua, Panamá, Paraguay, Perú, República Dominicana, Uruguay y Venezuela. Sólo dos países no lo hicieron: Brasil y Costa Rica.

En Argentina, producto de la reforma constitucional de 1994, el mandato presidencial se redujo de seis a cuatro años, y con ello se modificó la elección legislativa. A partir de este cambio se celebra una elección legislativa, en lugar de dos como sucedía antes, a mitad del periodo presidencial. En Bolivia, la reforma más significativa se dio también en 1994, cuando se remplazó el sistema de representación proporcional con lista cerrada y bloqueada por el de representación proporcional personalizada (mixto proporcional).

Asimismo, se separó en la boleta de votación el voto para elegir a los diputados por mayoría relativa en circunscripciones uninominales del voto para elegir presidente, senadores y diputados en listas cerradas y bloqueadas. En el caso chileno, la reforma constitucional de 1980 cambió el sistema de representación proporcional en circuitos plurinominales por el sistema binominal, y una nueva reforma, en 2015, puso fin al sistema binominal remplazándolo por uno de representación proporcional.

En Colombia se sancionaron dos reformas significativas. La primera en 1991, cuando se redujo el tamaño del Congreso y se crearon circunscripciones especiales para grupos indígenas, comunidades negras y representantes de colombianos en el exterior. La segunda en 2003, cuando se cambió el sistema de cociente natural

(Hare)[295] por el de la llamada cifra repartidora (D'Hondt) y se instaló el voto preferente opcional.

En Ecuador también se realizaron dos reformas de consideración. La de 1998 aumentó el número de diputados de 82 a 121 y sustituyó el sistema de representación proporcional por uno de mayoría relativa, e instaló la simultaneidad en la elección de todos los diputados. Sin embargo, la reforma de 2002 volvió al sistema de representación proporcional, ahora con listas abiertas y con la fórmula D'Hondt para la asignación de escaños. Asimismo, se redujo el tamaño del Congreso de 121 a 100 representantes.

En El Salvador se aprobó en 1988 una reforma que aumentó el número de diputados de 60 a 84, y se creó una circunscripción nacional conocida localmente como "plancha nacional" para elegir 20 de los 84 diputados. Más recientemente, y como consecuencia de la sentencia 61/2009 del 29 de julio de 2010, en las elecciones legislativas salvadoreñas de 2012, se aplicaron las listas cerradas desbloqueadas y el voto preferente. El votante tenía la potestad de alterar el orden de la lista de los candidatos presentada por el partido de su preferencia. Por su parte, para los comicios legislativos que tuvieron lugar en marzo de 2015, también por sentencia de la Sala de lo Constitucional (Sentencia 48/2014 del 5 de noviembre de 2014) las listas fueron abiertas con voto cruzado, permitiendo de este modo a los electores elegir entre candidatos partidarios de cualquiera de las listas y candidatos no partidarios, pero sin sobrepasar el número de escaños asignados a la circunscripción en la que votaron.

---

295 La fórmula de Hare (Thomas Hare, 1857) consiste en la división del número total de votos válidos entre el número de puestos a adjudicar en la circunscripción correspondiente. Esto determina el cociente o cuota, conocida como Cuota Natural o de Hare; para establecer el número de escaños que corresponde a cada partido se divide su votación entre dicha cuota, y debe establecerse un procedimiento para la adjudicación de los escaños sobrantes. El procedimiento más común es el llamado de los "Restos Más Altos". La fórmula de D'Hondt (Víctor D'Hondt) consiste en la división de los votos recibidos de cada uno de los partidos políticos por una serie de divisores (números naturales) y se obtienen cocientes. Los escaños se reparten con base en los cocientes más altos (se le conoce también como procedimiento de la media mayor o de la cifra repartidora).

En Guatemala y Honduras se produjeron modificaciones al sistema electoral con respecto al tamaño del Congreso. En Guatemala se pasó, en 1990, de 100 a 116 diputados. Sin embargo, en 1994 se redujo ese número a 80 parlamentarios. En 1998 se elevó de nuevo a 113 y, finalmente, en 2002 se volvió a elevar el número de diputados hasta 158. En Honduras, en 1985 se elevó el número de diputados de 85 a 134 y luego en 1988, mediante decreto, se redujo su número a 128; asimismo, en 2004, se modificó mediante reforma la estructura de las listas de candidatos, al pasar de listas cerradas y bloqueadas a un sistema con listas abiertas.

Por su parte, en México ocurrieron varios cambios. En 1986 aumentó el número de diputados de representación proporcional de 100 a 200, de modo que la Cámara Baja pasó de 400 representantes a 500. En 1989 se modificó el sistema de votación permitiendo dos votos a cada elector, uno para la parte elegida por mayoría relativa y el otro para la parte plurinominal con fórmula proporcional. En 1990, 1993 y 1996 se realizaron modificaciones sobre el umbral de representación y los porcentajes necesarios para obtener mayorías en las Cámaras. También en 1996 se crearon cinco circunscripciones plurinominales para sustituir la circunscripción nacional.

En Panamá, la reforma de 1993 cambió el método de asignación de escaños. En esta oportunidad, se eliminó la restricción introducida en 1988 que impedía a los partidos que no habían obtenido diputados conseguirlos mediante residuos. De igual forma, se introdujeron papeletas separadas para cada cargo de elección popular.

En Perú, las reformas de 1993 al sistema legislativo incluyeron el reemplazo del sistema bicameral por uno unicameral; se conformó una sola circunscripción nacional y se redujo el número de representantes de la Cámara Baja de 180 a 120. Sin embargo, a partir de 2000, con la Ley Orgánica de Elecciones, la elección de congresistas se realiza mediante el sistema del Distrito Electoral Múltiple (25 circunscripciones, una por cada departamento y la Provincia Constitucional del Callao), aplicando el método de la cifra repartidora (D'Hondt), con doble voto preferencial opcional, excepto en los distritos electorales donde se elige menos de dos congresistas, en cuyo caso hay un solo voto preferencial opcional.

En República Dominicana, las principales reformas se dieron a partir de 1997, cuando se establecieron nuevos distritos electorales, se aumentó la cantidad de diputados de 120 a 149, y se instauró la elección a través de boletas cerradas y no bloqueadas mediante el denominado voto preferencial, que se utilizó por primera vez en las elecciones de 2002.[296] Por su parte, en 2010 se adoptó una nueva Constitución, la cual establece que los diputados se eligen por votación directa, secreta y universal, por representación proporcional y de forma nominal en todo el país. Esta reforma aumentó, asimismo, el número de diputados, llevándolos a 190.

En Uruguay, con la reforma constitucional de 1996, se modificó el doble voto simultáneo, que desapareció para la elección presidencial y quedó también recortado en la Cámara de Representantes, al prohibirse la acumulación por sublemas para la elección de diputados, con ánimo de desalentar las "cooperativas" políticas.

En Venezuela, con la reforma de la Ley Orgánica del Sufragio de 1993 se combinó el principio de la representación proporcional con la personalización del sufragio. Asimismo, con la reforma constitucional de 1999 se eliminó al Senado, sustituyéndolo por un sistema parlamentario unicameral y, mediante reforma que dictó la Asamblea Nacional Constituyente en enero de 2000, se mantuvo el sistema mixto proporcional (representación proporcional personalizada) aumentando de 50 a 60% los representantes populares que debían ser elegidos por mayoría relativa en circunscripciones nominales, según el principio de la personalización, mientras 40% se debía elegir por listas cerradas y bloqueadas.

En la Ley Orgánica de Procesos Electorales de 2009 se pasó de la representación proporcional personalizada al sistema mixto mayoritario (también conocido como segmentado o paralelo), según el cual en las elecciones de diputados para la asamblea nacional de 2010, 113 diputados se eligieron por mayoría relativa y 52 mediante representación proporcional en listas cerradas y bloqueadas, utilizando la fórmula de D'Hondt en circunscripciones de dos o tres

---

296 Véase artículo 81 de la Constitución Política de la República Dominicana de 2010.

escaños. En las elecciones legislativas del pasado 6 de diciembre de 2015 se eligieron 167 diputados (dos más que en la elección de 2010).

Recapitulando: el sistema que predomina en la región para escoger a los representantes legislativos es el de representación proporcional, que se aplica en 14 de los 18 países: Argentina, Brasil, Colombia, Costa Rica, Ecuador, El Salvador, Guatemala, Honduras, Nicaragua, Panamá, Paraguay, Perú, República Dominicana y Uruguay. Y a partir de 2015 (pero con efecto en las elecciones de 2017) hay que agregar a Chile en la lista de países con sistemas de representación proporcional como consecuencia de la reforma que puso fin al sistema binominal.

En Bolivia se utiliza el sistema de representación proporcional personalizada (mixto proporcional), en el que se intenta aumentar la intensidad de la participación electoral sin disminuir la representatividad. En México y Venezuela se utiliza un sistema mixto mayoritario o segmentado, aplicando una combinación de la fórmula de representación proporcional con la de mayoría relativa.

Cabe destacar que en la mayoría de los países de la región se utiliza la fórmula D'Hondt, la menos proporcional y que favorece de manera sistemática a los partidos más grandes. La misma está vigente, entre otros países: Argentina, Brasil, Chile, Colombia, Ecuador, [297] Guatemala, Nicaragua, Paraguay, Perú, República Dominicana y Uruguay. Por su parte, El Salvador y Honduras utilizan la fórmula de Hare y restos más altos, que resulta más imparcial respecto de los partidos grandes y los pequeños y suele producir resultados de mayor proporcionalidad. Variaciones del método Hare se instrumentan en Costa Rica y Panamá.

Otros países utilizan una combinación de fórmulas electorales. En Bolivia y Venezuela se aplica la fórmula D'Hondt para la repre-

---

297 De acuerdo con Freidenberg y Došek: "El caso de Ecuador destaca, ya que la fórmula electoral fue cambiada en seis oportunidades entre el 1978 y el 2009, lo que da cuenta de la dificultad de las élites partidistas para acordar una fórmula consensuada por todos los partidos políticos y, como consecuencia, la imposibilidad de aprendizaje de los actores políticos".

sentación proporcional, y mayoría relativa para los legisladores que se eligen en circunscripciones nominales. En México se utiliza la fórmula de Hare y los restos más altos para los parlamentarios que se eligen por representación proporcional y mayoría relativa para el resto.

Finalmente, en Chile, en el anterior sistema binominal, se asignaban los escaños a los dos partidos con mayor número de votos salvo cuando el primero obtenía el doble de votos que el segundo (una aplicación de la fórmula de D'Hondt a circunscripciones de dos escaños). La reforma de 2015 mantuvo el sistema D'Hondt.

Otro aspecto a considerar guarda relación con la estructura de la papeleta de votación. Esta cuestión, como señalan Freidenberg y Došek, tiene particular sensibilidad política y valor, ya que impacta sobre el vínculo entre representantes y electores, así como en relación con los niveles de competencia interna de los partidos.

En el Derecho electoral comparado latinoamericano observamos la existencia de dos sistemas principales: *1*) lista cerrada y bloqueada de candidatos, (los cuales son normalmente elegidos por el partido político), y *2*) listas cerradas, pero no bloqueadas o listas abiertas (las cuales implican votar por una persona, es decir, voto personalizado). Entre estos dos sistemas puros existen numerosas variables o combinaciones, que terminan teniendo diferentes efectos sobre la representatividad. [298]

La tendencia histórica en América Latina ha sido la de emplear el sistema de listas cerradas y bloqueadas. Actualmente seis países utilizan exclusivamente listas cerradas y bloqueadas para la elección de los diputados: Argentina, Costa Rica, Guatemala, Nicaragua, Paraguay y Uruguay. En Colombia, el sistema de base es igualmente el de listas cerradas y bloqueadas, pero cada partido puede optar por utilizar el voto preferencial en listas cerradas y no bloqueadas.

También en Bolivia, México y Venezuela se utilizan listas cerradas y bloqueadas para la parte de representantes que se elige me-

---

298 Flavia Freidenberg y Tomás Došek, "Las reformas electorales...", art. *cit.*, 2015.

diante representación proporcional. Con relación al voto personalizado, en listas cerradas y no bloqueadas o en listas abiertas, en Brasil, Chile (tanto con el anterior sistema binominal como en el caso de la reforma de 2015), Panamá, Perú y República Dominicana[299] se aplica el voto preferencial en listas cerradas y no bloqueadas.

En Ecuador, Honduras y El Salvador se emplea el sistema de listas abiertas.[300] Las políticas de acción afirmativa, especialmente las cuotas mínimas de participación de mujeres en puestos elegibles, y más recientemente la exigencia de la paridad, como veremos más adelante, son cambios relevantes en la estructura de las papeletas congresales de la región.

---

299 Luego de las elecciones legislativas de 2010, la Junta Central Electoral de República Dominicana dejó sin efecto la resolución que autorizaba la aplicación del voto preferencial en listas cerradas y no bloqueadas, estableciendo que para las elecciones de 2016 sólo se mantendrá su aplicación si la misma se dispone por ley o por una nueva resolución de la Junta Central Electoral. En 2014 el Congreso adoptó la ley [...] mediante la cual se dispone que el sistema vigente para las elecciones de 2016 será el de listas cerradas y no bloqueadas.

300 Según Freidenberg y Došek "Desde 1978 ha habido reformas importantes relacionadas con la estructura del voto y hacia una creciente capacidad de los electores para decidir las candidaturas de los partidos, con la pretensión de hacer el sistema de elección más directo, personalizar la representación y atacar el monopolio de los partidos en cuanto a la oferta electoral. Las reformas orientadas a incluir el voto preferencial o la lista no bloqueada se dieron al menos en ocho países como Panamá (1983), Perú (1979, 2000, 2009), Colombia (1994), Ecuador (1998), Brasil (1996, 2003), Honduras (2004), República Dominicana (2010) y El Salvador (2011)".

CUADRO III.4.1. *Sistemas utilizados para elegir la Cámara Baja*

País	Sistema	Fórmula electoral	Papeleta de votación
Argentina	Representación proporcional en circunscripciones medianas	D'Hondt	Listas cerradas, bloqueadas
Bolivia	Representación proporcional personalizada	Plurinominal: D'Hondt Uninominal: Mayoría simple.	Candidatos en distritos uninominales y listas cerradas, bloqueadas
Brasil	Representación proporcional en circunscripciones grandes	D'Hondt	Listas cerradas y no bloqueadas
Chile	Representación proporcional en circunscripciones pequeñas y medianas	D'Hondt	Listas cerradas y no bloqueadas
Colombia [1]	Representación proporcional en circunscripciones medianas	D'Hondt	Listas cerradas, bloqueadas o no bloqueadas (voto preferente opcional)
Costa Rica [2]	Representación proporcional en circunscripciones medianas	Cociente de Hare, subcociente de 50% y resto más alto	Listas cerradas, bloqueadas
Ecuador	Representación proporcional en circunscripciones pequeñas	D'Hondt	Listas abiertas
El Salvador	Representación proporcional en circunscripciones medianas	Hare y resto más alto	Listas abiertas
Guatemala	Representación proporcional en circunscripciones medianas	D'Hondt	Listas cerradas, bloqueadas
Honduras	Representación proporcional en circunscripciones medianas	Hare y resto más alto	Listas abiertas

FUENTE: Elaboración propia, con base en J. M. Payne *et al.* (coords.), *La política importa..., op cit.*, p. 26.

1. En Colombia, los partidos tienen el derecho de determinar si el votante puede seleccionar candidatos dentro de la lista o si debe elegir la lista completa.

2. En Costa Rica, el uso de la fórmula de Hare y resto más alto más subcociente significa que sólo los partidos que obtienen al menos la mitad del cociente electoral pueden optar por escaños mediante el sistema de resto más alto.

3. En el sistema mexicano de cuotas corregidas, los votos de los partidos que no alcancen el umbral nacional de 2% se restan al estimar el cociente electoral. Luego se obtiene un segundo cociente en el cual se dividen los votos efectivos restantes (el total de votos menos los utilizados para la asignación de escaños a partir del primer cociente) entre el resto de los escaños. Siguiendo ambos procedimientos, los escaños restantes se asignan a los partidos con los restos más altos, pero sólo son elegibles los que ya hayan obtenido bancas.

Sigue página siguiente

País	Sistema	Fórmula electoral	Papeleta de votación
México [3]	Mixto Mayoritario (Segmentado)	Circunscripciones uninominales: mayoría relativa. Representación proporcional: Hare con restos más altos.	Candidato en distrito uninominal y listas cerradas y bloqueadas
Nicaragua	Representación proporcional en circunscripciones medianas	D'Hondt	Listas cerradas, bloqueadas
Panamá	Representación proporcional en circunscripciones pequeñas	Circunscripciones uninominales: mayoría relativa. Circunscripciones plurinominales: Hare (cociente), los cargos no asignados van a los partidos con medio cociente y luego a los candidatos no electos más votados.	Listas cerradas y no bloqueadas
Paraguay	Representación proporcional en circunscripciones medianas	D'Hondt	Listas cerradas, bloqueadas
Perú	Representación proporcional en circunscripciones pequeñas	D'Hondt	Listas cerradas, no bloqueadas (dos votos preferenciales)
República Dominicana	Representación proporcional en circunscripciones pequeñas	D'Hondt	Listas cerradas, no bloqueadas
Uruguay [4]	Representación proporcional en circunscripciones grandes	D'Hondt	Listas cerradas, bloqueadas
Venezuela	Mixto mayoritario (segmentado)	D'Hondt	Candidato en circunscripción uninominal o plurinominal y listas cerradas y bloqueadas

4.   En el sistema electoral uruguayo el país se divide en 19 circunscripciones de diversos tamaños. Sin embargo, aunque los electores votan por listas de partido en las distintas circunscripciones, la fórmula para asignar escaños se aplica a los porcentajes de votos acumulados a nivel nacional, y la distribución de escaños dentro de las circunscripciones debe ajustarse a la distribución a nivel nacional que resulte de este cómputo. Así, el sistema uruguayo funciona, en efecto, de manera similar a uno de representación proporcional en una única circunscripción nacional.

Resumiendo, es probable que el predominio de los sistemas de representación proporcional en la Cámara Baja sea uno de los factores que haya contribuido al incremento en el número de partidos representados en el Poder Legislativo de los países de América Latina (mayor fragmentación). Los sistemas bipartidistas vigentes en varios países al inicio de La tercera ola, en su mayor parte, han dado lugar a sistemas con dos partidos y medio o tres partidos. En otros países, los sistemas de partidos que ya se encontraban levemente fragmentados se dividieron aún más, por lo que los gobiernos de mayoría unipartidista se han vuelto la excepción en la región.

En otras palabras, la tendencia de las reformas muestra un fortalecimiento del principio de representación proporcional, que por su naturaleza genera también una reducción en los niveles de efectividad del sistema, en tanto la participación de una cantidad cada vez mayor de partidos en la escena política promueve escenarios donde resulta más difícil crear gobiernos de mayorías que faciliten la toma de decisiones y el consenso. En algunos casos, como ya se mencionó, la efectividad[301] también ha disminuido por la separación de las elecciones legislativas y las presidenciales[302].

En síntesis: si bien han tenido lugar numerosas reformas a los sistemas electorales legislativos de la región durante el periodo 1978-2016, éstas han sido, en general, muy conservadoras en su diseño y efectos. En muchos casos, las reformas no han aliviado de manera sustancial los problemas de gobernabilidad, y tampoco han reforzado la credibilidad de las instituciones representativas. Nos encontramos ante una región que, en su mayoría, ha adoptado sistemas de elección legislativa que favorecen la representatividad en detrimento de la efectividad y la participación, fundamentalmente por la clara tendencia de los países latinoamericanos a adoptar el sistema de representación proporcional. Además, y a pesar de que en la mayoría de los países existen circunscripciones medianas, éstas por lo general ofrecen oportunidades para que los partidos más

---

301 La "efectividad" es entendida como la medida en que las fuerzas políticas en el Poder Legislativo están en condiciones de tomar decisiones, y es inversamente proporcional al grado de fraccionamiento político en el Congreso. Al respecto véase J. Mark Payne, Daniel Zovatto G. y Mercedes Mateo Díaz (coords.), *La política importa...*, *op. cit.*, 2006, cap. 3, p. 43.

302 Véase el punto (6) de este capítulo.

pequeños obtengan una representación. A menudo, lo anterior ha dado por resultado gobiernos carentes de mayoría en el Congreso y un grado bastante alto de fragmentación del sistema de partidos.

5. *Sistema de elección para la Cámara Alta*

En cuanto a las reformas en la Cámara Alta, cabe señalar que durante el periodo de este estudio al menos ocho países modificaron su estructura legislativa: Argentina, Chile, Colombia, México, Paraguay, República Dominicana, Perú y Venezuela. En el resto de los países con sistema bicameral (Bolivia, Brasil y Uruguay) no se registraron mayores cambios en el sistema de elección.

En Argentina, la reforma constitucional de 1994 modificó la composición del Senado elevando de dos a tres la cantidad de senadores para cada provincia y por la Ciudad de Buenos Aires, y se pasó a su elección directa, siendo antes elegidos por asambleas provinciales.

En Chile, en enero de 2015, el Parlamento puso fin al sistema binominal, remplazándolo por un nuevo sistema electoral, cuyos niveles de proporcionalidad y representatividad son mayores. El sistema aprobado en 2015 comenzará a regir a partir de las elecciones parlamentarias de 2017 y, entre otros aspectos, establecerá cupos impares en determinados distritos y circunscripciones, lo que forzará a que se ponga fin al empate entre los dos principales conglomerados. También aumentará el número de senadores (de 38 a 50), con el objetivo de mejorar la representatividad de los lugares con mayor número de habitantes.

En Colombia, la reforma de 1991 creó una circunscripción nacional única para la elección de 100 miembros del Senado, además de circunscripciones especiales para la elección de dos senadores indígenas.

En México, el número de senadores varió en dos ocasiones. En 1993 una reforma aumentó de dos a cuatro el número de senadores por estado, pero este cambio se revirtió con la nueva reforma de 1996, en la que ese número se redujo a tres senadores por estado. Asimismo, se creó una circunscripción nacional de 32 miembros y se segmentó el sistema de elección legislativa para la Cámara Alta, de manera que tres cuartas partes fueran elegidos por mayoría relativa con representación de minorías (dos escaños para la fuerza política más votada y uno para la que le siga en votos), y una cuarta parte mediante representación proporcional.

En Paraguay, la reforma de 1990 introdujo papeletas separadas para la elección de senadores y diputados, y en República Dominicana se separó la elección de senadores de la votación por lista para la Cámara Baja en la reforma constitucional de 1994.

En Perú (1993) y Venezuela (1999) se modificó la estructura legislativa y se pasó de un sistema bicameral a uno unicameral, acercándose de esta forma a un sistema mucho más efectivo en términos de gobernabilidad. En conclusión, salvo en Perú y Venezuela, durante el periodo en estudio no se han dado cambios significativos dentro de los sistemas de elección en la Cámara Alta.

Las reformas realizadas en los sistemas legislativos, tanto para la Cámara Baja como para la Cámara Alta, nos sitúan en una región con las características que detallamos anteriormente. Con respecto a los representantes de la Cámara Alta, cabe señalar que en tres países se utilizan sistemas de representación proporcional en circunscripciones grandes, como en Colombia, Paraguay y Uruguay. En dos países, Argentina y Bolivia, se utiliza el sistema de mayoría relativa con representación de minorías, mientras que en Brasil y República Dominicana se aplica el de mayoría relativa. México, por su parte, presenta un sistema mixto.

Como fórmula electoral, en Chile, Colombia, Paraguay y Uruguay se utiliza el sistema D'Hondt, y en Brasil y República Dominicana la fórmula de mayoría relativa, mientras que Argentina y Bolivia usan el sistema de mayoría relativa con representación de minorías. México combina la fórmula de mayoría relativa con representación de minorías, con Hare corregido y resto más alto.

Finalmente cabe señalar, en relación con la estructura de la papeleta, el predominio del uso de las listas cerradas y bloqueadas (Argentina, Bolivia, Paraguay y Uruguay). En México también se utilizan las listas cerradas y bloqueadas para el componente de representación proporcional, mientras que para el componente de mayoría relativa se usa un sistema de voto personalizado.

En República Dominicana y Brasil se vota a los candidatos de manera individual, y en Colombia el voto preferencial es optativo para los partidos.

CUADRO III.5.1. *Sistemas para la elección de la Cámara Alta*

País	Sistema	Fórmula electoral	Papeleta de votación
Argentina	Mayoría relativa con representación de minorías	Mayoría relativa/Minoría	Listas cerradas, bloqueadas
Bolivia	Mayoría relativa con representación de minorías	Mayoría relativa/Minoría	Listas cerradas, bloqueadas
Brasil [1]	Mayoría simple en distritos uninominales y binominales	Mayoría relativa	Listas abiertas con voto personalizado
Chile	Representación proporcional	D'Hondt	Un voto por un candidato
Colombia [2]	Representación proporcional en circunscripciones grandes (nacionales)	D'Hondt	Listas cerradas, bloqueadas o no bloqueadas (voto preferente opcional)
México	Segmentado. Mayoría relativa con representación de minorías y representación proporcional en circunscripciones grandes (nacionales)	Mayoría relativa, minorías/ Hare corregido con resto más alto	Listas cerradas, bloqueadas/voto personalizado
Paraguay	Representación proporcional en circunscripciones grandes (nacionales)	D'Hondt	Listas cerradas bloqueadas
República Dominicana	Mayoría relativa	Mayoría relativa	Un voto por candidato
Uruguay 3	Representación proporcional en circunscripciones grandes (nacionales)	D'Hondt	Listas cerradas bloqueadas

FUENTE: Elaboración propia, con base en J. Mark Payne *et al.* (coords.), *La política importa...*, *op. cit.*, 2006, p. 26.

1 Cuando se renuevan dos terceras partes del Senado y se elige a dos senadores por estado, los electores pueden votar a dos candidatos específicos, incluso de diferentes partidos.

2 En Colombia, los partidos tienen el derecho de determinar si el votante puede seleccionar candidatos dentro de la lista o si debe elegir la lista completa.

3 Los votantes uruguayos escogen entre los aspirantes de listas de facciones partidistas cerradas y bloqueadas, con la diferencia de que la fórmula de representación proporcional se aplica al total de votos del partido a fin de determinar los escaños asignados a los distintos partidos; luego, los votos de las sublistas determinan la asignación de escaños dentro de cada agrupación.

261

6. Simultaneidad de las elecciones

La fecha de la realización de las elecciones presidenciales y legislativas también influye en la convergencia de fuerzas partidarias en torno a los poderes Ejecutivo y Legislativo.[303]

En lo relativo a este tema, en 12 de los 18 países que incluye este estudio las elecciones presidenciales y legislativas se celebran al mismo tiempo (Bolivia, Brasil, Chile, Costa Rica, Ecuador, Guatemala, Honduras, Nicaragua, Panamá, Paraguay, Perú y Uruguay). A partir de 2016 serán 13 los países con el regreso de República Dominicana a la modalidad de elecciones presidenciales y legislativas simultáneas. De éstos, Brasil presenta una ligera desviación del sistema, pues en cada elección presidencial o legislativa entre uno y dos tercios de los representantes senatoriales se eligen alternadamente, si bien las elecciones para ambos poderes se celebran siempre el mismo día.

En Argentina y México, los comicios son parcialmente simultáneos: en el primero, la mitad de los representantes ante la Cámara Baja y un tercio de los de la Cámara Alta son elegidos en la misma fecha que el presidente, mientras la otra la mitad del Congreso y otro tercio de la Cámara Alta son elegidos cada dos años durante el mandato presidencial; en el segundo, el periodo de los diputados ante la Cámara Baja es de tres años, de forma que las elecciones para toda la institución coinciden con los comicios presidenciales y luego, transcurrida la mitad del mandato presidencial de seis años, se celebran otras.

En los cuatro países restantes (Colombia, El Salvador, República Dominicana y Venezuela), las elecciones para ambos poderes casi nunca, o nunca, se llevan a cabo el mismo día. De estos países, el caso colombiano es excepcional porque las elecciones para ambos poderes se celebran el mismo año en ciclos de cuatro años, pero las legislativas se llevan a cabo dos meses y medio antes de la primera

---

303 José E. Molina. "Consecuencias políticas del calendario electoral en América Latina: ventajas y desventajas de elecciones simultáneas o separadas para presidente y legislatura", *América Latina Hoy*, vol. 29, diciembre de 2001, pp. 15-29.

vuelta de los comicios presidenciales. En República Dominicana, de acuerdo con la reforma constitucional de 2010, a partir de 2016 las elecciones parlamentarias y presidenciales se celebrarán simultáneamente, de modo que, desde esa fecha, este país se sumará a los que celebran elecciones simultáneas.

Los seis países donde las fechas de las elecciones se modificaron durante las últimas dos décadas no establecen una tendencia regional en cuanto a la coincidencia de los comicios para ambos poderes. República Dominicana y Venezuela pasaron de un sistema con elecciones simultáneas a un sistema con ciclos no simultáneos, pero República Dominicana, como ya señalamos, regresará a las elecciones simultáneas a partir de 2016.

En Chile se efectuaron dos modificaciones: la primera, con la reforma de 1993, pasando de un sistema totalmente simultáneo a uno no simultáneo; la segunda, con la reforma constitucional de 2005, que redujo el mandato de gobierno a cuatro años y estipula que las elecciones legislativas y ejecutivas se realizan de manera conjunta.

Brasil es el único país que realizó un giro completo en la dirección opuesta, al pasar de celebrar sus elecciones en fechas diferentes a realizarlas en forma concurrente. Ecuador transformó su sistema de parcialmente simultáneo a simultáneo al eliminar los comicios legislativos de medio periodo para los representantes provinciales, mientras Argentina hizo un ligero cambio hacia una mayor simultaneidad. Al acortar el mandato presidencial de seis a cuatro años y el mandato senatorial de nueve a seis años, los argentinos mantuvieron el carácter parcialmente simultáneo del sistema electoral, pero redujeron a la vez de dos a uno el número de elecciones de medio periodo.

En suma, dos países separaron los ciclos electorales, en tanto otros cuatro[304] los unieron o redujeron la frecuencia de las eleccio-

---

304 Cinco, si añadimos a República Dominicana, donde las elecciones legislativas y presidenciales serán simultáneas a partir de 2016. En 2012 todavía hubo elecciones separadas para presidente, mientras que el Congreso electo en 2010 se mantendrá en funciones, de manera excepcional, por seis años hasta 2016.

nes legislativas a mitad del periodo presidencial. Sin embargo, el hecho de que dos de las naciones que adoptaron reformas para convocar simultáneamente a elecciones para ambos poderes estuvieran entre las que registraban mayor fragmentación del sistema de partidos (Ecuador y Brasil), corrobora las desventajas de realizar elecciones en diferentes momentos.

En efecto, cuando el periodo de mandato del presidente y los legisladores coinciden y las elecciones para ambos poderes son simultáneas, es previsible que un menor número de partidos obtenga una representación significativa en el Congreso y que el partido –o coalición– del presidente se reserve más probabilidades de obtener y mantener una mayoría.

Por el contrario, el Poder Ejecutivo puede debilitarse respecto del Congreso cuando las elecciones parlamentarias se realizan a mitad del periodo presidencial o en forma no concurrente con las presidenciales.[305] En el cuadro III.6.1 se puede observar la situación que rige actualmente en América Latina.

---

305 También se ha sostenido que las elecciones separadas, precisamente porque aumentan las posibilidades de una legislatura plural, en la que no haya dominio absoluto del partido del presidente, hacen más factible el funcionamiento del Poder Legislativo como organismo de control sobre el Ejecutivo, y disminuyen el peligro del hiperpresidencialismo. Véase J. E. Molina, "Consecuencias políticas...", art. *cit.*, 2001, pp. 15-29), p. 28.

CUADRO III.6.1. *América Latina: simultaneidad de elecciones pre-*
sidenciales y parlamentarias

País	Simultáneas	Parcialmente simultáneas	Fechas separadas
Argentina	—	X[1]	—
Bolivia	X	—	—
Brasil	X[2]	—	—
Chile	X	—	
Colombia	—	—	X[3]
Costa Rica	X	—	—
Ecuador	X	—	—
El Salvador	—	—	X
Guatemala	X	—	—
Honduras	X	—	—
México	—	X[4]	—
Nicaragua	X	—	—
Panamá	X	—	—
Paraguay	X	—	—
Perú	X	—	—
República Dominicana[5]	X	—	—
Uruguay	X	—	—
Venezuela	—	—	X[6]
Total	*13*	*2*	*3*

FUENTE: Elaboración propia.

1   La mitad de los representantes ante la Cámara Baja y una tercera parte de los senadores son elegidos al mismo tiempo que el presidente.

2   El sistema se considera simultáneo, ya que la Cámara Baja y una o dos terceras partes de los senadores son elegidos al mismo tiempo que el presidente, sin elecciones de medio periodo, de manera alternada.

3   Desde 1978, las elecciones al Congreso se realizan dos o tres meses antes de las presidenciales en el mismo año.

4   Se considera que el sistema es parcialmente simultáneo porque, si bien los comicios presidenciales siempre coinciden con los legislativos para ambas cámaras, la Cámara Baja se renueva totalmente a mitad del periodo presidencial.

5   A partir de 2016 serán simultáneas, de acuerdo con la reforma constitucional de 2010.

6   En 1998, mediante una reforma temporal, se trasladaron las elecciones legislativas para celebrarse un mes antes de las presidenciales. Según la Constitución actual (1999), el sistema se considera como de fechas separadas, pues sólo cada 30 años ocurre que el presidente sea elegido al mismo tiempo que los representantes ante la Asamblea Nacional.

7. Duración del mandato presidencial

Otro de los aspectos a considerar del sistema electoral, sobre todo en sistemas presidencialistas, es, por su importancia, la duración del periodo presidencial. En América Latina el mandato presidencial varía de cuatro a seis años. Así, en nueve países (Argentina, Brasil, Chile, Colombia, Costa Rica, República Dominicana, Ecuador, Guatemala y Honduras) los periodos presidenciales son de cuatro años; en otros siete son quinquenales (Bolivia, El Salvador, Nicaragua, Panamá, Paraguay, Perú y Uruguay) y, en dos, el periodo es de seis años (México y Venezuela).

Siete países cambiaron la duración del mandato presidencial durante el periodo de este estudio: cinco lo redujeron y otros dos lo ampliaron. Algunas de las reducciones, sin embargo, quedan abiertas a interpretación. Brasil y Argentina acortaron el periodo presidencial de cinco y seis años, respectivamente, a cuatro años, pero al mismo tiempo establecieron la posibilidad de una reelección inmediata, lo cual potencialmente permite al presidente permanecer en el cargo durante ocho años consecutivos.[306]

En 1993, los chilenos acortaron dicho mandato al pasar de uno solo y prolongado de ocho años a uno más reducido de seis años; en 2005 volvieron a reducir el mandato presidencial de seis a cuatro años. Asimismo, en Guatemala y Nicaragua dicho periodo pasó de cinco a cuatro años y de seis a cinco años, respectivamente. En contraste, en Bolivia el periodo aumentó de cuatro a cinco años. En Venezuela, con las reformas de 1999, aumentó de cinco a seis años, más la posibilidad de reelección indefinida.

Cabe recordar, asimismo, que estos países regulan la revocatoria de mandato de todos los cargos a nivel nacional, incluido el de presidente. Como resultado de estos cambios, la duración promedio del mandato presidencial en la región disminuyó de 4.8 a 4.6 años.

---

306 Éste ha sido el caso de los mandatos de Fernando Henrique Cardoso y de Luiz Inácio Lula da Silva en Brasil. También el de Carlos Menem en Argentina, y de la continuidad del matrimonio Kirchner en el poder.

CUADRO III.7.1. *América Latina: duración del mandato presidencial*

País	Duración mandato actual	Duración mandato anterior	Año del cambio
Argentina	4	6	1994
Bolivia	5	4	1994
Brasil	4	5	1994
Chile	4	6	2005
Colombia	4	4	—
Costa Rica	4	4	—
Ecuador	4	4	—
El Salvador	5	5	—
Guatemala	4	5	1993
Honduras	4	4	—
México	6	6	—
Nicaragua	5	6	1994
Panamá	5	5	—
Paraguay	5	5	—
Perú	5	5	—
República Dominicana	4	4	—
Uruguay	5	5	—
Venezuela	6	5	1999
Total	*4.6*	*4.8*	—

FUENTE: *Elaboración propia.*

8. *Participación política de la mujer*

La democracia es percibida por hombres y mujeres como un sinónimo de libertad, justicia, bienestar y progreso. Constituye un fin y un instrumento que contiene procedimientos para el acceso y

267

el ejercicio del poder, así como el resultado de los mismos.[307] La búsqueda de estos ideales, de la necesidad de su materialización y perfección, ha llevado a intensas luchas que se remontan a los inicios de la historia de las sociedades y que continúan en la actualidad ante las tensiones, limitaciones e insatisfacciones que aparecen como contrapartida.

Uno de los grandes temas presentes en los procesos de reforma en la región es el de la participación activa de las mujeres en la organización y la estructura interna de los partidos, así como en la selección de los candidatos a cargos de elección popular. En ese sentido podemos señalar que la lucha de las mujeres por lograr la equidad de género, y particularmente la garantía del derecho de participación política en condiciones de igualdad con respecto a los hombres, ha obtenido importantes resultados normativos que se han concretado en varios instrumentos y acuerdos que los Estados han suscrito en el plano internacional, en los cuales las naciones reconocen como un deber de Estado la incorporación de políticas de equidad de género para el logro de una democracia realmente representativa e incluyente.

Entre ellos destaca, sin duda, la Convención para la eliminación de toda forma de discriminación contra la mujer (CEDAW, por sus siglas en inglés), que claramente hace explícita la necesidad de que los Estados adopten medidas concretas para erradicar la discriminación contra la mujer en el ejercicio de sus derechos políticos con el fin de garantizar la igualdad de condiciones con los hombres para votar, participar en la formulación de políticas y ejercer todas las funciones públicas.

Asimismo la convención, abre la puerta a la adopción por parte de los Estados de medidas especiales de carácter temporal para acelerar la igualdad de facto entre hombres y mujeres, disposición que se ha traducido en la región en la adopción de las denominadas "cuotas" o "cupos".[308]

---

307 PNUD, 2004, p. 35.

308 Al respecto véanse los artículos 4 y 7 de la CEDAW. Es importante señalar, además, que en diciembre de 2000 entró en vigor el Protocolo Facultativo

Sin embargo, es importante señalar que los movimientos sociales que impulsan la participación de las mujeres en los espacios públicos se remontan al periodo de la Ilustración, en el siglo XVIII. En efecto, ha existido una fuerte crítica, tomando como punto de referencia las declaraciones universales de derechos, hasta la situación de graves privaciones que afrontan las mujeres y la no correspondencia entre la igualdad formal plasmada en dichas declaraciones y la igualdad material en el plano fáctico, así como la incoherencia de gobiernos que no permitían el ejercicio pleno de los derechos políticos de todos sus representados.

El primer triunfo fue, en este sentido, el obtenido por los movimientos sufragistas con el reconocimiento del derecho al voto de las mujeres. El cuadro III.8.1 presenta una cronología del voto femenino en América Latina.

---

de esta Convención, instrumento internacional que, sin crear nuevos derechos, estableció un mecanismo de aplicabilidad y exigibilidad de los derechos sustantivos establecidos en la Convención, que la equipara con otros instrumentos de derechos humanos. El Comité para la Eliminación de la Discriminación contra la Mujer de la ONU fue autorizado para recibir y considerar las comunicaciones (demandas) presentadas por personas o grupos de personas, o en nombre de esas personas o grupos de personas, que aleguen ser víctimas de violaciones contra los derechos protegidos por dicha Convención. De esta forma, las mujeres afectadas en sus derechos pueden presentar sus casos ante instancias internacionales de derechos humanos cuando éstas hayan sido denegadas a nivel interno nacional.

CUADRO III.8.1.　*Cronología del voto femenino en América Latina*

País	Año de otorgamiento del voto
Ecuador	1929*
Brasil	1932**
Uruguay	1932
El Salvador	1939***
República Dominicana	1942
Guatemala	1945****
Panamá	1945
Venezuela	1946
Argentina	1947
Chile	1949
Costa Rica	1949
Bolivia	1952
México	1953
Nicaragua	1955
Perú	1955
Honduras	1955
Colombia	1957
Paraguay	1961

FUENTE:　Delfina González del Riego, *Cincuenta años del voto femenino en el Perú historia y realidad actual*, 2ª ed., Cendoc MIMDES, Perú, 2009.

*　　　　Voto opcional para mujeres (hasta 1967).

**　　　Para mujeres casadas con autorización del marido y solteras y viudas con ingresos propios.

***　　Para mujeres casadas, solteras de reconocida reputación, señoritas y con instrucción mínima de sexto grado.

****　Para mujeres casadas.

Los cambios sociales hicieron cada vez más difícil justificar la desigualdad jurídica: los crecientes niveles de educación y el incremento en la ocupación de puestos de trabajo fueron los más importantes catalizadores para los procesos de empoderamiento femenino que alcanzaron su cima entre 1970 y 1980. En ese periodo, la Organización de las Naciones Unidas (ONU) comenzó a convocar las Conferencias Mundiales de Mujeres, que marcaron los siguientes hitos (Yánez, 2000):[309]

> ➤ 1975: I Conferencia Mundial de Mujeres, México. Planteó la denominada Década de la Mujer bajo el cumplimiento de tres demandas básicas para eliminar la discriminación: igualdad, desarrollo y paz.

> ➤ 1980: II Conferencia Mundial de Mujeres, Copenhague. Se trató también, de la situación de las mujeres en las áreas de educación, salud y empleo. Se abordó la igualdad de oportunidades y responsabilidades para la mujer como madre, trabajadora y ciudadana como maximización del derecho a la igualdad.

> ➤ 1985: III Conferencia Mundial sobre la Mujer, Nairobi. Se planteó la necesidad de alcanzar la igualdad en cuanto a la participación política y en la toma de decisiones.

> ➤ 1995: IV Conferencia Mundial sobre la Mujer, Beijing. Resultó la de mayor importancia por plantear la necesidad de que los Estados busquen el equilibrio en la distribución de cargos públicos entre hombres y mujeres, así como la no discriminación en los cargos altos de dirección y el pedido de examen y reforma de los sistemas electorales para hacer efectiva la participación y representación de las mujeres. Sin estas acciones no se podría garantizar un orden institucional ni justo ni equitativo.

En el ámbito europeo, con la Declaración de Atenas,[310] documento suscrito en 1992 por un grupo de ministras y ex ministras de

---

309 Ana María Yáñez, *Mujeres y política: El poder escurridizo. Las cuotas en los tres últimos procesos electorales*, USAID; Movimiento Manuela Ramos, Lima, 2001.

310 La Declaración de Atenas, 16 de abril de 2003. Disponible en: http://www.consilium.europa.eu/uedocs/cms_data/docs/pressdata/es/ec/755 45.pdf.

ese continente, se empezó a difundir, y a cobrar fuerza el concepto de democracia paritaria. Se lo define como exigencia de igualdad, entendida como paridad masculina y femenina en la integración de todos los cargos políticos y públicos de toma de decisiones, así como en la igualdad del uso de recursos: económicos, políticos, culturales, de autoridad, entre otros.[311]

Este concepto también ha impregnado el debate en nuestra región, pues en las recientes X, XI y XII Conferencias Regionales de la Mujer de América Latina y el Caribe, que condujeron al Consenso de Quito (2007), el Consenso de Brasilia (2010) y el Consenso de Santo Domingo (2013), respectivamente, se pidió a los gobiernos y a otros actores políticos la implementación de acciones concretas para lograr la paridad en el ejercicio del poder.

En correspondencia con esta dinámica internacional, y con el objetivo de avanzar hacia la igualdad y la eliminación de todo tipo de discriminación hacia la mujer, los Estados dieron inicio desde hace ya varios años, a una serie de reformas constitucionales y legales. Aunque ha habido importantes avances, también debe reconocerse que no son suficientes, y en algunos casos no han sido sostenidos, por lo que se requiere la adopción de más leyes y políticas públicas con un enfoque de género para producir un efecto real de redistribución de poder.

A. *Reformas electorales para avanzar hacia la igualdad de género en el ejercicio de la participación política de las mujeres*

Como se ha indicado, a partir de la ratificación de la CEDAW, se dio un proceso progresivo de reforma de Constituciones y varios instrumentos legales, entre ellos códigos electorales y leyes de partidos políticos, así como la aprobación de leyes específicas para la promoción de las mujeres y la igualdad de género en la mayoría de los países de la región. La evolución comenzó a partir de la década

---

311 Rosa Cobo, "Democracia paritaria y sujeto político feminista", *Anales de la cátedra Francisco Suárez*, vol. 36 (Departamento de Filosofía del Derecho Moral/Universidad de Granada, Granada, 2000, pp. 29-44), p. 39.

de 1990, y las principales reformas aprobadas se refieren, sobre todo, a la introducción de mecanismos de cuotas mínimas para mujeres en puestos de elección popular, así como otras medidas tendientes a promover la equidad de género en cargos públicos y políticos. En la segunda mitad de la década de 2000 se dio un salto cualitativo y cuantitativo con el cual varios países avanzaron hacia la regulación legal de medidas paritarias.

La primera forma adoptada por los Estados para garantizar el cumplimiento de los derechos de las mujeres fueron las acciones afirmativas, medidas de carácter temporal orientadas a la eliminación de los obstáculos que hacen difícil la materialización de un derecho. Se las conoce también como medidas o acciones positivas, de diferenciación o de discriminación positiva o inversa. En este caso específico, se aborda a aquellas acciones dirigidas a corregir un sistema discriminatorio. Dos de las medidas positivas utilizadas en relación con la participación política de la mujer son los escaños reservados y las cuotas de género; estas últimas son las que, fundamentalmente, se han aplicado en nuestra región.

Los escaños reservados son más frecuentes en contextos menos democráticos, e incluso se aplican en países con libertades restringidas o en sistemas autoritarios.[312] El sistema de escaños reservados –que no se utiliza en América Latina, pero sí en países como Rwanda, Djibouti, Sudán y Marruecos– asegura que las mujeres detenten un número fijo de curules, independientemente de los resultados que se obtengan en las elecciones.

Las cuotas de género son un ejemplo de acción afirmativa orientada a ayudar a superar los obstáculos que impiden a las mujeres ingresar en la política del mismo modo como lo hacen sus pares masculinos.[313] Estas cuotas pueden establecerse de forma obligato-

---

312 Drude Dahlerup, "Comparative Studies of Electoral Gender Quotas", en International IDEA, "The Implementation of Quotas: Latin American Experiences", *Quota Workshop Report Series*, núm. 2, International IDEA, Estocolmo, 2003, pp. 10-19.

313 Stina Larserud y Rita Taphorn, *Designing for Equality: Best-Fit, Medium-Fit and Non-Favourable Combinations of Electoral Systems and Gender*

ria (por mandato constitucional o legislativo) o voluntaria cuando son las propias organizaciones políticas las que las adoptan. Son factibles de aplicarse en tres fases: *1*) durante los procesos internos de nominación; *2*) en las listas de candidatos de los partidos, y *3*) sobre resultados en circunscripciones electorales, niveles o escalones reservados para mujeres. A diferencia del mecanismo de escaños reservados explicado anteriormente, el número de curules que se obtendrá aplicando el sistema de cuotas es incierto, ya que dependerá de los resultados electorales.

Por su parte la paridad, es una medida definitiva (y no temporal) que, más allá de introducir un elemento compensatorio, busca establecer un reparto equilibrado del poder entre hombres y mujeres, que se traduce en un porcentaje de presencia de 50-50% para ambos sexos. Tiene como premisa la crítica a una democracia representativa que ha sido poco eficaz para garantizar los derechos políticos de las mujeres en condiciones de igualdad, por lo que propone un nuevo "contrato social" para regular la vida democrática.[314] Tanto la cuota como la paridad tienen el potencial de aumentar de manera significativa el número de mujeres elegidas para el Congreso siempre y cuando tengan un diseño adecuado y sean compatibles con el sistema electoral en el que se aplican.

Un recuento de la situación actual muestra un panorama con avances significativos, pero también con importantes tareas aún pendientes. Quince países cuentan con cuotas o paridad para asegurar la participación de mujeres en las listas de candidatos presentadas por las organizaciones políticas o en las listas que se presentan en elecciones primarias o internas para el nivel legislativo: Argentina, Brasil, Colombia, El Salvador, Honduras, Paraguay, Perú, República Dominicana, y, más recientemente, Chile. Panamá ha regu-

---

Quotas, IDEA, Estocolmo, 2007, p. 9. Disponible en: http://aceproject.org/eroen/topics/electoralsystems/Idea_Design_low.pdf.

314 Beatriz Llanos Cabanillas, "A modo de introducción: Caminos recorridos por la paridad en el mundo", en IDEA Internacional y Comisión Interamericana de Mujeres, *La apuesta por la paridad: democratizando el sistema político en América Latina. Los casos de Ecuador, Bolivia y Costa Rica*, OEA, International IDEA y CIM, Lima, 2013, pp. 17-46.

lado un porcentaje de 50%, pero sólo aplica a las elecciones primarias al igual que la cuota regulada en Honduras.

Cinco países han avanzado desde las cuotas hacia la paridad: Ecuador, Bolivia, Costa Rica, México y Nicaragua. Uruguay es un caso particular, pues reguló una cuota a nivel legislativo que sólo rigió para la elección parlamentaria de 2014. Por lo tanto, en la actualidad en tres países no está vigente ninguna medida legislativa para promover la presencia de mujeres en el ámbito político: Guatemala, Venezuela[315] y Uruguay.

➢ En Argentina, país pionero en América Latina, mediante la Ley de Cupos Femeninos de 1991 se estableció una cuota de 30% de representación para las candidaturas de las mujeres.

➢ En Bolivia a partir de 1997, la cuota para la participación de la mujer se introdujo en el Código Electoral, y obliga a los partidos a incorporar, como mínimo, 30% de mujeres en sus listas electorales nacionales. Sin embargo, con la adopción de la nueva Constitución de 2009, y las posteriores leyes electorales que desarrollan sus mandatos en este país, se ha regulado la paridad y alternancia en la presentación de las listas electorales.

➢ En Brasil, en 1995 el Congreso aprobó una propuesta de cuotas para mujeres candidatas en las listas cerradas y no bloqueadas para diputados (estatal y federal) y regidores. Esta cuota (de 20%) se aplicó en las elecciones municipales de 1996, y la de 30% en las elecciones para diputados en 1998, 2002 y 2006. Sin embargo, la disposición aprobada en 1995 no estipulaba la obli-

---

315 Aunque la Ley Orgánica de Procesos Electorales no contempla las cuotas de género el Consejo Nacional Electoral de la República Bolivariana de Venezuela dictó el 25 de junio de 2015 una resolución estableciendo un reglamento especial para garantizar los derechos de participación política de la mujer en la elección de la Asamblea Nacional celebrada el seis de diciembre de ese año. En esta resolución se estableció la paridad y alternancia de las candidaturas, y para el caso de que no fuera posible la paridad un mínimo del 40% para cualquiera de los géneros. La resolución fue protestada por la oposición por haber sido aprobada luego de la realización de sus primarias. El resultado fue que, de 167 diputados, la actual Asamblea Nacional (2016-2021) cuenta con 35 mujeres (21%). La Asamblea Nacional anterior (2011-2016) contaba con un 17% de mujeres.

gatoriedad en el cumplimiento de la cuota, pues si no se cumplía, las plazas quedaban abiertas, aunque sin posibilidad de ser sustituidas por hombres.[316] Esta situación ha sido corregida relativamente en una reforma de 2009 que ha reforzado la redacción de la norma.[317] En Chile, en enero de 2015 se estableció que de la totalidad de candidaturas a diputado o senador declaradas por los partidos políticos, hayan o no pactado, ni los candidatos hombres ni las candidatas mujeres podrán superar 60% del total respectivo. Este porcentaje será obligatorio y se calculará con independencia de la forma de nominación de las candidaturas.[318] La medida regirá en las cuatro próximas elecciones legislativas (2017, 2021, 2025 y 2029).

➢ En Colombia, en 2011, se ha adoptado una cuota de un mínimo de 30% de uno de los géneros en aquellas listas para corporaciones de elección popular donde se elijan cinco o más curules, o las que se sometan a consulta, exceptuando su resultado.[319]

➢ En Costa Rica, a partir de 1988 se dio un proceso de discusión de iniciativas de reforma para incluir un mínimo de representación de mujeres, pero apenas en 1996 se incluyó la regulación sobre cuotas en la legislación electoral, estipulándose un mínimo de 40% de representación femenina en las delegaciones de las diferentes asambleas de los partidos políticos. Luego de una experiencia favorable con la aplicación de las cuotas mínimas en puestos elegibles, la reforma electoral de 2009 adoptó el principio de paridad y lista trenzada, que se aplicó por vez primera en las elecciones municipales de diciembre de 2010.

➢ En Ecuador, la reforma en materia de cuotas se inició en 1997 con la Ley de Amparo Laboral, que estableció un cupo mínimo de 20% para la participación de las mujeres en las listas pluripersonales en las elecciones para diputados nacionales y provinciales de noviembre de 1998. Luego, se realizó la reforma constitu-

---

316 Beatriz Llanos Cabanillas y Kristen Sample, *Treinta años de democracia: ¿en la cresta de la ola? Participación política de la mujer en América Latina*, IDEA Internacional, Lima. 2008.

317 Al respecto, véase la ley 12.034 que modifica la Ley de Partidos Políticos y el Código Electoral.

318 *Idem.*

319 Arts. 61 y 65 de la Constitución de Ecuador.

cional de 1998, que contempló la participación equitativa de hombres y mujeres en los procesos electorales. Por su parte, la reforma a la Ley de Elecciones o Ley de Participación Política de 2000, fijó cuotas en grados ascendentes de 5% en cada proceso electoral, a partir de un mínimo de 30% y hasta llegar a la representación equitativa de 50%. Finalmente, la nueva Constitución de 2008 incorporó la paridad como uno de sus preceptos, señalando que el Estado promueve la participación paritaria de mujeres y hombres en cargos de nominación, función pública y en partidos y movimientos políticos.[320]

➤ En El Salvador, en 2013, el Congreso aprobó una reforma al artículo 37 de la Ley de Partidos Políticos (Decreto 928 del 21 de enero de 2015) para incorporar la regulación de la democracia interna de conformidad a la sentencia de inconstitucionalidad por omisión, emitida por la Sala de lo Constitucional, dirigida a garantizar la aplicación de 30% de la participación de las mujeres en las planillas de elección popular. Se especifica, además, la aplicación de al menos 30% de la participación de las mujeres en las planillas para la elección de diputadas y diputados a la Asamblea Legislativa, Parlamento Centroamericano y miembros de los Consejos Municipales. La medida rige para las próximas cinco elecciones legislativas y locales.

➤ En Honduras, el Instituto Nacional de la Mujer, a través de un pacto con las organizaciones de mujeres y las diputadas, generó un movimiento político-social para aprobar cambios a las leyes electorales que obligaran a la inclusión de ese género en los listados de los partidos. Esta iniciativa se materializó en 2000 por medio de la Ley de Igualdad de Oportunidades de la Mujer, que estableció la participación efectiva de la mujer con una base de 30% en forma progresiva hasta lograr la equidad entre ambos géneros. En 2012 se aprobaron reformas electorales que elevan el porcentaje a 40% y contempla que, a partir de 2016, ésta se incrementará a 50%. Sin embargo, la medida se aplica únicamente para elecciones primarias de los partidos.

➤ En México, en el ámbito federal, existe un solo criterio de discriminación positiva reconocido en la ley e introducido mediante una reforma aprobada en 1998, que refiere a la cuota de género

---

320 Véase Ley Estatutaria 1475.

que los partidos deben cumplir en la postulación de sus candidaturas. Esta cuota señalaba que en ningún caso, un partido puede proponer un número de candidatos de un mismo género inferior a 30% del total de candidaturas presentadas. A partir de la reforma de 2007, los partidos políticos establecieron en sus estatutos el sistema de cuotas. Además, con esta reforma, el porcentaje de cuota se incrementó a 40% como mínimo. Posteriormente, en enero 2014, México hizo una modificación en la Constitución y en la Ley General de Instituciones y Procedimientos Electorales mediante la cual se aprobó la paridad.

➤ En Nicaragua, con la reforma de 2012 a la Ley Electoral, se estableció la obligación de los partidos o alianzas de partidos de presentar listas de candidatos conformadas por 50% de hombres y 50% de mujeres, ubicados de forma alternada en elecciones municipales, a la Asamblea Nacional y al Parlamento Centroamericano.[321]

➤ En Panamá, con las reformas de 1997, se incorporó una disposición al Código Electoral que señala que los partidos deben garantizar que en sus elecciones internas o postulaciones haya 30% de mujeres en las precandidaturas. En las reformas electorales de 2012 este porcentaje se elevó a 50%, pero se aplica únicamente a las elecciones internas y primarias de los partidos políticos. En la normativa panameña, otro de los aspectos tratados de manera específica es la obligación de los partidos políticos de destinar un porcentaje mínimo de 25% del subsidio postelectoral a la capacitación de sus miembros en general, y que 10% de dicho porcentaje debe destinarse a la capacitación de mujeres.

➤ En Paraguay, con la caída del régimen de Stroessner en 1989, ocurrieron las primeras reivindicaciones de las mujeres, sobre todo en el interior de las estructuras partidarias. Para 1991, la Asociación Nacional Republicana (Partido Colorado) se había constituido en el primer partido político en introducir cuotas partidarias en favor de las mujeres, y en 1996 el actual Código Electoral dispuso 20% de participación obligatoria de mujeres en las listas de competencia interna de los partidos, movimientos o alianzas.

➤ En Perú, las iniciativas de inclusión de cuotas de mujeres se iniciaron en 1994, cuando el Foro Mujer propuso formalmente el

---

321 Véase Ley N° 790.

establecimiento de una cuota femenina de 30%; sin embargo, la propuesta no fructificó. No fue sino hasta 1997 cuando en la nueva Ley de Elecciones se estipuló que mujeres y hombres deberían, cada uno, ocupar al menos 25% en las listas partidarias; esta normativa se aplicó por primera vez en las elecciones municipales de 1998. Sin embargo, la reforma de 2000 elevó este porcentaje a 30% para las elecciones legislativas, regionales y municipales, proporción que se mantiene a la fecha.

➢ En República Dominicana las cuotas fueron establecidas en la Ley 275 de 1997. Dirigentes "perredistas" como José Francisco Peña Gómez y Milagros Ortiz Bosch promovieron iniciativas introducidas previamente en el PRD para sus candidaturas partidarias a un mínimo de 25%. La insatisfacción con el establecimiento de la cuota de sólo 25% y el resultado de las elecciones de 1998 llevaron a otra reforma electoral en 2000, que aumentó a un mínimo de 33% la cuota de mujeres para la Cámara de Diputados y en las municipalidades.

➢ En Uruguay, en 2009 se estableció la obligación de incluir personas de ambos sexos en cada terna de candidatos, en la totalidad de la lista o en los primeros 15 lugares de las listas que se presentan en las elecciones internas nacionales (es decir de Cámara Baja y Alta) y departamentales, así como en la elección de autoridades partidarias. Sin embargo, la ley estipuló que esta cuota para el caso de elecciones nacionales y departamentales regirá por única vez en los comicios de 2014 y 2015, respectivamente.[322]

De esta forma, a partir de la primera mitad de la década de los noventa, los cambios experimentados en estos países marcaron un antes y un después, y constituyeron un acelerador importante para la mejora de los niveles de representación política femenina, básicamente en el Poder Legislativo. Antes de la aplicación de la cuota, el porcentaje promedio de representación de mujeres en los parlamentos de estos países alcanzaba apenas un 9%.

Tras la adopción de las cuotas, Argentina, Bolivia, Brasil, Costa Rica, Ecuador, México, Panamá, Paraguay, Perú y República Dominicana vieron cómo se duplicó ese porcentaje promedio, llegando a 18%. Honduras, que las adoptó tiempo después, tuvo un incre-

---

322 Véase Ley 18.476.

mento de 6% a 23%. Se observan resultados notables en Argentina, el primer país en adoptar el sistema de cuotas; en el que se pasó de 6% de representación parlamentaria en 1990 a 38.5% en 2009. En las elecciones de 2010, en Costa Rica, se eligió a un importante grupo de parlamentarias equivalente a 38.6%, ocupando el primer lugar de América Latina y el décimo en el ranking mundial de la Unión Interparlamentaria Mundial.[323]

Ecuador es otro país que dio un gran salto pasando de tener 4% de representación parlamentaria en 1996 a 32.3% en 2009, y México de 2009 a 2012 pasó de 26.2% a 36.8% en la Cámara de Diputados y de 19.5% a 32.8% en la Cámara de Senadores. Por su parte, en las recientes elecciones de medio periodo de 2015 (y como consecuencia de las reformas de 2014 que introdujeron la paridad) en la Cámara de Diputados el porcentaje de representación parlamentaria femenina llegó a 42.4 por ciento.

En relación a la paridad, a partir de su adopción, Bolivia es un claro ejemplo de su impacto: a finales de 2015 contaba con un 53.1% de mujeres en la Asamblea Plurinacional (electa en 2014). Este porcentaje ha ubicado a Bolivia, según datos de la Unión Interparlamentaria, en el segundo lugar a nivel mundial en presencia de mujeres en Cámara Baja y el primero en América Latina.

Pero también es importante anotar que las cuotas no han funcionado de manera similar en todos los países, pues en algunos, la falta de sanciones claras ante el incumplimiento o la ausencia de medidas para garantizar la ubicación de las mujeres en posiciones "ganadoras" en las listas electorales han limitado su impacto en el logro de un mayor número de mujeres electas. En todo caso, se puede señalar que, como producto de toda esta tendencia de reformas para favorecer la participación de la mujer en la vida política, la situación actual en la región se refleja en el siguiente cuadro.

---

323 (http://www.ipu.org/wmn-e/classif.htm).

CUADRO III.8.2. *Normas sobre el enfoque de género en la legislación*

País	Exigencia de cuotas en las candidaturas	Sanción por incumplimiento de cuotas en las candidaturas
Argentina	30%	No inscripción de la lista si se incumple el sistema de cuotas
Bolivia	50%	No inscripción de la lista si se incumple el sistema de cuotas
Brasil (No aplica en Cámara Alta)	Cada partido o coalición debe reservar un mínimo de 30% y máximo de 70% de las candidaturas de cada sexo	N/R
Chile	Máximo 60% de uno de los géneros	No inscripción de la lista si incumple la cuota
Colombia	Mínimo 30% de uno de los géneros	N/R
Costa Rica	50%	No inscripción de la lista si se incumple el sistema de cuotas y lista trenzada
Ecuador	50%	No inscripción de la lista si se incumple el sistema de cuotas
El Salvador	30%	Multa equivalente al monto de 15 - 55 salarios básicos y tienen unos 15 días para cumplir la cuota en su lista.
Guatemala	N/R	N/R
Honduras	40% en listas de elecciones internas, a partir de 2016 se elevará a 50%	N/R
México	50%	Amonestación pública y no inscripción de candidaturas
Nicaragua	50%	N/R
Panamá	30% en listas de elecciones internas	N/R
Paraguay	Una candidata mujer por cada cinco lugares en listas de elecciones internas.	Serán sancionados con la no inscripción de sus listas en los tribunales electorales respectivos.

Sigue página siguiente

País	Exigencia de cuotas en las candidaturas	Sanción por incumplimiento de cuotas en las candidaturas
Perú	Listas de candidatos deben estar conformadas por no menos de 30% de hombres o mujeres.	No existe sanción explícita
República Dominicana (No aplica en Cámara Alta)	33%	No inscripción de la lista si se incumple el sistema de cuotas
Uruguay (sólo para elecciones 2014 y 2015)	Cada lista deberá incluir en su integración personas de ambos sexos en cada terna, en el total presentado o en los primeros quince lugares	No inscripción de la lista si incumple con estas características
Venezuela	N/R	N/R

FUENTE: D. Zovatto G., *Regulación jurídica de los partidos políticos en América Latina*, UNAM-IDEA, México, 2006 (actualización a 2016), pp. 86/87. Disponible en: www.quotaproject.org

Al analizar las características de las legislaciones, se observa que la corriente predominante asigna cuotas específicas porcentuales de representación femenina en las listas de candidatos a cargos de elección popular. En general, las cuotas se ubican en rangos que van de 30% a 40% de la representación, con la sola excepción de Paraguay que la fijó en 20%. Y, como hemos dicho, la paridad se sitúa en 50 por ciento.

También, como se ha adelantado en líneas anteriores, existen otras consideraciones legales que procuran dar a la mujer una posibilidad real de acceso a los cargos en concurso. En ese sentido, algunas legislaciones se refieren a que la incorporación de candidaturas femeninas se realice en puestos con posibilidades de resultar electas (Argentina), y otras legislaciones estipulan que la ubicación en los listados de candidatos debe darse de forma alternada (hombre-mujer, mujer-hombre), como en Bolivia, Costa Rica, Ecuador, México y Nicaragua.

Sin embargo, aún quedan países que carecen de leyes que regulen lo concerniente a la equidad de género, vacío que se llena con la inclusión en los estatutos de algunos partidos políticos de cuotas voluntarias cuyo cumplimiento en todo caso haría falta monitorear para determinar si efectivamente son respetadas por los partidos.

Un aspecto por destacar es el relacionado con las medidas establecidas en la normativa ante el incumplimiento de las disposiciones en la materia. Hay que tomar en cuenta que, sin un precepto coercitivo, las normas quedan como meros enunciados y no se cumplen. Así, en la mayoría de las legislaciones las sanciones establecidas se vinculan directamente con la no aceptación de la inscripción de la lista respectiva, lo cual obliga a los partidos a ajustarse a lo normado ante el riesgo de quedarse sin participación. El cuadro III.8.2 muestra los países de América Latina que han incorporado a sus sistemas electorales un sistema de sanciones que garantice el cumplimiento de esta disposición.

Asimismo, tal como lo señalan Roza et al., 2010, es importante analizar el tipo de sistema electoral en el que operan estas cuotas, ya que los sistemas de representación proporcional con listas cerradas y bloqueadas serían los más favorables para el logro de una mayor efectividad de este tipo de medidas.[324] Otros factores, como la hostilidad o el acoso y otras formas de violencia, suponen una influencia sumamente importante y constituyen trabas que las mujeres encontrarán particularmente difíciles de vencer al ingresar en la vida política.

9. *Cuotas en contexto*

Los partidos son instituciones fundamentales de la democracia representativa como enlace entre la sociedad civil y el Estado en la representación de intereses, tendencias y opciones políticas. Como tales, desempeñan una función vital, pues se constituyen en una suerte de filtro para la selección de candidatos a cargos de autoridad.

En este sentido, es notorio el dominio masculino en la arena política, en las dirigencias de los partidos y, por ende, el dominio de un modelo que puede considerarse masculino en la forma de hacer política. Al haberse reconocido de manera tardía el derecho de las mujeres al sufragio activo y pasivo, muchas veces son vistas como invasoras en un campo (los partidos políticos) compuesto con anterioridad sólo por varones.

---

324 Al respecto consúltese Vivian Roza, Beatriz Llanos Cabanillas y Gisela Garzón de la Roza, *Partidos políticos y paridad: la ecuación pendiente*, Banco Interamericano de Desarrollo e IDEA Internacional, Lima, 2010.

La centralización de los mandos partidarios constituye también un obstáculo para lograr un modelo equitativo. Lo deseable, por ello, será descentralizar los procesos de nominación y postulación para así poder identificar y capacitar a las mujeres con potencial de liderazgo que aspiren a cargos de dirección partidaria y de elección popular. La descentralización fundamental es en este sentido fundamental, porque permitirá buscar talentos en los ámbitos local, regional y nacional, integrando a la búsqueda a aquellos sectores tradicionalmente excluidos, como el rural.

Por otro lado, se debe poner un especial énfasis en la relevancia del factor socioeconómico para los países en vías de desarrollo. No es noticia que la pobreza ataque de manera más grave a las mujeres, y ello se observa en su mayor tasa de analfabetismo y de ausentismo escolar, sobre todo en las zonas rurales en las que se antepone el deber de cumplir tareas domésticas en vez de priorizar la propia instrucción.

La falta de independencia económica, jurídica y social, sumada a la falta de instrucción, deviene en un pretexto para que la mujer no sea calificada como mando partidario potencial. Este problema sólo podrá solucionarse cuando se proporcione el acceso igualitario a las mujeres a la educación, capacitación y participación en la dinámica partidaria, además de motivar el desarrollo de una carrera política desde la juventud.

Los factores psicológicos o socioculturales[325] se encuentran estrechamente relacionados con las funciones sociales que tradicionalmente se atribuyen a las mujeres de manera predeterminada, viéndolas, de forma equivocada, únicamente como madres o amas de casa en un estado de subordinación. La subordinación psicológica es, en este sentido, tanto un factor como un resultado que se traduce en la falta de confianza de las mujeres en sí mismas y de su potencial de liderazgo y gestión de la vida pública. Eventualmente, ello puede constituir un verdadero desincentivo para tomar la decisión de participar en la vida política.

---

325 Julie Ballington y Azza Karam (eds.), *Mujeres en el parlamento. Más allá de los números*, International IDEA, Estocolmo, 2005, p. 33. Disponible en: http://www.idea.int/publications/wip/upload/WiP_Spanish_hires-final.pdf.

Si bien los gobiernos esgrimen discursos sobre democracia participativa y algunos han demostrado una gran voluntad para adoptar medidas en favor de sistemas políticos más incluyentes, las fallas estructurales mencionadas hacen que, a pesar de los esfuerzos realizados, en muchos sectores se siga percibiendo el escenario político como un espacio reservado a los varones.

La evidencia latinoamericana indica entonces que, si bien las cuotas pueden establecerse en forma de legislación, el verdadero reto consiste en garantizar su implementación en la práctica. Las cuotas rendirán frutos en la medida en que estos mecanismos se acompañen de procesos de cambio capaces de generar un tejido social más equilibrado entre sexos. El acceso al financiamiento político y la democratización interna de los partidos, así como cambios culturales, son condiciones esenciales para lograr esa igualdad.

El establecimiento de cuotas, y luego de la paridad, ha tenido un importante efecto simbólico. Peschard[326] señala que su uso ha sensibilizado a la población sobre el problema de la desigualdad, y que el debate en torno a la adopción de cuotas ha permitido que se piense que las mujeres son profesional y políticamente capaces de ocupar cargos públicos.

No obstante los avances registrados en la materia, los especialistas coinciden en que estas regulaciones atacan el problema de la subrepresentación de las mujeres pero no sus causas; de ahí que deban entenderse como puntos de partida y no de llegada para el desarrollo de nuevos mecanismos que impulsen y fortalezcan la participación política femenina.

10. *Estado actual de la región en materia de participación política de la mujer*

Según cifras de la Unión Interparlamentaria Mundial, a finales de 2015 existen 45734 curules en el mundo, de las cuales sólo 10

---

326 Jacqueline Peschard, "El Sistema de cuotas en América Latina. Panorama general", en J. Ballington y M. Méndez-Montalvo (eds.), *Mujeres en el parlamento...*, *op. cit.*, pp. 173-186. Disponible en: http://www.idea.int/publications/wip/upload/chapter_04a-CS-LatinAmerica.pdf.

349 (22.6%) son ocupadas por mujeres,[327] por lo que lamentablemente aún no es posible concluir que los intentos por convertir la igualdad en un hecho concreto en el ámbito político hayan resultado exitosos. En el cuadro III.10.1 se aprecia la situación de representación política de las mujeres en los parlamentos, desagregada por regiones en todo mundo.

CUADRO III.10.1. *Representación femenina parlamentaria desagregada por región*

	Cámara Única/Baja	Cámara Alta	Ambas cámaras
Países nórdicos	41.6	No aplica	No aplica
América	27.7	27.0	27.6
Europa - países miembros de la OSCE, incluidos los países nórdicos	26.0	25.1	25.8
Europa - países miembros de la OSCE excluidos los países nórdicos	24.5	25.1	24.6
África Subsahariana	23.1	22.0	23.0
Asia	19.5	16.0	19.2
Estados Árabes	19.0	12.6	18.1
Pacífico	13.9	34.8	16.3

FUENTE: IPU, noviembre de 2016. Disponible en: http://www.ipu.org/wmn-e/world.htm

NOTA: OSCE: Organización para la Seguridad y la Cooperación en Europa.

Como se puede apreciar, América se encuentra en el segundo lugar con respecto a los logros obtenidos en las demás regiones en cuanto a la representación femenina en los parlamentos. Sin embargo, se mantiene una gran diferencia de 13.8% con respecto al primer lugar y el tiempo que ha tardado en obtenerla con respecto a los países nórdicos.

---

327 Véase: http://www.ipu.org/wmn-e/world.htm.

En cuanto al Poder Ejecutivo, destacan los casos más recientes de Argentina, Costa Rica, Chile y Brasil, con presidentas elegidas democráticamente en 2007, 2010 y 2014, respectivamente. Antes, Violeta Barrios de Chamorro en Nicaragua y Mireya Elisa Moscoso en Panamá alcanzaron la cúspide del poder político por la vía de las urnas.[328]

Adicionalmente, es importante mencionar que tres presidentas han sido reelegidas democráticamente en los últimos años: en 2011 Cristina Fernández accedió a su segundo mandato presidencial con una alta votación en Argentina; en 2014 Michelle Bachelet y Dilma Rousseff fueron reelegidas presidentas en Chile y Brasil, respectivamente.

CUADRO III.10.2. *Comparativo de mujeres en congresos unicamerales o cámaras bajas 1997-2016 (%)*

País	1997	2010	2012	2014	2015	2016
Argentina	25.3	38.5	37.35	36.6	38.11	35.8
Bolivia	6.9	25.4	25.38	25.40	53.1	53.1
Brasil	6.6	8.8	8.58	8.6	9.9	9.9
Colombia	11.7	8.4	12.12	19.9	19.9	19.9
Costa Rica	15.8	36.8	38.6	33.3	33.3	33.3
Chile	7.5	14.2	14.17	15.8	15.8	15.8
Ecuador	3.7	32.3	32.26	41.6	41.6	41.6
El Salvador	10.7	19	26.19	27.4	32.1	32.1
Guatemala	12.5	12	13.29	13.3	13.9	13.9
Honduras	7.8	18	19.53	25.8	25.8	25.8

Sigue página siguiente

---

328 En 2010, en Costa Rica se eligió por primera vez a una mujer como Presidenta de la República, Laura Chinchilla, y en Brasil, Dilma Rousseff resultó electa presidenta, ambas para un periodo de gobierno de cuatro años.

País	1997	2010	2012	2014	2015	2016
México	14.2	26.2	36.8	37.4	42.4	42.4
Nicaragua	10.8	20.7	40.22	42.4	41.3	41.3
Panamá	9.7	8.5	8.45	19.3	18.3	18.3
Paraguay	2.5	12.5	12.5	15.0	15	15
Perú	10.8	27.5	21.54	22.3	22.3	27.7
República Dominicana	11.7	19.7	20.77	20.8	20.8	26.8
Uruguay	7.1	15.2	12.12	13.1*	16.2	16.2
Venezuela	5.9	17.00	16.97	17.0	17	14.4
Promedio	*10.8*	*18.5*	*22.05*	*24.17*	26.5	28.7

FUENTE: Cifras de Observatorio de Igualdad de Género de América Latina y el Caribe, CEPAL-IDEA, 2016 (actualizadas a 2016). Disponible en: http://www.eclac.org/oig/adecisiones/ http://www.eclac.org/oig/adecisiones/ y Unión Interparlamentaria (http://www.ipu.org/wmn-e/classif.htm) y página web de Cámara de Diputados y Senado de Argentina para 2016.

Como se desprende del cuadro anterior, las medidas legislativas adoptadas han logrado que sólo en cinco casos –Argentina, Costa Rica, Ecuador, México y Nicaragua– las mujeres superen una masa crítica de 30%, proporción mínima considerada internacionalmente como la que permite un aporte significativo de las mujeres y garantiza que el dominio de la escena política no sea exclusivamente masculino.

Este 30% es, ciertamente, el punto de partida hacia un reparto de poder equitativo. Resultados obtenidos en países como Brasil, Chile, Colombia, Guatemala, Paraguay Panamá, Uruguay y Venezuela, con una representación de mujeres parlamentarias inferior a 20%, ponen en evidencia que queda mucho camino por recorrer hacia la paridad.

Esta realidad contrasta con la de los países con mayor representación femenina –Argentina, México, Ecuador, Bolivia y Costa Rica–, lugares donde las medidas adoptadas (cuota o paridad) van acompañadas de un mandato de posición, es decir la exigencia de una ubicación equivalente en el orden de las listas, bien sea trenzadas o con alternancia o de modo que cada cierto número de escaños de la lista sea ocupado por una mujer.

Adicionalmente, otros elementos contribuyen con el funcionamiento y efectividad de la cuota o paridad, como el tipo de lista; en Argentina y Costa Rica, el electorado no puede alterar el orden de las listas. El caso de Ecuador, donde las listas son abiertas, en las últimas elecciones parlamentarias los resultados han sido muy favorables para las mujeres; sin embargo, sería necesario hacer una investigación específica para determinar si ha habido otros factores coyunturales que hayan contribuido a estos resultados y permitido elevar la representación femenina.

Más aún, es necesario tener en cuenta que los avances logrados en cada país no son definitivos ya que existe el riesgo de sufrir retrocesos. Un ejemplo claro de esta situación es el caso de Costa Rica donde, a pesar de existir paridad y alternancia, el porcentaje de mujeres parlamentarias ha disminuido significativamente de 38.6% en 2010 a 33.3% en 2014. Este retroceso muestra que es necesario contemplar mecanismos de cuotas y/o paridad horizontal y vertical, es decir mecanismos de acción afirmativa en las listas y entre las listas partidarias. Si bien hay que continuar avanzando en materia legal, el objetivo debe ir más allá del reconocimiento de una condición o situación jurídica presupuesta y objetivamente existente, y más bien, dirigirse a la inclusión efectiva en un sistema político que continúa manifestándose hostil para las mujeres. Es indispensable, por tanto, reforzar los mecanismos e instrumentos electorales para una profundización de la democracia más incluyente y equitativa.

El creciente reconocimiento de las mujeres latinoamericanas como sujetos políticos, sobre todo durante las últimas tres décadas, ha estado asociado también a procesos de apertura democrática y de cambios institucionales producto de la modernización de las sociedades y por la emergencia de nuevas fuerzas políticas y sociales. El aumento de la presencia de las mujeres latinoamericanas en los poderes ejecutivos y legislativos, si bien a ritmos dispares, expresa principalmente un cambio cultural respecto de la valorización de las capacidades de las mujeres, y da cuenta de un mayor acceso a los recursos materiales y al prestigio, lo que se traduce en la conformación de una masa crítica a nivel de las autoridades y los representantes políticos más proclives a la incorporación de las mujeres a la vida política en pie de igualdad.

La demanda de la paridad en la representación política y los cargos de decisión es la expresión máxima de construcción de sociedades más incluyentes, en las que hombres y mujeres de diversas procedencias puedan acceder a los recursos necesarios y sean reconocidos como iguales al momento de decidir los destinos de sus sociedades. Ello implica cambios profundos a nivel de las instituciones públicas y de la esfera privada, por cuanto implica ir a los orígenes de la exclusión de las mujeres del goce de sus derechos.

No cabe duda de que los avances en la representación política femenina han sido potenciados en gran medida por las alianzas políticas que las mujeres han realizado para que se establezcan acciones afirmativas o se avance hacia la paridad. En general, estas medidas han sido exitosas allí donde el triángulo del empoderamiento ha estado atento al cumplimiento cabal de la ley.

El tránsito de las cuotas a la paridad significa no sólo ir hacia una incorporación plena de las mujeres a la vida política, también abre el horizonte para incorporar a otros sectores excluidos y a otras demandas. La paridad supone un replanteamiento del campo político respecto de sus formas tradicionales, dinámicas, estructuras, jerarquías y organización.

REFLEXIÓN FINAL

Existe consenso tanto en la doctrina como en la práctica de que la selección de un sistema electoral constituye una de las decisiones más importantes para cualquier democracia por sus consecuencias políticas, especialmente, por su impacto en el número de partidos, el incentivo o la inhibición al pluralismo y la composición de las asambleas y los gobiernos. Pero debemos recordar que la elección de los sistemas electorales la hacen los partidos u organizaciones políticas ya existentes.

En otras palabras, los sistemas electorales –como otras instituciones políticas– son también creaciones de los partidos, las asambleas y los gobiernos previamente actuantes, cada uno de los cuales tiende a preferir aquellas fórmulas y procedimientos institucionales que consoliden, refuercen o aumenten su poder relativo. De modo que resulta muy poco productivo especular sobre el sistema electoral ideal, el mejor, el más democrático, cuando lo que debe tenerse presente son las oportunidades de cambio que ofrece la realidad, los problemas por atender y los actores involucrados en la coyuntura histórica.

Durante estas tres décadas y media, los sistemas electorales han sido objeto de una profusa reforma, entre cuyas tendencias principales destacan las siguientes:

1. En el nivel legislativo predomina la fórmula electoral de representación proporcional (en 14 de los 18 países) con listas cerradas y bloqueadas. Asimismo, la mayoría de los países cuentan con elecciones (presidenciales y legislativas) simultáneas o parcialmente simultáneas. En cuanto al tipo de fórmula electoral proporcional, en 10 países se utiliza la fórmula D'Hondt, la menos proporcional y que favorece de manera sistemática a los partidos más grandes.[329]

2. Para la elección presidencial predomina la elección por mayoría absoluta o relativa calificada (umbral reducido) con previsión de dos vueltas. En varios países de la región existe, sin embargo, un debate acerca de si el balotaje ha estado a la altura de las expectativas, o si, por el contrario, ha agravado los problemas de gobernabilidad.

3. En materia de participación política de las mujeres, el objetivo principal debe ser ir más allá del reconocimiento de una condición o situación jurídica presupuesta y objetivamente existente; es decir, la meta debe consistir en lograr la inclusión efectiva y en condiciones de paridad de las mujeres en un sistema político que aún les es hostil. Es indispensable, por tanto, reforzar los mecanismos e instrumentos electorales para una profundización de la democracia más incluyente y equitativa.

En cuanto a los resultados más importantes de las citadas reformas, apuntamos los siguientes:

---

329 A éstos pueden sumarse otros dos países con sistemas mixtos, que combinan la fórmula electoral D'Hondt con la de mayoría relativa: Bolivia (mixto proporcional) y Venezuela (mixto mayoritario).

➤ En la mayoría de los casos, las reformas han tendido a favorecer la representatividad en detrimento de la efectividad o gobernabilidad. Por lo tanto, si bien a comienzos del periodo estudiado los sistemas de partidos de América Latina estaban bastante fragmentados, las reformas a los sistemas electorales agravaron dicha fragmentación, trayendo como consecuencia, en varios países, problemas de gobernabilidad. Por consiguiente, la tendencia mayoritaria de las reformas no ha coincidido con la opinión generalizada de los estudios académicos sobre la necesidad de un sistema de partidos más concentrado para que la democracia presidencialista funcione de manera más eficaz.

➤ Las reformas destinadas a aumentar el poder de decisión del electorado para votar a sus representantes tuvieron efectos modestos debido, entre otros varios factores, al gran número de partidos y candidatos por circunscripción que disputan cargos electivos y al nivel de información que ello exige a los ciudadanos, todo lo cual hace difícil que éstos (los ciudadanos) puedan ejercer una elección informada. Además, el debilitamiento de los partidos, fenómeno quizá acentuado en los sistemas de voto preferencial, socava la capacidad del electorado para indicar a las autoridades, mediante el voto, sus preferencias con respecto a asuntos políticos fundamentales y, sobre esa base, responsabilizar a los legisladores por su desempeño.

En resumen: si bien durante estas tres décadas y media se han adoptado numerosas reformas en los sistemas electorales de América Latina, la mayoría de ellas, no han aliviado de manera sustancial los problemas de gobernabilidad ni tampoco han reforzado la credibilidad en las instituciones representativas de la región.

IV. BALOTAJE Y REELECCIÓN EN AMÉRICA LATINA

La tercera ola democrática en América Latina trajo consigo importantes novedades en la esfera del sistema electoral presidencial. Como ya tuvimos ocasión de analizar en el capítulo anterior, y ahora ahondaremos, dos de las principales reformas a dicho sistema son: la sustitución (en un elevado número de países de la región) del sistema de mayoría relativa por el de segunda vuelta o balotaje (con diferentes umbrales), y la regulación de la reelección bajo diversas modalidades: alterna, consecutiva e indefinida.

1. *Balotaje Definición, origen y modalidades*

El balotaje o segunda vuelta (en adelante se utilizarán ambos términos indistintamente) es una institución del derecho constitucional francés, reglamentado por vez primera en Francia en 1852 y recuperado de manera definitiva por la Constitución francesa de la V República (1958).

Una particularidad (de las varias que existen) de la reglamentación de esta institución en América Latina consiste en que, a diferencia del modelo francés (que se utiliza en un sistema semipresidencial para elegir tanto al presidente como a los representantes en la asamblea), en nuestra región (salvo en Haití, que cuenta con un régimen político y electoral similar al francés) se lo utiliza únicamente para elegir cargos ejecutivos,[330] en general, el presidente.

---

330 Así, para citar unos pocos ejemplos de autoridades ejecutivas (además del Presidente de la República) que son electas vía balotaje, cabe mencionar la elección de gobernadores y alcaldes (en las ciudades con más de 200.000

En términos generales, el balotaje es un sistema electoral que busca crear mayorías claras y contundentes a favor de una opción política (por ello se lo conoce en inglés con el término de *majority run off*). Entre sus objetivos se encuentra producir un escenario que favorezca la decisión electoral de los ciudadanos al simplificar las opciones disponibles e incrementar la base electoral y la legitimidad del representante electo.[331] El mecanismo se emplea en circunscripciones uninominales y prevé dos fases electorales. En la primera compiten todas las candidaturas formalmente inscritas para la contienda, y para ganar algunas de ellas debe alcanzar un porcentaje de votos mayor a 50%, o bien un umbral establecido constitucionalmente que suele ser superior a 40%. En estos casos (umbral reducido) estamos ante la presencia de sistemas de mayoría relativa calificada o de segunda vuelta con umbral reducido. Algunas legislaciones establecen que el umbral se reduce conforme se amplía la distancia entre los dos candidatos.

Ahora bien, en caso de que ningún candidato logre superar el umbral de votos establecido para evitar el balotaje, se recurre a una segunda votación entre los dos candidatos más votados. La consecuencia más importante de este mecanismo es que el ganador contará con el apoyo de la mayoría absoluta de los votos válidos. En otras palabras, el apoyo mayoritario que se produce en segunda vuelta demanda que los electores de los candidatos eliminados en la primera vuelta deban apoyar a su segunda opción, o al menos malo de los dos que compiten en esa segunda vuelta. También pueden optar por abstenerse, votar en blanco o anular su voto. Si ser electo de esta manera brinda mayor legitimidad que ser elegido por mayoría relativa es una de las cuestiones que en la ciencia política discuten con mayor intensidad quienes están a favor o en contra del sistema de balotaje o doble vuelta.

---

electores) en Brasil. Por su parte, en Argentina, lo mismo sucede para la elección del Jefe de Gobierno de la Ciudad Autónoma de Buenos Aires.

331 Adriana Gallo, "El proceso electivo trifásico en América Latina. Análisis del impacto de la interacción de los nuevos instrumentos institucionales", *Espiral*, vol. XVIII, núm. 51, 2011, p. 103.

Pero más allá de este importante debate, lo cierto es que, durante La tercera ola democrática, el sistema de segunda vuelta ha venido ganando terreno en América Latina hasta el punto de ser acogido (en alguna de sus variantes) por la mayoría de los países que la integran, tal como se muestra en el cuadro IV.1.1. En efecto, en el caso de reformas que modifican el sistema de elección presidencial, la tendencia predominante, desde 1978 a la fecha, ha sido el cambio del sistema de mayoría relativa a uno de segunda vuelta.[332]

CUADRO IV.1.1.   *Países con sistema electoral que admite segunda vuelta*

País	Regla de elección	Vigencia (desde)	Especificaciones
Argentina	Mayoría relativa calificada	1994 (antes Colegio Electoral)	Umbral de 45%, o de 40% si se presenta una distancia de 10%
Bolivia *	Mayoría relativa calificada	Desde 2009	Mayoría absoluta, o umbral de 40% si hay una distancia mayor a 10% entre los dos candidatos más votados
Brasil	Mayoría absoluta	1988	
Chile	Mayoría absoluta	1989	
Colombia	Mayoría absoluta	1991 (antes por regla de mayoría relativa)	
Costa Rica	Mayoría relativa calificada	1949	Se establece un umbral de 40% de los votos
Ecuador	Mayoría relativa calificada	1978 cambios en 1998	Mayoría absoluta, o umbral de 40% si hay una distancia mayor a 10% entre los dos candidatos más votados

Sigue página siguiente

---

332 Gabriel L. Negretto, *La política del cambio constitucional en América Latina*, Fondo de Cultura Económica, 2015, México, pp. 292 y 305.

País	Regla de elección	Vigencia (desde)	Especificaciones
El Salvador	Mayoría absoluta	1983	
Guatemala	Mayoría absoluta	1985 (antes por regla de mayoría relativa)	
Perú	Mayoría absoluta	1980	
República Dominicana	Mayoría absoluta	1994 (antes por regla de mayoría relativa)	
Uruguay	Mayoría absoluta	1997	

FUENTE: *Elaboración propia.*

* Antes de la Nueva Constitución de 2009, Bolivia contemplaba una figura especial de balotaje en el Congreso, por lo cual no se puede considerar como sistema de elección directa del presidente.

Como consecuencia de estas reformas, 12 de los 18 países (además de Haití, cuyo caso no examinaremos en este capítulo, ya que, como adelantamos, cuenta con un sistema semipresidencial de gobierno y una reglamentación de la segunda vuelta que se aparta del modelo latinoamericano) contemplan hoy en día el balotaje en diversas modalidades. En ocho de ellos, la mayoría que se exige es de 50% más uno de los votos. Costa Rica, en el otro extremo, exige un porcentaje inferior: 40% de los votos. En Ecuador y Bolivia, 50% más uno, o bien, 40% con una diferencia de más de 10 puntos porcentuales, y en Argentina, 45%, o bien, 40% con una diferencia de más de 10 puntos porcentuales sobre el candidato que alcanza la segunda votación.

En estos cuatro países (Costa Rica, Bolivia, Ecuador y Argentina), el sistema es de doble vuelta con umbral reducido, ya que para ganar en la primera vuelta se requiere una mayoría inferior a la mayoría absoluta; es decir, el umbral para ganar la elección y evitar la segunda vuelta se reduce por debajo de la mayoría absoluta. Precisamente por esta particularidad, estos sistemas pueden ser denominados como de mayoría relativa calificada ya que requieren que el ganador, para evitar la segunda vuelta, obtenga una mayoría relativa específica pero siempre inferior a la mayoría absoluta.

Sólo un tercio de los países de la región (México, Honduras, Panamá, Paraguay y Venezuela) no la contemplan; tampoco lo hace Nicaragua, que desde principios de 2014 decidió volver al sistema de mayoría relativa. Este último país (Nicaragua) fue el único que habiendo pasado de un sistema de mayoría relativa a uno de doble vuelta (con la particularidad de tener el umbral más bajo de toda la región), luego de un tiempo regresó al sistema de mayoría relativa.

A. *Virtudes y debilidades del balotaje*

Los defensores del balotaje argumentan que el sistema tiene dos objetivos principales: *1*) garantizar una alta legitimidad de origen del presidente electo, y *2*) fortalecer la gobernabilidad democrática al promover la formación de alianzas electorales entre la primera y la segunda vuelta, las cuales podrían transformarse más adelante en coaliciones de gobierno.

Para sus detractores, en cambio, el balotaje cumple difícilmente con estas supuestas virtudes. Señalan que la elevada legitimidad de origen del presidente puede ser artificial e inestable. Argumentan, asimismo, que genera menores incentivos para el voto estratégico en la primera vuelta, lo cual favorece el incremento del número de partidos.[333] En efecto, siendo altas las probabilidades de que la presidencia se defina en una segunda vuelta, entonces no hay presión para que los simpatizantes de fuerzas minoritarias las abandonen y concentren sus votos en los partidos con opción de ganar, para así intentar elegir al candidato que consideren mejor entre los que tienen oportunidad real de obtener la Presidencia. Como consecuencia de este cálculo estratégico de una parte de los electores, muy probablemente se tendrá un número mayor de partidos representados en la legislatura del que se hubiera obtenido de haber utilizado el sistema de mayoría relativa, todo lo cual podría hacer más difícil la formación de mayorías legislativas y la aprobación de la legislación propuesta por la Presidencia.

Los críticos del balotaje advierten, además, sobre la posibilidad de que, indirectamente, este sistema aliente problemas de gobernabilidad en vez de resolverlos, ya que las elecciones legislativas y

---

333 Scott P. Mainwaring y Matthew Soberg Shugart (eds.), *Presidentialism and Democracy in Latin America*, Cambridge University Press, Cambridge (MA), 1997, p. 407.

presidenciales son técnicamente simultáneas; las primeras se definen en la primera vuelta, lo que genera el riesgo de que el presidente electo en la segunda carezca de la mayoría del respaldo legislativo;[334] situación que se potencia con la tendencia (arriba señalada) a una mayor segmentación del voto legislativo. La gobernabilidad también podría verse afectada por el hecho de que las coaliciones que se integran para la segunda vuelta no necesariamente implican acuerdos programáticos sólidos, de modo que son relativamente proclives a disolverse durante el transcurso del mandato, dejando al presidente con un respaldo legislativo, partidario y popular disminuido.

En los casos en que se requiere una segunda vuelta, y en particular en aquéllos donde el candidato vencedor no obtuvo un respaldo elevado en la primera vuelta o ganó por muy escaso margen en la segunda, la legitimidad que da la mayoría absoluta en el balotaje puede resultar muy frágil, de modo que el gobierno resultante podría encontrarse en poco tiempo en una situación de apoyo popular muy reducido, como ha sido frecuente en varios países de la región, entre ellos Perú. Esta situación puede complicar la gobernabilidad porque el sistema de segunda vuelta, a diferencia del de mayoría relativa, lleva implícita la idea de que para gobernar se requiere un apoyo popular mayoritario.

Es cierto que formalmente la mayoría absoluta sólo se requiere para ganar la elección, y que una vez lograda en la segunda vuelta, constitucionalmente hablando, ya no es necesario mantener un apoyo popular mayoritario; sin embargo, la idea del requisito de un apoyo popular mayoritario puede trasladarse en la discusión política al curso del mandato y ser utilizada para intentar menoscabar la legitimidad del presidente cuando éste, habiendo ganado con mayoría absoluta en la segunda vuelta, pierda respaldo ciudadano en el transcurso de la gestión, especialmente si ese deterioro de la popularidad es de proporciones considerables.

En estos casos, el sistema de segunda vuelta contendría potencialmente la posibilidad de acentuar y agravar las consecuencias

---

334 Gabriel L. Negretto, *La política del cambio constitucional...*, *op. cit.*, 2015, p. 63.

políticas de una disminución sensible del apoyo popular durante el periodo constitucional del presidente. En otras palabras, el sistema de balotaje podría terminar produciendo consecuencias contrarias a los objetivos para los que fue adoptado. En nuestra perspectiva, esta situación depende en buena medida del sistema de partidos. En efecto, mientras más elevado sea el nivel de polarización entre los partidos, más probable será que la oposición utilice la pérdida de popularidad del presidente para plantear una crisis de legitimidad. Por el contrario, mientras menos polarizado sea el sistema de partidos mayor será la probabilidad de que una pérdida de popularidad sea simplemente percibida como una estrategia que forma parte de la propaganda política de la oposición, sin consecuencias graves para la legitimidad del gobierno.

Resumiendo: los sistemas de segunda vuelta, en particular en su modalidad de mayoría absoluta, son más proclives a producir parlamentos fraccionados y, en consecuencia, no propician una mayoría parlamentaria favorable al presidente. Esta situación, como ya analizamos, dificulta la gobernabilidad, pero al mismo tiempo aumenta las probabilidades de que el Parlamento ejerza control real sobre el presidente, y no sea una simple caja de resonancia o escribanía del ejecutivo. De modo que aquí hay una tensión entre dos elementos importantes para todo sistema democrático: gobernabilidad y control parlamentario. El sistema de segunda vuelta, tal como está regulado en América Latina, eleva las probabilidades de contar con un presidente sin mayoría parlamentaria sólida, pero, al mismo tiempo, aumenta la probabilidad de tener un parlamento que mantenga la autonomía frente al poder ejecutivo y ejerza un control más efectivo sobre el mismo.

Otra cuestión a tener en cuenta es que el resultado de las elecciones en segunda vuelta no es necesariamente el mismo que en la primera, pues el sistema promueve un realineamiento de las fuerzas en contienda y un nuevo proceso de discernimiento democrático por parte de los ciudadanos. Podría pensarse que un candidato que ha obtenido un porcentaje mayor en la primera vuelta tiene mayor probabilidad de ganar en la segunda; sin embargo, en repetidas ocasiones, el resultado no expresa esta tendencia de apoyo sino, más bien, una reversión de resultado (RR); es decir, quien venció en la primera vuelta es derrotado en la segunda.

Un posible problema en el caso de RR es que la nueva mayoría esté basada en coaliciones relativamente frágiles o que no tengan respaldo legislativo mayoritario; lo que pudiera llevar, especialmente en el caso de sistemas de partidos polarizados ideológicamente[335] o poco propicios a los acuerdos políticos, a situaciones de gobernabilidad disminuida o conflictiva[336]. El cuadro IV.1.2 muestra el comportamiento del balotaje durante el periodo 1978-2016.

---

335 Sobre sistemas de partidos polarizados véase Giovanni Sartori. *Parties and Party Systems A Framework for Analysis,* Cambridge University Press, Nueva York, 1976, p. 131.

336 Como ya mencionamos, aunque se dificulta la gobernabilidad, estas situaciones en que el Presidente no cuenta con mayoría propia en el Parlamento propician a su vez un mayor control legislativo sobre la acción del Ejecutivo.

CUADRO IV.1.2.   *Resultado de las segundas vueltas 1978-2016*

País	Año	Resultado: tendencia/reversión
Argentina (1) RR= 1	2015	Reversión
	1989	Tendencia
	2002	Tendencia
Brasil (5) rr = 0	2006	Tendencia
	2010	Tendencia
	2014	Tendencia
	1999	Tendencia
Chile (4) rr = 0	2005	Tendencia
	2009	Tendencia
	2013	Tendencia
	1994	Tendencia
Colombia (4) rr = 2	1998	Reversión
	2010	Tendencia
	2014	Reversión
Costa Rica (2) rr = 0	2002	Tendencia
	2014	Tendencia
	1978	Tendencia
	1984	Reversión
	1988	Tendencia
Ecuador (8) rr = 3	1992	Tendencia
	1996	Reversión
	1998	Tendencia
	2002	Tendencia
	2006	Reversión
	1984	Tendencia
El Salvador (3) rr = 0	1994	Tendencia
	2014	Tendencia

Sigue página siguiente

País	Año	Resultado: tendencia/reversión
Guatemala (8) rr = 1	1985	Tendencia
	1991	Reversión
	1996	Tendencia
	1999	Tendencia
	2003	Tendencia
	2007	Tendencia
	2011	Tendencia
	2015	Tendencia
Perú (6) rr = 3	1990	Reversión
	2000	Tendencia
	2001	Tendencia
	2006	Reversión
	2011	Tendencia
	2016	Reversión
República Dominicana* (1) rr = 1	1996	Reversión
Uruguay (3) rr = 1	1999	Reversión
	2009	Tendencia
	2014	Tendencia

FUENTE: Elaboración propia.

*   Por su parte, en la elección presidencial de 2000, si bien Hipólito Mejía obtuvo la mayoría de votos, no alcanzó, empero, el 50% (llegó a 49.9%); no obstante, el candidato opositor Danilo Medina aceptó la derrota y la segunda ronda no se llevó a cabo.

NOTA: En Argentina, en 2003, no llegó a celebrarse la segunda ronda, ya que el candidato Carlos Menem, que había ganado en primera vuelta, no se presentó a la segunda. El retiro del candidato ganador en la primera vuelta se produce en este caso porque su votación, aun siendo individualmente la mayor, fue relativamente baja (24.5%), y el candidato que llegó en segundo lugar (Néstor Kirchner con 22.2% de los votos) logró formar una amplia coalición que le aseguraba la victoria en la segunda vuelta.

B.   *Balotaje y reversión de resultado: tendencias*

El análisis comparado regional demuestra que el balotaje no altera el resultado inicial en aquellos casos en que el ganador de la primera vuelta es considerado "el mal menor" por una mayoría de los votantes, aunque no sea el candidato favorito de todos. Por el contrario, la RR tiene lugar cuando la mayor parte del electorado comparte un "consenso negativo" en contra del candidato ganador en la primera vuelta y vota en la segunda a favor del candidato que, en la primera, se posicionó en segundo lugar.

En estos casos, sólo una segunda vuelta permite a los electores articular una nueva mayoría e impedir el ascenso a la Presidencia de un candidato altamente impopular que haya resultado triunfador en la primera. En este sentido, los sistemas de segunda vuelta contribuyen a evitar situaciones potenciales de ingobernabilidad que se darían sí, con un sistema de mayoría relativa, resultara electo con una votación relativamente baja un candidato visto como una amenaza por la mayoría de la población. Una situación como ésta podría en teoría darse si, por ejemplo, en un país donde hay una elevada polarización entre dos ideologías radicalmente opuestas, los partidarios de la ideología X tienen un respaldo del 70% de la población y los de la ideología Y del 30%.

En la elección presidencial los partidos de la ideología X se dividen y presentan varios candidatos de modo que ninguno logra 30% de los votos. Por el contrario, los de la ideología Y se agrupan en un solo partido que logra la mayoría relativa en la elección. En un sistema de mayoría relativa ganaría la presidencia el candidato de Y con el consiguiente problema de gobernabilidad al verse una mayoría de 70% gobernada por un presidente al que se oponen radicalmente. En un sistema de segunda vuelta lo más probable es que los partidarios de la ideología X se reagrupen en torno al candidato que llegó en el segundo lugar, de modo que éste logre la presidencia. De esta manera, sería presidente un ciudadano o ciudadana que fuera aceptable para 70% de los votantes, aun cuando no fuera su primera opción.

De las más de 130 elecciones presidenciales que tuvieron lugar en América Latina entre 1978 y 2016, poco más de 80 se celebraron bajo el principio de balotaje, ya que la norma electoral contemplaba este mecanismo al llevarse a cabo la elección. Sin embargo, sólo en 45 casos, que tuvieron lugar en 11 de los 18 países de la región[337]

---

337 Bolivia es el único país donde (desde la Constitución de 2009 a la fecha) no ha habido necesidad de ir a una segunda vuelta, ya que Evo Morales ganó

hubo necesidad de recurrir al balotaje; de estas últimas, en 32 casos triunfó en segunda vuelta quien había ganado en la primera; únicamente en 12 ocasiones de las 44 con balotaje hubo RR, y sólo en un caso (Argentina, 2003) quien quedó en primer lugar, el ex presidente Carlos Menem, no se presentó a la segunda vuelta y Néstor Kirchner fue designado Presidente de la República para el periodo 2003-2007.

Como podemos observar, la RR es poco probable pero no imposible; en los últimos 38 años ha tenido lugar 12 veces, a saber: una en Guatemala (1991), República Dominicana (1996), Uruguay (1999) y Argentina (2015); tres en Perú (1990, 2006 y 2016) y Colombia (1998 y 2014), y tres en Ecuador (1984, 1996 y 2006). De estos datos se desprende que los países de la región andina (Ecuador, Colombia y Perú) concentran hasta ahora la gran mayoría (más del 80%) de los casos de reversión de resultado.

El episodio más reciente de una RR se dio en el Perú, en junio de 2016, ocasión en que Pedro Pablo Kuczynski que había quedado en segundo lugar en la primera vuelta, derrotó en el balotaje a Keiko Fujimori. El antecedente inmediato a la RR peruano tuvo lugar en Argentina en noviembre de 2015, cuando Mauricio Macri, quien había quedado en segundo lugar en la primera ronda ante el candidato oficialista, Daniel Scioli, revirtió el resultado y obtuvo la Presidencia en el balotaje. Anteriormente, en Colombia (2014), el presidente Santos ocupó el segundo lugar ante Óscar Iván Zuluaga en la primera vuelta, pero triunfó en el balotaje. Los dos países que registran el mayor número de RR son el Perú y Ecuador (con tres casos cada uno) para un total de 50% de todas las RR que han tenido lugar en América Latina durante los últimos 38 años.

La última reversión de resultado que tuvo lugar en Ecuador se produjo en 2006, favoreciendo la llegada de Rafael Correa por primera vez a la Presidencia, quien revirtió el resultado con 56% de los votos a su favor. A partir de este evento, las siguientes elecciones

siempre en primera vuelta. De los países que tuvieron balotaje, Argentina y República Dominicana son los dos países que han celebrado menor número de segundas vueltas: sólo una en cada país; en el otro extremo encontramos a Ecuador y a Guatemala con ocho balotajes cada uno.

ecuatorianas (bajo las reglas de la Constitución de 2008) se han decidido, todas, en primera vuelta; comportamiento que llama la atención en un país donde se había recurrido a balotajes en sus contiendas electorales presidenciales de 1978 a 2006.

En aproximadamente la mitad de estos casos (en los cuales no hubo necesidad de ir a un balotaje para definir la Presidencia), el candidato ganador en la primera vuelta superó en más de 20 puntos porcentuales a su principal contendiente. Un grupo menor de elecciones se decidieron, en cambio, con márgenes muy estrechos entre el primero y el segundo lugar (véanse los porcentajes de diferencia entre el primer y segundo lugar en el cuadro IV.1.3).

CUADRO IV.1.3.   *Casos en los que la norma permitía segunda vuelta, pero no se llevó a cabo 1978-2016*

País	Elección	Votos obtenidos por el candidato ganador %	Diferencia con el contendiente principal (%)
Argentina	1995	49.9	20.6
	1999	48.4	9.7
	2003	22.20	-2.30
	2007	44.92	21.97
	2011	53.96	37.09
Bolivia	2009	62.22	35.76
	2014	61.36	37.13
Brasil	1994	54.3	27.3
	1998	53.1	16.0
Chile	1989	55.2	25.8
	1993	58	36.6
Colombia	2002	54	21.6
	2006	62.35	40.33
Costa Rica	1978	50.55	6.75
	1982	58.8	25.2
	1986	52.3	6.5
	1990	51.5	4.3

Sigue página siguiente

País	Elección	Votos obtenidos por el candidato ganador %	Diferencia con el contendiente principal (%)
Costa Rica	1994	49.6	1.9
	1998	47	2.4
	2006	40.92	1.12
Ecuador	2010	46.9	21.85
	2009	51.99	23.75
	2013	57.17	34.49
El Salvador	1989	53.8	17.3
	1999	51.96	23.16
	2004	57.71	22.03
	2009	51.32	2.62
Nicaragua	1996	51	13.2
	2001	56.3	14
	2006	38.0*	9.7
	2011	62.46	31.46
Perú	1985	53.1	28.4
	1995	64.3	42.8
República Dominicana	2000	49.9**	25
	2004	57.1	23.4
	2008	53.83	13.43
	2012	51.21	4.26
	2016	61.74%	34.98%
Uruguay	2005	51.7	16.6

FUENTE: *Elaboración propia a partir de datos electorales de cada país.*

Nótese que en Argentina no se requiere 50% de los votos, pues el umbral es menor (véase cuadro IV.1.1).

* En la elección de Nicaragua de 2006 rigió la reforma que bajó el umbral electoral a 35% con distancia mayor a 5 por ciento.

** En 2000, Danilo Medina se retiró de la contienda y no hubo necesidad de ir a la segunda ronda.

C. *Balotaje en contexto de reelección*

Otra norma que, al igual que el balotaje ha ido ganando espacio en las constituciones latinoamericanas, es la reelección presidencial en sus distintas modalidades. Es de esperarse (como ya viene ocurriendo) que estas reformas de ingeniería institucional traigan cambios importantes en la manera en que los presidentes someten sus postulaciones, así como en su relación con los otros poderes públicos.[338] Una interesante relación que se produce bajo circunstancias donde coinciden balotaje y reelección consecutiva o indefinida es que, en las elecciones en donde un presidente en ejercicio compite como candidato, son más frecuentes los triunfos en primera vuelta. Esta evidencia queda plasmada en casos recientes como los de Bolivia en 2009 y 2014, Colombia en 2006, Ecuador en 2009 y 2013, Nicaragua y Argentina en 2011, y República Dominicana en 2016 (véanse todos los casos en el cuadro IV.1.4).

En la totalidad de las elecciones mencionadas, los presidentes en ejercicio demuestran ser candidatos fuertes cuya legitimidad y apoyo popular parecieran estar previamente garantizados.[339] Aunque en este trabajo no se examina cómo se configuran esos apoyos, es relevante preguntarse por este tema en un escenario altamente reeleccionista como el que vive actualmente América Latina.

Uno de los argumentos centrales del debate sobre las segundas vueltas tiene que ver con el reforzamiento de la figura del presidente a través de la producción de mayorías contundentes. Queda en evidencia que, en general, quienes ostentan el cargo de Presidente y buscan su reelección tienen notables ventajas en alcanzar dichas mayorías.

Uno de los factores que pareciera jugar un papel muy importante en potenciar la ventaja del candidato-presidente para lograr ser reelecto en la primera vuelta es el manejo de los recursos del Estado, incluso cuando la gestión de los mismos durante la campaña electoral está regulada para impedir ventajas indebidas del oficialismo. En efecto, la experiencia comparada evidencia que en países con insti-

---

338 Véase Michael Penfold; Javier Corrales y Gonzalo Hernández Jiménez, "Los invencibles: la reelección presidencial y los cambios constitucionales en América Latina", *Revista de Ciencia Política*, vol. 3, N° 34, 2014, pp. 537-559.

339 Przeworski ha discutido ampliamente las ventajas que, a nivel mundial, tienen los presidentes para ganar elecciones; al respecto véase: Adam Przeworski, *Democracy and the Limits of Self-Government*, Cambridge University Press, Cambridge (MA), 2010.

tucionalidad débil los controles, por lo general, no funcionan como deberían y por lo tanto resultan insuficientes para evitar la ventaja electoral (el llamado efecto de cancha inclinada a favor del oficialismo) que puede derivar de estar en el ejercicio de la Presidencia.

En otras palabras, es el grado de fortaleza o debilidad de las instituciones de control (así como su autonomía real) frente al Poder Ejecutivo el que determinará las posibilidades de que se obtenga o no una ventaja electoral indebida con el manejo de los recursos del Estado. En todo caso, el hecho de que los candidatos a la reelección inmediata tiendan a obtener resultados altamente positivos, y superiores a lo que ocurre cuando la reelección no está en juego, debe ser uno de los temas a examinar en detalle (sobre todo por las misiones de observación electoral) para determinar con precisión hasta dónde el manejo abusivo de los recursos del Estado está produciendo ventajas indebidas al candidato-presidente así como el efecto que esta cuestión tiene en relación con la integridad de las elecciones.[340]

---

340 Véase José E. Molina, "Elecciones en América Latina (2005-2006): desafíos y lecciones para la organización de procesos electorales". *Cuadernos de Capel*, 52, 2008, pp. 13-27. En este mismo sentido se pronuncian Penfold, Corrales y Hernández: "El poder de los presidentes en ejercicio en América Latina pareciera ser tan grande, que es vital que los sistemas electorales establezcan reglas muy claras para nivelar la competencia entre el gobierno y sus opositores. En la medida en que las reglas electorales limiten la capacidad de los presidentes en ejercicio de movilizar recursos e instituciones públicas a su favor, en esa misma medida otras variables, tanto económicas como sociales, van a poder entrar en juego para determinar su éxito electoral y por lo tanto para ser efectivamente premiados o no por su buena gestión", Michael Penfold, Javier Corrales y Gonzalo Hernández Jiménez, "Los invencibles...", art. *cit.*, 2014, p. 552.

CUADRO IV.1.4. *Postulación de candidatos a reelección presidencial inmediata en países que tienen regulada la segunda vuelta*

País	Año	Segunda vuelta	Candidato que busca re-elección	Resultado	Tipo de reelección perseguida/alcanzada
Argentina	1995	No	Carlos Menem	Reelecto en la primera vuelta	Inmediata
	2011	No	Cristina Fernández	Reelecta en la primera vuelta	Inmediata
	2009	No	Evo Morales	Reelecto en la primera vuelta	Inmediata
	2014	No	Evo Morales	Reelecto en la primera vuelta	Inmediata
Brasil	1998	No	Fernando H. Cardoso	Reelecto en la primera vuelta	Inmediata
	2006	Sí	Luiz Inácio "Lula" Da Silva	Reelecto en la segunda vuelta	Inmediata
	2014	Sí	Dilma Rousseff	Reelecta en la segunda vuelta	Inmediata
Colombia	2006	No	Álvaro Uribe	Reelecto en la primera vuelta	Inmediata
	2014	Sí	Juan Manuel Santos	Reelecto en la segunda vuelta	Inmediata
Ecuador	2009	No	Rafael Correa	Reelecto en la primera vuelta	Inmediata
	2013	No	Rafael Correa	Reelecto en la primera vuelta	Inmediata
Nicaragua	2011	No	Daniel Ortega	Reelecto en la primera vuelta	Inmediata

Sigue página siguiente

País	Año	Segunda vuelta	Candidato que busca reelección	Resultado	Tipo de reelección perseguida/alcanzada
Perú	1995	No	Alberto Fujimori	Reelecto en la primera vuelta	Inmediata
	2000	Sí	Alberto Fujimori	Reelecto en la segunda vuelta (con denuncias de fraude)	Inmediata
República Dominicana	1990	No	Joaquín Balaguer	Reelecto en la primera vuelta	Inmediata
	1994	No	Joaquín Balaguer	Reelecto en la primera vuelta (con denuncias de fraude)	Inmediata
	2004	No	Hipólito Mejía	No reelecto	Inmediata
	2008	No	Leonel Fernández	Reelecto en la primera vuelta	Inmediata
	2016	No	Danilo Medina	Reelecto en la primera vuelta	Inmediata

FUENTE: *Elaboración propia a partir de datos electorales de cada país.*

Como se observa (cuadro IV.1.4), el éxito fue contundente en las elecciones en que el presidente se postuló para su reelección inmediata en contexto de balotaje. Del total de 19 elecciones presidenciales –en contexto de reelección inmediata y segunda vuelta–, sólo un presidente en ejercicio no logró ser reelecto: Hipólito Mejía (República Dominicana, 2004), y únicamente en cuatro ocasiones el presidente en ejercicio que buscaba su reelección inmediata tuvo necesidad de ir a segunda vuelta: Alberto Fujimori en Perú (2000), Lula Da Silva (2006) y Dilma Rousseff (2014) en Brasil y Juan Manuel Santos en Colombia (2014). Cabe mencionar, asimismo, que esta tendencia (ganar la reelección consecutiva o inmediata en primera vuelta en países que tienen regulado el balotaje) es mucho más débil cuando la reelección es alterna.

En síntesis: la clara ventaja de los presidentes en ejercicio para resultar reelectos en la primera vuelta trajo como resultado una disminución paulatina del principio de "alternancia".[341] Para ser más precisos, en teoría se conserva la alternabilidad, es decir, la posibilidad de que haya una alternancia efectiva en el poder como consecuencia de la victoria de un candidato opositor, pero en la realidad (sobre todo en la última década) ésta se ha vuelto una excepción. Habrá que monitorear muy de cerca si esta tendencia continuista se mantiene en los próximos años tomando en cuenta el cambio de ciclo que actualmente vive la región, sobre todo en los países de América del Sur.

D. *Balotaje y participación electoral*

Con respecto a la participación electoral, la tendencia regional es que ésta disminuye en las segundas vueltas. De las 44 elecciones con balotaje, la participación bajó en 29 casos y aumentó en 14. Ahora bien, en cuanto a las elecciones presidenciales de El Salvador de 1984, no nos ha sido posible encontrar datos disponibles de la participación electoral durante dichos comicios.

---

341 Véase Ilka Treminio, "Las reformas a la reelección presidencial del nuevo siglo en América Central. Tres intentos de reforma y un golpe de Estado", *Política y Gobierno*, vol. 22, núm. 1, 2015.

CUADRO IV.1.5. *Segunda vuelta y participación electoral*

País	Año de balotaje	Primera vuelta participación (%)	Segunda Vuelta participación (%)	Aumento o disminución de la participación
Argentina	2015	81.23	80.89	Disminuyó
Brasil	1989	88.07	85.61	Disminuyó
	2002	82.30	79.50	Disminuyó
	2006	83.20	81.01	Disminuyó
	2010	81.80	78.50	Disminuyó
	2014	80.61	78.90	Disminuyó
Chile	1999	89.90	90.63	Aumentó
	2005	87.67	87.12	Disminuyó
	2009	87.70	86.94	Disminuyó
	2013	49.40	42.00	Disminuyó
Colombia	1994	34.00	43.30	Aumentó
	1998	51.60	59.00	Aumentó
	2010	49.27	44.35	Disminuyó
	2014	40.65	47.90	Aumentó
Costa Rica	2002	68.80	60.20	Disminuyó
	2014	68.27	56.63	Disminuyó
Ecuador	1978	72.80	80.50	Aumentó
	1984	70.90	78.13	Aumentó
	1988	77.70	77.26	Disminuyó
	1992	68.66	71.71	Aumentó
	1996	67.90	71.71	Aumentó
	1998	64.16	70.13	Aumentó
	2002	65.00	71.00	Aumentó
	2006	72.10	76.01	Aumentó
El Salvador	1984	48.60	N.D	N.D
	1994	46.16	45.5	Disminuyó
	2014	55.31	60.17	Aumentó

Sigue página siguiente

País	Año de balotaje	Primera vuelta participación (%)	Segunda Vuelta participación (%)	Aumento o disminución de la participación
	1985	69.20	60.21	Disminuyó
	1991	56.40	45.26	Disminuyó
	1996	46.80	36.91	Disminuyó
Guatemala	1999	53.80	40.39	Disminuyó
	2003	58.90	46.78	Disminuyó
	2007	60.20	48.15	Disminuyó
	2011	83.70	60.83	Disminuyó
	2015	71.33	56.32	Disminuyó
	1990	78.30	79.66	Aumentó
	2000	82.80	81.00	Disminuyó
Perú	2001	82.30	81.37	Disminuyó
	2006	88.70	87.71	Disminuyó
	2011	83.70	82.54	Disminuyó
	2016	81.8	80.093	Disminuyó
	1999	91.80	91.84	Aumentó
Uruguay	2009	89.86	89.18	Disminuyó
	2014	90.5	88.57	Disminuyó

FUENTE: *Elaboración propia a partir de datos electorales de cada país.*

La experiencia comparada latinoamericana evidencia que el aumento de participación electoral en los balotajes suele estar asociado a su grado de competitividad, aunque también influyen otros factores.[342] Se entiende por competitividad el grado en que se espera

---

342 Un factor coadyuvante en el caso de la segunda vuelta es el retiro de las candidaturas que no ocupan los dos primeros lugares. Los partidarios de estos candidatos podrían no estar interesados en el éxito de ninguno de los dos que quedan en la contienda, y por lo tanto tender a abstenerse. Por ello, mientras mayor sea el porcentaje de electores cuyos candidatos quedan eliminados, es de esperar que la posibilidad de una reducción de la participación en segunda vuelta sea mayor. Tendencia que puede ser neutralizada o reforzada por el grado de competitividad de la elección de segunda vuelta.

que la elección sea reñida.[343]La tendencia es que disminuya la participación electoral cuando el resultado del balotaje parece definido de antemano –es decir, cuando la gran mayoría de las encuestas proyectan una diferencia muy marcada a favor de uno de los dos candidatos–, como ocurrió en Chile en diciembre de 2013 (de 49.40 a 42%), en Costa Rica en abril de 2014 (de 68.27 a 56.63%), o en Uruguay a finales de 2014 (de 90.50 a 88.57%).

Por el contrario, cuando es muy reñido –casos del balotaje salvadoreño de marzo de 2014 y del colombiano de junio del mismo año–, la tendencia entonces es que aumente la participación electoral. Sin embargo, pese al alto nivel de competencia registrado, esto no ocurrió en la segunda vuelta de Brasil ni tampoco en la muy reñida segunda vuelta peruana de 2016.

Otros países dan muestra de tener balotajes más competitivos, como se desprende de las mayores tasas de participación electoral en la segunda vuelta de Ecuador en todas las oportunidades en que se llevó a cabo, a excepción de la de 1988. Colombia también ha experimentado incrementos de participación electoral en dos de sus tres balotajes. Mientras tanto, Brasil, Guatemala y, en menor medida Perú, reproducen la tendencia de la pérdida de participación. No obstante, si bien esta tendencia se impone, los datos indican que no es una regla general, sino que, por el contrario, existen segundas vueltas que animan a los ciudadanos a movilizar el voto y otras que no.

De las 12 reversiones electorales que se contabilizaron, en siete acudió a las urnas un mayor número de ciudadanos durante el balotaje que en la primera vuelta; sólo en la reversión de resultados de Guatemala (1991), de República Dominicana (1996), de Perú (2006 y 2016) y de Argentina (2015) se produjo una disminución de participación, aunque en los casos de Argentina de 2015 y Perú de 2016 la diferencia fue poco significativa.

Esto permite argumentar que en algunas ocasiones los votantes se movilizan más para acudir a votar en contra de un candidato que a favor de su candidato favorito, lo cual constituye, precisamente,

---

343 G. Bingham. Powell, Jr., "American Voter Turnout in Comparative Perspective", *American Political Science Review*, vol. 80, N° 1, marzo de 1986, pp. 17-43.

una de las consecuencias esperables de la reagrupación de los ciudadanos en torno a una segunda convocatoria electoral. Así, la formación "artificial" de mayorías hace que, en ocasiones, más que elegir presidente, los electores acudan a las urnas a descartar a un potencial presidente.

Incluso en estas circunstancias, la ratificación implícita en la segunda vuelta permite a los líderes negociar la formación de alianzas o coaliciones con otros socios políticos a partir de la señal emanada por la obtención de recursos políticos, como la legitimidad y el respaldo popular. La imagen de aparecer como un líder fortalecido electoralmente puede favorecer las estrategias del futuro presidente para afrontar escenarios de gobierno dividido[344] y vencer la "difícil combinación".[345]

Si se observan las distancias entre los candidatos más votados en primera vuelta y los contendientes de la segunda, existe una diferencia considerable, pero se aprecia en general que quienes tienen mayores diferencias en la segunda vuelta no contaban con un apoyo tan rotundo en la primera, lo cual refuerza el argumento en favor de la producción de mayorías como resultado de este mecanismo electoral.

Por otro lado, las elecciones más reñidas (respecto de lo cerrado de los resultados) suelen darse en la primera vuelta. Con excepción de El Salvador en 2014, donde se decidió la elección en segunda vuelta con un escaso 0.22% de ventaja a favor del FMLN (un poco más de 5.000 votos), y de la segunda vuelta en Perú en 2016 (donde también la diferencia entre el primer y segundo lugar en el balotaje fue muy reducida, de tan solo 0.24%) en el resto de las elecciones se observan distancias suficientes para definir con claridad al ganador, siendo el caso más radical, el de Costa Rica en 2014, cuyo presidente obtuvo la victoria con una distancia de 55.62% con respecto a su contrincante; diferencia debida en parte al retiro del contendiente de la campaña política de cara a la segunda vuelta.

---

344 Michael Penfold, Javier Corrales y Gonzalo Hernández Jiménez, "Los invencibles...", art. *cit.,* 2014.

345 S. Scott P. Mainwaring y Matthew Soberg Shugart (eds.), *Presidentialism..., op. cit.,* 1997, p. 407.

CUADRO IV.1.6. *Diferencias entre los candidatos más votados en la primera y segunda vuelta*

Año de elección	País	Diferencia más votado en primera ronda	Diferencia más votado en segunda ronda
1978	Ecuador	3.80	37.00
1984	Ecuador	1.50	-3.00
	El Salvador	13.60	7.20
1985	Guatemala	18.40	36.80
1988	Ecuador	6.90	8.00
1989	Brasil	13.30	6.00
1990	Guatemala	1.60	-36.20
	Perú	3.00	-22.60
1992	Ecuador	6.90	14.60
1994	Colombia	0.3	2.20
	El Salvador	24.10	36.60
1995	Guatemala	14.50	2.40
1996	Ecuador	0.9	-9.00
	República Dominicana	2.20	-2.60
1998	Colombia	0.4	-3.86
	Ecuador	8.30	2.40
1999	Chile	0.5	2.60
	Guatemala	17.00	36.60
	Uruguay	7.19	-7.52
2000	Perú	9.70	48.60
2001	Perú	10.70	6.20
2002	Brasil	23.20	22.60
	Costa Rica	7.50	14.00
	Ecuador	3.20	9.60

Sigue página siguiente

Año de elección	País	Diferencia más votado en primera ronda	Diferencia más votado en segunda ronda
2003	Guatemala	7.90	8.20
2005	Chile	21.67	7.00
	Brasil	6.97	21.60
2006	Ecuador	4.01	-13.34
	Perú	6.30	-4.80
	Guatemala	4.72	5.64
2007	Chile	14.46	3.21
	Uruguay	19.22	8.88
2010	Brasil	14.30	12.10
	Colombia	25.05	41.53
2011	Guatemala	12.81	7.48
	Perú	8.14	2.90
2013	Chile	21.67	24.34
	Brasil	8.04	3.28
	Colombia	3.56	-5.95
2014	Costa Rica	1.36	55.62
	El Salvador	9.98	0.22
	Uruguay	16.93	13.24
2015	Guatemala	4.09	34.88
2015	Argentina	2.93	-2.68
2016	Perú	18.81	-0.24

FUENTE: *Elaboración propia a partir de datos electorales de cada país.*

NOTA: El signo (-) refleja la reversión con respecto al resultado en primera vuelta.

Otros factores que probablemente influyen en los niveles de participación electoral en las segundas vueltas son el grado de institucionalización y el grado de polarización en el sistema de partidos. En cuanto al nivel de institucionalización, mientras mayor sea el grado de consolidación de la identificación partidista, es de esperar que mayor será la posibilidad de que los partidos de los candidatos eliminados en primera vuelta logren transferir sus votantes al candidato de segunda vuelta con el que lleguen a un acuerdo, lo que neutralizaría al menos parcialmente la tendencia a reducir la participación generada por el desinterés de los votantes de los candidatos eliminados. Por el contrario, si los electores de los candidatos eliminados son independientes, no tienen lealtades partidistas sólidas o son seguidores de una candidatura personal, entonces será más difícil que su voto pueda transferirse masivamente a otro candidato sobre la base de un acuerdo de segunda vuelta.

El nivel de polarización en el sistema de partidos es otra variable a tomar en cuenta. En un sistema de partidos altamente polarizado ideológicamente, los electores de los candidatos eliminados probablemente se sentirán incentivados a votar por el candidato de su tendencia ideológica en la segunda vuelta, a fin de evitar que se imponga el de la ideología contraria. Esto no ocurriría en sistemas no polarizados, que por lo tanto serían más susceptibles a ver disminuir la participación en la segunda vuelta.

E. *El uso cada vez más frecuente del balotaje*

En los últimos años, el balotaje es la norma en América Latina.[346] En Colombia, el presidente Juan Manuel Santos (quien había sido derrotado por el candidato uribista Óscar Iván Zuluaga en la primera vuelta) logró revertir el resultado en la segunda vuelta (15 de junio de 2014) y obtuvo su reelección consecutiva por una diferencia superior a 5%. El 6 de abril de 2014, Costa Rica celebró un balotaje insólito: el candidato oficialista renunció a hacer campaña durante la segunda vuelta y sufrió una derrota contundente. Y en El

---

346 De acuerdo con Negretto (*La política del cambio constitucional...*, *op. cit.*, 2015, pp. 291 y 292), la razón más influyente para que el balotaje haya desplazado a la mayoría relativa como fórmula electoral presidencial es que a partir de 1978 ha aumentado el número de partidos necesarios para aprobar la reforma constitucional electoral correspondiente. Según el autor, cuando el partido del Presidente o de quien aspira a serlo cuenta con la mayoría suficiente para aprobar la reforma la tendencia será que se apruebe la mayoría relativa; por el contrario, cuando para aprobar esa reforma sea necesaria una coalición de dos o más partidos, la tendencia será adoptar alguna fórmula de balotaje.

Salvador, el resultado del balotaje del 9 de marzo de 2014 se caracterizó por ser muy tenso, dado que la diferencia entre el primero y segundo lugar fue de apenas 0.22%, lo cual provocó una crisis electoral (Arena denunció fraude y, en un primer momento, se negó a aceptar los resultados) que se superó con el paso de los días (ver cuadro IV.1.6).

Asimismo, de las tres elecciones presidenciales celebradas en octubre de 2014, sólo en Bolivia no hubo necesidad de ir a un balotaje. En el caso de Brasil, la segunda vuelta tuvo lugar el 26 de octubre entre la presidenta Dilma Rousseff (PT) y Aécio Neves (del opositor PSDB), la cual arrojó un triunfo del oficialismo por un estrecho margen (3%), la diferencia más cerrada de todas las elecciones brasileñas desde 1989. Y, en el caso de Uruguay, pese a la clara victoria en la primera vuelta del candidato oficialista Tabaré Vázquez (FA) sobre el opositor Luis Lacalle Pou (Partido Nacional), por una diferencia de 17 puntos, también hubo necesidad de ir a una segunda ronda, la cual se celebró el 30 de noviembre de 2014, y en la que Vázquez reconfirmó su holgado triunfo de la primera vuelta.

En cuanto a las elecciones presidenciales de 2015, cabe apuntar que, en Guatemala, los resultados del balotaje celebrado el 25 de octubre dieron como ganador al comediante evangélico Jimmy Morales, quien obtuvo un triunfo electoral contundente (ventaja de 32.56 puntos) frente a Sandra Torres. En el caso de Argentina, el triunfo obtenido por el candidato oficialista del Frente para la Victoria, Daniel Scioli, sobre el líder del frente opositor Cambiemos, Mauricio Macri, fue insuficiente para evitar una segunda vuelta. Como consecuencia de estos resultados, el 22 de noviembre de 2015, Argentina celebró un balotaje del cual salió electo Presidente el opositor Mauricio Macri. Cabe recordar que hasta 2015, Argentina mantenía el récord de ser el único país de la región que, pese a haber constitucionalizado el balotaje en 1994, nunca lo había utilizado.

Finalmente, de las 3 elecciones presidenciales que tuvieron lugar durante el 2016 (Nicaragua, República Dominicana y Perú) solo los dos últimos países tienen regulado el balotaje, y de estos, únicamente en el Perú hubo necesidad de ir a una segunda vuelta.

En resumen, el nuevo contexto regional –ralentización económica, malestar social, movilización de las clases medias, escándalos de corrupción, aguda pérdida de la popularidad de varios presidentes– pareciera indicar, salvo en algunos casos, que estarían llegando a su fin los tiempos en que los presidentes que buscaban su reelección vencían de forma contundente en la primera vuelta y con mayoría propia en el Parlamento (con la excepción por el momento en los países del ALBA que tienen regulada la segunda vuelta: Bolivia y Ecuador y los recientes casos de las reelecciones consecutivas de Danilo Medina en la República Dominicana y Daniel Ortega en Nicaragua).

Dentro de este nuevo escenario regional, el balotaje ha venido adquiriendo una importancia cada vez mayor en la definición de las elecciones presidenciales: 9 de los 17 procesos electorales presidenciales (o sea 52.9%) que tuvieron lugar durante el periodo 2013-2016 (Chile, Costa Rica, El Salvador, Colombia, Brasil, Uruguay, Guatemala, Argentina y Perú), debieron ser definidos en segunda vuelta. Pero si tomamos en cuenta solo aquellos países que tienen contemplada la segunda vuelta (12 de los 17), esta tuvo lugar en 9 de los 12 casos, o sea, en el 75% de los casos. Las únicas tres excepciones fueron: Bolivia, Ecuador y la República Dominicana.

2. La ola reeleccionista

A. Concepto y modalidades

La reelección presidencial, en palabras de Dieter Nohlen, es "el derecho de un ciudadano (y no de un partido) que ha sido elegido y ha ejercido una función pública con renovación periódica de postular y de ser elegido una segunda vez o indefinidamente para el mismo cargo: titular del Ejecutivo".[347]

Hablamos de reelección tanto en el caso de que el candidato esté en el ejercicio del poder (reelección inmediata o consecutiva e indefinida), como para el caso en que hayan transcurrido uno o más periodos desde que dejó el cargo (reelección alterna o no inmediata). Ésta es una distinción importante porque, en el primer caso, el candidato-presidente cuenta a su favor con el manejo de los recursos del Estado y no así en el otro, lo cual (como ya analizamos en el

---

347 Dieter Nohlen, *Tratado de derecho electoral comparado de América Latina*, Fondo de Cultura Económica, México, 2007.

apartado del balotaje y volveremos a hacerlo con más precisión más adelante) pareciera tener un efecto importante en los resultados electorales.

La reelección puede estar permitida o prohibida en términos absolutos o relativos y, como tal, da lugar a cinco fórmulas principales y a una variada combinación entre ellas: *1*) reelección sin límites o indefinida; *2*) reelección inmediata por una sola vez y abierta (es decir, con posibilidad de volver a postularse después de cierto tiempo); *3*) reelección inmediata por una sola vez y cerrada (no puede volver a ser candidato); *4*) prohibición de la reelección inmediata y autorización de la reelección alterna bajo las modalidades abierta o cerrada, y *5*) prohibición absoluta de la reelección (después de haber sido presidente nunca más esa persona puede ser candidato).[348]

B. *Panorama regional de la reelección*

En las últimas dos décadas, América Latina pasó de ser claramente antirreeleccionista a ser pro reelección.[349] Hace dos décadas, Nohlen escribía que "una de las características constitucionales más peculiares de América Latina en materia electoral es la prohibición de la reelección".[350] La prohibición de la reelección era una res-

---

348 Mario D. Serrafero, "Reelección presidencial en América Latina: Evolución y situación actual", *Boletín de Política Comparada*, vol. 2, N°. 2, 2009.

349 Según Negretto (*La política del cambio constitucional...*, *op. cit.*, 2015, pp. 132, 135 y 294), dos factores explican el reciente surgimiento de modificaciones constitucionales hacia reglas más permisivas de reelección como la consecutiva: *1*) El surgimiento de un nuevo partido o coalición dominante tras el colapso de los partidos tradicionales (Venezuela, Ecuador, Bolivia); o *2*) La popularidad del presidente en ejercicio durante condiciones críticas (Menem, Cardozo, Uribe). En particular, señala el autor que el número de partidos necesarios para la coalición de reforma es una variable fundamental, mientras mayor sea el número de partidos necesarios para aprobar la reforma es más probable que se adopten reglas restrictivas respecto a la reelección. Cuando el partido del presidente o de quien tenga probabilidad de serlo tenga votos suficientes para aprobar la reforma por sí sólo, más probabilidad hay de que se adopten reglas permisivas respecto a la reelección presidencial.

350 Dieter Nohlen, *Tratado...*, *op. cit.*, 2007, p. 287.

puesta a la tendencia a mantenerse en el poder de los presidentes en las etapas no democráticas de los países de la región.

La tentación de perpetuarse en el poder era vista como un peligro para el desarrollo de las democracias, precisamente por las experiencias históricas, aun cuando éstas hubieran ocurrido en etapas no democráticas. Por otra parte, en la etapa democrática de mayor fortaleza de los partidos, la continuidad política se obtenía eligiendo a un candidato del mismo partido que su antecesor. Esto era suficiente para las élites partidistas, cuya permanencia en el poder no parecía verse amenazada por la no reelección.

A su vez la ausencia de reelección daba a los miembros de las élites políticas mayores probabilidades de acceso a la Presidencia, ya que hacía más probable que varios de los dirigentes del mismo partido pudieran ocupar la Presidencia. En efecto, la no reelección genera la expectativa de que varios dirigentes del mismo partido y de la misma generación puedan acceder al cargo del Ejecutivo en un plazo relativamente breve. La situación cambia con el proceso de desinstitucionalización[351] de los sistemas de partidos, sobre todo por

---

351 Sobre el tema de la institucionalización del sistema de partidos véase Scott P. Mainwaring y Timothy Scully. "Party Systems in Latin America", en Scott P. Mainwaring y Timothy R. Scully (eds.), *Building Democratic Institutions: Party Systems in Latin America.* Stanford University Press, Stanford (CA), 1995, pp. 1-34; Scott P. Mainwaring y Mariano Torcal, "Party System Institutionalization and Party System Theory after the Third Wave of Democratization", en Richard Katz y William Crotty (eds.), *Handbook of Party Politics*, Sage Publications, Thousand Oaks (CA), 2006, pp. 204-227; Scott P. Mainwaring, *Rethinking Party Systems in the Third Wave of Democratization: The Case of Brazil*, Stanford University Press, Stanford (CA), 1999.

Institucionalización del sistema de partidos es el grado en que los partidos tienen estabilidad electoral, anclaje social, organización y legitimidad. Un sistema se desinstitucionaliza en la medida en que los partidos descienden en estas características. Un caso típico de desinstitucionalización es el de Venezuela; hasta 1993 se consideraba un sistema con un elevado nivel de institucionalización, a partir de entonces los partidos perdieron estabilidad electoral, legitimidad y anclaje social hasta el punto en que los principales partidos dejaron de ser una opción de poder. Posteriormente, a partir de 2006, se reinició un proceso de re-consolidación del sistema de partidos que

la desalineación[352] partidista que consistió en una reducción sensible del número de electores identificados con los partidos políticos. La disminución de las lealtades partidistas ha abierto el camino al surgimiento de liderazgos personales fuertes que no son parte de un liderazgo colectivo de iguales, sino que son los "dueños" de sus organizaciones políticas y del ejercicio del poder. Estos liderazgos personales y las élites que los rodean ven depender su posible continuidad en el poder, no ya de que el partido pueda ganar las siguientes elecciones, sino de que el líder conserve la Presidencia.

El respaldo popular se busca, y se logra, no ya para el partido sino para el líder personal, y las posibilidades de mantenimiento en el poder dejan de estar asociadas al partido y pasan a depender del individuo. Este fenómeno es uno de los factores que explican el rompimiento de las barreras contra la reelección. Es el empuje de líderes como Menem, Cardoso, Fujimori, Chávez, Uribe, Ortega, Correa, Morales, Medina, por citar algunos, el que se haya logrado el cambio constitucional hacia la reelección consecutiva o inmediata y a la indefinida (con nombre propio y para beneficio personal) como medio de mantener el poder y dar continuidad a sus proyectos políticos.

Conseecuencia de este cambio en la tendencia regional, es que hoy en día, pocos son los países de la región que cuentan con una prohibición absoluta de la reelección. Por el contrario, la ola reformista sigue muy vigente salvo contadas excepciones. Durante 2015 y 2016 se han iniciado, o se está intentando poner en marcha, procesos de reformas en materia de reelección en varios países, algunos de los cuales ya han cristalizado, sea para pasar de la alterna a la inmediata o consecutiva (República Dominicana), sea para transitar

---

aún no se puede considerar finalizado, aunque existen claramente dos bloques, uno con un partido hegemónico y otro una coalición de partidos sin ninguno que pueda considerarse para estos momentos dominante. Véase J. Molina. "Partidos y Sistemas de Partidos en la Evolución Política Venezolana: la Desinstitucionalización y sus Consecuencias", en José E. Molina y Ángel. Álvarez (eds.), *Los partidos políticos venezolanos en el siglo XXI*, Vadell Hermanos Editores, Caracas, 2004, pp. 9-55.

352 Véase Russell J. Dalton (ed.), *Citizen Politics: Public Opinion and Political Parties in Advanced Industrial Democracies*. Sage Publications, Los Ángeles (CA), 2014, pp. 194-204.

de la inmediata a la indefinida (Ecuador), para levantar su proscripción (Honduras y Paraguay), o bien para prohibirla (Colombia).

a. *El retorno de la reelección*

En los años ochenta, con el retorno de la democracia a la región – salvo en Cuba, Nicaragua, Paraguay y República Dominicana–, ningún presidente podía reelegirse de forma continua. No fue sino hasta mediados de los noventa cuando algunos países latinoamericanos iniciaron una ola de flexibilización en los límites a los periodos en el cargo.[353] El Perú de Alberto Fujimori, en su Constitución de 1993, y la Argentina de Carlos Menem, tras la reforma constitucional de 1994, introdujeron la reelección continua (dos mandatos consecutivos).

Estos últimos dieron inicio a una tendencia que fue extendiéndose; pronto se unirían Brasil en 1998 y Venezuela en 1999, país que luego, con la posterior enmienda de 2009, aprobada mediante referéndum del 15 de febrero de ese mismo año, introdujo la reelección indefinida. Más recientemente, las reformas constitucionales en Colombia (2004), Ecuador (2008 y 2015), Bolivia (2009), Nicaragua (2010 y 2014) y República Dominicana (2015), así como la decisión de la Corte Suprema de Justicia de Honduras (2015/2016) fortalecieron esta tendencia en favor de la reelección consecutiva o indefinida.

En Costa Rica, en 2003, una decisión de la Sala Constitucional del Poder Judicial, de declarar inconstitucional la prohibición establecida en la norma desde 1969, aprobó volver al anterior artículo constitucional que permitía la reelección alterna tras dos periodos de intervalo. Esta interpretación judicial fue la que, en 2006, permitió a Óscar Arias llegar al poder por segunda ocasión.

En Panamá, en dos ocasiones (ambas fallidas) se ha intentado pasar de la reelección alterna a la inmediata: una en 1998 durante el gobierno de Pérez Balladares mediante un referéndum, y otra en

---

353 Sobre la frecuencia del cambio de la norma que regula la reelección en la región latinoamericana, véase Gabriel L. Negretto, *Making Constitutions. Presidents, Parties, and Institutional Choice in Latin America*, Cambridge University Press, Cambridge (MA), 2013.

2010 durante la administración del ex presidente Martinelli mediante un proyecto de Ley que no llegó a admitirse a discusión legislativa.

En el caso de República Dominicana, se han emprendido cuatro reformas en los últimos 21 años; en 1994, como consecuencia de la crisis política, la reelección fue prohibida. Ocho años después, en 2002, el país adoptó la reelección inmediata (a iniciativa del entonces presidente Hipólito Mejía) la cual, nuevamente después de ocho años fue sustituida por la reelección alterna en la Constitución de 2010 (liderada por el entonces presidente Leonel Fernández) y, más recientemente, en julio de 2015, volvió a adoptarse la reelección inmediata (a iniciativa del presidente Danilo Medina), reforma que permitió a este mandatario presentarse nuevamente a la contienda electoral de 2016 para aspirar a un segundo periodo presidencial consecutivo.[354]

Dos países se han movido en "direcciones extremas" entre 2014 y 2015. Por un lado, en Nicaragua, una interpretación judicial que posibilitó la reelección consecutiva derivó posteriormente en la reforma constitucional de 2014 que permitió la reelección indefinida. Por otro lado, en junio de 2015, Colombia aprobó una reforma que prohibió la reelección en todas sus modalidades tras una década de haberla adoptado.

En el caso de Honduras, el 24 de abril de 2015, la Corte Suprema declaró inaplicables los artículos 42, numeral quinto, y 239 de la Constitución Política, que prohibían la reelección presidencial y que además sancionaban al funcionario público y cualquier otro ciudadano que propusiera o apoyara su reforma por ser artículos de carácter irreformables (pétreos), así como, por efecto extensivo, el artículo 4, último párrafo del mismo cuerpo constitucional.

Este fallo (que habilitó la reelección presidencial) fue impugnado por el partido Liberal y Refundación, y por la Barra de Abogados Anticorrupción. Sin embargo, el 14 de abril de 2016, la Corte Suprema de Justicia ratificó la resolución que da vía libre a la reelección presidencial, al declarar sin lugar, los dos recursos de nulidad

---

354 El Presidente Danilo Medina fue reelegido el 15 de mayo de 2016 para un segundo mandato. Esta reelección no entra en el período cubierto por este libro.

presentados por ambas agrupaciones. A la vez que ratificó el fallo, la Corte Suprema señaló que le corresponde al Congreso regular si la reelección será alterna o consecutiva, cuantos periodos, etc.

Cabe recordar que, en 2009, el entonces presidente José Manuel Zelaya intentó convocar una Asamblea Nacional Constituyente después de una consulta popular no vinculante –que fue prohibida por el Poder Judicial y que tenía como fin modificar totalmente la Constitución, incluida la eliminación de la norma que prohibía la reelección presidencial– lo que le costó a Zelaya un golpe de Estado.[355]

En Ecuador, en marzo de 2014, el presidente Rafael Correa anunció que analizaría su decisión de no presentarse a una nueva reelección en los comicios de 2017. Correa justificó su nueva postura debido al "importante avance de la derecha en las elecciones locales del 23 de febrero de 2014"; resultados que, en su opinión, "ponen en riesgo los avances y la irreversibilidad de la revolución ciudadana".

Para que Correa estuviera en posibilidades de buscar la reelección en 2017 era necesario reformar el artículo 144 de la Constitución de 2008, cuyo segundo inciso establece que el Presidente de la República permanecerá cuatro años en sus funciones y podrá ser reelecto por una sola vez. A finales de octubre de 2014, la Corte Constitucional de Ecuador autorizó por unanimidad al Congreso –de amplia mayoría oficialista– la enmienda a la Carta Magna para incorporar la reelección indefinida, lo que en principio allanaría el camino para que Correa, en el poder desde 2007, pudiera postularse a un nuevo mandato de cuatro años en las elecciones de 2017. La enmienda constitucional para incorporar la reelección indefinida se aprobó en diciembre de 2015, pero con la salvedad de que se empezará a aplicar a partir de las elecciones de 2021, excluyendo de este modo al presidente Correa de la contienda de 2017.

En el caso de Bolivia, en septiembre de 2015, el presidente Evo Morales se declaró "esclavo del pueblo" y, consecuentemente, dijo

---

355 Elena Martínez B. y Amelia Brenes B., "Y volver, volver, volver...". Un análisis de los casos de intervención de las Cortes Supremas en la reelección presidencial en Centroamérica. *Anuario de Estudios Centroamericanos*, núm. 38 (Universidad de Costa Rica, Costa Rica, 2012), pp. 109-136.

estar a favor del proyecto de reforma constitucional que le permitiría buscar su reelección en 2019 si ése era el deseo de los ciudadanos. Por su parte, a finales del mismo mes, la Asamblea Legislativa reformó (con mayoría de dos tercios) parcialmente la Constitución Política, autorizando a Morales a postularse una vez más a la Presidencia en 2019, y fijó como fecha del referéndum popular, para validar o rechazar dicha reforma, el 21 de febrero de 2016.[356]

El referéndum se llevó a cabo en la fecha indicada y la reforma fue rechazada por estrecho margen[357]. De haber sido aprobada esta modificación, habría permitido la doble reelección presidencial consecutiva, en lugar de una sola vez, como establece la norma constitucional vigente.

Por último, tenemos el caso de Brasil, país en el que la Cámara de Diputados votó por eliminar la reelección (uno de los puntos de la reforma política propuesta en un proyecto de reforma constitucional). Actualmente, el tema se encuentra bajo examen en el Senado. Algunos analistas políticos creen que es muy probable que la Cámara Alta adopte la misma postura (eliminando la reelección). Lo que no se sabe aún es cuándo el Senado tomará esa decisión.[358] De prohibirse la reelección en Brasil este país se sumaría a la tendencia antirreeleccionista iniciada por Colombia.

356　La citada reforma tomaba en cuenta la actual gestión presidencial (2015-2020) y aclaraba que Morales y su vicepresidente habrían estado habilitados a buscar la reelección solamente para el periodo 2020 a 2025. La reacción de la oposición no se dejó esperar, denunciando que esta reforma habría sido "una adaptación de la ley a las necesidades de una persona". Cabe recordar que Evo Morales se presentó y ganó las elecciones en 2005, 2009 y 2014. El actual es el segundo periodo consecutivo de Morales, de acuerdo con la nueva Constitución boliviana (adoptada en 2009) y el tercero desde que fue electo por primera vez en 2005.

357　El No venció con el 51.3% de los votos; el sí obtuvo 48.7%.

358　No se puede soslayar que la discusión sobre la extensión de los periodos en el cargo sigue abierta en algunos de los países que han adoptado la reelección inmediata. Al respecto véase Ilka Treminio, "La reforma constitucional de Rafael Correa. El caso de la reelección presidencial en Ecuador", *Revista América Latina Hoy*, vol. 67, 2014, pp. 65-90.

b. *Situación actual y tendencias de las reformas*

Catorce de los 18 países de la región permiten actualmente la reelección, si bien con modalidades diversas. Venezuela (desde 2009), Nicaragua (reforma de enero de 2014) y Ecuador (reforma de 2015) son los únicos países que permiten la reelección indefinida. En cuatro países –Argentina, Bolivia, Brasil y República Dominicana– la reelección consecutiva está permitida, pero no de manera indefinida (sólo se permite una reelección); no obstante, presidentes que refundaron la institucionalidad mediante constituyentes se han podido beneficiar de un tercer periodo por dejar fuera de su reforma el primer mandato presidencial (Bolivia y Ecuador).

En otros seis casos, sólo es posible volver al poder después de transcurrido, al menos, uno o dos mandatos presidenciales: Chile, Costa Rica, El Salvador, Panamá, Perú y Uruguay. A los 13 países que permiten la reelección se debe sumar el ya citado caso de Honduras, que recientemente ha levantado la prohibición.

Como observamos (cuadro IV.2.1), sólo cuatro países (es decir apenas 22% de las Constituciones) prohíben de manera absoluta cualquier tipo de reelección: México, Guatemala, Paraguay[359] y, más recientemente Colombia (a partir de 2015). La composición de este último grupo experimentó una interesante dinámica durante 2015, ya que, mientras Honduras levantó la proscripción, Colombia la volvió a imponer tras una década de reelección inmediata.

---

359 En Paraguay, en los últimos meses de 2015 y principios de 2016 se reactivó el debate en torno a la reelección. Un sector considera que la prohibición de reelección afecta solamente al presidente en ejercicio, pero a no a los ex presidentes. Otro sector, en cambio, es de la opinión que la prohibición de reelección es de carácter absoluto y aplica a todos, es decir tanto al presidente en ejercicio como a los ex presidentes. Algunos sectores políticos han llegado incluso a insinuar la necesidad de avanzar con una reforma constitucional dirigida a autorizar la reelección. Véase el artículo sobre esta cuestión de Jorge Silvero Salgueiro "Prohibición constitucional absoluta de reelección presidencial", *ABC*, Paraguay, 14 de marzo de 2016. Disponible en: www.abc.com.py.

Cuadro IV.2.1. *América Latina: reelección presidencial*

PAÍS	TIPO DE REELECCIÓN: ACTUAL O VIGENTE				AÑO DE MODIFICACIÓN	CARÁCTER DE LA MODIFICACIÓN	EFECTOS DE LA MODIFICACIÓN	OTROS PROCESOS
	SIN LÍMITES O INDEFINIDA	INMEDIATA	NO INMEDIATA	PROHIBIDA				
ARGENTINA		x			1994	No inmediata a inmediata	Menos restrictiva	Una interpretación de la Corte avaló su tercera postulación en 2014.
BOLIVIA		x			2009	No inmediata a inmediata	Menos restrictivas	Actualmente, un proyecto impulsa la reelección inmediata por dos periodos consecutivos.
BRASIL		x			1997	No inmediata a inmediata	Menos restrictiva	En proceso de reforma. Prohibición pasó en primera instancia en la Cámara de Diputados (pendiente una votación más y dos en el Senado)
CHILE			x					
COLOMBIA				x	2015	Inmediata a prohibida	Más restrictiva	Publicado en la *Gaceta Oficial* el 1 de julio de 2015
COSTA RICA			x		2003	De prohibida a no inmediata	Menos restrictiva	
REPÚBLICA DOMINICANA		x			2015	No inmediata a inmediata	Menos restrictiva	Reforma aprobada por el Congreso en junio de 2015
ECUADOR		x			2008	No inmediata a inmediata	Menos restrictiva	En proceso de discusión una reforma para aprobar la reelección indefinida
EL SALVADOR			x		—	—	—	—
GUATEMALA				x	—	—	—	
HONDURAS	x				2015	De prohibida a indefinida	Sin restricciones	La Corte Suprema declaró inaplicable la prohibición, pero se requiere que la Asamblea Nacional defina un nuevo artículo constitucional
MÉXICO				x				
NICARAGUA	x				2014	No inmediata a inmediata	Sin restricciones	
PANAMÁ			x					
PARAGUAY				x	1992	De inmediata a prohibida	Sin restricciones	
PERÚ			x					
URUGUAY			x					
VENEZUELA	x				2009	De inmediata a indefinida	Sin restricciones	
TOTAL	3	5	6	4				

FUENTE: *Elaboración propia a partir de las Constituciones políticas de cada país. Actualizado a 2015.*

La reelección consecutiva o inmediata es una modalidad que suele favorecer –sobre todo en los últimos años– al partido oficialista y/o al presidente en el poder. Durante estos últimos 38 años, desde que se iniciaron las transiciones a la democracia en la región, todos los presidentes que buscaron reelegirse de manera consecutiva lo lograron, excepto dos: Daniel Ortega en Nicaragua, en 1990, e Hipólito Mejía en República Dominicana, en 2004. Cabe mencionar, asimismo, que otros dos presidentes –Joaquín Balaguer (República Dominicana) y Alberto Fujimori (Perú)–, si bien lograron su reelección (1994 y 2000, respectivamente), durante dichos procesos electorales se produjeron severas irregularidades que gatillaron sendas crisis políticas que motivaron la disminución del periodo presidencial del primero (de 4 a 2 años) y la finalización anticipada del mandato presidencial del segundo.

Una tendencia similar encontramos en los Estados Unidos de América, país en el cual 82% de los presidentes en ejercicio –contados a partir de la presidencia de Roosevelt– que buscaron reelegirse lo lograron.

En cambio, no todos los presidentes que intentaron reelegirse mediante la modalidad alterna alcanzaron su objetivo. Entre quienes fracasaron en su intento de volver al cargo podemos citar a: Luis Alberto La Calle en Uruguay, Alejandro Toledo en Perú, Eduardo Frei en Chile; Toni Saca en El Salvador, Jorge Tuto Quiroga en Bolivia y Carlos Menem en Argentina, y Rafael Caldera (1983) en Venezuela. En cambio, otros presidentes que lo intentaron lograron volver: Óscar Arias en Costa Rica, Carlos Andrés Pérez en Venezuela, Rafael Caldera en 1993 en Venezuela, Alan García en Perú, Julio María Sanguinetti en Uruguay y Gonzalo Sánchez de Lozada en Bolivia, si bien en varios de estos retornos al poder los segundos gobiernos resultaron muy accidentados en términos políticos.

Por su parte, Daniel Ortega, quien vio frustrado su intento de reelección consecutiva en 1990 y posteriormente los de reelección alterna de 1996 y 2001, logró regresar al gobierno en 2006 y fue reelecto en 2011. Y, como consecuencia de la reforma que impulsó a principios de 2014 (para pasar de la reelección consecutiva a la indefinida), fue nuevamente reelecto en las "viciadas" elecciones generales de 2016, acumulando un total de 4 periodos presidenciales (tres de ellos consecutivos. De igual forma, vale mencionar que en 2016 también tuvo lugar la reelección consecutiva de Danilo Medina del PLD (quien acumula dos periodos presidenciales consecutivos).

El hecho de que, con apenas dos excepciones (y otras dos en términos parciales), los casos de reelección consecutiva e indefinida hayan resultado exitosos debe llamar la atención (como ya analizamos) para revisar las posibles ventajas que otorga estar en el ejercicio del poder y manejar los recursos del Estado durante la campaña electoral. Esta idea se reafirma por el hecho de que los resultados son diferentes cuando hay reelección inmediata e indefinida a cuando ésta es alterna y el candidato no está en el ejercicio. En los casos de reelección inmediata en el periodo bajo análisis hubo reelección en 90% de los casos; mientras que en los de reelección alterna ésta ocurrió en 40%: diferencia notable como podemos observar. En otras palabras, ser presidente en ejercicio –más allá de la modalidad de reelección– aumenta en 62.78% las probabilidades de resultar reelegido.[360]

Éste es un punto que debe ser estudiado con gran detenimiento porque una posibilidad que hay que considerar es que los controles establecidos para evitar abusos del poder y de recursos del Estado estén resultando insuficientes para los casos de reelección inmediata e indefinida. Ello explicaría la ventaja con que cuentan los presidentes-candidatos. Empero, como lo muestra la experiencia regional comparada, este punto es de difícil solución mientras no se tengan poderes públicos efectivamente independientes del Poder Ejecutivo, en particular en lo que se refiere al Poder Judicial o al organismo electoral con poderes de control en la materia.

En efecto, en la medida en que los mecanismos de control no sean efectivamente independientes o carezcan de las facultades necesarias, no tendrán la capacidad para garantizar un control adecuado de la actuación del Poder Ejecutivo durante el periodo electoral, de modo que se eviten o corrijan oportunamente los abusos en el ma-

---

360 Michael Penfold, Javier Corrales y Gonzalo Hernández Jiménez, "Los invencibles...", art. *cit.*, 2014, p. 549.

nejo de los recursos del Estado y el grave fenómeno del ventajismo electoral.[361]

---

361 Los abusos que ocasiona el ventajismo electoral han venido siendo denunciados por la oposición en diversos países, frente a ellos la observación electoral no resulta suficiente, particularmente si se centra en los días de votación exclusivamente. El ventajismo que otorga el manejo de los recursos del Estado tiende a manifestarse en los meses previos a la elección. Una modalidad en que suele presentarse es en el uso de los medios de comunicación del Estado en forma preferente para el candidato presidente, quién desde su cargo los utiliza para obtener tiempo de televisión y radio dedicado a resaltar los posibles logros de su gestión de gobierno, incluso en emisiones de retransmisión obligatoria por todos los canales privados. Pero éste es sólo un ejemplo, la inauguración de obras durante el tiempo de campaña electoral es otro caso. Frente a ellos sería necesaria la acción eficaz de un tribunal u órgano electoral con poderes para ello y con la independencia suficiente para enfrentar este tipo de ventajismo. En aquellos países donde la institucionalidad es débil y donde el poder judicial o los organismos electorales no tienen la suficiente independencia resulta dudoso que pueda ser controlado.

A lo dicho se suma que en estas situaciones de ventajismo también es frecuente que el poder legislativo esté controlado sólo o en coalición por el partido de gobierno, lo cual impide que se hagan las reformas legislativas que la situación amerite para impedir el uso abusivo de los recursos del Estado por el candidato presidente. Sin embargo, como se ha señalado, la clave es el Poder Judicial o el organismo electoral con poderes suficientes. Si éste es autónomo encontrará argumentos constitucionales para impedir el ventajismo, pero si no es autónomo, ninguna ley será suficiente para que se detenga el abuso. Las normas que expresamente declaran fuera de la ley los diversos casos de abuso de los recursos del Estado y de ventajismo son convenientes, pero no son suficientes si no hay organismos con la suficiente independencia para aplicarlas. El ventajismo desde el poder no es exclusivo de los casos de reelección inmediata, también puede presentarse en favor del candidato del partido del presidente, aún, cuando no sea él mismo. Sin embargo, la experiencia y los resultados electorales apuntan en el sentido de que en los casos de reelección inmediata la utilización de los recursos del Estado es más intensa y también más efectiva que en otra circunstancia. Las causas para ello parecen ser, en primer lugar, que el esfuerzo que hace el presidente, como es de esperar, es mayor en su propia campaña que en la de un compañero de partido; y en segundo lugar, que parte del beneficio electoral que representa utilizar los recursos del Estado, por ejemplo los medios de comunicación públicos, es intransferible hacia otro candidato distinto al presidente mismo. Es decir que el caso de reelección inmediata –con la fi-

El ventajismo afecta asimismo la calidad de la democracia.[362]Entre sus dimensiones constitutivas principales cabe mencionar la integridad electoral, uno de cuyos componentes más importantes es la imparcialidad del Estado y sus órganos frente a los candidatos. Es decir, para valorar la calidad de la democracia hay que evaluar (entre otras dimensiones) la medida en que la competencia electoral, en lo que respecta al poder público, se da en igualdad de condiciones, sin intervención del Estado en favor de alguno de los candidatos.

Debido al aumento del número de países donde se permite la reelección presidencial consecutiva o inmediata en América Latina, puede afirmarse que una de las vías para mejorar la calidad de la democracia es el establecimiento de reglas estrictas –en cuanto a la imparcialidad del Estado– en los procesos electorales, así como la dotación a los órganos del poder público, encargados de aplicarlas, de la autonomía y las facultades necesarias para así asegurar que los recursos del Estado no sean puestos al servicio de alguna de las candidaturas. Deben también existir las condiciones políticas para garantizar la plena autonomía de los órganos de control legislativo y judicial, de modo que en la práctica estén en posición de ejercer efectivamente la autonomía que se les otorga en la legislación.

C. *Mecanismos y modalidades para las reformas*
   pro reelección

La autorización o prohibición de la reelección presidencial, así como sus diferentes variantes, absolutas o relativas, dependen de la decisión soberana de cada país. Dicha soberanía puede manifestarse: *1*) mediante una Asamblea Constituyente que promulgue una nueva Constitución, como producto o resultado de una revolución o

---

gura del presidente candidato– es una situación especial que hace aún más necesario que existan normas y organismos autónomos encargados de aplicarlas que estén en condiciones de impedir el ventajismo electoral; de no haberlos, el peligro es mayor que en otras circunstancias.

362 Sobre las dimensiones de la calidad de la democracia, véase: Daniel H. Levine y José E. Molina. "Evaluating the Quality of Democracy in Latin America", en Daniel H. Levine y José E. Molina (eds.), *The Quality of Democracy in Latin America*, Lynne Rienner Publishers, Boulder (CO), 2011, pp. 1-19.

de su evolución con o sin referéndums populares; *2*) por la vía del poder reformador o revisor constituido que realiza una enmienda o reforma a la Constitución, con o sin plebiscitos, con o sin referéndums populares, o bien *3*) por medio del poder controlador o protector de la Constitución, el cual, a partir del ejercicio de sus atribuciones en materia de control jurisdiccional, puede declarar inconstitucional una reforma que permitió o prohibió la reelección presidencial, o puede hacer una nueva interpretación a una norma constitucional, declarando prohibida o permitida la reelección o su carácter indefinido, al grado de constituir una mutación constitucional.

Para garantizar la certeza y la seguridad jurídica en las nuevas constituciones promulgadas por asambleas constituyentes es necesario que, en los artículos transitorios, se precisen los supuestos aplicables al presidente en ejercicio respecto a la reelección, ya sea al permitirla o prohibirla. Particularmente polémico ha resultado el tema de la reelección de los presidentes en ejercicio al momento de aprobarse la reforma constitucional o la nueva constitución. Varios de ellos han alegado –y así fue interpretado en Bolivia, Ecuador y Venezuela–, que el primer periodo, o parte de él, durante el cual se realiza la reforma o se dicta la nueva Constitución no debe tomarse en cuenta a los efectos de la limitación de la reelección a una consecutiva.

Por consiguiente, en algunos países se ha aceptado que en el momento de la reforma constitucional o de la aprobación de la nueva que introduce la reelección inmediata, el presidente en ejercicio puede participar como candidato al final de su mandato y, si gana la elección, a los efectos de la prohibición de más de una reelección, el nuevo periodo sería el primero, y no el segundo.

En relación directa con las enmiendas o reformas constitucionales llevadas a cabo por el poder reformador o revisor de la Constitución, es recomendable incluir una cláusula restrictiva con el objetivo de que éstas no entren en vigor sino después de la siguiente elección presidencial con el fin de garantizar que su destinatario no tenga nombre y apellido al beneficiar a los presidentes en ejercicio. Empero ésta no ha sido la práctica seguida en la gran mayoría de los casos de América Latina durante el periodo 1978-2016. Por el contrario, lo usual ha sido que las reformas que permiten la reelección inmediata e indefinida entren en vigor en el momento de su publicación, dado precisamente que son impulsadas por el presidente en turno y con el objetivo explícito de mantenerse en el poder. Esta tendencia ha venido acompañada del surgimiento de la personalización de la política en varios países de la región, como consecuencia, entre otros factores, de la desinstitucionalización de los sistemas de partidos.[363]

Conviene recordar, asimismo, que las reformas en favor de la reelección, sobre todo en su modalidad consecutiva, tuvieron en la casi totalidad de los casos nombre y apellido, se llevaron a cabo durante la presidencia de los mandatarios que deseaban reelegirse y, salvo en República Dominicana con el presidente Hipólito Mejía, todas lograron su cometido: la reelección del mandatario que reformó la Constitución con el objetivo de seguir en el poder (Cardoso, Menem, Fujimori, Uribe, Chávez, Morales, Correa, Ortega y Medina).

En cuanto a las decisiones del poder controlador o protector de la Constitución que, a partir del ejercicio de sus atribuciones en materia de control de la constitucionalidad, pueden declarar inconstitucional una reforma que permitió o prohibió la reelección presidencial, hace falta que no se limiten a proteger los derechos políticos a votar y a ser votados, sino que ponderen si existe un interés público que justifique o legitime la restricción, ya sea el principio de alternancia o rotación en los cargos o puestos públicos, o bien los principios de equidad e integridad de la contienda electoral y de igualdad entre los contendientes.

D. *La reelección conyugal*

En los casos en que no es posible continuar reeligiéndose, ya sea por prohibición o por imposición de intervalos de espera, en el derecho constitucional latinoamericano comparado existen otros me-

---

363 Véase José E. Molina. "Nivel de institucionalización del sistema de partidos y personalización de la política en América Latina (1990-2008)", en Mariano Torcal (coord.), *Sistemas de partidos en América Latina: causas y consecuencias de su equilibrio inestable*, Anthropos Editorial, Barcelona, 2015, pp. 220-240.

canismos mediante los cuales los líderes buscan la permanencia en el poder: se trata de las postulaciones conyugales.[364] Existen otros tipos de relación de parentesco, que es también una variante, aunque mucho menos utilizada en la región.

Históricamente, en América Latina hubo casos de esposas que sucedían a sus maridos presidentes ya fuera por la muerte prematura del líder (María Estela Martínez de Perón, en la Argentina de 1974), o porque eran herederas directas de su liderazgo político (Mireya Moscoso en Panamá) o de su liderazgo social (Violeta B. de Chamorro en Nicaragua). Sin embargo, desde hace algunos años nos encontramos ante un nuevo fenómeno: la reelección conyugal.[365]

En Argentina, el matrimonio Kirchner inauguró esta nueva modalidad de reelección –una manera tramposamente ingeniosa de establecer la reelección indefinida de la pareja presidencial sin necesidad de tener que modificar la Constitución–. Primero, Néstor Kirchner fue electo Presidente, a quien lo sucedió su esposa Cristina Fernández de Kirchner. Para las elecciones de octubre de 2011 estaba previsto el retorno del presidente Kirchner. Sin embargo, su muerte en octubre de 2010 obligó a su cónyuge a buscar su reelección consecutiva; reelección que obtuvo con una diferencia muy amplia respecto del segundo lugar y sin necesidad de recurrir a un balotaje.

---

364 Javier Corrales, "Latin America's Neocaudillismo: Ex-Presidents and Newcomers Running for President... and Winning", *Latin American Politics and Society*, vol. 50, núm. 3. 2008, pp. 1-35.

365 En la "reelección conyugal", o con la candidatura a la presidencia de otro pariente cercano del presidente, habría un serio peligro de que se trate, aunque no necesariamente, de una maniobra para que el presidente siga gobernando por interpuesta persona o al menos de que él y su equipo mantengan una influencia sobre el poder que la constitución quiere evitar al negar la reelección consecutiva. Hay también el peligro de que el peso de los recursos del Estado vaya a estar en favor de esa candidatura, y que por lo tanto se produzca una situación similar a los casos de reelección inmediata que ya hemos analizado. Para impedirlo pueden tomarse las medidas que hemos planteado sobre la reelección inmediata o también podría prohibirse constitucionalmente la candidatura a la presidencia de los parientes cercanos del presidente en ejercicio.

De cara a las elecciones de septiembre de 2011, una fórmula similar trató de implementarse en Guatemala, entre el entonces presidente Álvaro Colom y su entonces esposa Sandra Torres. Pero, ante el riesgo de que la Corte de Constitucionalidad fuera adversa a la candidatura de Torres, decidieron divorciarse y así facilitar la candidatura de la primera dama. En una confirmación explícita de esta forma de política "conyugal", Torres declaró: "Me divorcio (del presidente Colom) para casarme con el pueblo". Finalmente, la candidatura de la ex primera dama fue revocada por la Justicia por considerar que se trataba de un fraude a la Constitución. Sandra Torres, ya divorciada del ex presidente Colom, intentó, sin éxito, llegar de nuevo a la Presidencia en las elecciones de 2015.

Cabe mencionar, asimismo, el caso de Xiomara Castro –esposa del ex presidente José Manuel Zelaya, presidente de Honduras de 2006 a 2009 (depuesto por el golpe de Estado de junio de 2009)–, candidata del movimiento político de izquierda Libertad y Refundación (Libre) en las elecciones de noviembre de 2013 y quien, tras haber liderado las encuestas durante varios meses, quedó en segundo lugar en la contienda.

E. *Elementos a favor y en contra de la reelección*

La reelección presidencial es un tema muy controvertido. En términos de la conveniencia o el perjuicio de la reelección, existe un debate de nunca acabar, en el que suele incurrirse en confusiones importantes (no se hace distinción entre sistemas presidenciales y parlamentarios), o en el que se desconocen las diferencias de cultura política (entre el presidencialismo estadounidense y los latinoamericanos, por ejemplo), las cuales desempeñan un papel crucial en el tema.[366]

Algunos críticos de la reelección presidencial sostienen que ésta expone al sistema político al riesgo de una "democracia híbrida", puesto que refuerza la tendencia hacia el liderazgo personalista y hegemónico latente en el presidencialismo. Añaden, asimismo, que

---

366 José Antonio Cheibub, *Presidentialism, Parliamentarism and Democracy*, Cambridge University Press, Cambridge (MA), 2010.

la reelección conlleva el riesgo de reducir peligrosamente el principio de alternancia, pues "aumenta la barrera de entrada a los competidores por las mismas prerrogativas vinculadas con su posición ejecutiva".[367] Los defensores de la reelección, por el contrario, argumentan que ésta permite aplicar un enfoque más "democrático", en la medida en que posibilita a la ciudadanía elegir con mayor libertad a su presidente y responsabilizarlo por su desempeño, ya sea premiándolo o castigándolo, según sea el caso. La no reelección, argumentan sus defensores, le quitaría al pueblo la posibilidad de mantener en el cargo a un presidente si así lo desea la mayoría; por ello, plantean, que lo más democrático sería permitir a la ciudadanía tomar por sí misma esta importante decisión.

En la historia de América Latina la reelección presidencial se discutió con respecto al concepto de la no reelección. En cambio, en los últimos años, el debate sobre la reelección se ha trasladado al de la reelección consecutiva e indefinida. Sus defensores argumentan que, en la medida en que sus propios partidos confirmen sus liderazgos y la ciudadanía los vote elección tras elección, la reelección indefinida de una misma persona no es antidemocrática.

---

367 Ésta es la posición de Penfold, Corrales y Hernández para quienes "Si los límites a la reelección presidencial comienzan a relajarse demasiado –y a causa de que los presidentes en ejercicio en América Latina gozan de ventajas significativas–, entonces las probabilidades de alternancia se reducen más allá de lo probablemente deseado. Esto sin duda implica un problema para la democracia: ¿cuál es el umbral en el que la reelección del presidente pasa a significar un peligro para la promoción de la alternancia democrática? La única garantía que se tiene para que la democracia produzca cierto grado de alternancia, además de los criterios de equidad en la competencia electoral, es que el funcionamiento del Estado de derecho proteja creíblemente los límites a la reelección. De lo contrario, la probabilidad de observar cambios en la presidencia en un país determinado podría ser muy limitada. Hay quienes pueden pensar que esta interferencia constitucional (p.e., limitar la posibilidad de reelección a un periodo consecutivo) resulta por sí misma demasiado estricta o antidemocrática, pero no queda duda alguna de que es una de las pocas protecciones en contra de los abusos de los presidentes en el uso de sus propias prerrogativas (O'Donnell, 2004)." Guillermo O'Donnell, "Why the Rule of Law Matters", *Journal of Democracy*, vol. 15, núm. 4, 2004, pp. 32-46.

Nuestro punto de vista es diferente. Consideramos que la afirmación anterior es correcta, pero en un sistema parlamentario, y no en uno presidencial, ya que en éste la reelección indefinida refuerza la tendencia hacia el liderazgo personalista y hegemónico inherente al presidencialismo y expone al sistema político al riesgo de una "dictadura electoral" o bien a un sistema autoritario a secas. Así lo evidencian, entre otras, las nefastas experiencias reeleccionistas de Porfirio Díaz en México (durante el siglo XIX), que fue reelegido siete veces y gobernó casi tres décadas, así como las reelecciones (durante el siglo XX) de Anastasio Somoza, en Nicaragua, Alfredo Stroessner, en Paraguay, y Joaquín Balaguer, en República Dominicana.

Además, la reelección indefinida suele atentar contra los principios de igualdad, equidad e integridad en la contienda electoral, al dar lugar (como ya analizamos previamente y en detalle) a un ventajismo indebido en favor del presidente-candidato, en desmedro de los demás candidatos. Coincidimos en este punto con Mario Serrafero, cuando señala que: "La combinación de la reelección presidencial indefinida con un diseño institucional de presidencialismo fuerte no es la mejor de las opciones, sino el riesgo más cierto contra la vigencia auténtica de los derechos de los ciudadanos, el equilibrio de poderes y la estabilidad de las instituciones".

Y agrega "La reelección sin limitaciones de parentesco inauguraría una suerte de régimen presidencial con fuertes tintes monárquicos, en el sentido de que un presidente que ha estado largo tiempo en el poder –o no– podría preparar la sucesión de un descendiente, cónyuge o algún otro familiar. En esta *presidencia monárquica* el presidente gobierna a través de la reelección indefinida y cuando no puede o no quiere seguir gobernando *abdica* designando un sucesor familiar, todo convalidado por el voto ciudadano". Nicaragua actualmente encuadra en este tipo de régimen. Venezuela podría hacer lo propio dependiendo de cómo evolucione la actual crisis política.

En esta misma línea de pensamiento se inscriben las conclusiones a que se llegó en un congreso internacional que, sobre el tema de la reelección presidencial, se realizó en Colombia en abril de 2011. Los participantes del citado congreso señalaron que en numerosos casos la figura de la reelección presidencial en América Latina se ha caracterizado por ser más desafortunada que afortunada, puesto que ha servido para que algunos gobernantes pretendan permanecer durante largos periodos o incluso perpetuarse en el poder, ya sea por sí o por otros.[368]

En dicho evento académico hubo consenso, asimismo, en cuanto a que los riesgos asociados a la reelección presidencial suelen estar directamente relacionados con el grado de institucionalidad de cada país: en aquéllos con institucionalidad fuerte, los riesgos de una desviación patológica son menores, y mayores en los países con institucionalidad débil.

La institucionalidad fuerte se caracteriza por la existencia tanto de poderes públicos independientes del Ejecutivo, sobre todo el Poder Judicial y del órgano electoral, así como por un sistema de partidos políticos competitivos e institucionalizados.[369] Por otro lado, como lo demuestra la experiencia comparada latinoamericana, en países con institucionalidad débil la reelección indefinida del presidente, e incluso, en algunos casos también la inmediata, ha servido para concentrar el poder político en el Ejecutivo, con grave afectación al principio de división de poderes y, sobre todo, a la independencia de los órganos del poder público a los cuales les corresponden funciones de control tanto jurisdiccional como político-electoral. Venezuela, Ecuador, Bolivia y Nicaragua son algunos ejemplos de esta tendencia.

---

368 Congreso Internacional sobre la Reelección del Titular del Poder Ejecutivo en las Américas, organizado conjuntamente por el Instituto Iberoamericano de Derecho Constitucional, la Universidad Externado de Colombia, la Fundación Konrad Adenauer e IDEA Internacional, en Bogotá, 13, 14 y 15 de abril de 2011.

369 Se llega así a una situación en la cual los poderes públicos encargados de controlar al Ejecutivo pierden independencia, precisamente cuando más se necesita que la tengan. Efectivamente, ante una presidencia fuerte sería necesario que hubiera igualmente órganos de control fuertes e independientes, para que tengan la capacidad de impedir el abuso del poder en general, y en particular en los procesos electorales como ya hemos hecho referencia.

a. *Recientes tendencias reeleccionistas en la región durante el maratón electoral 2013-2016*

Como se analizó en la introducción de esta obra, durante el cuatrienio (2009-2012) 17 de los 18 países de América Latina celebraron elecciones presidenciales. En todos ellos, los presidentes que buscaron su reelección la obtuvieron. Entre enero de 2013 y diciembre de 2016, tuvo lugar un nuevo maratón electoral durante el cual, en 17 de los 18 países de la región los ciudadanos acudieron nuevamente a las urnas para elegir o reelegir a sus presidentes, en el cual la reelección, en sus diversas modalidades, estuvo nuevamente muy presente. Durante este periodo todos los presidentes que podían buscar su reelección consecutiva así lo hicieron y la totalidad de ellos lo logró (Morales, Correa, Rousseff, Santos).

Otros dos, Medina y Ortega, reformaron las constituciones para buscar un segundo periodo consecutivo (en el primer caso) y un tercer periodo consecutivo (en el segundo caso).

En lo que se refiere al reeleccionismo, la actual coyuntura política regional muestra la existencia de tres tendencias principales, a saber:

> ➤ Presidentes en ejercicio que buscaron la reelección indefinida. Ha sido el caso de Chávez en Venezuela (hasta su muerte a principios de 2013). También es el caso de Daniel Ortega en Nicaragua (a la luz de la reciente reforma), quien fue reelecto por segunda vez consecutiva en noviembre de 2016.

> ➤ Presidentes en ejercicio que buscaron su reelección. Ha sido el caso de Correa, quien fue electo en 2006 y reelecto bajo una nueva Constitución en 2009 y, nuevamente, en febrero de 2013; Santos, reelecto en junio de 2014; Morales, electo en 2005, reelecto en 2009, con cambio constitucional incluido, y reelecto el 12 de octubre de 2014, el de Rousseff reelecta el 26 de octubre de 2014 (y destituida vía juicio político en 2016), y el de Danilo Medina, Presidente de República Dominicana, reelecto (segundo mandato consecutivo) en las elecciones del 15 de mayo de 2016.

➤ Presidentes que lograron la reelección de forma alterna. Es el caso de Bachelet en Chile, quien ya había ocupado el cargo entre 2006 y 2010, y que asumió su segundo mandato (alterno) el 11 de marzo de 2014; de Vázquez en Uruguay, quien en 2005 llevó al poder al izquierdista Frente Amplio, y quien obtuvo en el balotaje del 30 de noviembre de 2014 un segundo mandato (también alterno) que asumió el 1 de marzo de 2015.

b. *Balance*

La reelección es uno de los temas en los que América Latina experimentó un cambio de tendencia muy radical. En tan sólo dos décadas pasó de ser (al inicio de La tercera ola democrática) una región de fuerte vocación antirreeleccionista a una de clara vocación pro reelección.

Los casos arriba mencionados evidencian una tendencia preocupante de alcance regional,[370] bajo modalidades y contextos diversos, la cual por ahora tiene mayor fuerza en América del Sur, pero que también, de manera gradual, ha venido ganando terreno en América Central con los cambios acaecidos en varios países (entre ellos, Costa Rica, Nicaragua, Honduras y República Dominicana).

En nuestra opinión, esta fiebre reeleccionista (muy pocos están dispuestos a dejar el poder y muchos de los que se fueron desean regresar) resulta una mala noticia para una región como la nuestra, caracterizada por una marcada debilidad institucional, crisis de los

---

370 Compartimos las cuatro tendencias que preocupan a Penfold, Corrales y Hernández, a saber: "i) los presidentes que pueden reelegirse ganan por el simple hecho de ejercer el poder; ii) la diferencia con la que ganan contra sus contrincantes también se explica más por su capacidad de ser reelegidos que por su propia gestión; iii) aunque son pocos los presidentes en América Latina que tratan de flexibilizar las restricciones de sus periodos presidenciales, cuando lo intentan lo logran; y lo que es peor, una proporción importante reincide con éxito, y iv) en aquellas democracias con una institucionalidad más débil, los presidentes en ejercicio tienden a ganar con unos márgenes aún más amplios, y aunque es difícil argumentar la dirección de la causalidad entre estas dos variables, la relación es bastante robusta", "Los invencibles…", art. *cit.*, 2014, p. 551.

partidos políticos, creciente personalización de la política y, en algunos países, el fenómeno del hiperpresidencialismo.

En estas tres décadas y media de vida democrática hemos podido observar a presidentes que reformaron las constituciones en su provecho –es decir, que las reformas llevaron nombre y apellido, y cuyo objetivo fue mantenerse en el poder– y otros que, en cambio, respetaron la institucionalidad vigente. Los del primer grupo –Cardoso, Chávez, Correa, Fujimori, Menem, Mejía, Morales, Ortega, Uribe y Medina– cambiaron las reglas del juego una vez en el poder para impulsar reformas constitucionales con nombre y apellido que les permitiera la reelección consecutiva o incluso indefinida (Chávez y Ortega).

Otros mandatarios en cambio, como el caso de Leonel Fernández en República Dominicana, modificaron las reglas de la reelección para poder volver a candidatearse bajo la modalidad de la reelección alterna. En cambio, los del segundo grupo –Bachelet, Lagos, Lula y Vásquez, entre otros–, no obstante los altos índices de popularidad con que concluyeron sus mandatos, no trataron de forzar la institucionalidad y respetaron la letra de la Constitución con la que llegaron al poder.[371]

En resumen: algo anda muy mal cuando en una democracia un presidente se considera tan indispensable como para cambiar la Constitución con el objetivo de continuar en el poder. El fortalecimiento y la consolidación de nuestras aún frágiles democracias no pasan por líderes carismáticos y providenciales. El camino a seguir es otro: mediante la participación madura y activa de los ciudadanos; instituciones legítimas, transparentes y eficaces; sistema de frenos y contrapesos entre los poderes; liderazgos democráticos, y una sólida cultura ciudadana.

---

371 En su multicitado trabajo, Penfold, Corrales y Hernández aportan cifras interesantes sobre esta cuestión: si bien tan sólo en 9.45% de las veces los presidentes en ejercicio trataron de modificar las restricciones constitucionales con miras a ampliar su permanencia en la presidencia; cuando lo intentaron, tuvieron éxito en cerca de 70% de los casos.

Como bien señaló recientemente el papa Francisco: "Un buen líder es aquel que es capaz de generar otros líderes. Si un líder quiere sostener el liderazgo, es un tirano. El verdadero liderazgo es fructífero. –Para luego concluir–: Los líderes de hoy en día no estarán mañana. Si no siembran la semilla del liderazgo a otros, no tienen valor. Son dictadores".[372]

Coincido con el pensamiento del papa Francisco, la salud de una democracia depende esencialmente de su capacidad de limitar el poder de los gobernantes para que éstos no puedan acomodar la ley a sus ambiciones personales. En otras palabras, la democracia en América Latina no necesita líderes que sean esclavos del pueblo sino líderes que sean esclavos de la ley y de las instituciones.

---

[372] Declaraciones del papa Francisco en la teleconferencia entre jóvenes de Cuba y Estados Unidos, organizada por CNN, antes del viaje del papa a ambos países. *Diario de las Américas*, 22 de septiembre de 2015. Disponible en: www.diariolasamericas.com.

V. REFORMA DE LOS PARTIDOS POLÍTICOS

1. *Los partidos políticos en la transición latinoamericana*

DEMOCRATIZAR, democratización, transición a la democracia, no significan lo mismo en todas partes ni en todo tiempo, ni siquiera cuando el proceso ocurre en el mismo periodo histórico. Como bien advierte Becerra,[373] en algunos países, la democratización ha requerido la transformación íntegra de su Constitución y de su régimen político (por ejemplo, España). En otros, ha necesitado un cambio completo en el Estado (redefinición del territorio y de las nacionalidades que lo integran, otro sistema jurídico y de propiedad), al mismo tiempo que se desmantelan los instrumentos de la planificación central. Es decir, democratización implicaba desde el principio un cambio radical de su economía y su política (la Rusia postsoviética y las repúblicas del Este europeo, por ejemplo).

Otras naciones han visto nacer su democracia mediante la vasta y decisiva ampliación de su comunidad política (por ejemplo, Sudáfrica); mientras que, en latitudes más cercanas, el proceso transicional refiere más bien a un retorno, a la restauración de una democracia que ya estaba ahí, vivía, antes de los golpes militares que la violaron y suspendieron en las llamadas "décadas infames" (por ejemplo, Argentina, Chile o Uruguay); "en otros países, sin embargo, construir la democracia ha significado otra cosa: establecer reglas electorales limpias y confiables por un lado y, paralelamente, ir más

---

373 Ricardo Becerra, "La urgencia de los partidos de la post-transición, o ¿cómo se gobierna la pluralidad?", *Configuraciones*, núm. 10-11 (Instituto de Estudios para la Transición Democrática, México, 2003), pp. 25-27.

allá del partido único hegemónico para construir auténticos partidos políticos nacionales, en plural (México, es el caso típico)".[374]

En efecto, en América Latina, la transición a la democracia y su ritmo ha sido diverso, como variado fue su punto de partida. Uno de los rasgos más característicos de esta diversidad de puntos de origen fue, precisamente la posición y el grado de arraigo e institucionalización inicial de los partidos políticos en cada uno de los países de la región durante los años setenta y ochenta del siglo pasado: el tránsito desde su prohibición legal, pasando por el de su persecución sistemática y virtual aniquilación, seguido de cierta tolerancia controlada desde los poderes autoritarios del Estado, hasta su pleno reconocimiento como actores centrales del juego político democrático.

Puede decirse incluso que el destino de los partidos políticos, durante la noche militarista o autoritaria, definió buena parte de las agendas de la transición latinoamericana, pues su rehabilitación, su presencia pública y su capacidad para atraer apoyo de la opinión pública y durante las elecciones resultó ser el verdadero motor de la democratización. En efecto, a medida que los partidos adquirían arraigo, presencia y poder, y se instalaban en los congresos, impulsaban reformas a las leyes electorales y de partidos políticos en busca de más derechos, más instrumentos de protección, más prerrogativas y mayor capacidad de intervención en las decisiones de gobierno. De ese modo, puede decirse que el fortalecimiento de los partidos políticos –en plural– constituye un tema central en la historia de la democratización latinoamericana.

2. El Estado de partidos

Hasta los años setenta y ochenta del siglo pasado la vida partidista en nuestra región estaba (salvo contadas excepciones) prácticamente congelada o recluida dentro de márgenes estrechos. En algunos casos excepcionales, las organizaciones políticas eran comparsa del poder instituido, mientras que en otros aparecían como organismos testimoniales, apenas visibles por su irrelevancia. No obstante, fue a partir de los primeros años de las transiciones que los partidos

---

374 *Idem.*

políticos empezaron a cobrar o recobrar, según el país en cuestión, vitalidad y centralidad en el quehacer político democrático.

Desde los años setenta y durante los ochenta del siglo pasado, con la llegada de La tercera ola democratizadora a la región, las elecciones libres y limpias se multiplicaron y demostraron ser la llave de tránsito entre el régimen autoritario y la democracia.

A partir de entonces, y por olas sucesivas, empezó a configurarse un escenario totalmente nuevo, la pérdida creciente de hegemonía de los viejos regímenes autoritarios y de sus organismos de apoyo y, paralelamente, el fortalecimiento progresivo de los partidos políticos. Poco a poco, los partidos fueron ocupando y ensanchando su espacio en el cuarto de máquinas de los Estados nacionales.

Así, la pluralidad política se "inyectó" en el Estado modificando la naturaleza, los procesos internos y el funcionamiento gubernamental, dando paso a un "Estado de partidos", es decir, a una forma de democracia, representación y gobierno absolutamente mediada y operada por la existencia de partidos políticos.

Este "Estado de partidos" se define, al decir de Blanco Valdés, por la pluralidad de organizaciones que representan intereses y visiones parciales existentes en la sociedad, y que confluyen en los órganos del Estado para elaborar las decisiones colectivas.

Entre los principales mecanismos institucionales que han contribuido a cambiar la posición e incrementar el poder partidista hasta generar el llamado "Estado de partidos", cabe señalar:[375]

1. Su rango constitucional, que los dibuja y los protege jurídicamente:

    a) De modo *descriptivo*(los define como expresión del pluralismo político);

    b) De manera *programática* (muchas constituciones les asignan la doble tarea de concurrir a la formación y manifestación de la voluntad popular y de ser instrumentos esenciales de la participación política);

---

375 Roberto Luis Blanco Valdés, *Los partidos políticos (temas clave de la Constitución española)*, Tecnos, Madrid, 1997.

c) En sentido *prescriptivo* (al obligarlos a respetar la constitución y la ley);

d) De forma *tutelar* (al garantizarles financiamiento y otras prerrogativas para su funcionamiento), y

2. La representación; es decir, los partidos políticos son los vehículos fundamentales —a veces únicos— que tienen la posibilidad de presentar candidatos en las elecciones, incluidos los que ocuparán cargos en el Poder Ejecutivo.

3. *Origen y evolución de los partidos políticos*

En palabras de Sartori, "partido es un nombre nuevo de algo nuevo".[376] En 1850, casi ningún país del mundo (con excepción de Colombia, Estados Unidos y Uruguay, entre otros pocos) conocía los partidos políticos en el sentido moderno de la palabra.[377] Hoy, tan sólo un siglo y medio después, éstos funcionan en la mayoría de los países. Hasta 1900, su nacimiento estuvo ligado a los grupos parlamentarios, a los comités electorales y a la interrelación entre ambos. Posteriormente, los partidos políticos fueron creados en su mayoría por organismos exteriores, llámense sociedades de pensamiento, clubes populares, periódicos, sindicatos, Iglesias, etcétera.

El término "partido político" comenzó a utilizarse mediante la sustitución gradual de "facción", en una lenta y tortuosa transición de términos, tanto en la esfera de las ideas como en la de los hechos. El término "facción", del latín *facere* (hacer, actuar), se refiere a un grupo político dedicado a un hacer (*facere*) perturbador y nocivo, a "actos siniestros". A su vez, "partido", del latín *partire* (dividir), que incursionó en el vocabulario político en el siglo XVII, expresaba en sus inicios la idea de parte, evolucionando luego hacia la idea de participar. Su predecesor terminológico de larga data, era el término "secta" (separar, cortar, dividir), pero ésta terminó siendo utilizada en el ámbito religioso.

---

376 Giovanni Sartori, *Partidos y sistemas de partidos*, Alianza Editorial, Madrid, 2000, p. 55 [*Parties and Party Systems. A Framework for Analysis*, Cambridge University Press, Nueva York, 1976].

377 Daniel Zovatto G. (comp.), *Regulación de los partidos políticos en América Latina*, UNAM-IDEA Internacional, México, 2006. Disponible también en: http://www.fundacionpreciado.org.mx/biencomun/bc186/DanielZovatto.pdf

El debate en torno a la diferenciación entre partido y facción se remonta a 1730, cuando Voltaire, en su *Enciclopedia*, expresó que, aunque "el término partido no es, en sí mismo, odioso, el término facción siempre lo es".[378]

Bolingbroke, en Inglaterra, fue el primero en escribir extensamente sobre los partidos políticos, afirmando que "los partidos son un mal político y las facciones son las peores de todos los partidos". Pero indudablemente fue Burke, otro autor inglés, quien en 1770 diferenció claramente por primera vez el término "partido" del de "facción". Según él, los partidos superan a las facciones porque no se basan sólo en intereses sino también, y, sobre todo, en principios comunes.[379]

Para Burke, los fines requieren medios, y los partidos son los "medios adecuados" para permitir a los hombres poner en ejecución sus planes comunes, con todo el poder y toda la autoridad del Estado. La "generosa ambición de poder" (del partido) se distingue claramente de la "lucha mezquina para obtener puestos y emolumentos" que es lo que caracteriza a las facciones. En suma, fue Burke el primero en entender que los partidos políticos tienen un uso positivo.

No obstante, a lo largo del siglo XVIII se siguió viendo con recelo a los partidos políticos. Ni la Revolución francesa ni la estadunidense estaban a favor de ellos. Rousseau, Montesquieu, Condorcet, Danton, Robespierre, Jefferson, Madison, e incluso el propio Washington, se oponían a los partidos políticos.

Hubo que esperar la llegada del siglo XIX para que los partidos fueran diferenciados claramente de las facciones y aceptados como instrumentos legítimos y necesarios del gobierno libre. Pero, como bien apunta Sartori, lo cierto es que se aceptó a los partidos no porque Burke así lo dijese, sino porque se comprendió que la diversidad y el disentimiento no son necesariamente incompatibles con el orden político ni perturbadores del mismo.

---

378 *Idem.*
379 *Idem.*

Nos encontramos pues, dice Sartori, ante un fenómeno nuevo que tiene apenas poco más de 150 años, advirtiéndonos a la vez que, durante este último siglo y medio, los partidos han actuado y se han desarrollado más como cuestión práctica que como cuestión teórica.[380]

4. La importancia de los partidos políticos

Como hemos visto, en nuestros días resulta imposible hablar de democracia sin partidos políticos, ya que éstos se han constituido en los principales articuladores y aglutinadores de los intereses de la sociedad. Después de haber sido satanizados desde sus orígenes, o relativizada su importancia durante siglos, los partidos han ocupado un lugar central en los sistemas políticos modernos de todo el mundo. Como bien expresa Kelsen: "La democracia moderna descansa sobre los partidos políticos". Y agrega: "Sólo por ilusión o hipocresía se puede sostener que la democracia es posible sin partidos políticos".[381]

Dahl,[382] por su parte, les otorga un lugar absolutamente privilegiado cuando indica que a través de ellos se expresa la función de la participación, representación, debate público, oposición y rivalidad pacífica que hace funcionar a un régimen democrático. Es por ello que se habla de la "democracia de partidos".

Más cercanos a nosotros, Morodo y Murillo de la Cueva señalan que "la democracia representativa liberal queda, de esta manera, definida como democracia de partidos. De considerar a los partidos como definidores negativos del 'buen gobierno', se pasa a la convicción, basada en la práctica, de que no hay democracia pluralista si no hay partidos políticos".[383]

Además de las funciones que hemos reseñado, los partidos se revelan como instituciones indispensables para el reclutamiento y selección de los aspirantes a los cargos políticos; son los vigilantes

---

380 Idem.

381 Hans Kelsen, Esencia y valor de la democracia, 2ª ed., Guadarrama, Barcelona, 1977, p. 36.

382 Robert Alan Dahl, La poliarquía, Editorial Rei, México, 1997.

383 Raúl Morodo y Pablo Lucas Murillo de la Cueva, El ordenamiento constitucional de los partidos políticos, UNAM, México, 2001, p. 17.

insustituibles de la organización de los procesos electorales; estructuran el debate público en torno a determinados temas de interés general, expresan ciertos intereses socioeconómicos; son portadores de valores vivos en el tejido social; representan las instancias que incluyen intereses y preferencias en el proceso de formulación de leyes y políticas públicas, además de que constituyen las piezas esenciales para formar gobierno y establecer acuerdos en la arena legislativa.

Como se observa, sus facultades son numerosas y centrales para la vida democrática. Sin embargo, casi todas las encuestas de opinión muestran que, aunque los partidos son considerados imprescindibles, la evaluación de la mayoría de la población en América Latina es negativa, por debajo de casi cualquier otra institución política. Como observamos en el capítulo II, existe un sentimiento encontrado y generalizado de la ciudadanía hacia el desempeño de los partidos políticos. Si bien han sido los protagonistas del tránsito democrático, hoy atraviesan una fuerte crisis de legitimidad y de credibilidad en la gran mayoría de los países que, de no resolverse de forma adecuada y oportuna, podría llegar a comprometer la calidad y sostenibilidad de la democracia en la región.

El Latinobarómetro 2009 es elocuente sobre este punto, al señalar:

> [...] vemos que la confianza en ellos [los partidos] disminuye a medida que pasan los años, independientemente de que la gente los considere crecientemente válidos como instituciones de la democracia. Esto es particularmente interesante porque muestra una fuerte crítica a "los" partidos reales, mientras expresan al mismo tiempo un apoyo a la institución de los partidos como tal.[384]

El deterioro progresivo de la imagen y percepción hacia los partidos políticos no se explica solamente en el marco de los procesos globales de transformación de las modalidades de la representación política (Manin),[385] sino que obedece a las particularidades que

---

384 Según datos del Informe Latinobarómetro 2009, 76% de los entrevistados declaraba no tener confianza en los partidos políticos.

385 Bernard Manin, *Los principios del gobierno representativo*, Cambridge University Press, Londres, 1997.

asumió la crisis de los modelos de articulación política centrados en el Estado. Como bien han señalado Cavarozzi y Abal Medina,[386] el derrumbe de las matrices estado céntricas experimentado en la década de 1980 no fue seguido por la articulación de una nueva matriz que girara alrededor del mercado, como se vaticinaba a mediados de los noventa, sino que la mayoría de los países de América Latina fue incapaz de establecer modalidades sustentables de crecimiento económico e inclusión social.

Como hemos tenido ocasión de analizar en el capítulo I, el crecimiento en nuestra región ha sido insuficiente y muy volátil, la pobreza pese a su reducción, continúa elevada (29%), y la desigualdad sigue siendo una de las más altas del mundo, y son precisamente estos déficits, estas promesas incumplidas, esta falta de efectividad, lo que explica en gran medida el deterioro de las capacidades de articulación y de representación de los partidos, y consecuentemente su baja legitimidad y credibilidad social.

No obstante lo evidente y profundo de esta crisis, los partidos siguen articulando la política latinoamericana en la mayoría de los países de la región. Asimismo, y como muestran los datos del citado informe del Latinobarómetro, los electores reconocen a los partidos políticos como instituciones indisociables de sus democracias, y esta preeminencia se ha reflejado de muchas formas durante las últimas tres décadas y media, pero especialmente en su progresiva constitucionalización y en una frondosa legislación que los cobija y les confiere un papel central.[387]

Por lo tanto, los partidos políticos, guste o no, forman parte nuclear del paisaje democrático en América Latina. Aun así, respecto a su presente y su futuro se alzan voces importantes que son mucho menos indulgentes. Fernando Henrique Cardoso, ex presidente brasileño señala:

---

386 Juan Manuel Abal Medina y Marcelo Cavarozzi (comps.), *El asedio a la política: los partidos latinoamericanos en la era neoliberal*, Homo Sapiens, Rosario, 2002.

387 Además de generar una de las líneas de investigación más importantes y abundantes de la ciencia política latinoamericana en los últimos 30 años.

Suele darse por sentado que los partidos son cruciales para la vida política moderna. Constituyen la base del sistema democrático representativo desde finales del siglo XIX. Sin embargo, sus perspectivas en las grandes democracias de hoy no son halagüeñas. Es más, es posible que esas poderosas máquinas políticas desaparezcan pronto [...].

Y concluye:

Se encuentran en una coyuntura crítica: tienen que transformarse o se volverán irrelevantes. Para sobrevivir, deben elaborar agendas flexibles que no dependan de las tradicionales divisiones ideológicas y de clase. Necesitarán volver a capturar la imaginación del público. Y tendrán que aceptar que otros también merecen un sitio en la mesa política.[388]

5. *Nivel de institucionalización, fragmentación y polarización del sistema de partidos políticos en América Latina*

Al menos tres características distintas de los sistemas de partidos definen su impacto en la gobernabilidad democrática: nivel de institucionalización; grado de fragmentación y nivel de polarización. Una de las grandes aportaciones en la última década al estudio de los sistemas de partidos latinoamericanos gira precisamente en torno a su institucionalización (Mainwaring y Scully)[389] que, a su vez, recoge el importante legado de los trabajos más recientes en el seno de la teoría de Janda (1970), Sartori (1976) y Panebianco (1982).

Según esos autores, el sistema de partidos está institucionalizado, cuando las pautas de competencia interpartidaria son relativamente estables, cuando los partidos ostentan bases de apoyo social sólidas y profundas, los partidos y las elecciones son percibidos legítimos e incluso, se consideren los instrumentos únicos para determinar quién gobierna, además de que las organizaciones partidistas cuenten con reglas y estructuras razonablemente estables. El grado de fragmentación hace referencia al número de agrupaciones que habi-

---

388 Fernando Henrique Cardoso, "Los partidos políticos", *Foreign Policy en Español,* Madrid, octubre-noviembre 2005.

389 Scott Mainwaring y T. R. Scully, "Introduction: Party Systems in Latin America", en S. Mainwaring y T. R. Scully (eds.), *Building Democratic Ins-titutions: Party Systems in Latin America*, Stanford University Press, Palo Alto (CA), 1995, pp. 1-34.

tualmente obtienen una proporción significativa de los votos y de los escaños. El nivel de polarización indica la magnitud de las diferencias entre los distintos partidos respecto de su ideología política y de su base social.

Un análisis comparado en Latinoamérica en estas últimas tres décadas y media, evidencia que la naturaleza y la evolución de los sistemas de partidos varían ampliamente de acuerdo con las diferencias en la historia política de los países de la región y, en particular, con la profundidad de sus experiencias con la democracia. En efecto, la evolución de los sistemas partidarios durante las últimas décadas fue muy dispar. En algunos países se encuentran razonablemente institucionalizados, mientras que en otros los partidos no son capaces de mantener el apoyo popular, las organizaciones partidarias son débiles y los representantes políticos muestran poca lealtad hacia los partidos que los llevan a ocupar puestos de poder.

Por ello, la evolución del sistema de partidos no marcha en todos los países en una sola dirección. Países que entraron a la tercera ola democratizadora con un sistema de partidos bastante institucionalizado experimentaron su debilitamiento (Venezuela y Colombia); otros, cuyos sistemas de partidos eran débiles (Brasil, México), han visto un fortalecimiento progresivo. En algunos otros casos (Bolivia, Ecuador y Guatemala), los sistemas de partidos muestran claras señales de deterioro y agotamiento.[390]

Desde el punto de vista de la fragmentación, la mayoría de los sistemas de la región sufrieron un proceso de diversificación de la oferta partidaria. Varios sistemas bipartidistas se fueron transformando gradualmente en sistemas de dos partidos y medio o, de plano, multipartidistas. El aumento de la fragmentación partidista ha provocado que en un número importante de países hallen actualmente gobiernos divididos, en los cuales el presidente no cuenta con mayoría propia en el Parlamento. Como se analizó en el capítulo II,

---

390 J. Mark Payne, "Sistemas de partidos y gobernabilidad democrática", en J. Mark Payne, Daniel Zovatto G. y Mercedes Mateo Díaz (coords.), *La política importa. Democracia y desarrollo en América Latina*, BID-IDEA, Washington, 2006, p. 193.

mientras algunos países han conseguido instaurar un *presidencialismo de coalición* como mecanismo para asegurar la gobernabilidad, en otros, en cambio, la parálisis legislativa y el conflicto entre poderes son moneda corriente en este escenario de alta fragmentación, constituyendo un nuevo reto para el funcionamiento de la democracia.[391]

Con respecto al nivel de polarización cabe señalar que, debido a que la mayoría de los sistemas de partidos está menos polarizada que en las décadas de 1960 y 1970, el impacto de los distintos grados de polarización en el desempeño de los regímenes democráticos es menos visible. Por otro lado, como bien advierte Payne, en un contexto de niveles elevados de pobreza, subdesarrollo y desigualdades extremas, las bases latentes de situaciones de conflicto político pueden ser tan importantes como el nivel visible de polarización entre las élites políticas.[392]

Así las cosas, podemos decir que los partidos políticos latinoamericanos se enfrentan actualmente a retos múltiples, viejos y nuevos, y de diferente intensidad. Un diagnóstico preciso de los problemas que encaran muestra la existencia de al menos seis grupos de problemas que se ligan directamente con la imagen negativa que de ellos tiene la sociedad, a saber: *1)*financiación de la política; *2)*democracia interna; *3)*profesionalización de la política; *4)* relación entre el partido, el grupo parlamentario y, en su caso, el gobierno; *5)* relación de los partidos políticos con los medios de comunicación masiva, y *6)*relación de los partidos con la sociedad civil.[393]

6. La constitucionalización de los partidos políticos

A. Un vistazo al mundo

En casi todo el mundo, los partidos políticos han sido objeto de un intenso y profundo proceso de regulación jurídica a lo largo del

---

391 *Ibídem*, p. 193-194.

392 *Ibídem*, p. 194.

393 Daniel Zovatto G., *Regulación jurídica de los partidos políticos en América Latina*, UNAM-IDEA, 2006; José Ramón Montero, Richard Gunther y Juan José Linz (eds.), *Partidos políticos: viejos conceptos y nuevos retos*, Editorial Trotta y Fundación Alfonso M. Escudero, Madrid, 2007.

siglo XX y lo que va del XXI, proceso que ha incluido su incorporación al régimen constitucional. El tránsito fue precedido por un debate encarnizado, lento y sinuoso, que partió incluso de la negativa tajante a reconocer en los partidos entes aceptables para la vida política y social.

Un estudio clásico de Triepel, ya advertía –con gran desazón– sobre "las cuatro fases constitutivas" del proceso de regulación de los partidos en las sociedades democráticas: oposición, ignorancia, legalización e incorporación.[394]

> ➤ La primera etapa se caracteriza por una franca hostilidad hacia los partidos políticos que son proscritos junto con otro tipo de agrupaciones como los sindicatos obreros.

> ➤ La segunda se caracteriza por una posición agnóstica, de indiferencia hacia los partidos.

> ➤ En una tercera etapa los partidos son regulados en su forma jurídica por medio de reglamentos de los congresos y también de las leyes electorales, pero en ambos casos sin ser mencionados de manera directa.

> ➤ La cuarta etapa corresponde a su plena incorporación constitucional.

Un seguimiento contemporáneo de Triepel efectuado por De Andrea Sánchez[395] indica que, si bien las grandes etapas están bien trazadas, es importante determinar también ciertas subfases en el proceso de regulación jurídica, por lo que propone la siguiente clasificación:

• Prohibición. Deriva de la opinión de algunos pensadores (Rousseau y Montesquieu, entre otros) que consideraban que los partidos políticos interferían en la proyección de la voluntad general, y que los intereses particulares de quienes conformaban el partido se anteponían al interés de la colectividad. Como se observó en el apartado anterior, los partidos políticos eran vistos con recelo en la primera etapa del gobierno representativo.

---

394 Triepel Heinrich, "Derecho Constitucional y Realidad Constitucional", en Kurt Lenk y Franz Neumann (eds.), *Teoría y sociología críticas de los partidos políticos*, Anagrama, Barcelona, 1980, p. 187.

395 Francisco José de Andrea Sánchez, *Los partidos políticos. Su marco teórico-jurídico y las finanzas de la política*, UNAM, México, 2002, p. 310.

- Tolerancia. Etapa que coincide con el Estado liberal del siglo XIX; en esta etapa nacen los partidos de masas.

- Reconocimiento indirecto en el plano de ley ordinaria. Aparecen lentamente las primeras referencias a los partidos políticos con la regulación de los comités electorales y el funcionamiento de los grupos parlamentarios.

- Constitucionalización:

  a) Indirecta: a través del derecho de asociación.

  b) Directa: i) racionalización del poder (Primera Guerra Mundial); ii) incorporación del Partido Comunista en la Constitución de la Unión Soviética en 1936;

  c) Genérica: i) Segunda Posguerra, y

  d) Integral: i) Constitución portuguesa de 1976.

- Ley reglamentaria de la Constitución sobre partidos políticos.

Como se aprecia, sólo después de la segunda Guerra Mundial, y luego de intensos debates, fue posible la constitucionalización de los partidos políticos en la mayoría de los países. Dentro de este proceso destacan varios textos fundamentales: la Constitución de Weimar (1919), que reconoció a los partidos políticos por la vía del sistema electoral.

Posteriormente, la Constitución de Baden, de 1947, que en sus artículos 118 a 121 consagró el sistema de partidos en el nivel constitucional.[396] Después, la Constitución italiana de 1948 que estableció en su artículo 49 el derecho inherente a todos los ciudadanos a asociarse libremente en partidos para concurrir democráticamente a determinar la política nacional. Poco tiempo después, la Constitu-

---

396 El artículo 118 de este texto señala: "Los partidos políticos pueden formarse libremente en cuanto reconozcan en su programa y su comportamiento los principios fundamentales del Estado democrático. No cabe la prohibición de un partido mientras éste no incumpla esta obligación. Los casos de duda serán dirimidos por el 'Staatsgerichtshof' a instancia del gobierno del Land o del partido". Citado en F. de Andrea Sánchez, *Los partidos políticos...*, *op. cit.*, 2002, p. 319. [Staatsgerichtshof es, literalmente, Tribunal de Justicia de la Nación.]

ción alemana de 1949 consignó principios muy parecidos y proscribió a su vez a los partidos antidemocráticos.[397]

Por último, en Francia, al dictarse la Constitución de 1958, se incluyó en el artículo 40 el reconocimiento de los partidos y su concurrencia a la expresión del sufragio, al tiempo que consignaba la libertad de formación y acción, sujetándolos al respeto de los principios democráticos.

Sin embargo, y pese a su importancia, estas primeras apariciones constitucionales fueron limitadas, pues se restringían a reconocer una realidad –en tanto actores electorales– que aceptaba el derecho de asociación y, en algunos casos, prohibiendo cierto tipo de partidos. No fue sino hasta la década de los setenta cuando se amplió el concepto de constitucionalización de los partidos en el sentido moderno.

Este proceso se inició con la Constitución griega de 1975, que dispone que la organización y actividad de los partidos estén al servicio del libre funcionamiento del régimen democrático. Continúa con la Constitución portuguesa de 1976, que dedicó 22 artículos de un total de 332 al tema de los partidos, y la española de 1978 que en su artículo 6º definió a los partidos como expresión del pluralismo democrático e instrumentos fundamentales de la participación política. Después de estas leyes fundamentales, la fase de constitucionalización se aceleró en todo el mundo, de tal forma que, en la actualidad, la mayoría de los países democráticos reconoce a los partidos políticos, de uno u otro modo, en sus ordenamientos constitucionales.[398]

En términos generales, puede afirmarse que este proceso de incorporación constitucional de los partidos a escala mundial ha significado varias cosas:

---

397 Jorge Mario García Laguardia, "Constitucionalización de los partidos políticos", en *Diccionario electoral*, IIDH-CAPEL, San José, Costa Rica, 2003, p. 255.

398 En Estados Unidos y en Inglaterra no hay constitucionalización de los partidos políticos. Al respecto véase Kenneth Janda, *Political Parties and Democracy in Theoretical and Practical Perspectives: Adopting Party Law*, National Democratic Institute for International Affairs, Washington, 2005, pp. 5-6.

[...] la primera de ellas es una repulsa a los Estados autoritarios y totalitarios, y la afirmación de que la democracia pluralista sólo es realizable con el concurso de varios partidos. Pero al mismo tiempo, como los partidos se encuentran en la base misma de todo el sistema democrático, algunos sostienen la necesidad de fórmulas de constitucionalidad en el sentido de sistemas de control, para que los partidos ajusten su actividad a los principios democráticos.[399]

En forma complementaria, Francisco Cumplido expresa que:

[...] dada la importancia de la función pública de los partidos políticos en una democracia, se justifica una legislación de rango constitucional que los regule, armonizando los intereses de la sociedad democrática con el ejercicio del derecho de asociación voluntario, y que garantice también a los ciudadanos la independencia de su partido del gobierno.[400]

Es por ello que la constitucionalización de los partidos políticos forma parte de una tendencia característica y fundamental del derecho constitucional contemporáneo.

7. *La constitucionalización de los partidos políticos*

A. *Con el foco en América Latina*

Los partidos políticos, presentes en varios países de América Latina desde los albores de la independencia (sobre todo en Colombia y Uruguay), han evolucionado a lo largo de ya casi siglo y medio de activa vida pública, siguiendo diferentes patrones y ajustándose al contexto político en que se han visto insertos.[401]

En relación con el proceso de constitucionalización, América Latina ha observado las mismas etapas que los Estados europeos. Un

---

399 Navor Millán González, "Partidos políticos y democracia", *Revista Iniciativa, núm.* 16 (Instituto de Estudios Legislativos, México, 2002), pp. 9-12.

400 Francisco Cumplido, "El estatuto jurídico de los partidos políticos", *Estudios Públicos, núm.* 14 (Centro de Estudios Públicos, Santiago de Chile, 1984), p. 2.

401 Manuel Alcántara Sáez, *¿Instituciones o máquinas ideológicas? Origen, programa y organización de los partidos latinoamericanos*, ICPS, Barcelona, 2004, cap. III, pp. 73-123.

análisis desagregado y de carácter regional comparado, permite identificar y calendarizar las siguientes etapas:

> La primera (que podríamos denominar de *regulación temprana*) desde la segunda mitad del siglo XIX hasta mediados del siglo XX, donde la regulación jurídica ocurre en el ámbito de leyes electorales, con dos excepciones de vanguardia: Uruguay en 1934 y República Dominicana en 1942, países que, en esas tempranas fechas, constitucionalizaron a los partidos políticos.

> La segunda etapa se caracteriza por el proceso de *incorporación o ingreso constitucional de los partidos políticos* en la región. Abarca desde la segunda Guerra Mundial hasta 1978, con la llegada de la tercera ola democratizadora. En esta fase se produce la incorporación constitucional en 12 países.

> La tercera etapa comienza a partir de 1978 y corre hasta nuestros días. En ella se da un *proceso profuso y rico de reformas constitucionales*, promulgación de leyes electorales y, en algunos países, la adopción de leyes de partidos políticos, que tienen como consecuencia una regulación más detallada de tales instituciones. En este periodo, en cuatro países se produce la incorporación constitucional de los partidos políticos, y en otros seis la adopción de leyes específicas.

Cabe señalar, asimismo, que el proceso evolucionó con diferente ritmo e intensidad en los países de la región. En algunos se empezó con alusiones breves, en otros fue motivo de un tratamiento más detallado, pero en ambos casos estas agrupaciones adquirieron rango constitucional. Se trata de una evolución progresiva que reconoce la importancia de la presencia de los partidos en la vida de cada Estado y, como onda expansiva, éstos se van haciendo presentes cada vez en mayor número y con mayor detalle en las constituciones.

CUADRO V.7.1.   *Ingreso constitucional de los partidos políticos en América Latina*

País	Año de inclusión en la Constitución Política
Uruguay	1934
República Dominicana	1942
Ecuador	1945
Guatemala	1945
Brasil	1946
Panamá	1946
Costa Rica	1949
El Salvador	1950
Honduras	1957
Bolivia	1961
Venezuela [1]	1961
Paraguay	1967
Chile	1970
México	1977
Perú	1979
Nicaragua 2	1979
Colombia	1991
Argentina	1994

FUENTE: Daniel Zovatto G., *Regulación jurídica de los partidos políticos en América Latina*, UNAM-IDEA, México, 2006, p. 32.

1   De acuerdo con Allan Brewer-Carías, si bien es cierto que en la Constitución de 1961 se estableció por primera vez el derecho político de los ciudadanos de asociarse en partidos políticos (Art. 114), disponiéndose los principios básicos para asegurar su carácter democrático, debe indicarse que fue en la Constitución de 1947 en la que, por primera vez, se hizo referencia a los partidos políticos, al regular en su artículo 83 que "la ley reglamentará el principio de la representación proporcional de las minorías y propenderá a que en los organismos electorales no predomine ningún partido o agrupación política". En ese sentido, puede afirmarse que en Venezuela da comienzo la referencia constitucional a los partidos en la década de 1940. La Constitución de 1999 eliminó toda referencia expresa a "partidos políticos", y lo sustituye por una referencia más general a "asociaciones con fines políticos", Art. 67.

2   En sentido estricto, en 1979 no había Constitución Política, sino un Estatuto de Derechos y Garantías de los Nicaragüenses que funcionaba como tal, y cuyo artículo 25 consagraba el derecho a organizar partidos o agrupaciones políticas o a formar parte de ellas. Formalmente hablando, la Constitución que plasma expresamente tal derecho es la Constitución Política de 1987, en su artículo 55.

Como se observa en el cuadro V.7.1, antes de la tercera ola democratizadora la mayoría de los países latinoamericanos ya había constitucionalizado a los partidos políticos, con excepción de Perú y Nicaragua (1979), Colombia (1991) y Argentina (1994).

El primer país en regular los partidos políticos en el ámbito constitucional fue Uruguay en 1934; Brasil, Ecuador, Costa Rica, Guatemala, Panamá y República Dominicana, en la década de 1940; El Salvador y Honduras en la de 1950; Bolivia, Paraguay y Venezuela en la de 1960, y Chile y México en la de 1970, antes de 1978.

Sin embargo, el reconocimiento jurídico de los partidos se aceleró a partir de 1978, cuando comenzó el proceso de abandono de regímenes autoritarios y la transición hacia la democracia. La mayor parte de estas transiciones tuvo como punto de partida la celebración de las llamadas "elecciones de apertura", que en general fueron catalogadas como libres y limpias o al menos aceptadas por los contendientes, pero que también pusieron en evidencia la necesidad de realizar profundos cambios institucionales y políticos dirigidos a superar la exclusión política que imperaba hasta esa etapa.

Estas necesidades generadas por la transición dieron origen a una serie de reformas constitucionales que pretendieron abrir la competencia partidista, ampliar la participación y asegurar el pluralismo y la representación. Así, la constitucionalización de los partidos en la región cobró nuevo impulso, consolidándose en los países en donde ya se había iniciado y regularizándose en aquellos otros donde aún no se había avanzado hacia ese estadio de la regulación, tanto en el nivel constitucional como en el de leyes electorales y, en ciertos países, en leyes de partidos políticos. Como resultado de este proceso, hoy la totalidad de los países de la región regulan, en menor o mayor grado, el funcionamiento de los partidos políticos.

8. *La regulación de los partidos políticos en América Latina*

La regulación legal de los partidos políticos determina los marcos jurídicos dentro de los cuales se desenvuelven, las normas que rigen su formación, organización y financiamiento, sus facultades y límites, sus derechos y deberes, lo mismo que su estructura y principios de organización. En suma, fija y establece los ámbitos de acción, prerrogativas y limitaciones que rodean el accionar de estas agrupaciones.[402]

En el mundo en general, y en América Latina en particular, la regulación jurídica de los partidos es un tema de reciente aparición en el ámbito de los estudios jurídicos debido a múltiples razones teóricas, e incluso de *rechazo profesional* de los constitucionalistas de antaño hacia la figura de los partidos políticos.[403] Esta aversión inicial de juristas y legisladores hacia los partidos fue justamente una de las razones que propició que éste fuese un tema estudiado en un principio sólo por la sociología política y más tarde por la ciencia política.[404]

---

402 Según De Andrea Sánchez, la reglamentación legal de los partidos debe abarcar un mínimo de temas generales, como son: el concepto jurídico de lo que es un partido político, sus funciones –como grupo electoral y como grupo parlamentario–, su naturaleza jurídica, su constitución, registro, organización interna, sus derechos y obligaciones, su régimen patrimonial, su financiamiento, su funcionamiento de acuerdo con el sistema electoral y el acceso y administración de la justicia electoral. F. de Andrea Sánchez, *Los partidos políticos...*, *op. cit.,* 2002, p. 324. Por su parte, Katz define a la ley de partidos políticos: "as the body of state-based regulations that determines the legal status of political parties and that often specify what constitutes party membership, how parties must be organized, how they should campaign, how they must handle party funds, and so on" ["como el cuerpo de regulaciones estatales que determina la condición jurídica de los partidos políticos y que suele especificar en qué consiste la afiliación a un partido, cómo deben organizarse los partidos, cómo deben hacer campaña, cómo se deben manejar los fondos del partido, etc." Trad. propia.]; Richard S. Katz, "Democracy and the Legal Regulation of Political Parties", en USAID Conference on Changes in Political Parties, United States Agency for International Development, Washington, 1 de octubre de 2004, p. 2.

403 F. de Andrea Sánchez, *Los partidos políticos...*, *op. cit.,* 2002, pp. 25-26.

404 Los primeros trabajos serios y profundos fueron los de Moisei Ostrogorski, Vilfredo Pareto, Gaetano Mosca y Roberto Michels, que aparecieron a principios del siglo XX y que se ocuparon, principalmente, de las tendencias oligárquicas de los partidos políticos. A estos estudios pioneros, luego se le unieron, en la década de 1940, los trabajos de Schumpeter, Weber, Schattschneider, Duverger, La Palombara, Sartori, Lijphart y Taagepera, entre otros. Más recientemente, cabe citar los estudios de Diamond, Gunther, Morlino y, en relación con América Latina, los trabajos de Alcántara,

Como bien expresa Pedro de Vega: "Constituyendo los partidos uno de los datos más sobresalientes de la vida política en toda Europa, desde por lo menos la segunda mitad del siglo XIX, es lo cierto es que su existencia fue sistemáticamente ignorada por el derecho".[405]

Sobre el tema de la regulación jurídica hay posturas divergentes. Existen, fundamentalmente, dos grandes corrientes antagónicas. Una considera que el derecho no debe intentar regular detalladamente la vida de los partidos políticos, pues el tema rebasa el campo de lo jurídico. Para este sector de la doctrina, la legislación no debe extralimitarse, es decir, no debe ir más allá de asentar o señalar normas de carácter general que permitan a los partidos adquirir una estructura uniforme.[406]

Encabezan la otra corriente quienes opinan que esas disposiciones deben rebasar lo meramente estructural y, antes bien, deben entrar al detalle. El argumento que valida esta posición es que resulta técnicamente más adecuado regularlos en el máximo nivel jurídico, como garantía eficaz para el asentamiento y buen funcionamiento del sistema democrático.[407] Encontramos las mismas posiciones

Alexander, Coopedge, Mainwaring y Scully, Ramos, Perelli, Picado y Zovatto, Nohlen y Fernández, Artiga, Cavarozzi y Abal Medina, Di Tella, Freidenberg y Sánchez, Carretón, entre muchos otros.

405   Pedro de Vega, *Teoría y práctica de los partidos políticos*, Cuadernos para el Diálogo, Madrid, 1977, p. 21, citado en F. de Andrea Sánchez, *Los partidos políticos...*, *op. cit.,* 2002, p. 187.

406   Jorge Mario García Laguardia, "Régimen constitucional de los partidos políticos en Centroamérica", *Sistemas electorales y representación política en América Latina*, Fundación Friedrich Ebert-Instituto de Cooperación Iberoamericana, Madrid, 1986, y Daniel Alberto Sabsay, "Status constitucional y legal de los partidos políticos; proceso electoral y regímenes políticos", en *Memoria del II Curso anual interamericano de elecciones,* IIDH-CAPEL, San José, Costa Rica, 1989, citados en Petra Bendel, "Los partidos políticos: condiciones de inscripción y reconocimiento legal, democracia interna, etcétera", en Dieter Nohlen, Daniel Zovatto G., José de Jesús Orozco Henríquez, José Thompson (comps.), *Tratado de derecho electoral comparado de América Latina*, IIDH-CAPEL-Universidad de Heidelberg-IDEA-TEPJFM-IFE-FCE, México, 2007, p. 386.

407   Raúl Morodo y Pablo Lucas Murillo de la Cueva, *El ordenamiento constitucional de los partidos políticos*, UNAM, México, 2001, p. 35.

cuando se discute sobre las normas que aparecen en la Constitución: la tesis maximalista se refiere a la necesidad de una normativa detallada e integral en el ámbito constitucional, y la minimalista aboga por disposiciones generales que dejen a la legislación secundaria la tarea de regular aspectos específicos.

Existen, asimismo, otras dos cuestiones sobre las cuales existe un importante debate y que trascienden la simple extensión de la legislación. La primera se refiere a los límites que el Estado debe observar con respecto a la regulación jurídica de los partidos políticos, y plantea el reto de "racionalizar efectivamente esta parcela de la realidad política, introduciendo en ella los parámetros del estado de Derecho, y respetar la libertad de actuación de los partidos".[408] La segunda versa sobre la necesidad de coherencia que debe existir entre la ideología democrática que se sustenta en nuestras sociedades (y que está plasmada en la Constitución) y la organización y funcionamiento de los partidos.

9. *Concepto de partido político en la Constitución, en la ley y en la jurisprudencia*

Múltiples han sido los intentos académicos por definir a los partidos políticos. La dificultad para elaborar una definición surge, entre otras razones, de "la falta de precisión lingüística y etimológica que caracteriza al vocablo *partido*; por la aversión hacia los partidos durante el siglo XVIII; por la variedad de entidades existentes en todo el mundo que se autodenominan partidos, y por lo reciente de su aparición en la escena político-constitucional".[409]

En la actualidad los partidos se definen fundamentalmente dentro del funcionamiento de los sistemas políticos. Como ha señalado Fernández Baeza, "prácticamente no existen definiciones globales de ellos, sino conceptualizaciones referidas a problemas acotados

---

408 *Ibídem*, p. 58.
409 F. de Andrea Sánchez, *Los partidos políticos...*, *op. cit.*, 2002, p. 59.

(representación, articulación de intereses, legitimidad, ideologías, etcétera)".[410]

Como marco de referencia, en el cuadro V.9.1 exponemos algunas definiciones contemporáneas. Si bien no son exhaustivas, ofrecen una idea clara de las principales funciones que autores destacados han adjudicado a los partidos políticos en las democracias actuales.

CUADRO V.9.1.   *Algunas definiciones académicas de "partido político"*

Autor	Definición
Carl J. Friedrich	Un partido político es un grupo de seres humanos que tiene una organización estable con el objeto de conseguir o mantener para sus líderes el control de un gobierno y con el objeto ulterior de dar a los miembros del partido, por medio de tal control, beneficios y ventajas ideales y materiales.
Max Weber	Un partido es la forma de socialización que, descansando en un reclutamiento libre, tiene como fin proporcionar poder a su dirigente dentro de una asociación y, por ese medio, otorgar a sus miembros activos determinadas probabilidades ideales o materiales.
Hans Kelsen	Formaciones que agrupan a los hombres de la misma opinión para asegurarles una influencia verdadera en los asuntos públicos.
Paolo Biscaretti di Ruffia	Los partidos políticos son organizaciones sociales espontáneas caracterizadas por una comunidad de intereses o concepciones políticas en sus propios adheridos, ya sea inscritos o simpatizantes, que intenten influir en la determinación de los principios generales del gobierno.
Joseph La Palombara	Organización formal que tiene como meta primordial y consciente colocar y mantener en un cargo público a personas que controlarán, individualmente o en coalición, la maquinaria gubernamental.

FUENTE: F. de Andrea Sánchez, *Los partidos políticos...*, *op. cit.*, 2002.

En este trabajo, utilizamos la definición de Sartori, para quien un partido es cualquier grupo político identificable mediante un membrete oficial que se presenta en las elecciones, y que es capaz de colocar a través de elecciones (libres o no) a candidatos para los cargos públicos.[411]

---

410 Mario Fernández Baeza, "Partidos políticos", en *Diccionario electoral*, IIDH-CAPEL, San José. Costa Rica, 2003, p. 976.

411 G. Sartori, *op. cit.*, 2000, p. 89.

En el constitucionalismo latinoamericano comparado (véase cuadro V.9.2) tampoco existe un concepto unívoco de partido político, sino múltiples definiciones. En la mayoría de los casos la definición se refiere a su naturaleza jurídica (Bolivia, Brasil, Chile, Guatemala, Honduras, México, Nicaragua, Panamá, Paraguay y Perú). En otros, en cambio, ésta guarda relación con las funciones de los partidos (representación, participación política, formación de la voluntad popular, entre otros). En un tercer grupo de países se observa la combinación de ambos criterios.

CUADRO V.9.2. *Definición de "partido político" en la legislación latinoamericana*

País	Definición en la legislación
Argentina	Constitución Política. Artículo 38º. Los partidos políticos son instituciones fundamentales del sistema democrático. Ley Orgánica de los Partidos Políticos. Artículo 2º. Los partidos son instrumentos necesarios para la formulación y realización de la política nacional.
Bolivia	Constitución Política. Artículo 209º. Las candidatas y los candidatos a los cargos públicos electos, con excepción de los cargos elegibles del Órgano Judicial y del Tribunal Constitucional Plurinacional serán postuladas y postulados a través de las organizaciones de las naciones y pueblos indígena originario campesinos, las agrupaciones ciudadanas y los partidos políticos, en igualdad de condiciones y de acuerdo con la ley. Ley de Régimen Electoral. Artículo 48. Organizaciones Políticas son todos los partidos políticos, agrupaciones ciudadanas y organizaciones de las naciones y pueblos indígena originario campesino con personalidad jurídica otorgada por el Órgano Electoral Plurinacional, que se constituyen para intermediar la representación política en la conformación de los poderes públicos y la expresión de la voluntad popular. Ley de Partidos. Artículo 3º. (Partidos políticos) Los partidos políticos son personas jurídicas de derecho público y sin fines de lucro.
Brasil	Ley de Partidos Políticos. Artículo 1º. Los partidos políticos son personas jurídicas de derecho privado, destinados a asegurar los intereses del régimen democrático, a legitimar el sistema representativo y a defender los derechos fundamentales definidos en la Constitución Federal.
Chile	Ley de Partidos Políticos. Artículo 1º. Los partidos políticos son asociaciones voluntarias, dotadas de personalidad jurídica, formadas por ciudadanos que comparten una misma doctrina política de gobierno, cuya finalidad es contribuir al funcionamiento del régimen democrático constitucional y ejercer una legítima influencia en la conducción del estado para alcanzar el bien común y servir al interés nacional.

Sigue página siguiente

País	Definición en la legislación
Colombia	Estatuto Básico de los Partidos y Movimientos Políticos. Artículo 2º. Los partidos son instituciones permanentes que reflejan el pluralismo político, promueven y encauzan la participación de los ciudadanos y contribuyen a la formación y manifestación de la voluntad popular, con el objeto de acceder al poder, a los cargos de elección popular y de influir en las decisiones políticas y democráticas de la Nación. Los movimientos políticos son asociaciones de ciudadanos constituidas libremente para influir en la formación de la voluntad política o para participar en las elecciones. Los partidos y movimientos políticos constituidos que hayan cumplido todos los requisitos constitucionales y legales tendrán personería jurídica.
Costa Rica	Constitución Política. Artículo 98º. Los partidos políticos expresarán el pluralismo político, concurrirán a la formación y manifestación de la voluntad popular y serán instrumentos fundamentales para la participación política. Código Electoral. Artículo 49º. Los partidos políticos son asociaciones voluntarias de ciudadanos y ciudadanas, sin fines de lucro, creadas con el objeto de participar activamente en la política nacional, provincial o cantonal según estén inscritos, y cumplen una función de relevante interés público.
Ecuador	Constitución Política. Artículo 108º. Los partidos y movimientos políticos son organizaciones públicas no estatales, que constituyen expresiones de la pluralidad política del pueblo y sustentarán concepciones filosóficas, políticas, ideológicas, incluyentes y no discriminatorias. Código de la Democracia. Artículo 308. Los partidos y movimientos políticos son organizaciones públicas no estatales, que constituyen expresiones de la pluralidad política del pueblo.
El Salvador	Ley de Partidos Políticos. Artículo 4º. Los partidos políticos son asociaciones voluntarias de ciudadanos y ciudadanas que se constituyen en personas jurídicas con el fin de participar y ejercer el poder político dentro del marco constitucional vigente.
Guatemala	Ley Electoral y de Partidos Políticos. Artículo 18º. Los partidos políticos legalmente constituidos e inscritos en el Registro de Ciudadanos son instituciones de derecho público, con personalidad jurídica y de duración indefinida, salvo los casos establecidos en la presente ley, y configuran el carácter democrático del régimen político del Estado.

Sigue página siguiente

País	Definición en la legislación
Honduras	Constitución Política. Artículo 47º. Los partidos políticos legalmente inscritos son instituciones de derecho público, cuya existencia y libre funcionamiento garantiza esta Constitución y la Ley, para lograr la efectiva participación política de los ciudadanos. Ley Electoral y de Organizaciones Políticas. Artículo 62º. Los partidos políticos son instituciones de derecho público.
México	Constitución Política. Artículo 41º. I. Los partidos políticos son entidades de interés público; la ley determinará las formas específicas de su intervención en el proceso electoral y los derechos, obligaciones y prerrogativas que les corresponden. Ley General de Partidos Políticos. Artículo 3º. Los partidos políticos son entidades de interés público con personalidad jurídica y patrimonio propio. Tienen como fin promover la participación del pueblo en la vida democrática, contribuir a la integración de la representación nacional y hacer posible el acceso de los ciudadanos al ejercicio del poder público.
Nicaragua	Ley Electoral. Artículo 61º. Los partidos políticos son personas jurídicas de derecho público constituidos por ciudadanos nicaragüenses.
Panamá	Constitución Política. Artículo 138º. Los partidos políticos expresan el pluralismo político, concurren a la formación y manifestación de la voluntad popular y son instrumentos fundamentales para la participación política. Código Electoral. Artículo 40º. Partido Político es la asociación de ciudadanos en goce de sus derechos políticos, con principios, objetivos y programas definidos, que se organice de acuerdo con este Código. De igual forma, en el artículo 41 se señala que los partidos políticos son organismos funcionales de la Nación. En consecuencia, lucharán por la participación cada vez más creciente de los sectores nacionales en las decisiones políticas; por el respeto y participación de las diversas tendencias ideológicas; por el fortalecimiento de la forma republicana, representativa y democrática de gobierno; y por la defensa de la soberanía nacional basada en la tradición de lucha del pueblo panameño.
Paraguay	Constitución Política. Artículo 124º. Los partidos políticos son personas jurídicas de derecho público. Deben expresar el pluralismo y concurrir a la formación de las autoridades electivas, a la orientación de la política nacional, departamental o municipal y a la formación cívica de los ciudadanos. Código Electoral. Artículo 10º. Los partidos y movimientos políticos son personas jurídicas de derecho público interno.
Perú	Ley de Partidos Políticos. Artículo 1°. Los partidos políticos expresan el pluralismo democrático. Concurren a la formación y manifestación de la voluntad popular, y a los procesos electorales. Son instituciones fundamentales para la participación política de la ciudadanía y base del sistema democrático. Los partidos políticos son asociaciones de ciudadanos que constituyen personas jurídicas de derecho privado. La denominación "partido" se reserva a los reconocidos como tales por el Registro de Organizaciones Políticas.

Sigue página siguiente

País	Definición en la legislación
República Dominicana	Constitución política. Artículo 216º. (Partidos políticos). La organización de partidos, agrupaciones y movimientos políticos es libre, con sujeción a los principios establecidos en esta Constitución. La conformación y funcionamiento deben sustentarse en el respeto a la democracia interna y a la transparencia, de conformidad con la ley. Sus fines esenciales son: 1) Garantizar la participación de ciudadanos y ciudadanas en los procesos políticos que contribuyan al fortalecimiento de la democracia; 2) Contribuir, en igualdad de condiciones, a la formación y manifestación de la voluntad ciudadana, respetando el pluralismo político mediante la propuesta de candidaturas a los cargos de elección popular; 3) Servir al interés nacional, al bienestar colectivo y al desarrollo integral de la sociedad dominicana. Ley Electoral. Artículo 41º. Podrá ser reconocida como partido político toda agrupación de ciudadanos que se organice de conformidad con las disposiciones de la Constitución y las leyes, con el fin primordial de participar en la elección de ciudadanos aptos para los cargos públicos y de propender a la realización de programas trazados conforme a su ideología particular, con el objetivo de alcanzar los puestos electivos del Estado
Uruguay	Ley 9524 de Personería Jurídica de los Partidos Políticos: Los Partidos Políticos, que, de acuerdo con la ley de mayo 5 de 1934, tengan la propiedad del lema partidario —y cuyos fines no sean opuestos a la Constitución ni a las leyes de la República— son personas jurídicas.
Venezuela	Ley de Partidos Políticos, Reuniones Públicas y Manifestaciones. Artículo 2º. Los partidos políticos son agrupaciones de carácter permanente cuyos miembros convienen en asociarse para participar, por medios lícitos, en la vida política del país, de acuerdo con programas y estatutos libremente acordados por ellos.

FUENTE: Elaboración propia, a partir de D. Zovatto G., *Regulación jurídica…*, *op. cit.*, 2006, pp. 22-23. Actualizado a 2015.

10. *Naturaleza jurídica y funciones de los partidos políticos*

Desde el punto de vista de su naturaleza jurídica, y a la luz de su regulación en el constitucionalismo comparado latinoamericano, la legislación, la jurisprudencia y la interpretación doctrinaria, podemos ubicar a los partidos políticos en tres grandes grupos:

1. *Personas jurídicas de derecho privado:* Brasil, Perú y Venezuela (por jurisprudencia).

2. *Asociaciones voluntarias dotadas de personalidad jurídica:* Bolivia, Chile, Costa Rica, Colombia, El Salvador, Panamá y República Dominicana.

3. *Instituciones de derecho público, organizaciones de derecho público no estatales, entes públicos no estatales o entidades de interés público:* Argentina (por jurisprudencia), Ecuador, Guatemala, Honduras, México, Nicaragua, Paraguay y Uruguay (por doctrina).

En cuanto a las funciones de los partidos políticos, existen en la doctrina numerosas clasificaciones.[412] En esta investigación utilizamos la elaborada por Bendel, quien distingue las siguientes funciones:

> ➤ Representación;

> ➤ Participación;

> ➤ Competencia por cargos públicos;

> ➤ Formulación de políticas;

> ➤ Formación y socialización, y

> ➤ Vigilancia del proceso electoral.[413]

---

412 Diferentes autores han señalado las funciones asignadas a los partidos políticos. De acuerdo con Diamond y Gunther, las funciones principales que usualmente desarrollan los partidos en la democracia son siete: *1)* reclutar y nominar candidatos para puestos electivos; *2)* movilizar el apoyo electoral hacia esos candidatos y alentar la participación electoral; *3)* estructurar las opciones entre los grupos de candidatos competidores; *4)* representar a los diferentes grupos sociales y sus intereses; *5)* agregar los intereses específicos en amplias coaliciones y de gobierno; *6)* formar y mantener el gobierno, y *7)* integrar a los ciudadanos en el proceso político de nación-Estado. Larry J. Diamond y R. Gunther, *Political Parties and Democracy*, The John Hopkins University Press, Baltimore, 2001, p. 14.

413 Petra Bendel, "Los partidos políticos:...", art. *cit.,* 1998, p. 390.

CUADRO V.10.1. *Funciones de los partidos políticos en la legislación latinoamericana* [1]

País	Funciones atribuidas a los partidos políticos					
	Representación	Participación	Competencia cargos públicos	Formulación de políticas	Formación y socialización	Vigilancia del proceso electoral
Argentina	X	—	X	X	—	—
Bolivia	X	X	X	X	X	—
Brasil	X	—	X	—	—	—
Chile	—	—	X	X	X	—
Colombia	—	X	X	X	X	—
Costa Rica	—	X	X	—	X	X
Ecuador	X	X	X	X	X	X
El Salvador	X	X	X	—	X	X
Guatemala	—	X	X	—	X	X
Honduras	—	X	X	—	—	X
México	X	X	X	—	X [2]	X
Nicaragua	—	X	X	—	—	X

FUENTE: Elaboración propia, a partir de D. Zovatto G., *Regulación jurídica...*, *op. cit.*, 2006, pp. 27-28. Actualizado a 2015.

1 Se toman en cuenta los casos donde la legislación hace referencia expresa a que los partidos políticos tienen estas funciones. Sin embargo, cabe anotar que, en la práctica, en todos ellos se da la función de representación, así como la vigilancia de los procesos electorales mediante personeros de los partidos políticos debidamente acreditados.

2 El artículo 3 de la Ley General de Partidos Políticos, señala que los partidos promoverán los valores cívicos y la cultura democrática entre niños, niñas, y adolescentes.

Sigue página siguiente

País	Funciones atribuidas a los partidos políticos					
	Representa-ción	Partici-pación	Competen-cia cargos públicos	Formula-ción de políticas	Formación y sociali-zación	Vigilancia del proceso elec-toral
Panamá	—	X	—	—	X	—
Paraguay	X	X	X	X	X	—
Perú	X	X	X	X	X	—
República Dominicana	—	X	X	—	X	—
Uruguay [3]	—	—	—	—	—	—
Venezuela	X	X	—	X	—	—
TOTAL	9	14	15	8	12	7

3   Debido a que en Uruguay no existe una legislación dedicada exclusivamente a los partidos políticos, no es posible encontrar funciones expresas como las hay en los demás países. Sin embargo, ello no significa que no se les otorguen dichas funciones. Éstas se encuentran a lo largo de la legislación, en artículos que se relacionan con los partidos políticos. Cabe señalar, a manera de ejemplo, los artículos 77, 88, 271, 272, entre otros, de la Constitución Política de Uruguay que hacen referencia a las funciones de representación y competencia para los cargos públicos.

Como se observa en el cuadro V.10.1, la función que se alude con más frecuencia es la de "competencia por cargos públicos" (15 países). Sólo Panamá, Uruguay y Venezuela no hacen mención expresa a esta función.[414] Por su parte, la función de "participación" se menciona en 14 de los 18 países, y la de formación y socialización en 12. En menor medida, se indican las funciones de "representación" (nueve países), "formación de políticas" (ocho países) y "vigilancia del proceso electoral", en siete países.

---

414   En el caso de Venezuela, la Ley Orgánica de Procesos Electorales de 2009 otorga a las organizaciones con fines políticos el derecho a postular candidatos a cargos públicos de elección popular (Artículo 48). Los partidos políticos están englobados en este concepto de "organizaciones con fines políticos".

11. *Ubicación de los partidos políticos dentro de la legislación*

A. *En la Constitución*

Todas las constituciones políticas latinoamericanas cuentan con una regulación expresa sobre los partidos políticos. Si bien algunas no las mencionan específicamente, sí hacen referencia a la formación y funcionamiento de las organizaciones políticas, como la Constitución de Guatemala. De manera similar, en Venezuela existe un reconocimiento constitucional implícito de los partidos al establecer el derecho de asociación con fines políticos.

CUADRO V.11.1. *Regulación de los partidos políticos en las constituciones latinoamericanas*

País	Fecha de la Constitución	Artículos constitucionales
Argentina	1994	37, 38.
Bolivia	2009	209, 210
Brasil	1988 –enmienda 2010–	14, 17.
Chile	1980	18, 19 inciso 15.
Colombia	1991	40 inciso 3, 107, 108, 109, 110, 111, 112.
Costa Rica	1949	96, 98.
Ecuador	2008	61 inciso 8, 65, 108, 109, 110, 111, 112, duodécima disposición transitoria.
El Salvador	1983	72 inciso 2, 85.
Guatemala	1985	223 y 17 Transitorio.
Honduras	1982	47, 48, 49, 50.
México	1917	41 I, II y III, 116 párrafo 2, fracción IV, incisos f, g, h,i,j.
Nicaragua	1987	49, 55.
Panamá	1972	138, 139, 140, 141, 143 numeral 8), 146, 51.

Sigue página siguiente

País	Fecha de la Constitución	Artículos constitucionales
Paraguay	1992	124, 125, 126.
Perú	1993	35.
República Dominicana	2010	81 inciso 2, 201 párrafo II, 216.
Uruguay	1967	77, inciso 9 y 11, 151, 271. Disposiciones transitorias y especiales letras W b, Y.
Venezuela	1999 –enmienda 2009–	67.

FUENTE: Elaboración propia, a partir de D. Zovatto G., *Regulación jurídica...*, *op. cit.*, 2006, p. 32. Actualizado a 2015.

1   Se hace referencia a los artículos constitucionales que regulan directamente la creación, existencia y funcionamiento de los partidos políticos. No se toman en cuenta menciones indirectas a otros aspectos tangenciales.

Como se muestra en el cuadro V.11.1 las constituciones políticas de Ecuador, Colombia y Panamá son las que mencionan con mayor frecuencia en forma directa el tema de los partidos (entre siete y ocho artículos), con la particularidad de que en la Carta Fundamental de Colombia se destina dentro del título cuarto, el capítulo tercero a lo que se denomina el Estatuto de la Oposición, donde se consagran derechos de los partidos que no están en el gobierno.[415] La

---

415   Constitución de Colombia. Título IV. Capítulo III. Del estatuto de la oposición, artículo 112: "Los partidos y movimientos políticos que no participen en el Gobierno podrán ejercer libremente la función crítica frente a éste y plantear y desarrollar alternativas políticas. Para estos efectos, salvo las restricciones legales, se les garantizan los siguientes derechos: de acceso a la información y a la documentación oficiales; de uso de los medios de comunicación social del Estado de acuerdo con la representación obtenida en las elecciones para Congreso inmediatamente anteriores; de réplica en los medios de comunicación del Estado frente a tergiversaciones graves y evidentes o ataques públicos proferidos por altos funcionarios oficiales, y de participación en los organismos electorales. Los partidos y movimientos minoritarios tendrán derecho a participar en las mesas directivas de los cuerpos colegiados, según su representación en ellos. Una ley estatutaria regulará íntegramente la materia".

nueva Constitución de Ecuador también asegura este derecho en el artículo 111, y en el capítulo sexto del Código Electoral se desarrolla con mayor detalle dicha regulación. El articulado de la Constitución de Uruguay contiene seis menciones sobre los partidos.

En menor escala se encuentran referencias en las constituciones de Argentina, Bolivia, Brasil, Chile, Costa Rica, El Salvador, Guatemala, Honduras, México, Nicaragua, Paraguay y República Dominicana –textos que dedican entre dos y cinco artículos a los partidos políticos–. En Perú y Venezuela sólo un artículo constitucional se refiere a ellos.

Cabe indicar, sin embargo, que las constituciones políticas aplican procedimientos disímiles para tratar el tema de los partidos. Con frecuencia, las disposiciones sobre los partidos se hallan a lo largo de varios capítulos, por ejemplo, cuando se tratan los derechos fundamentales, los derechos políticos, el sufragio, el proceso electoral, el órgano encargado del control, organización y vigilancia de los partidos y de las elecciones, los órganos de gobierno, entre otros. Por el contrario, es poco frecuente que los textos concentren en un capítulo especial lo relativo a los partidos –u organizaciones políticas–, como en las constituciones de Brasil, Colombia, Ecuador, Honduras y República Dominicana.

En términos generales, los temas tratados en los textos constitucionales con respecto a los partidos son los relacionados a la libertad ciudadana de asociarse con fines políticos, las condiciones de respeto al orden constitucional que deben cumplir los partidos, su definición y naturaleza jurídica, las funciones de representación que ellos asumen y, en algunos casos, temas relativos a su organización, democracia interna, financiamiento[416] y acceso a los medios de comunicación, si bien, en su mayoría, estos aspectos son regulados por legislación secundaria.

---

416 Por la relevancia de la reforma que sobre esta importante materia ha tenido lugar en América Latina, este tema se analiza de manera separada en el capítulo VI de esta investigación.

B. *En leyes de partidos políticos y leyes o códigos electorales*

En materia electoral, existe una tendencia a distinguir el contenido de las *leyes electorales*, los *códigos electorales* y las *leyes de
partidos políticos*. Originalmente, las legislaciones denominaban
indistintamente "ley electoral" o "código electoral" al conjunto de
normas destinadas a regular tanto la constitución, organización,
funcionamiento y disolución o cancelación de un partido político,
como las reglas relativas al proceso electoral, como son: el carácter
de elector, el proceso de empadronamiento, las circunscripciones
electorales, el proceso de votación y de escrutinio, entre otras.

Sin embargo, el proceso regulador ha evolucionado hacia una
especialización de las normas, generando legislación específica sobre el tema electoral y la que abarca la temática concreta de los partidos. Esto ha significado que en muchos países existan dos cuerpos
normativos especializados: uno para regular el sistema y el proceso
electoral (código o ley electoral), y otro para regular la vida y el
funcionamiento de los partidos políticos (ley de partidos).

A ambos cuerpos normativos se suman, en algunos casos, normas complementarias que buscan regular más detalladamente aspectos específicos del proceso electoral, o bien del funcionamiento
de los partidos, tales como leyes de control del gasto en campañas,
el uso de los medios de comunicación, el tratamiento de la perspectiva de género, o el control de los aportes del Estado, entre otras.

En América Latina, todos los países cuentan con un código o una
ley electoral, mas no todos tienen una ley de partidos políticos.

Como se observa en el cuadro V.11.2, en nueve países la legislación contempla la existencia de ambos cuerpos normativos: Argentina, Bolivia, Brasil, Chile, Colombia, Perú, Venezuela, El Salvador y
México. En Guatemala y en Ecuador existe un solo texto legal que
recupera ambas temáticas: en el primero se denomina Ley Electoral y
de Partidos Políticos, mientras que en el segundo, Ley Orgánica Electoral y de Organizaciones Políticas "Código de la Democracia".[417]

---

417 Dicha Legislación fue publicada por el Registro Oficial, suplemento 578 del
     27 de abril de 2009.

Asimismo, cabe indicar que en el resto de los países –con excepción de Venezuela, cuya ley data originalmente de 1965– toda la legislación destinada a regular específicamente a los partidos políticos fue sancionada después de 1985.[418] En los países donde no se han promulgado leyes de partidos políticos, las regulaciones sobre estas instituciones se encuentran contenidas en la legislación electoral.

CUADRO V.11.2. *Normas reguladoras de los partidos políticos en América Latina*

País	Ley Electoral o Código Electoral	Ley de Partidos Políticos	
	Existe	Existe	Número y fecha
Venezuela	Sí	Sí	Ley publicada en la *Gaceta* N° 27725 de 30 de abril de 1965, modificada en *Gaceta Oficial* N° 6013 extraordinaria de 23 de diciembre de 2010.
Ecuador	Sí	Sí	Ley Orgánica Electoral y Agrupaciones Políticas Código de la Democracia. *Registro Oficial*, suplemento 578 del 27 de abril del 2009.
Argentina	Sí	Sí	N° 23298. Sancionada: 30 de septiembre de 1985 y sus modificatorias.
Guatemala	Sí	Sí	Ley Electoral y de Partidos Políticos, Núm. 1-85, del 3 de diciembre de 1985.
Chile	Sí	Sí	Ley 18603. Publicada en el Diario Oficial, N° 32729 de 23 de marzo de 1987, y sus modificatorias.419

Sigue página siguiente

---

418 En el caso de Uruguay, si bien no existe una norma que regule el funcionamiento interno de los partidos políticos, cabe señalar que hay disposiciones de rango legal que datan de 1934, 1935 y 1939, conocidas como Ley de Lemas.

419 En el caso de Chile, debemos tomar en cuenta que el 11 de abril de 2016 se promulgó la nueva ley sobre partidos políticos, ley número 20915 la cual introdujo cambios muy importantes en materia de la regulación de los partidos políticos. Véase un resumen de las principales reformas introducidas al régimen de los partidos políticos en el Apéndice II de esta obra.

País	Ley Electoral o Código Electoral	Ley de Partidos Políticos	
	Existe	Existe	Número y fecha
Colombia	Sí	Sí	Ley 130 de 23 de marzo de 1994. *Diario Oficial*, Nº 41280 de 23 marzo de 1994, y sus modificatorias (Ley 616 de 2000).
Brasil	Sí	Sí	Ley 9096, de 19 de septiembre de 1995.
Bolivia	Sí	Sí	Nº 1983, de 25 de junio de 1999.
Perú	Sí	Sí	Nº. 28094 de 1° de noviembre de 2003.
El Salvador	Sí	Sí	Decreto Nº 307. Ley de Partidos Políticos, del 27 de febrero de 2013.
México	Sí	Sí	Ley General de Partidos Políticos, del 23 de mayo de 2014.
Costa Rica	Sí	No	—
Honduras	Sí	No	—
Nicaragua	Sí	No	—
Panamá	Sí	No	—
Paraguay	Sí	No	—
República Dominicana	Sí	No	—
Uruguay	Sí	No	—

FUENTE: Elaboración propia, a partir de D. Zovatto G., *Regulación jurídica...*, *op. cit.*, 2006, p. 35. Actualizado a 2015.

En suma, la evolución de la legislación muestra que la importancia de la regulación jurídica de los partidos ha ido en aumento, y que ha demandado un trato más detallado y exhaustivo de los temas que les afectan, lo que ha generado la promulgación de leyes más especializadas.

C. *En leyes especiales*

De manera complementaria a las normas contenidas en la Constitución del Estado y las leyes electorales, los códigos sobre materia electoral y las leyes de partidos políticos, en varios países existe legislación que, aun cuando no se refiere específicamente a los partidos, sí guarda relación inmediata con ellos. Esto se da, sobre diversos temas, en diez países: Argentina, Bolivia, Brasil, Chile, Colombia, Ecuador, El Salvador, México, Uruguay y Venezuela (véase cuadro V.11.3).

Como ejemplos importantes, cabe subrayar que en Argentina se han dictado leyes específicas sobre financiamiento de los partidos políticos y democracia interna. En Brasil existen leyes con relación a transporte y alimentación gratuita de electores residentes en zonas rurales, sobre el derecho de reuniones y sobre condiciones de inelegibilidad.

Chile cuenta con leyes especiales que regulan el órgano electoral (Servicio Electoral: Servel), el padrón electoral y las elecciones primarias de los partidos. En materia de financiamiento también se ha legislado con la Ley Orgánica sobre Transparencia, Límite y Control del Gasto Electoral. En este país, en 2015 dio inicio un profundo proceso de reforma dirigido a reformar la normativa concerniente a los partidos políticos, su democracia interna y financiamiento, así como al Servel.[420]

Encontramos otros ejemplos: en México, con la Ley General del Sistema de Medios de Impugnación en Materia Electoral; en Uruguay, con la Ley de Elecciones Internas y la Ley sobre Publicidad Electoral, y Venezuela, donde se emitieron la Ley Orgánica del Poder Electoral y la Ley Orgánica de Procesos Electorales.

---

420 Estas reformas fueron aprobadas entre finales de 2015 y enero de 2016. Véase en el Apéndice II de esta obra un resumen de las principales modificaciones llevadas a cabo en Chile en relación con este tema.

CUADRO V.11.3. *Leyes especiales relacionadas con los partidos políticos*

País	Leyes especiales
Argentina	Ley 26.215 de enero del 2007 de Financiamiento de los Partidos Políticos.
	Ley de convocatoria electoral, Nº 25.684 referida al proceso electoral de 2003.
	Decreto 1378/1999 de diciembre de 1999. Porcentaje del Fondo partidario permanente que deberá ser utilizado para capacitación e investigación de sus dirigentes.
	Ley 26.191 de diciembre de 2006 Derogación de la Ley 25.611 de Elecciones Internas de los Partidos Políticos- y el restablecimiento de la Ley 23.298.
Bolivia	Ley Nº 2771 del 7 de junio del 2004. Ley de Agrupaciones ciudadanas y pueblos indígenas.
	Ley Nº 026 del 30 de Junio de 2010. Ley del Régimen Electoral.
Brasil	LI- Ley de inelegibilidades. Ley Complementaria Nº 64 de 18 de mayo de 1990.
	LTE- Ley sobre transporte y alimentación gratuita de electores residentes en zonas rurales. Ley Nº 6091 de 15 de agosto de 1974.
	LDR- Ley sobre derecho de reuniones. Ley Nº 1207 de 25 de octubre de 1950.
	Ley Complementaria Nº 135 de 4 de Junio de 2010. Cambios a la Ley Complementaria Nº 94 de 1990, para incluir hipótesis de inelegibilidad que tienen por objeto proteger la probidad administrativa y la moral en el ejercicio de su mandato.
Chile	Ley 18460, 1985.
	Ley 18556, 1986. Regula al Servicio Electoral y el padrón electoral.
	Ley Orgánica sobre Transparencia, límite y control del gasto electoral, Nº 19884/03.
	Ley 18700 Ley Orgánica Constitucional sobre Votaciones Populares y Escrutinios.
	Ley 19885 Incentiva y Norma el Buen Uso de Donaciones de Personas Jurídicas que dan Origen a Beneficios Tributarios y los Extiende a Otros Fines Sociales y Públicos.
	Ley 20640, 2012, que establece el sistema de elecciones primarias.
Colombia	Decreto 01 de 1984 (Código Contencioso Administrativo). Regula, entre otras materias de procedimiento judicial, la acción pública de nulidad electoral.
	Ley 996 del 24 de noviembre del 2005, que reglamenta la elección de Presidente de la República de conformidad con el artículo 152 literal f) de la Constitución Política, y de acuerdo con lo establecido en el Acto Legislativo 02 de 2004.
	Acto Legislativo Nº 1 de 2009.
	Ley Estatutaria 1475 del 14 de julio de 2011.

Sigue página siguiente

País	Leyes especiales
Ecuador	Reglamento para la Inscripción de Partidos, Movimientos Políticos y Registro de Directivas. Notificación Nº 000359 del 24 de marzo de 2010.
El Salvador	Ley de Partidos Políticos, del 27 de febrero de 2013.
México	Ley General de Partidos Políticos, del 23 de mayo de 2014. Ley General del Sistema de Medios de Impugnación en Materia Electoral (LGSMIME) del 22 de noviembre de 1996.
Uruguay	Ley de Personería Jurídica de los Partidos Políticos, está regulada por la Ley 9524 del 9 de diciembre de 1935. Ley de Elecciones Internas: está regulada por la Ley Nº 17063 del 24 de diciembre de 1998. Ley sobre Publicidad Electoral: regulada por la Ley 17045 del 14 de diciembre de 1998. Ley de Plazos para la Publicidad Electoral en Medios de Comunicación Masiva: está regulada Ley 17818 del 6 de setiembre del 2004. Ley de Participación Equitativa de Ambos sexos en la integración de los órganos electivos nacionales y departamentales y de Dirección de los Partidos Políticos, está regulada por la Ley 18476 del 3 de abril de 2009.
Venezuela	Ley Orgánica del Poder Electoral en Gaceta Oficial Nº 37573 del 19 de noviembre de 2002. Ley Orgánica de Procesos Electorales, en Gaceta Oficial, Nº 5928 del 12 de agosto de 2009.

FUENTE: Elaboración propia, a partir de D. Zovatto G., *Regulación jurídica...,* *op. cit.,* 2006, pp. 38-39. Actualizado a 2015.

12. Poderes u órganos del Estado que intervienen en la actividad de los partidos políticos

A. Organismos electorales

Como se ha analizado, existe una gran diversidad de trato y profundidad con respecto a la regulación de los partidos políticos en las legislaciones de América Latina. Sin embargo, es importante destacar que uno de los aspectos que ha adquirido visos de uniformidad en cuanto a su presencia normativa es la existencia de un organismo electoral rector, llámese Instituto Electoral, Tribunal Electoral, Tribunal Supremo Electoral, Corte Nacional Electoral, Justicia Electoral o Servicio Electoral, entre otras denominaciones.

Hoy en día todos los países de la región cuentan con un órgano encargado de las funciones electorales y del control de los partidos políticos, cuyo análisis detallado haremos en el capítulo VII de esta obra. En la mayoría de los casos, esta institución se encuentra al margen de los tres poderes públicos tradicionales, razón por la cual –en algunos países– se tiende a calificarlas como el cuarto poder del Estado. Estos órganos se han consolidado paulatinamente, adquiriendo carácter permanente y asumiendo mayores responsabilidades y funciones. En algunos países forman parte del Poder Judicial, como por ejemplo en Argentina, Brasil y Paraguay.[421]

En cuanto a los partidos políticos, se observa que en los últimos años la tendencia en América Latina es dar competencia a los organismos electorales sobre múltiples áreas, destacándose, entre ellas: el reconocimiento y la cancelación, el financiamiento, la fiscalización de cuentas y, en ciertos casos, la intervención en los conflictos internos. Algunos temas se encuentran menos desarrollados, como los relacionados con la estructura organizativa y la democracia interna, y por lo general la regulación de esas áreas se deja a los estatutos partidarios.

Lo cierto es que las constituciones y leyes electorales les asignan, si bien con diferencias entre países, gran número de atribuciones, lo cual no ha estado exento de controversia, sobre todo cuando la integración de los cuerpos electorales se hace con criterio de representación partidaria, como sucede en algunos países de la región.[422] En el cuadro V.12.1 presentamos los órganos electorales encargados del control de los partidos en América Latina.

---

421 Juan Fernando Jaramillo, "Los órganos electorales supremos", en Dieter Nohlen *et al.* (comps.), *Tratado...*, *op. cit.*, 2007, p. 206.

422 Se sostiene que el hecho de que la composición de los organismos electorales dependa de los partidos políticos les ofrece a éstos los medios para intentar ejercer su control y afectar su autonomía. Véase al respecto Juan Fernando Jaramillo, "Los órganos electorales...", art. *cit.*, p. 245.

CUADRO V.12.1. *Órganos de control de los partidos políticos en América Latina*

País	Órgano electoral
Argentina	Cámara Nacional Electoral [1]
Bolivia	Tribunal Supremo Electoral
Brasil	Tribunal Superior Electoral
Chile	Servicio Electoral Tribunal Calificador de Elecciones [2]
Colombia	Consejo Nacional Electoral
Costa Rica	Tribunal Supremo de Elecciones
Ecuador	Consejo Nacional Electoral Tribunal Contencioso Electoral
El Salvador	Tribunal Supremo Electoral
Guatemala	Tribunal Supremo Electoral
Honduras	Tribunal Supremo Electoral
México	Instituto Nacional Electoral Tribunal Electoral del Poder Judicial de la Federación
Nicaragua	Consejo Supremo Electoral
Panamá	Tribunal Electoral
Paraguay	Tribunal Superior de Justicia Electoral
Perú	Jurado Nacional de Elecciones Oficina Nacional de Procesos Electorales
República Dominicana	Junta Central Electoral Tribunal Superior Electoral
Uruguay	Corte Electoral
Venezuela	Consejo Nacional Electoral Sala Electoral del Tribunal Supremo de Justicia [3]

FUENTE: Elaboración propia, a partir de D. Zovatto G., *Regulación jurídica..., op. cit.,* 2006, p. 40. Actualizado a 2015.

1   Los Juzgados Federales con competencia electoral ejercen también el control de la actuación de los partidos políticos.

2   Este órgano opera como segunda instancia del director del Servicio Electoral en las resoluciones que adopte en referencia a la existencia o disolución de partidos políticos. Sin embargo, para efectos de este estudio se estimará al Servicio Electoral como órgano funcional en consideración a los partidos políticos.

3   La Sala Electoral tiene atribuciones en lo contencioso-electoral.

B. *Corte de Constitucionalidad*

De acuerdo con Bidart Campos:

> [...] el principio de la supremacía llega a la conclusión de que las normas y los actos infractorios de la Constitución no valen, o lo que es lo mismo, que son inconstitucionales o anticonstitucionales. Por eso, la doctrina de la supremacía pasa de inmediato a forjar el control o la revisión constitucional, como mecanismo que, confrontando normas y actos con la constitución, verifica si están o no de acuerdo con ella, y en caso de no estarlo, los declara inconstitucionales, enervando su eficacia por falta de validez.[423]

En atención a este principio, la legislación y la acción de los partidos políticos caen, en la mayoría de los países, bajo la jurisdicción de la Corte Suprema de Justicia o de las cortes de constitucionalidad.[424] En 11 países de América Latina, el conocimiento de las inconstitucionalidades que afecten la materia electoral y de partidos políticos se encuentra en el ámbito de la Corte Suprema de Justicia o sus salas: Argentina, Brasil, Costa Rica,[425] El Salvador, Honduras, México, Nicaragua, Panamá, Paraguay, República Dominicana y Venezuela. En Bolivia, Colombia, Ecuador y Perú, estos recursos son competencia de la Corte de Constitucionalidad.

---

423 Germán José Bidart Campos, *Tratado elemental de derecho constitucional argentino*, vol. 1-A, Ediar, Buenos Aires, 2000, p. 79.

424 Dentro de la estructura del Poder Judicial de cada nación se encuentra la Corte Suprema de Justicia como órgano superior. Para los efectos de este estudio, se hace referencia únicamente a las Salas que integran la Corte con competencia constitucional, y a la Corte Constitucional o de Constitucionalidad. Ésta puede formar parte del Poder Judicial, ser un órgano adscrito a dicho Poder, o bien ser totalmente independiente. Según la distribución de competencias, el conocimiento de las infracciones a la constitución está atribuido a la Corte Suprema, a una de las Salas de aquella Corte o a la Corte de Constitucionalidad o Corte Constitucional, según cada legislación.

425 En Costa Rica no existe aún una definición clara de los límites entre lo que es la jurisdicción constitucional y la jurisdicción electoral. En casos específicos de aplicación de las normas generales ha quedado en evidencia que no existe una delimitación precisa sobre la competencia de la Sala Constitucional y del Tribunal Supremo de Elecciones en materia electoral.

En algunos países, la competencia constitucional se reparte entre la Corte Suprema y las salas con capacidad en la materia, o bien entre la Corte Suprema y la Corte de Constitucionalidad. Esto es así en Guatemala donde, según sea el caso, las acciones extraordinarias de amparo recaen en la competencia de la Corte Suprema de Justicia; corresponde a la Corte de Constitucionalidad conocer las sentencias y autos apelables y, en algunas situaciones, el recurso recae en la competencia de las Salas de la Corte de Apelaciones.

Uruguay es un caso especial, donde la legislación define que la Corte Electoral tiene competencia exclusiva y excluyente de cualquier otro poder público en materia electoral, y sus resoluciones no pueden ser recurridas sino ante la propia Corte Electoral.[426]

En palabras de Gros Espiell: "Sus actos no pueden ser objeto de revisión, revocación o anulación por ningún otro poder del Gobierno, ni siquiera por el Poder Judicial".[427] Algo similar ocurre en Chile, donde el Tribunal Calificador de Elecciones es la última instancia en materia electoral y de partidos políticos. En este país el Tribunal Constitucional solamente efectúa un control previo de constitucionalidad de las leyes electorales y de partidos políticos, antes de su promulgación.

13. *Constitución o formación de partidos políticos*

En la actualidad, en América Latina existe amplia libertad para la constitución y el funcionamiento de los partidos políticos. Como podemos apreciar en el cuadro V.13.1, todos los textos legales señalan, de una u otra forma, el derecho de los ciudadanos a reunirse y constituir partidos políticos.

---

426 Constitución Política de la República Oriental del Uruguay, artículos 322 y 328.

427 Héctor Gros Espiell, "Uruguay", en D. Zovatto G., *Regulación jurídica...*, *op. cit.*, 2006, p. 863.

CUADRO V.13.1. *Regulaciones sobre libertad de constitución de partidos políticos*

País	Regulación
Argentina	Artículo 38, Constitución Nacional. La creación y ejercicio de las actividades de los partidos son libres, dentro del respeto a la Constitución, la cual garantiza su organización y funcionamiento democrático y la representación de las minorías. Artículo 1 de la Ley Orgánica de Partidos Políticos, establece la garantía a los ciudadanos el derecho de asociación política para agruparse en partidos políticos democráticos.
Bolivia	Artículo 2, Ley de Partidos Políticos. Dispone que todo ciudadano(a) goza del derecho de asociarse en partidos sin más limitaciones que las establecidas en la ley y los documentos constitutivos de los partidos.
Brasil	El artículo 17 de la Constitución Política señala que es libre la creación, fusión, incorporación y extinción de partidos políticos, resguardando la soberanía nacional, el régimen democrático, el pluripartidismo, los derechos fundamentales de la persona humana. Lo mismo está consignado en el artículo 1º. De la Ley de Partidos Políticos (9096/1995).
Chile	La Constitución en su artículo 19, inciso 15, establece el derecho de asociarse sin permiso previo, por lo que se puede decir que existe una libertad amplia, en general, para la formación o constitución de partidos políticos. Se garantiza el pluralismo político.
Colombia	Por disposición constitucional todo ciudadano tiene el derecho de constituir partidos, movimientos y agrupaciones políticas sin limitación alguna, a formar parte de ellos libremente y difundir sus ideas y programas. Artículos 40, numeral 3, y 107 de la Constitución.
Costa Rica	El Código Electoral establece en el artículo 48 el derecho de agruparse en partidos políticos, así como el derecho que tienen las personas a elegir y ser elegidas, ambas disposiciones, deben realizarse al tenor de lo que dispone el artículo 98 de la Constitución Política. Artículo 48 Código Electoral.
Ecuador	Se garantiza el derecho a conformar partidos y movimientos políticos, afiliarse y desafiliarse libremente de ellos y participar en todas las decisiones que éstos adopten. Artículo 61, inciso 8. El Estado reconoce y garantiza a las personas el derecho a asociarse en organizaciones políticas en forma libre y voluntaria para participar en todos los asuntos de interés público. (Artículo 305, Código de la Democracia.)
El Salvador	El artículo 150 del Código Electoral indica que los ciudadanos que son capaces para ejercer el sufragio, podrán asociarse para constituir nuevos Partidos Políticos de acuerdo con la ley o ingresar a los ya constituidos. Este artículo tiene correspondencia con el artículo 72.2 de la Constitución Política.
Guatemala	El Estado garantiza la libre formación y funcionamiento de las organizaciones políticas y sólo tendrán las limitaciones que esta Constitución y la ley determinen. Artículos 223 de la Constitución Política y 17 de la Ley Electoral y de Partidos Políticos.

Sigue página siguiente

País	Regulación
Honduras	El artículo 47 de la Constitución Política garantiza la existencia y libre funcionamiento de los partidos políticos. De igual forma, el artículo 63 de la Ley Electoral señala que es libre la constitución de partidos políticos.
México	No se puede coartar el derecho de asociarse o reunirse pacíficamente con cualquier objeto lícito; pero solamente los ciudadanos de la República pueden hacerlo para tomar parte en los asuntos políticos del país. Artículos 9, párrafo primero, y 35, fracción III, Constitución Política de los Estados Unidos Mexicanos.
Nicaragua	Todos los ciudadanos nicaragüenses tienen derecho a constituir o afiliarse a partidos políticos. Artículo 55, Constitución Nacional.
Panamá	No hay ningún tipo de restricciones para la constitución de partidos políticos, con excepción de las establecidas en el artículo 139 de la Constitución, que indica que no es lícita la formación de partidos que tengan por base el sexo, la raza, la religión o que tiendan a destruir la forma democrática de gobierno.
Paraguay	El artículo 125 de la Constitución establece que todos los ciudadanos tienen el derecho a asociarse libremente en partidos o en movimientos políticos para concurrir, por métodos democráticos, a la elección de las autoridades. La ley deberá reglamentarlos para asegurar el carácter democrático de los partidos y movimientos políticos.
Perú	Los ciudadanos pueden ejercer sus derechos individualmente a través de organizaciones políticas como partidos, movimientos o alianzas, conforme a la ley. Tales organizaciones concurren a la formación y manifestación de la voluntad popular. (Artículo 35 de la Constitución Política).
República Dominicana	La Constitución dominicana dispone que la organización de partidos, agrupaciones y movimientos políticos es libre, con sujeción a los principios establecidos en la Constitución. Su conformación y funcionamiento deben sustentarse en el respeto a la democracia interna y a la transparencia, de conformidad con la ley. Artículo 216 Constitución Política.
Uruguay	La libertad de constitución o formación de partidos políticos está consagrada en el Artículo 77, núm. 11, cuando dice que el Estado velará por asegurar a los partidos políticos la más amplia libertad.
Venezuela	El artículo 67 de la Constitución estipula que todos los ciudadanos y ciudadanas tienen derecho de asociarse con fines políticos mediante métodos democráticos de organización, funcionamiento y dirección.

FUENTE: Elaboración propia, a partir de D. Zovatto G., *Regulación jurídica...*, *op. cit.*, 2006, p. 44. Actualizado a 2015.

Desde luego, la libertad de formación de partidos no implica que no haya requisitos para su establecimiento como organizaciones.

A. *Requisitos para el reconocimiento legal de los partidos políticos a escala nacional*

Un análisis de la legislación latinoamericana muestra que las constituciones garantizan el derecho a fundar y formar partidos políticos, estableciéndose una serie de requisitos para su constitución y reconocimiento legal. El proceso de formación de partidos no es homogéneo en la región. En efecto, mientras en algunos países se observan regulaciones que definen varias etapas previas a la inscripción, en otros en cambio el proceso se subsume en la etapa de reconocimiento legal. En este análisis nos limitaremos al estudio de los requisitos exigidos para el reconocimiento de los partidos políticos, en virtud de que a partir de ese momento quedan facultados para competir por cargos públicos.[428]

Al igual que muchos de los aspectos regulados, la exigencia de requisitos para la constitución y reconocimiento legal de los partidos no ha estado exenta de polémica. Dos son los argumentos en pugna: se ha señalado, en un sentido, que las regulaciones muy permisivas traen como consecuencia una proliferación de partidos que, a la postre, termina dificultando la formación de mayorías parlamentarias y la gobernabilidad. En sentido inverso, se argumenta que cuando las prohibiciones y limitaciones son muchas, se restringe la formación de partidos, afectando de esta manera la libertad para la competencia democrática y la representación. De acuerdo con Bendel, esto forma parte del proceso de control que necesariamente debe ejercerse en el campo de los partidos. La autora señala:

> Otra intención del control de los partidos hoy día consiste en limitar la proliferación de partidos o, por el contrario, en posibilitar la participación de un espectro partidario lo más amplio y pluralista posible. Se busca evitar dos riesgos inherentes a un régimen democrático representativo basado en los partidos políticos: la "partiditis" (es decir la extrema proliferación y el fraccionamiento partidario) y la partidocracia (el enlace y la penetración de toda la vida pública por los partidos).[429]

Para caracterizar el control que ejerce el Estado sobre los partidos políticos, Vanossi ha distinguido entre el control cuantitativo y el cualitativo:

> [...] el primero limita los recaudos legales para el reconocimiento de un partido político al cumplimiento de exigencias formales (carta

---

428 Entendemos por requisitos en esta materia, las condiciones establecidas por la ley para permitir la inscripción de un partido político.

429 Petra Bendel, "Los partidos políticos:...", art. *cit.*, 1998, p. 397.

orgánica, declaración de principios, plataforma electoral), y a la reunión de cierta cantidad de afiliados o miembros, cuyo número se establece en una proporción fija sobre el total del cuerpo electoral del distrito o del país (en los Estados federales y en los Estados unitarios respectivamente). El segundo, en cambio, avanza sobre otras exigencias, sumando a las anteriores la necesidad de la conformidad ideológica de las postulaciones del partido con los fines del Estado constitucional que lo ha de reconocer como tal.[430]

Por lo general, las exigencias cuantitativas se refieren a cierto tipo de organización —ya sea de rango nacional o regional—, cierta cantidad de afiliados, celebración de asambleas, entre otros. Entre los requisitos cualitativos más comunes se encuentran: la exigencia de fidelidad al orden democrático y la prohibición de discriminar por sexo, raza, condición social o económica.

Un análisis de la legislación latinoamericana muestra un predominio de los requisitos de tipo cuantitativo para el reconocimiento legal de los partidos políticos. Entre los más comunes se encuentran:

1. determinado porcentaje de adherentes con base en los votos válidos de elecciones recientes;

2. determinado porcentaje de adherentes con base en los electores inscritos en el registro electoral o en el padrón electoral;

3. celebración de asambleas previas;

4. funcionamiento en circunscripciones territoriales, en algunos casos, y

5. documentos que acrediten la constitución del partido, tales como: actas de fundación, declaración de principios, estatutos o carta orgánica, programas, libros contables, nómina de directivas.

---

430 Jorge Vanossi, *Teoría constitucional*, Depalma, Buenos Aires, 2000, p. 258.

CUADRO V.13.2. *Requisitos cuantitativos para el reconocimiento legal de los partidos políticos en el ámbito nacional*

PAÍS	PORCENTAJE DE ADHESIONES CON RESPECTO A LAS ÚLTIMAS ELECCIONES	PORCENTAJE DE INSCRITOS	CELEBRACIÓN DE ASAMBLEAS PREVIAS	FUNCIONAMIENTO EN CIRCUNSCRIPCIONES TERRITORIALES	OTROS REQUISITOS
ARGENTINA	N/A	Sí (4%)	Sí	Sí	a) Acta de fundación y constitución; b) Nombre adoptado y domicilio partidario; c) Declaración de principios y programa o bases de acción política.
BOLIVIA	Sí (2%)	N/A	Sí	N/R	d) Carta orgánica, acta de designación de las autoridades nacionales y de distrito, y e) Libros de registro contable. Asamblea constitutiva donde se define: a) Datos de los fundadores, nombre, símbolos y colores que adopten; b) Aprobación de la declaración de principios; c) Aprobación del estatuto orgánico; d) Programa de gobierno; e) Declaración patrimonial, y de no militancia en otros partidos, f) Domicilio
BRASIL	Sí (0.5%), en elecciones de diputados.	N/A	Sí	Sí	g) Elección de sus miembros directivos nacionales. a) Acta de reunión de fundación del partido suscrita por al menos ciento y un fundadores con domicilio electoral como mínimo, en un tercio de los Estados que tenga; b) Copia auténtica de la asamblea de fundación del partido, y c) Programa y estatuto.
CHILE	Sí (0.25%), en elecciones de diputados, en la región en que se esté constituyendo	N/A	N/R	Sí	Escritura pública que contendrá las siguientes menciones: a) Individualización completa de los comparecientes; b) Declaración de la voluntad de constituir un partido político; c) Nombre del partido y, si los tuviere, sigla, lema y descripción literal del símbolo; d) Declaración de principios del partido; e) Estatuto del mismo, y f) Nombres y apellidos de las personas que integran la Directiva Central y el Tribunal Supremo Provisionales.
CHILE					

FUENTE: Elaboración propia, a partir de Daniel Zovatto G., *Regulación jurídica..., op. cit.,* 2006, pp. 49-55. Actualizado a 2015.

N/A: No aplica.

N/R: No regulado.

Sigue página siguiente

PAÍS	PORCENTAJE DE ADHESIONES CON RESPECTO A LAS ÚLTIMAS ELECCIONES	PORCENTAJE DE INSCRITOS	CELEBRACIÓN DE ASAMBLEAS PREVIAS	FUNCIONAMIENTO EN CIRCUNSCRIPCIONES TERRITORIALES	OTROS REQUISITOS
COLOMBIA	Si (3%)[1]	N/R	Opcional	N/A La organización en las regiones es libre	a) Solicitud presentada por sus directivas; b) Copia de los estatutos, y c) Plataforma política, filosofía, principios, programas y aspiraciones.
COSTA RICA	N/A	Número fijo de inscritos (3000 nacional, 1 000 provincial y 500 cantonal)	Si	Si	a) Certificación del acta notarial de constitución del partido; b) Protocolización del acta de la asamblea correspondiente, ya sea distrital, cantonal, provincial o nacional, según la escala en que se inscribirá el partido, donde se consignarán los nombres de todos los delegados electos en cada caso; c) Estatutos, y d) Lista de los miembros del Comité Ejecutivo Superior.
ECUADOR	Si (1.5%)	N/A	N/R	Si	a) Acta de fundación del partido político; b) Declaración de principios filosóficos, políticos e ideológicos; c) Programa de gobierno; d) Estatutos; e) Símbolos, siglas, emblemas y distintivos; f) Los órganos directivos y la nómina de sus integrantes, y g) El registro de afiliados o adherentes permanentes.
EL SALVADOR	N/A	50000 ciudadanos afiliados	Si	N/R	a) Testimonio de la escritura pública de constitución y una copia; b) Relación de ciudadanas y ciudadanos que se encuentren en pleno goce de sus derechos políticos, en número no menor de 50,000, que respalden la solicitud de inscripción; c) Tres ejemplares del estatuto del partido; d) La designación de los representantes legales, titulares y suplentes.
GUATEMALA	N/A	Si (0.30%)	Si	Si	La inscripción del partido político debe solicitarse al Registro de Ciudadanos, por escrito, a dicha solicitud deben acompañar: a) Testimonio de la escritura constitutiva; b) Nómina de los integrantes del Comité Ejecutivo Nacional Provisional;

1   En Colombia, es necesario 3% de los votos emitidos válidamente en el territorio nacional en elecciones de Cámara de Representantes o Senado, para el caso en que un partido aspire a la personería jurídica, y, por ende, a los beneficios que ésta otorga en cuanto a acceso gratuito a medios de comunicación del Estado y financiación estatal.

Sigue página siguiente

PAÍS	PORCENTAJE DE ADHESIONES CON RESPECTO A LAS ÚLTIMAS ELECCIONES	PORCENTAJE DE INSCRITOS	CELEBRACIÓN DE ASAMBLEAS PREVIAS	FUNCIONAMIENTO EN CIRCUNSCRIPCIONES TERRITORIALES	OTROS REQUISITOS
GUATEMALA	Sí (2%)	N/A	N/R	Sí	c) Copia de las resoluciones en las que se ordene la inscripción de las primeras asambleas departamentales y municipales, de los comités ejecutivos electos en las mismas y de los delegados electos, para la primera Asamblea Nacional. La organización partidaria mínima puede probarse con actas de asambleas municipales y departamentales celebradas en cualquier momento antes de la inscripción del partido. Los comités ejecutivos departamentales y municipales electos en las asambleas a que se refiere este inciso, al estar inscrito el partido político, adquieren el carácter de permanentes para a todo el periodo que fije la ley.
HONDURAS	N/A	3000 afiliados en por lo menos 20 entidades federativas, o bien tener 300 afiliados, en por lo menos 200 distritos electorales uninominales.			a) Testimonio del Acta Notarial de constitución; b) Declaración de principios; c) Emblema y nombre del Partido Político; d) Programa de acción política; e) Estatutos, y f) Acreditar que el Partido Político cuenta con la organización de sus autoridades municipales y departamentales en más de la mitad del total de los municipios y departamentos del país.
MÉXICO	N/A	El total no podría ser inferior a 0.26% del Padrón Electoral Federal utilizado en la elección federal ordinaria inmediata anterior a la presentación de la solicitud.	Sí	Sí	a) Declaración de principios, programa de acción y estatutos, y b) Una asamblea nacional constitutiva y certificar que las asambleas se celebraron en por lo menos 20 entidades federativas o en 200 distritos electorales; que fue aprobada la declaración de principios, programa de acción y estatutos, y que se formaron listas de afiliados.
NICARAGUA	N/A ²	N/R	Sí	Sí	a) Escritura Pública donde se constituye la agrupación política; b) Nombre y emblema del partido; c) Principios políticos, programas y estatutos del mismo; d) Patrimonio; e) Nombre de su Representante legal y su suplente;

2   Aunque la legislación establece un porcentaje de 3% del padrón utilizado en las últimas elecciones nacionales, esta norma no rige por haber sido declarada inaplicable por sentencia de la Corte Suprema de Justicia.

Sigue página siguiente

393

PAÍS	PORCENTAJE DE ADHESIONES CON RESPECTO A LAS ÚLTIMAS ELECCIONES	PORCENTAJE DE INSCRITOS	CELEBRACIÓN DE ASAMBLEAS PREVIAS	FUNCIONAMIENTO EN CIRCUNSCRIPCIONES TERRITORIALES	OTROS REQUISITOS
NICARAGUA					f) Directivas Nacionales con un número no menor de nueve miembros; g) Directivas Departamentales y de las Regiones Autónomas con un número no menor de siete miembros, y h) Directivas Municipales, con un número no menor de cinco miembros, en todos los municipios del país. Previo cumplimiento de los requisitos de inscripción de adherentes se procederá a lo siguiente:
PANAMÁ	Sí (4%)	N/A	Sí	Sí	a) Celebrar la convención o congreso constitutivo del partido, en la cual deberán aprobarse en forma definitiva su nombre, distintivo, estatutos, declaración de principios y programas. Además, si lo tuvieren, bandera, escudo, himno y emblema, y se designarán los primeros directivos y dignatarios nacionales del partido, y b) Solicitar al Tribunal Electoral, una vez celebrada la convención o congreso, que declare legalmente constituido el partido.
PARAGUAY	Sí (0.50%), en elecciones de senadores	N/A	N/R	Sí	a) Acta de fundación del partido político, por escritura pública; b) Declaración de principios; c) Estatutos; d) Nombres, siglas, lemas, colores, emblemas, distintivos, símbolos partidarios; e) Nómina de la directiva, y f) Prueba de que cuentan con organizaciones en la capital de la República y en por lo menos cuatro ciudades capitales departamentales del país.
PERÚ	Sí (3%)	N/A	N/R	Sí	a) Acta de Fundación; b) Relación de adherentes; c) Actas de Constitución de comités partidarios; d) Estatuto del partido; e) Designación de los personeros legales, titulares y alternos, acreditados ante el organismo electoral, y f) Designación de uno o más representantes legales del partido político.

3 Si bien no hay regulación expresa, debe presentar un número suficiente de afiliados para poder integrar todos los órganos del partido.

Sigue página siguiente

PAÍS	PORCENTAJE DE ADHESIONES CON RESPECTO A LAS ÚLTIMAS ELECCIONES	PORCENTAJE DE INSCRITOS	CELEBRACIÓN DE ASAMBLEAS PREVIAS	FUNCIONAMIENTO EN CIRCUNSCRIPCIONES TERRITORIALES	OTROS REQUISITOS
REPÚBLICA DOMINICANA	Sí (2%)	N/A	Sí	Sí	a) Principios, propósitos y tendencias que sustentará el partido; b) Nómina de sus órganos directivos provisionales; c) Denominación o lema del partido; d) Dibujos contentivos del símbolo, emblema o bandera con la forma y los colores; e) Organismos de dirección provisionales y locales abiertos funcionando en cada uno de los municipios cabeceras de provincias del país y del Distrito Nacional, y f) Presupuesto de ingresos y gastos del partido durante el proceso de organización y hasta las próximas elecciones generales.
URUGUAY	N/R[3]	N/A	Sí	N/R	Por jurisprudencia la Corte Electoral requiere: a) Acta constitutiva del partido político; b) Firma (expresión de voluntad) y nombre de los comparecientes; c) Acordar un mandato o poder de representación a quienes serán los gestionantes de dicha personería electoral; d) Declaración o programa de principios; e) Estatuto o carta orgánica del partido, y f) Presentar en el acto de comparecencia ante la Corte Electoral, un número o cantidad de afiliados suficientes como para poder integrar todos los órganos del partido político, en forma provisional, hasta que se integre de manera definitiva.
VENEZUELA	N/A	N/A[4]	Sí	Sí	a) Acta constitutiva: de su declaración de principios, de su programa de acción política y de sus estatutos; b) Constancia de que ha sido constituido en al menos doce de las Entidades Regionales; c) Descripción y dibujo de los símbolos y emblemas del partido, y d) Indicación de los organismos nacionales de dirección.

4 La ley no establece expresamente el requisito de un porcentaje de inscritos a nivel nacional, sin embargo, requiere constancia auténtica de que el partido ha sido constituido en por lo menos 12 entidades regionales. Para inscribirse a nivel regional se requiere una nómina de integrantes del partido en número no inferior al 0.5% de la población inscrita en el Registro Electoral de la respectiva entidad.

Como se muestra en el cuadro V.13.3, en cuanto a los requisitos cuantitativos, 10 países requieren la presentación de un porcentaje determinado de afiliaciones, adhesiones o firmas relacionado con el número de sufragantes en las últimas elecciones celebradas: Bolivia, Brasil, Chile, Colombia, Ecuador, Honduras, Panamá, Paraguay, Perú y República Dominicana. Este porcentaje oscila, en general, entre 0.5 y 4 por ciento.

Otro de los requisitos más frecuentes tiene que ver con la celebración de asambleas previas, en las cuales los partidos registran a sus afiliados y se definen aspectos relacionados con sus estatutos, su bandera, símbolos, acta de fundación, organización y nombramiento de autoridades. En la región, 12 de los 18 países requiere la celebración de estas asambleas (Argentina, Bolivia, Brasil, Costa Rica, El Salvador, Guatemala, México, Nicaragua, Panamá, República Dominicana, Uruguay y Venezuela).

Cabe señalar que en los países donde la celebración de asambleas previas no es una exigencia, se exige a los partidos políticos la presentación de documentos que respalden su constitución (estatutos, programa, etc.).

Con respecto a los requisitos cualitativos, el cuadro V.13.3 muestra que este tipo de controles se observan en la mayoría de los países latinoamericanos, aunque en diverso grado. Por lo general, este control se refiere a la obligación de los partidos de ajustar su funcionamiento al sistema democrático de gobierno y con apego a la Constitución Política.

CUADRO V.13.3. *Control cualitativo sobre la formación de los partidos políticos*

País	Control cualitativo
Argentina	La creación y el ejercicio de los partidos son libres dentro del respeto de la Constitución.
Bolivia	Cumplir la Constitución Política del Estado, las leyes de la República, el estatuto orgánico del partido, los documentos constitutivos y resoluciones que aprobaran de acuerdo con ellos y preservar, desarrollar y consolidar el sistema democrático de gobierno en el país. La organización y funcionamiento de las organizaciones de las naciones y pueblos indígenas originarios campesinos, las agrupaciones ciudadanas y los partidos políticos, deberán ser democráticos (Art. 210 C.P.)
Brasil	Los partidos políticos deben resguardar la soberanía, el régimen democrático, el pluripartidismo, los derechos fundamentales. Están prohibidos los partidos paramilitares.
Chile	Los partidos deberán siempre propender a la defensa de la soberanía, independencia y unidad de la Nación y contribuir a preservar la seguridad nacional, los valores esenciales de la tradición chilena y la paz social. No podrán subordinar su acción a organizaciones políticas foráneas o internacionales, ni a gobiernos o intereses extranjeros. (Art. 2 LOCPP.)
Colombia	Los partidos y movimientos políticos se organizarán democráticamente y tendrán como principios rectores la transparencia, objetividad, moralidad, la equidad de género, y el deber de presentar y divulgar sus programas políticos (Art. 107 C.P.). En el artículo 1 de la Ley Estatutaria 1475, se consigna: Los partidos y movimientos políticos se ajustarán en su organización y funcionamiento a los principios de transparencia, objetividad, moralidad, equidad de género y el deber de presentar y divulgar sus programas políticos de conformidad con lo dispuesto en la Constitución, en las leyes y en sus estatutos. En desarrollo de estos principios, los partidos y movimientos políticos deberán garantizarlos en sus estatutos.
Costa Rica	Los partidos políticos deben respetar el orden constitucional y el ordenamiento jurídico; los principios de igualdad, libre participación de los miembros y demás fundamentos democráticos (Art. 50 C.E.) Se exige la expresa manifestación de no subordinar su acción a las disposiciones de organizaciones o Estados extranjeros. No se inscribirán los partidos que incumplan los principios de equidad, no discriminación, paridad y mecanismo de alternancia en la conformación de las estructuras partidarias (Art. 60 C.E.).
Ecuador	Los partidos están sometidos a la Constitución y a las leyes vigentes; es su obligación observar las garantías constitucionales de paridad, inclusión y no discriminación.
El Salvador	Los partidos políticos deben contribuir a la vigencia y defensa del sistema democrático; a la promoción de una cultura de paz, la libertad y el respeto a los derechos humanos consagrados en la legislación salvadoreña (Art. 5 Ley Partidos Políticos).

Sigue página siguiente

País	Control cualitativo
Guatemala	N/R
Honduras	No se permiten los partidos que atenten contra el sistema republicano, democrático y representativo de gobierno. Tienen la obligación de lograr sus objetivos por medios democráticos, representativos y participativos, y no subordinar su actuación a directrices extranjeras o que menoscaben o atenten contra la soberanía e independencia política, económica y cultural del Estado, la forma de gobierno democrática-representativa y las autoridades constituidas.
México	Conducir sus actividades dentro de los cauces legales y ajustar su conducta y la de sus militantes a los principios del Estado democrático, respetando la libre participación política de los demás partidos políticos y los derechos de los ciudadanos. (Art. 25 Ley General de Partidos Políticos).
Nicaragua	Los partidos políticos tendrán sus propios principios, programas políticos y se regirán por sus estatutos y reglamentos, sujetos a la Constitución Política y las leyes.
Panamá	Se prohíbe la discriminación por sexo, raza, religión, cultura y condición social, y la destrucción de la forma democrática de gobierno.
Paraguay	Se prohíben los partidos o movimientos que auspicien el uso de la violencia para modificar el orden jurídico de la nación u obtener el poder, así como aquellos que subordinen su acción política a directivos, instrucciones o alianzas con organizaciones extranjeras. No se podrán constituir organizaciones paramilitares ni parapoliciales.
Perú	Los partidos políticos deben ajustar su funcionamiento al marco de la Constitución Política del Estado y de la ley.
República Dominicana	Se prohíbe toda actividad que tienda a vulnerar sistemáticamente las libertades y los derechos fundamentales, promoviendo, justificando o exculpando los atentados contra la vida o la integridad de las personas o la exclusión o persecución de personas por cualquier razón, o legitimando la violencia como método para la consecución de objetivos políticos. O bien, apoyar la acción de organizaciones que practican el terrorismo y/o el narcotráfico.
Uruguay	N/R
Venezuela	Se exige a los partidos el compromiso de perseguir sus objetivos a través de métodos democráticos, acatar la manifestación de la soberanía popular, respetar el carácter institucional y apolítico de las Fuerzas Armadas y no discriminar por raza, credo y condición social.

FUENTE: Elaboración propia, a partir de D. Zovatto G., *Regulación jurídica...*, *op. cit.*, 2006, pp. 57-58. Actualizado a 2015.

Dos conclusiones (exigencias de requisitos cualitativos y cuantitativos), se desprenden de lo anterior:

La gran mayoría de las legislaciones establece los lineamientos y condiciones requeridas para la formación e inscripción de los partidos;

En relación con la facilidad o dificultad para constituir partidos políticos, no hay un modelo único sino una gran variedad de situaciones.

14. *Estructura interna de los partidos políticos*

Por estructura interna se entiende la forma que éstos adoptan para organizarse y funcionar. En general, en la mayoría de los países de América Latina los partidos gozan de amplia libertad para definir su organización interna. Ello contribuye, en no pocos casos, a reforzar el papel hegemónico de los organizadores, fundadores o dirigentes primarios, mediante prerrogativas importantes o imponiendo limitaciones u obstáculos a los afiliados para el ingreso a los órganos de dirección, como bien puede ser la edad o el número de años de militancia.[431]

Un mapeo comparado de lo que establece la legislación en esta materia permite observar lo siguiente:

➢ Un primer grupo de países cuenta con disposiciones relativas a la necesidad de contar, al menos, con una estructura básica en los partidos. Esta estructura consiste, por lo general, en los órganos de dirección, las asambleas y la organización territorial. Asimismo, en algunos casos se contempla la forma de integración de los órganos directivos y asambleas, temas de orden y disciplina, entre otros.

➢ En un segundo grupo de países, los estatutos de los partidos son los que concentran lo referente a su organización interna, con lo cual, el estatuto, o carta orgánica, se convierte en la verdadera "constitución" de la vida interna de cada partido.

➢ Existe, asimismo, un tercer grupo de países con legislaciones muy liberales que omiten hacer señalamientos específicos.

---

431 José Ignacio. Navarro Méndez, *Partidos políticos y democracia interna*, Centro de Estudios Políticos y Constitucionales, Madrid, 1999, p. 76. El autor se refiere a la clásica "ley de hierro de la oligarquía", formulada a principios del siglo XX por el sociólogo alemán Robert Michels en su obra *Political Parties: A Sociological Study of the Oligarchical Tendencies of Modern Democracies*. Free Press, Washington, 1966 [*Los Partidos políticos: un estudio sociológico de las tendencias oligárquicas de la democracia moderna*, Amorrortu Editores, Buenos Aires, 2008]. Navarro explica que la tendencia natural de todo partido político a articular formas internas de organización de poder, de carácter esencialmente oligárquicas, ha sido asumida como una verdad incuestionable; de ahí los intentos necesarios de buscar medidas para contrarrestar esas tendencias, contrarias a la "democracia interna". De acuerdo con el autor, estas tesis de Michels fueron recogidas posteriormente por Maurice Duverger, *Los partidos políticos*, FCE, México, 1987.

CUADRO V.14.1. *Normas reguladoras de la estructura interna de los partidos políticos*

PAÍS	REGULACIONES SOBRE LA ESTRUCTURA INTERNA DE LOS PARTIDOS	INTENSIDAD
ARGENTINA	La Carta Orgánica constituye la ley fundamental del partido en cuyo carácter rigen los poderes, los derechos y obligaciones partidarias y a la cual sus autoridades y afiliados deberán ajustar obligatoriamente su actuación. Artículo 21º, Ley Orgánica de Partidos Políticos (LOPP.).	Refiere a los estatutos
BOLIVIA	En cuanto a la estructura interna, todo partido político, al constituirse, adoptará un Estatuto Orgánico con el siguiente contenido básico: La estructura orgánica, que deberá tener como organismo máximo un Congreso, Asamblea, Convención Nacional o equivalente; el o los organismos máximos entre congreso y congreso; una Dirección Nacional, y organismos de dirección a nivel territorial y/o sectorial o funcional. Las funciones y atribuciones de cada uno de estos órganos, el periodo de su mandato y los procedimientos de sustitución, en caso de impedimento legal. La realización de congresos o convenciones ordinarias dentro de un periodo máximo de cinco años. El o los órganos y procedimientos para imponer sanciones a sus militantes y dirigentes, así como el recurso de queja como instancia partidaria para dirimir los conflictos que pudieran presentarse entre militantes del partido, entre los militantes y los dirigentes y entre estos últimos. Los órganos y procedimientos de administración y fiscalización interna de su patrimonio. El órgano y procedimientos para resolver las controversias que se suscitaran sobre derechos de los militantes con el partido. Normas y procedimientos que garanticen el pleno ejercicio de la democracia interna. Artículo 15º, Ley de Partidos Políticos (LPP.).	Muy regulado
BRASIL	Los partidos políticos tienen autonomía para definir su estructura interna, organización y funcionamiento, y sus estatutos deben contener normas de fidelidad y disciplina partidarias. Const., artículo 17, § 1º; Ley de Partidos Políticos (LPP.), artículos 14º y 15º.	Refiere a los estatutos
CHILE	El artículo 22 de la Ley Orgánica de Partidos Políticos (LOPP) establece que cada partido se regirá por sus propios estatutos en su estructura interna. Entre los órganos de los partidos políticos deberán establecerse, al menos, una Directiva Central, un Consejo General, Consejos Regionales y un Tribunal Supremo. Artículo 22º y 23º de la Ley Orgánica de Partidos Políticos (LOPP). Los artículos 24 al 28 de la Ley regulan las facultades y obligaciones de esos órganos.	Muy regulado
COLOMBIA	El artículo 107 de la Constitución declara que "Los partidos y movimientos políticos se organizarán democráticamente". El artículo 6º de la ley 130 de 1994, sobre Principios de organización y funcionamiento, preceptúa:	Refiere a los estatutos Muy regulado

Sigue página siguiente

PAÍS	REGULACIONES SOBRE LA ESTRUCTURA INTERNA DE LOS PARTIDOS	INTENSIDAD
COLOMBIA	"Los partidos y movimientos políticos podrán organizarse libremente", y señala la sujeción a la Constitución y a principios fundamentales que enuncia. En el artículo 7º de esa ley se establece la obligatoriedad de los estatutos, para regir tanto la organización, como el funcionamiento de los partidos. Asimismo, la Ley Estatutaria 1475 de 2011, especifica que los estatutos de los partidos políticos deben referirse a los siguientes asuntos (entre otros): "...3. Autoridades, órganos de dirección, gobierno y administración, y reglas para su designación y remoción. 4. Convocatoria, fecha y demás aspectos relacionados con la reunión de la convención del partido o movimiento político, o de su máximo órgano de dirección, la cual deberá realizarse por lo menos cada dos (2) años, y garantizar a sus miembros influir en la toma de las decisiones más importantes de la organización política. 5. Autoridades, órganos de control, entre estos el Consejo de Control Ético y el Veedor de la respectiva organización, junto con las reglas para su designación y remoción. 6. Deberes de los directivos." De igual forma, en los artículos 9, 10 y 11 se señalan las responsabilidades y el régimen disciplinario de los directivos de los partidos políticos.	Refiere a los estatutos Muy regulado
COSTA RICA	La Constitución Política se refiere a la estructura democrática que deben tener los partidos políticos (artículo 98). El Código Electoral dispone en el artículo 67º, que los partidos políticos en su organización comprenderán: una Asamblea de Cantón en cada cantón; una Asamblea de Provincia en cada provincia, la Asamblea Nacional, y un Comité Ejecutivo designado por cada asamblea. En el artículo 70º se establece que la dirección política de los partidos estará a cargo de la Asamblea de mayor rango. La ejecución de los acuerdos de cada Asamblea corresponderá a su Comité Ejecutivo Superior, que estará formado, como mínimo, por su Presidente, una Secretaría General y una Tesorería.	Muy Regulado
ECUADOR	El artículo 310º, establece que los partidos políticos deben regirse por sus principios y sus estatutos. El artículo 332 indica que constituye una obligación de los partidos políticos tener una estructura nacional que como mínimo contenga una máxima autoridad y una directiva nacional designadas democráticamente, un responsable económico, un consejo de disciplina y ética y una defensoría de afiliados. Los partidos deberán contar con una organización nacional que comprenderá al menos al cincuenta por ciento de las provincias del país, dos de las cuales deberán corresponder a las tres de mayor población.	Poco regulado
EL SALVADOR	La Ley de Partidos Políticos, en el artículo 28, señala que los asuntos internos de los partidos, comprenden el conjunto de actos y procedimientos relativos a su organización y funcionamiento, según lo previsto en la Ley de Partidos Políticos, así como en el estatuto y los reglamentos que aprueben sus organismos de dirección.	Refiere a los estatutos

Sigue página siguiente

PAÍS	REGULACIONES SOBRE LA ESTRUCTURA INTERNA DE LOS PARTIDOS	INTENSIDAD
EL SALVADOR	El estatuto partidario establecerá su régimen interno y todos sus organismos están obligados a cumplirlo. Regulará además los derechos y obligaciones de los miembros afiliados, de los organismos y lo atinente a su régimen disciplinario. (Art. 31). Se indica que el partido político debe tener por lo menos un organismo deliberativo en el que estén representados todos sus miembros.	Refiere a los estatutos
GUATEMALA	Se establece que todo partido político debe contar por lo menos con los órganos siguientes: a) Órganos nacionales: Asamblea Nacional, Comité Ejecutivo Nacional, Órgano de fiscalización financiera, Tribunal de Honor; b) Órganos departamentales: Asamblea Departamental y Comité Ejecutivo Departamental, y c) Órganos municipales: Asamblea Municipal y Comité Ejecutivo Municipal. Artículo 24º, Ley Electoral y de Partidos Políticos (LEPP.). Además, en dicha ley, en 29 artículos (del 24 al 53) se regula en detalle todo lo relativo a estructura organizativa, órganos, asambleas, comités, tanto a nivel nacional como departamental y provincial. El detalle de la integración de las asambleas, las atribuciones, la regulación interna, convocatoria, quórum, recursos, entre otros.	Muy Regulado
HONDURAS	Los partidos políticos establecen en sus estatutos sus propias modalidades e instancias, pero deben cumplir un mínimo de requisitos, tales como: a) Una Convención Nacional o su equivalente; b) Un Consejo Nacional, Comité Nacional o su equivalente; c) Consejos, Comités o su equivalente a nivel departamental y municipal; d) Un Órgano responsable de la administración de su patrimonio y recursos financieros y de la presentación de los informes de ingresos y egresos anuales ordinarios y de campaña; e) Un órgano responsable de la formación política e ideológica, y f) Un Tribunal de Honor o su equivalente. Artículo 69, Ley Electoral y de Organizaciones Políticas (LEOP).	Muy regulado
MÉXICO	De acuerdo con el artículo 39 de la Ley General de Partidos Políticos, en los estatutos se establece la estructura orgánica bajo la cual se organizará la agrupación, así como las normas y procedimientos democráticos para la integración y renovación de órganos internos y para la postulación de candidatos, entre otros temas. Adicionalmente, el artículo 43 destaca que entre los órganos internos deben contemplarse, al menos, los siguientes: a) una asamblea u órgano equivalente, integrado con representantes de todas las entidades federativas en caso de partidos nacionales o de municipios, en caso de partidos locales. Esta será la máxima autoridad del partido. b) Un comité nacional o local u órgano equivalente, según corresponda, que será el representante del partido; c) Un órgano responsable de la administración de su patrimonio y recursos financieros; d) Un órgano de decisión colegiada responsable de los procesos para la elección de autoridades partidarias y candidatos de elección popular;	Muy Regulado

Sigue página siguiente

PAÍS	REGULACIONES SOBRE LA ESTRUCTURA INTERNA DE LOS PARTIDOS	INTENSIDAD
MÉXICO	e) Un órgano de decisión colegiada, para impartir justicia intra-partidaria; f) Un órgano para las obligaciones de transparencia y acceso a la información; g) Un órgano encargado de la educación y capacitación cívica de los militantes y dirigentes.	Muy Regulado
NICARAGUA	Los artículos 63º inciso 6), 65º, numerales 6, 7, 8 y 71 de la Ley Electoral señalan la obligación de presentar y constituir ante el Consejo Supremo Electoral la integración de los órganos nacionales, departamentales y municipales, con la excepción de los partidos regionales, a los cuales se les respeta su propia forma natural de organización y participación.	Poco regulado
PANAMÁ	El Código Electoral dispone en su artículo 89º que los partidos políticos son autónomos e independientes y no podrán ser intervenidos, ni fiscalizados en su régimen interno por ningún órgano y dependencia del Estado, excepto por el Tribunal Electoral en el manejo de los fondos que provea el Estado para sus gastos en los procesos electorales. El Código Electoral establece la necesidad de contar con una Convención, Congreso o Asamblea Nacional, la cual es el máximo organismo de los partidos. Por otra parte, el artículo 103º establece que: los directorios del partido en un corregimiento deberán tener un mínimo de tres miembros y los directorios provinciales y comarcales un mínimo de cinco. Los directorios nacionales, distritoriales o en otras circunscripciones tendrán el número de miembros que señalen los estatutos. Los miembros de los directorios y los demás directivos y dignatarios deberán pertenecer al partido, ser residentes en la circunscripción de que se trate y se designarán mediante convenciones nacionales, provinciales, comarcales, de circuito electoral, distritoriales, comunales o según sea el nivel del directorio u organismo directivo. Cada directorio tendrá el número de suplentes que determinen los estatutos del partido.	Muy regulado
PARAGUAY	Se dispone que la carta orgánica o estatuto del partido político establezca las normas a las cuales cada partido deberá ajustar su organización y funcionamiento. Además, se determina que el estatuto es la ley fundamental del partido y, a su vez, fija el contenido mínimo que deberá contemplar esa carta orgánica, que incluye: la determinación de los cargos y órganos ejecutivos, deliberativos y disciplinarios que ejercerán el gobierno y administración del partido, y sus respectivas competencias; la declaración expresa de que la Asamblea General, Convención o Congreso es el órgano supremo de la asociación política. Artículo 32º del Código Electoral.	Refiere a los estatutos Poco Regulado
PERÚ	Se establecen requisitos concretos que deben cumplir los partidos en sus estatutos, como la descripción de la estructura organizativa interna. El partido político debe tener por lo menos un órgano deliberativo en el que estén representados todos sus afiliados. La forma de elección, la duración, los plazos y las facultades de este órgano deben estar determinados en el Estatuto. Los derechos y deberes de los afiliados. El órgano máximo estará constituido por la Asamblea General del conjunto de sus miembros. Artículo 9°, literales b y e, de la Ley de Partidos Políticos.	Poco regulado

Sigue página siguiente

403

PAÍS	REGULACIONES SOBRE LA ESTRUCTURA INTERNA DE LOS PARTIDOS	INTENSIDAD
REPÚBLICA DOMINICANA	Para obtener el reconocimiento de los partidos políticos, éste deberá solicitarse por los organizadores a la Junta Central Electoral, cumpliendo entre otras cosas con la presentación de una nómina de sus órganos directivos provisionales, incluyendo un directorio, comité o junta directiva nacional provisional, con sede en la capital de la República, cuyo presidente será el representante legal del partido en formación ante la Junta Central Electoral. Artículo 42 literal b de la Ley Electoral.	Poco regulado
URUGUAY	N/R	N/R
VENEZUELA	La Constitución (artículo 67º) y la Ley de Partidos Políticos (artículos 2º, 4º y 5º) establecen que la organización interna de los partidos políticos debe ser democrática. Sus organismos de dirección y sus candidatos a cargos de elección popular deben ser seleccionados en elecciones internas con la participación de sus integrantes. No hay regulaciones adicionales sobre la estructura interna de los partidos, la cual puede ser ampliada o adaptada a cualquier forma de organización.	No regulado

FUENTE: Elaboración propia, a partir de D. Zovatto G., *Regulación jurídica...*, *op. cit.*, 2006, pp. 66-67. Actualizado a 2015.

N/R: No regulado.

Como se desprende del cuadro V.14.1, son pocos los países donde se regula de manera detallada la estructura interna de los partidos políticos, y también pocos donde no existe regulación del todo. En general, su organización y funcionamiento se ajusta en la práctica a las disposiciones legales y estatutarias, que son el marco dentro del cual se deben mover las estructuras del partido y sus integrantes. Este tema, de importancia creciente en la región, está íntimamente relacionado con el de la democracia interna, materia que se analizará a continuación.

15. *Democracia interna de los partidos políticos, con especial atención a los procesos de selección internos de candidatos y autoridades*

A. *Debate y concepto*

El estudio de la democracia interna de los partidos es uno de los que en los últimos años ha cobrado mayor relevancia en América Latina. Con la premisa de que los partidos y los países deben buscar mecanismos que contribuyan a mejorar el funcionamiento del Estado democrático y representativo, la legislación y la práctica política en la región han ido incorporando mecanismos de selección de candidaturas orientados a mejorar los niveles de democracia interna en esas organizaciones.

Se parte de una idea –no exenta de polémica– recientemente vigorizada, según la cual la democracia de partidos demanda a su vez la democracia en los partidos Es un debate que viene de lejos, desde los escritos de Michels, quien puso en tela de juicio la democracia interna de los partidos mediante su "ley de hierro de la oligarquía", o de Schattschneider (1942),quien negaba que fuera necesario pensar en la democracia interna de las organizaciones partidistas para poder contar con una democracia plena, pasando por los sagaces desarrollos de Linz, en cuanto a las "condiciones del gobierno democrático al interior de los partidos", y luego, Boix quién observó la tendencia cada vez más frecuente a votar de modo directo a las dirigencias de los partidos (1998) en sustitución de los Congresos y las Convenciones internas, tendencias que, como advierte Freidenberg (2016), ha tenido un desarrollo similar en América Latina.[432]

El tema ya cumple un siglo y sin embargo sigue moviéndose en territorios de mucha ambigüedad. ¿Cuándo es internamente democrático un partido político? ¿Cómo saber si una organización cumple con requisitos mínimos de democracia interna? En un texto que intenta poner cierto orden al debate, Freidenberg[433] señala que la democracia interna, estudiada a partir de diferentes procesos intrapartidistas, se asocia al menos con los siguientes aspectos: *1)* los mecanismos de selección de candidaturas; *2)* la protección de los

---

432 Robert Michels, *Political Parties: A Sociological Study of the Oligarchical Tendencies of Modern Democracies*, Free Press, Washington, 1966 [Los partidos políticos: un estudio sociológico de las tendencias oligárquicas de la democracia moderna, Amorrortu Editores, Buenos Aires, 2008]. La primera versión de esta tesis data de 1911, Juan José Linz, *Michels e il suo contributo alla sociologia politica*, Il Mulino, Bolonia, 1966; Carlos Boix, "Las elecciones primarias en el PSOE*", Claves de Razón Práctica*, núm. 83 (Promotora General de Revistas, Madrid, 1998), y Ramón Vargas Machuca, "A vueltas con las primarias del PSOE: ¿Por qué cambian los partidos?", *Claves de Razón Práctica*, núm. 86 (Promotora General de Revistas, Madrid, 1998).

433 Flavia Freidenberg, "Democracia interna en los partidos políticos", en Dieter Nohlen *et al.* (comps.), *Tratado...*, *op. cit.*, 2007, pp. 627-678.

derechos de los afiliados; *3)* la participación de los militantes en la formulación de la voluntad partidista; *4)* la elección de autoridades; *5)* la distribución del poder dentro de la organización; *6)* las responsabilidades en los órganos partidistas y el perfil social de las élites que componen esos órganos; *7)* la disciplina de los miembros en el Legislativo; *8)* los métodos de rendición de cuentas dentro de la organización, y *9)* la penetración de los grupos subrepresentados dentro de los órganos de toma de decisiones del partido, entre otros.

En ese sentido, para la citada autora:

> [...] un partido gozará de democracia interna cuando sus líderes y candidatos se elijan por los miembros, a través de mecanismos competitivos; en donde las decisiones sean inclusivas y sean tomadas con la participación voluntaria de sus miembros; los órganos de gobierno no discriminen la integración de los diferentes grupos (incluso aquellos que son minoritarios); aquellos que piensen distinto puedan expresar sus preferencias sin temor a ser castigados; los candidatos, cargos públicos y autoridades rinden cuentas de sus actos a través de mecanismos de control efectivo y se dé el respeto de una serie de derechos y responsabilidades que garanticen la igualdad de los miembros en cualquier proceso de toma de decisiones.[434]

Navarro Méndez[435] indica que el concepto de democracia interna en los partidos no puede ser absoluto, ni lograrse una definición universal válida para todo momento y lugar. Sin embargo, advierte, que existe un consenso bastante extendido de que cuando se habla de democracia interna de los partidos se hace referencia a quien ejerce el poder dentro de ellos, cómo se tuvo acceso a ese poder y la forma en que éste se ejerce ante sus afiliados. En pocas palabras, se refiere fundamentalmente a las reglas y a las prácticas de la competencia política al interior de los partidos.

---

434 *Ibídem*, "Democracia interna: reto ineludible de los partidos políticos", *Revista de derecho electoral* (Tribunal Supremo de Elecciones, San José, Costa Rica, 2006, núm. 1., primer semestre. Disponible también en: http://www.tse.go.cr/revista/art/1/freidenberg.pdf.

435 José Ignacio Navarro Méndez, *Partidos políticos...*, *op. cit.*, 1999, p. 527.

B. *Reformas, tendencias y estado actual*

Como bien expresa Freidenberg: "En América Latina, tras los procesos de democratización, la presencia de partidos oligárquicos no impidió la institucionalización de las elecciones y la puesta en práctica de patrones de política democrática".[436] Según esta autora, si bien la mayoría de partidos latinoamericanos llevaron al máximo sus esfuerzos para competir en la arena electoral, no hicieron intentos significativos para mejorar la transparencia de sus procedimientos internos ni para garantizar la participación de sus militantes en la toma de decisiones.[437]

Empero, a medida que el proceso de transición y consolidación de la democracia fue avanzando en la región, en el marco de La tercera ola, numerosos partidos experimentaron un marcado desgaste en el ejercicio del gobierno, lo que trajo como consecuencia un aumento de desconfianza ciudadana hacia la clase política y las organizaciones partidistas, así como un creciente interés en el funcionamiento interno de las mismas.

436　Flavia Freidenberg, "Democracia interna: reto...", art. *cit.,* 2006; "Democracia interna en...", art. *cit.,* 2007; "La *reina* de las reformas: las elecciones internas a las candidaturas presidenciales en América Latina", en Flavia Freidenberg y Betilde Muñoz-Pogossian (eds.), *Las reformas políticas a las organizaciones de partidos*, PUCP, OEA, IIJ-UNAM y SAAP, Lima, 2016. Según Freidenberg y Došek (2016): "Los esfuerzos democratizadores de los partidos políticos se hicieron evidentes en 14 países, tras introducir en la Constitución o en la legislación la regulación de los mecanismos de selección de candidaturas, que tienden a hacer más competitivos los procesos internos. Con estas reformas, el Estado pasó a obligar a los partidos a seleccionar las candidaturas con la participación de los militantes o ciudadanos, con la pretensión de hacerlos internamente más democráticos. Costa Rica (1949) fue el primer país en regular los procesos internos, seguido por Honduras (1985-1989), Colombia (1994), Paraguay (1996), Panamá (1997), Uruguay (1996), Bolivia y Venezuela (1999), Argentina (2002, 2005, 2009), Perú (2003), República Dominicana (2004, 2015), Ecuador (2008), Chile (2012) y México (2014) (Freidenberg, 2016)". Flavia Freidenberg y Tomás Došek, "Las reformas electorales en América Latina: estrategias conceptuales y desafíos metodológicos", en Fernando Tuesta Soldevilla (ed.); *Las reformas electorales en América Latina*, Jurado Nacional de Elecciones, Lima. 2016.

437　*Idem.*

Todo ello provocó que tanto en el ámbito nacional como en el internacional surgieran diversas propuestas promoviendo cambios de importancia en la vida interna de los partidos políticos, así como "para que el Estado regulara su vida interna y, con ello, los obligara a ser más incluyentes y participativos".[438] Resultado de este proceso, durante la década de los años noventa, numerosos partidos latinoamericanos empezaron a reformar sus prácticas internas con el propósito de garantizar mayores niveles de transparencia y participación. De igual manera, muchos Estados buscaron someter a los partidos políticos a exigencias legales en esta materia.

En un número considerable de países, una mirada comparada del periodo 1978-2016, permite identificar una clara tendencia en favor de mayores niveles de transparencia, apertura y democratización interna, tanto en materia de selección de candidaturas a cargos de elección popular como de las autoridades partidistas, aunque estas últimas en un grado menor.[439]

Un balance de la incorporación de prácticas de democracia interna en los partidos políticos de la región arroja resultados mixtos. Entre los efectos positivos debe destacarse que la introducción de elecciones internas competitivas ha refrescado las tradicionales estructuras oligárquicas, disminuido el grado de centralización del proceso de elección de candidatos y facilitado la inclusión de otros actores en la toma de decisiones dentro del partido.

Al respecto, Freidenberg señala que si bien es cierto que siguen existiendo mecanismos, procedimientos y reglas no escritas que condicionan la selección de los candidatos y la definición de las autoridades, la realización de elecciones internas ha sido una medida positiva para enfrentar directamente la selección informal y discrecional de los candidatos.[440]

---

438 Flavia Freidenberg, *Cuando la ciudadanía decide tomar las riendas: desafíos institucionales de las candidaturas independientes en perspectiva comparada*, Tribunal Electoral del Poder Judicial de la Federación, México, 2016.

439 Daniel Zovatto G., *Regulación jurídica..., op. cit.,* 2006, p. 72.; Flavia Freidenberg y Betilde Muñoz Pogossian (eds.), *Las reformas políticas..., op. cit.,* 2015.

440 Flavia Freidenberg, "Democracia interna: reto...", art. *cit.,* 2006.

Ahora bien, como era de esperar, la diversidad de los marcos normativos de las elecciones internas no permite identificar resultados homogéneos ni consecuencias comunes sobre la dinámica al interior de las organizaciones de partidos, como acertadamente sostiene Freidenberg (2016).Las elecciones son procesos necesarios para la democratización interna de los partidos políticos, pero no una condición suficiente. La experiencia comparada enseña que las elecciones internas también pueden ser un instrumento para exponer los potenciales conflictos en el seno de los partidos, socavando con ello su credibilidad ante la opinión pública y generando la imagen de ingobernabilidad externa.

Los efectos negativos de esta apertura en la vida de los partidos se manifiestan sobre todo en términos de su cohesión y armonía interna. Ciertamente, la adopción de prácticas democráticas ha significado, en muchos casos, la coagulación de corrientes internas, el surgimiento de enfrentamientos entre ellas, la fragmentación del partido, el surgimiento de conflictos irresolubles en su interior, e incluso, su división irremisible. Además, en relación con los resultados electorales, Colomer[441] y Freidenberg[442] han indicado que la inclusión de las elecciones internas no ha significado necesariamente un mayor éxito electoral para los partidos latinoamericanos que emplearon este tipo de mecanismo de definición de candidaturas.

En algunos casos, los candidatos seleccionados en las elecciones primarias tienden a ser relativamente poco populares o perdedores en las elecciones correspondientes. Una vez más, la ambivalencia vuelve a instalarse, pues el problema central es que el *demos* del partido y el *demos* de los ciudadanos que eligen a los integrantes del Poder Legislativo (o de cualquier otro tipo de institución) son dos *demos* bien diferentes, uno es más bien pequeño y a menudo inten-

---

441 Josep Colomer, "Las elecciones primarias presidenciales en América Latina y sus consecuencias políticas", en Juan Manuel Abal Medina y Marcelo Cavarozzi (comps.), *El asedio a la política...*, *op. cit.*, 2002, p. 119.

442 Flavia Freidenberg y Betilde Muñoz Pogossian (eds.), *Las reformas políticas...*, *op. cit.*, 2015.

samente politizado (o incluso ideologizado) y el otro incluye a millones de votantes, levemente politizados.[443]

No obstante, Carey,[444] con base en un análisis estadístico de 101 elecciones presidenciales de 18 países de América Latina entre 1978 y 2007, llegó a la conclusión de que no hay indicios de que las primarias perjudiquen y que, por el contrario, los candidatos presidenciales seleccionados mediante primarias tienden a tener un "bono" cercano a 5% de los votos sobre quienes son seleccionados por otros métodos. Obtuvo un resultado similar analizando las elecciones primarias para las candidaturas parlamentarias de México entre 1998 y 2003.

Sin embargo, pese a las dificultades y a la inevitable tendencia oligárquica que se da en el seno de cualquier partido, las dirigencias partidistas han introducido procedimientos de democracia interna como una vía para fortalecer la legitimidad de los partidos. Como ha señalado Navarro Méndez:

> El papel imprescindible que los partidos tienen hoy en día para el correcto funcionamiento del Estado democrático es el que, a nuestro juicio, permite sostener la necesidad de proyectar el principio democrático también en el interior de los partidos. De lo contrario, el sistema democrático se resentiría, pues los sujetos que deben poner en marcha el engranaje del proceso democrático estarían viciados por déficits de democracia y, a partir de ahí, se transmitirían los resultados de tales déficits a todo el sistema en su conjunto.[445]

Al hacer un análisis sobre los mecanismos de democracia interna introducidos en la legislación latinoamericana durante el periodo de estudio, se observa que en 16 países los partidos regulan (si bien de manera diversa) la selección de los candidatos, en la gran mayoría de los casos, en la legislación electoral. Por otra parte, en 11 países

---

443 José Ramón Montero, Richard Gunther y Juan José Linz (eds.), *Partidos políticos: viejos conceptos...*, *op. cit.*, 2007, p. 298.

444 John M. Carey, "El bono de las primarias en América Latina", en Arturo Fontaine, Cristián Larroulet, Jorge Navarrete, Ignacio Walker (coords.), *Reforma de los partidos políticos en Chile*. PNUD, CEP, Libertad y Desarrollo, Proyectamérica y CIEPLAN, Santiago de Chile, 2008, pp. 429-448.

445 José Ignacio Navarro Méndez, *Partidos políticos...*, *op. cit.*, 1999, p. 38.

de la región existen normas que regulan la selección de autoridades internas.[446] Sin perjuicio de esta normativa, en la mayoría de los países la legislación delega a los estatutos de los partidos la facultad de darse sus propias normas en materia de selección de autoridades y candidatos.

CUADRO V.15.1. *Regulación de la democracia interna de los partidos políticos* 1978-2016

País	Mecanismos de selección de candidatos a cargos de elección popular			Mecanismo de selección de autoridades Reguladas por Constitución o Ley	Intervención del Órgano Electoral	Financiamiento público
	Constitución	Ley	¿Elecciones internas?			
Argentina	No	Sí	Sí, abiertas	No	Sí	Sí
Bolivia	Sí	Sí	Sí [1]	Sí, legislación electoral	Sí	No
Brasil	No	No	Sí, cerradas/convenciones [2]	No	No	No
Chile	No	Sí	Sí, cerradas/ablertas [3]	No	Sí	Sí
Colombia	No	Sí	Sí, abiertas y/o convenciones	Sí, legislación electoral	Sí 4	Sí
Costa Rica	No	Sí	Sí, cerradas/convenciones 5	No	Sí	No

Sigue página siguiente

---

446 Cabe advertir que, en lo que respecta a las autoridades partidarias, la tendencia no es muy fuerte en el plano de la legislación, ya que, como ha indicado Orozco, aunque los ordenamientos constitucionales y legales asienten determinadas bases y pautas generales o exigencias democráticas a seguir por los partidos políticos, igualmente delegan en los órganos competentes de los propios partidos su facultad de autoorganizarse y establecer en sus estatutos o cartas orgánicas las normas atinentes a su estructura y funcionamiento democrático interno.

País	Mecanismos de selección de candidatos a cargos de elección popular			Mecanismo de selección de autoridades Reguladas por Constitución o Ley	Intervención del Órgano Electoral	Financiamiento público
	Constitución	Ley	¿Elecciones internas?			
Ecuador	No	Sí	Sí, abiertas/cerradas/ representativas	Sí, legislación electoral	Sí	No
El Salvador *	No	Sí [6]	—	No	Sí	No
Guatemala	No	Sí	Sí, cerradas/convenciones	Sí, legislación electoral	Sí	No
Honduras	No	Sí	Sí, abiertas	Sí, legislación electoral	Sí	Sí
México	No	Sí	Sí, cerradas/convenciones	Sí	Sí [7]	Sí [8]
Nicaragua	No	No	—	No	Sí	No

FUENTE: Elaboración propia, a partir de D. Zovatto G., *Regulación jurídica...*, *op. cit.*, 2006, pp. 73-74. Actualizado a 2015.

1   La ley de partidos políticos define el principio electivo de la democracia interna. Cada partido define el mecanismo de elección. La C.P. señala que la elección interna de dirigentes y candidatos de las agrupaciones ciudadanas y de los partidos políticos será regulada y fiscalizada por el Órgano Electoral Plurinacional, que garantizará la igual participación de hombres y mujeres. De igual forma, indica que las naciones y pueblos indígena originario campesinos podrán elegir a sus representantes políticos en las instancias que corresponda, de acuerdo con sus formas propias de elección.

2   Aunque la ley delega a los estatutos partidarios la definición de los marcos de acción en el campo de la democracia interna, advierte que la participación en éstos se refiere a los afiliados de cada partido.

3   El artículo 2° de la Ley 20640 que establece el sistema de elecciones primarias para la nominación de candidatos a Presidente de la República, parlamentarios y alcaldes, señala que los partidos políticos, cuando así lo determinen sus organismos internos, en conformidad a sus estatutos y a las disposiciones de la ley N° 18.603, Orgánica Constitucional de Partidos Políticos, podrán participar en procesos de elecciones primarias para la nominación de candidatos a cargos de Presidente de la República, Senador, Diputado y Alcalde en la forma y condiciones que establece la ley.

4   Opcional.

5   Si bien las elecciones internas se realizan con el padrón nacional, se entienden como cerradas porque se pide al votante dar su adhesión al partido en el momento de presentarse a emitir su voto.

País	Mecanismos de selección de candidatos a cargos de elección popular			Mecanismo de selección de autoridades Reguladas por Constitución o Ley	Intervención del Órgano Electoral	Financiamiento público
	Constitución	Ley	¿Elecciones internas?			
Panamá	No	Sí	Sí, cerradas	No	Sí	Sí
Paraguay	No	Sí	Sí, cerradas	Sí, legislación electoral	Sí	No
Perú	No	Sí	Sí, cerradas/abiertas	Sí, legislación electoral	Sí	No
República Dominicana	No	Sí	Sí, cerradas, convenciones	Sí, legislación electoral	Sí	No
Uruguay	Sí	Sí	Sí, abiertas	Sí, legislación electoral	Sí	No
Venezuela	Sí	Sí	Sí, cerradas/abiertas/convenciones [9]	Sí, legislación electoral	Sí (opcional para los partidos)	No

6   La Ley de Partidos indica que la elección de las autoridades partidarias y candidatos a cargo de elección popular deben regirse por normas de democracia interna establecidas en la ley y en el estatuto partidario. Sin embargo, la Sala Constitucional señaló en agosto de 2014 que no era constitucional ya que no respondía al principio de transparencia respecto a cómo debe ser el proceso de selección y ordenó a los legisladores que revisaran la norma y que realizaran las reformas correspondientes para aclarar cómo debe ser el procedimiento.

7   El artículo 45 de la Ley General de Partidos Políticos señala que los partidos podrán solicitar al INE que organice la elección de sus órganos de dirección, con base en sus estatutos, reglamentos y procedimientos, y con cargo a sus prerrogativas

8   La Sala Superior del Tribunal Electoral del Poder Judicial de la Federación determinó que tanto la elección de dirigentes partidarios como la designación de sus candidatos quedan comprendidos dentro de las actividades que ordinariamente efectúan los partidos políticos, de tal forma que su realización resulta susceptible de ser cubierta con los recursos provenientes del financiamiento público para el sostenimiento de sus actividades ordinarias permanentes.

9   El artículo 67 de la Constitución Venezolana dispone que los organismos de dirección y los candidatos a cargos de elección popular de las organizaciones con fines políticos "serán seleccionados o seleccionadas en elecciones internas con participación de sus integrantes". Esta norma ha sido interpretada en el sentido de permitir tanto la selección por convenciones como las primarias cerradas o abiertas. El candidato presidencial del partido de gobierno, Partido Socialista Unido de Gobierno (PSUV), fue seleccionado formalmente por la vía de la convención interna, mientras que el de la coalición de oposición, Mesa de la Unidad Democrática, fue seleccionado en primarias abiertas.

En cuanto al sistema de elección de candidaturas, se constata una tendencia cada vez mayor a pasar de procedimientos tradicionalmente en manos de las dirigencias partidarias, o de las convenciones internas, al de elecciones internas, abiertas o cerradas. El análisis comparado de la regulación normativa pone de manifiesto lo siguiente:

> En al menos seis países de la región se utiliza el sistema de elección cerrada, en internas o convenciones: Costa Rica, México,[447] Panamá, Paraguay, República Dominicana[448] y Venezuela.[449] Este sistema permite la participación directa únicamente de los afiliados, militantes, adherentes o delegados (en el caso de las convenciones).

> En tres países se utiliza el sistema de elección abierta, simultánea y obligatoria para los votantes: Argentina, Honduras[450]y Uruguay. Este sistema abre la posibilidad de que participen ciudadanos no militantes del partido en cuestión.

---

447 En México se establece de manera expresa que deben ser "procesos democráticos". Sin embargo, la norma no especifica qué se entiende por "principios democráticos" y cuáles son los mecanismos para garantizar que estos principios se cumplan de acuerdo con lo que establece la ley. Flavia Freidenberg, "La *reina* de las reformas...", art. *cit.,* 2015.

448 Si bien en República Dominicana el Poder Ejecutivo promulgó en agosto de 2004 la Ley 826-04, estableciendo para los partidos políticos el sistema de elecciones primarias obligatorias mediante voto universal, directo y secreto, con participación de todos los electores inscritos en el padrón electoral, ésta fue declarada inconstitucional por la Corte Suprema de Justicia mediante sentencia dictada el 16 de marzo de 2005. La situación actual varía por partido y procesos electorales. En las últimas primarias, celebradas en 2007, el PRD y el PRSC utilizaron un sistema abierto a toda la población electoral que no fuera militante de los otros partidos, mientras el PLD celebró primarias cerradas sólo con sus miembros.

449 Aunque no están obligados, los partidos han utilizado eventualmente elecciones primarias abiertas en Venezuela. La coalición de oposición, Mesa de Unidad Democrática, eligió en febrero de 2012 su candidato presidencial en primarias abiertas. En esas mismas primarias eligieron candidatos a gobernadores y alcaldes.

450 En Honduras se denominan primarias, y en caso de que no existan movimientos internos a los partidos se les exime de la obligación de hacer elecciones internas. En Argentina se las conoce como las PASO: primarias, abiertas, simultáneas y obligatorias.

➤ En Perú, la ley establece que cada partido puede definir en sus estatutos que la elección sea abierta o cerrada. Algo similar se da en Colombia,[451] donde el artículo 107 Constitucional y el artículo 10 del Estatuto Básico de los Partidos Políticos indican que las consultas internas constituyen una alternativa para la elección de los candidatos partidarios, pero queda la libre opción de los partidos de utilizarla o no.

➤ En Bolivia, el artículo 15 de la Ley de Partidos Políticos señala que todo partido, al constituirse, adoptará un Estatuto Orgánico donde se establezcan las normas y procedimientos que garanticen el pleno ejercicio de la democracia interna, mediante elecciones libres y voto directo y secreto. Algo similar se da en El Salvador, donde la nueva Ley de Partidos indica que las elecciones de autoridades partidarias y de candidatos a cargos de elección popular deben regirse por normas de democracia interna estipuladas en el estatuto partidario, si bien no indica específicamente cuáles deben ser los mecanismos.

➤ En Ecuador, el Código de la Democracia dispone que el partido político debe definir y reglamentar en su estatuto la modalidad de elección y designación utilizada para la escogencia de sus candidaturas, para lo cual establece tres modalidades: primarias abiertas, primarias cerradas y elecciones representativas a través de sus órganos.

➤ Chile regula, en el artículo 20 de la Ley 20640, las posibles alternativas de elección primaria que pueden utilizar los partidos políticos.[452]

➤ En Brasil[453], Guatemala y Nicaragua no existe regulación alguna en la legislación electoral sobre el sistema que se ha de utilizar pa-

---

451 Con respecto al mecanismo democrático de las consultas populares o internas para adoptar decisiones y seleccionar a sus candidatos, el artículo 107 constitucional solamente lo propone como una posibilidad y queda a la libre opción de los partidos el usarlo o no. No siempre se han aplicado en la práctica, por lo que las decisiones se adoptan por las directivas de los partidos y se legitiman por la ratificación de convenciones o congresos.

452 En el caso de Chile, la nueva ley sobre partidos políticos, Ley 20915 (promulgada el 13 de abril de 2016) introdujo cambios en materia de democracia interna y de selección de candidatos. Véase un resumen de estos cambios en el Apéndice II de esta obra.

ra la elección de sus candidatos, dejando librados a los partidos para que éstos definan el mecanismo de elección de sus candidatos. Sin embargo, cabe indicar que, no obstante que la legislación electoral no establece compromisos formales en tal sentido, algunos partidos en los países arriba mencionados han incorporado dichas prácticas de democracia interna. Este hecho es de especial importancia, pues pone de relieve el interés de las propias organizaciones partidistas por incluir mecanismos democráticos para la escogencia interna de sus candidatos a puestos de elección popular.

Un breve análisis comparado de las reglas y las prácticas en materia de selección de candidaturas en los partidos políticos de la región muestra lo siguiente:

> Los avances más notables se han registrado fundamentalmente en el campo de la elección de los candidatos a cargos de elección popular, no así para la elección de las autoridades internas de los partidos. Esta situación parece encontrar su asidero en la reticencia de las dirigencias tradicionales y en la controversia sobre la naturaleza jurídica de los partidos. Como bien señala Orozco,[454] el legislador sólo prescribe excepcionalmente cómo deben integrarse los órganos directivos de un partido u otros aspectos referidos a su funcionamiento, como el periodo de mandatos, los límites de reelección, etcétera.

> Debe tenerse en cuenta que existen partidos que utilizan más de un mecanismo de elección y escogen el más funcional según cada circunstancia, lo que muestra la persistencia de fuertes tendencias a la centralización en el proceso de toma de decisiones más que a una normalización de reglas constantes y predeterminadas. Se pone también en evidencia la lógica pragmática de las élites políticas, que buscan maximizar sus preferencias electorales.

> Pese al uso creciente de reglas más democráticas al interior de las organizaciones partidistas para la selección de sus candidatos y autoridades, en algunos partidos de la región todavía es impor-

---

453 Aunque la ley delega en los estatutos partidarios la definición de los marcos de acción en el campo de la democracia interna, advierte que la participación en éstos se refiere a los afiliados de cada partido.

454 José de Jesús Orozco Henríquez, "La democracia interna de los partidos políticos en Iberoamérica y su garantía jurisdiccional", VIII Congreso Iberoamericano de Derecho Constitucional, Sevilla, diciembre de 2003, p. 12.

tante el papel que desempeñan las dirigencias, organismos cupulares y órganos colegiados.

En síntesis, pese al progreso registrado hasta la fecha en relación con las normas y las prácticas de selección de candidatos al interior de los partidos políticos, el relativo breve tiempo transcurrido no permite extraer conclusiones definitivas acerca de los efectos de este proceso, en términos del fortalecimiento de los partidos, la representación política y la gobernabilidad democrática.

Como acertadamente señalan Freidenberg y Došek (2016):

> [...] las reformas electorales orientadas a cambiar los mecanismos de selección de candidaturas no han tenido los mismos efectos en todos los sistemas políticos donde se implementaron ni garantizaron la democracia interna que tanto anhelaban en las motivaciones de los proyectos reformistas. Esto da cuenta de que es importante el contexto político en el que se lleven a cabo los procesos electorales internos, las características del sistema de partidos, el nivel de institucionalización de las organizaciones partidistas, la experiencia previa que ese partido tenga con el mecanismo de selección utilizado, la tradición organizativa y la cultura política de los miembros de dichas organizaciones (Freidenberg, 2016). La experiencia de los partidos latinoamericanos evidencia que no existe una receta única ni un solo modelo e, incluso, que un mismo procedimiento implementado en contextos diferentes puede tener resultados distintos.[455]

16. *Candidaturas independientes*

A. *Debate y concepto*

En una democracia, los partidos políticos deben desempeñar las funciones básicas relacionadas con la representación y la participación. Deben convertirse en canalizadores de demandas e intereses; en constructores de propuestas para la sociedad; en administradores de gobierno; en agregadores de intereses y sujetos de representación social. Sin embargo, en el cumplimiento de estas funciones muchos partidos no han estado a la altura de los desafíos económicos y so-

---

455 Flavia Freidenberg y Tomás Došek, "Las reformas electorales...", art. *cit.*, 2015.

ciales y no han logrado cumplir eficazmente su papel de intermediarios.

En palabras de Abal Medina y Suárez-Cao:

> [...] los déficit en la función gubernativa son los que más claramente explican la decepción colectiva con el desempeño de los partidos mismos. En el nuevo siglo, la percepción del fracaso se torna evidente, los distintos partidos que ocuparon los gobiernos no fueron finalmente capaces de mejorar el nivel de vida de los ciudadanos [...] Es este fracaso el que explica en gran medida el deterioro de las capacidades articulatorias y representativas de los partidos. El profundo hiato entre las grandes promesas electorales y los más que mediocres logros de gestión acentuaron, en la mayoría de los casos, la sensación de que la política actúa como mera arena autorreferencial en la que los distintos actores pelean por acceder a los beneficios del aparato estatal despreocupándose por la suerte de las poblaciones, que se convertían para ellos en meros mercados electorales.[456]

La situación descrita ha incidido en una severa crisis de credibilidad en los partidos políticos y, en consecuencia, en la búsqueda por parte de los ciudadanos de otras alternativas para canalizar sus intereses; ello ha motivado el surgimiento de candidaturas y movimientos políticos independientes.

Raúl Ferreyra sostiene que la candidatura independiente es la nominación para ocupar un cargo electivo, cuyo rasgo peculiar y sobresaliente consiste en que tal oferta política se realiza sin el concurso ni principal ni complementario de un partido político,[457] y agrega:

> [...] este derecho a presentar candidaturas independientes, claramente diferenciado de la competencia partidaria, tiene en el denomi-

---

456 Juan Manuel Abal Medina y Julieta Suárez-Cao, "Post-Scriptum. Recorriendo los senderos partidarios latinoamericanos en la última década", en J. M. Abal Medina y M. Cavarozzi (comps.), *El asedio...*, *op. cit.*, 2002, p. 424.

457 Raúl Ferreyra "Sobre las candidaturas electorales independientes de los partidos políticos". Exposición presentada en las Jornadas sobre Reforma Política y Constitucional, Comisión de Asuntos Constitucionales, Legislatura de la Ciudad de Buenos Aires, 5 de agosto de 2002, p. 7.

nado déficit de la representación de los partidos políticos su principal anclaje. Sin que sea del todo cierto ni exacto, el principio de igualdad en el curso y decurso del proceso electoral estatal, donde se trata de poner pie de igualdad de oportunidades a los individuos que concurren personalmente y los individuos que concurren nominados por un partido político, es esgrimido en forma frecuente como basamento más sólido de este tipo de candidaturas.[458]

Las legislaciones también han debido adaptarse para regular su participación en la vida política. Como señala De la Peza,[459] al referirse a la existencia de movimientos y agrupaciones no institucionalizadas:

> [...] es necesario, en este sentido, el diseño de normas que transformen esta realidad práctica en tipos jurídicamente relevantes, con eficacia operativa, sobre todo tratándose de cuestiones políticas, en las que se presupone la actuación conjunta de la sociedad civil, lo que se traduce en la exigencia de regular las condiciones en las cuales los ciudadanos no afiliados ni auspiciados por los partidos pueden presentarse como candidatos a los cargos electivos.

B. Reformas, tendencias y estado actual

Desde una perspectiva histórica, cabe advertir que la tendencia a incorporar agrupaciones y candidatos independientes al desarrollo político latinoamericano se inició en el ámbito municipal, y ha ido avanzando hasta ser reconocidos como sujetos de representación popular en los niveles legislativo y presidencial.

En el ámbito nacional, la historia reciente de América Latina muestra que las reformas han evolucionado hacia la incorporación de otras formas de participación política fuera de los partidos. Entre ellas se cuentan movimientos políticos, agrupaciones y candidatos independientes.

En efecto, tal como se observa en el cuadro V.16.1, en el nivel presidencial, nueve países de la región (Bolivia, Chile, Colom-

---

458 Idem.

459 José Luis de la Peza, "Candidaturas independientes", en Dieter Nohlen et al. (comps.), Tratado..., op. cit., 2007, p. 618.

bia, Ecuador, Honduras, Paraguay, República Dominicana, México y Venezuela) aprobaron reformas para permitir las candidaturas independientes en el régimen político electoral. Por su parte, otros nueve mantienen el monopolio de la representación política en los partidos, si bien en algunos casos se da solamente en el nivel de candidaturas presidenciales y de diputados.

CUADRO V.16.1. *Candidaturas independientes*

País	Candidaturas independientes			Monopolio de los partidos políticos
	Presidente	Diputados / Senadores	Municipios	
Bolivia	Sí	Sí	Sí	No
Chile	Sí	Sí	Sí	No
Colombia	Sí	Sí	Sí	No
Ecuador	Sí	Sí	Sí	No
Honduras	Sí	Sí	Sí	No
Paraguay	Sí	Sí	Sí	No
República Dominicana	Sí [1]	Sí [1]	Sí [1]	No
Venezuela	Sí	Sí	Sí	No
México	Sí	Sí [2]	Sí	No

FUENTE: Elaboración propia, a partir de D. Zovatto G., *Regulación jurídica...*, *op. cit.*, 2006, p. 141. Actualizado a 2015.

1   Nótese que en República Dominicana existe la figura de las agrupaciones políticas que pueden presentar candidaturas para cargos de elección popular; sin embargo, estas agrupaciones deben cumplir con los mismos requisitos que un partido político.

2   Sólo para diputados y senadores por el principio de mayoría relativa. No procederá, en ningún caso, el registro de candidatos independientes por el principio de representación proporcional (Art. 362, Ley General de Instituciones y Procedimientos Electorales).

3   Se mantiene el monopolio de los partidos políticos para las candidaturas de Presidente de la República.

Sigue página siguiente

| País | Candidaturas independientes | | | Monopolio de los partidos políticos |
	Presidente	Diputados / Senadores	Municipios	
Panamá	No	Sí	Sí	Sí [3]
Perú	No	No	Sí	Sí [4]
Guatemala	No	No	Sí	Sí [4]
El Salvador	No	Sí [5]	No	Sí [6]
Argentina	No	No	No	Sí
Brasil	No	No	No	Sí
Costa Rica	No	No	No	Sí
Nicaragua	No	No	No	Sí
Uruguay	No	No	No	Sí

4   El monopolio de los partidos políticos es aplicable para las elecciones de presidente y congresistas.

5   Habilitadas por la sentencia de Inconstitucionalidad 61-2009.

6   El monopolio de los partidos es aplicable para las elecciones presidenciales y municipales.

Cabe señalar, empero, que este tema es objeto de un amplio debate. Los defensores de las candidaturas independientes señalan que cercenar a los individuos su derecho a participar en la gestación y dirección de la política estatal contradice la igualdad de oportunidades garantizada en las constituciones. Al respecto, Ferreyra manifiesta:

[...] una sociedad abierta y democrática no debería confinar a nadie. Cuanto más generoso y receptivo sea el régimen jurídico para permitir la postulación de candidatos, más amplio será el derecho de libertad política del que se goce en esa comunidad. Puede pensarse que uno de los rasgos fundamentales de una sociedad bien ordenada es aquel donde cada persona tenga un derecho igual al sistema más amplio de libertades básicas, compatible con un sistema similar para todos. Dentro de este esquema la limitación del derecho de participación política de los candidatos independientes no aparece como necesariamente justificada.[460]

---

460 R. Ferreyra, "Sobre las candidaturas...", art. *cit.*, 2002, p. 20.

En sentido similar, Castañeda, quien intentó postularse como candidato independiente en México para los comicios de 2006,[461] ha señalado lo siguiente:

> [...] la idea de democracia implica no sólo la posibilidad de elegir sino la de poder ser electo sin la condición de aceptar un programa, una ideología y una estructura predeterminada como la de los partidos. El principio democrático implica que todo ciudadano puede ser electo sobre la base de su propio programa, su propia ideología y con la estructura de campaña electoral que sea capaz de crear, mientras que respete la legislación y cumpla con las condiciones razonables que impone la ley.[462]

Por su parte, los opositores a las candidaturas independientes piensan que éstas debilitan el sistema de partidos y que, cuando llegan al poder, no tienen el amarre necesario para asegurar la gobernabilidad democrática. En ese sentido, Valenzuela expresa lo siguiente:

> El débil enraizamiento de los partidos políticos contribuye al fenómeno de las candidaturas independientes impulsadas por los medios, candidaturas que al no estar ancladas en estructuras partidarias tienden a impulsar a líderes que al llegar al poder tienen pocas bases organizativas para gobernar, apelando a discursos populistas o plebiscitarios que han contribuido a las crisis institucionales de países como Haití, Perú, Guatemala y Ecuador.[463]

Sean cuales sean los argumentos de aceptación o rechazo hacia formas diferentes de participación a los partidos políticos, la realidad latinoamericana muestra que en muchos países se despojó a los

---

461 Jorge Castañeda, ex Secretario de Relaciones Exteriores de México, acudió a la Corte Interamericana de Derechos Humanos para presentar una queja contra las autoridades electorales mexicanas que rechazaron su candidatura independiente a las elecciones presidenciales de 2006.

462 Jorge Castañeda, "Candidaturas independientes", *Diario Reforma* (México, 15 de junio de 2005).

463 Arturo Valenzuela, "Partidos políticos y el desafío de la democracia en América Latina", IV Reunión Plenaria: Círculo de Montevideo, Madrid, 13 y 14 de octubre, 1998, p. 145. Disponible en: http://www.circulodemontevideo.com/files/Cuarta_Reunion_Plenaria.pdf.

partidos del monopolio de la representación política que habían mantenido durante varias décadas, y que estas nuevas formas de representación política cuentan con la aceptación de grandes sectores de la ciudadanía.

17. Transfuguismo político

A. Debate y concepto

El transfuguismo es uno de los problemas que más afectan a los partidos políticos y a los principios de representación y gobernabilidad del sistema democrático. Éste se entiende como "aquella forma de comportamiento en la que un individuo, caracterizado como representante popular democráticamente elegido, abandona la formación política en la que se encontraba para pasar a engrosar las filas de otra".[464] Se trata de una conducta que, para algunos, atenta contra la voluntad popular y constituye incluso un ejemplo de corrupción personal. Sin embargo, otros opinan que no se trata de un problema grave, pues en todos los países la naturaleza del juego democrático implica cambios de orientación en coyunturas específicas.

Por sus efectos en la representación política, el transfuguismo ha sido objeto de amplios debates. En el centro de la discusión se encuentra el tema de la titularidad personal del escaño. Para algunos juristas, la titularidad de un cargo público representativo constituye una habilitación normativa para la expresión de la representatividad conferida por los electores, con lo que los representantes no son los dueños de esa representatividad sino, más bien, un instrumento al servicio de su realización.

En virtud de ello, la pretensión de asegurar al máximo la fidelidad partidaria es una exigencia consustancial al sistema representativo democrático.[465] En suma, quienes se oponen al transfuguismo

---

464 Josep María Reniu i Vilamala, "Transfuguismo", *Diccionario crítico de ciencias sociales,* Plaza y Valdés, Madrid y México, 2008, y Universidad Complutense de Madrid, en: www.ucm.es/info/eurotheo/diccionario/T/transfuguismo.htm.

465 Miguel Ángel Presno Linera, "La superación del transfuguismo político en las corporaciones locales como exigencia de una representatividad de-

señalan que este comportamiento ocasiona una modificación en la legitimidad otorgada por los electores.

El transfuguismo, sea producto de intereses sectoriales-personales o la consecuencia de una coherencia entre el discurso y la acción del representante con sus representados, en su praxis descompone y alterna el ejercicio de las funciones políticas de los grupos parlamentarios y de la capacidad de interlocución entre éstos, abriendo espacios para que intereses sectoriales sean introducidos por los legisladores independientes, desequilibrando las relaciones de poder del Parlamento, pero sobre todo alterando la naturaleza de la representatividad –agregación de intereses–.[466]

En sentido inverso, otra interpretación jurídica ha señalado que, una vez electo, un individuo es dueño de su escaño y, por consiguiente, puede marcharse libremente a otro partido diferente del que lo presentó a las elecciones, sin que ello signifique un falseamiento del proceso de expresión real de la voluntad popular. Si bien esta interpretación provee de cobertura jurídica al transfuguismo, por lo que este comportamiento aparece como jurídicamente inatacable, no lo exime, sin embargo, de una connotación moral negativa.

Desde el punto de vista político, y más allá de su justificación jurídica, se ha señalado que en la práctica el comportamiento del tránsfuga debilita el sistema de partidos, favorece la inestabilidad política partidaria, afecta la credibilidad no sólo del tránsfuga en cuestión sino del conjunto de la clase política, deteriora la cultura democrática y distorsiona efectivamente la representatividad surgida de las elecciones.

En ese sentido, para Reniu y Vilamala del transfuguismo se desprenden varias consecuencias negativas:[467] 1) un falseamiento de la representación: constituye una especie de estafa política al ciudada-

---

mocrática", *Revista de Estudios de la Administración Local y Autonómica*, N° 277 (Ministerio de la Presidencia-Instituto Nacional de la Administración Pública, Madrid, mayo-agosto de 1998), pp. 117-136.

466 Jean Paul Vargas y Dennis P. Petri, *Transfuguismo: desafíos político-institucionales para la gobernabilidad parlamentaria en Centroamérica*, San José, Demuca, 2010, pp. XXXII-XXXIII.

467 Josep María Reniu i Vilamala, "Transfuguismo", art. *cit.,* 2008.

no que ve modificada la expresión de su voluntad política; *2)* el debilitamiento del sistema de partidos, puesto que la correlación de fuerzas resultantes de las elecciones sufre modificaciones que afectan a los demás elementos del sistema, y *3)* la posibilidad de una generalización de la corrupción, favoreciendo al mismo tiempo el debilitamiento de la élite política ante la ciudadanía.

B. *Reformas, tendencias y estado actual*

En América Latina, si bien el impacto del transfuguismo ha generado acciones para tratar de evitar este tipo de prácticas políticas, el fenómeno no se ha visto reflejado en un proceso generalizado e importante de reformas. Aunque en algunos países, como Argentina, Brasil, México y Perú, entre otros, el incremento del transfuguismo ha generado preocupación y propuestas para atacarlo, lo cierto es que las iniciativas para regularlo expresamente no han prosperado.

En Brasil, ante la severidad del problema (de 513 diputados elegidos en 2002, 175 habían cambiado de partido en 2005), se introdujo una reforma constitucional que pretendía acabar con los tránsfugas y ordenar el juego político, pero fue postergada por un acuerdo entre el gobierno y la oposición. Dentro de sus principales puntos, la reforma pretendía introducir el concepto dc *fidelidad partidista* para obligar a los políticos a mantenerse en un solo partido al menos durante una misma legislatura. Si bien este tema no ha sido aprobado mediante reforma constitucional, el Tribunal Superior Electoral (TSE) lo incorporó por jurisprudencia.

En su sentencia de 2007, el TSE respaldó de forma unánime la propuesta del magistrado Carlos Ayres Britto de revocar el mandato a quien cambie de formación política una vez electo. Con este fallo, dicho Tribunal instauró el concepto de *fidelidad partidaria* y estableció la obligación a todos los representantes de elección popular a mantenerse fieles a los partidos que los postularon.

En Perú se han presentado iniciativas parlamentarias para proponer una reforma constitucional que incorpore la figura del transfuguismo político como una falta merecedora de sanción. Entre estas iniciativas se encuentran: la revocatoria de mandato de los congresistas; tipificar la conducta del tránsfuga en el Código Penal, y establecer sanciones en el reglamento del Congreso de la República.

En Argentina, el ex senador Eduardo Menem presentó un proyecto de reforma a la Ley de Ética Pública que pretendía que los legisladores nacionales, electos o en funciones, se abstuvieran de afiliarse, adherirse o integrarse a un bloque político de un partido distinto al de su candidatura. Además, pretendía incluir en el Código Penal una multa de 5,000 a 50,000 pesos argentinos y la inhabilitación de cuatro a 10 años a quienes se cambiaran de partido.[468]

En Venezuela, mediante modificación de la Ley de Partidos Políticos, Reuniones Públicas y Manifestaciones del 23 de diciembre de 2010 (*Gaceta Oficial* número 6.013 extraordinario) se estableció que los diputados están obligados a cumplir con el programa de gestión electoral que avalaron al momento de su postulación. Un 0.1% de los electores de la circunscripción correspondiente puede pedir que un diputado sea suspendido o inhabilitado parcial o totalmente de su cargo si el parlamentario votó contra los postulados de ese programa, hizo causa con fuerzas contrarias a aquéllas por las que fue electo, o se separó del grupo parlamentario correspondiente a la organización política que lo postuló.

La Asamblea Nacional, con el voto de la mayoría de los diputados presentes puede acordar la suspensión o inhabilitación del diputado. Como se ve, se trata de una garantía sólo para la mayoría parlamentaria, por cuanto es ésta la que decide si considera que un diputado en particular ha incurrido en transfuguismo; no parece probable que atienda las solicitudes de la minoría cuando un parlamentario abandone sus filas para unirse a la mayoría.

En suma, un análisis de la situación latinoamericana muestra que la reforma en este ámbito ha sido prácticamente inexistente, salvo en un número reducido de países. Por otro lado, la realidad regional evidencia un aumento creciente del transfuguismo político, fenómeno ante el cual los sistemas electorales aún no han adoptado mecanismos de control eficientes para fortalecer la institucionalidad de los partidos. Éste es uno de los temas pendientes en el proceso de reforma electoral latinoamericano.

---

468 Expediente S-3751/05, Senado de la Nación, Argentina.

18. Coaliciones, alianzas y fusiones

A. Coaliciones y alianzas

Antes de analizar el tema de las coaliciones y alianzas electorales, es necesario señalar que en la legislación latinoamericana no existe una clara distinción conceptual entre una "alianza" y una "coalición electoral", lo que ha conducido a que ambos términos se utilicen indistintamente en muchos países de la región.

Según el *Diccionario electoral*, la alianza se define como "la unión temporaria de dos o más partidos políticos, con el fin de concurrir unidos a la competencia electoral, presentando la misma candidatura en todos o algunos de los niveles de gobierno y en todas o algunas de las categorías de cargos a elegir".[469] La alianza tiene una finalidad esencialmente electoral, y en general su formación y registro se vinculan a un proceso electoral determinado. Su fin es "maximizar las posibilidades de éxito de los partidos que la integran en una determinada elección".[470] En algunas ocasiones, se realizan con el objetivo de salvar a un partido político de su cancelación o caducidad. Su formación implica la unificación de candidaturas, y ello en general con carácter temporal.

En cambio, según la literatura política, el término *coalición* se ha reservado para el acuerdo de varios partidos para la formación de gobiernos en los sistemas parlamentarios. Sin embargo, también se le ha definido como "la unión, a efectos electorales –aunque luego puede perpetuarse dentro del Parlamento–, [...] de varios partidos políticos o asociaciones políticas, cuya finalidad puede ser variada. En la mayoría de los casos suele concretarse en la presentación de candidaturas comunes".[471]

Por su parte, Duverger afirma que la clasificación de las alianzas es delicada y que hay que distinguir entre coaliciones ocasionales y

---

469   Delia M. Ferreira Rubio, "Alianzas electorales", en *Diccionario electoral*, t. I, IIDH-CAPEL, San José, Costa Rica, 2000, p. 23.

470   *Idem.*

471   José María Gil Robles y Nicolás Pérez-Serrano, *Diccionario de términos electorales y parlamentarios*, Taurus, Madrid, 1977.

efímeras de las alianzas propiamente dichas, que son más durables. Este autor señala que muchas alianzas, rodeadas de propaganda y esperanza, se difuminan tan rápidamente como las coaliciones y que muchas coaliciones se reforman sin cesar y se convierten en verdaderas alianzas.[472]

En esta investigación, y sin perjuicio de reconocer que ambos términos tienen una definición propia, los términos coalición y alianza se utilizan indistintamente, entendiendo por tales los acuerdos entre partidos políticos, con el objetivo de unir sus fuerzas para participar en los procesos electorales y tener acceso a los puestos de elección popular.

Así, las coaliciones electorales suelen conformarse en torno a un programa electoral común para lograr un resultado más favorable, para enfrentar a una coalición constituida por adversarios o para crear una fuerza unida con base en grupos políticos más pequeños. Las normas legales pueden permitir su establecimiento formal, o simplemente ignorarlas o no permitirlas.[473] En general, las coaliciones electorales suelen ser poco estables ya que, por lo regular, se concentran en conseguir el triunfo en un proceso determinado, aunque pueden darse casos de permanencia en el tiempo como la "Concertación" en Chile (Nueva Mayoría a partir de 2013), o la Mesa de la Unidad Democrática (MUD) en Venezuela.

Como se desprende del cuadro V.18.1, casi la totalidad de los países en América Latina, regula las alianzas o las coaliciones de los partidos políticos.

472 Maurice Duverger, *Los partidos políticos...*, *op. cit.*, 1987, p. 356.
473 Juan Rial, "Coalición de partidos", en *Diccionario electoral*, IIDH-CAPEL, San José, Costa Rica, 2000, pp. 191-203.

CUADRO V.18.1. *Existencia de regulaciones para la formación de alianzas, coaliciones y fusiones de partidos en América Latina*

País	Alianzas	Coaliciones	Fusiones
Argentina [1]	Sí	—	Sí
Bolivia	Sí	—	Sí
Brasil	—	Sí	Sí
Chile	—	Sí [2]	Sí
Colombia	—	Sí	Sí
Costa Rica		Sí	Sí
Ecuador	Sí	—	Sí
El Salvador	—	Sí	Sí
Guatemala	—	Sí	Sí
Honduras	Sí	—	Sí
México	—	Sí	Sí
Nicaragua	Sí	—	Sí
Panamá	Sí	—	Sí
Paraguay	Sí	—	Sí
Perú	Sí	—	Sí
República Dominicana	Sí	Sí	Sí
Uruguay	N/R	N/R	N/R
Venezuela	Sí	N/R	Sí [3]

FUENTE: Elaboración propia, a partir de D. Zovatto G., *Regulación jurídica...*, *op. cit.*, 2006, p. 134. Actualizado a 2015.

1   En Argentina existe otra figura que se asemeja a la alianza denominada Confederación.

2   En Chile, se entiende por coalición, la figura llamada pacto electoral.

3   En Venezuela, los partidos regionales pueden fusionarse para constituir uno de carácter nacional.

N/R: No regulado.

B. *Fusiones*

Una figura diferente de las coaliciones y las alianzas es la fusión de partidos. El carácter temporal de la alianza o coalición lo distingue de las uniones o fusiones de carácter permanente que implican la fundación de un nuevo partido y la extinción de los partidos participantes en la fusión. En algunos casos, la norma permite que persista uno de los partidos fusionados, el cual será el que mantiene sus condiciones jurídicas.

Como se aprecia en el cuadro V.15, en casi la totalidad de los países se permite la fusión de partidos políticos. De manera similar al caso de las alianzas, la mayoría establece como requisito fundamental para la fusión de los partidos la aprobación por parte de los máximos órganos partidistas.

En algunos países, la legislación señala que la fusión de los partidos da origen a uno nuevo y a la disolución de los anteriores (Bolivia, Panamá, Paraguay). En otros, como México y Perú, la fusión puede darse a favor de un partido, lo que implica que se conserva la inscripción del partido beneficiado por la fusión (que recibe a los otros grupos) y se cancela la inscripción del resto de los fusionados.

En ese orden, cabe destacar el caso mexicano, donde la legislación establece que la vigencia del registro del nuevo partido corresponde al del más antiguo de los que se fusionan. Por su parte, en Perú y Ecuador se da a los partidos la potestad de decidir cuál de ellos mantiene su vigencia y asume, por tanto, las obligaciones y los derechos de los otros grupos fusionados. Finalmente, en Costa Rica y Honduras se pueden dar los dos tipos de fusiones: la plena, que da origen a un nuevo partido, o bien la fusión por absorción.

19. *Extinción y caducidad de los partidos políticos*

Las causas que pueden dar origen a la cancelación o caducidad de la personería o personalidad jurídica de los partidos políticos son diversas: desde el incumplimiento de mínimos de votación establecidos en la ley, hasta la propia voluntad de sus afiliados.

En América Latina, la mayoría de los países establecen como causal de cancelación la voluntad del partido por medio de sus afiliados, expresada de acuerdo con los estatutos o la carta orgánica. En 14 países ésa es la forma común de cancelación voluntaria (Argentina, Bolivia, Chile, Ecuador, El Salvador, Honduras, México, Nicaragua, Panamá, Paraguay, Perú, República Dominicana, Uruguay y Venezuela). En Brasil y Colombia se hace remisión a las disposiciones de los estatutos, y en Costa Rica y Guatemala se omite cualquier alusión específica.

Para no perder su vigencia, 17 países exigen como requisito la obtención de un porcentaje o cantidad mínima de votación (véase cuadro V.19.1). Dicho porcentaje puede referirse, según la legislación, al número de votos válidos recibidos o, excepcionalmente, a los sufragios emitidos. En siete casos se hace la salvedad de que, de obtenerse puestos en el Congreso, se omite el requisito de porcentajes mínimos de votación (Chile, Colombia, Ecuador, Guatemala, Honduras, Perú y República Dominicana).

Otra modalidad, vigente en Ecuador y Paraguay, da la posibilidad a los partidos de obtener el porcentaje establecido después de dos elecciones sucesivas. En Paraguay, este porcentaje corresponde a 1% del total de votos válidos emitidos en cada una de las dos últimas elecciones pluripersonales. En Ecuador dicho porcentaje se estableció en 4 por ciento.

CUADRO V.19.1. *Mínimo de votación requerido para evitar la cancelación de los partidos políticos*

País	Mínimo requerido
Argentina	Al menos 2% del padrón electoral de cualquier distrito en dos elecciones sucesivas.
Bolivia	3% de votos válidos.
Brasil	N/R
Chile	Obtener 5% de votos válidos en una elección de diputados, en cada una de a lo menos ocho regiones o en cada una de a lo menos tres regiones contiguas, a menos que elija cuatro parlamentarios, sean diputados o senadores.
Colombia	3% de votos válidos emitidos en elecciones de Cámara de Representantes o Senado.
Costa Rica	Obtener un número de votos válidos igual o superior al número de adhesiones exigidas para la inscripción del partido (3 000 en el caso de las elecciones nacionales).
Ecuador	Obtener 4% de los votos válidos en dos elecciones pluripersonales consecutivas a nivel nacional; o al menos tres representantes a la Asamblea Nacional; o, al menos el 8% de alcaldías; o, por lo menos un concejal o concejala en cada uno de, al menos, 10% de los cantones del país.

Sigue página siguiente

País	Mínimo requerido
El Salvador	50,000 votos válidos recibidos en la elección de diputados a la Asamblea Legislativa.
Guatemala	5% de votos válidos, salvo que obtenga representación en el Congreso.
Honduras	2% de votos válidos, a menos que haya obtenido un diputado al Congreso Nacional.
México	3% de votos válidos.
Nicaragua	4% de votos válidos de las elecciones nacionales.
Panamá	4% de votos válidos de cualquiera de las cuatro elecciones (Presidente, Diputados, Alcaldes y Representantes de Corregimiento).
Paraguay	Al menos 1% de votos válidos emitidos en cada una de las dos últimas elecciones pluripersonales.
Perú	5% del total de los votos, a menos que haya obtenido 5% de la representación parlamentaria, es decir, seis representantes del Congreso.
República Dominicana	2% de votos válidos, salvo que obtenga representación congresional o municipal.
Uruguay	Al menos llegar al cociente de representación (500 votos).
Venezuela	Los partidos deben renovar la inscripción si no obtienen 1% de los votos emitidos.

FUENTE: Elaboración propia, a partir de D. Zovatto G., *Regulación jurídica..., op. cit.,* 2006, p. 166. Actualizado a 2015.

N/R: No regulado.

Como se puede apreciar en el cuadro V.19.1, existe gran variedad en cuanto al mínimo requerido para evitar la cancelación del partido. En principio, porcentajes muy altos favorecen a partidos mayoritarios, a la vez que dificultan la permanencia de partidos pequeños.

Otros motivos por los cuales los partidos políticos pueden ser sujetos de extinción son: *a)* no haber participado en una elección, o *b)* no haber participado en más de una, sucesivamente. Los 11 países que han regulado en este sentido son Argentina (dos elecciones), Bolivia (dos elecciones), Costa Rica (una elección), El Salvador (dos elecciones), Honduras (una elección), México (una elección), Nicaragua (una elección), Panamá (más de una elección), Paraguay (dos elecciones pluripersonales), República Dominicana (dos elecciones) y Venezuela (dos elecciones).

Asimismo, debe indicarse que otras causales de extinción, estipuladas en la legislación electoral, son: participar en golpes de Estado; mantener o impartir instrucción militar a los afiliados; recibir fondos del extranjero o de extranjeros, y propiciar el fraude o haber obtenido su inscripción en forma fraudulenta. Éstas son las más comunes, además de las ya mencionadas fusiones voluntarias con otros partidos.

20. *Tendencias de la Regulación de los partidos políticos en la región*

El análisis comparado que hemos realizado sobre la regulación jurídica de los partidos políticos en América Latina permite identificar las siguientes tendencias principales, a saber:[474]

> ➢ Los partidos políticos tienen actualmente rango constitucional en todos los países. Si bien hay diversos grados de regulación, en todos los casos se les ha conferido el papel de sujetos de la representación política y de la participación popular.

> ➢ En el nivel de la legislación secundaria, todos los países cuentan con una ley o un código electoral que norma el funcionamiento de los partidos políticos.

> ➢ Asimismo, en más de la mitad de los países de la región, además de la ley electoral, se han promulgado leyes de partidos políticos. A lo anterior se suma una amplia potestad reglamentaria otorgada a los organismos rectores encargados del control de los partidos.

> ➢ En cuanto al concepto o definición de los partidos políticos, así como en relación con su naturaleza jurídica, no existe una corriente dominante en el constitucionalismo latinoamericano. La mayoría de los países los conciben como instituciones de derecho público o como asociaciones voluntarias con personalidad jurídica. Sólo una minoría de países los definen como personas jurídicas de derecho privado.

---

474 Expediente S-3751/05, Senado de la Nación, Argentina.

➢ Existe una amplia libertad para la constitución o formación de partidos políticos, así como para su funcionamiento. Asimismo, más recientemente, han comenzado a reconocerse otras formas de organización que pueden participar en la competencia por el poder y que gozan también de libertades de constitución y funcionamiento: las llamadas candidaturas independientes. El surgimiento y la regulación de estas candidaturas en el nivel presidencial ha significado el rompimiento del monopolio de los partidos en la vida política en varios países latinoamericanos. Sin embargo, sus resultados han sido hasta ahora casi siempre decepcionantes. Cabe advertir, no obstante, que la legislación en esta materia (sobre todo en lo que refiere a las candidaturas independientes a nivel presidencial) es aún incipiente, y que en algunos casos se ha optado por aplicar de modo supletorio las leyes que regulan el funcionamiento y el financiamiento de los partidos políticos a las agrupaciones independientes.

➢ Otro de los problemas que afectan a los partidos políticos latinoamericanos, sobre el que no hay regulación salvo en un número reducido de países, es el tema del transfuguismo, cuyo estudio y regulación jurídica es una de las tareas prioritarias pendientes.

➢ La estructura interna de los partidos políticos está regulada principalmente en el nivel de sus estatutos; estas agrupaciones gozan, en general, de amplia libertad y autonomía para definir su organización. Son pocos los países que norman aspectos de la estructura interna de los partidos, y los que lo hacen se refieren fundamentalmente a la obligatoriedad de contar con algunos órganos como las asambleas nacionales y las departamentales.

➢ Existe una clara tendencia a implantar el uso de mecanismos de selección democrática dentro de los partidos, en particular en la designación de sus candidatos a cargos de elección popular. La experiencia también es ambigua en este rubro. La utilización de elecciones internas (abiertas o cerradas) es un tema que se encuentra regulado en la mayoría de los países estudiados y se erige ya como todo un capítulo de la vida democrática latinoamericana. Esto ocurre en menor medida en relación con la elección de autoridades internas partidarias.

➢ La legislación latinoamericana es bastante permisiva en cuanto a las coaliciones o alianzas de partidos, al igual que con las fusiones.

➢ En todos los casos existe un órgano especializado que se encarga de la supervisión y el control de la legalidad de los actos de los partidos políticos. Éste es el órgano electoral (en su doble carácter, administrativo y/o jurisdiccional) cuyo ámbito de acción incluye todos los aspectos del funcionamiento de estas agrupaciones, desde su inscripción hasta su cancelación.

REFLEXIÓN FINAL

Como surge del análisis comparado, durante las últimas décadas y, sobre todo, a partir de La tercera ola democratizadora, se han logrado avances importantes en relación con la regulación de los partidos políticos en América Latina, al normarse prácticamente todos los aspectos principales de la vida jurídica de estas organizaciones.

Si bien hay diferencias en el grado de regulación entre los distintos países de la región (carácter minimalista o maximalista de las legislaciones), es evidente el auge y la importancia que va adquiriendo lo relacionado con estas agrupaciones, tanto en la vida política como en la vida jurídica de los Estados. Se trata, en efecto, de un asunto fundamental para el ordenamiento de los partidos políticos, su democracia interna, su financiamiento, papel en la sociedad y, por ende, para la calidad y el buen funcionamiento de la democracia.

El proceso de regulación jurídica y constitucionalización de los partidos políticos en América Latina se dio, al igual que en el resto del mundo, de manera paulatina. Las primeras constituciones fuera de nuestra región sólo recogieron el derecho político de elegir y ser electo para los ciudadanos. Posteriormente, en el siglo XIX, y sobre todo en el XX, en América Latina tuvo lugar un movimiento que, de manera progresiva, legalizó la actividad partidaria, incluida su regulación constitucional, estableciéndose principios para su actuación en conformidad con el ideal democrático. A partir de ese momento se inició en la región un frondoso proceso de regulación de los partidos, que se intensificó a partir de la llegada de La tercera ola democratizadora.

Como hemos visto, esta evolución entraña, empero, una paradoja: si bien el inicio de La tercera ola llegó acompañado de un resurgimiento de los partidos políticos, un incremento de la regulación y la consolidación del proceso de su constitucionalización, al mismo tiempo fue decreciendo la legitimidad y credibilidad de estas instituciones. En efecto, la pérdida del monopolio y de la legitimidad de los partidos ha coincidido con el aumento de su regulación y, en algunos países, con una clara intervención del Estado en su vida interna.

Por otra parte, no obstante, los avances registrados hasta la fecha, aún quedan aspectos por mejorar y vacíos que llenar. Se observa fácilmente que mientras ciertos temas se han regulado con bastante detalle (financiamiento, órganos de control, democracia interna), otros cuentan con una regulación escasa, o carecen de ella (transfuguismo, candidaturas independientes, participación de pueblos indígenas y sectores juveniles, afiliación a organizaciones internacionales, entre otros).

En efecto, la regulación jurídica de los partidos políticos es un tema complejo y en continua evolución, cuyo perfeccionamiento se alcanza por aproximaciones sucesivas más que por amplias y muy ambiciosas iniciativas de reforma. Por ello, su regulación debe verse como parte integral de la reforma político-electoral, debido a la estrecha relación e interdependencia que este tema guarda con el sistema electoral y con el régimen de gobierno.

Esto quiere decir, a su vez, que toda reforma en esta materia no debe realizarse de manera general sino en función de un país, un momento y una situación determinada (institucionalismo contextualizado, como aconseja Nohlen). El objetivo principal de toda regulación jurídica de estas agrupaciones (sin perjuicio de los específicos que puedan existir para cada país determinado), debe ser el mejoramiento de la representación y la gobernabilidad, así como el fortalecimiento del régimen democrático; todo lo cual supone, como requisito *sine qua non*, la existencia de un sistema de partidos debidamente institucionalizado.

En resumen, un buen marco jurídico no es una bala de plata, pero sin lugar a dudas su existencia ayuda y, viceversa, su ausencia o su mal diseño complica. Sin embargo, es necesario resaltar la importancia de que exista plena coincidencia entre las normas y las buenas prácticas (vigencia real y no meramente formal), y en este tema las élites políticas tienen una importante cuota de responsabilidad.

VI. EL FINANCIAMIENTO POLÍTICO EN AMÉRICA LATINA

1. *Introducción*

"LA relación entre el dinero y la política se ha convertido en uno de los grandes problemas del gobierno democrático." Con esa frase abrió James Kerr Pollock su volumen pionero sobre las prácticas de financiamiento político en Gran Bretaña, Alemania y Francia, publicado en 1932. Tal aseveración, así como su llamado a la opinión pública a entender que "una vida política saludable no es posible en tanto el uso del dinero permanezca sin controles", son más veraces en la actualidad que en el propio tiempo de Pollock.[475]

La expansión de la democracia, la creciente complejidad de los procesos electorales y la conciencia de los riesgos que la corrupción supone para la viabilidad de los sistemas democráticos, han situado al financiamiento de los partidos y de las elecciones en el centro de la agenda política tanto en América Latina como a nivel mundial. En efecto, el tema ha adquirido un perfil global y urgente.[476]

---

475 James K. Pollock, *Money and Politics Abroad*, Alfred A. Knopf, Nueva York, 1932, p. 328.

476 Tras haber estado prácticamente ausente de la agenda político-electoral regional al inicio de la transición democrática, el financiamiento político (por su condición de reforma de la segunda generación) ha venido recibiendo creciente y continua atención no sólo a escala nacional (donde se registra un intenso proceso de reformas), sino también en el marco de conferencias especializadas de expertos en la materia (México, 2001, y Atlanta, 2003), así como por los jefes de Estado del hemisferio (Cumbre de Quebec y Carta Democrática Interamericana, 2001), los jefes de Estado del Grupo de Río

En ese interés subyace un hecho ineludible: la democracia no tiene precio, pero sí un costo de funcionamiento. En otras palabras, el uso de recursos económicos es un elemento indispensable para la competencia político-electoral democrática. Más que una patología de la democracia –como frecuentemente se lo presenta en la discusión pública–, el financiamiento político (cuando está bien regulado) es parte de su normalidad y su salud.

Es innegable, sin embargo, que el dinero introduce distorsiones importantes en el proceso democrático. En primer lugar, porque su distribución desigual incide en las posibilidades reales que tienen los partidos y candidatos para llevar su mensaje a los votantes. En segundo lugar, su posesión confiere a los individuos y a los grupos sociales una posibilidad diferenciada de participar en las elecciones y, a través de sus contribuciones, ejerce su influencia tanto en candidatos como en partidos.

Este hecho resulta de importancia crucial para la democracia. Cuando el poder político es simplemente un espejo del poder económico, el principio de una persona un voto pierde su significado y la democracia deja de ser, en palabras de Elmer Schattschneider, un "sistema de poder alternativo, capaz de compensar el poder económico".[477] En tercer lugar, los procesos de recaudación de fondos ofrecen oportunidades indiscutibles para la articulación de intercambios de favores entre los donantes privados y los tomadores de decisiones públicas o, cuando menos, para la continua aparición de conflictos de intereses.

(Reunión en Cuzco, Perú, 2003), al igual que por parte de los partidos políticos en el marco de las reuniones del Foro Interamericano de Partidos Políticos (Miami, 2001, Vancouver, 2002 y Cartagena de Indias, 2003). La importancia creciente del tema se ha visto reflejada asimismo en la cantidad y calidad de investigaciones comparadas y estudios nacionales, sobre todo en las últimas dos décadas.

477 Elmer E. Schattschneider, *The Semi-Sovereign People: A Realist's View of Democracy in America,* Harcourt Brace Jovanovich College Publishers, Fort Worth (TX), 1975, p. 119 [Holt, Rinehart and Winston, Nueva York, 1960].

Así pues, si su utilización no es regulada, o es mal regulada, el dinero puede amenazar la legitimidad de los procesos y las prácticas democráticas, así como la percepción de los ciudadanos de que las elecciones y los gobiernos democráticos reflejan de manera muy parcial sus demandas e intereses.

La lapidaria frase del político estadounidense Jesse "Big Daddy" Unruh "el dinero es la leche materna de la política", cuenta sólo una parte de la verdad. Esa leche contiene componentes de toxicidad que hace falta eliminar o al menos controlar; pues de lo contrario destruyen el sistema democrático.

Estas preocupaciones son particularmente pertinentes en América Latina, región que presenta asombrosas cifras de desigualdad en la distribución de recursos económicos, inequidades que inevitablemente crean sesgos en los procesos democráticos, y donde la presencia del crimen organizado –en particular el narcotráfico– moviliza miles de millones de dólares al año y, por ello, es capaz de corromper y subvertir las instituciones democráticas.

Regular adecuadamente el financiamiento político es por lo tanto de vital importancia para la preservación de la democracia. Los sistemas políticos de la región, en general, lo han entendido así, como lo sugiere la profusión de iniciativas regulatorias intentadas en las últimas décadas. Por más que sus resultados hayan sido a menudo decepcionantes, esa proliferación de esfuerzos constituye un signo de desarrollo democrático mucho más consolidado que en otras regiones.

En este capítulo se ofrece un análisis comparado de los sistemas de financiamiento de los partidos políticos y las campañas electorales en 18 países de América Latina. Para efectos conceptuales, el financiamiento se entiende como la política de ingresos y egresos de los partidos políticos, tanto para sus actividades electorales como permanentes.

Los temas relevantes en torno al empleo de dinero en la política que aquí se abordan no se agotan en las vías para inyectar recursos a los partidos, sino que abarcan el espectro de los mecanismos de fiscalización del gasto y una gama de blindajes y prohibiciones al tipo de recursos que pueden acceder al sistema político.

El análisis se construye a partir de una evaluación de las tendencias predominantes en la región, tomando como principios rectores el fortalecimiento de sistemas plurales de partidos y de condiciones equitativas de competencia electoral. Sobre esta base, se exponen los distintos regímenes de financiamiento vigentes, se consideran sus principales ventajas y desventajas y se formula un conjunto de objetivos generales y recomendaciones –no prescriptivas– que podrían ser útiles en todo proceso de reforma en la materia. Se trata, cabe decirlo, de un tema de plena actualidad y de relevancia medular en la institucionalización de los sistemas partidarios y, por tanto, de las democracias latinoamericanas.

2. ¿Por qué y para qué regular?

En los procesos de reforma política y electoral que se han desarrollado en América Latina en las últimas décadas, destacan las reformas referidas a los sistemas de financiamiento político.

Como sostiene convincentemente Adam Przeworski: "Calidad democrática es evitar que el dinero controle a la política".[478] En las sociedades contemporáneas, los partidos y las contiendas por el poder exigen cantidades considerables de recursos para mantenerse, desarrollarse y afianzarse. Como cualquier otra organización, los partidos requieren recursos para financiar su vida permanente, costear su operación y, muy particularmente, para ingresar y competir en la contienda electoral. Sin embargo, los esquemas de financiamiento varían considerablemente en el tiempo y el espacio, y sus características específicas tienen repercusiones distintas. Se trata de un tema medular de la política de un país, cuyos efectos se reflejan y propagan a múltiples ámbitos de la vida democrática.

La variación en las reglas que regulan el financiamiento y la importancia que se les concede en los debates y propuestas de reforma política no es casual: se trata de componentes esenciales para garantizar la existencia misma de los partidos y su institucionalización y, al mismo tiempo, preservar condiciones razonables para la compe-

---

478 Adam Przeworski, *Democracia y mercado*, Cambridge University Press, Madrid, 1995.

tencia electoral. Más aún, la forma en que se proveen los recursos puede influir en la naturaleza de los vínculos que se construyen entre los representantes y la sociedad. La historia y la experiencia comparada muestran que la relación entre dinero y política constituye una materia clave para la calidad y estabilidad de la democracia. Giovanni Sartori subraya que "más que ningún otro factor [...] es la competencia entre partidos con recursos equilibrados (políticos, humanos, económicos) lo que genera democracia".[479]

Más allá de un asunto estrictamente monetario, el régimen de financiamiento ofrece un poder estructurador sobre las características que definen al sistema democrático. En primer lugar, se relaciona con el mantenimiento de la pluralidad política representada en las instituciones democráticas y con el grado de apertura del sistema político a nuevas opciones. El sostenimiento e institucionalización de los partidos existentes, así como el ingreso y consolidación de nuevos partidos al escenario político, están atados a la existencia de mecanismos de abastecimiento de recursos que les permitan desarrollar sus actividades ordinarias, impulsar sus campañas electorales, diseminar información, alentar la participación ciudadana y persuadir a los electores.

Además de esa función primordial, los esquemas de financiamiento desempeñan un papel preponderante en el establecimiento de un campo de juego equilibrado para la competencia. Sin duda, un principio rector del marco jurídico de financiamiento debe residir en la salvaguarda y fortalecimiento de la equidad en las contiendas, de modo que el dinero no otorgue ventajas ilegítimas a ninguno de los actores. Y no menos importante: la regulación sobre la procedencia de los recursos de los partidos altera los vínculos que establecen los políticos y los partidos con los grupos económicos. La influencia en las elecciones de los grupos de interés y los sectores acaudalados puede variar en distintas regulaciones, por lo que el tema del financiamiento ocupa un lugar central en la autonomía del poder político ante el poder económico.

---

479 Giovanni Sartori, *Partidos y sistemas de partidos*, Alianza Editorial, Madrid, 2000.

El tema de las finanzas de los partidos en la política latinoamericana adquiere aún mayor relevancia por su íntima conexión con la crisis de credibilidad de los mismos y el desencanto con el sistema democrático por el que atraviesa, en distintos grados, buena parte de los países de la región. Los recurrentes escándalos de corrupción, la intervención de fuentes ilegales en el financiamiento y el uso de vastos recursos para el mantenimiento de los sistemas de competencia, forman parte de las causas que explican la situación actual de los partidos políticos. Por estas razones, otro aspecto importante que debemos considerar en la evaluación de mecanismos alternativos de financiamiento es asegurar un mínimo de razonabilidad en el uso de los recursos públicos destinados a costear actividades político-electorales. Esto es particularmente relevante dada la severa crisis fiscal que afecta a la mayoría de los países latinoamericanos y las necesidades presupuestales en otras áreas prioritarias.

Un recuento de las principales manifestaciones vinculadas a la relación entre financiamiento político y corrupción en América Latina, permite identificar las siguientes:

➢ Recepción de contribuciones que contravienen las regulaciones existentes;

➢ Uso para fines partidarios o electorales de dinero procedente de actividades corruptas;

➢ Uso indebido de recursos del Estado con fines político-partidarios o proselitismo, incluidos el desvío de servicios y el tiempo de los funcionarios públicos;

➢ Cohecho: pagos a funcionarios por parte de contratistas del Estado en retribución por favores recibidos;

➢ Cohecho anticipado: la aceptación de dinero procedente de personas o empresas a cambio de promesas y/o favores ilícitos en caso de acceder a puestos públicos;

➢ Aceptación de contribuciones de fuentes cuestionables;

➢ Participación y favorecimiento de negocios ilícitos (narcotráfico, armas, juego, prostitución, etc.), y

➢ Utilización de dinero con fines prohibidos, por ejemplo, la "compra de votos".

Los efectos negativos de la corrupción política para el sistema democrático han sido claramente señalados entre otros expertos por Jorge Malem.[480] Según este autor, la corrupción socava la regla de la mayoría propia de la democracia, corroe los fundamentos de la moderna teoría de la representación que se sitúa en la base del ideal democrático, afecta al principio de publicidad y de transparencia, empobrece la calidad de la democracia y provoca, además, una serie de ilícitos en cascada.

Cabe insistir, sin embargo, que estos males no son exclusivos de nuestra región ni de los países en vías de desarrollo. Se trata, por el contrario, de un fenómeno de carácter global, pero que adquiere mayor relevancia en las democracias latinoamericanas aún en proceso de consolidación y en las que la falta de transparencia y rendición de cuentas abre un ancho margen a la discrecionalidad y la violación de la ley. En el siguiente apartado de este artículo, se ahonda en los principales riesgos inherentes al financiamiento político en la región.

3. *Riesgos del financiamiento político según la experiencia latinoamericana*

Si abordar adecuadamente la regulación del financiamiento político constituye una tarea importante y urgente para las democracias en América Latina se debe a que, en las últimas tres décadas y media de vigencia de La tercera ola, los países latinoamericanos han mostrado, con notable exuberancia, la gama de riesgos que implica la inexistencia de una regulación efectiva en esta materia.

Al igual que en otras latitudes —desde España e Israel hasta Japón, pasando por los Estados Unidos, Francia, Inglaterra, Italia y Alemania- y numerosos países de América Latina, los recurrentes escándalos relacionados con el financiamiento político han hecho tambalear gobiernos fuera y dentro de la región, al tiempo que han

---

480 Jorge Malem, "Financiamiento, corrupción y gobierno", en Manuel Carrillo, Alfonso Lujambio, Carlos Navarro y Daniel Zovatto G. (coords.), *Dinero y contienda político-electoral. Retos para la democracia*, FCE-IFE, México, 2003.

debilitado a los partidos políticos y erosionado la confianza de los ciudadanos en las instituciones democráticas[481].

Cinco modalidades de riesgo lucen particularmente serias, además de recurrentes, en la Latinoamérica. De cada una esas cinco modalidades la región está más que alertada, por ello, es imperativo introducir legislaciones adecuadas y efectivas para regular el papel del dinero en la actividad política.

A. *Utilización de financiamiento espurio o ilegal*

Con sus virtudes y peligros, el financiamiento privado constituye un recurso legítimo y necesario para los partidos políticos y sus candidatos. Entre las virtudes, cabe destacar que permite a los partidos afinar sus puentes de contacto con la sociedad. Sin embargo, la posibilidad de recaudar fondos privados para financiar actividades políticas abre un inmenso abanico de riesgos para la democracia; el primero y más serio de ellos es la posibilidad de utilizar con fines políticos, dinero originado en actividades delictivas o ilegales.

Uno de los mayores peligros en la región es la posibilidad de que el narcotráfico penetre las instancias políticas para comprar impunidad mediante el financiamiento de campañas. No es ésta, en absoluto, una posibilidad teórica. Los casos de las campañas de los ex presidentes Jaime Paz Zamora en Bolivia, Ernesto Samper en Colombia y Ernesto Pérez Balladares en Panamá, constituyen apenas algunos de los ejemplos más notables de penetración del narcotráfico en las campañas políticas que registra la región,[482] la parte más visible

---

481 Buen ejemplo de ello (por mencionar únicamente algunos de los más recientes) es el escándalo del financiamiento ilegal del Partido Popular (PP) español en el caso de su ex tesorero, Luis Bárcenas, y los interrogatorios a los que se sometió el ex presidente francés Sarkozy por presunto financiamiento ilegal.

482 *Cfr.* René Antonio Mayorga, "El financiamiento de los partidos políticos en Bolivia", en Pilar del Castillo y Daniel Zovatto G., *La financiación de la política en Iberoamérica*, IIDH-CAPEL, San José, Costa Rica, 1998, p. 35; David C. Jordan, *Drug Politics: Dirty Money and Democracies*, University of Oklahoma Press, Norman (OK), 1999, pp. 158-162; Mauricio Vargas, Jorge Lesmes y Edgar Téllez, *El presidente que se iba a caer*, Planeta, Bogotá, 1996; Kevin Casas Zamora, "Financiamiento de campañas en Centro-

de un fenómeno mucho más extendido que presenta particulares riesgos en países como Brasil, Colombia, México, y en varios de América Central, en los que las grandes campañas nacionales se complementan con una vigorosa actividad electoral a nivel subnacional.[483]

Si bien el narcotráfico plantea riesgos de particular intensidad para los procesos políticos, no es el único peligro. Otros ejemplos de la enorme gama de modalidades que ha supuesto la utilización de fuentes de financiamiento cuestionables en las campañas del subcontinente son, entre otras: la financiación en Colombia de campañas de alcaldes y diputados por parte de organizaciones paramilitares en la última década; la vasta operación de financiamiento ilegal puesta en movimiento por el ex presidente Fernando Collor de Mello en Brasil; la desviación ilegal de fondos de la empresa petrolera estatal Pemex a la campaña del Partido Revolucionario Institucional (PRI) en 2000 en México, y el envío secreto de 800.000 dólares en una maleta procedente de Venezuela a la campaña de la presidenta Cristina Fernández en Argentina (2011).

Como se referirá más adelante, los casos de financiamiento público ilícito, a través de cuentas confidenciales o partidas encubiertas, han generado numerosas crisis políticas y colocado a varios presidentes en situaciones límite, entre ellos a Fernando Collor de Mello en Brasil; a Carlos Andrés Pérez, en Venezuela; a Jamil Mahuad, en Ecuador; a Ernesto Samper, en Colombia; a Arnoldo Alemán, en Nicaragua, y a Alfonso Portillo, en Guatemala.

---

américa y Panamá", *Cuadernos de CAPEL*, núm. 48 (IIDH-CAPEL, San José, Costa Rica, 2003), p. 46; *The Economist:* "Drugs are Back" (25 de mayo de 1996a), y "Well I Never, Says the President" (29 de junio de 1996).

483 Por ejemplo, en los meses previos a las elecciones legislativas de 2009, en México hubo al menos dos casos de precandidatos legislativos (uno en el estado de Chihuahua y otro en el Estado de México) que fueron ligados al crimen organizado por informes de prensa. *Cfr.* "Héctor Murguía: los narcos en casa", *El Universal*, México, 27 de marzo de 2009; "Registran Candidatura de Héctor Murguía", *El Diario*, Ciudad Juárez (México), 23 de abril de 2009.

Cabe señalar, en el mismo sentido, el riesgo de que los procesos de descentralización emprendidos en casi toda la región faciliten la captación de las instituciones por parte del crimen organizado, habida cuenta del costo generalmente limitado de las campañas locales. Otro elemento que debe tomarse en cuenta es el sistema electoral de voto preferente, que aumenta el gasto de las campañas e incrementa la personalización de la política, a la vez que hace más difícil controlar el gasto electoral al interior de los partidos.

B. *La compra de influencias y los conflictos de interés*

Aun en los casos en que los recursos para la actividad partidaria y electoral no provengan de fuentes cuestionables ni sean obtenidos por vías ilegales, es claro que las contribuciones privadas pueden comprometer el interés público y, en casos extremos, "privatizar" la toma de decisiones por parte de los funcionarios públicos. Eso dependerá, entre otros factores, de la cuantía de las contribuciones, de la transparencia con que se manejen y del grado de discrecionalidad con que operen los tomadores de decisión.

En palabras utilizadas por la célebre sentencia de Buckley *vs.* Valeo en el contexto estadunidense, las contribuciones privadas no sólo pueden afectar los procesos democráticos por los intercambios corruptos a los que efectivamente den lugar, sino también por la apariencia de corrupción que con frecuencia generan.

La actual crisis política que vive Brasil, consecuencia del escándalo denominado "Petrolao" (que involucra a grandes empresas publicas –Petrobras– y privadas, entre ellas las principales constructoras brasileras, y a numerosos políticos –muchos de ellos de muy alto rango y pertenecientes a diversas fuerzas políticas) es un claro ejemplo de esta patología. Crisis similares aquejan a países tales como Guatemala[484] y Chile entre otros.

---

484 CICIG - Comisión Internacional contra la Impunidad en Guatemala, "Financiamiento de la política en Guatemala", Guatemala de la Asunción, 16 de julio de 2015.

C. *Las inequidades electorales graves*

Aunque resultaría necio sostener que la posesión de recursos económicos por parte de candidatos y partidos es capaz de determinar por sí misma los resultados electorales, es claro que puede crear significativas barreras de entrada al proceso electoral para ciertos grupos. Asimismo, la distribución de recursos groseramente desigual puede dar una apariencia de inequidad capaz de afectar la legitimidad de los resultados electorales.

Aún más serios son los casos en que las inequidades económicas se combinan con otro factor distorsionante: el uso de los recursos del Estado para favorecer al partido o candidato oficial. Ello puede ir desde lo más sutil y difícilmente detectable –como la asignación de publicidad estatal en medios de comunicación como forma de presionar el comportamiento periodístico– hasta formas mucho más obvias y generalmente prohibidas por la ley.

Aunque en casi toda la región el tema forma parte habitual del prontuario de alegatos de los partidos de oposición, los casos de las elecciones presidenciales en Argentina, Ecuador, Nicaragua, República Dominicana y Venezuela, con énfasis especial en los casos de reelecciones presidenciales, pueden mencionarse como ejemplos en los que *prima facie* las acusaciones no han estado desprovistas de mérito.

Nada de esto es bueno para la democracia. Sin embargo, algunos de los casos citados contienen una advertencia fundamental: las disparidades detectadas obstaculizan, mas no impiden, el triunfo de las fuerzas políticas que compiten en situación de clara desventaja.

Cabe distinguir, empero, que el tema de la distribución de recursos económicos es distinto al del costo de las campañas electorales, con el que frecuentemente se lo asocia. Este punto puede ser decisivo en algunos contextos. La experiencia de México, donde la reforma electoral de 1997 favoreció el acceso de los partidos de oposición a un subsidio estatal excepcionalmente generoso, es un recordatorio de que una distribución más equitativa de los recursos puede tener efectos considerables en la calidad de la competencia democrática.

La experiencia mexicana sugiere algo más: en un contexto en el que los partidos de oposición deben competir con un partido sólidamente consolidado en todas las estructuras del poder, la alternabilidad puede depender precisamente de la capacidad de la oposición para gastar mucho dinero. El costo cada vez mayor de las contiendas electorales no es, por sí mismo, un signo de patología democrática. En cambio, la mala distribución de recursos económicos entre contendientes electorales casi siempre lo es.

D. *La desarticulación de los partidos y del sistema de partidos*

Una democracia funcional requiere un sistema de partidos estable, no demasiado fragmentado ni polarizado y caracterizado por dinámicas centrípetas y no centrífugas. Asimismo, requiere partidos sólidos, capaces de alimentar continuamente el proceso político y de ser algo más que maquinarias electorales. Ambos requerimientos son de particular importancia en los regímenes presidenciales que prevalecen en la región, que muestran una gran propensión a experimentar conflictos entre poderes cuando coexisten con sistemas de partidos políticos altamente fragmentados.

Si bien el financiamiento político no determina la volatilidad, el formato o la polarización del sistema de partidos, además de su regulación, es capaz de crear incentivos que afectan marginalmente su institucionalización, democracia interna, niveles de transparencia y comportamiento. De manera más directa, las reglas de financiamiento –y en particular el monto y el método de desembolso elegido para los subsidios estatales, donde éstos existen– pueden incidir decisivamente en la institucionalización de los partidos y en su consolidación como agrupaciones con vida permanente.

Es importante, también, que las reglas de financiamiento político no creen barreras excesivas a la participación electoral. Sin embargo, resulta por lo menos tan importante que tiendan a favorecer –así sea marginalmente– la consolidación de los partidos y cierta estabilidad del sistema de partidos.

E. *La pérdida de credibilidad de la regulación del financiamiento político*

Una regulación deficiente del financiamiento político puede ser tan negativa como la ausencia completa de normas en la materia. Ello, porque todo esfuerzo regulatorio tiende a crear las expectativas de que nuevas normas serán capaces, al menos, de moderar los peores abusos en esta materia. Las reformas fallidas dejan un sedimento de desilusión y cinismo que se convierten en una barrera para nuevos intentos de regulación.

Ahora bien, la efectividad de estos marcos regulatorios sigue siendo bastante incierta, incertidumbre que se debe en buena medida a su elevada heterogeneidad, lo que dificulta el surgimiento de resultados concretos y de buenas prácticas (acerca de lo que funciona y lo que no funciona) en los diferentes países.

4. Instrumentos de regulación y experiencia comparada

El papel del dinero en la actividad política democrática puede regularse mediante una amplia gama de instrumentos legales, cuya presencia y combinación dan forma al sistema de financiamiento político (SFP). El SFP es el conjunto de normas que regulan el flujo de recursos económicos hacia y desde el sistema político; constituye el marco normativo dentro del cual los partidos y los candidatos pueden actuar legalmente para obtener y gastar recursos económicos para sus actividades, y dentro del cual las personas físicas y jurídicas —tanto públicas como privadas— pueden financiar esas actividades. Asimismo, el SFP define los instrumentos legales para supervisar y respaldar coercitivamente la aplicación de ese marco normativo.

La diversidad de instrumentos disponibles para regular el financiamiento político y las numerosísimas combinaciones posibles plantean problemas para los reformadores y para los estudiosos de esta materia, toda vez que supone una ardua tarea identificar nítidamente los efectos de cada instrumento de regulación y elaborar prescripciones a partir de esos efectos.

Con todo, a estas alturas, no es poco lo que sabemos después de más de un siglo de intentos de regular el financiamiento político en la democracia. Vale la pena detenerse, por tanto, en el examen de la diversidad de instrumentos regulatorios y algunas de las principales lecciones arrojadas por su aplicación en diversos contextos, particularmente en el latinoamericano.

Contrariamente a la percepción habitual, los países de América Latina muestran una larga tradición de regulación del financiamiento político. En particular, han sido pioneros en la adopción de subsidios directos para partidos y candidatos, como lo atestiguan los casos de Uruguay (1928), Costa Rica (1956) y Argentina (1957 y 1961).

El retorno de la democracia a la región ha generado, predeciblemente, un creciente interés en esta materia, que se ha vertido en numerosos esfuerzos regulatorios especialmente en los últimos 38 años, como se desprende del cuadro VI.1.

CUADRO VI.1. *América Latina: año de introducción del financiamiento público de los partidos políticos y las campañas electorales 1978-2016*

País	Año
Argentina	1957 (Indirecto) y 1961 (Directo)
Bolivia	Incorporado en 1997, suprimido en 2008
Brasil	1971
Colombia	1985
Costa Rica	1956
Chile	1988 (Indirecto), 2003 (Directo)
Ecuador	1978
El Salvador	1983
Guatemala	1985
Honduras	1981
México	1973 (Indirecto) 1987 (Directo)
Nicaragua	1974
Panamá	1997
Paraguay	1990
Perú	1966 (Indirecto), 2003 (Directo)
Rep. Dominicana	1997
Uruguay	1928
Venezuela	Incorporado en 1973 y eliminado en 1999

FUENTE: Elaboración propia.

Se ha avanzado en la adopción de normas y, ayudado en parte por una prensa cada vez más incisiva, el tema del financiamiento político se ha instalado definitivamente en la discusión pública. Esto último es, en sí mismo, un progreso considerable. Sin embargo, como se ha señalado, persisten abundantes y graves riesgos derivados de la inadecuada regulación y, en particular, de la pobre ejecución de los controles existentes.[485]

Se analiza a continuación los regímenes de financiamiento político que existen en América Latina, sus principales características y tendencias de la reforma en la materia.

A. *El régimen de financiamiento político*

Los sistemas de financiamiento vigentes en la mayoría de los países de la región se caracterizan de manera predominante por la existencia de una regulación profusa, niveles de transparencia bajos, órganos de control débiles, régimen de sanciones bastante ineficaz y una cultura proclive al incumplimiento. Sin embargo, existen diferencias sustantivas al respecto en las legislaciones y en los objetivos que persiguen. Una tipología de los esquemas de financiamiento incluye las siguientes categorías:

➤ Financiamiento público: se refiere al empleo de recursos públicos en beneficio de los partidos y las campañas. Puede hacerse de manera directa, transfiriendo a los partidos, dinero del presupuesto nacional, o de manera indirecta, mediante la concesión de ventajas, prerrogativas, aportes en especie o subvenciones a favor de los partidos o de las campañas electorales.

➤ Financiamiento privado: proviene, en dinero o en especie, del patrimonio de los particulares. Incluye los aportes de militantes y simpatizantes de los partidos.

---

485 Extensos análisis comparados de las reglas de financiamiento político en América Latina pueden encontrarse en Pilar del Castillo y Daniel Zovatto G., *La financiación de la política...*, *op. cit.*, 1998; Manuel Carrillo *et al.* (coords.), *Dinero y contienda político-electoral...*, *op. cit.*, 2003; Steven Griner y Daniel Zovatto G. (coords.), *De las normas a las buenas prácticas. El desafío del financiamiento político en América Latina*, OEA-IDEA, San José, Costa Rica, 2004; Daniel Zovatto G., "El financiamiento electoral: subvenciones y gastos", en Dieter Nohlen, Daniel Zovatto G., José de Jesús Orozco Henríquez, José Thompson, *Tratado de derecho electoral comparado de América Latina*, IIDH-CAPEL-Universidad de Heidelberg-IDEA-TEPJFM-IFE-FCE, México, 2007.

➤ Financiamiento mixto: cuando concurren de manera simultánea fondos públicos y privados para los partidos y sus campañas.

a. *Financiamiento público*

La importancia de los partidos para la representación de la pluralidad política y la necesidad de consolidarlos y afianzarlos en los sistemas políticos –sobre todo en aquellos que atravesaron largos periodos de autoritarismo– han sido fundamento de leyes y procedimientos para otorgarles acceso a recursos públicos y otras prerrogativas.

Debido a que estas agrupaciones políticas desempeñan un papel fundamental en los sistemas democráticos representativos, los defensores del financiamiento público consideran que, asegurar que dispongan del apoyo y condiciones para su existencia e institucionalización, forma parte del interés público, por lo que el Estado debe proveerlos.

El reconocimiento anterior coincide, además, con el estatus jurídico que hoy en día tienen los partidos políticos en la mayoría de las legislaciones de la región. En efecto, en América Latina la doctrina mayoritaria se inclina en favor de la tesis que considera a los partidos como asociaciones privadas que cumplen funciones públicas o de interés general, atribuyéndoles, por lo tanto, el derecho de ser sujetos de financiación pública.

Este tipo de financiamiento goza de una larga tradición en los países latinoamericanos. De manera similar, en muchos regímenes políticos de Europa occidental se optó por él, como medida para evitar o acotar la incidencia de intereses particulares y poderes fácticos en el desempeño de las funciones partidarias. Sin duda, ese es uno de los objetivos centrales de las legislaciones que contemplan el financiamiento público: garantizar la independencia de los partidos de los grupos de interés que persiguen fines meramente particulares y evitar la influencia desmesurada de determinados individuos o corporaciones sobre los partidos y los poderes públicos.

La preocupación principal es que la dependencia de los fondos privados altere el comportamiento de los representantes, antes y después de las elecciones y, de ese modo, distorsione el sistema de representación política.

Si las contribuciones y donaciones privadas se otorgan como moneda de intercambio de beneficios, favores y decisiones especiales, los compromisos adquiridos a cambio del financiamiento pueden reducir considerablemente el margen de acción de los políticos una vez que han llegado al poder. En efecto, la dependencia del financiamiento privado podría conducir a la captación de las decisiones del poder político por parte de los grupos de interés, y provocar desviaciones significativas en el proceso de formulación de políticas públicas, en detrimento de la representación de los demás ciudadanos.

Existen también otros argumentos en favor del financiamiento público. Además de acotar la influencia de los grupos de interés en el diseño e implementación de las políticas públicas, los subsidios estatales a los partidos se han visto como una forma de transparentar el origen y gasto del dinero involucrado en la competencia política, ejercer mayor control sobre las finanzas partidarias y someterlas a la vigilancia de los órganos de fiscalización y control del erario público. Desde este ángulo, si los partidos dependen de los fondos privados se dificulta la fiscalización de sus operaciones financieras, la procedencia de los recursos se vuelve más incierta y se amplía el margen para la corrupción.

Otra razón vertebral por la que se ha impulsado el financiamiento público de los partidos es su importancia para generar equidad en las contiendas electorales e impulsar la ampliación de la representación política a nuevas fuerzas. Sobre todo. en sistemas donde la competencia política abierta se advierte incipiente o como una característica nueva del régimen, la inyección de recursos públicos puede utilizarse como catalizador del pluralismo y como herramienta para nivelar el terreno de la competencia. El financiamiento con recursos de los contribuyentes actúa, en esos escenarios, como garante y promotor de condiciones equitativas en la competencia democrática.

Se trata, quizá, del argumento más poderoso para favorecer la inyección de dinero público y otras prerrogativas en el sistema de partidos: neutralizar las ventajas que la riqueza y el acceso a recursos desiguales proporcionarían en los procesos electorales, convirtiéndose en auténticas pesas para inclinar la balanza en la integración de los espacios de representación política. Aunado a ello, la distribución apropiada de este tipo de financiamiento fortalece la competencia interpartidista y, dependiendo de la forma en que se regule, puede utilizarse también como un mecanismo para abrir el sistema partidario a nuevos competidores. En efecto, dado que los partidos requieren una gran capacidad organizativa y arraigo para recaudar sus propios ingresos, sin financiamiento público puede inhibirse el surgimiento de fuerzas políticas y provocarse un hermetismo poco saludable en el sistema partidario.

Cabe señalar que el financiamiento público no sólo corresponde al otorgamiento de dinero del erario público, sino que incluye diversos métodos de subsidios y exenciones. Esto comprende, por ejemplo, el acceso gratuito a los medios de comunicación, lo cual añade la ventaja adicional de significar un ahorro en el gasto electoral de partidos y candidatos.

b. *Financiamiento privado*

No obstante, las ventajas y argumentos mencionados, el financiamiento público es también sujeto de críticas. La estatización y burocratización de los partidos –es decir, su dependencia económica crónica de los recursos estatales y la consiguiente pérdida de contacto con la sociedad– se han señalado como consecuencias perniciosas del esquema.

Otro tipo de riesgos que podrían generarse por un financiamiento estatal excesivo es que la dependencia casi exclusiva de los fondos públicos provoque el alejamiento del aparato central del partido respecto de sus bases y reduzca su necesidad de acrecentar el volumen de afiliación partidaria. Incluso, el acceso a vastos recursos estatales puede incentivar la formación de partidos que, sin un sustrato social amplio y sin mejorar sustancialmente la representación democrática, encuentran en el régimen una llave abierta que, al menos temporalmente, signifique a sus élites un jugoso negocio.

En contraposición, el financiamiento privado puede generar un círculo virtuoso entre los partidos y los ciudadanos. La necesidad de recurrir a sus contribuciones para desempeñar sus actividades acerca a los candidatos hacia sus electores, los sensibiliza sobre sus necesidades y demandas, y vincula su éxito electoral y profesional con los aportes que aquellos realicen. Además, constituye un poderoso incentivo para que los partidos recluten nuevos miembros y extiendan su presencia social. No sólo eso, la posibilidad de realizar donaciones abre también un nuevo canal para la participación política, una vía legítima de expresión y apoyo en un régimen democrático. Se argumenta que los ciudadanos deben tener la posibilidad de apoyar económicamente a un candidato o partido con el que simpatizan.

En este punto, se advierte ya la importancia no solo del origen del financiamiento sino del marco regulatorio que lo acompaña y que, en buena medida, condiciona la satisfacción de los objetivos que se persiguen. Si bien estos argumentos favorecen un modelo que incluye recursos privados en la financiación política, es evidente la relevancia de los límites a las contribuciones, la diferenciación entre las personales y las de organizaciones o corporaciones, y la transparencia y apertura con que ocurran.

Una medida común, por ejemplo, es establecer que los nombres de quienes hacen aportaciones y los montos se hagan públicos, al tiempo que se limita su cuantía. De igual manera, que la información de los donantes de un candidato sea pública y se establezcan límites para evitar el tráfico de influencias y la dependencia de un número reducido de grandes contribuyentes. En suma, con mecanismos de control efectivos y otra serie de garantías, el financiamiento privado puede verse a la vez como una prueba y como un motor del sano arraigo de los partidos en las sociedades en que operan.

c. *Financiamiento mixto*

Los regímenes de financiamiento mixto han buscado conciliar las ventajas que comprenden los esquemas de origen público y privado de los recursos. La principal decisión en este punto es, por supuesto, determinar los porcentajes y el peso que corresponderá a cada tipo de fuente, de acuerdo con las prioridades y objetivos que cada sistema busca satisfacer. En algunos países, por ejemplo, se establece que el financiamiento privado deberá ser menor al monto de los fondos públicos otorgados para, sin renunciar a sus ventajas, evitar que termine por trastocar las condiciones de competencia y obstaculice el desarrollo y consolidación de pequeños partidos.

El gran atractivo de este esquema reside en que la combinación de recursos públicos y privados puede, en efecto, fortalecer y mantener las condiciones para la competencia equitativa, proteger la independencia de los partidos y, a la vez, compensar los posibles riesgos burocratizadores del financiamiento público puro y promover una vinculación directa entre ciudadanos y partidos, sobre todo cuando los fondos privados provienen de numerosas y pequeñas contribuciones, en lugar de pocas y grandes sumas de dinero.

Una vez más, la consecución de estos objetivos depende también, centralmente, de la regulación complementaria que redondee y tutele estos principios. En este sentido, los regímenes de financiamiento contemplan también una gama de prohibiciones y mecanismos de vigilancia y fiscalización. Ello incluye, por ejemplo: la prohibición a las contribuciones de los gobiernos en cualquier nivel y de las donaciones desde el extranjero; el establecimiento de la facultad de fiscalización desde una autoridad autónoma, y las obligaciones de los partidos de transparentar sus cuentas y rendir informes sobre ellas.

5. *Regulación y tendencias del financiamiento de la política en América Latina*

Un examen comparado de la legislación electoral de los países latinoamericanos muestra que todos los ordenamientos electorales regulan el tema del financiamiento político, si bien en términos, modalidades y grados de intensidad variados. A manera de ejemplo, países como Chile, El Salvador, Guatemala y Perú, antes caracterizados por su exigua regulación, en los últimos años han aprobado leyes que procuran regir más detalladamente la financiación política[486].

Vemos pues, una tendencia creciente a ampliar la regulación en materia del financiamiento político, en todos sus vértices: la procedencia de los recursos; las modalidades de entrega; los campos de utilización; los límites aplicables en los ingresos y gastos; los órganos y mecanismos de vigilancia y fiscalización, y las sanciones por incumplimientos y violaciones. No obstante, debe mencionarse que

---

486 En el caso de Chile, cabe tomar en cuenta que el 11 de abril de 2016 se promulgó la nueva ley sobre fortalecimiento y transparencia de la democracia (que regula el financiamiento político), ley número 20900 la cual introdujo cambios muy importantes en esta materia. En Guatemala, en junio de 2016 se aprobó una reforma electoral (Dictamen 01-2015 del Congreso de la República) que regula más detalladamente diversos aspectos del financiamiento político.

las diferencias entre países son aún sustanciales. A continuación, se traza un panorama general del estado en que se encuentran las legislaciones latinoamericanas en este ámbito.

A. *Origen y destino de los recursos*

En relación con la procedencia de los recursos, predomina en la región –con excepción de Bolivia y Venezuela– el financiamiento mixto, en el que los partidos políticos reciben, en diferentes proporciones, tanto fondos públicos como privados para sus campañas electorales y para sufragar sus gastos de funcionamiento ordinario. Si bien en algunos casos, como el de México, prevalecen los fondos públicos sobre los privados, en la mayoría de los países el financiamiento privado aparece mayoritario.

Sobre Venezuela cabe destacar que en diciembre de 2007 se rechazó, vía referéndum, un paquete de reformas constitucionales que, entre otros aspectos, eliminaba la prohibición incluida en la Constitución de 1999 que impide el financiamiento de las campañas electorales con fondos estatales. En Bolivia, las reformas de 2008 eliminaron el financiamiento público directo, permitiéndose únicamente el indirecto; en este caso, el acceso gratuito a los medios de comunicación.

En los 16 países restantes existen sistemas de financiamiento estatal mixto. Esta modalidad combina las subvenciones directas (en dinero, bonos o préstamos) e indirectas (servicios, beneficios tributarios, acceso a los medios de comunicación, capacitación, exoneraciones, entre otros).

En lo que respecta al financiamiento público directo, las legislaciones suelen destinar los recursos explícitamente para ciertas actividades. Existe una tendencia a favor del destino de fondos para el fortalecimiento y desarrollo institucional de los partidos, incluidas actividades como la investigación, la formación y la capacitación de cuadros partidarios. En el cuadro VI.2 se desglosa la asignación de los recursos por país.

CUADRO VI.2. *Actividades objeto de financiamiento público directo en América Latina*

País	Electoral y partidario	Sólo electoral	Sólo partidario	Investigación y fortalecimiento
Argentina	Sí	No	No	Sí
Bolivia	No	No	No	No
Brasil	Sí	No	No	Sí
Colombia	Sí	No	No	Sí
Costa Rica	Sí	No	No	Sí
Chile	Sí	No	No	Sí
Ecuador	Sí	No	No	No
El Salvador	Sí [1]	No	No	No
Guatemala	Sí	No	No	Sí [2]
Honduras	No	Sí	No	No
México	Sí	No	No	Sí
Nicaragua	Sí	No	No	No
Panamá	Sí	No	No	Sí
Paraguay	Sí	No	No	Sí [3]
Perú	No	No	Sí	Sí
República Dominicana	Sí	No	No	No
Uruguay	Sí	No	No	No
Venezuela	No	Sí [4]	No	No

FUENTE: *Elaboración propia, con base en la legislación latinoamericana. Actualizada a diciembre de 2016.*

En periodo no electoral, los partidos tienen derecho a acceso gratuito a los medios de comunicación de radio y televisión propiedad del Estado.

Treinta por ciento para la formación y capacitación de afiliados. (Art. 21-Bis, Decreto 1-85).

Para el financiamiento de las actividades de formación y capacitación de ciudadanos, simpatizantes y afiliados, e investigación de la realidad nacional, los partidos deberán destinar no menos de 30% de lo que reciban en concepto de aporte estatal.

Hasta ahora, sólo en elecciones referendarias, además restringido a franjas de publicidad en TV. La Constitución de la República Bolivariana de Venezuela señala en su artículo 67: "No se permitirá el financiamiento de las asociaciones con fines políticos con fondos procedentes del Estado". El Consejo Nacional Electoral ha interpretado que esa norma constitucional no impide financiar la publicidad de las opciones a favor o en contra de una propuesta referendaria.

B. *Distribución del financiamiento público*

Los métodos de distribución del financiamiento público directo son fundamentalmente de tres tipos: *i*) método proporcional a la fuerza electoral; *ii*) método combinado, en el que una parte se distribuye equitativamente entre todos los partidos y la otra de acuerdo con la fuerza electoral, y *iii*) método en el que una parte se distribuye proporcionalmente a la fuerza electoral y otra de acuerdo con la representación parlamentaria.

En relación con la distribución a partir de la fuerza electoral, resulta razonable considerar el grado de arraigo social de cada partido y su caudal electoral para dotar de cierta estabilidad al sistema de partidos y permitir su consolidación con mayor presencia electoral. Sin embargo, hay que considerar también que este criterio tiende a prolongar las desigualdades entre los llamados partidos grandes y los pequeños, así como con los de reciente incorporación en la contienda político-electoral.

Los propulsores de la igualdad señalan que estos requisitos bloquean el acceso de nuevas opciones y pueden crear "una suerte de pugna entre *insiders* y *outsiders* de la arena electoral".[487] Para atemperar este efecto, algunos países emplean una combinación entre criterios de proporcionalidad y de equidad. Argentina, Brasil, Colombia, Ecuador, Guatemala, México, Panamá, Perú y República Dominicana han establecido fórmulas híbridas en ese sentido. En Paraguay, el criterio de distribución es proporcionalidad y representación parlamentaria. En Chile es equidad y representación parlamentaria. Los países que distribuyen los fondos a partir del criterio de fuerza electoral son Costa Rica, El Salvador, Honduras, Nicaragua y Uruguay.

C. *Momento del otorgamiento de los recursos*

Con respecto al momento en que se otorgan los recursos públicos a los partidos, predominan en la región las fórmulas que distribuyen una parte antes de las elecciones y otra después (en 11 países), se-

---

487 José Woldenberg, "Relevancia y actualidad de la contienda político-electoral", en Manuel Carrillo *et al.*, *Dinero y contienda...*, *op. cit.*, 2003, p. 23.

guido por el mecanismo de reembolso que se realiza después de las elecciones (en dos países), y, en tercer lugar, por el que se entrega antes de las elecciones (en un país).

Se trata de un elemento importante, pues se vincula con las facilidades y oportunidades de los nuevos partidos para formarse y mantenerse. Por ejemplo, si la entrega del subsidio se realiza con posterioridad a las elecciones, se desfavorece a partidos de reciente creación, con menores recursos financieros o con menor capacidad crediticia.

No obstante, el subsidio posterior, que adquiere la calidad de reembolso, puede tener efectos positivos en lo relativo al control de los gastos electorales. En cierta forma, este último sistema contribuye a ejercer una mayor presión sobre las organizaciones políticas para que registren y reporten, en forma detallada y transparente, sus ingresos de origen privado y sus gastos reales.

El cuadro VI.3 desglosa el momento en que se otorgan los recursos a los partidos políticos en cada uno de los países analizados.

CUADRO VI.3   *Momento del desembolso del aporte público directo con fines electorales en América Latina*

País	Previo	Posterior	Previo y posterior	Facilidades para nuevos partidos	Otros (financiamiento permanente)
Argentina	Sí	No	No	Sí	Sí
Bolivia	No	No	No	No	No
Brasil	No	No	Sí	No	Sí
Colombia	No	No	Sí [1]	Sí	Sí
Costa Rica	No	No	Sí [2]	No	Sí [3]
Chile	No	No	Sí	Sí	No
Ecuador	No	No	Sí	Sí	Sí
El Salvador	No	No	Sí [4]	Sí [4]	No
Guatemala	No	No	No	No	Sí [5]
Honduras	No	No	Sí	Sí	No
México	No	No	Sí	Sí	Sí

Sigue página siguiente

País	Previo	Posterior	Previo y posterior	Facilidades para nuevos partidos	Otros (financiamiento permanente)
Nicaragua	No	Sí	No	No	Sí
Panamá	No	No	Sí	Sí	Sí
Paraguay	No	Sí	No	No	Sí
Perú	No	No	No	No	Sí [6]
República Dominicana	No	No	Sí	No	Sí
Uruguay	No	No	Sí	No	No
Venezuela	No	No	No	No	No

FUENTE: Elaboración propia, con base en la legislación latinoamericana. Actualizada a diciembre de 2016.

1. Los partidos y movimientos políticos y grupos de ciudadanos que inscriban candidatos, tendrán derecho a financiación estatal de las correspondientes campañas electorales, mediante el sistema de reposición de gastos por votos válidos obtenidos, conforme a la obtención del porcentaje de votación requerido para cada elección, con posibilidad de recibir anticipo. Si el partido, movimiento o grupo significativo de ciudadanos no hubiere participado en la elección anterior, el anticipo se calculará teniendo en cuenta el menor valor de reposición pagado para el respectivo cargo o lista en la elección anterior. (Arts. 21 y 22, Ley 1475 del 14 de julio de 2011).

2. Sólo en elecciones presidenciales. Para las otras elecciones el desembolso se hace posteriormente.

3. Las agrupaciones políticas deben predeterminar en sus estatutos lo que destinarán de la contribución estatal para cubrir sus gastos de capacitación y organización política en el periodo no electoral. Una vez concluida la elección de Presidente de la República y diputados a la Asamblea Legislativa, y establecido —a la luz de sus resultados— el monto global de contribución estatal que corresponde a cada partido, la suma correspondiente a capacitación y organización política —según resulte de aplicar la predefinición estatutaria— constituirá una reserva para cubrir sus gastos futuros por esos conceptos, a liquidar sucesiva y trimestralmente.

4. Cada partido político o coalición tiene derecho a un anticipo de 70% de los votos obtenidos en la elección anterior del mismo tipo en la que haya participado. El resto de la deuda política se entrega a más tardar 30 días después de declarados formalmente los resultados electorales. Los partidos o coaliciones que participan por primera vez en un tipo de elección reciben un anticipo de 50.000 dólares.

5. Desembolso de cuatro cuotas anuales e iguales, en el mes de julio. En el año que coincide con las elecciones, los fondos se entregan en enero.

6. La transferencia de los fondos a cada partido político se realiza a razón de un quinto por año, dichos fondos se otorgan con cargo al Presupuesto General de la República.

D. *Barreras legales al financiamiento público*

En 14 de los 16 países de la región que otorgan financiamiento público existe algún tipo de barrera legal para acceder al mismo (Cuadro VI.4). Estas barreras se refieren específicamente a que los elegibles para dicho subsidio obtengan un mínimo de respaldo electoral o cuenten con representación parlamentaria.

Este tipo de disposiciones son necesarias para garantizar el uso eficiente de los recursos y evitar el dispendio. Por ejemplo, cuando el financiamiento es posterior a los comicios y el reembolso de recursos se condiciona a la obtención de un porcentaje mínimo de votos, se puede combatir mediante esta vía, la formación de partidos meramente rituales que, sin una base social consistente, encuentran redituable entrar a la política.

Por supuesto, las barreras y condicionantes deben encontrar un equilibrio con las facilidades y oportunidades para nuevas fuerzas, de modo que no asfixien y constriñan la representación política.

CUADRO VI.4. *Financiamiento público directo en América Latina: condiciones para acceder al financiamiento y barrera legal*

Países	Condiciones de acceso al financiamiento y barrera legal	Criterio de distribución
Argentina	Actividades permanentes: 80% de los recursos disponibles para el aporte anual dirigido al desenvolvimiento institucional debe distribuirse en forma proporcional a la cantidad de votos que el partido hubiera obtenido en la última elección de diputados nacionales. Es requisito para participar en esta distribución acreditar haber obtenido al menos 1% de sufragios calculado sobre el padrón electoral. El restante 20% se distribuye de manera igualitaria entre todos los partidos reconocidos. Aportes para la campaña electoral en elecciones presidenciales: 50% del monto total a distribuir asignado por el Presupuesto General se divide de manera igualitaria entre las listas presentadas y el restante 50% se reparte entre los 24 distritos, en proporción al total de electores correspondiente a cada uno. Efectuada tal operación, se distribuye a cada agrupación política en forma proporcional a la cantidad de votos que haya obtenido en la elección general anterior para la misma categoría. Para los comicios legislativos, y tratándose de la elección de diputados nacionales, el total de los aportes se distribuye entre los 24 distritos en proporción al total de electores correspondiente a cada uno. Efectuada dicha operación, 50% del monto resultante para cada distrito se distribuirá en forma igualitaria entre las listas presentadas y el restante 50% se distribuirá a cada agrupación en forma proporcional a la cantidad de votos obtenidos en la elección general anterior para la misma categoría. En el caso de los senadores nacionales, el total de los aportes se distribuye entre los ocho distritos que renuevan esos cargos en proporción al total de electores correspondiente a cada uno. Efectuada dicha operación, 50% del monto resultante para cada distrito se distribuye en forma igualitaria entre las listas presentadas y el restante 50% a cada agrupación en forma proporcional a la cantidad de votos obtenidos en la elección general anterior para la misma categoría.	Mixto (fuerza electoral/ equidad)
Bolivia	—	—

Sigue página siguiente

Países	Condiciones de acceso al financiamiento y barrera legal	Criterio de distribución
Brasil	Art. 41-A. 5% (cinco por ciento) del total del Fondo Partidario se destinará en partes iguales a todos los partidos que hayan registrado sus estatutos ante el Tribunal Supremo Electoral, y 95% (noventa y cinco por ciento) del total del Fondo Partidario se distribuirá entre los partidos que tengan representación en el Congreso Federal y de forma proporcional a los votos que hayan obtenido en la última elección de Diputados (Art. 41-A. de la ley 9096/95, contenido en la Ley Nº 11.459 de 2007).	Mixto (fuerza electoral/ equidad)
Colombia	El Estado concurrirá a la financiación del funcionamiento permanente de los partidos políticos y movimientos políticos con personería jurídica, por conducto del Fondo Nacional de financiación política, usando criterios de equidad y fuerza electoral establecidos en el artículo 17 de la Ley Estatutaria 1475. Para la financiación de las campañas electorales a través del sistema de reposición por votos válidos, se requiere el cumplimiento de los siguientes requisitos legales: 1. Para alcaldías y gobernaciones tienen derecho a reposición de votos los candidatos que hubieren obtenido 4% de los votos válidos depositados en esa elección. 2. Para listas a corporaciones públicas, las listas que hayan obtenido 50% o más del umbral determinado para la respectiva corporación. 3. En la elección de presidente de la República se le reconocerá reposición a los candidatos que hayan obtenido una votación igual o superior a 4% de los votos válidos depositados. Si no se hubiese obtenido el derecho a la financiación estatal, el beneficiario del anticipo debe devolverlo en su totalidad dentro de los tres meses siguientes a la declaratoria de elección, excepto en el caso de las campañas presidenciales, en las que no habrá lugar a la devolución del monto recibido por concepto de anticipo, siempre se que hubiese gastado de conformidad con la ley.	Mixto (fuerza electoral/ equidad)
Costa Rica	Partidos que obtengan al menos 4% de los sufragios válidos para la elección de Presidente de la República o diputados a la Asamblea Legislativa, a nivel nacional o en alguna provincia en particular, o elijan por lo menos un diputado.	Fuerza electoral

Sigue página siguiente

Países	Condiciones de acceso al financiamiento y barrera legal	Criterio de distribución
Costa Rica	Tratándose de elecciones municipales, que se celebran en un momento distinto, reciben contribución los partidos que obtengan 4% en el cantón respectivo o que elijan al menos un regidor. La Constitución establece en el artículo 96 que, para recibir el aporte del Estado, los partidos deberán comprobar sus gastos ante el TSE.	Fuerza electoral
Chile	20% del financiamiento público se distribuye entre todos los partidos de acuerdo al número de regiones en que esté constituido y el 80% restante entre todos los partidos que tienen representación parlamentaria, de acuerdo al resultado electoral que hayan obtenido en la última elección. El 10% de este monto debe destinarse a fortalecer la participación política de las mujeres.	Mixto (equidad y representación parlamentaria)
Ecuador	Partidos que obtengan uno de los siguientes requisitos: a) al menos 4% de los votos válidos en dos elecciones pluripersonales consecutivas a nivel nacional; b) al menos tres representantes a la Asamblea Nacional; c) 8% de las alcaldías; d) por lo menos un concejal en cada uno de al menos 10% de los municipios del país.	Mixto (fuerza electoral/ equidad)
El Salvador	Partidos políticos o coaliciones que participen en las elecciones tienen derecho a recibir del Estado una suma de dinero por cada voto válido que obtengan en las elecciones para Presidente y Vicepresidente de la República, Diputados al Parlamento Centroamericano y Asamblea Legislativa, y para Concejos Municipales. Los partidos políticos que participen en una segunda elección presidencial, tendrán derecho a recibir, por cada voto válido obtenido en esa elección, una cantidad igual a 50% de lo pagado en las primeras elecciones.	Fuerza electoral
Guatemala	Partidos que obtengan al menos 5% del total de votos válidos emitidos en las elecciones generales. El cálculo se hace tomando como base la mayor cantidad de votos válidos recibidos, o para los cargos de Presidente y Vicepresidente de la República, o en el Listado Nacional para los cargos de Diputados al Congreso de la República. Se exceptúan del requisito del 5% los partidos que obtengan por lo menos una diputación al Congreso de la República, quienes recibirán igualmente financiamiento.	Fuerza electoral

Sigue página siguiente

Países	Condiciones de acceso al financiamiento y barrera legal	Criterio de distribución
Honduras	Haber obtenido un mínimo de 10.000 votos en la planilla más votada (Presidente, Congreso Nacional, Corporaciones Municipales) en la elección anterior.	Fuerza electoral
México	3% del total de votos válidos emitidos en alguna de las elecciones ordinarias para diputados, senadores o Presidente de la República. Para los partidos nuevos, constituidos después de una elección, tener el registro legal.	Mixto (fuerza electoral / equidad)
Nicaragua	Para partidos nacionales (excluye a los partidos regionales): Obtener al menos 4% de los votos válidos en las elecciones nacionales. Obtener al menos el número de diputados mínimos necesarios (4) para integrar una bancada parlamentaria.	Fuerza electoral
Panamá	Financiamiento preelectoral: Para los partidos políticos: tienen que comunicar su decisión de participar en las elecciones y haber hecho postulación presidencial. Para los candidatos de libre postulación: deben haber sido reconocidos como tales por el Tribunal Electoral, luego del cumplimiento de los requisitos personales y de la recaudación de firmas de respaldo en un número igual o mayor a 4% de los votos válidos emitidos en la última elección para el cargo de que se trate. Si hay más de tres candidatos que califiquen, sólo pueden participar en las elecciones los tres que más firmas hayan recaudado. Financiamiento postelectoral: Para los partidos políticos: deben haber subsistido como tales, a base de haber obtenido un número de votos igual o mayor a 4% del total de los votos válidos emitidos en cualquiera de las cuatro elecciones que se celebran: Presidente, diputados, alcaldes o representantes de Corregimiento, la que le fuera más favorable. Para los candidatos de libre postulación: deben haber ganado el cargo al cual aspiraban.	Mixto (fuerza electoral/equidad)
Paraguay	Estar debidamente reconocidos e inscritos, y haber obtenido un número de votos en las últimas elecciones para el Congreso no inferior a 2% del padrón electoral. En el caso de las alianzas, el aporte se distribuye proporcionalmente al número de bancas que ocupe cada partido que hubiere integrado la misma en la Cámara de Senadores.	Mixto (fuerza electoral/ representación parlamentaria)

Sigue página siguiente

Países	Condiciones de acceso al financiamiento y barrera legal	Criterio de distribución
Perú	Obtener representación en el Congreso.	Mixto (fuerza electoral/equidad): 40% en forma igualitaria entre todos los partidos políticos con representación en el Congreso y 60% en forma proporcional a los votos obtenidos por cada partido político en la elección de representantes al Congreso.
República Dominicana	Estar legalmente reconocidos y mantener este reconocimiento mediante la obtención de un mínimo de 2% de los votos válidos en las últimas elecciones presidenciales o tener representación en el Congreso o la Sala Capitular.	Mixto (fuerza electoral/ equidad)
Uruguay	Obtener votos en la elección nacional o en la municipal, y haber presentado la declaración jurada de gastos de campaña en tiempo y forma de acuerdo a la Ley N° 18.485. Para obtener financiamiento permanente se requiere tener representación parlamentaria.	Fuerza electoral
Venezuela	N/A	

FUENTE: Elaboración propia, con base en la legislación latinoamericana. Actualizada a diciembre de 2016.

N/A: No aplica

E. Acceso a los medios de comunicación

Una particularidad de las campañas políticas actuales es la importancia que se atribuye al desarrollo de las contiendas en los medios de comunicación masiva. Sin duda, la radio y la televisión son vías primarias para la difusión de información política y la persuasión de los votantes; en ellas se construye parte fundamental de la imagen de los candidatos y partidos y se establece contacto con los ciudadanos. Incluso las estrategias partidarias y las campañas electorales se diseñan e implementan, en buena medida, alrededor de la propaganda en estos medios, los que se han convertido en factor determinante en la vinculación y comunicación de los candidatos con el electorado.

Por estas razones, el apoyo sustancial a señalar dentro del financiamiento público indirecto en la región lo constituye el acceso gratuito de los partidos políticos a los medios de comunicación estatales o privados. En 16 países (89%) se otorga a los partidos políticos acceso gratuito a los medios estatales o privados, o a ambos, predominando el acceso gratuito a los medios de comunicación del Estado durante la vigencia de la campaña electoral.

La regulación, no obstante, muestra varias diferencias. Algunos contemplan, por ejemplo, espacios gratuitos para la difusión de mensajes y, simultáneamente, permiten la compra de espacios. En cambio, países como Brasil, Chile, México, Argentina y Guatemala cuentan con una franja electoral gratuita combinada con la prohibición de comprar espacios políticos en los medios.

CUADRO VI.5. *Acceso a los medios de comunicación en América Latina*

País	Prohibición de propaganda pagada en los medios	Acceso gratuito a los medios	Fórmula de distribución de tiempos y espacios
Argentina	Sí	Sí	La cantidad de los espacios se distribuyen —para las elecciones primarias y para las generales— asignando 50%, por igual, entre todas las agrupaciones políticas que oficialicen precandidatos, y el restante 50% en forma proporcional a la cantidad de votos obtenidos en la elección general anterior para la categoría diputados nacionales. La distribución de los horarios y los medios en que se transmitirá la publicidad electoral se realiza por sorteo público, debiendo asegurarse a todas las agrupaciones políticas que oficialicen listas de candidatos la rotación en todos los horarios y, al menos, dos veces por semana en horario central. En medios públicos y privados.
Bolivia	No	Sí	Por igual entre partidos o coaliciones y sus candidatos. Sólo en medios públicos.
Brasil	Sí (Radio y televisión)	Sí	Un tercio por igual entre todos los partidos con candidatos legalmente inscritos, 2/3 dividido proporcionalmente al número de representantes de cada partido ante la Cámara de Diputados. En medios públicos y privados.
Colombia	No	Sí	Dentro de los dos meses anteriores y hasta 48 horas antes de la elección, las organizaciones sociales y los grupos significativos de ciudadanos que hayan inscrito candidatos, y los promotores del voto en blanco tendrán derecho a espacios gratuitos en los medios de comunicación que hacen uso del espectro electromagnético, proporcionalmente al número de elegidos, para las campañas de sus candidatos u opciones a la Presidencia de la República y de sus listas al Congreso de la República.

Sigue en página siguiente

471

País	Prohibición de propaganda pagada en los medios	Acceso gratuito a los medios	Fórmula de distribución de tiempos y espacios
Colombia	No	Sí	En el caso de propaganda electoral en circunscripciones territoriales, el órgano electoral debe asignar gratuitamente espacios con cobertura en las correspondientes circunscripciones. Se otorgará igual número de espacios a cada una de las listas, candidatos u opciones electorales inscritas en cada franja de transmisión, razón por la cual se asignará el número de espacios necesarios para garantizar la igualdad.
Costa Rica	No	No	—
Chile	No [1]	Sí [2]	Elecciones presidenciales: por igual entre candidatos. Elecciones parlamentarias: proporcional al número de votos en las elecciones anteriores. En televisión de señal abierta pública y privada. Al conjunto de candidaturas independientes corresponde un tiempo equivalente al partido político que haya obtenido menos votos en la última elección, el que se divide entre ellas por partes iguales.
Ecuador	No	Sí	—
El Salvador	No	Si	Durante los cinco días anteriores a la suspensión de la campaña electoral hay acceso gratuito y equitativo sólo en los medios estatales. En cada estación de radio y televisión del Estado se dispondrá de un espacio temporal destinado a divulgar propuestas electorales, con una duración de 30 minutos. La mitad del tiempo total disponible se distribuye equitativamente entre todos los partidos políticos con candidatos inscritos en el proceso electoral. La otra mitad se distribuye en proporción al número de diputados de cada grupo parlamentario en la Asamblea Legislativa al momento de realizarse la elección.

Sigue página siguiente

472

País	Prohibición de propaganda pagada en los medios	Acceso gratuito a los medios	Fórmula de distribución de tiempos y espacios
El Salvador	No	Si	En esa distribución, los partidos que participan por primera vez tendrán un tiempo equivalente al del partido que obtenga la menor adjudicación. En periodo no electoral, los partidos políticos tienen acceso gratuito a los medios de radio y televisión propiedad del estado en una franja informativa mensual de 60 minutos, la cual se distribuye proporcionalmente en atención a la cantidad de votos obtenidos en la elección legislativa anterior, y siempre y cuando hayan obtenido al menos un escaño en la Asamblea Legislativa.
Guatemala	Sí	Sí	Por igual entre partidos. El TSE formulará un plan de distribución igualitaria de espacios y tiempos, diferenciando entre presidencia, diputaciones y corporaciones municipales. En esa distribución igualitaria, se determina lo siguiente: para la presidencia un 50%, para diputaciones un 25% y para corporaciones municipales un 25%, quedando la facultad del candidato, para que en el caso de diputaciones y corporaciones municipales se pueda ceder, total o parcialmente, el espacio o tiempo en favor del candidato a la presidencia. No tiene derecho al 50% regulado el partido político que no postule candidatos a la Presidencia y Vicepresidencia de la República. Ninguna entidad o persona puede contratar en medios de comunicación para fines electorales.
Honduras	No	No	—
México	Sí	Sí	En periodo electoral, incluidas precampañas, 70% se distribuirá a los partidos con o sin representación, pero con registro vigente, en proporción a su fuerza electoral conforme con la última elección para diputados federales, y 30% en forma igualitaria. En este 30% se considerará a los partidos de nuevo registro. En medios públicos y privados.

Sigue página siguiente

473

País	Prohibición de propaganda pagada en los medios	Acceso gratuito a los medios	Fórmula de distribución de tiempos y espacios
Nicaragua	No	No	Para las elecciones nacionales el Consejo Supremo Electoral garantiza por igual a todos los partidos políticos o alianzas el acceso a los medios estatales y privados radiales y televisivos, estableciendo límites máximos de tiempo o espacio permitido para cada partido o alianza. Dentro de esos límites, el uso efectivo quedará determinado por el principio de libre contratación. Para las elecciones municipales y regionales el Consejo Supremo Electoral garantiza por igual a los partidos políticos o alianzas el acceso a los medios estatales radiales y televisivos, estableciendo límites mínimos (para medios radiales) y máximos. Dentro de esos límites el uso efectivo quedará determinado por el principio de libre contratación.
Panamá	No	Sí	Por igual entre partidos, pero sólo en medios de comunicación que administre el Estado. El tiempo que no sea utilizado por los partidos podrá ser utilizado por el Tribunal Electoral para promocionar educación cívica y electoral. Para las elecciones celebradas en 2014, el TE emitió una reglamentación reconociendo el derecho a franja en el sistema estatal de radio y televisión tanto a los partidos políticos como a los candidatos de libre postulación (Decreto 7 del 3 de marzo de 2013).
Paraguay	No	Sí	Por igual entre partidos, durante los 10 días inmediatamente anteriores al cierre de la campaña electoral. En medios públicos y privados.
Perú	No	Sí	La mitad se distribuye por igual entre partidos y la mitad proporcionalmente a la representación parlamentaria. Las nuevas fuerzas partidarias disponen de un tiempo equivalente al del partido político que tenga menor adjudicación de minutos. En medios públicos y privados.

Sigue página siguiente

País	Prohibición de propaganda pagada en los medios	Acceso gratuito a los medios	Fórmula de distribución de tiempos y espacios
República Dominicana	No	Sí	Por igual entre partidos. Sólo en medios de comunicación del Estado.
Uruguay	No	Sí	Por igual entre candidatos presidenciales de los partidos políticos con representación parlamentaria, al igual que aquellos partidos que en las elecciones internas hayan alcanzado un porcentaje igual a 3% de los habilitados para votar. Sólo en medios públicos.
Venezuela	No	Sí [3]	Como se trata de un referéndum, se establece un tiempo por igual para cada opción en competencia.

FUENTE: Elaboración propia, con base en la legislación latinoamericana. Actualizada a setiembre, 2016.

1   Es factible contratar propaganda en radioemisoras, TV por cable y prensa escrita. Se prohíbe sólo en TV con señal abierta.

2   Sólo es gratuito en TV con señal abierta pública y privada.

3   Sólo en el caso de elecciones referendarias.

F. *Barreras legales al financiamiento privado*

Entendemos por barreras legales al financiamiento privado todos aquellos instrumentos que regulan el flujo de recursos económicos hacia las actividades políticas, tanto controlando o prohibiendo el uso de ciertas fuentes de financiamiento (regulaciones "negativas" o "pasivas"), como estimulando el uso de otras (regulaciones "positivas" o "activas").

Los controles más extendidos pesan, como es de esperar, sobre las donaciones políticas privadas. Casi todas las democracias restringen el uso de al menos ciertos tipos de donaciones privadas, aunque con niveles de intensidad muy dispares.

La situación normativa en América Latina es consistente con esa descripción. Ante las preocupaciones de la penetración de dinero ilegal en la política y el riesgo de captación de los partidos por los grupos de interés, todos los países establecen restricciones en cuanto al origen de las contribuciones privadas, como se observa en el cuadro VI.6.

CUADRO VI.6. *Prohibiciones al origen de las contribuciones privadas en América Latina*

País	Extranjeras	Organizaciones políticas y sociales	Personas jurídicas	Contratistas del Estado	Anónimas
Argentina	Sí	Sí	Sí 1	Sí	Sí
Bolivia	Sí 2	Sí	No	Sí	Sí 3
Brasil	Sí	Sí	Sí	Sí	Sí
Colombia	Sí 4	Sí	Sí 5	Sí	Sí
Costa Rica	Sí 6	Sí	Sí	Sí	Sí
Chile	Sí	Sí	Sí	Sí	Sí 7
Ecuador	Sí	No	No	Sí	Sí
El Salvador	Sí 8	Sí 9	No 10	No	Sí
Guatemala	Sí	Sí	No	No	Sí
Honduras	Sí	No	Sí	Sí	Sí
México	Sí	Sí 11	Sí 12	Sí 13	Sí

FUENTE: Elaboración propia, con base en la legislación latinoamericana. Actualizada a diciembre de 2016.

1. Personas jurídicas que exploten juegos de azar y personas jurídicas o de existencia ideal, para la campaña.

2. Sólo se aceptan contribuciones de personas jurídicas extranjeras si es para asistencia técnica y capacitación.

3. Salvo que se trate de colectas públicas.

4. Excepto las que se realicen a título de cooperación técnica para el desarrollo de actividades distintas a las campañas electorales.

5. Se prohíben las donaciones de personas jurídicas cuyos ingresos se hayan originado en más de 50% de contratos o subsidios estatales, que administren recursos públicos o parafiscales, o que tengan licencias o permisos para explotar monopolios estatales o juegos de suerte y azar.

6. Están prohibidas, excepto cuando se trate de organizaciones internacionales dedicadas al desarrollo de la cultura, la participación política y la defensa de los valores democráticos, previamente acreditadas ante el TSE, las cuales están legalmente autorizadas a colaborar en el proceso de capacitación de los partidos políticos.

7. Las donaciones menores no serán conocidas por los votantes, pero sí por SERVEL y el candidato, con el objeto de proteger a los ciudadanos que quieran contribuir con campañas sin temor a represalias de sus empleadores. Se les denominan "aportes menores sin publicidad" y se tienen límites fijados en unidades de fomento (UF). Estos son: 40 UF para las elecciones presidenciales; 20 UF para las parlamentarias y 15 UF para las alcaldías.

8. Prohibido para partidos políticos y agencias de gobiernos extranjeros.

9. Prohibición para gremios y sindicatos.

10. No están prohibidos, excepto para entidades de derecho público o empresas propiedad del Estado o con participación de éste.

Sigue página siguiente

País	Extranjeras	Organizaciones políticas y sociales	Personas jurídicas	Contratistas del Estado	Anónimas
Nicaragua	No 14	No	No	No	Sí
Panamá	Sí 15	No	Sí 16	No	Sí 17
Paraguay	Sí 18	Sí	Sí 19	Sí	Sí 20
Perú	Sí	No	No	Sí 21	No 22
República Dominicana	Sí	No	No	No	No
Uruguay	Sí	Sí	Sí	Sí	Sí 23
Venezuela	Sí	No	No	Sí	Sí

11. En el caso de las organizaciones políticas y sociales, sí pueden realizar aportaciones siempre y cuando sean reportadas ante el IFE (actualmente INE) como organizaciones adherentes a los partidos políticos.

12. En el caso de las personas jurídicas, sí pueden aportar dentro de los límites legales; solamente las empresas de carácter mercantil tienen prohibición absoluta para aportar.

13. Lo mismo ocurre con los contratistas del Estado, pueden aportar, siempre y cuando no sean empresas de carácter mercantil.

14. No se prohíben, pero se indica que las donaciones procedentes del extranjero deben ser para fines de capacitación y asistencia técnica.

15. Se prohíben salvo que el donante ejerza actividades económicas en Panamá.

16. La prohibición es únicamente para las personas jurídicas que no ejerzan actividad económica en Panamá y para aquellas en las cuales el Estado es accionista.

17. Los aportes anónimos son prohibidos, excepto que se originen en colectas populares, las cuales serán reglamentadas por el Tribunal Electoral.

18. En la recaudación de fondos destinados a la campaña electoral, se prohíbe recibir aportes de gobiernos, entidades públicas, personas físicas o jurídicas extranjeras, salvo que, tratándose de personas físicas o jurídicas, las mismas fijen residencia o domicilio en Paraguay.

19. No se permiten donaciones de cualquier oficina de la administración pública, entes descentralizados, autónomos, empresas de economía mixta, entidades binacionales, empresas concesionarias de obras o servicios públicos o que exploten juegos de azar.

20. Salvo las que surjan de actividades proselitistas lícitas de carácter masivo y naturaleza eventual con el fin de obtener fondos para la campaña, siempre y cuando los montos obtenidos no superen en una misma campaña electoral el equivalente a 10000 jornales mínimos para actividades diversas no especificadas.

21. Los partidos políticos no pueden recibir contribuciones de cualquier entidad de derecho público o empresa de propiedad del Estado o con participación de éste.

22. No regulado expresamente. Sin embargo, se permiten los aportes procedentes de actividades proselitistas en las que no se pueda determinar el donante hasta un límite de 30 UIT anuales.

23. Los partidos no podrán aceptar directa o indirectamente contribuciones anónimas, con excepción de aquellas que no superen los 4000 UI (300 dólares). En ningún caso la suma de donaciones anónimas podrá supe-rar 15% del total de ingresos declarados en la rendición de cuentas anual.

Las prohibiciones más comúnmente adoptadas son aquellas que pesan sobre las donaciones procedentes del extranjero, vigentes en todos los países, excepto Nicaragua. También destacan las prohibiciones de contratistas del Estado, presentes en más de la mitad de los países, y las de fuentes anónimas vigentes en 16 países.

Tales restricciones sobre las fuentes privadas de financiamiento buscan responder a los primeros dos riesgos descritos; esto es, intentan minimizar las oportunidades de compra de influencia por parte de donantes poderosos o controvertidos. Como sucede con otras medidas regulatorias de tipo restrictivo, los límites a las contribuciones suponen significativos problemas de aplicación, demandando, como mínimo, la presencia de un extendido sistema de reporte y auditoría de los recursos utilizados por los partidos y los candidatos, requisito que ha probado ser difícil de satisfacer aún en las democracias más desarrolladas.[488]

Asimismo, varios países han impuesto también límites en relación con los montos de las donaciones: Argentina, Bolivia, Brasil, Chile, Colombia, Ecuador, El Salvador, Guatemala, México, Paraguay, Perú y Uruguay. Sin embargo, cabe indicar que los límites a las contribuciones –particularmente cuando son excesivamente bajos– pueden conducir a resultados perversos.

Así, medidas draconianas de completa prohibición de las contribuciones privadas, como las empleadas en Francia antes de 1988 y en India en el periodo 1969-1985, terminaron por incentivar prácticas de financiamiento opacas.[489] Por ello, no es sorprendente que

---

488 Sobre los obstáculos enfrentados por la Comisión Federal Electoral de los Estados Unidos (FEC, por sus siglas en inglés) para aplicar los topes a las contribuciones introducidos por la Federal Election Commission Act de 1974, véase Kenneth A. Gross, "The Enforcement of Campaign Finance Rules: A System in Search of Reform", en Anthony Corrado, Thomas E. Mann, Daniel R. Ortiz, Trevor Potter y Frank J. Sorauf (eds.), *Campaign Finance Reform: A Sourcebook*, Brookings Institution Press, Washington, 1997; FEC, *Annual Report*, 1998, pp. 31-34, y Francis J. Sorauf, *Inside Campaign Finance: Myths and Realities*, Yale University Press, New Haven, 1992, p. 185.

489 Ruth Levush (coord.), *Campaign Financing of National Elections in Foreign Countries*, preparado por el personal de Law Library of Congress,

muchas democracias, en particular en Europa occidental, sean reacias a establecer controles amplios sobre las contribuciones, optando en cambio por restringir el peso financiero de los donantes privados por otros medios, tales como generosos sistemas de financiamiento público, cortas campañas electorales y severas restricciones sobre la publicidad electoral.

La experiencia latinoamericana demuestra la dificultad de asegurar el cumplimiento de las restricciones legales, más aún cuando la legislación no establece los mecanismos y recursos necesarios para garantizar su eficacia o la sanción en caso de trasgresión. En ese sentido, una alternativa a las prohibiciones y limitaciones es utilizar mecanismos de rendición de cuentas y de divulgación amplia dirigidos a aumentar la transparencia del financiamiento político.

G. *Topes y límites al gasto electoral*

La inyección de cantidades generosas de recursos a la vida electoral en varios países de la región fue concebida e implementada como un motor para impulsar la competencia política, robustecer la presencia de los partidos entre la ciudadanía y generar condiciones equitativas en el desarrollo de las contiendas electorales.

Si bien esta estrategia ha permitido crear regímenes de verdadera competencia por los cargos públicos y ha aumentado la información política que poseen los electores para tomar sus decisiones, también es cierto que el gasto electoral se ha convertido en una fuente de insatisfacción ciudadana con el régimen político y un cauce por el que fluyen recursos que podrían asignarse a otras prioridades.

Por ello, los países latinoamericanos han buscado en general controlar los disparadores del gasto electoral, estableciendo topes y acortando campañas, o enfocando sus restricciones hacia rubros significativamente visibles y onerosos, como la publicidad electoral, con resultados disímiles. Incluso, en ciertos casos, la regulación se ha extendido a los límites del gasto en los procesos internos de se-

---

Washington, 1991, pp. 90-91; Pierre Avril, "Regulation of political finance in France", en Herbert E. Alexander y Rei Shiratori (eds.), *Comparative Political Finance Among the Democracies*, Westview Press, Boulder (CO), 1994, pp. 85-89.

lección de candidatos. La reforma constitucional y legal en materia electoral ocurrida en México entre 2007 y 2008, por ejemplo, dio origen a la figura de las "precampañas", que se refiere precisamente a los procesos de competencia al interior de los partidos políticos. Se fijó un límite para su duración y para el gasto, y se contemplaron medidas de fiscalización.

Los topes generales de gastos son poco comunes entre las democracias, lo que refleja sus significativos problemas normativos y prácticos; la experiencia acumulada con los topes generales es, en el mejor de los casos, entreverada. Incluso los experimentos más exitosos, como los de Gran Bretaña y Canadá, donde los límites han sido rigurosamente puestos en práctica y generalmente reconocidos como algo positivo, muestran algunos de los complejos dilemas inherentes a su aplicación.[490]

H. *Órganos de control y régimen de sanciones*

Contar con una autoridad independiente y profesional capaz de controlar el uso del dinero en la política y con un régimen de sanciones eficaz es fundamental para dar viabilidad práctica a la reglamentación en materia de financiamiento político. En efecto, el cumplimiento de la ley exige una autoridad fuerte, investida con suficientes atribuciones para supervisar, verificar, investigar y, de ser necesario, instaurar procedimientos legales.

En este punto, los avances en los países latinoamericanos son asimétricos, si bien en todos existe algún órgano encargado del con-

---

490 En Gran Bretaña, los topes de gasto por distrito electoral perdieron gradualmente su relevancia con el crecimiento secular del gasto realizado por los partidos a escala nacional, sólo recientemente controlado por la legislación (un tope nacional de gastos operó por vez primera en la elección general de 2001). Entretanto, en Canadá la regulación de los gastos realizados por terceros ajenos al proceso electoral con el fin de incidir en su resultado ha demostrado ser prácticamente imposible, pese al visible papel que esos desembolsos han desempeñado en algunos comicios En casi todos los otros casos, los topes generales han sido ineficaces por distintos motivos que van desde la inadecuada definición de lo que ha de contar como gasto electoral hasta la introducción de topes excesivamente bajos, pasando por la debilidad de los mecanismos de supervisión y la presencia de fuertes incentivos hacia el aumento del gasto derivados de otras características institucionales.

trol y la fiscalización del financiamiento. En la mayoría de los casos se trata de los propios organismos electorales, como se muestra en el cuadro VI.7.

CUADRO VI.7. *Órganos de control del financiamiento de la política en América Latina*

País	Entes de control
Argentina	Jueces federales con competencia electoral (uno por cada distrito) y Cámara Nacional Electoral con competencia en todo el país [1]
Bolivia	Órgano Electoral
Brasil	Órgano Electoral
Colombia	Órgano Electoral
Costa Rica	Órgano Electoral
Chile	Órgano Electoral / Contraloría
Ecuador	Órgano Electoral
El Salvador	Órgano Electoral y Corte de Cuentas [2]
Guatemala	Órgano Electoral [3]
Honduras	Órgano Electoral
México	Órgano Electoral
Nicaragua	Contraloría General, Órgano Electoral, Ministerio de Hacienda y Crédito Público [4]
Panamá	Órgano Electoral/Contraloría [5]

FUENTE: Elaboración propia, con base en la legislación latinoamericana. Actualizada a diciembre de 2016.

1. Con intervención del Ministerio Público Fiscal y del Cuerpo de Auditores Contadores.

2. Al órgano electoral le corresponde el control del financiamiento privado, y a la Corte de Cuentas lo correspondiente a los fondos públicos.

3. La regulación manda la coordinación de distintas instituciones de fiscalización con el órgano electoral, a requerimiento del mismo, y bajo reserva de confidencialidad. Entre ellas la Contraloría General de Cuentas, la Superintendencia de Administración Tributaria, la Superintendencia de Bancos, y la Superintendencia de Comunicaciones.

Sigue página siguiente

País	Entes de control
Paraguay	Órgano Electoral
Perú	Órgano Electoral (Gerencia de Supervisión de Fondos Partidarios de la ONPE)
República Dominicana	Órgano Electoral / Contraloría
Uruguay	Órgano Electoral
Venezuela	Órgano Electoral

4.   Coadyuva en la labor de control la Fiscalía Específica Electoral, que depende del Ministerio Público y es creada seis meses antes de las elecciones. Cesa en funciones una vez concluida su labor.

5.   La Contraloría interviene en lo relativo al aporte estatal.

Correlativamente, la mayoría de los países prevé un régimen de sanciones dirigido a sancionar la inobservancia de la legislación sobre el financiamiento de los partidos y las campañas electorales. Entre estas sanciones prevalecen, por un lado, las penas pecuniarias (17 países) y, por el otro, aunque en menor medida, las sanciones administrativas (10 países) o de otra índole que conllevan la eliminación del registro partidario o la reducción o suspensión de los fondos estatales para los partidos que han violado la ley.

El cuadro VI.7 traza el panorama general en materia de sanciones por incumplimiento a las reglas de financiamiento.

CUADRO VI.7. *Régimen de sanciones en materia de financiamiento de la política en América Latina*

País	Entes de control
Argentina	Jueces federales con competencia electoral (uno por cada distrito) y Cámara Nacional Electoral con competencia en todo el país 1
Bolivia	Órgano Electoral
Brasil	Órgano Electoral
Colombia	Órgano Electoral
Costa Rica	Órgano Electoral
Chile	Órgano Electoral / Contraloría
Ecuador	Órgano Electoral
El Salvador	Órgano Electoral y Corte de Cuentas 2
Guatemala	Órgano Electoral 3
Honduras	Órgano Electoral

FUENTE: Elaboración propia, con base en la legislación latinoamericana. Actualizada a setiembre, 2016.

1. Si bien no hay sanciones penales establecidas, la acción por vía penal es posible si existen delitos vinculados con la recepción de fondos procedentes del crimen organizado. En relación con otro tipo de sanciones, la violación de topes se sancionará con la pérdida del cargo o de la investidura. En las elecciones presidenciales se contempla también la congelación de giros y la devolución total o parcial de los aportes entregados.

2. Se penalizan, además, diversas conductas de las autoridades partidarias, especialmente del tesorero.

3. Se sanciona con multa: *a*) al director o encargado del medio de comunicación que autorice o permita la difusión de propaganda o la divulgación de sondeos de opinión o encuestas en los supuestos y momentos en que está vedado; *b*) a cualquiera que contrate o sea también responsable de esa difusión o divulgación prohibidas; *c*) a las entidades que elaboran esos sondeos o encuestas y que no mantengan en custodia y a disposición del TSE los documentos que los respaldan o que no los remitan a éste cuando lo requiera, y *d*) a los bancos que permitan acreditar contribuciones anónimas.

4. Disolución del partido ante infracción grave y reiterada de las normas sobre financiamiento. Pérdida de escaño. Pérdida del cargo: por sobrepasar el límite al gasto en más de un 25% siempre que sea superior a 100 UF y ser condenado por alguno de los delitos establecidos en la ley.

Sigue página siguiente

País	Entes de control
México	Órgano Electoral
Nicaragua	Contraloría General, Órgano Electoral, Ministerio de Hacienda y Crédito Público 4
Panamá	Órgano Electoral/Contraloría 5
Paraguay	Órgano Electoral
Perú	Órgano Electoral (Gerencia de Supervisión de Fondos Partidarios de la ONPE)
República Dominicana	Órgano Electoral / Contraloría
Uruguay	Órgano Electoral
Venezuela	Órgano Electoral

5. La última reforma a la ley (2016) contempla la aplicación de sanciones administrativas y penales, así como la posibilidad de suspender el financiamiento público o privado en caso de contravención a las normas que regulan el financiamiento y fiscalización de las organizaciones políticas, incluida la cancelación de la personalidad jurídica de la organización. Cuando la infracción constituya delito se procede a certificar lo conducente al Ministerio Público.

6. Sólo si el donante es servidor público federal.

7. Sin embargo, cabe indicar que la ley señala que los administradores nombrados por los partidos para sus campañas son personalmente responsables por la utilización de los fondos arbitrados para las campañas electorales, y solidariamente con ellos los candidatos y el presidente del partido, los cuales se equiparan a los funcionarios públicos que manejan fondos del Estado, a los efectos de las sanciones penales en que pudieran incurrir por una gestión indebida.

8. La falta de presentación de informes financieros al Tribunal Electoral, determinará la suspensión de todo aporte, subsidio o subvención de parte del Estado por hasta tres años y dos elecciones, según sea el caso. Por su parte, en el caso de elecciones nacionales, la violación al límite máximo de gastos electorales es sancionada con la pérdida del derecho a recibir aportes ordinarios anuales de fuente pública por un plazo de entre tres a cinco años, y subsidios electorales de fuente pública por hasta tres elecciones nacionales, para los partidos, movimientos políticos o alianzas.

Más allá de las características formales de la regulación, hay que considerar el nivel de aplicación de las sanciones, pues persisten serios vacíos y problemas que han provocado que, con frecuencia, las normas se conviertan en letra muerta.

En términos generales, podemos afirmar que los sistemas de control en la región se caracterizan por:

➢ La falta de leyes en algunos países y, a la inversa, en otros un conjunto de normas excesivamente complejas y difíciles de aplicar;

➢ La debilidad institucional y técnica de los organismos de fiscalización y control;

➢ La falta de recursos y de autonomía de las agencias u órganos encargados respecto de los partidos políticos y los gobiernos. Algunos de ellos son integrados con criterios partidarios, por lo que difícilmente cuentan con la independencia de criterio necesaria para ejercer la labor de control;

➢ La baja capacidad o disposición de los partidos políticos y sus candidatos para cumplir las leyes y reglamentos;

➢ La ausencia de códigos de conducta y recursos insuficientes para el registro y el control contable de las finanzas partidarias;

➢ La existencia de reglas que privilegian las sanciones más que los incentivos al cumplimiento;

➢ Reducido número de organizaciones de monitoreo de la sociedad civil;

➢ Sociedades permisivas en las que existen escasos incentivos para denunciar malas actuaciones.

Si bien esta descripción explica las características generales que prevalecen en América Latina, en algunos países los avances son más significativos que en otros. Varios (entre ellos destaca Chile) han impulsado recientemente reformas que endurecieron las sanciones y fortalecieron a los órganos responsables de su aplicación. Puede constatarse también, la introducción de medidas más rigurosas contra los transgresores, como privación de la libertad en diversos grados.

Ocho países establecen sanciones penales, en algunos casos dirigidas a candidatos y en otros a los donantes. Únicamente un país no prevé sanción alguna en caso de trasgresión a las disposiciones legales: República Dominicana. En El Salvador se han introducido sanciones pecuniarias a los partidos políticos, a partir de la reforma electoral de febrero de 2013. Por su parte, en Guatemala, en la reforma de 2016 se amplió el detalle de sanciones administrativas, penales (en caso de que la infracción constituya delito) y de otra índole, que afectan el régimen de financiamiento político.

Respecto de las sanciones cabe un último comentario: la existencia de un régimen efectivo de sanciones que respalden las regulaciones en materia de financiamiento político es un requisito *sine qua non*. El propósito de las mismas no es criminalizar la política. En otras palabras, más que imponer castigos, su objetivo debe ser prevenir violaciones graves a la legislación sobre el financiamiento político y favorecer su cumplimiento voluntario.

La aplicación de sanciones debe verse como el último y menos deseable de los recursos. Ahora bien, tampoco pueden servir de incentivos perversos que alienten la violación de las normas (por el bajo costo que hay que pagar en caso de incumplimiento) ni que terminen alentando la impunidad. Es recomendable que las sanciones sean fáciles de entender, graduales y proporcionales, múltiples, disuasivas y oportunas. Es importante, asimismo, que las autoridades electorales trabajen en estrecha coordinación con los partidos (suministrando información, educando, capacitando, etc.) para favorecer el entendimiento y cumplimiento de las normas y evitar acudir (hasta donde sea posible) a una aplicación frecuente y generalizada de las sanciones.

El diagnóstico trazado muestra la necesidad y trascendencia de fortalecer los órganos de control y definir claramente sus atribuciones y procedimientos para dotarlos de plena autonomía, asegurar su imparcialidad y garantizar su eficacia. Con base en las principales debilidades identificadas, aquí se formulan algunas recomendaciones dirigidas a mejorar el funcionamiento y a fortalecer la eficacia de los órganos de control:

➢ Simplificar las leyes y procedimientos aplicables.

➢ Buscar un equilibrio entre la "sobrerregulación" y la "criminalización". Como plantea De la Calle, "dada la debilidad institucional prevaleciente en la región, la ambición de penalizar puede provocar un proceso de degradación de la norma, y en este sentido la prudencia siempre debe acompañar cualquier intento de reforma en este campo".[491]

---

491 Humberto de la Calle Lombana, "La crisis de los partidos políticos: ¿Profundización o reforma? Hacia una agenda interamericana para la reforma y

- ➢ Establecer un régimen de sanciones riguroso y combinarlo con una estructura que incentive el cumplimiento.
- ➢ Fortalecer la independencia de los órganos de control y dotarlos de suficientes recursos financieros, humanos y técnicos para hacer cumplir las leyes.
- ➢ La autoridad de los órganos de control debe abarcar el monitoreo, la investigación y la persecución de las infracciones.
- ➢ Dotar a los organismos correspondientes de instrumentos adecuados y efectivos, como el poder de citación, la protección para informantes y el acceso a cuentas bancarias. En este sentido, es recomendable levantar las reglas del secreto bancario y tributario en lo que al financiamiento político se refiere, como han hecho recientemente México y Costa Rica (entre otros países) con muy buenos resultados.
- ➢ Hacer de la fiscalización de los partidos políticos una actividad permanente y no coyuntural.
- ➢ Regular la obligación de partidos y candidatos de presentar informes de sus ingresos y de sus gastos.
- ➢ Conducir auditorías aleatorias y periódicas en materia de verificación y control de los recursos financieros.
- ➢ Transparentar y difundir ampliamente los resultados de las auditorías y los informes de los partidos políticos.
- ➢ Establecer lineamientos y procedimientos claros en relación con los registros de donantes y establecer al interior de los partidos, los consejos de control ético y la figura del mandatario único financiero como responsable exclusivo del manejo de los dineros del partido.
- ➢ Eliminar las transacciones en efectivo y conducir todas las operaciones de los partidos a través del sistema bancario.

Finalmente, se recomienda reforzar los niveles de transparencia y de rendición de cuentas. Las carencias de los países latinoamericanos, caracterizados por la impunidad ante el escándalo y la falta de

---

modernización de los partidos políticos", Foro Interamericano sobre Partidos Políticos de la OEA, Washington, 2003, pp. 6-10. Disponible en: http://bibliotecavirtual.clacso.org.ar/ar/libros/normas/El_desafio_del_Financiamiento/dream%20weaverr/OTROS%20DOCUMENTOS/Informe_FIAPP_Cartagena.pdf

mecanismos y controles frente al ejercicio del poder, se reflejan inevitablemente en el tema del financiamiento a la política, del que se ocupa el siguiente apartado.

I. *Financiamiento político, transparencia y rendición de cuentas*

Existe amplio acuerdo en la doctrina, que el aumento de los niveles de transparencia es clave para proteger los sistemas políticos y los procesos electorales de la captación por parte de grandes grupos económicos o del financiamiento ilegal.

Las regulaciones tendientes a la transparencia financiera buscan que los partidos, candidatos y otros actores políticos reporten a las autoridades públicas las fuentes de sus recursos y el uso dado a los mismos. También incluye las reglas que definen si esa información es o no auditada y publicada.

Estas regulaciones presentan considerables variaciones entre países. Por lo general, imponen la obligación de elaborar informes financieros a los partidos más que a los candidatos, sobre actividades tanto regulares como electorales, con divulgación de las fuentes de financiamiento, así como de los gastos, y con la realización de auditorías de la información por parte de alguna autoridad competente.

El análisis de las características regionales que competen a este tema evidencia que la mayor parte de los países ha incorporado en su legislación obligaciones de transparencia. Un mapeo comparado de los 18 países latinoamericanos sobre estos elementos permite señalar lo siguiente:

➢ Si bien, en algunos países, la rendición de cuentas se encuentra dirigida fundamentalmente a responder por el buen manejo y destino de los fondos procedentes del Estado, existe una tendencia al establecimiento de procedimientos que contemplan la rendición de cuentas relativa a los ingresos de carácter privado y a los movimientos financieros de los partidos. Así, los movimientos realizados tanto con fondos estatales como privados deben hacerse públicos o someterse a consideración del órgano de control.

➢ Aunque la obligación de rendir cuentas debe alcanzar a todos los actores importantes en el proceso de financiamiento, en casi todos los casos, la tarea de la rendición recae fundamentalmente en los partidos políticos, siendo pocos los países en los que la legislación electoral involucra a los candidatos u otros actores en este procedimiento.

➢ No es común que los funcionarios electos sean removidos de sus puestos cuando se demuestran violaciones.

➢ En prácticamente todos los países los procedimientos investigativos se llevan a cabo después de las elecciones, lo que vuelve imposible que la detección de operaciones irregulares se sancione también a través del voto popular.

Si bien el análisis comparado pone en evidencia la existencia de una tendencia regional hacia la apertura de la información a los ciudadanos –a través, por ejemplo, de la publicación de los balances de los partidos–, esta es aún incipiente y se refiere principalmente a la publicación en gacetas y diarios oficiales, normalmente de poca circulación.

Sin duda, uno de los principales retos que enfrentan los países latinoamericanos en materia de financiamiento de la política es establecer nuevos mecanismos para la difusión de los informes financieros y contables que presentan los partidos políticos. En este sentido es muy importante analizar los beneficios y las posibilidades que ofrecen las tecnologías digitales en el ámbito de la transparencia del financiamiento político. Costa Rica y México, entre otros, son ejemplos de avance en materia de legislación y mecanismos innovadores que permiten tener la contabilidad "en línea".

CUADRO VI.8. *Rendición de cuentas y divulgación en materia de financiamiento de la política en América Latina*

País	Por partido	Por candidato	Por donante	Publicidad	Entes de control
Argentina	Sí	No	No	Sí	Jueces Federales con competencia electoral (uno por cada distrito) y Cámara Nacional Electoral con competencia nacional.
Bolivia	Sí	No	No	No [1]	Órgano Electoral
Brasil	Sí	Sí	Sí	Sí	Órgano Electoral
Colombia	Sí	Sí	No	Sí	Órgano Electoral
Costa Rica	Sí	No	No	Sí	Órgano Electoral
Chile	Sí	Sí	Sí	Sí	Órgano Electoral/ Contraloría
Ecuador	Sí	No	No	Sí	Órgano Electoral
El Salvador	Sí	No	No	No	Corte de Cuentas de la República y Órgano Electoral [2]
Guatemala	Sí	No	No	Sí [3]	Órgano Electoral
Honduras	Sí	No	No	No	Órgano Electoral
México	Sí	No	No	Sí	Órgano Electoral

FUENTE: Elaboración propia, con base en la legislación latinoamericana. Actualizada a diciembre de 2016.

1. Lo que se hace público son las resoluciones aprobatorias de las rendiciones de cuentas. Sin embargo, no existe una prohibición expresa para la publicidad de los informes presentados por los partidos.

2. La Corte de Cuentas es el órgano contralor en lo referente al financiamiento público, y el TSE en relación con el financiamiento privado.

3. Los partidos políticos y comités cívicos electorales deben publicar, por cualquier medio electrónico a su alcance, treinta días antes de la fecha de la elección: el monto de los aportes recibidos en los últimos dos años; el monto de los aportes recibidos para la campaña electoral en la que participa y, el balance de estados financieros de la entidad correspondiente al último año previo a la realización de las elecciones en que participa.

Sigue página siguiente

País	Por partido	Por candidato	Por donante	Publicidad	Entes de control
Nicaragua	Sí	No	No	Sí	Contraloría General/Órgano Electoral/Ministerio de Hacienda y Crédito Público
Panamá	Sí 4	Sí [4]	No	Sí (Aporte público)	Órgano Electoral/ Contraloría General [5]
Paraguay	Sí	No	No	Sí [6]	Órgano Electoral
Perú	Sí	No	No	Sí [7]	Órgano Electoral (Gerencia de Supervisión de Fondos Partidarios de la onpe)
República Dominicana	Sí	No	No	No	Órgano Electoral/ Contraloría General
Uruguay	Sí	Sí	No	Sí	Órgano Electoral
Venezuela	Sí	Sí	No	No	Órgano Electoral

4. La información se entrega solamente al TE, quien no puede divulgarla, pero queda obligado a entregarla a las autoridades competentes.

5 La Contraloría General ejerce control en lo referido al aporte público.

6. La publicación de los informes de gastos e ingresos de los partidos políticos la hace el Tribunal Electoral en el sitio web de la Justicia Electoral.

7. Toda la información relacionada con el financiamiento de los partidos políticos y con la labor que realiza la Gerencia de Supervisión de Fondos Partidarios (GSFP), así como la contabilidad detallada y los informes técnicos financieros que emiten los partidos para su posterior control, puede ser consultada en la página web institucional de la ONPE. Las resoluciones por sanción son publicadas en el diario oficial *El Peruano*.

Es necesario recalcar que una de las razones más importantes para regular la financiación de los partidos y las campañas, y transparentar todas las actividades al respecto es el empoderamiento de los votantes. Al poner a disposición de la ciudadanía la información necesaria sobre los movimientos financieros de los partidos se da la posibilidad al elector de tomar una decisión más informada y ejercer un control sobre el comportamiento de partidos y candidatos.

Como bien apunta Gene Ward,[492] la divulgación es a la política lo que los informes financieros son a los negocios. La divulgación cumple con dos funciones clave: contabilidad y rendición de cuentas, que sirven como medidas preventivas y como herramientas de control para combatir la corrupción política.

Como en todos los temas que cruzan la relación entre los ciudadanos y el poder público, la divulgación de información sobre los recursos que ingresan a los partidos y la forma en que se gastan es un requisito indispensable para fortalecer el apego a las normas y establecer consecuencias efectivas por su incumplimiento.

No hay rendición de cuentas sin información útil y de fácil acceso que permita conocer el desempeño de los candidatos y los partidos. De ahí la importancia de que los movimientos financieros de los partidos políticos y candidatos sean sometidos no sólo a la vigilancia rigurosa de los organismos de fiscalización sino también a la inspección y el escrutinio público. En la medida en que los medios de comunicación, las organizaciones civiles y los ciudadanos en general disponen de información sistemática y fidedigna sobre las actividades financieras de los partidos y la procedencia de sus recursos, será posible controlar los excesos y violaciones en sus ingresos y gastos.

Como lo señala Ferreira,[493] el desafío pasa por crear los medios para que la relación entre dinero y política sea cada vez más transparente, posibilite al ciudadano el ejercicio del voto informado y aliente a los partidos a ejercer un control recíproco para ajustar su conducta a las normas existentes y a las expectativas de la ciudadanía.

Quizás los retos más sustanciales en este punto se encuentran en la apertura de información sobre donantes particulares. Actualmente

---

492 Gene Ward, "Disclosure Requirements in Political Party and Campaign Financing", documento presentado en la II Reunión del Foro Interamericano de Partidos Políticos, Vancouver, 2002.

493 Delia M. Ferreira Rubio, "Rendición de cuentas y divulgación", en Steven Griner y Daniel Zovatto G., *De las normas a las buenas prácticas...*, *op. cit.*, 2004., p. 78.

existe un debate al respecto. La transparencia, como fin social y colectivo, se enfrenta al interés privado de los donantes a los partidos. Así, se ha argumentado que la búsqueda de la transparencia lesiona el derecho individual a la intimidad y la libertad de contribuir a un partido o candidato sin que se divulguen los datos personales. Sin embargo, el conflicto entre el predominio del interés colectivo sobre el individual debe ser resuelto según el contexto jurídico, social y cultural en que se inserte, pero siempre teniendo presente que la tutela del interés general no debe anular el respeto de los derechos individuales.

En suma, las reglas de transparencia buscan arrojar luz sobre las fuentes de apoyo de partidos y candidatos, así como sobre el cumplimiento por parte de estos de la legislación de financiamiento político. Revelar esa información posee un valor intrínseco para la democracia, pero las reglas de transparencia también tienen una importancia instrumental decisiva para posibilitar el éxito de otras medidas de regulación del financiamiento político, como los límites a las contribuciones y al gasto. La eficacia de los topes depende casi enteramente de la presencia de un sólido sistema de reporte y divulgación de las finanzas de partidos y candidatos.

6. *Los sistemas de financiamiento de la política y la perspectiva de género*

En América Latina, como en la mayor parte del mundo, históricamente las mujeres han estado subrepresentadas en los cargos de elección popular; por ello, se han impulsado medidas para incrementar su presencia en las esferas de poder. Así, durante las últimas décadas, casi la totalidad de los países latinoamericanos adoptaron leyes para el establecimiento de cuotas de género que garantizan a las mujeres niveles mínimos de participación política como candidatas en las elecciones nacionales.

Los resultados de esta medida saltan a la vista. La representación femenina en las Cámaras Bajas se incrementó de una media de 10.8% en 1997 a 26.5% en 2015 (media regional para los 18 países de América Latina). A su vez, algunos partidos han modificado sus estatutos para vincular a las mujeres en cargos directivos, otorgándoles entre 30 y 50% de representación, entre otros países en: Argentina, Brasil, Bolivia, Chile, Costa Rica, Ecuador, El Salvador, México, Nicaragua, Perú, Venezuela y Paraguay.

Argentina, Brasil, Chile, Costa Rica, Nicaragua y Panamá son los países de la región donde se ha elegido a una mujer para ocupar la presidencia; Bolivia y Ecuador también han contado con presidentas de la República (aunque no elegidas directamente). En Brasil, Colombia, Guatemala, Perú y Venezuela, mujeres se han postulado para la Presidencia con posibilidades reales de ganar. Otras naciones han contado con vicepresidentas. Además, durante los años noventa, en México fueron mujeres quienes dirigieron dos de los tres partidos políticos más importantes del país.

No obstante, estos avances, quedan por delante retos significativos, y no basta con el establecimiento de sistemas de cuotas para asegurar la equidad y la incorporación de la mujer en la contienda política. Algunos estudios han afirmado que la cuestión del financiamiento tiene implicaciones en la participación de las mujeres, porque cuentan con menor poder económico, menor formación interna en los partidos y conocimiento limitado de la maquinaria electoral, por lo que enfrentan mayores dificultades para competir.

Por lo tanto, se argumenta que cuanto más democrático sea un sistema en términos de financiamiento, más se aproximará a la equidad de género. Dentro de esta línea de pensamiento Velásquez[494] señala que:

> [...] escollo real y más inhabilitante que enfrenta la mujer en la política es la falta de acceso a los recursos financieros del partido político al que pertenece, pues aunque los partidos poseen recursos para realizar campañas electorales, las mujeres no se benefician de ellos. Así, no obstante los avances que se han dado en la incorporación de la mujer en la política, la perspectiva de género no ha llegado a atravesar y extender a las mujeres el crucial tema del financiamiento. Financiar campañas electorales y, más generalmente, financiar cualquier actividad política, se torna así en un tema más crítico para las mujeres que para los hombres.

---

494 Steven Griner y Daniel Zovatto G. (coords.), *De las normas a las buenas prácticas...*, *op. cit.*, 2004, p. 327.

Diversas razones están en la base de esta problemática. Ballington[495] indica que, aunque la obtención de recursos para financiar las campañas políticas es un reto para los líderes de ambos géneros, hay algunas razones por las cuales su obtención se torna especialmente problemática para las mujeres. Entre ellas se encuentran las barreras psicológicas, derivadas de la esfera doméstica en que tradicionalmente se las ubica; las redes de negocios y profesionales que se han estructurado principalmente alrededor del género masculino; los altos costos de la competencia, y las dificultades para contar con los fondos iniciales que den proyección a las candidaturas femeninas.

Estos condicionamientos, que pesan significativamente sobre las posibilidades de participación política y electoral de la mujer, son los que han motivado que algunos sectores promuevan la equidad de género a partir de la regulación de la financiación de los partidos.

Ana Isabel García[496] ha mostrado que los debates actuales sobre el papel del dinero en la política rara vez consideran el enfoque de género y sus implicaciones para la participación de las mujeres en la política. Su investigación revela, asimismo, que en América Latina no existe ninguna tendencia definida para regular la asignación de recursos financieros para la promoción de la participación de las mujeres, ni para facilitar su acceso a los fondos partidarios que les permitan competir electoralmente en condiciones de equidad, tanto al interior de los partidos como en el ámbito nacional.

Un recuento de los principales hallazgos del estudio de García, y de las recientes reformas dadas en la región en relación con el dinero y la perspectiva de género, permite señalar lo siguiente:

> ➢ La legislación que regula los sistemas de financiamiento de partidos y campañas electorales de la mayoría de los países no ha hecho explícita la dimensión de género en la normativa específica.

---

495 Julie Ballington, "Gender Equality in Political Party Funding", en *Handbook on Funding of Political Parties and Election Campaigns*, International IDEA, Estocolmo, 2003, pp. 158-161.

496 Ana Isabel García Quesada, "Financiamiento político y perspectiva de género", en Steven Griner y Daniel Zovatto G. (coords.), *De las normas a las buenas prácticas...*, *op. cit.*, 2004, pp. 143-183.

> Sólo en Costa Rica, Panamá y en Chile se identifican normativas referidas a los sistemas de financiación en los que, siguiendo criterios de género, se incorporan previsiones en materia de formación política de mujeres.[497] Cabe indicar, sobre este punto en particular, que recientemente en Colombia se ha emitido una normativa tendiente a regular el acceso a los fondos para las mujeres, los jóvenes y las minorías étnicas.[498]

> Existen en la región casos de partidos políticos cuyos estatutos de funcionamiento consideran la asignación de recursos para mujeres candidatas, entre otros, el Partido Arnulfista de Panamá, los partidos Liberación Nacional y Movimiento Libertario, de Costa Rica, y el Frente Farabundo Martí para la Liberación Nacional (FMLN) de El Salvador.

---

497 En Costa Rica, el artículo 52 del Código Electoral establece que los estatutos de los partidos deben contener la forma en que se distribuye en el periodo electoral y no electoral la contribución estatal. Específicamente, en su inciso *p*, se indica: "[...] De lo que el partido disponga para capacitación, deberá establecerse en forma permanente y paritaria, tanto a hombres como a mujeres, con el objetivo de capacitar, formar y promover el conocimiento de los derechos humanos, la ideología, la igualdad de géneros, incentivar los liderazgos, la participación política, el empoderamiento, la postulación y el ejercicio de puestos de decisión, entre otros". En ese sentido, los partidos están obligados a mostrar en sus liquidaciones, con certificación emitida por un contador público autorizado, el cumplimiento de esa norma. Por su parte, en Panamá la ley establece que los partidos políticos deben destinar para capacitación un mínimo de 50% del aporte anual que reciban del Estado en base a votos, del cual utilizarán un porcentaje mínimo de 10% para el desarrollo de actividades exclusivas para la capacitación de mujeres. En Chile se establece que el 10% del monto del financiamiento político público que reciben los partidos debe destinarse a fomentar la participación política de las mujeres.

498 La ley Estatutaria 1475 del 14 de julio de 2011, en su artículo 18, establece que los recursos provenientes de la financiación estatal deben usarse también para la inclusión efectiva de mujeres, jóvenes y minorías étnicas en el proceso político, indicando que los partidos, en sus presupuestos anuales, deben destinar una suma no inferior a 15% de los aportes estatales que les corresponden para las actividades de sus centros de pensamiento, realización de cursos de formación y capacitación, y para la inclusión efectiva de las citadas poblaciones.

En virtud de las escasas regulaciones y experiencias latinoamericanas que existen en esta materia, se exponen a continuación las principales recomendaciones formuladas durante el seminario "¿Es el financiamiento un obstáculo para la participación política de la mujer?", organizado por la OEA e IDEA Internacional (Washington, 2003), la mayoría de las cuales (pese a haber transcurrido más de una década) siguen siendo válidas:

➢ El financiamiento político y la equidad de género no son variables independientes. Su análisis debe estar estrechamente vinculado al funcionamiento de los sistemas electorales, de partidos y de gobierno que rijan en un país determinado.

➢ El apoyo a las mujeres debe suministrarse en todas las etapas del proceso político, tanto en su condición de aspirantes como cuando fungen de candidatas y gobernantes. También es importante el apoyo que se les preste a nivel local y comunitario.

➢ El financiamiento debe entenderse como un análisis de costos más allá de lo estrictamente monetario.

➢ Aumentar el número de mujeres en las esferas públicas y privadas, a través de mecanismos de acción afirmativa como las cuotas, representa una solución incompleta. Es imperativo garantizar la calidad y sostenibilidad en el tiempo de dicha participación. La educación ha demostrado ser la base sobre la que se construye el acceso de las mujeres a mejores oportunidades. No obstante, acciones concretas como la provisión de financiamiento temprano para las campañas electorales, la ayuda en las labores domésticas, la capacitación y el fortalecimiento de redes de apoyo, se han convertido en incentivos definitivos de las mujeres para tomar la decisión final de conquistar nuevas posiciones en la política.

➢ Los partidos políticos desempeñan un papel fundamental en la formación de liderazgo, selección de candidatos a cargos de elección popular y la conformación de los gabinetes de gobierno. La experiencia revela que si las cúpulas de los partidos –en su mayoría ocupadas por hombres– no tienen la voluntad de emprender procesos de reforma de sus estructuras internas, la participación política de la mujer seguirá siendo limitada.

➢ Finalmente, dada la poca experiencia en la materia, se considera importante coordinar los esfuerzos que realizan distintas organizaciones en materia de equidad de género y financiamiento de la política.

En suma, en lo referido a la relación entre financiamiento de la política, perspectiva de género y participación política, debe resaltarse el hecho de que la reflexión y la investigación sobre género y financiamiento de partidos y campañas es un tema insuficientemente explorado, tanto por quienes estudian la temática de género como por quienes analizan los problemas asociados al financiamiento de la política.

Si la búsqueda de mayores espacios para la participación política de la mujer pasa necesariamente por sus posibilidades reales de acceder a la competencia política, pareciera entonces revestir especial interés el profundizar la reflexión sobre este tema, e incorporar el análisis con perspectiva de género en los procesos de reforma sobre financiamiento político.

7. Objetivos generales que deben guiar el proceso de reforma

La financiación a la política, lejos de ser un tema aislado, recorre la columna vertebral de los sistemas democráticos contemporáneos. Más allá de la evidente dimensión económica involucrada –que obliga a mantener límites razonables al gasto electoral y a hacer un uso racional de los recursos–, sus consecuencias e implicaciones se extienden a otros ámbitos de la competencia democrática y del ejercicio del poder: la autonomía del poder político respecto del poder económico y los grupos de interés; la entrada de intereses adinerados a la política; la equidad en las condiciones de competencia; las oportunidades para nuevos partidos y fuerzas políticas; el grado en que la diversidad política encuentra un cauce en el sistema partidario; la cercanía entre partidos, candidatos y los electores. Todos ellos se encuentran en conexión directa con la forma en que se financia a los partidos y se mantiene en funcionamiento el sistema electoral.

Cada una de las dimensiones mencionadas debe tomarse en cuenta en cualquier proceso de reforma. La interdependencia del financiamiento político con otros aspectos cardinales del funcionamiento democrático exige una visión sistémica, integral y congruente, que vincule cualquier modificación al respecto con el tema, más amplio, de la reforma político-electoral en su conjunto.

A continuación, hacemos un recuento de los objetivos generales que deben guiar el diseño y reforma de los sistemas de financiamiento político.

- ➤ Garantizar la independencia de los partidos políticos. En virtud de los costos que inevitablemente implica para los partidos desarrollar sus campañas y actividades ordinarias, es importante que cuenten con fuentes de financiamiento público, de modo que se evite la dependencia del funcionamiento privado y la influencia excesiva, por esa vía, de los grupos de interés. En el mismo sentido, es fundamental mantener una estricta vigilancia sobre el financiamiento privado e implementar límites a las contribuciones. El financiamiento público que se otorgue a los partidos debe guardar un equilibrio razonable con las contribuciones privadas, que no someta al régimen político a la influencia desmedida de los grupos económicos —e, incluso, al de fuentes ilegales—, pero que, a la vez, mantenga una sana conexión entre ciudadanos y partidos. El acceso a la información de las finanzas partidistas es una condición indispensable para la rendición de cuentas.

- ➤ Reducir el gasto electoral y asegurar el uso razonable de los recursos. Medidas importantes para el logro de este objetivo son, entre otras: acortar la duración de las campañas electorales; establecer topes a los gastos de los partidos; prohibir o restringir la compra de publicidad política, y otorgar financiación pública.

- ➤ Mejorar el uso de los fondos públicos invirtiendo en el fortalecimiento de partidos democráticos. Los partidos y la competencia política abierta y libre entre ellos son esenciales para la existencia, el funcionamiento y la sostenibilidad democrática.

- ➤ Garantizar una competencia electoral efectiva y promover la equidad política. Los partidos y candidatos deben competir en condiciones de equidad. Una adecuada regulación del financiamiento de los partidos políticos y las campañas electorales resulta esencial para equilibrar las condiciones de la competencia electoral. El acceso a los medios de comunicación (particularmente a la televisión) en condiciones de equidad es también fundamental.

- ➤ Incrementar la transparencia mediante el fortalecimiento de los mecanismos de rendición de cuentas y de divulgación. La transparencia de las finanzas de los partidos no sólo permite a los electores decidir su voto con base en información adecuada y suficiente, sino que constituye un mecanismo eficaz para asegurar el apego de los partidos y candidatos a las reglas del juego.

> Fortalecer la independencia de los órganos de control y dotarlos de instrumento eficaces. El cumplimiento es esencial en cualquier sistema regulatorio. De ahí la importancia, como hemos insistido a lo largo de este análisis, de contar con órganos de control fuertes y autónomos, así como con un régimen eficaz de sanciones, que combine adecuadamente incentivos con castigos. Cada regla o disposición debe acompañarse de un procedimiento administrativo o judicial claro para garantizar su aplicación.

> Incorporar el enfoque de género en las discusiones y regulaciones sobre el financiamiento de los partidos políticos. El tema de la participación de la mujer en la política ha cobrado mayor relevancia en los partidos y las organizaciones de la sociedad civil. Sin embargo, este interés aún no se ha traducido en mecanismos que garanticen el acceso de las mujeres al financiamiento político en condiciones de equidad. Por ello, es necesario profundizar el debate e incorporar la perspectiva de género en los procesos de reforma.

En resumen: la experiencia comparada demuestra que el éxito en la persecución de estas metas reside de forma significativa en la instauración de reglas claras, congruentes entre sí y acompañadas por órganos, procesos y mecanismos que aseguren su cumplimiento.

8. *Reglas por considerar a la hora de encarar un proceso de reforma del financiamiento político*

Como hemos expresado en un trabajo conjunto con Kevin Casas Zamora,[499] el hecho de que una regulación adecuada y efectiva del financiamiento político sea muy necesaria en América Latina, no la hace inevitable. En efecto, la historia reciente de la región está llena de ejemplos de reformas condenadas al fracaso por problemas en su diseño y ejecución. En muchos casos tales defectos no son más que la materialización de intereses opuestos a la regulación de una materia muy sensible para la competencia electoral.

---

499 Kevin Casas Zamora y Daniel Zovatto G., Documento de trabajo elaborado en 2011 para el proyecto "Política, dinero y poder", de la OEA, que dio lugar a la publicación con el mismo título. Véase asimismo, de los mismos autores, *El costo de la democracia: Ensayos sobre el financiamiento político en América Latina*, IIJ/UNAM, IDEA Internacional, OEA y Dialogo Interamericano, México, 2015.

En otros, sin embargo, los resultados decepcionantes no son más que el reflejo de la inflación retórica, los mitos y las expectativas desproporcionadas que casi siempre acaban gobernando la discusión del tema. La experiencia internacional sugiere que, si los esfuerzos regulatorios en materia de financiamiento político han de alcanzar, al menos, ese modesto nivel de éxito, los actores políticos que emprenden esta tarea deben observar algunas de las siguientes reglas básicas.

A. *Haga las preguntas correctas*

Algunas de estas preguntas, son, al menos, las siguientes:

➢ ¿Cómo minimizar el riesgo de la entrada de fuentes de financiamiento cuestionables en los partidos y campañas?

➢ ¿Cómo reducir el riesgo de que, como consecuencia de la búsqueda de recursos para las campañas o las actividades partidarias, emerjan conflictos de interés para los tomadores de decisión o que, si emergen, no sean detectados por los ciudadanos o la prensa?

➢ ¿Cómo disminuir el riesgo de la utilización electoral de recursos públicos por parte de las autoridades del gobierno?

➢ ¿Cómo generar condiciones en las que un grupo adecuadamente amplio de partidos o candidatos tengan la posibilidad de hacer llegar su mensaje a los votantes?

➢ ¿Cómo establecer condiciones para que la regulación del financiamiento político no alimente la inestabilidad del sistema de partidos y contribuya a su institucionalización?

➢ ¿Cómo crear condiciones para que la legislación sobre financiamiento político se aplique eficazmente?

Cada una de estas seis preguntas apunta a un tema fundamental para la salud y la calidad de la democracia, desde la integridad de los tomadores de decisión, hasta la equidad electoral y la credibilidad de las leyes. Es virtualmente imposible que alguna reforma pueda acometer de forma simultánea todas estas necesidades, plena o, siquiera, coherentemente. En todo caso, no todas son igualmente prioritarias en todos los contextos. Por eso, reiteramos la importancia fundamental de que toda reforma se sustente en un diagnóstico riguroso de lo que urge modificar.

Iniciar un proceso de reforma con una postura *a priori* sobre lo que debe ser reformado y cómo reformarlo, sin haber realizado primero un diagnóstico, constituye un grave error que termina por obstruir el proceso de negociación política que requiere la adopción y aplicación exitosa de los cambios normativos.

B. *Pregúntese si los fundamentos están en su lugar*

Si bien las dificultades para regular el financiamiento político son comunes a todas las democracias, se plantean en forma más clara en países en vías de desarrollo o en los países que están experimentando transiciones democráticas, ya que en estos casos la investigación y regulación del financiamiento electoral suelen estar fundamentadas en "supuestos de modernidad".

Esto es, suponen la existencia (lo cual no siempre está presente en la realidad) de instituciones electorales y contraloras consolidadas, partidos políticos con un mínimo de institucionalización y una prensa hábil, diligente e independiente que se encuentre protegida de la intimidación política. La regulación del financiamiento político demanda no sólo paciencia sino, asimismo, prestar atención a aspectos políticos muy básicos sin los cuales está condenada al fracaso.

C. *Ponga en duda las verdades convencionales*

A su sentido de urgencia, los reformadores deben añadir un cierto escepticismo que les permita revisar algunas de las más extendidas creencias en materia de financiamiento político, que frecuentemente confunden más de lo que iluminan y distorsionan más de lo que describen. La falta de evidencia clara no obsta para que algunas aseveraciones tengan efectos políticos muy reales y terminen orientando los esfuerzos regulatorios. De ahí la importancia de contar con un diagnóstico como base de toda reforma. Pero no cualquier diagnóstico, sino uno fundado en evidencia empírica y métodos rigurosos.

D. *Aproveche las crisis, pero no permita que éstas determinen exclusivamente el contenido de las reformas*

Si algo ha mostrado reiteradamente la experiencia internacional es que los intentos para reformar integralmente las reglas de financiamiento político ocurren rara vez en forma espontánea, preventiva o inevitable. Tanto en las democracias desarrolladas como aquellas en vías de desarrollo, la experiencia ha mostrado que las reformas son casi siempre el resultado de escándalos y crisis que ponen el tema en el centro del debate político. La crisis suele ser la madre de la reforma (o al menos su "partera") y la mejor aliada de quienes tienen genuino interés en mejorar la regulación vigente. Importa tener en cuenta, eso sí, que, si bien las crisis pueden disparar las reformas, su contenido no debe quedar determinado exclusivamente por las mismas.

E. *Legisle pensando en el largo plazo, pero revise en el corto plazo*

La experiencia comparada aconseja evitar cambios en las reglas político-electorales para responder únicamente a crisis coyunturales. Por el contrario, la reforma del financiamiento político debe basarse en una mirada estratégica de mediano y largo plazo. La política –como la economía– demanda una visión de futuro, basada en un conjunto de reglas del juego claras y estables.

Piénsese en la cadena de fenómenos que un cambio en las reglas de financiamiento trae aparejada: adecuación de las maquinarias partidarias al nuevo sistema, incluidas nuevas formas de relacionamiento con los electores; ajuste de los medios de comunicación a nuevas maneras de hacer política, y adecuación de las estructuras de administración de la autoridad electoral a la nueva realidad, para citar solo algunos de los cambios más notorios.

Esto no puede ni debe estar cambiando radicalmente en cada campaña. Sin embargo, será inevitable hacer ajustes, y hay que estar abierto a ellos. La regulación del financiamiento político es conocida en Alemania como la "legislación interminable". Todo reformador debe ser muy consciente del carácter tentativo de sus esfuerzos y de la necesidad de revisarlos periódicamente. Este es, como lo hemos venido afirmando en nuestros trabajos, un tema condenado a la sucesión de distintas reformas legales; de ahí la importancia de tener en cuenta su carácter fluctuante y coyuntural.[500] Al igual que

---

500 Steven Griner y Daniel Zovatto G., *De las normas a las buenas prácticas...*, *op. cit.*, 2004, p. 335.

la propia construcción de la democracia, la configuración de un sistema efectivo de financiamiento político es un proceso gradual, dinámico, que se construye por etapas sucesivas, una larga travesía en la que muy pocas estaciones llegarán a ser éxitos rotundos.

F. *Preste atención a la combinación de instrumentos y al entorno institucional*

Cada uno de los instrumentos de regulación del financiamiento político –en particular los sistemas de financiamiento estatal– admite muchas variaciones y está ligado a un entorno normativo mucho más amplio que condiciona sus efectos. La evidencia disponible advierte contra la tentación de hacer afirmaciones empíricas generales sobre los efectos de cada instrumento de regulación. Prestar atención a la combinación de normas es crucial para predecir, con algún nivel de precisión, los efectos de las regulaciones de financiamiento político. Olvidar esto es una receta para las prescripciones equivocadas y las sorpresas desagradables.

Aún más, en ciertos casos las medidas requeridas para enfrentar algunos de los dilemas fundamentales del financiamiento político no serán coherentes con las requeridas para lidiar con otros. Algunos pasos necesarios para mejorar la calidad de la competencia electoral, por ejemplo, no necesariamente serán compatibles con el imperativo de no alimentar la inestabilidad del sistema de partidos. En esto, como en tantos otros asuntos, se aplica la vieja regla de vida de que no todas las cosas buenas vienen juntas.

De la misma manera, es vital prestar atención al entorno político e institucional en el que se introducen las regulaciones del financiamiento político. Factores como el tipo de régimen, el sistema electoral, la presencia de estructuras unitarias o federales, la fragmentación del sistema de partidos, el arraigo de las identidades partidarias, el alcance y profundidad de la intervención estatal, y las prerrogativas judiciales, por mencionar unos pocos, moldean decisivamente los incentivos y necesidades financieras de los actores políticos, los obstáculos para monitorear los flujos de contribuciones y gastos y, en última instancia, los efectos de cualquier sistema de financiamiento político.

Así, por ejemplo, los sistemas electorales orientados a las candidaturas individuales, los sistemas de voto preferencial, las estructuras federales y los sistemas de partidos altamente fragmentados inciden en un aumento en el número de estructuras de campaña y reducen las economías de escala que son inherentes a modelos más centralizados. Al multiplicar los puntos de entrada y salida del dinero y, por ello, los obstáculos para aplicar controles financieros, las estructuras electorales descentralizadas requieren un marco regulatorio diferente al que precisa un sistema basado en listas partidarias cerradas en un país con estructura unitaria. La tarea de diseñar regulaciones adecuadas al financiamiento político requiere, pues, que los reformadores comprendan los vínculos que ligan las reglas de financiamiento a su entorno institucional y político.

Mención particular merece el creciente papel que en esta materia están desempeñando los tribunales o cortes constitucionales, que pueden condicionar decisivamente el rango de opciones existentes para una reforma. Algunos ejemplos son los casos de Alemania, Costa Rica y los Estados Unidos, donde la jurisprudencia constitucional no sólo ha dado lugar a modificaciones drásticas de las regulaciones, sino que ha creado un marco referencial obligatorio para todas las reformas posteriores. En aquellos casos donde opera la jurisdicción constitucional es imprescindible considerar la producción jurisprudencial en los procesos de reforma para no promulgar disposiciones destinadas inexorablemente a su anulación.

Comprender el entorno institucional no hace de la predicción de los efectos de una reforma una ciencia exacta, ni cosa parecida. Con toda seguridad, toda reforma acabará por generar consecuencias imprevistas y, casi siempre, no deseadas. Tener la humildad y la sabiduría para revisar con alguna regularidad las normas introducidas es, por ello, esencial.

G. *Sea moderado, pero no conservador*

Si bien es cierto que, tratándose de la regulación del financiamiento político, no existe nada que sustituya la aplicación efectiva de la ley, es igualmente cierto que la medicina regulatoria debe tomarse en dosis administradas con cautela. La historia no ha tratado con amabilidad los intentos de introducir normas draconianas para regular el financiamiento político. La experiencia comparada evidencia, por ejemplo, que los topes generales de gasto han demostrado ser de difícil aplicación y han acumulado una larga historia de fracasos desde los Estados Unidos hasta Japón. Lo mismo puede decirse de los intentos de instaurar prohibiciones absolutas de las contribuciones privadas.

En los pocos casos en que los reformadores han tratado de hacerlo –como en India y Francia–, han recibido sorpresas desagradables: los aportes privados han continuado realizándose, pero en formas corruptas y opacas, obligando a los reformadores a volver sobre sus pasos y a re-legalizar dichos aportes. Yace aquí una lección crucial: entre más difícil se haga a los partidos y candidatos recaudar fondos por vías legales, más probable será que lo hagan mediante procedimientos opacos y cuestionables.

H. *Busque aliados y construya consensos*

La reforma de las reglas de financiamiento político no es simplemente un problema técnico sino, ante todo, político. Generalmente los reformadores se mueven en un angosto espacio en el que deben acometer dos tareas a veces incompatibles: por un lado, la de construir amplias coaliciones que pongan presión sobre quienes se benefician del *statu quo* –típicamente los partidos establecidos– y, por otro, la de involucrar a los partidos políticos tanto como sea posible en la elaboración de la reforma.

Estos últimos casi siempre resisten cualquier proceso tendiente a cambiar las condiciones de la competencia democrática, e invariablemente tratarán de hacer fracasar aquella legislación que les sea impuesta en forma inconsulta. Tampoco debe olvidarse que, antes que nadie, los personeros de los partidos son los verdaderos expertos en materia de financiamiento político. Ese caudal de experiencia no debe ser desaprovechado en ningún proceso de reforma.

Todo esto requiere ciertamente buscar aliados dentro y fuera del sistema político. La prensa independiente, que ha demostrado ser acaso el control más poderoso sobre las prácticas cuestionables de financiamiento político en muchas democracias, puede ser un aliado particularmente poderoso en esta materia. Pero, sobre todo, requiere concebir la reforma como un proceso basado en el diálogo y el consenso en el que participe el más amplio espectro posible de actores político-partidarios y en el que se involucre y consulte a diferentes sectores sociales. Esto permitirá que la reforma que se adopte adquiera sostenibilidad en el tiempo, además de un alto grado de legitimidad.

I. *Acompañe la reforma con recursos adecuados*

Todo sistema efectivo para regular el financiamiento político debe venir aparejado de recursos económicos, humanos y jurídicos para poderlo aplicar, de lo contrario perderá totalmente su credibilidad. Este punto es particularmente relevante en América Latina, donde existe una enorme propensión a creer que la introducción de cambios en los estatutos legales garantiza por sí misma su impacto en la realidad. El caso de México muestra que es posible acometer con relativo éxito la creación de controles al financiamiento político, pero que ello requiere instituciones robustas y muchos recursos. Tengamos siempre presente que las reformas fallidas no son simplemente inocuas, sino que, además, alimentan el desencanto político de la ciudadanía y afectan la credibilidad de futuros esfuerzos de regulación.

J. *Sea realista*

Esta es, acaso, la recomendación más importante de todas. Es razonable esperar que regulaciones bien concebidas y aplicadas puedan reducir de manera significativa las prácticas de financiamiento político más cuestionables y riesgosas para la democracia; sin embargo, creer que la introducción de tales regulaciones será capaz de erradicar de una vez y para siempre sus patologías no sólo es ilusorio sino también contraproducente. Quienes aspiren a elaborar reformas en esta materia no deben abrigar grandes ilusiones sobre las victorias que les esperan como resultado de sus empeños. La lucha para limpiar las prácticas de financiamiento político es, en el mejor de los casos, un camino entre riscos. Cuando se encuentran desprovistas de regulación, tales prácticas alimentan sospechas generalizadas y mitologías dañinas; cuando se las regula de forma inadecuada, generan desencanto con las reformas y escepticismo de las intenciones de los políticos que las introdujeron; cuando se les regula rigurosamente, producen escándalos recurrentes sobre métodos cuestionables de financiamiento y, en consecuencia, mayor cinismo político.

En resumen: las lecciones anteriores no constituyen un llamado a la inacción, sino tan sólo un sutil recordatorio de las grandes dificultades que aguardan a los reformadores en este campo. Como se señala en el informe *Política, Dinero y Poder*:

> Controlar el acceso del dinero a la política no es un asunto simple. Las reformas deben basarse en una idea analítica clara de las sendas causales por las cuales los recursos desiguales afectan los resultados políticos, además de en datos empíricos sólidos, pues de lo contrario serán vanos o hasta contraproducentes. Si bien aprobar leyes puede resultar sencillo, su aplicación efectiva por parte de las entidades de gobierno está sujeta a las mismas presiones que otras políticas. El papel de las organizaciones de la sociedad civil es pues crucial: son necesarias para supervisar la aplicación de las normas con independencia del gobierno y, quizá lo más importante, para reunir los recursos de las muchas personas con bajos ingresos a fin de contrarrestar la desigualdades en el acceso político.[501]

Sin embargo, y a pesar de los obstáculos, no queda más camino que emprender la tarea de reforma, toda vez que los daños derivados de la desregulación, o de la mala regulación del financiamiento político, son mucho más grandes que resultantes de todas las demás opciones.

9. Balance y consideraciones finales

Todo lo hasta aquí analizado arroja las siguientes conclusiones principales:

> ➢ Que el financiamiento de los partidos políticos y de las campañas electorales es un tema complejo, controvertido, irresuelto, para el cual no existen panaceas ni fórmulas mágicas, y cuyo perfeccionamiento se alcanza por aproximaciones sucesivas más que por amplias y muy ambiciosas iniciativas de reforma.

---

501 Dante Caputo (coord.) *Política, dinero y poder: un dilema para las democracias de las Américas*, FCE, México, 2011, p. 87. Disponible también en: www.oas.org/es/sap/docs/OEA_Poliit_dinero_poder_s.pdf.

➢ Que, si bien la reforma del financiamiento es un proceso eminentemente político, es altamente recomendable que este proceso esté basado en un diagnóstico y en un razonamiento científico.

➢ Que es importante que los reformadores tengan conocimiento de la gran variedad de instrumentos regulatorios que tienen a su disposición, para que puedan escoger aquellos que mejor se condigan con el contexto dentro del cual deben funcionar, y

➢ Que durante las últimas décadas se han logrado avances significativos en esta materia en Latinoamérica, aunque con variaciones sustanciales entre los distintos países.

Por su parte, del diagnóstico comparado que hemos efectuado sobre el tema en los 18 países de la región se desprenden las siguientes tendencias:

➢ En lo formal, predominan los sistemas de financiamiento mixto, con una importancia creciente del financiamiento público directo e indirecto, aunque todavía con predominio del financiamiento privado.

➢ El otorgamiento de recursos públicos convive con el afán de imponer límites legales a las contribuciones privadas. Estos rasgos formales contrastan, empero, con la percepción generalizada de que estas últimas superan ampliamente a los fondos públicos en casi la totalidad de los países. La presunción se ve reforzada por los frecuentes escándalos de corrupción, financiamiento ilegal, dinero procedente del narcotráfico, etcétera.

➢ Debido a la combinación de factores como la regulación inadecuada, la ineficacia de los órganos de control y del régimen de sanciones y de prácticas políticas hasta ahora favorables a la trasgresión de las normas, el financiamiento público, más que un sustituto parcial del privado, ha funcionado, en muchos casos, como aditamento del mismo.

➢ Existe una tendencia a favor de controlar los disparadores del gasto electoral, estableciendo topes y acortando campañas, con resultados disímiles en los diferentes países. Esta tendencia se ve acompañada de una reorientación en el uso de los recursos públicos hacia actividades de investigación y capacitación.

➢ Mientras ciertos temas han sido tratados adecuadamente, otros cuentan, en cambio, con una regulación precaria o inexistente; un ejemplo claro es el acceso gratuito a los medios electrónicos de comunicación. Sobre este método de financiamiento público indirecto la regulación presenta uno de los mayores vacíos a escala regional, con la excepción de Argentina, Brasil, Chile, México y Guatemala.

> Los niveles de transparencia siguen siendo bajos, si bien se observa un número mayor de reformas dirigidas a fortalecer la rendición de cuentas y a mejorar la divulgación. Se constata asimismo en este ámbito un papel creciente y positivo de los medios de comunicación y de la sociedad civil.

> El tema del financiamiento y la perspectiva de género es un aspecto poco desarrollado. Si bien se le ha prestado cada vez mayor atención, ello no se ha traducido aún en regulaciones específicas, con excepción de cuatro países.

> Sin perjuicio de reconocer ciertos avances, la gran mayoría de las reformas a los regímenes partidarios no han sido acompañadas del fortalecimiento necesario de los órganos de control y del régimen de sanciones. Este sigue siendo uno de los puntos más débiles, el verdadero talón de Aquiles en la gran mayoría de los países de la región.

De ahí la importancia de adoptar un enfoque holístico de los controles al financiamiento político,[502] similar al que sigue el Consejo Asesor Presidencial contra los Conflictos de Interés, el Tráfico de Influencias y la Corrupción, convocado por la presidenta Michelle Bachelet (en 2015),[503] por varias razones:

En primer lugar, en cuanto a la oportunidad de los controles. Esto no es un asunto puramente electoral. Proteger la integridad del proceso electoral es importante, pero más lo es proteger la integridad del sistema político a lo largo de todo el ciclo político. En segundo lugar, en cuanto a los actores que es necesario movilizar [...] Y, en tercer lugar, tener en cuenta que la regulación del financiamiento político es parte de un "eco-sistema" de protecciones a la integridad de la políti-

---

502 OECD, Financing Democracy. Policy Capture, Funding of Political Parties and Election Campaigns. Building Trust in Public Institutions, París, 2015, p. 16.

503 Éste fue el enfoque innovador que seguimos los miembros del Consejo, cuyo informe final presentamos a la primera mandataria el 24 de abril de 2015. Disponible en: www.consejoanticorrupcion.cl.

ca que incluye también las regulaciones al *lobbying*[504] y a los conflictos de interés, las declaraciones de activos, las normas que hacen al secreto bancario y tributario, las protecciones a la libertad de prensa y a los denunciantes, las reglas de inmunidad parlamentaria, entre otros muchos aspectos. Todas estas normas deben estar articuladas para que el control del financiamiento político pueda ser efectivo.[505]

En resumen: un buen sistema de financiamiento debería garantizar una competencia política abierta, libre y equitativa, niveles adecuados de transparencia (sobre el origen y destino de los recursos) y contribuir a fortalecer la confianza pública en los partidos, la política y la democracia. En este sentido, un sistema mixto (dotado de recursos públicos y privados adecuados), con divulgación y transparencia plena, todo ello acompañado de un órgano de control competente y autónomo, respaldado por un eficaz régimen de sanciones, son requisitos esenciales para el éxito de una reforma en esta materia. La construcción de esquemas de financiamiento que satisfagan plenamente estas condiciones es un camino en el que los países latinoamericanos aún están transitando.

---

504 OECD, Lobbyists, Governments and Public Trust, vol. 3, Implementing the OECD principles for transparency and integrity in lobbying, París. 2014, pp. 7-39.

505 Kevin Casas Zamora, "Dinero y política: independencia de los órganos de control", *Clarín*. Disponible en: http://www.clarin.com/opinion/financiamiento_politico-organismos_de_control-campanas_electorales_0_1439856387.html; e *Ibídem*, "Debates: dinero y política ¿cono de sombras?", 29 de septiembre de 2015. Disponible en: http://minseg.clientes.ejes.com/noticia_completa.cfm?id=43803983&desde =42274&fecha=42274&tipo=G&canal=8952358&mime=&qidx_cursor=1 &page=1&total_pages=3&rpp=25&return_url=%2Fdefault.cfm%3Fdesde %3D42274%26fecha%3D42274%26tipo%3DG%26canal%3D8952358%2 6mime%3D%26qidx_cursor%3D1

VII. CENTRALIDAD DE LOS ORGANISMOS ELECTORALES EN LAS DEMOCRACIAS LATINOAMERICANAS

La democratización latinoamericana exigió un árbitro, un basamento de reglas, instituciones y personalidades capaces de organizar los comicios, y de dar un veredicto profesional, imparcial y creíble en torno a los resultados que emergen de la arena electoral. Ésta constituye una de las claves para entender los 38 años que aquí se relatan y lo que distingue con mayor énfasis y claridad el "tipo" de innovación institucional que llevaron a cabo las democracias en la región o, mejor dicho, el tipo de problemas que tuvieron que resolver las transiciones para escapar de los autoritarismos y de un pasado plagado de fraudes y trampas electorales.

Sin embargo, pese al papel decisivo que estos organismos cumplen y al número creciente de estudios sobre los mismos, la investigación especializada hasta ahora ha sido insuficiente, especialmente en lo que se refiere a análisis empíricos.[506]

---

506 Mikel Barreda Diez y Leticia M. Ruiz Rodríguez (eds.), *Percepciones ciudadanas de los organismos electorales latinoamericanos, en organismos electorales y calidad de la democracia en América Latina*, JNE y Escuela Electoral y de Gobernabilidad, Lima, 2014, pp. 19-21. Como bien señalan estos autores, en el ámbito de la ciencia política la investigación sobre los organismos electorales (OE) latinoamericanos se ha canalizado fundamentalmente en dos direcciones. Por un lado, una parte de los estudios ha abordado a estos organismos electorales como una variable dependiente, y por el otro, como una variable independiente. En el primer caso (variable dependiente) el énfasis está puesto en factores tales como: *1)* los diseños institucionales de los OE, *2)* el contexto político-electoral, y *3)* la cultura política.

En América Latina, como señaló hace más de dos décadas el historiador Couffingal,[507] en los actos mismos de su génesis política como naciones independientes, las elecciones se realizaron bajo la "lógica patricia", es decir, aspirando a construir el principio representativo de gobierno pero limitando la intervención del pueblo en el acto electoral. De esa suerte, las votaciones se concibieron, a veces de forma explícita,[508] de manera limitada, tutelada, modulada, evitando minuciosamente el "tumulto de las clases bajas ciudadanas" y, si era preciso (casi siempre lo era para los sectores dominan-

---

En el segundo caso (variable independiente), los factores clave son el efecto que estos organismos tienen sobre otras variables, tales como los procesos electorales y los de democratización. De acuerdo con estos autores, la cultura política es una de las principales variables explicativas de la confianza en los OE, y expresan: "Cuanto mayor sea el nivel de confianza en las instituciones del sistema político al que pertenece el OE, mayores serán los niveles de confianza en los OE en su conjunto", en *Ibídem*, pp. 28-29; véase también: *Ibídem*, "La cadena causal de la confianza en los organismos electorales de América Latina: sus determinantes y su impacto sobre la calidad de la democracia", *Revista de Ciencia Política*, vol. 33, núm. 3 (Santiago de Chile, noviembre-diciembre, 2013), pp. 649-673. Fernando Barrientos del Monte, "Organismos electorales y calidad de la democracia en América Latina. Un esquema de Análisis" y "The changing nature of democratization in Latin America; rights, politics and development", Documentos presentados en el II Annual Workshop of European Network on Latin American Politics (Nuffield College, Oxford, Inglaterra, 26-28 de marzo 2008); *Ibídem*, "Confianza en las elecciones y el rol de los organismos electorales en América Latina", *Revista de Derecho Electoral*, núm. 10, (San José, Costa Rica, segundo semestre, julio-diciembre, 2010). Luis Diego Brenes Villalobos, "(Des) confianza en los organismos y procesos electorales en América Latina", *Boletín Datos de Opinión*, núm. 10 (Universidad de Salamanca, Salamanca, 10 de julio, 2012); Jonathan Hartlyn, Jennifer Mccoy y Thomas M. Mustillo, "La importancia de la gobernanza electoral y la calidad de las elecciones en la América Latina contemporánea", *América Latina Hoy*, vol. 51 (Universidad de Salamanca, Salamanca, 2009), pp. 15-40. Matthew L. Layton, "Trust in Elections", *Americas Barometer Insights*, núm. 37 (LAPOP, Insights series, Vanderbilt University Press, Vanderbilt, 2010).

507 Georges Couffignal (comp.), *Democracias posibles*, FCE, México, 1993, pp. 50-51.

508 La Constitución del Cúcuta de 1812 decía, con sus letras: "El pueblo no ejercerá por sí mismo otras atribuciones de la soberanía que la de las elecciones primarias" (Art. 10 de la Constitución de Colombia, 1812).

tes), recurriendo a la intervención, la distorsión o, de plano, al fraude electoral.

El libertador Simón Bolívar expresó: "Introducir restricciones justas y prudentes en las asambleas primarias y electorales, pone un primer freno al desorden popular, evitando la participación de la multitud tumultuosa, que siempre introdujo el error en las elecciones, en la designación de los magistrados y en su posterior acción de gobierno".[509]

Así las cosas, la "lógica patricia" –que quería evitar a toda costa "la anarquía y las rupturas provocadas por la plebe en movimiento"– extendió su impronta a través de los siglos y legitimó entre la mayor parte de las élites de América Latina la idea de elecciones tuteladas y sistemas de participación prudenciales fuertemente intervenidos o influidos por las corporaciones, los estamentos y los gobiernos. No fue sino hasta la última parte del siglo XX que esa inercia histórica pudo remontarse a nivel de toda la región.

De esa dimensión fue, y es, la tarea primordial, a saber, la de garantizar la plena libertad y transparencia, así como la mayor participación electoral dc toda la ciudadanía, sin restricciones ni distorsiones artificiosas. Esta tarea fundamental, que al mismo tiempo es política, técnica y cultural, se ha venido desarrollando en América Latina, construyendo, reanimando y reformando sus instituciones electorales según fuese el país en cuestión. El análisis de este proceso, es el objetivo del presente capítulo.

1. Concepto y funciones de los organismos electorales

La ola democratizadora construyó su propia institucionalidad, hecho que propició el establecimiento en la casi totalidad de los países latinoamericanos de órganos estatales encargados del control y el cumplimiento de la regulación jurídica de los partidos políticos, a los cuales se les reconoce independencia funcional y administrativa. En efecto, durante la década de los ochenta, la mayoría estableció, o en algunos casos restableció, bajo nuevos diseños, los órga-

---

509 Discurso ante el Congreso de Angostura, 15 de febrero de 1819, citado en Georges Couffignal, *Democracias..., op. cit.,* 1993, p. 56.

nos y mecanismos de la administración electoral, caracterizados en prácticamente todos los casos por instituciones especializadas, permanentes, imparciales, independientes y autónomas del resto de los otros poderes.

El fortalecimiento institucional progresivo de los organismos electorales es muy notable, y en virtud de ese proceso se han convertido en parte integrante de la regulación constitucional con carácter permanente.

En ese sentido, Jaramillo[510] señala que estos órganos han asumido cada vez más funciones: la calificación de las elecciones; la elaboración del registro electoral –y en varios países, además, la de los registros fundamentales, como son el civil y el ciudadano–; la reglamentación de la ley electoral; el reconocimiento y cancelación de la personería de los partidos; la administración de los fondos públicos para el financiamiento tanto de los partidos como de las campañas electorales; el resguardo de las finanzas partidistas; la observancia de todo lo relacionado con la propaganda electoral en las campañas; la administración de los espacios en radio y televisión e, incluso, el control de la vida interna de los partidos, entre otras materias.

Cabe señalar, asimismo, que en la última década se ha fortalecido la tendencia a asignarles también labores relacionadas con la educación cívica y electoral de la ciudadanía, con el objetivo de fortalecer los valores del sistema democrático.[511]

El grado de regulación del tema es diverso, pero en un gran número de países de la región, se observa que el tratamiento que dedica la

---

510 Juan Fernando Jaramillo, "Los órganos electorales supremos", en Dieter Nohlen, Daniel Zovatto G., José de Jesús Orozco Henríquez, José Thompson (comps.), *Tratado de derecho electoral comparado de América Latina*, IIDH-CAPEL-Universidad de Heidelberg-IDEA-TEPJFM-IFE-FCE, México, 2007.2007, p. 372.

511 Un estudio sobre las funciones de formación en democracia que han asumido las instituciones electorales de la región se encuentra en Hugo Picado León e Ileana Aguilar Olivares, "La formación en democracia: nueva tendencia en los organismos electorales latinoamericanos", *Revista de Derecho Electoral*, núm. 14 (TSE, San José, Costa Rica, julio-diciembre de 2012), pp. 116-141.

Constitución al asunto de la organización electoral es muy relevante y pormenorizado. En términos generales, los aspectos que desarrollan las constituciones se refieren a la definición del organismo encargado de la materia electoral, sus características y funciones, su ubicación dentro del aparato estatal, así como el sistema de elección, cualidades de sus miembros y periodo de su nombramiento.

2. *Posición del órgano supremo electoral dentro del aparato estatal*

América Latina es una región paradigmática del "modelo independiente", así llamado por su búsqueda explícita, desde los textos constitucionales, de una clara separación del gobierno. A propósito, y siguiendo una tipología comparada elaborada por el Instituto Internacional para la Democracia y la Asistencia Electoral (IDEA Internacional),[512] podemos decir que las atribuciones clásicas de los organismos encargados de organizar las elecciones son:

➢ Determinar quiénes pueden votar en la elección;

➢ Recibir y validar las nominaciones de los candidatos electorales;

➢ Facilitar la infraestructura para el ejercicio del sufragio;

➢ Contar los votos y emitir los resultados electorales, y

➢ Calificar la votación, emitiendo la validez de los cargos electos.

No obstante, como se indicó anteriormente, las facultades y obligaciones del desarrollo electoral de los países se han ido expandiendo: la emisión del documento de identificación de los electores; la delimitación geográfica (distritos, delegaciones, etc.); la educación e información para los votantes; la regulación de las finanzas y otras prerrogativas de los candidatos y partidos, así como la resolución de controversias electorales.

Los organismos electorales se caracterizan por la concentración/desconcentración de atribuciones: si se trata de una sola institución o de más de una; por el tipo de elección que administra (locales o nacionales), etc. En este análisis centraremos la atención en las

---

512 IDEA, *Electoral Management Design. The International IDEA Handbook,* Estocolmo, 2006.

características institucionales y funcionales que definen a estos organismos:

> Modelo independiente. La organización y administración de las elecciones está a cargo de un organismo autónomo del Poder Ejecutivo, que administra su propio presupuesto. La mayoría de los países de la región ha optado por este modelo de administración electoral.

> Modelo gubernamental. La organización y administración de las elecciones y temas relacionados están a cargo de una rama del Poder Ejecutivo, sea a través de un ministerio/departamento federal o bien de departamentos estatales; su presupuesto emana del asignado a cualquiera de estos últimos.

> Modelo mixto. Los países con este modelo cuentan con una doble estructura: una instancia independiente del Poder Ejecutivo y otra dentro de esa rama del gobierno. La primera se encarga de la organización de las elecciones; la segunda, supervisa y verifica jurisdiccionalmente la implementación de los comicios realizados por la primera y puede revisar judicialmente ciertas decisiones de la entidad que pertenece al Poder Ejecutivo. Cada instancia cuenta con su propio presupuesto.

CUADRO VI.2.1. *Modelos de administración electoral en el mundo*

Rasgos esenciales del modelo	Modelo independiente (casi toda América Latina)	Modelo gubernamental	Modelo mixto	
			Independiente	Gubernamental
Arreglo institucional	El órgano electoral es legalmente independiente del ejecutivo.	El órgano electoral se localiza o es dirigido por un departamento del gobierno estatal o federal.	El órgano electoral es autónomo del ejecutivo.	El órgano electoral se localiza o es dirigido por un departamento del gobierno estatal o federal.
Organización de elecciones	Es completamente responsable de la organización de las elecciones.	Es dirigida por el gobierno.	Tiene atribuciones para monitorear, supervisar y a veces determinar políticas para la organización.	La implementación de elecciones es dirigida por el gobierno.
Rendición formal de cuentas	No rinde cuentas al Ejecutivo. En algunos casos, lo hace al Legislativo, al Judicial o a la cabeza del Estado.	Rendición de cuentas completa a la rama ejecutiva del gobierno.	No rinde cuentas al Ejecutivo. En algunos casos, lo hace al Legislativo, al Judicial o a la cabeza del Estado.	Rendición de cuentas completa a la rama ejecutiva del gobierno.
Atribuciones	Atribuciones para definir el marco regulatorio bajo la ley.	Atribuciones limitadas a la implementación de elecciones.	En ocasiones cuenta con atribuciones para definir el marco regulatorio bajo la ley. Vigila o supervisa a los que implementan elecciones.	Atribuciones limitadas a la implementación de elecciones.
Integración	Miembros que no pertenecen al Poder Ejecutivo.	Se dirige por un funcionario público. Salvo algunas excepciones, no tiene "miembros", sino un secretariado.	Miembros que no pertenecen al Poder Ejecutivo.	Se dirige por un funcionario público. No tiene "miembros", sólo un secretariado.

Sigue página siguiente

519

Rasgos esenciales del modelo	Modelo independiente (casi toda América Latina)	Modelo gubernamental	Modelo mixto	
			Independiente	Gubernamental
Periodo/ Permanencia	Ofrece permanencia en el cargo, pero no en todos los casos un periodo legal.	Como no tiene "miembros", no aplica. El personal del secretariado se conforma por funcionarios públicos civiles, removibles.	Ofrece permanencia en el cargo, pero no en todos los casos un periodo legal.	El periodo no es legal ni fijo.
Presupuesto	Tiene y administra su propio presupuesto independientemente del control gubernamental.	El presupuesto forma parte del presupuesto del gobierno federal o local, según se trate.	Tiene un presupuesto separado.	El presupuesto forma parte del presupuesto del gobierno federal o local, según se trate.

FUENTE: Elaboración propia.

En América Latina, como ya adelantamos, la norma general es que las autoridades electorales sean organismos autónomos e independientes de los tres poderes estatales tradicionales. En Argentina,[513] Brasil y Paraguay, éstos son parte del Poder Judicial de la Nación (véase cuadro VI.2.2.).

En Bolivia, Nicaragua, Venezuela y Ecuador se consagra en la Constitución, de manera expresa, la existencia del Poder Electoral –en el caso venezolano y ecuatoriano, también del Poder Ciudadano–, al lado de los Poderes Ejecutivo, Legislativo y Judicial, aclarándose que en Ecuador no se los denomina Poderes sino Funciones.[514]

En su artículo 12, la Constitución de Bolivia de 2009 indica que el Estado organiza y estructura su poder público a través de los órganos Legislativo, Ejecutivo, Judicial y Electoral. Esta tendencia a elevar la calidad del Poder Electoral es relativamente nueva (pri-

---

513 Cabe indicar que en Argentina también ejercen el control de la actuación de los partidos políticos los Juzgados Federales con competencia electoral.

514 En Ecuador, los dos órganos electorales (Consejo Nacional Electoral y Tribunal Contencioso Electoral) forman parte de la Función Electoral, establecida en el artículo 217 de la Constitución Política.

mera década del siglo XXI) y se la ha acompañado de una reconceptualización profunda de la Constitución misma.

No obstante estos casos singulares, la tendencia predominante en estos 38 años ha sido la de incluir a los organismos electorales en el texto de las leyes fundamentales, con la finalidad de dotarlos de fortaleza e independencia ante el resto de poderes y de partidos políticos, de lo cual carecían en el pasado.

La peculiaridad de los organismos electorales de la región no sólo reside en su carácter independiente del Ejecutivo. En general, también desempeñan funciones jurisdiccionales, de ahí su denominación más habitual como tribunales y su naturaleza autónoma de los tres poderes o, incluso, su pertenencia al Poder Judicial. Más aún, a varios tribunales electorales latinoamericanos se les confiere atribuciones para resolver en última instancia, es decir, de manera final y definitiva, la validez de las elecciones. Esto no ocurre, por lo general, con organismos de otras regiones que también pertenecen al modelo independiente, como las comisiones electorales, pues si bien cuentan con autonomía técnica y funcional es común que se las ubique formalmente dentro del Poder Legislativo, y casi ninguna tiene competencia para decidir en última instancia sobre la validez de las elecciones, ya que contra sus decisiones procede con frecuencia alguna impugnación ante la jurisdicción ordinaria y/o constitucional.[515]

Otra particularidad presente en los organismos electorales de la región que merece ser subrayada es la existencia no de una sino de varias instituciones que organizan y encauzan las elecciones nacionales. En este caso se encuentran, entre otros: Chile, Colombia, Ecuador, México, Perú y República Dominicana; países donde se destaca la existencia de dos (y en Perú de hasta tres) organismos con competencias relacionadas con la materia electoral y los partidos políticos. En Chile se encuentran el Servicio Electoral (Ser-

---

515 José de Jesús Orozco Henríquez, "Sistemas de justicia electoral en el derecho comparado", en José de Jesús Orozco Henríquez (coord.), *Sistemas de justicia electoral: evaluación y perspectivas*, IFE, PNUD, IIJ/UNAM, IFES, IDEA, TEPJF, México, 2001, pp. 45-58.

vel),[516] que organiza las elecciones, y el Tribunal Calificador de Elecciones, órgano jurisdiccional. Colombia, por su parte, cuenta con el Consejo Nacional Electoral y con la Registraduría Nacional del Estado Civil. En México, el Instituto Nacional Electoral (INE) es el órgano encargado de la totalidad de la organización electoral y de la regulación de los partidos políticos, y el Tribunal Electoral del Poder Judicial de la Federación (TEPJF) es la máxima autoridad jurisdiccional cuya función esencial es contenciosa y resolutiva de diferendos sobre los mismos asuntos.

Perú por su parte, cuenta con la Oficina Nacional de Procesos Electorales (ONPE), el Jurado Nacional de Elecciones (JNE) y el Registro Nacional de Identificación y Estado Civil (Reniec).[517] La Ley de Partidos Políticos otorga a la ONPE las funciones de administración electoral y al JNE las de impartición de justicia electoral, todo ello dentro del marco constitucional. En Ecuador se ha instituido la Función Electoral, compuesta por dos órganos: el Consejo Nacional Electoral, encargado de los procesos electorales y el control de las organizaciones políticas, y el Tribunal Contencioso Electoral, responsable de lo jurisdiccional.

En estos países, los órganos administrativos y judiciales tienen independencia administrativa y funcional. En el caso de República

---

516 La Ley 20860 (del 20 de octubre de 2015) otorga autonomía constitucional al Servicio Electoral, excluyéndolo de la Administración del Estado, reconociéndole su total autonomía y completa independencia respecto de los poderes del Estado. El artículo 95 bis de la Constitución Política expresa que: "Un organismo autónomo, con personalidad jurídica y patrimonio propios, denominado Servicio Electoral, ejercerá la administración, supervigilancia y fiscalización de los procesos electorales y plebiscitarios; del cumplimiento de las normas sobre transparencia, límite y control del gasto electoral; de las normas sobre los partidos políticos y las demás funciones que señale una ley orgánica constitucional".

517 La reforma constitucional de 1993 también estableció el Registro Nacional de Identificación y Estado Civil como institución autónoma que, entre otras atribuciones, se encarga de actualizar el padrón electoral, así como de proporcionar al Jurado Nacional de Elecciones y a la Oficina Nacional de Procesos Electorales toda la información necesaria para el desempeño de sus funciones.

Dominicana, la Constitución de 2010 establece dos órganos: la Junta Central Electoral encargada de los procesos electorales, y el Tribunal Superior Electoral, responsable de impartir la justicia electoral.

CUADRO VI.2.2. *Calidades de los órganos supremos electorales de América Latina*

País	Organismo electoral	¿Regulado constitucionalmente?	Ubicación dentro del Estado	Independencia administrativa y funcional
Argentina	Cámara Nacional Electoral	No	Poder Judicial	Sí
Bolivia	Tribunal Supremo Electoral	Sí	Poder Electoral	Sí
Brasil	Tribunal Superior Electoral	Sí	Poder Judicial	Sí
Chile	Servicio Electoral (Servel)	Si	Órgano independiente con autonomía constitucional	Sí
	Tribunal Calificador de Elecciones	Sí	Tribunal especial	Sí
Colombia	Consejo Nacional Electoral	Sí	Órgano independiente	Sí
	Registraduría Nacional del Estado Civil	Sí	Órgano independiente	Sí

Sigue página siguiente

País	Organismo electoral	¿Regulado constitucionalmente?	Ubicación dentro del Estado	Independencia administrativa y funcional
Costa Rica	Tribunal Supremo de Elecciones	Sí	Órgano independiente	Sí
Ecuador	Consejo Nacional Electoral	Sí		Sí
	Tribunal Contencioso Electoral	Sí	Función Electoral	Sí
El Salvador	Tribunal Supremo Electoral	Sí	Órgano independiente	Sí
Guatemala	Tribunal Supremo Electoral	Constitución remite a ley	Órgano independiente	Sí
Honduras	Tribunal Supremo Electoral	Sí	Órgano independiente	Sí
México	Instituto Nacional Electoral	Sí	Órgano independiente	Sí
	Tribunal Electoral del Poder Judicial de la Federación	Sí	Poder Judicial	Sí
Nicaragua	Consejo Supremo Electoral	Sí	Poder Electoral	Sí
Panamá	Tribunal Electoral	Sí	Órgano independiente	Sí
Paraguay	Tribunal Superior de Justicia Electoral	Sí	Poder Judicial	Sí
Perú	Oficina Nacional de Procesos Electorales	Sí	Órgano independiente	Sí
	Jurado Nacional de Elecciones		Órgano independiente	
		Sí		
				Sí

Sigue página siguiente

País	Organismo electoral	¿Regulado constitucional-mente?	Ubicación dentro del Estado	Independencia administrativa y funcional
República Dominicana	Junta Central Electoral	Sí	Órgano independiente	Sí
	Tribunal Superior Electoral	Sí	Órgano independiente	
Uruguay	Corte Electoral	Sí	Órgano independiente	Sí
				Sí
Venezuela	Consejo Nacional Electoral	Sí		Sí
			Poder Electoral	
	Sala Electoral	Sí		Sí
			Tribunal Supremo de Justicia	

FUENTE: Daniel Zovatto G., *Regulación jurídica de los partidos políticos en América Latina*, UNAM-IDEA, México, 2006, pp. 153-154. (Datos actualizados a 2016.)

3. Mecanismos de selección de los miembros de los órganos electorales

En cuanto al nombramiento de los miembros de los órganos electorales, América Latina presenta una variedad de formas y condiciones de elección, así como un crisol de fórmulas y de instituciones involucradas. Existen cuatro modelos principales:

➢ Dominado por un solo partido. Cuando un partido, habitualmente en el poder, tiene suficientes representantes como para tomar ellos solos la mayoría de las decisiones (ya sea que lo haga o no).

➢ Mixto partidarizado. Cuando hay una representación equilibrada de los partidos políticos en el organismo o una representación mixta, de tal forma que ningún partido pueda tomar decisiones por cuenta propia.

➢ Independiente/mixto partidarizado. Cuando algunos miembros son nombrados con base en representación partidaria y otros son independientes (Uruguay, por ejemplo).

➢ Independiente de los partidos. Cuando los miembros pueden ser nombrados por el Poder Legislativo (o, más comúnmente, por jueces o grupos cívicos), pero son conscientes de ser profesionales, independientes y que su nombramiento no se debe a su afinidad partidaria sino a sus méritos.

En la gran mayoría de los países de la región, la designación de las autoridades electorales corresponde a organismos políticos, fundamentalmente al Congreso de la República. Sin embargo, cabe precisar que en distintos países se han establecido algunos límites al propio Congreso para efectuar los nombramientos y que, en varios de ellos, se presenta una interacción entre diversas instancias del Estado, como el Ejecutivo y el Legislativo, o entre los tres poderes tradicionales. En Costa Rica y Perú (Jurado Nacional de Elecciones: JNE), la facultad del nombramiento ha sido otorgada a órganos judiciales.

En Ecuador se utiliza otro sistema, mediante el cual las autoridades electorales se seleccionan por concurso de oposición y méritos, con derecho de libre postulación e impugnación ciudadana, y los cargos son adjudicados por la Asamblea Nacional.

Es evidente que, desde su propia génesis, la composición de estos órganos es decisiva para el éxito de su misión. En tal sentido, ha habido una clara demanda para que el máximo órgano de control electoral cumpla cabalmente con sus atribuciones en libertad e independencia y no se someta a presiones de partidos políticos, candidatos, órganos del Estado o intereses de ninguna especie.

Por lo tanto, el nombramiento de funcionarios independientes que generen confianza en la ciudadanía y entre los mismos actores políticos constituye una garantía para la idoneidad y profesionalismo que requiere su funcionamiento. En consecuencia, la propensión en los países latinoamericanos ha sido legislar a favor de una composición no partidista de los órganos electorales. Esta tendencia coincide con la postura de la mayoría de la doctrina en esta materia, la cual se pronuncia a favor del modelo de autonomía profesional, sobre todo en contextos de polarización política.

El cuadro VI.3.1 presenta un resumen en relación con el origen del nombramiento de los miembros de los organismos electorales.

CUADRO VI.3.1. *Origen del nombramiento de los miembros de los órganos electorales supremos*

País	Origen
Argentina	Los magistrados que integran la Justicia Electoral son miembros del Poder Judicial de la Nación. Son nombrados por el Poder Ejecutivo con acuerdo del Senado de la Nación, según estipula el artículo 99, inciso 4 de la Constitución de la Nación.
Bolivia	La ley Nº 18 del 16 de junio de 2010 (Arts. 12 y 13) señala que la máxima autoridad electoral es el Tribunal Supremo Electoral, que se compone por siete vocales, de los cuales al menos dos serán de origen indígena originario campesino. Del total de miembros del TSE, al menos tres deben ser mujeres. Desempeñarán sus funciones por un periodo de seis años. La designación de los vocales del TSE se realiza de la siguiente forma: El Presidente o Presidenta del Estado Plurinacional designa a un miembro. La Asamblea Legislativa Plurinacional elige a seis vocales, por dos tercios de votos de sus miembros presentes en la sesión de designación, garantizando la equivalencia de género y la plurinacionalidad. La convocatoria pública y la calificación de capacidad y méritos constituyen las bases de la designación por parte de la Asamblea Legislativa Plurinacional.
Brasil	La Constitución de la República Federativa de Brasil en su Art. 119, señala que El Tribunal Superior Electoral se compondrá, mínimamente, de siete miembros, escogidos: Uno, mediante elección, por voto secreto: Dos jueces de entre los ministros del Supremo Tribunal Federal; Dos jueces de entre los ministros del Tribunal Superior de Justicia; Dos jueces, por nominación del Presidente de la República, de entre seis abogados de notable saber jurídico e idoneidad moral, propuestos por el Supremo Tribunal Federal.
Chile	La Ley 20.860 del 20 de octubre de 2015 establece que la dirección superior del Servicio Electoral corresponde a un Consejo Directivo que está integrado por cinco consejeros designados por el Presidente de la República, previo acuerdo del Senado adoptado por los dos tercios de sus miembros en ejercicio. Los Consejeros duran 10 años en sus cargos, no pueden ser designados para un nuevo periodo y se renuevan por parcialidades cada dos años. [518]

Sigue página siguiente

---

518 Los Consejeros sólo podrán ser removidos por la Corte Suprema, a requerimiento del Presidente de la República o de un tercio de los miembros en ejercicio de la Cámara de Diputados, por infracción grave a la Constitución o a las leyes, incapacidad, mal comportamiento o negligencia manifiesta en el ejercicio de sus funciones. La Corte conocerá del asunto en Pleno, especialmente convocado al efecto, y para acordar la remoción deberá reunir el voto conforme de la mayoría de sus miembros en ejercicio.

País	Origen
Chile	El Director del Servicio Electoral es designado por el Consejo Directivo del Servicio Electoral a través de una quina que le envía el Sistema de Alta Dirección Pública (organismo del Estado que selecciona determinadas autoridades de alto nivel por concurso público). El artículo 95 de la Constitución Política señala que el Tribunal Calificador de Elecciones se compone por cuatro ministros de la Corte Suprema de Justicia, designados por ésta mediante sorteo, y un ciudadano que hubiere ejercido el cargo de Presidente o Vicepresidente de la Cámara de Diputados o del Senado por un periodo no inferior a los 365 días, designado por la Corte Suprema en la forma anterior.
Colombia	La Constitución Política en el artículo 264 establece la composición del Consejo Nacional Electoral integrado por nueve miembros elegidos por el Congreso de la República en pleno, previa postulación de los partidos o movimientos políticos con personería jurídica o por coaliciones entre ellos. El Registrador Nacional del Estado Civil será escogido por los Presidentes de la Corte Constitucional, la Corte Suprema de Justicia y el Consejo de Estado, mediante concurso de méritos organizado según la ley. Su periodo será de cuatro años. Debe reunir las mismas calidades que exige la Constitución Política para ser Magistrado de la Corte Suprema de Justicia y no haber ejercido funciones en cargos directivos en partidos o movimientos políticos dentro del año inmediatamente anterior a su elección.
Costa Rica	La Constitución Política en su artículo 100 establece que el Tribunal Supremo de Elecciones estará integrado por tres magistrados propietarios y seis suplentes, los cuales son nombrados por la Corte Suprema de Justicia por el voto de dos tercios del total de sus miembros. Desde un año antes y hasta seis meses después de la celebración de las elecciones generales para Presidente de la República o Diputados a la Asamblea Legislativa, el Tribunal Supremo de Elecciones deberá ampliarse con dos de sus Magistrados suplentes para formar, en ese lapso, un tribunal de cinco miembros. La misma disposición regirá seis meses antes y hasta tres meses después de las elecciones municipales.
Ecuador	Según lo dispone el artículo 218, de la Constitución Política, El Consejo Nacional Electoral se integrará por cinco consejeras o consejeros principales, que ejercerán sus funciones por seis años, y se renovará parcialmente cada tres años, dos miembros en la primera ocasión, tres en la segunda, y así sucesivamente. Existirán cinco consejeras o consejeros suplentes que se renovarán de igual forma que los principales. La Presidenta o Presidente y la Vicepresidenta o Vicepresidente se elegirán de entre sus miembros principales, y ejercerán sus cargos por tres años. La Presidenta o Presidente del Consejo Nacional Electoral será representante de la Función Electoral. El Tribunal Contencioso Electoral, de acuerdo al artículo 220, se conforma por cinco miembros principales que ejercerán sus funciones por seis años. El Tribunal Contencioso Electoral se renovará parcialmente cada tres años, dos miembros en la primera ocasión, tres en la segunda, y así sucesivamente. Habrá cinco miembros suplentes que se renovarán de igual forma que los principales. La Presidenta o Presidente y la Vicepresidenta o Vicepresidente se elegirán de entre sus miembros principales, y ejercerán sus cargos por tres años.

Sigue página siguiente

País	Origen
Ecuador	Tanto los integrantes del Consejo Nacional Electoral como los del Tribunal Contencioso Electoral son elegidos por concurso público de oposición y méritos, con postulación e impugnación de la ciudadanía, y garantía de equidad y paridad entre hombres y mujeres. El concurso está a cargo de una comisión de selección conformada por diez integrantes, cinco delegados de las Funciones del Estado (uno por cada una de ellas), y cinco ciudadanos y ciudadanas que también son elegidos (as) por concurso público, en este caso a cargo del Consejo de Participación Ciudadana y Control Social. Este organismo es el encargado de designar a los integrantes de las instancias electorales en orden de prelación a quienes hayan obtenido las mejores puntuaciones del concurso.
El Salvador	La Constitución Política establece en su artículo 208 que la Asamblea Legislativa nombra a los cinco magistrados del Tribunal Supremo Electoral; tres de ternas propuestas, cada una, por los tres partidos políticos o coaliciones que hayan obtenido la mayor cantidad de votos en la última elección presidencial realizada, y para su elección se requiere únicamente mayoría simple. Los dos restantes se eligen de ternas propuestas por la Corte Suprema de Justicia, y para su elección se exige una mayoría calificada no inferior a las dos terceras partes del número de diputados de la Asamblea Legislativa. Cabe señalar que si bien el artículo 208 no ha sido modificado, una sentencia de la Sala de lo Constitucional de la Corte Suprema manda a que los partidos políticos propongan candidatos a Magistrados que no tengan afiliación partidista.[519]
Guatemala	El Tribunal Supremo Electoral se integra por cinco magistrados titulares y cinco suplentes, elegidos por el Congreso de la República, con el voto favorable de las dos terceras partes del total de sus miembros, de la nómina de 40 candidatos, propuesta por la Comisión de Postulación. Durarán en sus funciones seis años.
Honduras	De acuerdo con el artículo 52 de la Constitución, el Tribunal Supremo Electoral estará integrado por tres magistrados propietarios y un suplente, electos por el voto afirmativo de los dos tercios de votos de la totalidad de los miembros del Congreso Nacional por un periodo de cinco años, pudiendo ser reelectos.
México	El Tribunal Electoral del Poder Judicial de la Federación está integrado, en su Sala Superior, por siete magistrados, elegidos por el voto de dos terceras partes del Senado, de ternas propuestas por la Corte Suprema de Justicia. Se eligen escalonadamente para un periodo de nueve años. Los magistrados electorales que integren la Sala Superior deberán satisfacer los requisitos que establezca la ley, que no podrán ser menores a los que se exigen para ser Ministro de la Suprema Corte de Justicia de la Nación.

Sigue página siguiente

---

519 Sentencia 18-2014 del 13 de junio de 2014 de la Sala Constitucional de la Corte Suprema de Justicia de El Salvador. En su fallo la Sala Constitucional estableció "[...] que en lo sucesivo la Asamblea Legislativa no puede integrar al Tribunal Superior Electoral con personas que tengan afiliación partidaria, ya que ello es incompatible con el ejercicio de funciones jurisdiccionales, incluida la jurisdicción electoral".

País	Origen
México	El Consejo General del Instituto Nacional Electoral se integra por un Consejero Presidente, 10 Consejeros Electorales, Consejeros del Poder Legislativo, representantes de los partidos políticos y el Secretario Ejecutivo. El Consejero Presidente del Consejo General es elegido por las dos terceras partes de los miembros presentes de la Cámara de Diputados, durará en su cargo nueve años y no podrá ser reelecto. Los Consejeros del Poder Legislativo son propuestos en la Cámara de Diputados por los grupos parlamentarios con afiliación de partido en alguna de las Cámaras. Sólo habrá un Consejero por cada grupo parlamentario, no obstante su reconocimiento en ambas Cámaras del Congreso de la Unión. Los Consejeros del Poder Legislativo concurrirán a las sesiones del Consejo General con voz, pero sin voto. Por cada propietario podrán designarse hasta dos suplentes.
Nicaragua	El artículo 138 numeral 8 de la Constitución señala que la Asamblea Nacional elige a los miembros del Consejo Supremo Electoral de propuestas presentadas por el Presidente de la República y por los diputados, en consulta con las asociaciones civiles pertinentes.
Panamá	El artículo 142 de la Constitución Política indica que el Tribunal Electoral está formado por tres magistrados, los cuales son nombrados por cada uno de los órganos del Estado, es decir, uno por el Ejecutivo, uno por el Legislativo y otro por el Judicial, para un periodo de 10 años. No hay impedimento para la reelección.
Paraguay	Por el artículo 275 de la Constitución Política, los tres miembros del Tribunal Superior de Justicia Electoral son elegidos y removidos de la misma forma que los ministros de la Corte Suprema de Justicia. Para ello, según el artículo 264, se presentan los candidatos y candidatas al Consejo de la Magistratura, que es el órgano encargado de elevar las ternas al Senado para su designación y el Poder Ejecutivo debe prestar su acuerdo.
Perú	Jurado Nacional de Elecciones De acuerdo con el artículo 179 de la Constitución, el Jurado Nacional de Elecciones (JNE) es un órgano colegiado formado por cinco miembros: Uno elegido en votación secreta por la Corte Suprema entre sus magistrados jubilados o en actividad. El representante de la Corte Suprema preside el JNE. Uno elegido por la Junta de Fiscales Supremos entre los fiscales supremos jubilados o en actividad. Uno elegido en votación secreta por el Colegio de Abogados de Lima, entre sus miembros. Uno elegido en votación secreta por los decanos de las facultades de Derecho de las universidades públicas, entre sus ex decanos. Uno elegido en votación secreta por los decanos de las facultades de Derecho de las universidades privadas, entre sus ex decanos. Oficina Nacional de Procesos Electorales El artículo 182 de la Constitución indica que el jefe es la autoridad máxima de la Oficina Nacional de Procesos Electorales. Es nombrado por el Consejo Nacional de la Magistratura por un periodo renovable de cuatro años y mediante concurso público.

Sigue página siguiente

País	Origen
Perú	Registro Nacional de Identificación y Estado Civil (Reniec) Autónomo, encargado de la identificación de los peruanos y la elaboración del padrón electoral. El jefe del Reniec es nombrado mediante concurso público por el Consejo Nacional de la Magistratura y ejerce el cargo por un periodo renovable de cuatro años.
República Dominicana	El artículo 212 de la Constitución indica que la Junta Central Electoral estará integrada por un presidente y cuatro miembros y sus suplentes, elegidos por un periodo de cuatro años por el Senado de la República, con el voto de dos terceras partes de los senadores presentes. De acuerdo con el artículo 215 de la Constitución, el Tribunal Superior Electoral estará integrado por no menos de tres y no más de cinco jueces electorales y sus suplentes, designados por un periodo de cuatro años por el Consejo Nacional de la Magistratura, quien indicará cuál de entre ellos ocupará la presidencia. En el marco de esa disposición constitucional, la Ley 29-11, que rige el funcionamiento del TSE, ha dispuesto que este tribunal estará integrado por cinco jueces electorales con sus respectivos suplentes.
Uruguay	El artículo 85 de la Constitución de la República indica que compete a la Asamblea General elegir en reunión de ambas Cámaras a los miembros de la Corte Electoral, y el artículo 324 indica que la Corte Electoral se compondrá por nueve titulares que tendrán doble número de suplentes. Cinco titulares y sus suplentes serán designados por la Asamblea General en reunión de ambas Cámaras por dos tercios de votos del total de sus componentes, debiendo ser ciudadanos que, por su posición en la escena política, sean garantía de imparcialidad. Los cuatro titulares restantes, representantes de los partidos, serán elegidos por la Asamblea General, por doble voto simultáneo de acuerdo a un sistema de representación proporcional.
Venezuela	Conforme al artículo 296 de la Constitución, el Consejo Nacional Electoral estará integrado por cinco personas no vinculadas a organizaciones con fines políticos; tres de ellos o ellas serán postulados o postuladas por la sociedad civil, uno o una por las facultades de ciencias jurídicas y políticas de las universidades nacionales y uno o una por el Poder Ciudadano. Los o las tres integrantes postulados o postuladas por la sociedad civil tendrán seis suplentes en secuencia ordinal y cada designado o designada por las universidades y el Poder Ciudadano tendrá dos suplentes, respectivamente. La Junta Nacional Electoral, la Comisión de Registro Civil y Electoral y la Comisión de Participación Política y Financiamiento, serán presididas cada una por un o una integrante postulado o postulada por la sociedad civil. Los o las integrantes del Consejo Nacional Electoral durarán siete años en sus funciones y serán elegidos o elegidas por separado: los tres postulados o postuladas por la sociedad civil al inicio de cada periodo de la Asamblea Nacional, y los otros dos a la mitad del mismo. Los o las integrantes del Consejo Nacional Electoral serán designados o designadas por la Asamblea Nacional con el voto de las dos terceras partes de sus integrantes. Los o las integrantes del Consejo Nacional Electoral escogerán de su seno a su Presidente o Presidenta, de conformidad con la ley.

FUENTE: Elaboración propia, a partir de Daniel Zovatto G., *Regulación jurídica...*, *op. cit.*, 2006, pp. 156-159. (Datos actualizados a 2015.)

En efecto, los estudios de caso y los análisis comparativos en América Latina y otros contextos democratizadores, en los que la desconfianza y la polarización tienden a ser más pronunciadas, han apuntado hacia la centralidad de los organismos de gestión electoral profesionales, permanentes y autónomos, para la conducción de elecciones exitosas y creíbles. Empero, la experiencia empírica comparada demuestra que los organismos electorales integrados por representantes de partidos así como aquellos con integración mixta (es decir con representantes de partidos y con personas independientes de los partidos) pueden funcionar bien si estas instituciones cuentan con burocracias permanentes de funcionarios públicos y se encuentran en un contexto en el que los partidos pueden esperar razonable y recíprocamente el respeto de las reglas del juego. El caso de la Corte Electoral de Uruguay es un buen ejemplo de ello.

Es importante señalar que, tratándose de sistemas que prevén alguna participación de los partidos políticos, debe diferenciarse entre la mera propuesta y el equivalente a la designación. Así, por ejemplo, en el caso de Colombia, los nueve integrantes del órgano electoral administrativo son nombrados por el Congreso de la República a propuesta de los partidos políticos y a través del sistema de cifra repartidora. Al respecto, aun cuando hay quien considera que la presencia de diversos representantes de partidos políticos en el órgano electoral puede generar un control recíproco de frenos y contrapesos, se trata de una fórmula que, a lo largo de estos años y con frecuencia, ha provocado conflictos y entrampamientos irresolubles (sobre todo cuando los miembros partidistas integran la mayoría del órgano), al ostentar sus integrantes la doble calidad de miembros de un órgano colegiado con responsabilidad pública que debe resolver conforme a derecho y, al mismo tiempo, de representantes de un partido político que, en momentos de conflicto, difícilmente pueden evadir la presión de su respectivo partido.[520]

---

520 Jorge Mario García Laguardia, "Nuevas instituciones de derecho electoral centroamericano", *Justicia Electoral*, núm. 1 (Tribunal Federal Electoral, México, 1992), p. 9.

Algunos ensayos informan acerca de este dilema presente y/o latente en muchos países de la región, pero no hay duda de que se trata de un síntoma provocado por un doble problema generalizado en el área. Por un lado, la debilidad del Estado de Derecho y de las estructuras de rendición de cuentas; por otro, la cultura política patrimonialista, a falta de sanciones efectivas tras la comisión de conductas facciosas o ilegales, y la costumbre del sinecura, es decir de la práctica de llegar al cargo para servir intereses partidistas antes que al interés general y a sus obligaciones constitucionales y legales. La experiencia señala una paradoja en este punto. Es un hecho que la suma de parcialidades no conduce a la imparcialidad y, sin embargo, la participación de los partidos en el nombramiento de su árbitro parece indispensable en el contexto latinoamericano, precisamente para expresar jurídicamente su confianza fundacional en la labor del órgano electoral. Lo anterior parece imponer la necesidad de ensayar fórmulas complejas y sofisticadas de designación que otorguen garantías múltiples a todos los contendientes, tanto de legalidad como de independencia e imparcialidad.

En todo caso, el debate recurrente sobre la pertinencia de que los órganos electorales se encuentren o no integrados por representantes de los partidos políticos se desarrolla en dos áreas cruciales: cuando se trata de órganos encargados exclusivamente de la preparación y administración del proceso electoral, o cuando se trata de órganos que deben resolver jurisdiccionalmente las impugnaciones a las decisiones electorales administrativas.

Al respecto, cabría sostener que la dualidad de funciones y de órganos que caracteriza a algunos sistemas electorales ha resultado viable. Esto es así, por ejemplo, en el caso mexicano, donde al distinguir entre los órganos administrativos que conforman al Instituto Nacional Electoral y, por otro lado, al Tribunal Electoral del Poder Judicial de la Federación, se reserva a éste la resolución estricta, jurisdiccional, de las controversias electorales sin la presencia de los partidos políticos en su decisión ni deliberación.

A los órganos del Instituto Nacional Electoral se le confieren decisiones de carácter administrativo, donde la presencia y opinión de los partidos políticos es relevante, si bien cuidando que ninguna fuerza política pueda inclinar tendenciosamente las decisiones respectivas (de ahí que en 1996 se haya optado por retirarles el derecho de voto), por lo que la función de los consejeros electorales en su órgano superior de dirección se vuelve determinante.

Por último, si bien deben ponderarse otros asuntos –como el gasto electoral–, esta dualidad de órganos proporciona, sin duda, un control interorgánico adicional en un régimen electoral que propicia la prevención de conflictos o la eventual reparación de violaciones por vía administrativa o jurisdiccional, con la aspiración de que esta última se utilice sólo de manera excepcional, dando carácter definitivo a las distintas fases del proceso electoral en beneficio de la seguridad jurídica, estableciendo garantías adicionales a los actos y resoluciones de las autoridades electorales administrativas.

4. *Ámbitos de intervención de los órganos electorales en relación con los partidos políticos*

En lo que respecta a las funciones del organismo encargado de la administración electoral y de la regulación de los partidos, pueden destacarse cinco áreas importantes:

> Funciones de calificación de inscripción. Todos los órganos electorales de la región cuentan con ellas.

> Funciones de inscripción. Competen a la mayoría de estos organismos. En algunos países esta función se atribuye a órganos que dependen del órgano electoral, como en Costa Rica y Guatemala. En Argentina la inscripción se efectúa ante los jueces electorales.

> Funciones de control de legalidad. En todos los países de la región el control de la legalidad de las actuaciones de los partidos compete a los órganos electorales. Este control se refiere a todas las áreas de acción y de funcionamiento legal de los partidos, y existe sin perjuicio del control de constitucionalidad que ejercen los tribunales constitucionales.

> Función de control de las finanzas.[521] En la mayoría de los países, el órgano supremo electoral tiene la autorización expresa pa-

---

521 Aunque con variaciones importantes entre los distintos países, es posible afirmar que esta función incluye el control de los siguientes aspectos: origen y monto de las contribuciones económicas de particulares; distribución y uso de la contribución económica estatal; gastos en propaganda electoral y

ra fiscalizar el patrimonio, el origen y el manejo de los recursos.[522] En algunos países, como por ejemplo Ecuador, Nicaragua, Panamá y República Dominicana, la ley estipula que, para el control sobre las finanzas, los órganos electorales tendrán la colaboración de la Contraloría General de la República, o el organismo equivalente.

➢ Intervención en los conflictos internos de los partidos. Además de las cuatro categorías señaladas, una vez agotadas las vías estatutarias, en la gran mayoría de los países en América Latina, la legislación otorga a los organismos electorales potestades para intervenir en los conflictos internos de los partidos. Dos de las legislaciones más amplias en cuanto a la actuación del órgano electoral en la resolución de conflictos partidarios son la ecuatoriana y la hondureña. En ellas se establece, de forma explícita, que puede actuar en prácticamente cualquier materia relativa a los conflictos internos. En República Dominicana, el artículo 13 de la Ley Orgánica del Tribunal Superior Electoral señala expresamente que es su atribución conocer los conflictos internos que se produjeren en los partidos y organizaciones políticas reconocidos o entre éstos, sobre la base de apoderamiento por una o más partes involucradas y siempre circunscribiendo su intervención a los casos en los que se violen disposiciones de la Constitución, la ley, los reglamentos o los estatutos partidarios.

Los órganos electorales también asumen facultades en otros ámbitos, tales como la escisión de los partidos, tema siempre crítico y crispado; en Paraguay, por ejemplo, la legislación contempla reglas de "divorcio" para organizaciones políticas que desean separar-

---

utilización de los medios de comunicación; obligación de los partidos y candidatos de informar a los organismos electorales sobre las cuentas en las que van a manejar sus dineros; integración de los comités financieros partidarios u órganos encargados del manejo de los fondos, y rendición de cuentas y aprobación de gastos. Además, los organismos electorales cuentan con facultades para la expedición de reglamentos e instructivos para el manejo de cuentas y libros contables, y en algunos casos para aplicar el régimen de sanciones para los partidos y candidatos que violen las normas sobre contribuciones a las campañas, gastos electorales y rendición de cuentas.

522 Steven Griner y Daniel Zovatto G. (coords.), *De las normas a las buenas prácticas. El desafío del financiamiento político en América Latina*, OEA-IDEA, San José, Costa Rica, 2004, p. 323.

se, donde la Justicia Electoral determina qué grupo conserva el nombre y los símbolos del partido en caso de escisión.

Otro campo en el que los órganos electorales tienen atribuciones es el relacionado con la convocatoria o celebración de asambleas de los partidos. En Panamá, por ejemplo, el Tribunal Electoral puede decidir sobre la procedencia o no de la convocatoria a petición de los afiliados. En Ecuador, el Código de la Democracia otorga al Consejo Nacional Electoral la facultad de brindar asistencia técnica y supervisar los procesos electorales internos de los partidos (artículo 345) o de nombrar veedores o auditar aquellos procesos en los que no participó, siempre y cuando exista solicitud expresa del máximo órgano de dirección, del órgano electoral o de al menos 10% de los afiliados o adherentes permanentes de la organización política.

El cuadro VI.4.1 muestra la existencia de diversas funciones de los organismos electorales en los diferentes países de la región, en relación con los partidos políticos.

CUADRO VI.4.1. *Funciones de los organismos electorales sobre los partidos políticos*

Órgano de control		Funciones				
País	Organismo	Califica-ción para inscrip-ción	Inscrip-ción	Control de legalidad de actua-ciones	Control de legalidad del financiamien-to	Resolu-ción de conflic-tos
Argentina	Cámara Nacional Electoral	Sí	N/A	Sí	Sí	Sí
Bolivia	Tribunal Supre-mo Electoral	Sí	Sí	Sí	Sí	Sí
Brasil	Tribunal Superior Electoral	Sí	Sí	Sí	Sí	No
Chile	Servicio Electoral	Sí	Sí	Sí	Sí	Sí
Colombia [1]	Consejo Nacional Electoral	Sí	Sí	Sí	Sí	Sí
Costa Rica	Tribunal Supre-mo de Elecciones	Sí	Sí	Sí	Sí	Sí
Ecuador	Tribunal Conten-cioso Flectoral	Sí	Sí	Sí	Sí	Sí
	Consejo Nacional Electoral	Sí	Sí	Sí	Sí	Sí
El Salvador	Tribunal Supre-mo Electoral	Sí	Sí	Sí	Sí	Sí
Guatemala	Tribunal Supre-mo Electoral	Sí	Sí	Sí	Sí	Sí
Honduras	Tribunal Supre-mo Electoral	Sí	Sí	Sí	Sí	Sí
México	Instituto Nacio-nal Electoral	Sí	Sí	Sí	Sí	Sí [2]
	Tribunal Electo-ral del Poder Judicial de la Federación [3]	Sí	Sí	Sí	Sí	Sí
Nicaragua	Consejo Supre-mo Electoral	Sí	Sí	Sí	Sí	Sí

Sigue página siguiente

Órgano de control		Funciones				
País	Organismo	Califica-ción para inscrip-ción	Inscrip-ción	Control de legalidad de actua-ciones	Control de legalidad del financiamien-to	Resolu-ción de conflic-tos
Panamá	Tribunal Electo-ral	Sí	Sí	Sí	Sí	Sí
Paraguay	Tribunal Superior de Justicia Elec-toral	Sí	Sí	Sí	Sí	Sí
Perú [1]	Oficina Nacional de Procesos Electorales	No	No	No	Sí	No
	Jurado Nacional de Elecciones	Sí	Sí	Sí	No	No
República Dominicana	Junta Central Electoral	Sí	Sí	Sí	Sí	No
	Tribunal Superior Electoral	No	No	Sí	Sí	Sí
Uruguay	Corte Electoral	Sí	Sí	Sí	Sí	Sí
Venezuela	Consejo Nacional Electoral	Sí	Sí	Sí	Sí	Sí

FUENTE: Daniel Zovatto G., *Regulación jurídica...*, *op. cit.*, 2006, pp. 161-163. (Datos actualizados a 2015.)

N/A: No aplica.

1 En Colombia y Perú los organismos registrales (Registraduría Nacional del Estado Civil y Registro Nacional de Identificación y Estado Civil, respectivamente), forman parte de las autoridades electorales pero no tienen funciones relacionadas con las acciones de los partidos políticos.

2 El control de legalidad aplica al INE cuando tiene que ver con el cumplimiento de normas legales y su sanción. La resolución de conflictos es jurisdicción del Tribunal.

3 El TEPJF conoce y resuelve las impugnaciones que se presenten en contra de las resoluciones del INE a través del recurso de apelación.

En suma, el examen comparado latinoamericano muestra que las constituciones y las leyes tienden a asignar cada vez más funciones a sus órganos electorales y a expandir las atribuciones y facultades de decisión sobre el funcionamiento de los partidos políticos (y sobre otras materias, más allá de sus obligaciones "clásicas", como veremos en el siguiente apartado). No obstante, y a modo de conclusión preliminar podemos señalar que la amplitud de la regulación sobre esta materia es muy variada entre los países de la región, pero la tendencia ha sido la de convertir a los partidos en sujetos supervisados por el arbitraje de las autoridades electorales, lo cual no hace sino reforzar su centralidad en el funcionamiento de las democracias latinoamericanas.

5. *Expansión de las funciones de los organismos electorales durante las últimas décadas*

Como hemos analizado en el primer punto de este capítulo, la trayectoria de estas tres décadas y media en materia de innovación institucional electoral es reconocible: aquí y allá se construyeron, rehabilitaron o reformaron organismos especializados en materia electoral; se reforzó su presencia y capacidad, erigiéndolos en organismos constitucionales; se volvieron permanentes y, por último, ante la complejidad e intensidad de la competencia partidista, sus funciones se expandieron y multiplicaron, desarrollando un vasto corpus jurídico e institucional original, singular de América Latina.

Fruto de este proceso, los organismos electorales constituyen hoy instituciones de primer orden dentro de los sistemas políticos nacionales, puesto que muchas de sus decisiones versan sobre asuntos políticos de gran calado y afectan de manera definitiva el futuro y la estabilidad política de los diferentes países.

Una tendencia clara y predominante en la región evidencia que durante los últimos años los órganos electorales han venido asumiendo cada vez más funciones. En efecto, sus funciones clásicas fueron ampliadas hacia otras nuevas, inimaginables en el comienzo de las transiciones democráticas.

Asimismo, y como ya adelantamos, varios de los organismos electorales latinoamericanos realizan también funciones jurisdiccionales con el objeto de resolver las impugnaciones interpuestas en contra de diversas decisiones relacionadas con el desarrollo de los comicios. Incluso, en al menos tres casos (Tribunal Supremo de Elecciones de Costa Rica, Consejo Supremo Electoral de Nicaragua y la Corte Electoral de Uruguay), las resoluciones del organismo electoral respectivo son definitivas e inatacables, por lo que no pueden ser objeto de revisión por órgano alguno. En cambio, en la mayoría de los sistemas de organización electoral de la región, las decisiones que adopta el organismo electoral encargado de organizar los comicios (con independencia de que también disponga de competencia jurisdiccional para resolver algunos medios de impugnación de naturaleza propiamente administrativa) son susceptibles de impugnación ante la justicia electoral especializada, la justicia administrativa o bien ante la justicia constitucional.

Así, mientras Colombia es el único país donde las impugnaciones contra las decisiones del organismo electoral administrativo (el Consejo Nacional Electoral o la Registraduría Nacional del Estado Civil) se practican ante la justicia administrativa (el Consejo de Estado, cuyas resoluciones son definitivas e inatacables), en al menos nueve países de la región las decisiones del respectivo organismo electoral administrativo y/o jurisdiccional son impugnables ante la justicia constitucional, que se encomienda generalmente a la Corte Suprema de Justicia respectiva y, sólo en algunos casos, a algún Tribunal Constitucional.

Los países en que procede la impugnación de decisiones electorales ante la Corte Suprema de Justicia por presunta inconstitucionalidad son seis: Argentina,[523] Brasil, El Salvador, Honduras, Panamá y Paraguay. A los anteriores cabe agregar Guatemala, donde las decisiones del Tribunal Supremo Electoral son impugnables ante la Corte Suprema de Justicia, y las de ésta, ulteriormente, ante la Corte Constitucional. En Bolivia las decisiones del Tribunal Supremo Electoral son de cumplimiento obligatorio, inapelables e irrevisables, excepto los asuntos que correspondan al ámbito de la jurisdicción y competencia del Tribunal Constitucional Plurinacio-

---

523 Esto es así en lo que se refiere a las decisiones de la Cámara Nacional Electoral, puesto que las de las juntas electorales concernientes al escrutinio de los resultados electorales se juzgan, en definitiva, por cada una de las Cámaras respecto de las elecciones de sus miembros, y por la Asamblea General (reunión de la Cámara de Diputados y el Senado) en relación con la elección presidencial. Por lo tanto, atendiendo a la naturaleza de los órganos involucrados, cabe clasificar de carácter mixto político-jurisdiccional al régimen contencioso electoral de Argentina.

nal. Caso similar es el de República Dominicana, donde las decisiones del Tribunal Superior Electoral (máxima autoridad en materia contenciosa electoral) no son objeto de recurso alguno, pudiendo ser revisadas únicamente por el Tribunal Constitucional cuando éstas vayan manifiestamente en contra de la Constitución.

Por su parte, en cinco países –Chile, Ecuador, México, Perú y Venezuela– las decisiones del organismo electoral administrativo son impugnables ante la justicia electoral especializada, con carácter autónomo –caso de Chile, Ecuador y Perú– o parte del respectivo Poder Judicial, como sucede en México y Venezuela. En estos países, las resoluciones del tribunal electoral correspondiente son definitivas e inatacables, por lo que constituyen la última instancia para declarar la validez de determinada elección. Así, en este grupo de cinco países los organismos electorales especializados y permanentes tienen dos caracteres distintos: uno administrativo y otro jurisdiccional.

Cabe destacar el sistema brasileño, en el que los tribunales electorales (tanto el superior como los regionales) no se integran con personal especializado y permanente, sino con jueces de otras jurisdicciones que durante periodos de dos años desempeñan la función jurisdiccional electoral. De manera similar, en Argentina, en el que además de la Cámara Nacional Electoral, que es especializada, se prevén jueces electorales cuya función es ejercida por los jueces federales, todos ellos pertenecientes al Poder Judicial. Este carácter temporal ha sido objeto de controversia, pues mientras algunos lo consideran una desventaja en virtud de que impide la especialización y va en detrimento de la calidad por adolecer de inexperiencia en el ámbito electoral, otros lo estiman preferible en tanto que, afirman, evita la excesiva politización de los juzgadores electorales.[524]

Entre los organismos electorales propiamente administrativos (en especial, el órgano de mayor jerarquía en determinado país) es posible distinguir aquéllos en cuya integración (es decir, los miembros que lo integran) no existe participación formal o directa de lospartidos políticos –Argentina, Bolivia, Brasil, Chile, Costa Rica, Hondu-

---

524 Juan Fernando Jaramillo, "Los órganos electorales…", art. *cit.*, 2007, pp. 377-378.

ras, Guatemala, México (sólo con voz), Panamá, Paraguay, Perú, República Dominicana y Venezuela– de aquéllos donde sí existe representación –Nicaragua y Uruguay–, así como los que contemplan una representación o participación mayoritaria de esas agrupaciones (Colombia, por ejemplo).

En algunos países se subraya que los miembros que no sean postulados por partidos políticos deben constituirse en garantía de imparcialidad, como sucede en Uruguay, donde se exige la aprobación de dos tercios del total de ambas Cámaras. O, en México, donde la Cámara de Diputados designa por mayoría calificada a los integrantes con voz y voto del Instituto Nacional Electoral (consejeros electorales). Cabe advertir, sin embargo, que aun cuando algunos países no prevean formalmente la representación de partidos políticos en la integración de los órganos electorales, en la práctica, y con frecuencia, la misma está determinada por ciertas cuotas de los respectivos partidos políticos (así ha ocurrido, por ejemplo, en República Dominicana y en Venezuela).

Esta agenda ampliada y en constante crecimiento (la tendencia predominante pareciera indicar que la expansión de responsabilidades y funciones continuará) tiene sus ventajas y desventajas: por un lado evidencia el papel cada vez más importante y la centralidad que vienen desempeñando los organismos electorales dentro del sistema político en materia de gobernabilidad democrática, unido a su reconocimiento constitucional. Por otro lado, sin embargo y precisamente por esta centralidad cada vez mayor que han venido asumiendo, las instituciones electorales deben hacer frente a tres amenazas principales en materia de la gobernabilidad democrática, cuyos efectos son directos e importantes:

> Los intentos de injerencia, debilitamiento institucional y cooptación de parte del Poder Ejecutivo, así como de los partidos políticos y el Poder Legislativo (en materia de recorte de sus atribuciones, nombramiento de sus miembros, reducción y demora en la entrega de su presupuesto, etc.);

> Los intentos de instrumentación de parte del gobierno para utilizar a los organismos electorales y sus facultades ampliadas (sobre todo las que guardan relación con los partidos políticos) para restringir o reprimir a la oposición, y

➢ Los conflictos con otros poderes del Estado, en particular con el Ejecutivo: al intentar controlar sus actividades durante las campañas electorales, tensión que se acrecienta en contextos de re-elección inmediata o indefinida; con los partidos políticos: al tener cada vez más atribuciones en su vida interna, en relación con el control del financiamiento, aplicación de sanciones, etc., y con los medios de comunicación: regulación de los medios, sanciones, etcétera.

6. *Trayectoria de las reformas a los órganos electorales: administrativo/jurisdiccional*

Aun cuando la existencia en la región de órganos electorales, encargados de la organización de los comicios, data del siglo XIX (el primer antecedente de jueces electorales especializados se encuentra en la Constitución de Colombia de 1886),[525] no fue sino a partir de la década de los años veinte, cuando surgieron los primeros organismos electorales permanentes de carácter autónomo, independientes del Ejecutivo.

Así, en 1924, en la República Oriental del Uruguay, el legislativo creó la Corte Electoral, encomendada al conocimiento de todos los actos electorales previos a la elección, aunque la propia Constitución reservaba a las Cámaras el juzgamiento de la elección de sus miembros, y al Senado el de la elección de Presidente de la República. La Constitución de 1934 asignó a la Corte Electoral la calidad de juez de las elecciones de todos los cargos electivos, salvo la de Presidente y Vicepresidente de la República, que seguía siendo competencia de la Asamblea General. Por último, a partir de la Constitución de 1952, se confiere a la Corte Electoral la calidad de juez de las elecciones de todos los cargos electivos, sin excepción alguna, así como de los actos de plebiscito y referéndum,[526] cuya competencia se amplió mediante reforma de 1996 para organizar las

---

525 Aunque la decisión final sobre la validez de las elecciones de sus respectivos miembros correspondía en ese entonces a cada Cámara del Congreso.

526 Héctor Gros Espiell, *La corte electoral del Uruguay*, IIDH/CAPEL, San José (Costa Rica), 1990, pp. 61-90; Carlos A. Urruty, "La justicia electoral en la República Oriental del Uruguay", *Justicia Electoral*, núm. 1 (Tribunal Federal Electoral, México, 1992), pp. 31-42.

elecciones internas de los partidos para la selección de ciertos órganos y candidatos a la Presidencia y Vicepresidencia de la República.

Cabe destacar, además, el establecimiento del Tribunal Calificador de Elecciones en la Constitución de Chile de 1925, al cual se le asignó la competencia de conocer y resolver en forma definitiva la calificación de las elecciones para Presidente de la República, así como de los miembros de la Cámara de Diputados y del Senado, además de las reclamaciones de nulidad que se interpusieren respecto de ellas. En la Constitución de 1980 se confieren al referido tribunal las mismas atribuciones, junto con las relativas a las impugnaciones con motivo de la organización y calificación de los plebiscitos. La ley también prevé la existencia del Servicio Electoral, encargado de la organización de los comicios, cuya naturaleza es igualmente autónoma, con personalidad jurídica y patrimonio propios.[527]

En la siguiente década se fueron creando organismos similares. Así, en 1931, en Perú se creó el Jurado Nacional de Elecciones, encomendándole atribuciones tanto administrativas como jurisdiccionales. Por su parte, la Constitución de 1993, en vigor, conserva al Jurado Nacional de Elecciones como organismo autónomo, confiriéndole la competencia para resolver en última instancia sobre la validez de todas las elecciones; no obstante, al mismo tiempo, le exime de algunas funciones y las encomienda a otros dos organismos de naturaleza autónoma. Así, se instauró la Oficina Nacional de Procesos Electorales (ONPE), encargada de organizar los comicios, y el Registro Nacional de Identificación y Estado Civil (Reniec), entre cuyas atribuciones se encuentra la de actualizar el padrón electoral, así como la de proporcionar toda la información necesaria al Jurado Nacional de Elecciones y a la Oficina Nacional de Procesos Electorales para el desempeño de sus funciones.

Es importante traer a colación la Constitución de Brasil de 1934, que organizó la justicia electoral dentro del Poder Judicial, previendo

---

527 Juan Ignacio García Rodríguez, "Proceso y justicia electoral", en *Tendencias contemporáneas del derecho electoral en el mundo*, Memoria del II Congreso Internacional de Derecho Electoral, Cámara de Diputados-IFE-TFE-UNAM, México, 1993, pp. 729-731. Véase también Artículo 94 bis de la Constitución Política de la República de Chile.

como órgano supremo al Tribunal Superior Electoral (cuyo antecedente fue el Código Electoral de 1932, bajo la inspiración de Getulio Vargas), suprimido por la Constitución de 1937, restablecido por la Constitución de 1946 y ratificado por la de 1988.[528] Es importante señalar que, al referido tribunal, se le han conferido habitualmente no sólo atribuciones jurisdiccionales sino también administrativas.

Por su parte, la Constitución de Nicaragua de 1939 creó un Consejo Nacional de Elecciones, al cual se le asignó la competencia de calificar los comicios legislativos y decidir en última instancia sobre todos los reclamos y recursos que se interpusieran. El mismo órgano se encuentra previsto también en la Constitución de 1987 como Consejo Supremo Electoral, confiriéndosele igualmente competencia respecto de elecciones presidenciales y considerándosele expresamente, junto con los demás organismos electorales subordinados, como integrantes del llamado Poder Electoral.

Especial importancia reviste la creación del Tribunal Supremo de Elecciones de Costa Rica, conforme a la Constitución de 1949, dotado de plena autonomía y con funciones amplias, significativas y exclusivas en materia electoral, el cual se constituyó de modo temprano en un paradigma para la región.

Con esos antecedentes, desplegados y combinados con las peculiaridades de cada uno de los países, en América Latina, proliferó la creación de instituciones electorales autónomas de los poderes constitucionales, encargadas de la organización de los propios comicios y de la resolución final de las controversias derivadas de las elecciones. En muy pocos casos se las ubica dentro del Poder Judicial y en otros, de plano, se les colocó como un poder nuevo, distinto a la teoría constitucional y republicana clásica. De cualquier manera, es posible hablar de una singularidad latinoamericana ya que, como ninguna otra región, su construcción democrática puso énfasis en

---

528 José Alfonso da Silva, *Curso di direito costitucional positivo*, 9ª ed., Malheiros Editores, São Paulo, 1993, pp. 69-70; Torquato Jardim, "Processo e justiça electoral (Introduçao ao sistema electoral brasileiro)", *Tendencias contemporáneas del derecho electoral en el mundo*. Memoria del II Congreso Internacional de Derecho Electoral, Cámara de Diputados-IFE-TFE-UNAM, México, 1993, pp. 761-787.

los órganos encargados de la administración electoral, otorgándoles atención constitucional y confiriéndoles, progresivamente, más funciones dentro del sistema de competencia democrática.

Esa amplitud y extensión de atribuciones y tareas puede considerarse una de las aportaciones más importantes de América Latina a los estudios políticos y al derecho electoral.

En términos generales, es posible definir la trayectoria histórica en los países que nos ocupan, de la siguiente manera:

> Creación legislativa de un órgano administrativo y/o jurisdiccional especializado en materia electoral.

> Su posterior elevación al nivel constitucional con garantías para su autonomía e imparcialidad.

> Transformación de órganos temporales (reunidos poco antes de los comicios y desaparecidos una vez concluida la elección)a órganos permanentes (donde, al menos el órgano de mayor jerarquía, guarda ese carácter).

> La mayoría de las veces se otorgan a los organismos electorales latinoamericanos tanto funciones administrativas (relacionadas con la organización de los comicios), como jurisdiccionales, consistentes en la resolución de los conflictos surgidos durante su desarrollo. No obstante, en los últimos años se ha manifestado una tendencia dual creciente dirigida a separar las funciones en instancias orgánicamente distintas.

En el periodo que abarca este estudio, la gran mayoría de los países de la región llevaron a cabo reformas para fortalecer los organismos electorales en términos de su autonomía funcional y técnica, garantizar su imparcialidad y ampliar sus atribuciones. Asimismo, se han establecido medidas para asegurar la independencia de los organismos electorales, en especial, respecto del Poder Ejecutivo, dotándolos expresamente de autonomía y confiriéndoles personalidad jurídica y patrimonio propio, además de atribuciones para manejar su presupuesto, elaborar el proyecto respectivo y emitir algunas normas reglamentarias.

Además, junto a los casos de Argentina y Brasil previstos hace tiempo, tres ejemplos más recientes han ubicado al tribunal electoral respectivo dentro del Poder Judicial, como ha ocurrido con el Tribunal Superior de Justicia Electoral de Paraguay en 1995 (que también realiza funciones administrativas de organización de los comicios), el Tribunal Electoral del Poder Judicial de la Federación de México en 1996 y la Sala Electoral del Tribunal Supremo de Justicia de Venezuela a partir de 1999. Estos dos últimos sólo ejercen funciones jurisdiccionales, en tanto que la organización de las elecciones es competencia de un organismo autónomo diferente.

Vale la pena subrayar una última tendencia. En aquellos organismos a los que, cada vez más, se les asignan funciones jurisdiccionales, un número mayor cuenta con competencia para resolver en última instancia la validez de los comicios, suprimiendo la intervención que aún se reservaba a los órganos legislativos para emitir la decisión final.

En cuanto a las garantías de imparcialidad de estos organismos y sus miembros, la tendencia general ha sido la de intentar "despartidizar" su conformación,[529] sofisticar el sistema de designación de los miembros del máximo órgano electoral[530] y conferirles garantías equivalentes a las que disfrutan los integrantes del Poder Judicial, tales como estabilidad en el cargo, dedicación exclusiva a la función, régimen de responsabilidades y alta remuneración.

---

529 Excluyendo o, al menos, dejando en minoría a los representantes de partidos políticos, como en Honduras a partir de 2002, con el Tribunal Supremo Electoral, o bien permitiéndoles únicamente derecho de voz pero no de voto.

530 Involucrando a un órgano jurisdiccional de carácter técnico al efecto, como en Perú, desde 1993, con el jefe de la Oficina Nacional de Procesos Electorales, o en las postulaciones (como ocurre en México con los magistrados del Tribunal Electoral del Poder Judicial de la Federación desde 1996). Asimismo, mediante la renovación escalonada del órgano, como en Panamá desde la reforma de 2004 y en México a partir de 2007.

CUADRO VI.6.1. *Organismos electorales. Naturaleza jurídica, año de las reformas e integración y designación*

País	Organismo(s) electoral(es). Naturaleza jurídica y funciones	Año de establecimiento y reforma(s) vigente(s)	Integración y designación
Argentina	Cámara Nacional Electoral, Poder Judicial; administrativo/jurisdiccional; sus resoluciones son impugnables por inconstitucionalidad ante la Corte Suprema, en el entendido de que dicha cámara no tiene competencia sobre resultados electorales.	Se creó en 1972 y desde entonces no se realizaron modificaciones sustanciales.	Tres miembros, nombrados en forma vitalicia por el Presidente en acuerdo con el Senado (según lista del Consejo de la Magistratura).
Bolivia	Tribunal Supremo Electoral: Autónomo; administrativo/jurisdiccional. Con jerarquía constitucional igual a la de los órganos Legislativo, Ejecutivo y Judicial. Sus decisiones son de cumplimiento obligatorio, inapelables e irrevisables, excepto los asuntos que correspondan al ámbito de la jurisdicción y competencia del Tribunal Constitucional Plurinacional.	Reforma a partir de la Ley Nº. 018 del 16 de junio 2010.	Siete vocales, de los cuales al menos dos serán de origen indígena originario campesino. Del total de miembros del tse al menos tres deben ser mujeres. La designación de los vocales del tse se realiza de la siguiente forma: • El Presidente o Presidenta del Estado Plurinacional designa a un miembro. • La Asamblea Legislativa Plurinacional elige a seis vocales, por dos tercios de votos de sus miembros presentes en la sesión de designación, garantizando la equivalencia de género y la plurinacionalidad. • La convocatoria pública y la calificación de capacidad y méritos constituyen las bases de la designación por parte de la Asamblea Legislativa Plurinacional.

Sigue página siguiente

País	Organismo(s) electoral(es). Naturaleza jurídica y funciones	Año de establecimiento y reforma(s) vigente(s)	Integración y designación
Brasil	Tribunal Superior Electoral (además de 27 tribunales regionales, uno por estado) Poder Judicial: administrativo/jurisdiccional. Sus decisiones son impugnables por inconstitucionalidad ante el Tribunal Federal Supremo).	1934/1988	Siete miembros designados por dos años (tres por el Tribunal Federal Supremo entre sus miembros, dos por el Tribunal Superior de Justicia entre sus miembros, y dos por el presidente entre los abogados).
Chile	Tribunal Calificador de Elecciones: Autónomo; jurisdiccional. Sus resoluciones son definitivas e inimpugnables.	1925/1980	-Cinco miembros (cuatro jueces o ex jueces de la Corte Suprema y un presidente o vicepresidente de alguna Cámara del Congreso, elegido por la Corte Suprema mediante sorteo). -El Consejo Directivo del Servicio Electoral está compuesto por cinco consejeros designados por el Presidente de la República, previo acuerdo del Senado adoptado por las dos terceras partes de sus miembros en ejercicio.
	Servicio Electoral: Autónomo; administrativo.	1986/2015	
Colombia	Consejo Nacional Electoral: Autónomo; administrativo; sus resoluciones son impugnables ante el Consejo de Estado.	1991	Nueve consejeros elegidos por cuatro años por el Congreso de la República a propuesta de los partidos y movimientos políticos (en forma proporcional a la composición del Congreso). Su titular es seleccionado mediante concurso de méritos por los presidentes de la Corte Constitucional, la Corte Suprema y el Consejo de Estado.

Sigue página siguiente

País	Organismo(s) electoral(es). Naturaleza jurídica y funciones	Año de establecimiento y reforma(s) vigente(s)	Integración y designación
Colombia	Registraduría Nacional del Estado Civil: Autónomo; administrativo.	1991/Acto Legislativo Nº. 1 de 2003.	
	Tribunal Supremo de Elecciones: Autónomo; administrativo/Jurisdiccional. Sus resoluciones son definitivas e inimpugnables.	1949 (con reformas legales de 1996, 2001 y 2002, 2009).	
	Consejo Nacional Electoral: Autónomo; administrativo.	2008	Cinco integrantes principales y cinco suplentes para el Consejo Nacional Electoral, y cinco integrantes principales y cinco suplentes para el Tribunal Contencioso Electoral, nombrados por un periodo de seis años, con renovación parcial cada tres años.
	Tribunal Contencioso Electoral: Autónomo. Jurisdiccional. Sus decisiones son inimpugnables.		
El Salvador	Tribunal Supremo Electoral: Autónomo; administrativo/jurisdiccional. Sus decisiones son impugnables por inconstitucionalidad ante la Sala Constitucional de la Corte Suprema.	1994	Cinco magistrados nombrados por la Asamblea Legislativa (tres a propuesta de los tres partidos con mayor fuerza electoral y dos de la Corte Suprema).
Guatemala	Tribunal Supremo Electoral: Autónomo; administrativo/jurisdiccional. Sus decisiones son impugnables por inconstitucionalidad ante la Corte Suprema, y las de ésta ante la Corte Constitucional.	1983 y 2004 (a nivel legal)	Cinco magistrados propietarios (y cinco suplentes) elegidos por dos terceras partes del Congreso, de una nómina de 30 candidatos de la Comisión de Postulación.

Sigue página siguiente

País	Organismo(s) electoral(es). Naturaleza jurídica y funciones	Año de estableci-miento y reforma(s) vigente(s)	Integración y designación
Honduras 1	Tribunal Supremo Electoral: Autónomo; administrati-vo/jurisdiccional. Sus decisiones son impugnables por inconstitu-cionalidad ante la Corte Supre-ma.	2002	Tres magistrados propietarios (y un suplente) elegidos por cinco años por dos terceras partes del Congreso Nacional.
México	Tribunal Electoral del Poder Judicial de la Federación	1987/1990/1993	Su Sala Superior se integra por siete magis-trados (y sus cinco salas regionales con tres cada uno) elegidos escalonadamente por nueve años por dos terceras partes del Senado de ternas propuestas por la Suprema Corte.
México	Poder Judicial: administrativo/jurisdiccional. Sus decisiones son impugnables por inconstitucionalidad ante el Tribunal Federal Supremo).	1996, 2007 y 2014	Su Consejo General se integra por once ciuda-danos elegidos por la Cámara de Diputados.
	Instituto Nacional Electoral: Autónomo; administrativo.	1990, 1994, 1996 y 2007 y 2014	
Nicaragua	Consejo Supremo Electoral: Poder Electoral; administrati-vo/jurisdiccional. Sus resolucio-nes son definitivas e inimpugna-bles	1939/1987, 2000 y 2005	Siete magistrados propietarios (tres suplentes) elegidos por cinco años por 60% de la Asamblea Nacional, de listas propuestas por el Presidente y diputa-dos.
Panamá	Tribunal Electoral Autónomo; administrativo/jurisdiccional. Sus decisiones son impugnables por inconstitucionalidad ante Corte Suprema.	1956/1992 y 2004	Tres miembros desig-nados escalonadamen-te por 10 años: uno nombrado por la Corte Suprema, uno por la Asamblea Nacional, y uno por el Presidente de la República.

Sigue página siguiente

País	Organismo(s) electoral(es). Naturaleza jurídica y funciones	Año de estableci-miento y reforma(s) vigente(s)	Integración y designación
Paraguay	Tribunal Superior de Justicia Electoral: Poder Judicial; administrativo/jurisdiccional. Sus decisiones son recurribles ante la Corte Suprema	1992/1995	Tres miembros designados por el Senado, en acuerdo con el Ejecutivo, de ternas propuestas por el Consejo de la Magistratura.
Perú 2	Jurado Nacional de Elecciones: Autónomo; administrativo/jurisdiccional. Sus decisiones son definitivas e inimpugnables	1931/1993	Cinco miembros elegidos por cuatro años renovables: uno por la Corte Suprema, uno por la Junta de Fiscales Supremos, uno por el Colegio de Abogados de Lima entre sus miembros, uno por los decanos de facultades públicas de Derecho entre sus ex decanos, y uno por los de las privadas entre sus ex decanos.
			Su jefe es nombrado por cuatro años renovables por el Consejo Nacional de la Magistratura.
			Su jefe es nombrado por cuatro años renovables por el Consejo Nacional de la Magistratura.
	Oficina Nacional de Procesos Electorales: Autónomo; administrativo.	1993	
	Registro Nacional de Identificación y Estado Civil (Reniec) Autónomo, encargado de la identificación de los peruanos y la elaboración del padrón electoral.	1995	

Sigue página siguiente

País	Organismo(s) electoral(es). Naturaleza jurídica y funciones	Año de establecimiento y reforma(s) vigente(s)	Integración y designación
República Dominicana	Junta Central Electoral: Autonomía e independencia técnica, administrativa, presupuestaria y financiera.	1923 2010	Junta Central Electoral: Cinco magistrados: un presidente y cuatro miembros, cada uno con un suplente, elegidos por el Senado por un periodo de cuatro años.
	Tribunal Superior Electoral: Órgano contencioso.	2010	Tribunal Superior Electoral: Se integra por no menos de tres y no más de cinco jueces electorales y sus suplentes, designados por un periodo de cuatro años por el Consejo de la Magistratura.
Uruguay	Corte Electoral: Autónomo; administrativo/jurisdiccional. Sus decisiones son definitivas e inimpugnables.	1924/1952/1996	La Corte Electoral se compondrá de nueve titulares que tendrán doble número de suplentes. Cinco titulares y sus suplentes serán designados por la Asamblea General en reunión de ambas Cámaras por dos tercios de votos del total de sus componentes, debiendo ser ciudadanos que, por su posición en la escena política, sean garantía de imparcialidad. Los cuatro titulares restantes, representantes de los partidos, serán elegidos por la Asamblea General por doble voto simultáneo de acuerdo con un sistema de representación proporcional.

Sigue página siguiente

País	Organismo(s) electoral(es). Naturaleza jurídica y funciones	Año de establecimiento y reforma(s) vigente(s)	Integración y designación
Venezuela	Sala Electoral del Tribunal Supremo de Justicia: Poder Judicial/jurisdiccional. Sus decisiones son impugnables por inconstitucionalidad ante la Sala Constitucional del Tribunal Supremo de Justicia.	1999	Cinco miembros nombrados por 12 años por la Asamblea Nacional a propuesta del Poder Ciudadano previa propuesta del Comité de Postulaciones Judiciales.
	Consejo Nacional Electoral: Poder Electoral; administrativo.	1999	Cinco miembros nombrados por siete años en forma escalonada por dos terceras partes de la Asamblea Nacional a propuesta de diversos sectores.

FUENTE: Daniel Zovatto G. y José de Jesús Orozco Henríquez (coords.), *Reforma política y electoral en América Latina (1978-2007)*, IIJ/UNAM-IDEA, México, 2008, pp. 128-135. (Datos actualizados a 2015.)

1   Además, la reforma constitucional de 2002 también estableció como institución autónoma al Registro Nacional de las Personas (cuyo director y dos subdirectores son nombrados por dos terceras partes del Congreso Nacional), que se encarga, entre otras atribuciones, de extender la tarjeta de identidad única con la cual se vota, así como de proporcionar al Tribunal Supremo Electoral toda la información necesaria para elaborar el censo nacional electoral.

2   El Registro Nacional de Identificación y Estado Civil, conjuntamente con el Jurado Nacional de Elecciones y la Oficina Nacional de Procesos Electorales, conforman el sistema electoral peruano, de conformidad con lo establecido por el artículo 177 de la Constitución Política de Perú.

7. Impacto de la labor de los organismos electorales sobre la legitimidad y la calidad de las elecciones en América Latina

Los órganos electorales en su condición de garantes de la integridad de las elecciones constituyen un factor clave que incide en la calidad de las democracias. En efecto, no cabe duda alguna de que la importante labor de los organismos electorales es decisiva para garantizar la celebración de elecciones con integridad (legítimas, de calidad y con altos niveles de credibilidad), todo lo cual redunda de manera positiva en garantizar la legitimidad de origen así como en el afianzamiento y consolidación del sistema democrático.

El fortalecimiento de la confianza en el método electoral para la definición periódica y permanente de la competencia para acceder de manera democrática al poder es uno de los elementos fundamentales para apuntalar ese acuerdo, y en este tema los organismos electorales desempeñan una función muy importante. Sin embargo, para poder satisfacer las expectativas en ellos depositadas, es imprescindible que los órganos supremos electorales sean percibidos como organismos imparciales, que dispongan de facultades adecuadas en materia electoral y que operen en forma eficiente.

Como bien apuntan Molina y Hernández:

> […] a nivel institucional (nuestro análisis) sugiere que la confiabilidad y credibilidad de las elecciones está positivamente asociada a organismos electorales imparciales de integración no partidista, y a sistemas de partidos institucionalizados y con un número bajo de partidos o bloques de partidos. Excepto para los casos de los sistemas de partidos hegemónicos en transición, donde a juzgar por nuestros datos la credibilidad tiende a ser baja independientemente del tipo de organismo electoral o del número de partidos.[531]

A. ¿Qué debemos entender por elecciones con integridad?

El análisis comparado de las elecciones en América Latina durante las últimas tres décadas y media, medido con base en el índice de partidismo de un organismo electoral, muestra que los organismos independientes y profesionales ofrecen mejores condiciones para celebrar elecciones con integridad. En efecto, en las más de 130 elecciones presidenciales que han tenido lugar desde el inicio de La tercera ola democrática (desde 1978 a la fecha), sólo unos pocos procesos se han visto aquejados por graves escándalos de fraudes que hayan sido dirigidas por autoridades electorales profesionales e independientes, lo cual implica una contribución muy

---

531 José Molina y Janeth Hernández, "La credibilidad de las elecciones latinoamericanas y sus factores. El efecto de los organismos electorales, el sistema de partidos y las actitudes políticas", *Cuadernos del CENDES*, núm. 41, 1999, pp. 1-26. Disponible también en la p. 15 de: http://biblioteca.clacso.edu.ar/ar/libros/lasa98/Molina-Hernandez.pdf Para estos autores "La ingeniera institucional puede contribuir a reforzar la honestidad de los procesos electorales y la confianza de la población en ellos". Asimismo, agregan: "a mayor confianza en el funcionamiento de la democracia y a mayor satisfacción con los poderes públicos, mayor es la credibilidad de las elecciones.

positiva de este modelo de organismos electorales a la gobernabilidad democrática en la región.

Pero como también tuvimos ocasión de analizar, la experiencia regional comparada evidencia, asimismo, que organismos electorales integrados por representantes de diferentes partidos o por una combinación de miembros independientes y representantes de partidos también inspiran suficiente confianza como para lograr resultados exitosos.

Además del importante papel que ejercen los organismos electorales en relación con la integridad de las elecciones, ésta depende asimismo y, en gran medida, del comportamiento de los partidos políticos y del grado de cultura política de los mismos, así como del de la ciudadanía del país en cuestión.

Otras variables relevantes que inciden en la integridad de los procesos electorales, y sobre las cuales los organismos electorales tienen injerencia tanto en sus funciones de control y fiscalización como de logística electoral, son las actividades de candidatos presidentes que buscan su reelección, y los escenarios de conflicto y duda cuando se dan resultados muy ajustados.

En efecto, el papel del presidente en ejercicio tiene un impacto sobre la calidad del proceso electoral, con una probabilidad significativamente mayor de elecciones controvertidas cuando el titular del Ejecutivo busca su reelección inmediata o indefinida, como lo demuestran las graves crisis de Panamá (1989), República Dominicana (1994) y Perú (2000). Este hallazgo pone de relieve que los presidentes en ejercicio parecen tener los medios y el incentivo para tratar de manipular las elecciones, en particular si los contextos económicos o políticos no son favorables para su reelección. En América Latina, cuando un presidente en ejercicio busca la reelección consecutiva o indefinida, la probabilidad de que los procesos electorales sean cuestionados es mucho mayor.

En cuanto al margen de victoria que se obtenga en la contienda, cabe señalar que una diferencia muy estrecha puede afectar los juicios emitidos por los partidos políticos vencidos en lo referente a la calidad del proceso electoral, así como por parte de los observadores internacionales. En la gran mayoría de las elecciones de la región, si bien no en todas, resultados estrechos (cuando la diferencia es menor a 2% entre el primer y segundo lugar) han llevado a denuncias de fraude, y a declaraciones y acciones dirigidas a intentar cambiar los resultados preliminares.

La eficiencia y transparencia con la que el organismo electoral haya administrado el proceso electoral se torna así en factor decisivo de la aceptación de los resultados como legítimos e incuestionables.

BALANCE Y CONSIDERACIONES FINALES

Estos 38 años han significado un periodo de importante "invención" institucional en materia de organización electoral. América Latina debió edificar los mecanismos para contar con un árbitro confiable en sus elecciones y, a partir de las historias particulares, ensayó fórmulas diversas que acabaron confluyendo en una tipología y en una tradición propia.

Se trataba de resolver uno de los problemas más añejos de la convivencia social y política: el fraude electoral; la ilegalidad recurrente y catastrófica; la ilegitimidad e impugnación en los comicios que arrastraba la situación social y política a un agujero de conflictos que no permitían el desarrollo pacífico y armónico de nuestras sociedades. No obstante, en estos 38 años, esta conflictividad pudo disminuirse o encauzarse, precisamente mediante las leyes e instituciones que administran las elecciones. Así, la trayectoria de estas tres décadas y media nos ha dejado una región caracterizada por la existencia de organismos electorales permanentes, profesionales e institucionalizados, con funciones claramente definidas, e incluso, ampliadas con respecto a las que había al inicio de la década de los ochenta.

Lo cierto es que, actualmente, la región latinoamericana cuenta con instituciones electorales más sólidas y legitimadas ante la ciudadanía. Más de tres décadas y media de esfuerzos por profesionalizar la función electoral se han hecho evidentes en numerosos aspectos de los organismos electorales: desde la incorporación de la tecnología en los procesos de elecciones hasta labores de formación ciudadana, capacitación a los agentes electorales y supervisión de las agrupaciones partidarias. Todo ello complementa toda una compleja gama de funciones cuyo objetivo fundamental es la preservación de los derechos políticos de la ciudadanía y el fortalecimiento de la democracia.

Diversas encuestas de opinión regionales[532] muestran que los organismos electorales gozan actualmente de una valoración positiva por parte de la ciudadanía, si bien existe una importante variación entre países.[533]

En suma, puede afirmarse que una de las novedades que aportó La tercera ola en América Latina es haber naturalizado los órganos electorales de la región en el concierto democrático, en las constituciones y en la vida política y social de cada país.

---

532 En América Latina se han llevado a cabo varias iniciativas para medir la confianza que existe en los organismos electorales. Entre ellas cabe citar el proyecto LAPOP (de la Universidad de Vanderbilt) y el Latinobarómetro. Sobre este tema, véase un análisis detallado en M. Barreda Diez y L. M. Ruiz Rodríguez, *Percepciones ciudadanas...*, *op. cit.*, 2014, pp. 21-24, así como; J. Molina y J. Hernández, "La credibilidad de las elecciones...", art. *cit.*, 1999.

533 En el Barómetro de 2010 de LAPOP, el nivel de confianza ciudadano respecto de los organismos electorales en 18 países de América Latina es de 4.2 (promedio), en relación con una escala de 1 ("nada de confianza") a 7 ("mucha confianza"). Como bien señalan Barreda Diez y Ruiz Rodríguez "Se trata, pues, de un nivel de confianza ciudadano bastante aceptable, sobre todo si se tiene presente que, en general, las instituciones políticas y sociales de la región reciben valoraciones modestas. [En efecto,] de un total de 14 instituciones, los organismos electorales ocupan la cuarta posición de mayor nivel de confianza (posición que comparten con la Defensora del Pueblo), teniendo por delante a la Iglesia, las Fuerzas Armadas y los medios de comunicación. Cabe señalar la existencia de cuatro grupos de países en relación con este tema. Uruguay, Costa Rica, Panamá y Chile son los cuatro países con los niveles más altos de confianza en sus organismos electorales, entre los cuales destaca especialmente Uruguay. En la posición contraria se encuentran Nicaragua, Paraguay y Argentina. En estos tres casos, el nivel de confianza se ubica por debajo de 3.5. Los demás países se ubican en una posición intermedia respecto de estos dos grupos opuestos, si bien existen diferencias importantes entre ellos. Véase un análisis detallado sobre este tema en M. Barreda Diez y L. M. Ruiz Rodríguez, *Percepciones ciudadanas...*, *op. cit.*, 2014, pp. 22-24.

Esta red de instituciones electorales (profesionales, permanentes, autónomas) no existía en la región antes de que diera inicio La tercera ola, y ahora, por derecho propio, constituye una de las principales garantías de elecciones con integridad y de democracias de calidad.

VIII. LAS INSTITUCIONES DE LA DEMOCRACIA DIRECTA EN AMÉRICA LATINA

1. *Introducción*

LA crisis de representación del sistema de partidos y el descontento creciente con la política generaron durante las últimas tres décadas cambios importantes en numerosos países de América Latina a través de una doble vía: reformas constitucionales e incorporación de mecanismos de democracia directa como forma complementaria de la democracia representativa o, incluso, en algunos casos, con el propósito de quererla suplantar[534].

Aunque no existe consenso en la ciencia política ni en el derecho constitucional comparado sobre cómo definir los mecanismos de democracia directa, sí hay acuerdo acerca de la importancia que la participación ciudadana directa tiene en el diseño de las políticas públicas. Como resultado, en las últimas décadas, varios países de la región han venido haciendo un uso cada vez mayor de estos mecanismos, apelando directamente a la ciudadanía para decidir asuntos muy variados[535].

---

534 Para Nohlen, "[...] en América Latina el propósito de fortalecer la democracia a través de la introducción de mecanismos de democracia directa surgió con mayor fuerza en la medida en que los canales de representación entraban o eran considerados en crisis". Dieter Nohlen, *Ciencia política y democracia en su contexto.* Tribunal Contencioso Electoral, Quito, 2010, p. 25.

535 En tiempos como los actuales, en los que el poder legislativo y los partidos gozan de una confianza muy baja ante la opinión pública, los mecanismos de participación ciudadana son vistos por ciertos sectores como una opción

El concepto de democracia directa que empleamos en este traba-jo incluye las diversas modalidades de participación política en las que, a través del ejercicio del voto directo y universal -es decir, las consultas populares (en sus diversas formas jurídicas: plebiscito, referéndum y revocatoria de mandato)-, los ciudadanos votan a fa-vor o en contra de una propuesta[536].

Asimismo, por considerarla un procedimiento político de partici-pación ciudadana directa que puede afectar al conjunto de la pobla-ción e impactar al sistema político, se incluye la iniciativa legislati-va como otro mecanismo de democracia directa. Por último, se hace mención a la inclusión legal de la "consulta previa" a grupos indí-genas y tribales, dada la relevancia creciente de las actividades económicas que impactan sobre estos sectores de la población.

En este capítulo se presenta un panorama general de los meca-nismos de democracia directa previstos en las Constituciones lati-noamericanas, el uso que se ha hecho de ellos y sus principales efectos sobre el sistema político democrático.

---

válida para mejorar la representación, incrementar la participación y mante-ner la estabilidad de los sistemas políticos. Es por ello que algunos gobier-nos latinoamericanos y organismos internacionales promueven diversos mecanismos de participación ciudadana. Sin embargo, al mismo tiempo, se advierte que existe el riesgo de debilitar la ya alicaída democracia represen-tativa, dado el uso demagógico que algunos políticos y gobiernos hacen de los mecanismos de democracia directa.

536 Empero, no todos coinciden con esta definición tan amplia. Para Altman, por ejemplo, la democracia directa consiste "[...] en un grupo de institucio-nes políticas en las que los ciudadanos deciden o emiten su opinión en las urnas a través del sufragio universal y secreto y que no forma parte del pro-ceso electivo regular de autoridades". Para este autor las iniciativas popula-res legislativas, las iniciativas populares de ley y los mecanismos de presu-puesto participativo, entre otros, no son mecanismos de democracia directa ya que, si bien estos presentan un grado importante de movilización ciuda-dana, no contemplan necesariamente un voto secreto y universal. David Altman, "Plebiscitos, referendos e iniciativas populares en América Latina: ¿mecanismos de control político o políticamente controlados?", *Perfiles La-tinoamericanos*, núm. 35, enero-junio 2010. pp. 3 y 4.

2. *Principales modalidades de democracia directa en América Latina*

A nivel comparado, en América Latina converge una variedad de instituciones de democracia directa y una pluralidad conceptual y terminológica que suele generar confusión[537]. Debido a que la mayoría de las Constituciones denominan a estos mecanismos con términos diferentes —iniciativa legislativa popular, plebiscito, referéndum, consulta popular, revocatoria de mandato, cabildo abierto, para citar tan sólo algunas de las expresiones más usuales—, la búsqueda de una unidad de acepciones y conceptos que trascienda el ámbito nacional resulta, aunque difícil, imprescindible para una mejor comprensión al tratar este tema.

Para los efectos de este artículo se han clasificado los mecanismos de democracia directa en tres grupos: la consulta popular (plebiscito/referéndum); la iniciativa legislativa popular, y la revocatoria de mandato.

Conscientes de que toda clasificación presupone grados diversos de subjetividad y arbitrariedad, el propósito que nos anima es presentar un asunto complejo de la manera más clara posible. De esta manera, un criterio de clasificación basado en el ámbito de aplicación distingue entre mecanismos de democracia directa de tipo personal (referidos a una persona o autoridad) o sustantivos (referidos a un tema). Asimismo, existen mecanismos catalogados por el origen de la iniciativa: "desde abajo" o popular, y "desde arriba" o institucional.

A. *Consulta popular (plebiscito/referéndum)*

Consulta popular, plebiscito o referéndum son términos que se utilizan indistintamente en las Constituciones de América Latina para referirse al más común y utilizado de los mecanismos de democracia directa. Si bien algunos distinguen entre plebiscito (consulta vinculada a los poderes personales de un gobernante) y re-

---

537 Según Sartori la democracia directa es un "espécimen" que presenta varias "subespecies" que exigen reconocimiento separado. Sartori, G. *Teoría de la Democracia. El debate contemporáneo.* Madrid, Alianza, 1987.

feréndum (consulta popular que versa sobre la aprobación de tratados internacionales, textos legales o constitucionales), en este trabajo se emplea el término "consulta popular" para referirse indistintamente a ambos.

Por su naturaleza, la consulta popular puede ser obligatoria o facultativa. A su vez, la obligatoria puede dividirse en: *a)* obligatoria automática, en un caso previsto específicamente por la Constitución, y *b)* obligatoria acotada a determinados procedimientos, sólo iniciados cuando surge una situación predefinida (por ejemplo, un conflicto entre el Ejecutivo y el Congreso no solucionable en el marco del sistema representativo). Existen ejemplos de consulta obligatoria automática en Bolivia, Brasil, Colombia, Costa Rica, Ecuador, El Salvador, Guatemala, Panamá, Paraguay, Perú y Venezuela, donde determinadas decisiones que afectan a la soberanía nacional quedan sujetas a la voluntad de los ciudadanos.

En este sentido, en varios países debe consultarse el criterio de la población cuando se promueven iniciativas para modificar la división político-administrativa del territorio o los distritos electorales. Ello incluye, según la Constitución Política de cada país, la creación de nuevas provincias, departamentos y/o distritos electorales; la autonomía regional o local; la aprobación de estatutos orgánicos regionales o locales, y los casos de unión de dos o más unidades territoriales o distritos electorales.

En Bolivia, por ejemplo, se realiza la consulta popular de manera automática cuando se trata de aprobar tratados internacionales que se refieran a aspectos específicamente definidos en la Constitución Política. Procede de igual forma cuando se quiere convocar a una Asamblea Constituyente, situación que también es de consulta automática en Colombia y Ecuador. En Panamá, de manera similar, la Constitución aprobada por la Asamblea Constituyente debe ser ratificada en referéndum para ser válida.

En El Salvador se convoca a una consulta popular ante la posibilidad de conformar una república unida de los países del istmo centroamericano. En Guatemala, ante las regulaciones del diferendo territorial entre ese país y Belice y, en Panamá, en los casos vinculados al destino del Canal de Panamá.

Con respecto a las consultas obligatorias de carácter acotado, estas se encuentran presentes en Bolivia, Chile, Ecuador, Guatemala, Paraguay, Uruguay y Venezuela. En Chile se consultan las reformas constitucionales solo si hay divergencia entre el Ejecutivo y el Legislativo. En Bolivia, Ecuador, Paraguay, Uruguay y Venezuela, de acuerdo con la Constitución, toda reforma constitucional (enmienda para el caso paraguayo) debe ser ratificada en última instancia mediante referéndum. En Guatemala, las reformas constitucionales que realice el Congreso sólo necesitan ratificación popular.

Por otra parte, las consultas facultativas (opcionales) también pueden clasificarse en dos grupos:

➢ Cuando la iniciativa proviene desde arriba, es decir, cuando los órganos estatales tienen de manera exclusiva, el derecho de poner en marcha el mecanismo. Estas pueden provenir del Ejecutivo o del Congreso, o de ambos de manera coordinada.

➢ Cuando la iniciativa proviene desde abajo, es decir, cuando emana de la propia ciudadanía. En estos casos hace falta precisar cuál es la barrera a sortear para poner en marcha el mecanismo (porcentaje o número mínimo de firmas de ciudadanos).

De los 18 países de la región, en 16 existe la posibilidad de realizar consultas facultativas. Los países que no tienen consultas facultativas de carácter nacional son Chile[538] y El Salvador.

Por su carácter, los resultados de las consultas populares pueden ser vinculantes o no; además, el voto puede ser o no obligatorio. En el constitucionalismo comparado latinoamericano se observa que los procedimientos vinculantes se establecen para todas las consultas de carácter obligatorio y para las que suponen ratificar reformas constitucionales. Sin embargo, la mayoría de los países de la región no asocia la validez de una consulta con un quórum determinado de la votación. La información resumida se presenta en el cuadro VIII.1.

---

538 En Chile la Constitución permite la consulta facultativa en el plano subnacional para aprobar la ley orgánica municipal.

CUADRO VIII.1. *América Latina: mecanismos facultativos de democracia directa, actores y tipo de voto*

Consulta popular facultativa	Poder Ejecutivo	Poder Legislativo	Ciudadanía	Tipo de voto
Argentina	Sí, vinculante y no vinculante	Sí, vinculantes y no vinculante	No	Obligatorio con sanciones
Bolivia	Sí, vinculante	Sí, vinculante	Sí, vinculante	Obligatorio con sanciones
Brasil	No	Sí, vinculante	No	Obligatorio con sanciones
Chile	No	No	No	Voluntario
Colombia	Sí, vinculante	No	Sí, vinculante	Voluntario
Costa Rica	Sí, vinculante	Sí, vinculante	Sí, vinculante	Obligatorio sin sanciones
Ecuador	Sí, vinculante	No	Sí, vinculante	Obligatorio con sanciones
El Salvador	No	No	No	Obligatorio sin sanciones
Guatemala	Sí, vinculante	Sí, vinculante	No	Voluntario
Honduras	Sí, vinculante	Sí, vinculante	Sí, vinculante	Obligatorio con sanciones
México	Sí, vinculante	Sí, vinculante	Sí, vinculante	Obligatorio sin sanciones
Nicaragua	Sí, vinculante	Sí	Sí	Voluntario
Panamá	Sí	Sí	Sí	Obligatorio sin sanciones
Paraguay	Sí	Sí, vinculante y no vinculante	No	Obligatorio con sanciones
Perú	Sí	No	Sí, vinculante	Obligatorio con sanciones
República Dominicana	Sí	Sí	Sí	Obligatorio sin sanciones
Uruguay	No	No	Sí, vinculante	Obligatorio con sanciones a quienes no concurran. Pero sólo se vota por "sí" en plebiscito
Venezuela	Sí	Sí	Sí	Voluntario

FUENTE: Elaboración propia con base en datos del organismo electoral de cada país. Actualizado a 2016.

En Uruguay y Venezuela las consultas contra leyes tienen carácter vinculante. En Ecuador, todas las consultas son vinculantes y de cumplimiento inmediato. En Paraguay, el Congreso puede determinar que una consulta sea o no vinculante. En Argentina, el Congreso de la Nación, a iniciativa de la Cámara de Diputados, puede someter a consulta popular vinculante todo proyecto de ley, con excepción de aquellos cuyo procedimiento de sanción se encuentre especialmente reglado por la Constitución Nacional mediante la determinación de la cámara de origen o por la exigencia de una mayoría calificada para su aprobación; en este tipo de consulta el voto es obligatorio.

También puede ser sometido a consulta popular no vinculante todo asunto de interés general para la Nación, con excepción de aquellos proyectos de ley cuyo procedimiento de sanción se encuentre especialmente reglado por la Constitución Nacional. En este tipo de consulta el voto de la ciudadanía no será obligatorio. La convocatoria realizada por el Poder Ejecutivo Nacional deberá efectuarse mediante decreto decidido en acuerdo general de ministros y referendado por todos ellos. La consulta no tiene carácter vinculante cuando la convoca exclusivamente el Poder Ejecutivo.

En México, la figura de la consulta popular puede ser convocada sobre decisiones que tengan impacto nacional; para tal efecto, se requiere la firma del 2% de la lista nominal de electores y, para que el resultado de dicha consulta sea vinculante para los poderes públicos, debe haber una participación de al menos 40% de la lista de electores[539].

En Colombia, tienen carácter vinculante las cuestiones propuestas por el presidente con el acuerdo del Parlamento, o bien cuando participa una cuarta parte de los ciudadanos que componen el censo electoral en referéndum para la derogatoria de una ley. En Honduras, la consulta es de cumplimiento obligatorio si concurre a votar por lo menos el 51% del total de la participación en la última elec-

---

539 Algunos juristas entienden que en México es posible también derogar una ley a través de la iniciativa popular a partir de la reforma constitucional aprobada el 9 de agosto de 2012 (artículo 71, inciso IV y artículo 72, inciso f).

ción general y si el voto afirmativo logra la mayoría de votos válidos; si, por el contrario, el resultado no es afirmativo, la consulta sobre los mismos temas no podrá realizarse en el mismo periodo de gobierno ni en el siguiente.

En Bolivia, por su parte, la Ley del Referéndum estableció que los resultados de la consulta popular tendrían vigencia inmediata y obligatoria, estableciéndose así su carácter vinculante. Por su parte, en Nicaragua existe un vacío, ya que la Ley Electoral no dice expresamente que la consulta sea vinculante. De hecho, en el artículo 138 de su Constitución se establece que se declara aprobada la opción que obtenga la mayoría de los votos válidos.

Por último, en Costa Rica, para la legislación ordinaria, los resultados serán vinculantes si la participación de los ciudadanos inscritos en el padrón electoral es de al menos 30%. Para las reformas parciales de la Constitución y los asuntos que demanden aprobación legislativa por mayoría calificada, se requiere un mínimo del 40 por ciento.

Otro aspecto a destacar es que, en gran parte de la región, el campo de aplicación de las consultas populares se restringe mediante la exclusión de determinadas materias o con base a disposiciones positivas más o menos precisas, como en Bolivia, Guatemala y Colombia. Por el contrario, en Argentina, Ecuador, Brasil y Nicaragua, entre otros, no existen límites expresos al posible campo de aplicación de una consulta popular.

Por último, sólo algunos países –entre ellos, Ecuador, Colombia, Costa Rica, Uruguay y Venezuela– cuentan con la institución del referéndum abrogativo o sancionatorio, que brinda a los ciudadanos la posibilidad de revocar leyes surgidas del sistema representativo.

En varios países, sin embargo, determinadas materias –por ejemplo, las políticas fiscales, monetaria y crediticia– o, en el caso específico de Uruguay, aquellas privativas del Estado, quedan excluidas del campo de aplicación del referéndum abrogativo.

B. *Iniciativa popular*

El segundo mecanismo de democracia directa es la "iniciativa popular", entendiéndose por tal, el derecho de la ciudadanía a proponer proyectos de ley y reformas legales o constitucionales totales o parciales. Puede estar formulada o no formulada. La primera va acompañada de un proyecto de ley; la segunda consiste en simples peticiones al Congreso a fin de que legisle sobre determinados asuntos. Si bien más de la mitad de los países de América Latina regulan estos mecanismos en sus diferentes modalidades, su uso es limitado, salvo en Colombia y Uruguay.

Por regla general, se trata de iniciativas legislativas populares *ad parlamentum*, ya que los proyectos de ley o reforma constitucional que se presentan son estudiados por el Parlamento, que toma la decisión al respecto sin consultar al electorado.

Sin embargo, unos cuantos países cuentan con una auténtica actividad legislativa de origen popular. Así, en Uruguay, las iniciativas de reforma constitucional que provengan de la ciudadanía y que tengan el apoyo de al menos 10% de los electores hábiles deben someterse directamente a consulta popular. En Colombia, un proyecto de ley de iniciativa popular rechazado en el Parlamento debe someterse a "referéndum aprobatorio" si el 10% de los electores inscritos en el censo electoral así lo solicita.

En el caso de Perú, la legislación prevé la posibilidad de someter a referéndum una iniciativa legislativa rechazada o modificada sustancialmente por el Parlamento. Más recientemente, en Ecuador, la nueva Constitución dispone que, si después de ciento ochenta días de análisis de la propuesta ciudadana en el órgano correspondiente no hubiese una decisión, dicha iniciativa entrará en vigor. Cuando se trate de reforma constitucional, si la función legislativa no trata la propuesta en el plazo de un año, se podrá solicitar una consulta popular sin necesidad de cumplir con el 8% del respaldo electoral requerido para reformas constitucionales.

En República Dominicana, la reforma constitucional de 2010 incorporó este mecanismo, indicando que no menos de 2% de los ciudadanos inscritos en el registro de electores puede someter proyectos de ley al Congreso Nacional[540]. Lo mismo sucedió en Honduras

---

540 Cabe indicar que en el artículo 97 de la Constitución Política, se establece la iniciativa legislativa popular mediante la cual un número de ciudadanos y

con la reforma constitucional de 2011, que incorporó en el artículo 213 la posibilidad de que la ciudadanía, en un número de al menos tres mil ciudadanos, pueda ejercer el mecanismo de iniciativa de ley ciudadana[541].

En el caso de la reforma constitucional efectuada en México en 2012, vale destacar que allí se incorporó en la legislación la figura de la iniciativa legislativa popular, la cual se podrá ejercer por parte de la ciudadanía cuando se reúnan las firmas de 0.25% del listado nominal de electores.

C. *Revocatoria de mandato*

La revocatoria de mandato consiste en la facultad de dejar sin efecto el mandato del titular de un cargo de elección popular, resultado de un proceso de consulta del mismo tipo. Por lo general, en América Latina esta posibilidad queda limitada al ámbito subnacional salvo para Bolivia, Ecuador, Panamá y Venezuela, que lo contemplan a nivel nacional. En Bolivia, todo cargo de elección popular podrá ser revocado siempre y cuando la convocatoria se realice después de la mitad del periodo por el cual fue electo, y no durante el último año de gestión.

En Ecuador, los ciudadanos pueden revocar el mandato a todas las autoridades de elección popular después del primer año del periodo para el que fueron elegidas y antes del último. En Panamá, los partidos políticos pueden ejercer la revocatoria para invalidar el mandato de los diputados que hayan postulado, y los ciudadanos de un circuito electoral pueden hacerlo para revocar el mandato de los diputados de libre postulación (lo que no lo hace una revocatoria de

---

ciudadanas no menor de 2% de los inscritos en el registro de electores podrá presentar proyectos de ley ante el Congreso Nacional. Una ley especial establecerá el procedimiento y las restricciones para el ejercicio de esta iniciativa.

541 Reforma dada el 13 de enero de 2011, y publicada en la *Gaceta Oficial*, núm. 32.425, del 25 de enero de 2011.

mandato pura)[542]. En Venezuela, la revocatoria se establece para todos los cargos de elección popular, incluido el de Presidente de la República.

Hasta la fecha, la revocatoria de mandato sólo se ha empleado a nivel nacional en Bolivia y Venezuela. En este último, en agosto de 2004, cuando se sometió a consulta la continuidad o suspensión del mandato del presidente Hugo Chávez; en Bolivia en agosto de 2008, cuando se sometió a referéndum revocatorio el mandato del presidente Evo Morales, del vicepresidente y de los ocho prefectos departamentales. Sin embargo, este mecanismo también está regulado en varios países en el ámbito subnacional y se ha utilizado en algunas oportunidades. En los últimos años (especialmente 2012 y 2013), Bolivia, Colombia y Perú han registrado numerosas solicitudes de revocatoria de mandato a nivel local.

El cuadro VIII.2 sistematiza, en dos categorías de países, la situación actual en materia de regulación y el uso de los mecanismos de democracia directa a nivel nacional. De la información se deriva que existe un primer grupo de 12 países en los que existe al menos uno de los tres mecanismos citados, y éste o éstos han sido utilizados. Un segundo grupo lo constituyen los seis países que no han empleado ninguno de los mecanismos pese a que disponen de regulación en la materia.

---

542 En Panamá también existe la revocatoria para los Representantes de Corregimiento, y puede comenzarse por iniciativa popular y por los partidos políticos cuando han sido postulados por estos.

CUADRO VIII.2. *América Latina: mecanismos de democracia directa a nivel nacional*

País	Iniciativa legislativa popular	Consulta popular (plebiscito/referéndum)	Revocatoria de mandato
Argentina	Sí	Sí	No
Bolivia	Sí	Sí	Sí, para todos los cargos
Brasil	Sí	Sí	No
Chile	No	Sí, sólo para reforma constitucional cuando hay desacuerdo entre Ejecutivo y Congreso	No
Colombia	Sí	Sí	No
Costa Rica	Sí	Sí	No
Ecuador	Sí	Sí	Sí, para todos los cargos
El Salvador	No	Sí No se ha utilizado	No
Guatemala	Sí	Sí	No
Honduras	Sí No se ha utilizado	Sí No se ha utilizado	No
México	Sí No se ha utilizado	Sí No se ha utilizado	No
Nicaragua	Sí No se ha utilizado	Sí No se ha utilizado	No
Panamá	Sí	Sí	Sí
Paraguay	Sí No se ha utilizado	Sí No se ha utilizado	No
Perú	Sí	Sí	No
República Dominicana	Sí No se ha utilizado	Sí No se ha utilizado	No
Uruguay	Sí	Sí	No
Venezuela	Sí	Sí	Sí, para todos los cargos

FUENTE: Elaboración propia. Actualizado a 2016.

En resumen, a principios de la década de los años noventa, en América Latina cobró fuerza la tendencia de expandir los mecanismos de democracia directa con el (supuesto) objetivo de corregir los déficits de las democracias representativas, aumentar los niveles de legitimidad política y, en algunos casos (especialmente en Bolivia y Venezuela), dar respuesta efectiva a las demandas sociales por mayor participación ciudadana.

Actualmente, los 18 países de la región regulan a nivel nacional diferentes mecanismos de democracia directa en sus respectivas Constituciones. Cabe advertir que la gran mayoría de las Constituciones reformadas en los años ochenta y noventa del siglo XX, incluyeron el uso de mecanismos de democracia directa. Las razones para su adopción fueron diferentes en cada país, pero es posible identificar dos movimientos de reformas constitucionales[543]: una que sigue la tradición más "liberal" (la mayoría de las Constituciones latinoamericanas) y otra más de carácter refundacional, que inicia con la reforma constitucional de Colombia de 1991 y que continúa y se profundiza con las reformas constitucionales de Venezuela (de 1999), Ecuador (de 2008) y de Bolivia (de 2009).

Todas ellas tienen en común que son producto de convocatorias a asambleas constituyentes participativas: reconocen la diversidad pluriétnica y pluricultural (en especial comunidades indígenas y negras); son Constituciones laicas o al menos declaran la igualdad de la diversas religiones (es decir, se quita poder a la Iglesia); incluyen con rango constitucional, ciertos derechos (como el agua) y amplían otros (como los derechos colectivos de los indígenas); aprueban los mecanismos de amparo y tutela de los derechos (como el Ombudsman y los defensores del pueblo), e incluyen varios mecanismos de participación ciudadana[544].

---

543 Alicia Lissidini, "La política en movimiento. Estados, democracias y diversidades regionales", *Ponencia presentada en el XI Congreso Nacional de Ciencia Política*, Paraná, 17 a 20 de julio de 2013.

544 *Idem.*

Uruguay constituye la excepción a estos movimientos, ya que estos mecanismos datan de 1934[545]. Los países que más recientemente han incorporado en sus Constituciones estas figuras son Costa Rica (mayo de 2002), Honduras (enero de 2004), República Dominicana (enero de 2012)[546], Ecuador y Bolivia con las nuevas Constituciones aprobadas en ambos países (2008 y 2009, respectivamente) y México que, en julio de 2012, incorporó en su marco constitucional (artículos 25, 35 y 70) las figuras de la consulta popular y la iniciativa legislativa popular.

Por su parte, El Salvador, Honduras, México, Nicaragua, Paraguay y República Dominicana, aunque los incluyen, no los han empleado hasta el presente a nivel nacional.

Otra innovación en la materia en el caso de los mecanismos de democracia directa, es la inclusión del derecho a "la consulta previa" a los pueblos indígenas. El diseño legal recoge en buena medida el Convenio 169 de la Organización Internacional del Trabajo (OIT)[547] aprobado en 1989 y se ajusta a la Declaración de 2007 de la

---

545 Sin embargo, ya la ley constitucional de 1912 estableció que toda reforma constitucional debería ser sometida a consulta popular para su ratificación. El 25 de noviembre de 1917 se realizó la primera consulta nacional en la cual se aprobó la Constitución de 1919 que dio inicio a la efectiva democratización del país. En esta Constitución se incluyeron institutos de democracia directa a nivel local y, a partir de 1934 (artículo 284), los ciudadanos pudieron presentar un proyecto de reforma constitucional (20% de las firmas de los ciudadanos). Alicia Lissidini, "La historia de los plebiscitos en el Uruguay: ni tan democráticos ni tan autoritarios (1917-1971)", *Cuadernos del CLAEH*, segunda serie, año 23, núm. 81-82, *Revista Ciencias Sociales* (Centro Latinoamericano de Economía Humana, Uruguay, 1998), pp. 195-217.

546 En la modificación constitucional del 26 de enero de 2010, por primera vez se contemplan figuras como el referéndum, el plebiscito y la iniciativa normativa municipal. El artículo 210 indica que las consultas populares mediante referéndum estarán reguladas por una ley que determinará todo lo relativo a su celebración. Cabe señalar que se encuentra pendiente de elaboración la legislación que está llamada a regular este tipo de consulta.

547 El artículo 6 dispone que los gobiernos deberán: *a)* consultar a los pueblos interesados, mediante procedimientos apropiados y, en particular, a través de sus instituciones representativas, cada vez que se prevean medidas legis-

Organización de las Naciones Unidas sobre los pueblos indígenas. Sin embargo, el grado de disparidad e indefinición legal respecto a quiénes deben ser consultados, en qué circunstancias y con qué consecuencias legales es muy grande, al punto de que existen numerosas denuncias por falta de consulta a pesar de la obligación legal de hacerlo.

A la fecha, se han realizado consultas previas entre otros países en Bolivia, Colombia, Chile, Ecuador, Guatemala, Panamá y Perú. La mayoría de estas consultas se han referido a la explotación minera y, en menor medida, a la hidroeléctrica y la petrolera. Aún es pronto para hacer una evaluación del uso e impacto de este mecanismo, pero es probable que se incrementen dada la relevancia creciente de los actores en juego, el aumento de las políticas extractivas y la exigencia creciente de los organismos internacionales (como el Banco Mundial y el Banco Interamericano de Desarrollo) de contar con el consentimiento de las comunidades afectadas antes de otorgar préstamos dada la incertidumbre jurídica, la escasa legitimidad a veces de las medidas adoptadas, etc.

3. *Evolución y análisis de la experiencia latinoamericana en el uso de los mecanismos de democracia directa*

En el cuadro VIII.3 se muestra una visión sistematizada de la aplicación de consultas populares en el ámbito nacional en los países de la región durante el periodo 1978-2016. Se incluye información sobre el tema de la consulta, el resultado y sus efectos.

---

lativas o administrativas susceptibles de afectarles directamente; *b)* establecer los medios a través de los cuales los pueblos interesados puedan participar libremente, por lo menos en la misma medida que otros sectores de la población, y a todos los niveles en la adopción de decisiones en instituciones electivas y organismos administrativos y de otra índole responsables de políticas y programas que les conciernan; *c)* establecer los medios para el pleno desarrollo de las instituciones e iniciativas de esos pueblos, y en los casos apropiados proporcionar los recursos necesarios para este fin. Las consultas llevadas a cabo en la aplicación de este Convenio deberán efectuarse de buena fe y de manera apropiada a las circunstancias, con la finalidad de llegar a un acuerdo o lograr el consentimiento acerca de las medidas propuestas.

CUADRO VIII.3. *América Latina: consultas populares realizadas a nivel nacional entre 1978 y 2016*

PAÍS	FECHA	MECANISMO	TEMA	RESULTADO	EFECTO
ARGENTINA	Nov. 1984	Consulta no vinculante	Laudo Beagle	Aprobada	Legitimador de la negociación realizada por el gobierno. Promovió una intensa movilización de los partidos. Gana la posición del gobierno de Raúl Alfonsín.
BOLIVIA	Jul. 2004	Referéndum. Vinculante	Política energética del país	Aprobado	Legitimador de la política del gobierno. Gana la posición del gobierno de Carlos Mesa.
	Jul. 2006	Referéndum. Vinculante	Autonomías departamentales	Aprobada la autonomía en cuatro departamentos: Tarija, Santa Cruz, Beni y Pando. / Rechazada en cinco departamentos: Chuquisaca, Cochabamba, La Paz, Oruro y Potosí.	Legitima la postura del gobierno, pero al mismo tiempo lo obliga a tomar decisiones. El resultado es vinculante para la Asamblea Constituyente, en el sentido de que se ve obligada a incorporar constitucionalmente la autonomía para los departamentos donde se aprobó esta opción por mayoría simple. Gana la posición del gobierno de Evo Morales en cinco departamentos y pierde en cuatro.
BOLIVIA	Ago. 2008	Referéndum. Vinculante	Revocación del mandato del presidente Morales, el vicepresidente y ocho prefectos departamentales	Aprobada la continuidad del Presidente Morales.	Legitimador del gobierno y al mismo tiempo legitima la continuidad de los cuatro prefectos opositores al gobierno, que mantienen la posición por la autonomía.
	Ene. 2009	Referéndum. Vinculante	Nueva Constitución Política	Aprobada la nueva Constitución Política, que tiene vigencia inmediata.	Gana la posición del gobierno de Evo Morales.
	Feb.	Referéndum. Vinculante	Reforma constitucional para permitir una nueva postulación a la presidencia al Presidente Evo Morales (reelección)	Rechazada	Legitimador de la posición del Presidente Evo Morales que buscaba presentarse nuevamente como candidato en el proceso electoral de 2019.
BRASIL	Abr. 1993	Plebiscito Vinculante	Monarquía o república, parlamentarismo o presidencialismo	Rechazado el cambio de régimen.	Legitimador del régimen republicano y también del presidencialismo. Gana la posición del gobierno de Itamar Franco.
	Oct. 2005	Referéndum. Vinculante	Prohibición del comercio de armas de fuego y municiones	Rechazado	Deslegitimador de la propuesta gubernamental. Se mantiene el comercio de armas. Pierde la posición del gobierno de Luiz Inácio Lula da Silva.
CHILE	Sep. 1980	Plebiscito Vinculante	Nueva Constitución	Aprobado	Legitimador de la Constitución que institucionalizó el régimen militar y aseguró la continuidad de Augusto Pinochet como presidente hasta al menos 1989. Gana la posición del gobierno militar de Augusto Pinochet. [1].
	Oct. 1988	Plebiscito Vinculante	Prolongación o no del mandato del general Augusto Pinochet	Rechazado	Deslegitimó la propuesta militar, prevista ya en 1980. Aceleró la apertura democrática. Pierde la posición del gobierno militar de Augusto Pinochet.
	Jul. 1989	Plebiscito	Reforma constitucional	Aprobado	Legitimó las negociaciones para la transición a la democracia. Pierde la posición del gobierno militar de Augusto Pinochet.

FUENTE: Elaboración propia con base en Payne *et al.* (2006) y Lissidini (2014). Información actualizada a 2016.

NOTA. En este cuadro se muestran todos los casos en que se utilizaron mecanismos de consulta popular a nivel nacional en América Latina entre 1978 y octubre de 2016. En cinco de los casos, los mecanismos fueron empleados por gobiernos autoritarios antes de concretarse la transición a la democracia: Chile (1980, 1988 y 1989), Panamá (1983) y Uruguay (1980).

PAÍS	FECHA	MECANISMO	TEMA	RESULTADO	EFECTO
COLOMBIA (2)	Oct. 1997	Consulta	Apoyo a la pacificación	Aprobada	Legitimó el apoyo a la paz, pero no tuvo efecto en los hechos, pues recrudeció la violencia. Gana la posición del gobierno de Ernesto Samper.
	Oct. 2003	Referéndum. Vinculante	Quince preguntas sobre múltiples temas, entre ellos destacaba la reducción del Congreso, el endurecimiento de causales de pérdida de investidura, la eliminación de auxilios con dineros públicos, nuevos recursos para educación y saneamiento básico, endurecimiento de requisitos para la obtención de personería jurídica de los partidos y movimientos políticos, eliminación de contralorías de los departamentos y municipios del país	De las 18 consultas sólo se aprobó una: la referida a la "muerte política" en caso de corrupción. Las demás preguntas no alcanzaron el mínimo de umbral requerido (25%)	Deslegitimador del gobierno. Pierde la posición del gobierno de Álvaro Uribe.
	Oct. 2016	Plebiscito	Aprobación de los acuerdos de paz negociados entre el gobierno y la guerrilla (FARC)	Rechazado	Desaprobación del Acuerdo. Pierde la posición del gobierno de Juan Manuel Santos.
COSTA RICA	Oct. 2007	Referéndum. Vinculante	Tratado de Libre Comercio República Dominicana, América Central-Estados Unidos (tlc)	Aprobado	Legitimador de las negociaciones del tlc.
ECUADOR	Ene. 1978	Plebiscito Vinculante	Constitución	Aprobado	Legitimador de la apertura al proceso de democratización. Gana la posición del gobierno (Consejo Supremo de Gobierno) y la apertura democrática.
	Jun. 1986	Consulta Vinculante	Candidaturas independientes de los partidos	Rechazada	Deslegitimador de la gestión gubernamental. Pierde la posición del gobierno de León Febres Cordero.
	Ago. 1994	Consulta de siete preguntas. Vinculante	Candidaturas independientes, reducción en la asignación de partidas presupuestarias de los diputados, reelección de cargos, excepto Presidente.	Aprobada	Legitimador de la acción gubernamental, iniciador del proceso. Gana la posición del presidente Sixto Durán.
	Nov. 1995	Consulta de 11 preguntas. Vinculante	En general, apuntaban a dar legitimidad al Presidente (reformas de corte constitucional) Entre ellas: la posibilidad de que el Presidente pudiese disolver el parlamento, reformas a la seguridad social, manejo presupuestario, descentralización y reforma a organismos judiciales	Rechazada in totum	Deslegitimador del gobierno. Pierde la posición del presidente Sixto Durán.
	May. 1997	Consulta de 14 preguntas. Vinculante	Puntos principales: apoyar destitución de Abdalá Bucaram y la presidencia de Alarcón	Aprobada	Legitimador de la destitución del presidente Abdalá Bucaram y la confirmación del presidente Alarcón en la presidencia. Como resultado de la consulta se convocó a una Constituyente que aprobó una nueva Constitución, donde se recoge parte de las medidas sometidas a consulta. Gana la posición del gobierno de Fabián Alarcón.

[1]   Los opositores al régimen y muchos analistas consideran este plebiscito como un fraude electoral. Véase Patricio Navia, "Participación electoral en Chile, 1988-2001", *Revista de Ciencia Política*, vol. XXIV, núm. 1, 2004.

PAÍS	FECHA	MECANISMO	TEMA	RESULTADO	EFECTO
ECUADOR	Nov. 2006	Consulta de tres preguntas. Vinculante	Política de educación, salud y asignación de los excedentes de los recursos petroleros para acciones sociales	Aprobada	Legitimador del gobierno saliente. El presupuesto del Estado incluyó más recursos para el sector educación. Gana la posición de Alfredo Palacios.
	Abr. 2007	Referéndum. Vinculante	Convocatoria a Asamblea Constituyente	Aprobado	Legitimador de la convocatoria. Con ello se conforma la Asamblea Constituyente para transformar el marco institucional del Estado y elaborar una nueva Constitución. Gana la posición del presidente Rafael Correa.
	Sep. 2008	Referéndum. Vinculante	Nueva Constitución Política	Aprobada	Legitimador del proyecto político del presidente. Además, se le abre la posibilidad de reelección consecutiva con la nueva Constitución. Gana la posición de gobierno de Rafael Correa.
	May. 2011	Referéndum (cinco preguntas con resultados vinculantes) y Consulta popular (cinco preguntas, no vinculantes)	Caducidad de la prisión preventiva, reestructuración del Poder Judicial, regulación de la Banca y endurecimiento de las penas (Reforma constitucional). Consulta sobre prohibición de juegos de azar y los espectáculos con matanza de animales, obligatoriedad de afiliación a la seguridad social	Aprobados	Legitimador del presidente. Gana la posición del gobierno de Rafael Correa.
GUATEMALA	Ene. 1994	Consulta popular (Referéndum) Vinculante	Reforma constitucional	Aprobada	Legitimador de las reformas constitucionales resultado de los ajustes de la institucionalidad tras el fracasado autogolpe del presidente Jorge Serrano. Gana la posición del gobierno de Ramiro León Carpio.
	May. 1999	Consulta popular (Referéndum) Vinculante	Reformas constitucionales para implementar acuerdos de paz y otras reformas	Rechazada	Deslegitimador del gobierno, pues se tradujo en plebiscito en contra del mismo y no sobre el tema constitucional en debate. Pierde la posición del gobierno de Álvaro Arzú.
PANAMÁ	Abr. 1983	Referéndum. Vinculante	Reforma constitucional	Aprobado	Legitimador del acuerdo entre el gobierno y la oposición. Se inicia la democratización de la estructura de gobierno. Se establecen las bases para el balance entre el Ejecutivo y el Legislativo. Gana la posición del gobierno de Ricardo de la Espriella.
	Nov. 1992	Referéndum. Vinculante	Reforma constitucional de 58 puntos	Rechazado	Deslegitimador de las reformas introducidas por el régimen democrático. Pierde la posición del gobierno de Guillermo Endara Galimany.
	Ago. 1998	Referéndum. Vinculante	Reforma constitucional. Reelección inmediata del presidente y otros puntos	Rechazado	Deslegitimador de la gestión del presidente Pérez Balladares. Pierde la posición del gobierno de Ernesto Pérez Balladares.
	Oct. 2006	Referéndum. Vinculante	Construcción del tercer juego de esclusas en el Canal de Panamá	Aprobado	Legitimador de la propuesta gubernamental. Gana la posición del gobierno de Martín Torrijos.

[2]   En marzo de 1990 se hizo una consulta "informal" promovida por los estudiantes para promover la reforma constitucional a través de una asamblea constituyente. A pesar de su informalidad, contribuyó a que la misma se produjera y la Constitución colombiana se reformara en 1991.

PAÍS	FECHA	MECANISMO	TEMA	RESULTADO	EFECTO
PERÚ					
	Oct. 1993	Referéndum. Vinculante	Nueva Constitución propuesta por régimen militar	Aprobado	Legitimador de la acción gubernamental y de la nueva Constitución, que aumenta el poder del presidente y permite su reelección inmediata. Gana la posición del gobierno de Alberto Fujimori.
	Dic. 2010	Referéndum. Vinculante	"Proyecto de Ley Devolución de dinero del Fonavi a los trabajadores que contribuyeron al mismo"	Aprobado	La convocatoria a referéndum fue muy resistida por el gobierno (que trató de impugnar la convocatoria, argumentando que se trataba de un tributo) y posteriormente su aplicación. Fue un triunfo de las organizaciones que promovían la ley. Pierde la posición del Gobierno.
URUGUAY					
	Nov. 1980	Plebiscito. Vinculante	Nueva Constitución propuesta por el régimen militar	Rechazado	Deslegitimador del gobierno militar. El rechazo generó presión para que los militares iniciaran el proceso de liberalización del régimen. Pierde la posición del gobierno militar de Aparicio Méndez.
	Abr. 1989	Referéndum derogatorio. Vinculante	Dejar sin efecto la Ley de Caducidad, Punitiva del Estado (amnistía general para los militares y la policía que cometieron delitos durante el gobierno militar)	Rechazado	Legitimador de la decisión tomada por el Parlamento, con votos del gobierno (Partido Colorado) y del Partido Nacional. Gana la posición del gobierno de Julio María Sanguinetti.
	Nov. 1989	Plebiscito. Vinculante	Reforma constitucional para fijar procedimientos y criterios que se deberían emplear para incrementar periódicamente las jubilaciones y pensiones	Aprobado	Legitimador de la acción promovida por la Comisión Nacional de Jubilados y apoyada por sectores de los partidos Nacional, Colorado y Frente Amplio. Pierde la posición del gobierno de Julio María Sanguinetti.
	Dic. 1992	Referéndum derogatorio de ley. Vinculante	Propuesta para derogar parcialmente la Ley de Empresas Públicas, que habilitaba las privatizaciones	Aprobado	Deslegitimador de las privatizaciones aprobadas en el Parlamento con votos de los partidos Nacional y Colorado. Triunfo de los sindicatos impulsores de la derogación parcial. Pierde la posición del gobierno de Luis Alberto Lacalle.
	Ago. 1994	Plebiscito. Vinculante	Reforma constitucional para separar en la papeleta las elecciones nacionales y las municipales	Rechazado	Deslegitimador del acuerdo entre las élites del partido en el poder y los partidos de la oposición. Pierde la posición del gobierno de Luis Alberto Lacalle.
	Nov. 1994	Plebiscito. Vinculante	Reforma constitucional para establecer regulaciones que protegieran a los jubilados y pensionados	Aprobado	Legitimador de las reformas impulsadas por los grupos organizados de jubilados. Pierde la posición del gobierno de Luis Alberto Lacalle.
	Nov. 1994	Plebiscito. Vinculante	Reforma constitucional que buscaba asignar 27% del presupuesto al sector educativo	Rechazado	Deslegitimador de la propuesta de los sindicatos de la enseñanza. Gana la posición del gobierno de Luis Alberto Lacalle.
	Dic. 1996	Plebiscito. Vinculante	Reforma constitucional orientada a modificar el sistema electoral	Aprobado	Legitimador de las reformas impulsadas por los partidos Nacional y Colorado (apoyada por un sector del Frente Amplio). Se elimina el doble voto simultáneo, se instituyen las elecciones primarias y el balotaje. Gana la posición del gobierno de Julio María Sanguinetti.

PAÍS	FECHA	MECANISMO	TEMA	RESULTADO	EFECTO
	Oct.	Plebiscito. Vinculante	Reforma constitucional para prohibir presentarse como candidatos a los funcionarios de empresas estatales.	Rechazado	Sin efectos importantes en términos legitimador / deslegitimador. Gana la posición del gobierno de Julio María Sanguinetti.
	Oct. 1999	Plebiscito. Vinculante	Reforma constitucional para establecer un porcentaje fijo del presupuesto para el Poder Judicial	Rechazado	Deslegitimador de la propuesta de las asociaciones relacionadas a los funcionarios y abogados del Poder Judicial. Gana la posición del gobierno de Julio María Sanguinetti.
	Dic. 2003	Referéndum. Vinculante	Recurso contra la Ley No. 17.448 de 2002, que autorizaba a la ancap a asociarse con empresas privadas y que eliminaba el monopolio para la importación de combustibles a partir de 2006	Aprobado	Legitimador de la propuesta de los sindicatos de impedir la desmonopolización de ancap. La empresa petroquímica estatal mantiene entonces el monopolio sobre la importación, exportación y refinación de petróleo crudo y sus derivados. Pierde la posición del gobierno de Jorge Batlle.
URUGUAY	Oct. 2004	Plebiscito. Vinculante	Reforma constitucional para incluir una serie de normas sobre el derecho y utilización de los recursos hídricos	Aprobado	Legitimador de los sindicatos que promovieron la prohibición de privatizar los recursos hídricos. Con esta decisión todos los servicios de suministro de agua potable deben permanecer en manos de empresas estatales. Pierde la posición del gobierno de Jorge Batlle.
	Oct. 2009	Plebiscito. Vinculante	Anular la Ley de Caducidad	Rechazado	Legitimador de la decisión parlamentaria respecto a la Ley de Caducidad —que también fue objeto de plebiscito en el año 1989—. Pierde la posición del gobierno de Tabaré Vázquez.
	Oct. 2009	Plebiscito. Vinculante	Voto epistolar: permitir el voto en el extranjero	Rechazado	Deslegitimador de la propuesta gubernamental de permitir el voto de los uruguayos en el extranjero. Pierde la posición del gobierno de Tabaré Vázquez.
	Oct.	Plebiscito. Vinculante	Baja de edad de imputabilidad de 18 a 16 años	Rechazado	Deslegitimador de la propuesta promovida por el Partido Colorado y un sector del Partido Nacional. Gana la posición del gobierno de José Mujica.
	Abr. 1999	Plebiscito. Vinculante	Convocatoria a Asamblea Nacional Constituyente y decisión respecto a las reglas del juego aplicables a dichos comicios	Aprobado	Legitimador de la convocatoria a Asamblea Constituyente para reformar la constitución. Elección de los miembros de la Asamblea Nacional Constituyente el 25 de julio de 1999. Gana la posición del gobierno de Hugo Chávez.
	Dic. 1999	Referéndum. Vinculante	Nueva Constitución	Aprobado	Legitimador de la reforma constitucional. Gana la posición del gobierno de Hugo Chávez.
VENEZUELA	Dic. 2000	Referéndum. Vinculante	Renovación dirigencia sindical	Aprobado	Legitimador de la decisión gubernamental, aunque con alta abstención electoral. Gana la posición del gobierno de Hugo Chávez.
	Ago. 2004	Referéndum. Vinculante	Revocatoria de mandato del presidente Chávez	Rechazado	Legitimador de la presidencia. Gana la posición del gobierno de Hugo Chávez.
	Dic. 2007	Referéndum. Vinculante	Ratificación de las reformas constitucionales impulsadas por el presidente Chávez que incluían, entre otros aspectos, el establecimiento de un Estado Socialista, la reelección presidencial indefinida y el incremento del mandato presidencial a siete años	Rechazado	Deslegitimador de la propuesta del gobierno. Sin embargo, posteriormente, por vía parlamentaria, se aprobó buena parte de las iniciativas rechazadas en la consulta.

Como claramente se desprende del cuadro VIII.3, entre 1978 y 2016 se llevaron a cabo 53 consultas populares en 12 países de la región[548]. En 31 ocasiones la posición del gobierno salió vencedora mientras que en las 22 restantes fue derrotada.

El país donde más veces se derrotó la tesis oficialista es Uruguay, con nueve de las 15 consultas celebradas (60%). Si se analizan los resultados de las 24 consultas realizadas desde 2000 a la fecha, observamos que en 14 ocasiones triunfó la tesis del gobierno (58.3%): cuatro en Bolivia (2004, 2006, 2008 y 2009); cuatro en Ecuador (2006, 2007, 2008 y 2011); tres en Venezuela (2000, 2004 y 2009); una en Costa Rica (2007), una en Panamá (2006) y una en Uruguay (2014).

A su vez, del año 2000 a la fecha, la tesis del gobierno fue derrotada en 10 ocasiones (41.6%): cuatro en Uruguay –una en 2003, una en 2004 y dos veces en 2009–; dos en Colombia, en 2003 y en 2016; una en Brasil, en 2005; una en Perú, en 2010, una en Venezuela, en 2007, cuando se rechazaron las reformas constitucionales impulsadas por el presidente Chávez y una en Bolivia en febrero de 2016.

El hecho de que cinco de las 53 consultas hayan tenido lugar durante regímenes autoritarios resulta significativo: Uruguay en 1980; Chile en 1980, 1988 y 1989, y Panamá en 1983. En este último, el referéndum aprobado en dicho año fue producto del consenso entre el gobierno y la oposición, y las reformas constitucionales aprobadas, cuya mayoría continúa vigente, configuraron el punto de partida para reequilibrar al Ejecutivo y Legislativo y democratizar la estructura del gobierno.

---

548 Otros autores (entre ellos Altman) contabilizan las consultas de manera diferente. En estos casos, es decir, si se contabilizan las preguntas específicas que integran cada consulta como una consulta *per se*, el número de consultas es muy superior a 51. Cabe destacar, asimismo, que en Brasil se han realizado dos referéndums más que no se toman en cuenta porque no fueron oficiales: el referéndum de septiembre de 2000 sobre las reformas del Fondo Monetario Internacional, y el de septiembre de 2002 sobre el Área de Libre Comercio de las Américas. Asimismo, en 2008 en Bolivia se realizaron los referéndums para la autonomía de cuatro Departamentos; sin embargo, no se incluyen por no ser reconocidos por la entonces Corte Nacional Electoral (hoy Tribunal Supremo Electoral).

En Uruguay, los resultados del plebiscito celebrado en 1980 no favorecieron a los militares y allanaron el camino a cuatro años de negociaciones que culminaron con la reinstauración de la democracia. Por el contrario, el régimen del general Augusto Pinochet se impuso en Chile en el plebiscito de 1980 e introdujo su propia Constitución. Sin embargo, la consulta popular celebrada en 1988, prevista en la Constitución de 1980 como instrumento para validar la continuidad de Pinochet, obtuvo un resultado desfavorable. Posteriormente, la consulta de 1989, cuyo propósito fue modificar la Constitución para promover el retiro de Pinochet del poder y facilitar la transición a la democracia, consiguió un resultado positivo.

Se observa, asimismo, una variada gama de contenidos y resultados en la temática de las consultas. Así, por ejemplo, 25 de las consultas populares se realizaron para aprobar o rechazar reformas constitucionales (47%):nueve en Uruguay, cinco rechazadas y cuatro aprobadas; tres en Panamá, de las cuales dos se rechazaron y una se aprobó; tres en Venezuela, dos aprobadas y una rechazada; dos en Chile, ambas aprobadas; tres en Ecuador, todas aprobadas; dos en Guatemala, una aprobada y una rechazada; dos en Bolivia, una aprobada y una rechazada, y una en Perú, que fue aprobada. Asimismo, de estas 25 consultas que se han celebrado tres fueron expresamente para aprobar y poner en vigencia nuevas constituciones políticas: Venezuela 1999, Ecuador en 2008 y Bolivia en 2009.

Las restantes 28 consultas trataron sobre diversos temas. La de Argentina de 1984 sobre el conflicto del Canal de Beagle; en Bolivia, la consulta realizada en 2004 aprobó la política del gobierno en materia energética. En el caso del referéndum autonómico de 2006 se sometió a consideración de la ciudadanía la autonomía de los departamentos del país y, en 2008, el presidente Morales aseguró su continuidad después del referéndum revocatorio al que se sometió.

Las consultas efectuadas en Brasil, en 1993, para decidir sobre la forma de gobierno monárquico o republicano y entre un sistema de gobierno presidencialista o parlamentario, y en octubre de 2005, para prohibir el comercio de armas de fuego y municiones fueron rechazadas; la de Colombia en 1997, buscó el apoyo a los esfuerzos de paz por parte de la Presidencia; lo mismo ocurrió con el plebiscito de 2016 en el que el presidente Santos buscó refrendar los acuerdos de paz firmados con las FARC. Por su parte, el referéndum de 2003 sometió a consideración de la ciudadanía una serie de propuestas del presidente Uribe referidas a diversos temas, entre ellos la reducción del Congreso, el endurecimiento de las causales de pérdida de investidura, la eliminación de auxilios con dineros públicos y la dotación de nuevos recursos para la educación, entre otros. Todas las propuestas del presidente fueron rechazadas por la ciudadanía salvo una.

En Chile, en 1988, se sometió a plebiscito la continuidad del general Augusto Pinochet, cuyo resultado fue negativo y propició el aceleramiento del proceso de apertura democrática. En Costa Rica, el referéndum de octubre de 2007 aprobó el Tratado de Libre Comercio con República Dominicana, Centroamérica y Estados Unidos (CAFTA, por sus siglas en inglés). En Ecuador se realizaron seis consultas: la de 1986 rechazó la posibilidad de las candidaturas independientes; en 1995 otra consulta negó, entre otras cosas, la autoridad del presidente para disolver el Parlamento y la ampliación de dos a cuatro años del periodo a los legisladores provinciales. La tercera consulta se celebró en 1997, cuando se legitimó la destitución del presidente Abdalá Bucaram y la confirmación de su sucesor, Fabián Alarcón.

La cuarta se efectuó en noviembre de 2006 y se aprobaron tres preguntas propuestas por el presidente Alarcón sobre la política de educación, salud y asignación de los excedentes de los recursos petroleros para acciones sociales. En la quinta, en abril de 2007, se aprobó la convocatoria a una Asamblea Constituyente. En la sexta y última, en 2011, el presidente Correa sometió a consulta un cuerpo de diez preguntas; cinco de ellas implicaban enmienda constitucional y en el caso de las cinco restantes, vale acotar, que no implicaron cambios a la carta política. Los temas para la enmienda constitucional giraron en torno a realizar cambios a la legislación sobre prisión preventiva, la restructuración del Consejo de la Judicatura, así como la necesidad de regular los negocios relacionados con la Banca y los medios de comunicación.

En 2006, en Panamá, se llevó a cabo un referéndum con el objetivo de autorizar la construcción del tercer juego de esclusas en el Canal. En Perú, en 2010, se consultó el proyecto de ley devolución de dinero del Fonavi a los trabajadores que contribuyeron al mismo. En Uruguay, seis consultas celebradas en 1989, 1992, 2003, dos en 2009 y una en 2014, buscaban anular determinada legislación; la primera y las tres últimas fueron rechazadas y se mantuvo la ley. En los otros dos casos (1992 y 2003) se derogaron las leyes en cuestión.

En Venezuela, la consulta de abril de 1999 aprobó la conformación de una Asamblea Constituyente; asimismo, en diciembre de 2000 el presidente Hugo Chávez convocó a otro referéndum para sondear el apoyo a la convocatoria a nuevas elecciones sindicales en un lapso de 180 días. Como la convocatoria para resolver un asunto de esta materia entraba en conflicto con las disposiciones de la Organización Internacional del Trabajo, la ciudadanía respondió a la petición de los sindicatos de no participar; sin embargo, la iniciativa fue aprobada con la afluencia a las urnas de sólo 23.5% del electorado. En el caso del referendo convocado en 2004 con el objetivo de revocar el mandato del presidente Chávez, vale acotar que ratificó su continuidad en el Ejecutivo como ya se acotó.

En cuanto al origen de las consultas populares, cabe destacar que la amplia mayoría de las realizadas durante el periodo 1978-2016 resultó de iniciativas surgidas "desde arriba". En total, 40 de las consultas (75.4%) fueron iniciadas o promovidas por los poderes ejecutivos o legislativos.

En efecto, el Poder Ejecutivo promovió las consultas de Argentina en 1984, Bolivia en 2004, 2008, Brasil en 2005[549], Colombia en 1997, 2003 y 2016, Costa Rica en 2007, Venezuela en 2000, y las nueve realizadas en Ecuador (tres de las cuales correspondieron a reformas constitucionales). En total, 18 casos.

Por su parte, el Ejecutivo, en conjunto con el Legislativo, inició 22 de las 53 consultas; 16 concernientes a reformas constitucionales y seis a otros temas como la ya citada consulta brasileña de 1993, la chilena de 1988, el referéndum en Panamá de 2006, Uruguay 2009 y 2014, y la de Venezuela de abril de 1999.

---

549 Vale la pena aclarar que la consulta popular de Brasil en 2005 fue convocada por el Poder Legislativo y promovida por el Poder Ejecutivo.

Los 13 casos restantes partieron de iniciativas desde abajo, o sea, fueron los ciudadanos quienes iniciaron el proceso. Diez en Uruguay: tres reformas constitucionales aprobadas (1989, 1994 y 2004), tres rechazadas (una en 1994 y dos en 1999) y cuatro plebiscitos convocados para revocar leyes. La decimoprimera, en Venezuela (agosto de 2004), impulsada por sectores de la oposición que promovieron el proceso de recolección de firmas requeridas para solicitar que se convocara a la revocatoria de mandato.

La decimosegunda, en Bolivia en 2006, cuando las organizaciones más importantes de Santa Cruz de la Sierra reunieron las firmas necesarias para celebrar el referéndum sobre las autonomías departamentales del país. Por último, la decimotercera, en Perú en 2010, cuando se convocó a un referéndum promovido por un grupo de organizaciones que buscaban aprobar el proyecto de ley de devolución de dinero del Fonavi a los trabajadores que contribuyeron al mismo.

Un análisis de los resultados de estos casos evidencia que si bien existe una tendencia favorable a la postura del gobierno cuando los mecanismos de democracia directa son convocados "desde arriba", no puede afirmarse empero la existencia de una tendencia sistemática a favor de la posición gubernamental. En efecto, cabe tener presente que en las dos últimas consultas populares convocadas "desde arriba" en 2016 (el referéndum de Bolivia y el plebiscito de Colombia), la tesis oficialista fue derrotada. Como bien advierte Altman[550]:

> ...la evidencia enseña que los mecanismos de democracia directa son menos manipulables de lo que muchos creen. Quizás esto se deba a que los ciudadanos tienen mayor capacidad para 'separar las aguas' entre las propuestas presentadas por el poder político y otros aspectos, o porque emiten lo que la literatura denomina voto de segundo orden (es decir, no votan sobre el tema en particular, sino que estarían emitiendo, por ejemplo, un voto contrario a los deseos del gobierno en turno por la situación económica).

---

550 David Altman, "Plebiscitos, referendos e iniciativas populares...", art. *cit.*, 2010, pp. 21-22.

Otro aspecto de importancia que vale la pena tener presente es que los electores a menudo (cuando son convocados a participar en un referéndum o plebiscito) suelen votar a favor de la tesis oficialista cuando les gusta el gobierno y a la inversa cuando no aprueban la labor del gobierno. Como bien expresa Lawrence LeDuc,

> Un voto que se supone es sobre un importante asunto público termina, en vez de eso, como algo referido a la popularidad o impopularidad de un partido o de un líder en particular, al historial del gobierno, o a algún conjunto de asuntos o eventos que no están relacionados con el tema del referendo[551].

4. *Participación electoral*

En lo que refiere al nivel de participación electoral en las consultas populares, podemos observar que, en general, el porcentaje de votantes varía según el país y el tema en discusión. Sin embargo, no sólo existen diferencias importantes entre los países sino también las hay dentro de un mismo país dependiendo del tema y del resultado. También es importante considerar que en algunos de ellos el voto es obligatorio, lo que incide en los resultados electorales[552].

Por su reducida participación, especialmente notorios resultan los casos de Colombia y Guatemala, lo que coincide con el alto abstencionismo en elecciones presidenciales que caracteriza a ambos países. Hay casos en que las consultas, traducidas a porcentaje sobre el padrón electoral, resultaron aprobadas o rechazadas por menos de 50% de los ciudadanos inscritos. Sin embargo, en la mayoría de las situaciones en que ocurrió, los resultados no fueron impugnados ni cuestionada su legalidad o legitimidad por quienes resultaron derrotados.

El cuadro VIII.4 muestra el nivel de participación electoral registrado desde 1978 hasta octubre de 2016 en los 12 países que realizaron consultas populares a nivel nacional. Asimismo, se presentan los promedios por país y, de manera comparada, se promedia por décadas la participación electoral registrada.

---

551 New York Time, *op. cit.*

552 En el cuadro VIII.1 se presenta el detalle de los países que establecen el voto obligatorio.

CUADRO VIII.4. *América Latina: participación electoral en consultas populares nacionales, 1978-2016*

País	Fecha	Mecanismo	Electores inscritos	Votos emitidos	Participación %	Promedio por país
Argentina	Nov. 1984	Consulta [a]	17824795	12902637	72.39	72.39
Brasil	Abr. 1993	Plebiscito	90256552	67010409	74.24	76.20
	Oct. 2005	Referéndum	122042615	95375824	78.15	
Bolivia	Jul. 2004	Referéndum	4458293	2678518	60.08	80.51
	Jul. 2006	Referéndum	3713376	3138324	84.51	
	Ago. 2008	Referéndum	4047706	3370980	83.28	
	Ene. 2009	Referéndum revocatorio	3891316	3511699	90.24	
	Feb. 2016	Referéndum	6 502 069	5490919	84.45	
Colombia	Oct. 1997	Consulta	20446366	N/D	N/D	32.02
	Oct. 2003	Referéndum	25069773	6673050	26.61	
	Oct. 2016	Plebiscito	34 899945	13 066047	37.43	
Chile	Sep. 1980	Plebiscito [b]	N/D	6271368	N/D	95.62
	Oct. 1988	Plebiscito	7435913	7251943	97.53	
	Jun. 1989	Plebiscito	7556613	7082084	93.72	
Costa Rica	Oct. 2007	Referéndum	2654629	1572684	59.24	59.24
Ecuador	Ene. 1978	Plebiscito	2088 874	1811640	86.73	71.38
	Jun. 1986	Consulta	425568	3130361	73.56	
	Ago. 1994	Consulta-encuesta	6214 58	3977374	64.00	
	Nov. 1995	Consulta-encuesta	6577974	3857590	58.64	
	May. 1997	Consulta-encuesta	6890832	4083106	59.25	
	Nov. 2006	Consulta-encuesta	9021773	6813421	75.52	

Sigue página siguiente

País	Fecha	Mecanismo	Electores inscritos	Votos emitidos	Participación %	Promedio por país
Ecuador	Abr. 2007	Referéndum	9188787	6578224	71.59	71.38
	Sep. 2008	Referéndum	9754883	7395360	75.81	
	May. 2011	Referéndum	11158419	8634376	77.38	
Guatemala	Ene. 1994	Referéndum	3439331	545894	15.87	17.22
	May. 1999	Referéndum	4080398	757940	18.57	
Panamá	Abr. 1983	Referéndum	834409	556969	66.75	53.88
	Nov. 1992	Referéndum	1397003	559651	40.06	
	Ago. 1998	Plebiscito	1718870	1123901	63.39	
	Oct. 2006	Referéndum	2132842	924029	43.32	
Perú	Oct. 1993	Plebiscito	11620820	8178742	70.38	78.23
	Dic. 2010	Referéndum	18878314	16249753	86.08	
Uruguay	Nov. 1980	Plebiscito	1977951	1689424	85.41	87,66
	Abr. 1989	Referéndum	2283597	1934715	84.72	
	Nov. 1989	Plebiscito	2302771	2056355	89.30	
	Dic. 1992	Referéndum	2345077	1941829	82.80	
	Ago. 1994	Plebiscito	2278375	1964771	86.24	
	Nov. 1994	Plebiscito (Pensiones)	2328478	2130618	91.50	
	Nov. 1994	Plebiscito (Educación)	2328478	2130618	91.50	
	Dic. 1996	Plebiscito	2343920	2019843	86.17	
	Oct. 1999	Plebiscito (Candidaturas)	2402160	2147149	89.38	
	Oct. 1999	Plebiscito (Presupuesto)	2402160	2147149	89.38	

Sigue página siguiente

País	Fecha	Mecanismo	Electores inscritos	Votos emitidos	Partici-pación %	Prome-dio por país
Uruguay	Dic. 2003	Referéndum	2466682	1929042	78.20	87,66
	Oct. 2004	Plebiscito	2477190	2228360	89.96	
	Oct. 2009	Plebiscito (Ley Caducidad)	2562589	2303336	89.88	
	Oct. 2009	Plebiscito (Voto epistolar)	2562589	2303336	89.88	
	Oct. 2014	Plebiscito (Voto para reducir la edad de imputa-bilidad)	2620235	2372117	90.53	
Venezuela	Abr. 1999	Referéndum	11022031	4129547	37.47	50.23
	Dic. 1999	Referéndum	10940596	4819056	44.05	
	Dic. 2000	Referéndum	11202214	2632523	23.50	
	Ago. 2004	Referéndum revocatorio	14037900	9815631	69.92	
	Dic. 2007	Referéndum	16109664	9045344	56.15	
	Feb. 2009	Referéndum	16652179	11710740	70.32	
				Promedio 1978-2016 [c]		*70.68*
				Promedio década 1980 [d]		*83.34*
				Promedio década 1990 [e]		*64.60*
				Promedio 2000 [f]		*70.50*

FUENTE: Elaboración propia, con base en la información proporcionada por los organismos electorales. Información actualizada a 2016.

N/D: No disponible.

1. Si bien el voto en Argentina es obligatorio, para la consulta no lo fue.

2. El plebiscito de Chile en 1980 se realizó bajo una forma especial de legislación *ad hoc*, establecida por Decretos Leyes n° 3464 y 3465, del 11 y 12 de agosto, respectivamente, en los que se dispuso que en el plebiscito votaran todos los chilenos mayores de 18 años. Incluso podían votar los extranjeros mayores de edad con residencia legal en Chile, sin necesidad de inscripción previa. En ese momento no funcionaba el Registro Electoral, por lo cual sólo se solicitó la cédula de identidad. Por lo tanto, no existen datos sobre la cantidad de personas que estaban en capacidad de votar y no es posible determinar el nivel de participación electoral.

3. Toma en cuenta 51 procesos. No hay datos para Chile 1980 y Colombia 1997.

4. Toma en cuenta 9 procesos. No hay datos para Chile 1980.

5. Toma en cuenta 18 procesos. No hay datos para Colombia 1997.

6. Toma en cuenta 24 procesos.

El promedio general de participación electoral para la región en materia de mecanismos de democracia directa ha sido de 70.68%. Asimismo, se observa que en el comportamiento por país existen diferencias significativas. Al considerar el promedio de participación, apreciamos que Chile y Uruguay registran los promedios más altos (95.62 y 87.66%, respectivamente). Un segundo grupo de países se ubica en un nivel intermedio con promedios de participación de entre 50% y menos de 80%: Argentina, Brasil, Bolivia, Costa Rica, Ecuador, Panamá, Perú y Venezuela. Por último, un tercer grupo se muestra con una afluencia electoral muy débil, registrando promedios inferiores a 50%: Colombia (32.02%) y Guatemala (17.22%).

Otro aspecto que importa resaltar es la reducción en los promedios de participación electoral entre las décadas de los años ochenta y noventa, y el leve repunte con las realizadas después en la primera década del siglo XXI, aunque siempre muy por debajo del promedio inicial registrado durante la década de los años ochenta (83.34%). En las 19 consultas efectuadas durante la década de los noventa, el promedio bajó a 64.60% (promedio considera 18 consultas), y en las 24 realizadas después del año 2000 el promedio subió levemente hasta 70.5 por ciento.

En suma, destacan dos tendencias durante el periodo en estudio, a saber: a) que la región ha vivido un incremento importante en el uso de los mecanismos de democracia directa (sobre todo en los países de la región andina) y, b), se evidencia un comportamiento electoral que ha oscilado de manera ambivalente, bajando radicalmente de los ochenta a los noventa, pero con una importante tendencia al alza en las consultas que se han llevado a cabo después del año 2000.

5. *Balance*

A. *Uso y frecuencia de la aplicación de las consultas populares*

El buen diseño y uso de los instrumentos de democracia directa puede generar una sana renovación de un orden sociopolítico, capacitar al ciudadano para participar en los asuntos públicos y ejercer controles eficaces sobre los funcionarios electos y complementar adecuadamente la democracia representativa con fórmulas eficaces de participación directa[553].

Sin embargo, si estos mecanismos de democracia directa son utilizados de manera patológica o desvirtuada, pueden también constituirse en un instrumento peligroso para la puesta en marcha de una democracia plebiscitaria, alejada del ideal de la democracia representativa.

En este sentido, el análisis de la experiencia latinoamericana comparada en materia de mecanismos de democracia directa de los últimos 38 años evidencia que el uso de estos instrumentos a escala nacional ha sido más bien modesto y altamente concentrado en un número reducido de países.

Estas instituciones han sido utilizadas solamente en 12 de los 18 países que regulan estos mecanismos: todos en democracia a excepción de Chile (único país que hasta la fecha celebró la totalidad de sus consultas populares durante el gobierno autoritario de Pinochet), Uruguay (la consulta de 1980), y Panamá, (la consulta de 1983). Cabe acotar, asimismo, que estas instituciones de democracia directa han sido empleadas de manera muy frecuente sólo en dos países latinoamericanos, a saber: Uruguay y Ecuador[554].

---

553 Miriam Kornblith, "Democracia directa y revocatoria de mandato en Venezuela", en *Conferencia Internacional: Democracia directa en América Latina*, Buenos Aires, 14 y 15 de marzo de 2007. Disponible en: http://www2.congreso.gob.pe/sicr/cendocbib/con4_uibd.nsf/77F465A10BB 48A2F05257BE30067FB81/$FILE/democracia_directa_venezuela.pdf.

554 Aquí se toman en cuenta las nueve consultas realizadas a nivel nacional. Sin embargo, en Ecuador se han dado otras cinco consultas de carácter provincial, todas ellas en 2000, sobre la instauración de un régimen autonómico. En todas las consultas venció la opción de la autonomía con márgenes superiores a 80% (Simón Pachano, "Democracia directa en Ecuador", *Conferencia Internacional Democracia Directa en América Latina*, Buenos Aires, 14 y 15 de marzo de 2007. Disponible en: http://www.flacsoandes.edu.ec/biblio/catalog/resGet.php?resId=22450, p. 8). Como bien analiza Altman, "Si hay dos países que destacan a nivel agregado en la cantidad de usos de mecanismos de democracia directa en América Latina son Ecuador y Uruguay. Sin embargo, un recuento de cómo y cuándo los han usado demuestra las enormes diferencias entre ambos países". Para el autor, mientras

En Venezuela, por su parte, desde la llegada al poder del presidente Chávez se han utilizado con mucha mayor frecuencia; situación similar ocurre en Bolivia desde la llegada de Evo Morales a la presidencia. En ambos países, las instituciones de la democracia directa han sido utilizadas a la fecha en contraposición a la democracia representativa (y no para buscar su fortalecimiento) así como para consolidar un hiperpresidencialismo. Por su parte, en Panamá, con el referéndum de 2006, las experiencias de esta práctica han sido cuatro.

En tal sentido, puede afirmarse que 39 de los 53 procesos (74%) han tenido lugar sólo en cinco países: 15 en Uruguay, nueve en Ecuador, seis en Venezuela, cinco en Bolivia y cuatro en Panamá. En términos cuantitativos, 28% de los 18 países de la región concentran el 74% de las consultas o procesos de democracia directa que han tenido lugar entre 1978 y 2016, y un solo país, Uruguay, concentra el 28% del total de estas consultas.

Un examen desde el inicio de la transición a la democracia (finales de 1970) a la fecha muestra una tendencia creciente al empleo de las instituciones de democracia directa. En efecto, mientras en la década de los años ochenta se realizaron nueve consultas populares (17%), en la década de los noventa el número subió a 20 (38%), en su mayoría para legitimar o rechazar reformas/ constitucionales.

Por su parte, a partir de inicios de la primera década del siglo XXI, se han realizado 24 consultas (45% del total de las consultas celebradas desde 1978 a la fecha): cinco en Bolivia; cinco en Uruguay; dos en Colombia; cuatro en Venezuela; cuatro en Ecuador; una en Brasil; una en Costa Rica, una en Panamá y una en Perú.

Importa señalar, asimismo, que, durante los últimos años, y sobre todo a partir del año 2000, se constata un uso cada vez mayor de los

---

en el caso uruguayo la mayoría de las consultas han sido producto de demandas ciudadanas (iniciadas por lo general por los sindicatos y las fuerzas políticas de oposición) en el caso de Ecuador, en cambio, los mecanismos de democracia directa han sido básicamente una herramienta de poder y han tenido un uso mayoritariamente plebiscitario. David Altman, "Plebiscitos, referendos e iniciativas populares…", art. *cit.,* 2010, p. 16.

mecanismos de democracia directa en los países de la región andina. De los 24 procesos de democracia directa que han tenido lugar entre 2000 y 2016, 16 de ellos (66%), tuvieron lugar en países andinos: cinco en Bolivia; cuatro en Venezuela; cuatro en Ecuador, dos en Colombia y uno en Perú.

En síntesis, a escala nacional no es posible establecer una regla general que explique por qué algunos países han empleado más que otros estos mecanismos. Pareciera que la respuesta depende del contexto partidario y de la cultura política dominante de cada país. Así, por ejemplo, en Uruguay estos instrumentos preexistieron al proceso de restauración democrática.

Después del retorno a la democracia sólo se registró como novedad el uso, hasta entonces desconocido, del recurso de derogación de leyes por medio de referéndum. Sin embargo, Uruguay sigue siendo uno de los países del mundo que cuenta con una larga y rica tradición en el uso de los institutos de democracia directa, y que desde la primera mitad del siglo XX ha sabido combinar y articular adecuadamente los poderes representativos con mecanismos de democracia directa[555].

Por el contrario, en Ecuador (el segundo país que más ha recurrido a estos mecanismos en la región), diversos presidentes en situación de constante asedio o de dudosa legitimidad, ante un sistema político partidario débil y fragmentado, apelaron a la opinión ciudadana para tratar de zanjar sus respectivas crisis políticas, con efectos no siempre positivos para el fortalecimiento de la gobernabilidad y la consolidación de la democracia. De hecho, en los últimos años este mecanismo ha sido empleado por presidentes fuertes que buscan plebiscitar sus decisiones en la opinión pública, sorteando a los partidos y generando un vínculo de estilo caudillista directo con el pueblo.

---

555 Rodolfo González Rissotto, "Democracia directa: El caso de Uruguay", en Alicia Lissidin, Yanina Welp y Daniel Zovatto G. (comps.), *Democracia directa en Latinoamérica: entre la delegación y la participación*, Prometeo, Buenos Aires, 2008.

En los tres países más grandes de la región –Argentina, Brasil y México–, estos mecanismos han sido poco utilizados o no se han utilizado del todo. En Argentina, a escala nacional registra únicamente una consulta popular (sin efecto vinculante) sobre el tema del laudo limítrofe sobre el Canal de Beagle. En Brasil han tenido lugar dos experiencias: la primera fue la consulta obligatoria llevada a cabo en 1993 respecto a la posibilidad de implantar el parlamentarismo y la monarquía, que arrojó resultados adversos para ambas propuestas; la segunda experiencia, realizada en octubre de 2005, rechazó la iniciativa de prohibir el comercio de armas de fuego y municiones. Finalmente, en México, estos mecanismos no se han utilizado hasta ahora a escala nacional.

La acotada utilización de los mecanismos de democracia directa en países como Argentina, Brasil y Chile lleva a analizar la importancia del diseño legal de la democracia directa. En Argentina, la consulta popular no puede ser promovida por la ciudadanía y, si bien puede iniciarla el Ejecutivo o el Congreso, no tiene carácter vinculante. Por su parte, la Constitución de Brasil deposita en el Congreso la potestad de promover una consulta popular con carácter vinculante; es decir, ni el presidente ni los ciudadanos pueden hacerlo. La Constitución chilena, a diferencia del resto de América Latina, no introdujo modificaciones durante el proceso de democratización. En ninguno de los tres países es posible promover la revocatoria del mandato de los cargos electos a nivel nacional.

Algo muy diferente sucede en Bolivia, Ecuador y Venezuela, dado que en estos países los mecanismos de democracia directa adquirieron rango constitucional. La Constitución de Venezuela de 1999 expandió considerablemente los mecanismos de democracia directa con el objetivo explícito de promover una mayor participación de los ciudadanos en los asuntos públicos, y en el mismo sentido lo hicieron Bolivia (2004 y 2009) y Ecuador (2008).

B. *Origen de la convocatoria de las consultas populares*

Cuarenta de las 53 consultas populares (75%) se originaron desde arriba y sólo 13 fueron iniciadas desde abajo (25%), de las cuales diez se llevaron a cabo en un solo país: Uruguay. Esta tendencia obedece al hecho de que, si bien algunos países prevén la intervención de la ciudadanía para iniciar una consulta popular, en la mayoría esta potestad se reserva al Ejecutivo o al Congreso.

Cabe destacar que varios presidentes latinoamericanos han utilizado estos mecanismos de democracia directa con distinta suerte durante el periodo en estudio. En Panamá, el ex presidente Pérez Balladares fracasó en su intento de modificar la Constitución para autorizar la reelección. En Ecuador, el gobierno de Sixto Durán logró respuestas favorables en una primera consulta, pero negativas en la segunda, lo que debilitó su gestión de gobierno.

En Uruguay, la clase política registró una derrota en 1994 al no haber logrado imponer una reforma constitucional que separaba las listas de votación municipal de las nacionales, reforma que había sido aprobada por dos tercios de los integrantes del Parlamento; más tarde, esa misma norma se incluyó en la reforma aprobada en 1996.

En Perú (1993), el ex presidente Fujimori y, en Venezuela (1999), el entonces presidente Chávez, utilizaron con éxito estos mecanismos para consolidar sus respectivos proyectos políticos, si bien el primero debió renunciar a su tercer mandato presidencial como resultado del fraude cometido durante la elección de 2000 y la consiguiente crisis desatada. En cambio, en 2007, Hugo Chávez fracasó en su intento de ratificar las reformas constitucionales que aumentaban sus poderes presidenciales y reformaba la estructura del Estado venezolano en uno de corte socialista. Sin embargo, en 2009 logró que se aprobara la enmienda constitucional que abrió la reelección presidencial ilimitada y que también es aplicable para los demás cargos de elección popular en Venezuela.

En Colombia, el ex presidente Álvaro Uribe, amparado en una significativa aprobación popular a su gestión, intentó involucrar a la población en la toma de varias decisiones de distinta índole, presentando 18 preguntas que abarcaban temas diversos, desde la instauración del voto nominal y público en las corporaciones públicas de origen popular, hasta la reducción del tamaño del Congreso y la aprobación de nuevos recursos para educación y saneamiento básico.

Los resultados de este esfuerzo fueron negativos en razón de que sólo una de las preguntas logró los votos necesarios para su aprobación. Por su parte, en 2016 el Presidente Juan Manuel Santos sometió a consulta popular los acuerdos de paz negociados con la guerrilla (FARC), con un resultado negativo, pues la población rechazó los acuerdos.

En Bolivia, el referéndum convocado por el ex presidente Carlos Mesa involucró a la población en la toma de decisiones en materia de políticas públicas, relacionadas con la política energética. El resultado positivo del referéndum permitió afianzar el estilo político de Mesa, basado en una relación directa con los ciudadanos, si bien poco tiempo después una nueva ola de protestas provocó su renuncia.

Por su parte, en Ecuador, el presidente Correa dio un paso decisivo al contar con el apoyo ciudadano para aprobar la convocatoria a Asamblea Constituyente en la consulta de abril de 2007. Sin duda alguna, el apoyo a la propuesta del presidente (que no tenía representación legislativa) fue un triunfo político que le abrió un escenario propicio para desarrollar las reformas económicas y políticas que había tratado de impulsar infructuosamente. Esta victoria fue seguida por la aprobación de la nueva Constitución en el referéndum de 2008, consolidándose así el proyecto político de Correa.

En Costa Rica, el ex presidente Arias convocó a referéndum en octubre de 2007 para aprobar el Tratado de Libre Comercio con República Dominicana, Centroamérica y Estados Unidos (CAFTA). Esto se dio tras un intenso debate nacional y adelantándose a la opción de convocatoria por medio de la ciudadanía, situación que habría retrasado significativamente la fecha de la consulta, lo cual muy posiblemente hubiera significado la imposibilidad de ratificar a tiempo el Tratado para su puesta en marcha antes de marzo de 2008.

Por último, destaca el caso de Evo Morales en Bolivia, quien en 2008 promulgó mediante ley, la convocatoria a referéndum revocatorio para su mandato, junto con el del vicepresidente y ocho prefectos departamentales. En este caso, el Presidente Morales aseguró su continuidad, y posteriormente se adjudicó otra victoria cuando en enero de 2009 logró que se aprobara en consulta popular la nueva Constitución Política. Posteriormente, en 2016, Morales volvió a convocar a un referéndum para aprobar una reforma constitucional que le permitiese postularse nuevamente como candidato presidencial en el proceso electoral de 2019. En esta oportunidad la ciudadanía rechazó la reforma constitucional y, con ello, sus intenciones reeleccionistas.

C. *Papel desempeñado por la sociedad civil*

Los ordenamientos constitucionales de varios países latinoamericanos prevén la iniciativa de la ciudadanía para reformar la Constitución, lo que en principio le supone una mayor capacidad de decisión. Sin embargo, debe advertirse que a la fecha únicamente Uruguay ha utilizado este mecanismo. La iniciativa de la sociedad civil, a través de movimientos *ad hoc*, se dio sólo en los casos de las reformas constitucionales planteadas en Uruguay en 1989, 1994 y 1999, para defender al sector de jubilados y pensionistas, a sectores ligados a la enseñanza y al Poder Judicial, habiendo triunfado únicamente las propuestas que presentaron los jubilados en 1989 y 1994.

También fueron de iniciativa popular los plebiscitos derogatorios planteados en Uruguay en 1989 y 2009, referidos a los abusos de los derechos humanos (Ley de Caducidad sobre el Tema de Derechos Humanos y Amnistía a los Militares) y promovidos por una coalición de partidos de izquierda y un movimiento *ad hoc* de la sociedad civil, que en ambas oportunidades fracasó.

El de 1992, que rechazaba la posibilidad de privatizar parcialmente la compañía telefónica, fue promovido también por fuerzas partidarias de izquierda junto con el sindicato de trabajadores de la empresa y se aprobó; el de 2003, que rechazó la eventual asociación de la Administración Nacional de Combustibles, Alcohol y Portland (ANCAP) con otras empresas públicas o privadas, fue iniciado con una campaña de recolección de firmas en oposición a la propuesta. Como puede verse, en Uruguay la participación de las organizaciones de la sociedad civil ha sido limitada, dado que en los dos primeros casos se registró la alianza de esos movimientos sociales *ad hoc* con fuerzas partidarias[556].

---

556 En 2004, vecinos y organizaciones ambientalistas, conjuntamente con el sindicato de trabajadores de la empresa estatal del agua impulsaron un referéndum para evitar la privatización del servicio y declarar que el "acceso

En Venezuela, diversas agrupaciones opositoras recogieron las firmas necesarias para convocar al referéndum revocatorio del presidente Chávez. Por su parte en Bolivia, en 2006, el Comité Pro Santa Cruz reunió unas 300.000 firmas válidas que dieron paso al primer referéndum por iniciativa popular de la historia del país. En el resto de los casos registrados en la región, la iniciativa correspondió principalmente al presidente o al Parlamento, por lo general de acuerdo con las normas constitucionales que obligan a la consulta ciudadana.

En Argentina, la iniciativa popular legislativa ha sido utilizada desde 2001 para proponer leyes al Parlamento. Como producto de ello se aprobó la ley "Contra el hambre más urgente" y se promovieron otras iniciativas. Sin embargo, al no tener carácter vinculante, muchas de ellas no fueron ni siquiera debatidas en el Poder Legislativo[557].

Cabe destacar la existencia de la iniciativa popular en Costa Rica a través de la Oficina de Iniciativa Popular de la Asamblea Legislativa. Ésta es una opción (no regulada constitucionalmente) que el Directorio de la Asamblea Legislativa creó en 1999 para que personas, sin ningún tipo de requisito, tengan la posibilidad de presentar anteproyectos de ley, sugerencias y aportes varios ante el Congreso. Estas iniciativas pueden ser acogidas de manera voluntaria por los diputados para presentarlas en la corriente legislativa.

---

al agua potable y el acceso al saneamiento, constituyen derechos humanos fundamentales", y lograron la adhesión a la reforma de 63% de los ciudadanos. En Uruguay, todas las iniciativas contra las privatizaciones fueron promovidas por los sindicatos de las empresas en cuestión. La totalidad de las consultas que llegaron a la instancia de votación fueron aprobadas, aunque vale aclarar que algunas propuestas no se concretaron, por ejemplo la de los trabajadores de la compañía del gas, por no contar con el apoyo político-partidario suficiente (Alicia Lissidini, "Democracia directa en Uruguay y en Venezuela: nuevas voces, antiguos procesos", en Maxwell A. Cameron, Eric Hershberg y Kenneth E. Sharpe (eds.), *Nuevas instituciones de democracia participativa en América Latina: la voz y sus consecuencias*, Flacso, México, 2012, pp. 235-272.

557 Alicia Lissidini, "La política en movimiento. Estados, democracias y diversidades regionales", *Ponencia presentada en el XI Congreso Nacional de Ciencia Política*, Paraná, 17 a 20 de julio de 2013.

Otro caso similar es la Comisión de Legislación Participativa de Brasil, creada en mayo de 2001 dentro de la Cámara de los Diputados; por medio de la cual, cualquier entidad civil organizada puede presentar propuestas de legislación. Las propuestas recibidas son analizadas por 18 diputados y, en caso de aprobarse, se transforman en proyecto de ley y se inicia el proceso de tramitación legal en la Cámara[558].

En cuanto a los efectos que han tenido estos mecanismos, puede afirmarse que en general su uso en el ámbito nacional no ha dado mayor protagonismo a la sociedad civil, que ha desempeñado hasta la fecha más un papel de control y freno que de creación e innovación, y sólo en unos pocos casos[559].

Por su parte, el fortalecimiento de los niveles de control ciudadano sobre el gobierno o respecto de los otros órganos del sistema representativo sólo ha operado en forma limitada. En este sentido se pueden citar dos ejemplos. El primero, el referéndum abrogatorio en Uruguay, cuyo resultado es todavía objeto de debate[560]. El segundo, como ya se advirtió, el referéndum de Venezuela (2007), en el que

---

558 Leonardo Barreto y David Fleischer, "Reformas políticas y democracia en Brasil", en Daniel Zovatto y José de Jesús Orozco Henríquez, (coords.), *Reforma política y electoral en América Latina, 1978-2007*, IIJ-UNAM, México, 2007, p. 342.

559 Thibaut señala que difícilmente se puede concluir que estos mecanismos refuercen a la "sociedad civil", pues no parecen disminuir el "desencanto" sino que, más bien, constituyen canales de articulación fuera de las elecciones normales (Bernhard Thibaut, "Instituciones de democracia directa", en Dieter Nohlen *et al.* (comps.), *Tratado de derecho electoral comparado en América Latina*, IIDH-CAPEL-Universidad de Heidelberg-IDEA-TEPJFM-IFE-FCE, México, 2007, pp. 65-88).

560 En el caso de la Ley de Caducidad de la Pretensión Punitiva del Estado, que constituyó una suerte de amnistía general de posibles abusos cometidos por militares y policías durante el periodo dictatorial, se aceptó el resultado jurídico, pero continúa la disputa por la memoria y la historia, así como por reparaciones. En el caso de la ley que permitía privatizaciones parciales en 1992 y que fue rechazada por la ciudadanía, el tema sigue en debate, especialmente en el área de la telefonía. Más tarde, se otorgaron por concesión, a operadores privados, formas de transmisión de datos y telefonía celular.

se rechazaron las reformas constitucionales impulsadas por el entonces presidente Chávez que pretendían aumentar significativamente los poderes presidenciales y modificar la estructura del Estado democrático a uno de corte socialista.

D. *Consecuencias sobre el sistema político democrático*

No existen elementos de juicio para afirmar con absoluta certeza que el uso de los mecanismos de democracia directa mejora o empeora el funcionamiento de un sistema político determinado[561]. La mayoría de las democracias europeas (salvo Suiza) recurren muy ocasionalmente a la consulta popular a escala nacional, y cuando lo hacen prevalecen los temas de política exterior, mientras que Estados Unidos sólo la contempla en el ámbito estatal y local (si bien en este ámbito, y en especial en ciertos Estados como por ejemplo California, el uso de los mecanismos de democracia directa es intenso).

Hasta hoy, en América Latina, la experiencia tampoco parecería indicar que los mecanismos de democracia directa hayan tenido, en la mayoría de los casos, el impacto deseado en cuanto a mejorar la

---

561 Las opiniones de la doctrina están divididas. Para ciertos autores (Lissidini entre otros) los mecanismos de democracia directa incentivan la participación, promueven la cultura de involucramiento de la ciudadanía en los asuntos de interés público, contribuyen a controlar y transparentar la política y, en particular, ayudan a dinamizar a los partidos a través de una mayor participación ciudadana. Otros en cambio ponen el acento en sus aspectos negativos o peligrosos. Así, por ejemplo, para Michael Marsh, cientista político de la Universidad Trinity en Dublín, los referendos "casi nunca son una buena idea". Según Marsh: "He observado muchos de ellos en Irlanda y en realidad oscilan entre inútiles y peligrosos". Why Referendums Aren't as Democratics as They Seem. The New York Times, 4 de octubre de 2016. En este mismo sentido se pronuncia Alexandra Cirone, profesora de la Escuela de Economía y Ciencia Política de la Universidad de Londres, para quien los referéndum pese a ser "una herramienta de alto riesgo", siguen siendo utilizados por los políticos que piensan que saldrán victoriosos..."Pero, a menudo, no ganan y, en vez de resolver problemas políticos, terminan creando otros nuevos". New York Times, *op. cit.* Algunos, como es el caso del profesor de Harvard, Kenneth Rogoff, refiriéndose al Brexit, llegan incluso a calificar a los referéndums como "una ruleta rusa para las repúblicas". The New York Times, *op. cit.*

representación o la participación, ni que hayan contribuido a disminuir el descontento con la política y los partidos, actuando más bien como canales de expresión de este desencanto fuera de las elecciones regulares.

Tampoco puede afirmarse que los mecanismos de democracia directa, tal como se han utilizado hasta ahora, hayan mejorado o complicado de manera sustancial la estabilidad política. Como todo instrumento de ingeniería electoral, estos deben formar parte de una arquitectura mayor y, en ese marco, debe analizarse su funcionamiento.

En general estos mecanismos no se han utilizado para resolver controversias entre el Parlamento y el Ejecutivo, salvo de forma indirecta en Ecuador, donde el ex presidente Sixto Durán recurrió a ellos sin éxito para tratar de mejorar los niveles de legitimidad de su debilitada gestión. En el caso de Venezuela, donde sectores de oposición procuraron la revocatoria del mandato del entonces presidente Hugo Chávez por medio de un referéndum, los resultados mostraron la existencia de una ciudadanía polarizada, y no abonaron nada a la estabilidad política del país.

Más recientemente, en 2006, el referéndum sobre las autonomías departamentales en Bolivia mostró las diferencias políticas internas entre la derecha y la izquierda, por un lado, y entre occidente y oriente, por otro.

En algunos países, y en determinados momentos, el uso de estos mecanismos puede incluso considerarse negativo para la estabilidad política. De nuevo, Ecuador es un buen ejemplo de ello. Las sucesivas consultas no vinculantes sin instrumentación posterior condujeron a acentuar la ingobernabilidad del país. Si bien no puede atribuírseles responsabilidad directa en la pérdida de estabilidad política que llevó a la caída de tres presidentes constitucionales, tampoco puede decirse que hayan contribuido positivamente en favor de la estabilidad.

En cuanto a la reforma política, pareciera que los mecanismos de democracia directa carecen de una tendencia clara, aunque en los últimos años, como se explica más adelante, han sido centrales para aprobar reformas significativas. En algunos casos favorecieron soluciones conservadoras, como en 1993, el rechazo al cambio de régimen de gobierno y sistema político en Brasil. En otros casos, han sido más bien revolucionarios y su objetivo ha sido desestructurar el régimen establecido, como el Movimiento de la Séptima Papeleta de los estudiantes en Colombia, y la iniciativa de revocatoria de mandato en Venezuela.

En muchos casos, los resultados se muestran contradictorios. La separación de elecciones municipales de las nacionales, rechazada por la ciudadanía uruguaya en 1994, se aprobó en 1996. Asimismo, en julio de 1986 la ciudadanía ecuatoriana rechazó la posibilidad de aceptar candidaturas independientes de los partidos, y luego las aceptó en 1994. Por último, en diciembre de 2007 las reformas constitucionales impulsadas por el presidente Chávez que, como ya analizamos, buscaban establecer un Estado socialista y la reelección presidencial indefinida, fueron rechazadas por la ciudadanía. No obstante, en febrero de 2009 se ratificaron en referéndum las reformas constitucionales que permiten la reelección indefinida para todos los puestos de elección popular, revirtiendo en parte el rechazo efectuado en 2007 con respecto a este tema.

Sin embargo, llama la atención el uso de consultas para la aprobación popular y puesta en vigor de nuevas constituciones políticas: la de Venezuela en 1999, Ecuador en 2008 y la de Bolivia en 2009. Estos tres ejemplos resultan reveladores de cómo el uso de estos mecanismos puede generar cambios políticos significativos.

La complejidad de los temas económico-financieros determina un alto grado de dificultad para intentar resolverlos mediante la participación ciudadana a través de mecanismos de democracia directa. Por ello, las legislaciones de la mayoría de los países han excluido expresamente estas materias como objeto de eventuales consultas populares.

Empero, en algunos países, entre ellos Uruguay, a iniciativa de la sociedad civil y por lo general con la adhesión de partidos de centro-izquierda, se intentó utilizar los mecanismos para imponer límites a las reformas económicas. El caso paradigmático es la derogación de la ley que permitía la privatización parcial de la empresa telefónica uruguaya en 1992[562].

En Ecuador, el intento de grupos de la sociedad civil de convocar una consulta popular contra el plan económico del gobierno del presidente Gustavo Noboa y la medida de "dolarización" fracasó al no haberse reunido el número suficiente de firmas. En Colombia, en 2003, el presidente Uribe intentó lograr la aprobación de la ciudadanía en temas diversos, como la obtención de nuevos recursos para educación, el saneamiento de las finanzas públicas, la eliminación de pensiones y salarios mayores a 25 salarios mínimos mensuales que se pagan con cargo al Estado, entre otros. La respuesta de la ciudadanía impidió que se aprobaran las reformas propuestas (salvo una de ellas), al no alcanzar el umbral necesario para su convalidación. En Bolivia, por el contrario, la ciudadanía dio luz verde, en julio de 2004, a la propuesta del presidente Carlos Mesa para la abrogación de la Ley de Hidrocarburos de 1989 promulgada por Gonzalo Sánchez de Lozada, y a la recuperación de la propiedad estatal de todos los hidrocarburos.

---

562 Como señala Lissidini: "La democracia directa ha sido utilizada en el caso uruguayo como herramienta para la defensa de intereses sectoriales o corporativos. El plebiscito que dio origen a este tipo de iniciativas fue el de 1989, en el cual las organizaciones de jubilados se movilizaron con éxito para que las asignaciones y pensiones se ajustaran en función del Índice Medio de los Salarios. Estos mismos actores propusieron en 1994 otro plebiscito también exitoso, para derogar las reformas a la seguridad que había introducido el gobierno de Luis Alberto Lacalle y prohibir cualquier modificación al sistema de jubilación a través de la Rendición de Cuentas. También se pueden agrupar dentro de esta categoría el plebiscito que promovieron en 1994 los sindicatos de enseñanza para que se estableciera para la educación pública 27% del Presupuesto Nacional y el plebiscito que llevaron adelante en 1999 las distintas asociaciones para dar autonomía financiera al Poder Judicial (la propuesta quitaba injerencia al Poder Ejecutivo en la elaboración del presupuesto del Poder Judicial y le resta poder de veto sobre la estimación presentada por la Corte Suprema de Justicia). Ninguna de estas dos propuestas de reforma constitucional fue aprobadas, aunque fueron respaldadas por un número muy similar a la cantidad de votos que obtuvo el Frente Amplio en esa misma instancia electoral (1994 y 1999 respectivamente)", Alicia Lissidini, "Democracia directa…", art. *cit.*, 2012, pp. 35-272.

Finalmente, en Costa Rica en 2007, y de manera poco usual en la región, se aprobó en referéndum el Tratado de Libre Comercio con República Dominicana, Centroamérica y Estados Unidos (CAFTA).

En este sentido, cabe advertir que, por su naturaleza, en América Latina la ratificación de tratados comerciales es tradicionalmente competencia del Poder Legislativo, razón por la cual la experiencia de Costa Rica abre una nueva opción de participación ciudadana sobre temas económicos-internacionales.

6. *Consideraciones finales*

De lo analizado se evidencia el uso creciente en nuestra región de los mecanismos de democracia directa durante las últimas tres décadas[563], del cual se pueden derivar diez consideraciones finales:

> ➤ La mayoría de las nuevas Constituciones latinoamericanas han ampliado o incorporado regulaciones sobre los mecanismos de democracia directa. Sin embargo, y pese a la generalizada incorporación de estos mecanismos en los textos constitucionales, un elevado porcentaje de los países mantienen, en la práctica, un bajo componente de democracia directa en la escala nacional, con excepción de Uruguay y, en menor medida, Ecuador, Venezuela, Bolivia y Panamá, en ese orden. Existe, en cambio, una riqueza mucho mayor, con una variedad de mecanismos y modalidades, en el ámbito subestatal y local/municipal latinoamericano.

> ➤ La diversidad terminológica existente sobre los diferentes mecanismos de democracia directa en los textos constitucionales de los países latinoamericanos puede inducir a confusión. Es necesario, por lo tanto, avanzar rumbo a una mayor precisión termi-

---

563 No solo en nuestra región los mecanismos de democracia directa están experimentando un uso creciente. Durante los últimos meses de 2016, en varios países del mundo han sido utilizados con fines muy diferentes: en Colombia rechazaron el acuerdo de paz por estrecho margen; en Gran Bretaña los electores decidieron, también por estrecho margen, abandonar la Unión Europea; en Tailandia los ciudadanos respaldaron una constitución propuesta por el régimen militar que restringe la democracia y, en Hungría, los electores dieron su apoyo al plan del gobierno dirigido a restringir la llegada de los refugiados, pero sin que la participación electoral tuviese el nivel suficiente para que el resultado fuese válido.

nológica y conceptual sobre este tema para, de este modo, entender mejor de qué estamos hablando cuando analizamos los diversos mecanismos de democracia directa.

➢ A pesar de la variedad de mecanismos de democracia directa, hasta la fecha las consultas populares (referéndums o plebiscitos) son las de mayor uso en la región. La experiencia también permite comprobar que la aplicación de estas consultas se ha gestado primordialmente desde arriba, pues en 40 de las 53 realizadas, los poderes Ejecutivo o Legislativo han ocupado un papel predominante, con todo y que en 10 de los 18 países que cuentan con regulación sobre estos mecanismos los ciudadanos tienen la posibilidad de convocar a consulta popular, bajo diversas modalidades y respecto a diferentes temas.

➢ El análisis comparado de la aplicación práctica de estos mecanismos evidencia que su uso está muy condicionado por las fuerzas y las debilidades del sistema político dentro del que operan (régimen político, sistema de partidos, comportamiento electoral, cultura política). En otras palabras, los mecanismos de democracia directa no constituyen un subsistema blindado a estas características, sino que, por el contrario, se ven altamente influenciados por estas.

➢ En cuanto a los resultados en la aplicación de estos mecanismos, cabe destacar que en nuestra región han tenido un resultado mixto, oscilante entre intentos de manipulación neopopulistas y posiciones conservadoras o tradicionalistas. En dos casos extremos en los que regímenes autoritarios recurrieron a esos instrumentos para mantenerse en el poder, la estrategia produjo el efecto opuesto (Uruguay en 1980 y Chile en 1988).

➢ Es importante considerar varios aspectos adicionales a la hora de evaluar el impacto de los mecanismos de la democracia directa. En primer lugar, que la adopción y aplicación de estos mecanismos es bastante reciente (salvo en el caso de Uruguay que data de 1934), y que por ello nos encontramos ante un fenómeno relativamente nuevo de las democracias de la región, por lo que sería recomendable dejar transcurrir un poco más de tiempo antes de intentar extraer conclusiones definitivas sobre su rango de aplicación y sus efectos, particularmente sobre la democracia en general y respecto de la calidad democrática en particular. Y, en segundo lugar, hay que poner atención al uso creciente que se está dando a estos mecanismos en varios países de la región andina, sobre todo en los últimos años, en contextos de marcada debilidad institucional, alta polarización política, elevada fragmentación partidista, y procesos de reformas constitucionales refundacionales (Bolivia, Ecuador y Venezuela).

➢ El promedio regional de participación electoral en los procesos de democracia directa, entre 1978 y 2016, es de 70.6%. Asimismo, los promedios regionales por año muestran que la participación electoral se ha venido reduciendo, máxime si se compara la década de los ochenta y de los noventa. De igual modo, el comportamiento por país (e incluso dentro de un mismo país), registra diferencias importantes. Se destacan en particular los altos niveles de participación en países como Uruguay y Bolivia, los cuales contrastan con la elevada abstención que caracterizan las consultas populares en otros como Colombia y Guatemala.

➢ En sociedades como las latinoamericanas, donde persisten elevados niveles de pobreza y de desigualdad, el uso de los mecanismos de democracia directa puede, en algunos casos, ayudar a revertir la tendencia a la deslegitimación del sistema político porque constituyen un medio adicional de expresión política que permite a la población manifestar su frustración con las autoridades. Sin embargo, en este tipo de contextos resulta también esencial considerar el riesgo de su utilización patológica o desvirtuada con fines demagógicos y antidemocráticos. Asimismo, en varias ocasiones, el uso de estos mecanismos produjo situaciones de marcado estrés político.

➢ Los mecanismos de democracia directa deben ser vistos como instrumentos dirigidos a complementar, pero no a sustituir las instituciones de la democracia representativa. En otras palabras, si bien es cierto que los primeros pueden fortalecer la legitimidad política y abrir canales de participación que faciliten una reconciliación entre los ciudadanos y sus representantes, los partidos políticos y el Poder Legislativo deben mantenerse como instituciones centrales donde se articulan y combinan las preferencias ciudadanas, y deben fortalecerse en aras de mejorar la calidad y legitimidad de la representación democrática.En efecto, aunque en un principio algunos pensaron que la democracia participativa iba en contravía de la democracia representativa, ahora se acepta, en general, que –si son bien conceptualizadas, coordinadas y reguladas– son fórmulas complementarias. En ocasiones, sin embargo, se asigna a los mecanismos de democracia directa funciones y expectativas sobredimensionadas, por encima de sus capacidades. Pero incluso, más allá de la valoración que pueda hacerse en relación con su empleo, hay que aceptar que estos mecanismos han llegado para quedarse y que en algunos países (como ocurre en la actualidad en la región andina) tendrán una relevancia creciente. Consecuentemente, resulta de la mayor importancia definir un marco legal apropiado a fin de mejorar su uso y funcionamiento, pues en algunos países aún existen vacíos significativos en la reglamentación de estos institutos para su correcta aplicación en la práctica. Es necesario, asimismo, llevar a cabo un proceso de reforma dirigido a democratizar su empleo, es decir, hacerlos más accesibles a la ciudadanía. Por todo ello, la cuestión central consiste en cómo utilizarlos adecuadamente y, más aún, cuándo y en qué casos. En este tema, como en muchos otros del ámbito electoral, "el diablo está en los detalles".

➢ Un último punto de gran importancia. El empleo adecuado de estos mecanismos exige, como premisa lógica, la existencia de un Estado democrático dotado de derechos fundamentales plenamente garantizados (Estado de Derecho) y donde el pluralismo político goce de total efectividad. Demanda, además, la plena vigencia de la libertad de expresión e información y la no manipulación de la opinión pública, así como condiciones de equidad del proceso.

Como lo demuestra la práctica latinoamericana, los mecanismos de democracia directa constituyen un elemento distorsionador en ausencia de instituciones democráticas representativas, legítimas y eficientes. En efecto, sin instituciones políticas democráticas, sólidas, legítimas y socialmente arraigadas, existe el riesgo de que el uso de estos mecanismos (en lugar de tener un impacto positivo para el funcionamiento del sistema democrático) maximice el conflicto y la polarización y, como bien señala Sartori, se convierta en la encarnación de la "tiranía de las mayorías"[564].

En otras palabras, si bien la democracia directa no es necesariamente adversa a la democracia representativa, bajo ciertas condiciones sí puede llegar a serlo[565].

---

564 Sartori, G. (1989): *Teoría de la democracia. El debate contemporáneo*, Alianza, México.

565 En Europa también existen voces críticas al uso de los mecanismos de democracia directa. Un editorial del periódico *El País*, de fecha 8 de abril de 2016 expresaba: "Se ha convertido en un lugar común decir que la demo-

Por todo lo anterior, y de cara al actual contexto económico, social y político regional, resulta aconsejable un empleo prudente y no desvirtuado de estos mecanismos. No hay que olvidar que, en más de una ocasión, han sido los enemigos de la libertad y de la democracia los que han recurrido al uso desvirtuado de los mecanismos de democracia directa[566]. Este es precisamente el peligro que debe evitarse.

En síntesis: sin democracia representativa efectiva no hay democracia directa genuina. Precisamente de allí parte la necesidad, ante la actual coyuntura latinoamericana, de prestar atención urgente y prioritaria al fortalecimiento del Estado democrático de derecho y al mejoramiento de la eficacia de los mecanismos y órganos centrales de la democracia representativa, en particular a la institucionalización y el fortalecimiento de un sistema de partidos políticos estable, eficaz y democrático.

---

cracia representativa está en crisis y que hay que abrir nuevos canales para dar voz a los ciudadanos en los asuntos públicos. En el catálogo de medidas destinadas a corregir este supuesto déficit de representación encontramos el recurso a los referendos, consultivos o vinculantes; las iniciativas legislativas populares, cuyo uso se pretende estimular; los mandatos revocatorios, que permiten deponer a los cargos públicos sin necesidad de convocar elecciones; o los mecanismos de democracia directa electrónica, que en teoría permitirían prescindir de los Parlamentos en un gran número de temas. Pero como demuestra el caso de Holanda, por muy desacreditada que esté la democracia representativa, los mecanismos de democracia directa que se plantean como alternativa están lejos de ser la panacea. Al contrario, como se observa en toda Europa –desde Grecia hasta el Reino Unido pasando por Hungría y Países Bajos–, los referendos corren el riesgo de convertirse en la herramienta favorita de los populistas para deslegitimar las democracias (y) poner en crisis el proyecto europeo [...]. Una vez más, como en la mayoría de los referendos sobre cuestiones europeas celebrados en las dos últimas décadas, el electorado no ha contestado a la pregunta que se le ha formulado, sino a la que hubiera querido que se le formulara; desentendiéndose, además, de las consecuencias de su voto. [...] Si la democracia directa no mejora la participación respecto a la democracia representativa, y encima deslegitima el sistema político, su utilidad se diluye por completo. "Lecciones de Holanda", *El País*, 8 de abril de 2016. Disponible en: www.elpais.es.

566 Aragón, M. y J. López, "Plebiscito", en *Diccionario Electoral*, t.II, IIDH/CAPEL, San José, 2000, p. 981.

CONCLUSIONES

Hemos llegado al final de esta obra, y la conclusión más importante, la de mayor plazo y horizonte, es que, por primera vez en su historia, América Latina, puede reclamar una tradición democrática propia, una experiencia continua de más de tres décadas y media construyendo, reformando, practicando y ciñéndose al libreto básico de la democracia.

No es poca cosa. Desde su fundación como entidades independientes –a partir del despertar del siglo XIX–, el ideal democrático ha gravitado en la mente de los luchadores y los redactores constitucionales, desde México hasta Argentina, marcadamente influenciados –en el pensamiento y en la práctica política– por el halo de la Ilustración europea y de la Revolución estadounidense. Sin embargo, esta búsqueda incesante de la democracia no contó, en la práctica, con una contrapartida fácil, como lo testimonia (cual Sísifo) la democracia en la región, encontrada y perdida durante el siglo XIX y gran parte del XX.

Las perspectivas democráticas se ensombrecieron más aún durante las décadas de los años sesenta y setenta del siglo pasado (en plena Guerra Fría), como consecuencia del grave surgimiento y consolidación de los regímenes militares y la generalización de la ideología y de la práctica de la maldita y criminal Doctrina de la Seguridad Nacional. El golpe militar en Brasil, en marzo de 1964, anuló las condiciones democráticas y colocó en el poder al mariscal Castelo Branco.

Él y sus sucesores acabaron imponiendo la doctrina y la práctica totalitaria en nombre del combate a la subversión y el comunismo. En Argentina, los generales Onganía (1966) y Levingston (1970) fueron quienes establecieron esas mismas condiciones, retomadas y recrudecidas hasta sus últimas consecuencias por el general Videla y la Junta Militar a partir del golpe de Estado de 1976. En Bolivia (1971), el instaurador de la Doctrina de la Seguridad Nacional fue el general Hugo Banzer. En Chile lo hizo el general Pinochet, tras el violento y sangriento derrocamiento del presidente Salvador Allende en 1973, y como símbolo y decano de todos ellos, el general Stroessner, en Paraguay, desde el golpe de Estado de 1954 hasta su caída en 1989.[567]

Precisamente debido a esta etapa trágica de nuestra historia, lo ocurrido en el cruce de los siglos XX y XXI tiene tanta relevancia: la enérgica y decidida búsqueda de la democracia para escapar del autoritarismo y de la dictadura a como diese lugar. A contrapelo de todos los pronósticos que le auguraban corta vida, los procesos de democratización, con sus luces y sus sombras, resistieron y sobrevivieron durante estas tres décadas y media, demostrando que las sociedades latinoamericanas eran ya lo bastante modernas como para no caber (ni querer caber) bajo el manto de un solo formato ideológico, en un esquema de organización, cooptación o de subordinación ante el autoritarismo militar.

Como se indicó en el capítulo I de esta investigación –y sin perjuicio de la importancia de los antecedentes de las transiciones que tuvieron lugar en República Dominicana en 1978, en Ecuador entre 1977 y 1978, en Perú entre 1978 y 1979, y en Bolivia entre 1978 y 1982, con los cuales dio inicio La tercera ola democrática en América Latina–, se rompió un eslabón muy importante y emblemático tras el referéndum celebrado en Uruguay el 30 de noviembre de 1980, cuando los militares uruguayos vieron fracasar su intento de legitimar y perpetuar el régimen autoritario instaurado en 1973 (momento en que el presidente Juan María Bordaberry se sumó a los deseos de los militares y disolvió el Congreso). Era la primera vez en América Latina que las Fuerzas Armadas aceptaban participar en una consulta popular sin tratar de manipular el resultado adverso, y fueron derrotadas en las urnas.

Esta derrota político-electoral abrió el camino a otras tantas transformaciones esperanzadoras que, en olas sucesivas, configuraron un escenario latinoamericano completamente nuevo, claramente distinto al esculpido durante la Guerra Fría, en el que los partidos, y el pluralismo político que ellos expresaban, tendrían, no obstante,

---

567 Alain Rouquié, *A la sombra de las dictaduras: La democracia en América Latina*, Fondo de Cultura Económica, México, 2011, pp. 17-50.

sus dificultades, un lugar legítimo y central en la competencia electoral y en el debate público.

A partir de ese momento (noviembre de 1980), y con los antecedentes dominicanos y ecuatorianos de 1978, América Latina entró por derecho propio a la marejada de La tercera ola, dando inicio a un periodo tan singular con respecto a sus rasgos políticos, tan amplio en su cobertura geográfica (todos los países de la región, salvo Cuba) y tan extenso en el tiempo (más de tres décadas y media) que podemos considerarlo como un periodo fundacional histórico-democrático.

Fue precisamente dentro de este periodo que tuvo lugar el proceso de reforma político-electoral más intenso y profundo de la historia de América Latina con más de 250 reformas constitucionales y político-electorales sobre una muy amplia variedad de temas.[568] Corresponde ahora, a la luz del análisis que hemos efectuado en los capítulos previos, extraer y sistematizar las tendencias y las conclusiones principales que surgen de ambos procesos.

Respecto de La tercera ola, deseamos destacar los rasgos centrales, las características que definen el rostro de estos 38 años consecutivos de democracia; y, en relación con el proceso de reforma político-electoral (objetivo central y principal de esta investigación), nos interesa evaluar las tendencias y los resultados de dichas reformas en relación con las cuestiones temáticas identificadas como prioritarias en este estudio, a saber: régimen de gobierno, sistema electoral, partidos políticos, financiamiento político, organismos electorales y mecanismos de democracia directa.

1. En relación con La tercera ola

A. Experiencia inédita de estabilidad institucional

Afirmar que América Latina es una región de aguda inestabilidad política aún constituye un tópico de cierto sector de la politología.

---

568 Flavia Freidenberg y Tomás Došek, "Las reformas electorales en América Latina [1978-2015]", en Kevin Casas Zamora, Raquel Chanto, Betilde Muñoz-Pogossian y Marian Vidaurri (eds.), *Reformas políticas en América Latina: tendencias y casos*, OEA Washington, 2015.

Sin duda lo fue en los años previos a las transiciones. También es cierto que surgieron varios síntomas y episodios de inestabilidad durante parte de La tercera ola, sobre todo en la década de los años noventa y a principios de la primera década del siglo XXI. Sin embargo, no cabe duda de que la estadística global de estos últimos 38 años (y sobre todo durante la última década) es claramente favorable en términos de estabilidad política pese a que, durante ese lapso, más de quince presidentes se vieron obligados a interrumpir el periodo constitucional para el que fueron elegidos, como podemos observar en el siguiente cuadro.

CUADRO 1.   *Inventario de inestabilidad institucional en América Latina*

Presidente	País	Fecha de interrupción del mandato
Hernán Siles Zuazo	Bolivia	1985
Raúl Alfonsín	Argentina	1989
Fernando Collor de Mello	Brasil	1992
Jorge Serrano	Guatemala	1993
Carlos Andrés Pérez	Venezuela	1993
Joaquín Balaguer	Rep. Dominicana	1996
Abdalá Bucaram Ortiz	Ecuador	1997
Raúl Cubas Grau	Paraguay	1999
Jamil Mahuad	Ecuador	2000
Alberto Fujimori	Perú	2000
Fernando de la Rúa	Argentina	2001
Gonzalo Sánchez de Lozada	Bolivia	2003
Carlos Mesa	Bolivia	2005
Lucio Gutiérrez	Ecuador	2005
Manuel Zelaya	Honduras	2009
Fernando Lugo	Paraguay	2012
Otto Pérez Molina	Guatemala	2015
Dilma Rousseff	Brasil	2016

FUENTE: Elaboración propia. Actualizado a diciembre de 2016.

Entre estas presidencias interrumpidas encontramos tres veces a Ecuador (1997, 2000 y 2005); tres veces a Bolivia (1985, 2003 y

2005), dos veces a Argentina (1989 y 2001) y a Brasil (1992 y 2016), Paraguay (1999 y 2012) y Guatemala (1993 y 2015), y una vez a los cuatro países restantes: Honduras, Perú, República Dominicana y Venezuela.[569]Quizás el caso más extremo de esta aguda inestabilidad haya sido el de Ecuador, país en el cual entre 1996 y 2007, ningún presidente electo pudo completar su mandato en Ecuador.

Es decir, más del 70% de las interrupciones de los mandatos constitucionales se llevó a cabo en seis países: Bolivia, Ecuador, Argentina, Brasil, Guatemala y Paraguay. Por otra parte, durante la última década (periodo 2006-2016), y a excepción del golpe de Estado en Honduras (2009), del juicio político "exprés" al presidente Lugo en Paraguay (2012), de la renuncia del presidente Pérez Molina en Guatemala (2015), como consecuencia de la presión ciudadana ante los escándalos masivos de corrupción que afectaron su gobierno, y del controversial juicio político a Dilma Rousseff (2016), ningún otro presidente se vio obligado a dejar el poder de manera anticipada.

Si comparamos estas 18 interrupciones con la finalización a término de los presidentes electos o reelectos democráticamente en las más de 130 elecciones presidenciales que han tenido lugar durante estos 38 años, podemos afirmar que desde hace más de tres décadas y media las elecciones son fuente constante de legalidad y legitimidad del poder político en los países latinoamericanos. A ello debemos sumar que en la totalidad de los 18 países de la región ha habido alternancia, en la mayoría de los casos varias veces.

Este nivel de estabilidad institucional, así como el funcionamiento de los dispositivos de arreglo constitucional ante la salida anticipada de los mandatarios constitucionales, resulta aún más importante si tomamos en cuenta, por un lado, el record trágico de golpes de

---

569 Aníbal Pérez-Liñán, "Instituciones, coaliciones callejeras e inestabilidad política. Perspectivas teóricas sobre las crisis presidenciales", *América Latina Hoy*, núm. 49 (Ediciones Universidad de Salamanca, Salamanca [España], 2008), pp. 105-126.

Estado en nuestra región[570] y, por el otro, el contexto de los últimos 38 años, es decir, el campo minado de dificultades en todos los órdenes, especialmente el económico y social, sobre el que se ha erigido la vida democrática de la región.

En síntesis, gracias a esta inédita estabilidad institucional, América Latina puede extraer hoy lecciones de su propia experiencia democrática, ya no importadas de otras regiones. Es precisamente por esta estabilidad que la región ha sido capaz de iniciar un proceso autónomo de aprendizaje democrático y comenzar a extraer de él enseñanzas teóricas y prácticas no sólo para la democracia latinoamericana sino también para la democracia a nivel global.

Empero, importa preguntarse si el cambio de ciclo económico que afecta a la región desde 2014, y su combinación con el aumento de la pobreza y del desempleo, los escándalos crecientes de corrupción, y la caída de la popularidad de varios de los presidentes, vendrá acompañada de un aumento de la inestabilidad política. La tensión política que viven Brasil (consecuencia del juicio político a la ex presidenta Rousseff y los graves escándalos de corrupción de Lava Jato) y Venezuela (con la búsqueda de parte de la oposición –MUD- de lograr acortar –por la vía constitucional- el mandato del presidente Maduro), para citar solo dos casos, son un ejemplo de esta nueva coyuntura económica y política que vive América Latina, sobre todo en América del Sur.

B. *Desarrollo democrático a contrapelo del pesimismo predominante*

Según los estudiosos y expertos de las variables institucionales de América Latina, La tercera ola arrancaba desde las peores bases

---

570 Un estudio de David Scott Palmer, citado por A. Valenzuela, encuentra que, entre 1930 y 1980, en 37 países de América Latina y el Caribe hubo 277 cambios de gobierno, y que en 104 casos (37.5%) este cambio se dio a través de un golpe militar. Otro estudio similar, de Waldino Cleto Suárez, señala que en 20 países latinoamericanos (los 18 que cubre esta investigación más Cuba y Haití) durante el mismo periodo (1930 a 1980) se produjeron de forma irregular 36.4% de los nombramientos presidenciales. PNUD, Informe *Nuestra democracia, op. cit.,* 2010, p. 65.

posibles y con un marcado pesimismo sobre su futuro inmediato. Para Hirschman:

> [...] el pesimismo tiene que estar en el inicio de cualquier reflexión seria sobre la probabilidad de que la democracia se fortalezca en América Latina. La razón principal es sencilla: la experiencia histórica es muy poco tranquilizadora. A este respecto, la reciente desintegración de regímenes autoritarios supuestamente sólidos en Argentina, Brasil y Uruguay, y el aparente vigor de las nuevas corrientes democráticas en estos países no son por fuerza alentadores. Al parecer, lo que permea a los regímenes políticos de los países latinoamericanos más desarrollados es la inestabilidad, que influye hasta en las formas políticas autoritarias.[571]

Para Linz y Valenzuela (entre otros muchos expertos, como ya tuvimos ocasión de analizar en el capítulo II), las noticias eran notablemente adversas para el desenvolvimiento democrático de América Latina. Según estos autores, los presidencialismos eran especialmente rígidos y refractarios para la realidad caleidoscópica de los países de la región. Linz afirmaba:

> La evidencia acumulada del pasado en los sistemas presidenciales, especialmente en América Latina, y el éxito evidente de las democracias parlamentarias en Europa, muestran una serie de tantos que favorecen al sistema parlamentario. —Y señalaba que—: Las quiebras a la democracia son notablemente más frecuentes en el presidencialismo por las tensiones que genera y luego no sabe resolver.[572]

Lijphart tampoco era demasiado optimista respecto de las germinales poliarquías latinoamericanas.[573] De las varias combinaciones institucionales posibles, América Latina tenía, a su juicio, la peor de todas: sistemas presidenciales con sistemas de representación proporcional y multipartidismo. Para el citado autor, las debilidades

---

571 Alberto Otto Hirschman, "La democracia en América Latina", *Vuelta* (Editorial Vuelta, México, 1986), p. 9.

572 Juan José Linz y Arturo Valenzuela (comps.), *La crisis del presidencialismo. Perspectivas comparativas.* Alianza, Madrid, 1997, p. 137.

573 Arend Lijphart, "Constitutional Design for Divides Societies", *Journal of Democracy*, vol. 15, núm. 2 (The Johns Hopkins University Press, Baltimore, 2004, pp. 96-109), p. 101.

inherentes del gobierno presidencial son "su marcada tendencia hacia la democracia mayoritaria en los numerosos países donde, a causa de la falta de consenso natural, es necesaria una forma de democracia consensual".[574]

Por otro lado, a mediados de los setenta surgió otra tesis pesimista en contra de las "demandas enormemente infladas que los agentes sociales hacían al Estado, lo que a su vez provoca su expansión e intervención" bajo la "lógica de la concertación" que involucraba a gobiernos, partidos, sindicatos y, en general, organizaciones sociales. Esta relación que previsiblemente se extendería en las democracias –participación-representación-toma de decisiones– recibió fuertes críticas por parte de Crozier, Huntington y Watanuki, bajo el patrocinio de la Comisión Trilateral (véase capítulo II). Desde el campo de la economía política, estos autores planteaban serias dudas acerca de la democratización de América Latina:

> En el curso de los últimos años el funcionamiento de la democracia parece haber provocado una deslegitimación de la autoridad política y una sobrecarga de exigencias a los gobiernos. De igual modo que existen límites potencialmente deseables de crecimiento económico, también hay límites deseables de extensión democrática [...].[575]

Se trata del teorema de la ingobernabilidad, que veía "una neta discrepancia entre reivindicaciones y problemas (la inflación de poder) y las soluciones factibles (gobierno débil), estableciendo una intensa y difusa crisis de racionalidad política definida como ingobernabilidad".[576]

Sin embargo, esta hipótesis sombría, siempre amenazadora en países con tantos rezagos sociales, baja calidad del Estado y exiguos recursos fiscales (como en la mayoría de los latinoamericanos),

---

574 *Ibídem*, "Presidencialismo y democracia mayoritaria: observaciones teóricas", en J. J. Linz y A. Valenzuela, *La crisis del presidencialismo...., op. cit.* 1997, p. 148.

575 Michel Crozier, Samuel P. Huntington y Joji Watanuki, *The Crisis of Democracy. Report on the Governability of Democracies to the Trilateral Commission*, New York University Press, Nueva York, 1975.

576 *Idem.*

tampoco ocurrió. La democracia en la región mostró una insospechada capacidad para "aceptar la incertidumbre" –como deseaba Hirschman–[577] y, por tanto, para encarar las oportunidades, las coyunturas favorables, las grietas que pueden aprovecharse para sortear las situaciones y los acontecimientos adversos.

La Trilateral acertó en la tesis de la "inflación de demandas", pero erró en la capacidad política y estatal para asimilarlas y darles respuesta, y se equivocó, sobre todo, en un elemento clave: aunque las soluciones a los problemas lleguen tortuosamente tarde, los ciudadanos las prefieren si las comparan con la experiencia autoritaria de los años previos. La memoria y la reflexividad social, constituyeron palancas de naturalización de la experiencia democrática en América Latina.

En resumen, si bien importantes estudios conceptuales no auguraban buenas noticias para la sostenibilidad de nuestras democracias, lo cierto es que, a 38 años del inicio de la transición democrática y a más de tres décadas y media de las críticas más importantes y pesimistas, los regímenes democráticos presidencialistas muestran dos rasgos fundamentales: *1*) inédita estabilidad y resistencia institucional, y *2*) ampliación progresiva de derechos, libertades, elecciones, competencia y pluralismo, si bien no en todos los países en muchos de ellos sí. Todo ello, muy alejado de lo que los pesimistas teóricos vaticinaban para nuestra región al inicio de La tercera ola.

---

577 Según Hirschman, "para que un régimen democrático pueda sobrevivir, los ciudadanos deberán aceptar la incertidumbre sobre los resultados que señala Przeworski, y ser además pacientes. Para fortalecerse, el régimen necesita la incertidumbre de que habla Manin: los ciudadanos deben ser conscientes de que las soluciones que propongan para los problemas más comunes no podrán aplicarse antes de que se sometan a la discusión democrática", Bernard Manin, *Los principios del gobierno representativo*, Cambridge University Press, Londres, 1997, pp. 17-24.

C. *Democracia pese a la adversidad económica, la persistente desigualdad, la elevada corrupción y la creciente violencia e inseguridad*

Como se analizó en el capítulo I, las democracias latinoamericanas se han instalado a contrapelo, a contracorriente de las tendencias históricas comparadas de la Europa posterior a la segunda Guerra Mundial. Han tenido que hacerlo, en efecto, en medio de uno de los periodos más difíciles, inestables y volátiles de sus economías. A título de ejemplo, baste señalar que el inicio de La tercera ola tuvo lugar en el siglo pasado a finales de los años setenta y ochenta, décadas ganada en términos de democracia, libertad y derechos humanos, pero perdida (así catalogada) en términos económicos.

Como bien recordaba un grupo de intelectuales mexicanos sobre esta cuestión:

> Toda la experiencia de las transiciones democráticas europeas después de la segunda Guerra Mundial, o la japonesa, o la de los países del sur europeo en los setenta, consiste precisamente en haber resuelto, en el mismo tiempo histórico, dos grandes tareas: condiciones democráticas y Estado de bienestar, con lo que la ciudadanía no sólo tenía la certeza de haber escapado de la oscura noche del totalitarismo sino que, además, asociaba a la democracia en marcha con su seguridad económica y con una vasta red institucional de protección, o sea, conquistaron el horizonte de una vida más libre, más igualitaria y mejor.[578]

Sin embargo, la transición latinoamericana no corrió con esa suerte. Por el contrario, sus condiciones de vida democrática se han construido durante la primera etapa en uno de los periodos de mayor inestabilidad y precariedad económica de todo el siglo XX. Ningún análisis comparativo puede omitir este dato esencial, y toda propuesta política reformadora debe comenzar por señalar que las transiciones del fin de siglo en América Latina –económicas y políticas– tuvieron desenlaces muy distintos y con frecuencia contradictorios.

---

578 IETD, *Equidad social y parlamentarismo*, Instituto de Estudios para la Transición Democrática, México, 2010.

La transición y consolidación de la democracia tiene lugar, asimismo, en una región que aún cuenta con elevados niveles de pobreza pese a la importante reducción ocurrida durante la última década (29%), una de las tasas más altas de desigualdad del mundo, elevados índices de corrupción y uno de los niveles más altos de violencia y homicidios del planeta, incluso y, sobre todo, en tiempos de paz.

Por último, esta experiencia inédita de transición y consolidación democrática en un contexto de marcada pobreza, desigualdad, corrupción y violencia, explica muchos de los rasgos y problemas centrales de la democratización en América Latina durante los últimos 38 años. Por ello, como bien aconsejaba Hirschman:

> [Es] mucho más constructivo imaginar cómo puede sobrevivir y fortalecerse la democracia frente a una serie ininterrumpida de situaciones y acontecimientos adversos, [que] enumerar las condiciones estrictas que han de satisfacerse para que una democracia exista [...] En lugar de buscar las condiciones necesarias y suficientes para el cambio (democrático), debemos estar al acecho de los acontecimientos históricos inusitados, de las raras concatenaciones de sucesos favorables, de los pequeños senderos, de los avances parciales que imaginemos que otros pueden imitar, etc. Debemos pensar en lo posible antes que en lo probable.[579]

D. *Importancia de las variables políticas y de la calidad de la democracia*

Como se señaló en el capítulo I, la perdurabilidad y resistencia de la democracia en América Latina, cuya especificidad le es pro-

---

579 Albert Otto Hirschman, "La democracia en América Latina", art. *cit.,* 1986, p. 34. En efecto, América Latina enseña que la teoría de los rendimientos sociales de la democracia no es un absoluto material. Es decir, no son los beneficios sociales de la democracia expresión automática de las ganancias en calidad de vida y crecimiento económico. Los rendimientos sociales de la democracia son también intangibles, asociados al plano de la cultura política. Treinta años después del inicio de La tercera ola, la sociedad latinoamericana adscribe a valores democráticos por su importancia constitutiva para las relaciones sociales y no solamente por su utilidad instrumental, para utilizar la apropiada distinción de Amartya Sen.

pia, está más asociada a las variables políticas que a las económicas o al grado de desarrollo, si bien estas dos últimas juegan un papel importante no solo en la sostenibilidad sino también en la calidad de las democracias.

A la memoria histórica, es decir, a la conciencia de no repetir nunca más el pasado autoritario o dictatorial, Mainwaring[580] suma otras variables políticas claves, tales como la disminución de los niveles de polarización política, el compromiso –fuerte, aunque oscilante– de parte de las élites y de la ciudadanía en favor de la democracia, junto con políticas y mecanismos regionales en apoyo de la misma.

Todos estos factores, según el citado autor –como tuvimos ocasión de analizar en el capítulo I–, han desempeñado un papel importante en la estabilidad, perdurabilidad y resistencia de la democracia latinoamericana, sin perjuicio de reconocer las diferencias significativas que actualmente existen entre nuestros países en cuanto a la calidad de la democracia.

Sin lugar a dudas, las variables políticas son esenciales para entender la pervivencia del sistema democrático en América Latina. La legitimidad de las instituciones, los valores y actitudes hacia la democracia y la relación entre sociedad civil, ciudadanos y partidos políticos, son factores fundamentales para comprender no sólo la perdurabilidad sino también la calidad de la democracia. Igualmente importan, y mucho, el compromiso genuino de los actores principales –de las élites gobernantes, oposición, empresarios, sindicatos, medios de comunicación, sociedad civil– con la democracia y, por supuesto, con el contexto internacional, pero sobre todo con el contexto regional en favor de su vigencia.

En síntesis, durante estos 38 años no sólo se ha logrado recuperar la democracia y hacerla durar, sino también, haberle generado un importante piso de apoyo ciudadano, tal como evidencian los sucesivos informes de Latinobarómetro y del Proyecto de Opinión

---

580 Frances Hagopian y Scott P. Mainwaring (eds.), *The Third Wave of Democratization in Latin America. Advances and Setbacks*, Cambridge University Press, Nueva York, 2005.

Pública de América Latina (LAPOP, por sus siglas en inglés), analizados en el capítulo I.

Por ello, en nuestros días el debate no es, como en el pasado, entre democracia o autoritarismo, entre democracia formal o democracia real sino, por el contrario, sobre la calidad de la democracia; sobre cómo construir más y mejor ciudadanía; sobre cómo pasar de una democracia electoral a una de ciudadanos y de instituciones; sobre cómo conciliar democracia con desarrollo en el marco de sociedades con mayores niveles de cohesión social y mayor equidad de género; sobre cómo buscar una relación más estratégica entre mercado y Estado y una más funcional entre Estado y sociedad; sobre cómo lograr que la democracia dé respuestas a nuevos tipos de demandas provenientes de sociedades más complejas, más modernas, más urbanas; sobre cómo hacer funcionar la democracia de manera eficaz en un contexto internacional globalizado.

Como se observa, todos estos temas constituyen problemas de la democracia que deben discutirse en democracia y cuya solución debe encontrarse de manera democrática.

Este balance moderadamente optimista del avance democrático logrado durante el lapso que nos ocupa, no implica en modo alguno soslayar los serios déficits que aún nos aquejan ni los enormes desafíos que tenemos por delante. En otras palabras, el triunfo de la democracia sobre el autoritarismo no debe impedirnos ver esos importantes, complejos y numerosos déficits y desafíos que aún quedan por mejorar, como analizamos en detalle en el capítulo I, y respecto de los cuales nos gustaría retomar, por su importancia, uno de ellos: la tendencia hacia democracias delegativas (O'Donnell), iliberales y autoritarismos competitivos (Levitsky).

En efecto, si bien los mandatarios de casi todos los países de la región han llegado al poder con una legitimidad de origen incuestionable, en algunos existen serios déficits en materia de legitimidad de ejercicio. En aquellos donde existe un déficit de legitimidad de ejercicio, se gobierna con marcado desdén institucional, sin respetar la división de poderes, interviniendo de manera inconstitucional en los poderes Legislativo y Judicial, e incluso en la función electoral, utilizando de forma indebida los mecanismos de democracia directa –no para fortalecer la democracia representativa sino para intentar suplantarla–, tratando de someter a la prensa por medios diversos, y llevando adelante reformas constitucionales que tienden a reforzar en exceso los poderes del Ejecutivo (hiperpresidencialismo), incluida la introducción de la reelección inmediata e indefinida en beneficio propio, todo lo cual genera una compleja y difícil relación entre democracia, república y Estado de derecho.

Según Guillermo O'Donnell, las "democracias delegativas" son de tipo plebiscitario. En ellas se da por sentado que quien gana una elección gana también el derecho de violar el contrato electoral; en otras palabras, que con la victoria obtenida en las urnas, el triunfador recibe como premio un cheque en blanco. En dichas democracias, el jefe del Estado no se considera sometido a la rendición de cuentas "horizontal", ante los otros dos poderes. Así, la dimensión republicana de la democracia queda en entredicho.

Por cierto que, en tales condiciones, el proceso de toma de decisiones se agiliza. Sin embargo, nada es perfecto y la política de manos libres tiene una contrapartida de alto riesgo: que el peso de los errores de gobierno caiga de lleno sobre la figura presidencial, visualizada por las masas como única responsable de los desaguisados. Allí, advertía correctamente O'Donnell, anida la explicación de los "turbulentos vaivenes de popularidad" a que suelen verse expuestos los líderes de las democracias delegativas, "un día aclamados como salvadores de la patria y al siguiente maldecidos como sólo los dioses caídos pueden serlo".[581]

En un nivel inferior en la escala de democracias de baja calidad están los "autoritarismos competitivos", sistemas híbridos que Steve Levitsky ubica tan distantes de la democracia como del autoritarismo pleno. Según este autor, para el autoritarismo competitivo las instituciones democráticas son en todo caso, un medio para alcanzar y ejercer la autoridad política, aunque luego, imposibilitado de eliminar sus normas, las transgrede con tal frecuencia e intensidad que

---

581 Guillermo O'Donnell, "Delegative Democracy", *Journal of Democracy,* vol. 5, núm. 1 (The Johns Hopkins University Press, Baltimore, 1994), pp. 55-69.

vulnera los requisitos mínimos que hacen al corazón de las democracias.

Se permite la lucha electoral –de ahí su carácter "competitivo"– y, de llevarse éstas a cabo (las elecciones), la manipulación de los resultados nunca roza el escándalo. No obstante, la desigualdad de condiciones entre el poder y la oposición es tan grande que se hace casi quimérico nadar contra la corriente. En poder de todos los recursos e instrumentos del Estado, éstos son desnaturalizados y empleados abusivamente para desactivar a los opositores, a sus partidos, a la prensa y a los periodistas".[582]

Los adversarios políticos son relegados a apariciones marginales en los medios mientras el partido en el gobierno reserva para sí la suma de la propaganda; se acorrala a los contrincantes y a los disidentes espiándolos; se usa "el soborno, la cooptación y el acoso a través de las autoridades tributarias, de un Poder Judicial condescendiente u otros organismos del Estado para, de manera 'legal', hostigar, perseguir y extorsionar a los críticos hasta obtener su silencio o su cooperación".

En opinión de Levitsky, la disputa política se libra en cuatro escenarios. El primero es el electoral, donde pese a la desigualdad de recursos y las hostilidades ejercidas desde el poder resulta complicado recurrir al fraude burdo y masivo. El citado autor hace especial hincapié en el abuso masivo de los recursos del Estado por parte del autoritarismo competitivo durante las campañas electorales y, para describirlo, propone un ejemplo del mexicano Jorge Castañeda: quien afirmó que se trata de "un partido de fútbol donde los arcos son de diferente tamaño, uno de los equipos tiene siete jugadores y el otro once y el árbitro".[583]

---

582 Steven Levitskyy Lucan A. Way, trad. de Darío López López, "Elecciones sin democracia. El surgimiento del autoritarismo competitivo", *Estudios Políticos,* núm. 24 (Medellín, enero-junio 2004), pp. 159-176. Disponible en: http://biblioteca.clacso.edu.ar/ar/libros/colombia/iep/24/8%20autoritarismo%20competitivo.pdf.

583 *Idem.*

El segundo es el Legislativo. En los regímenes autoritarios –sostiene el politólogo de Harvard– el control es absoluto y no existen fisuras entre el Ejecutivo y el Legislativo; en el autoritarismo competitivo, en cambio, aun cuando el Poder Ejecutivo tenga amplias mayorías, la oposición lo jerarquiza como lugar de encuentro y, si hay medios de comunicación independientes, como plataforma para denunciar al régimen.

El tercero es el Judicial. En los autoritarismos competitivos, el gobierno intenta someterlo mediante la calumnia, la extorsión, el soborno o la presión política. No obstante, matiza Levitsky, "una independencia judicial formal y un control parcial por parte del Ejecutivo puede otorgar a los jueces disidentes alguna oportunidad. Si bien el régimen puede sancionarlos, no lo haría sino al costo de la legitimidad interna e internacional".

El cuarto escenario lo constituyen los medios de comunicación, "punto central en los regímenes autoritarios competitivos". En las autocracias plenas, afirman Levitsky y Way, la mayoría de los medios pertenece al Estado, o a sus amigos o a sus aliados. En los autoritarismos competitivos, los medios independientes son legales, mantienen una gran influencia y "sus periodistas suelen surgir como importantes figuras de la oposición". Los intentos de acallarlos buscan formas más sutiles: la pauta publicitaria, las deudas, la manipulación informativa.

En resumen: nacidos, en general, de la caída de sistemas autoritarios o de democracias debilitadas por crisis políticas y económicas, los autoritarismos competitivos son gobiernos que, si bien cuentan con legitimidad de origen (de mayor o menor calidad), recurren al ataque a las instituciones democráticas (las mismas que permitieron su acceso al poder en igualdad de condiciones) por la vía del golpe o de "abusos selectivos y graduales".

El autoritarismo competitivo, como bien advierten Levitsky y Way, extrema las tensiones entre las pautas de la democracia y los métodos autocráticos, y ese forcejeo es fuente de inestabilidad. Las etapas en las que ese tironeo se profundiza hasta límites intolerables sacan a la superficie las contradicciones del régimen y obligan al Poder Ejecutivo a optar entre la flagrante ruptura de las reglas del juego a costa de la condena internacional y el conflicto interno, o bien permitir que el conflicto se desarrolle a expensas de una futura derrota en las urnas.

Dentro de esta misma línea de pensamiento se inscribe Dante Caputo quien señala:

> En varias sociedades de la región la democracia ha ingresado en un periodo de cambios que alteran su valor y significado originarios. Nosotros [refiriéndose a la Argentina bajo el gobierno kirchnerista anterior a las elecciones presidenciales de 2015] somos un caso notable de estas alteraciones que se traducen en el deslizamiento hacia una forma ambigua e inquietante de organización política, el "autoritarismo electoral". Hay elecciones, pero el Estado democrático de derecho cada vez menos regula la vida en sociedad y el funcionamiento del poder. Si miramos más allá de nuestro territorio, Venezuela es el caso más avanzado de esta degeneración de la democracia.[584]

2. En relación con el proceso de reforma político-electoral

A. Periodo intensamente reformista

La tercera ola llegó con una intensa agenda de reformas constitucionales y político-electorales que impactaron (al menos en el plano formal) en los incentivos con los que toman sus decisiones los partidos políticos y los ciudadanos. Durante el periodo de estudio de esta investigación (1978-2016) la totalidad de los países latinoamericanos llevaron a cabo procesos de reformas político-electorales, incluso en algunos de ellos las reformas fueron varias.

Entre los principales objetivos de esta intensa agenda de reforma cabe mencionar, entre otros temas importantes: el fortalecimiento de la institucionalidad democrática; la revisión del presidencialismo; la búsqueda de un reequilibrio entre el Ejecutivo y el Congreso; la revisión de los sistemas electorales para lograr un mejor balance entre representación y eficacia; regulaciones a los partidos políticos, tanto en materia de democracia interna como en relación con el financiamiento; la incorporación de cuotas de género y de paridad; el

---

584 Dante Caputo, "No sólo de elecciones vive la democracia", *La Nación*, Buenos Aires, 24 de junio de 2015. Disponible en: http://www.lanacion.com.ar/1804367-no-sólo-de-elecciones-vive-la-democracia

fortalecimiento de los organismos electorales y la ampliación de los niveles de participación política de la ciudadanía mediante la incorporación de mecanismos de democracia directa.

Sin duda alguna, las características, tendencias e impacto de todas estas reformas han sido influidas, como era de esperarse, por el contexto, la cultura política, el nivel de los liderazgos y la tradición democrática de cada país. Como bien señala Negretto:

> Un argumento muy difundido en la ciencia política es que el cambio de instituciones es poco frecuente e incremental. En tanto los cambios de reglas son costosos y generan incertidumbre, los actores políticos prefieren mantener las instituciones existentes o, de reformarlas, realizar cambios menores y de detalle. Este razonamiento es particularmente apropiado cuando se trata de reglas constitucionales, cuya reforma requiere por lo general la formación de amplias coaliciones y los efectos de las nuevas reglas son muchas veces impredecibles. Sin embargo, esta hipótesis no se verifica en contextos políticos y sociales cambiantes. De 1978 a 2008, casi todos los países de América Latina han reemplazado o reformado, muchas veces en forma drástica, sus Constituciones. Lo mismo ha ocurrido con leyes secundarias que regulan aspectos fundamentales del régimen político, como es el sistema electoral.[585]

Las razones que gatillaron estos numerosos procesos de reformas también han sido diversas. En algunos casos el motivo principal fue la puesta al día de marcos constitucionales o legislaciones político-electorales que, con el trascurso del tiempo, se fueron quedando desactualizadas. En otras situaciones, el objetivo primordial de las reformas fue intentar dar respuesta, vía ingeniera institucional, a procesos de insatisfacción crónica con el funcionamiento del sistema político y de sus principales instituciones.[586]

---

585 Gabriel L. Negretto, "Paradojas de la reforma constitucional en América Latina", *Journal of Democracy en Español*, vol. 1, núm. 1 (Pontificia Universidad Católica de Chile, Santiago de Chile, 2009), pp. 38-54.

586 Kevin Casas Zamora, "Cinco reflexiones sobre las reformas políticas en América Latina", en Kevin Casas Zamora, Raquel Chanto, Betilde Muñoz-Pogossian y Marian Vidaurri (eds.), *Reformas políticas en América Latina: tendencias y casos*, OEA Washington, 2015, p. 17.

Esta característica singular de la democracia latinoamericana durante las primeras tres décadas y media de La tercera ola contraría el supuesto de la estabilidad de los sistemas electorales.[587]

No cabe duda de que estos 38 años de transición y consolidación democrática serán recordados como el periodo en el que se registró el mayor número de cambios político-electorales e institucionales de la historia de América Latina –según Freidenberg y Došek, 250 aproximadamente–. Para estos autores:

> Aun cuando la evidencia empírica de los países occidentales demuestra que los sistemas electorales tienden a ser conservadores, muy estables y resistentes al cambio (Lijphart, 1995; Katz, 2005; Rahat, 2011; Norris, 2011), el ritmo reformista en América Latina ha sido mucho mayor. En algunos casos ha sido intenso e incluso contradictorio en el sentido de sus reformas; en otros ha sido lento y consistente en los objetivos y los resultados de las reformas. Esto significa que el ritmo de las reformas no ha sido homogéneo en los países de la región.[588]

---

587 Daniel Buquet, "Entre la legitimidad y la eficacia: reformas en los sistemas de elección presidencial en América Latina", *Revista Uruguaya de Ciencia Política*, vol. 16, núm. 1 (Instituto de Ciencia Política, Montevideo, 2007); Barbara Geddes, "Initiation of New Democratic Institutions. Eastern Europe and Latin America", en Arend Lijphart y Carlos H. Waisman (eds.), *Institutional Design in New Democracies: Eastern Europe and Latin America*, Westview Press, Boulder (CO), 1996, pp. 14-52.

588 Flavia Freidenberg y Tomás Došek, "Las reformas electorales...", art. *cit.*, 2015, p. 2. Estos autores distinguen tres grupos de países de acuerdo con su ritmo de reformas electorales: 1) sistemas políticos hiperactivos (los que registran más de 20 reformas durante el periodo 1978-2015); 2) sistemas políticos moderados (entre 6 y 19 reformas), y 3) sistemas pasivos (con 5 o menos reformas). Para Freidenberg y Došek "La región manifiesta una tendencia a un gran activismo reformista desde la independencia (Negretto, 2010, p. 199), a diferencia de otras regiones de democracias consolidadas que han tendido a la estabilidad de sus reglas electorales (Lijphart, 1995; Katz, 2005; Rahat, 2011; Norris, 2011)". A juicio de Freidenberg y Došek: "El nivel de activismo reformista no está asociado de manera clara al nivel de institucionalización de los partidos políticos en el sistema. Por un lado, algunos países con baja institucionalización de las organizaciones partidistas, como Perú y Ecuador (Jones, 2010), muestran un alto nivel reformista. A su vez, un país como Guatemala, con los partidos menos institucionalizados de

En efecto, un balance comparado regional entre 1978 y 2016, evidencia que la casi totalidad de los países latinoamericanos han adoptado nuevas Constituciones. Con excepción de unos pocos casos (Costa Rica, Uruguay y Panamá), la gran mayoría de los países adoptó al menos una nueva Constitución o llevó a cabo reformas numerosas y profundas (México) durante el tránsito democratizador, como consecuencia de tres causas principales: *1*) cambios del régimen político; *2*) crisis políticas, y *3*) cambios en las preferencias o distribución de poder entre los principales actores políticos.[589]

La naturaleza reformista del proceso se refleja con toda fuerza en los sucesivos cambios o intentos de cambio en las Constituciones, sobre todo, en las que buscaron reformar el régimen de gobierno hacia el parlamentarismo (Argentina, Bolivia y Brasil) o el presidencialismo de coalición (México) y en las que ellas mismas se consideraron fundadoras de toda una nueva concepción de derechos sociales y de una visión del Estado y de su relación con el mercado y con la sociedad (Venezuela, Ecuador y Bolivia).

En medio de este proceso, un caudal de cambios de distinto orden y profundidad –desde Argentina y Chile, pasando por Colombia, Paraguay, República Dominicana, México y Perú– han traído como resultado, un *aggiornamento*, es decir, una puesta al día de instituciones, reglas, mecanismos y procedimientos respetuosos de la práctica democrática.

La ola democratizadora ha sido, pues, un periodo fecundo de cambio político-electoral, y de creación e innovación constitucional e institucional. Paralelamente, este intenso proceso de reformas supuso nuevos marcos jurídicos sobre partidos políticos así como nuevas leyes sobre temas específicos, como el de la democracia interna o el del financiamiento; códigos electorales inaugurados y

---

la región (Jones, 2010), evidencia un reformismo limitado. Por otro lado, si bien Uruguay –con partidos políticos muy institucionalizados– tiene menores niveles de activismo reformista, México –con organizaciones partidistas bastante institucionalizadas (Jones 2010)– tiene niveles de reformismo tan altos como Perú, que es uno de los casos de hiperactivismo reformista (como México y Ecuador)".

589 Gabriel. L. Negretto, "Paradojas…", art. *cit.*, 2009, p. 39.

muchas veces reformados; surgimiento de nuevos organismos puestos a ordenar y vigilar la competencia política, a revisar las finanzas de los partidos o ampliar las garantías de los ciudadanos; nuevos procedimientos generales de elección –como la segunda vuelta, la reelección, las cuotas y leyes de paridad de género–; modificación en la naturaleza y tamaño de los Congresos, y la introducción de nuevas modalidades de relación entre los poderes Ejecutivo y Legislativo.

En palabras de Morlino, "Democratización significa reforma, un continuo de cambios en las reglas y en las instituciones [...] que ajustan y añaden nueva calidad a los procesos de la democracia misma".[590] No es el caso anglosajón, pero eso es justamente lo que ha ocurrido en América Latina: un trayecto reformista que aún no cesa y que, por el contrario, muestra un notable vigor y cambio en la naturaleza de su agenda al dar prioridad ya no tanto a las reglas electorales sino a las reglas de la gobernabilidad, en especial, a los temas de la transparencia, la rendición de cuentas y el Estado de derecho.

En resumen. Si bien este frenesí reformador ha provocado cierto nivel de estrés institucional (cambios demasiados frecuentes, en tiempos relativamente cortos, a los que no se permite madurar ni se da tiempo a los actores políticos ni a los ciudadanos para adaptarse a su comportamiento), no cabe duda de que a partir de esta rica experiencia de ensayo y error, la región cuenta hoy, por primera vez, con un importante arsenal conceptual y empírico, así como con una valiosa experiencia acumulada de la cual extraer lecciones útiles, teóricas y prácticas sobre los procesos de reforma político-electorales de y para la democracia latinoamericana.

B. *Transiciones dentro del presidencialismo*

Como analizamos en el capítulo II, América Latina lleva acumulados 38 años de vida democrática dentro del presidencialismo. En la práctica, el parlamentarismo no logró –o no ha logrado aún– ob-

---

590 Leonardo Morlino, *Democracias y democratizaciones*, Centro de Investigaciones Sociológicas, Madrid, 2009 (Colección Monografías, núm. 267).

tener apoyo suficiente para que se adopte como sistema de gobierno alternativo. Pese a la simpatía que suscitó el tránsito de un sistema presidencial a uno parlamentario entre amplios sectores académicos y de la sociedad civil, en estas tres décadas y media sólo pocos países consideraron seriamente las propuestas para modificar el diseño del régimen político: Argentina, Brasil y, hasta cierto punto, Bolivia.

No obstante la nutrida agenda de reformas constitucionales que tuvieron lugar, ninguno de nuestros países fue tan lejos como para modificar la estructura básica de su régimen presidencial. En contra de una importante línea del pensamiento académico –según la cual el presidencialismo no es recomendable, menos aún si se lo combina con sistemas electorales de representación proporcional y, peor aún, en el contexto de sistemas multipartidistas que caracterizan a la región–, ningún país abandonó el presidencialismo en favor del parlamentarismo o semipresidencialismo.[591]

---

591 Como señala Nohlen: "En América Latina, el presidencialismo es tradicionalmente el tipo de sistema político preferido. [...] En el transcurso de la redemocratización de los sistemas políticos de América Latina en los años 1980, se volvieron a reactivar en todos lados sistemas presidenciales, aunque en algunos países se han mostrado debilidades funcionales del presidencialismo en la época preautoritaria, y se han discutido vivamente alternativas de reforma. Se ha sostenido incluso que el derrumbe de las democracias en los años 1960 y 1970 tuvo su principal causa en el presidencialismo. Por lo tanto se ha recomendado urgentemente a los países latinoamericanos tras la democratización sustituir el presidencialismo por el parlamentarismo (véase la versión más acabada de esta cadena de argumentos en Linz, 1994). En contraste con esta postura, se ha negado que el presidencialismo hubiera tenido tanta importancia en el surgimiento de regímenes autoritarios" (Dieter Nohlen y Mario Fernández [eds.], *Presidencialismo versus parlamentarismo en América Latina*, Nueva Sociedad, Caracas, 1991). Además, se destacó el papel del presidencialismo en su dimensión histórica y sociológica, a partir de lo cual se explica el arraigo de este sistema de gobierno en América Latina. Según Jorge Lazarte (2005, pp. 33 y ss.), esta "otra línea de desarrollo en (la) materia –más atenta a la contextualidad del presidencialismo, a rastros históricos, a las pautas de cultura política y a ecuaciones a las políticas nacionales– ha sido encabezada por Dieter Nohlen". "El presidencialismo: análisis y diseños institucionales en su contex-

Por el contrario, en el marco de la administración de la crisis económica y la adopción de políticas de ajuste estructural, propias de los años ochenta y principios de los noventa, el presidencialismo se caracterizó por contar con un Poder Ejecutivo dotado de mucho poder que, en gran medida, predominaba sobre el Legislativo en el proceso de formulación de políticas. En efecto, varias de las reformas que analizamos en el capítulo II tuvieron como objetivo profundizar (y no debilitar) el presidencialismo, la concentración de poder (hiperpresidencialismo), y la permanencia en los cargos (vía reelección).

Ahora bien, no obstante, la persistencia y tradición del sistema presidencial en los sistemas político-constitucionales, su arraigo político y su funcionamiento continuo-incluso en duras condiciones-, es menester advertir que sería incorrecto hablar de un modelo único de presidencialismo latinoamericano.

En palabras de Nohlen, "El presidencialismo de unicidad regional latinoamericano no existe, ni como modelo ni como fenómeno real".[592] En estos años de transiciones, democratización y consolidación pluralista, en realidad han surgido los presidencialismos, es decir, distintas combinaciones y fórmulas que los 18 países en estudio han ensayado, con distinto éxito, para hacer que sus democracias sean gobernables y sustentables.

Tal vez sea posible que la historia política de América Latina se describa como un esfuerzo reformador del presidencialismo, un intento por modular la contradicción fundamental del régimen: la elección unipersonal del mandatario, independiente de la elección de los legisladores; la creación de dos poderes democráticos, divididos y constituidos en dos pistas separadas.[593]

---

to", *Revista de Derecho Público*, núm. 74 (Universidad de Chile, Santiago de Chile, 2011), p. 2.

592 *Ibídem*, "El presidencialismo...", art. *cit.,* p. 6.

593 Uno de los mejores balances de esta tensión histórica ha sido elaborado por Josep Colomer y Gabriel Negretto, "Gobernanza con poderes divididos en América Latina", *Política y Gobierno*, núm. 1 (CIDE, México, 2003).

En síntesis. En materia de régimen de gobierno, no ha habido cambios de fondo significativos, ya que todos los países de la región siguen siendo presidenciales, si bien con marcadas diferencias entre ellos. Ha habido, eso sí, modificaciones importantes en relación con el funcionamiento de hecho de los presidencialismos, como ocurre con los de coalición, o lo que otros expertos denominan "estilo parlamentarista de ejercer el presidencialismo".

Como bien ha expresado Chasquetti, los regímenes de gobierno problemáticos no son actualmente los presidencialismos a secas, sino los presidencialismos multipartidistas extremos (más de cuatro partidos) sin capacidad de formar coaliciones de gobierno. La experiencia comparada latinoamericana de los últimos años demuestra que:

> [...] la combinación de presidencialismo y multipartidismo es una mezcla político-institucional apta para la democracia, siempre y cuando los presidentes sean capaces de conformar coaliciones de gobierno de carácter mayoritario; los multipartidismos extremos y con alta polarización presentan mayores problemas de gobernabilidad, y los presidencialismos son aptos para la formación de coaliciones, si bien, estas presentan rasgos y características diferentes a las que tienen lugar en regímenes parlamentarios.[594]

Como se advierte, en el terreno conceptual y práctico ha sido y sigue siendo difícil demostrar que el presidencialismo supone mayor riesgo para una política democrática estable que el parlamentarismo contemporáneo. Pero ello no implica que, de cara a la compleja realidad latinoamericana, no se reconozca la necesidad de mejorar el déficit que aqueja, con distinta intensidad y por causas diversas, a los sistemas presidenciales en un buen número de países. Sin embargo, la respuesta a estas carencias no pasa necesariamente por un cambio de régimen ya que, como la experiencia lo demuestra, los cambios radicales son difíciles de llevar a cabo debido a los consensos que se requieren. Demanda, en cambio, un debate reno-

---

594 Daniel Chasquetti, "Democracia, multipartidismo y coaliciones en América Latina: evaluando la difícil combinación", en Jorge Lanzaro (comp.), *Tipos de presidencialismo y coaliciones políticas en América Latina*, Clacso, Buenos Aires, 2001.

vado en torno a la efectividad del régimen político, con el objetivo de responder adecuadamente a las nuevas realidades.

Consecuencia de todo ello, la reflexión en torno a esta cuestión se ha vuelto más compleja y sofisticada en estos últimos 38 años, alejándose de los términos en que se planteó la discusión en los años ochenta. En este sentido, existe un abanico de opciones que van desde un presidencialismo renovado (Nohlen, mediante ajustes funcionales graduales y progresivos), pasando por la parlamentarización del presidencialismo (Colomer), por fórmulas semipresidenciales, por el gobierno de Gabinete (Valadés) hasta el establecimiento de un régimen parlamentario propiamente dicho (Valenzuela y Linz).

Finalmente, cabe apuntar que uno de los retos más importantes (a la hora de encarar una reforma constitucional sobre este tema) reside en la necesidad de vacunar al sistema presidencial contra el autoritarismo constitucional, para lo cual, entre otros factores, resulta indispensable establecer un verdadero control parlamentario (que garantice el equilibrio entre los poderes del Estado y no tenga por objetivo principal la obstrucción gubernamental) y, conjuntamente, el control judicial de los actos administrativos y demás actos del Poder Ejecutivo.

En este sentido, lo que se requiere son controles políticos de origen parlamentario que, en palabras de Valadés, suponen la presencia de un sistema de partidos políticos responsable, con disciplina interna que propicie conductas cooperativas y fortalezca al sistema representativo. Para alcanzar estos objetivos se hace necesario contemplar los mecanismos que favorezcan la transparencia en cuanto a la estructura y el funcionamiento de los partidos, inhiban alianzas circunstanciales y contradictorias que desconciertan a los ciudadanos, además de regular fenómenos tan llamativos como el transfuguismo.[595]

---

595 Diego Valadés, *La parlamentarización de los sistemas presidenciales*, UNAM, México, 2007, p. 184.

En resumen: tres décadas y media después del inicio de La tercera ola democrática en la región, seguimos viviendo bajo la sombra de Linz, pues ningún país ha encontrado un diseño que resuelva de modo satisfactorio la difícil ecuación de la gobernabilidad democrática. No obstante, ello, cabe tener presente que, durante este periodo (pese a los pronósticos agoreros de muchos expertos), ningún país de América Latina ha regresado al autoritarismo de viejo cuño por efecto del régimen presidencial.

Las 18 salidas anticipadas de los presidentes que tuvieron lugar durante el periodo de esta investigación fueron reconducidas (como tuvimos ocasión de analizar en el capítulo II), en la gran mayoría de los casos, dentro de los procedimientos de sucesión establecidos en las respectivas constituciones políticas o mediante nuevas elecciones. El presidencialismo (con su diversidad) ha sido la nave constitucional que resistió las adversidades en todos los órdenes y en la que nuestra democratización pudo viajar y ser cultivada. Sin duda alguna, éste es uno de los acertijos fundamentales del futuro inmediato de la democracia latinoamericana.

C. *La atenuación, a medias, del hiperpresidencialismo*

Como hemos analizado, pese a los numerosos procesos de reforma política que se desarrollaron durante los 38 años que nos ocupan (para modificar el sistema electoral o la distribución de poderes entre las distintas ramas del gobierno), ningún país modificó la matriz básica del sistema presidencial.

Sin embargo, como consecuencia de estas numerosas reformas y del paso del tiempo, muchos sistemas presidenciales han sufrido una importante transformación tanto desde el punto de vista formal como desde su funcionamiento en la práctica. Por todo ello, y como señalamos en el punto anterior, el presidencialismo en la región no es uniforme ni tampoco el mismo con el que arrancaron las transiciones.[596]

---

596 En este mismo sentido se pronuncia Negretto. Gabriel Negretto, "Paradojas...", art. *cit.*, 2009, p. 312.

Al contrario, varios sistemas presidencialistas han recibido dosis diversas de parlamentarismo o de semipresidencialismo, fundamentalmente a través de cinco tipos de reformas:

➢ Buscar nuevas atribuciones del Poder Legislativo (moción de confianza; censura; informes; pregunta parlamentaria; interpelaciones e investigaciones);

➢ Buscar, correlativamente, nuevo equilibrio o acotamiento de las facultades del Presidente (legislativas, definición del presupuesto público, poder de veto; atribuciones en emergencias; expedición de decretos; mecanismos para emitir decretos-ley);

➢ Crear el cargo de jefe de Gabinete o alguna fórmula parecida, parcialmente responsable ante el Poder Legislativo;

➢ Permitir que el Congreso censure y destituya a los ministros del gabinete, y

➢ Facultar al presidente para que, en circunstancias excepcionales, disuelva el Congreso.

Las diversas combinaciones de éstas y otras medidas, hacen posible clasificar los sistemas presidenciales latinoamericanos contemporáneos, siguiendo a Carpizo[597] en este punto, en cuatro tipos:

➢ Presidencialismo puro;

➢ Presidencialismo predominante;

➢ Presidencialismo con matices parlamentarios, y

➢ Presidencialismo parlamentarizado.

Asimismo, es importante tener en cuenta la tendencia mayoritaria a la reducción del periodo del mandato presidencial en estas tres décadas y media. Este periodo varía entre cuatro y seis años para un promedio regional de 4.6 años. Sin embargo, como analizaremos más adelante, esta reducción debe analizarse junto a la tendencia favorable a la reelección que ha prevalecido en las últimas dos décadas.

---

597 Jorge Carpizo, *Concepto de democracia y sistema de gobierno en América Latina*, IIJ-UNAM, México, 2007.

En resumen, las transiciones democráticas han transformado moderadamente el presidencialismo histórico latinoamericano inyectándole, en dosis diversas, mecanismos y procedimientos de control parlamentario. El presidencialismo es el que ahora mismo muda por efecto de la lucha política, y su mutación se ha multiplicado en varias direcciones, como se ha analizado detalladamente en el capítulo II.

El nuevo protagonismo de los parlamentos (si bien sólo en algunos países) es, por su parte, un síntoma de ese cambio correlativo: mientras más importancia cobra la actividad en el Poder Legislativo y mientras se hace de más facultades y capacidades, el viejo presidencialismo –muy poderoso por vías de hecho o de derecho– se ha visto atenuado (si bien no en todos los países), dando paso a institucionalidades híbridas y a la necesidad de congresos mejor dotados, más competentes y capaces, sujetos a un contexto de rendición de cuentas mucho más riguroso.[598]

D. *La tensión irresuelta entre el Presidente y el Congreso*

Desde el punto de vista político e institucional, uno de los principales problemas de los presidencialismos latinoamericanos reside en la tensa y compleja relación entre el Presidente y el Congreso. La tensión se aloja en el corazón del sistema presidencial: por un lado, la necesidad de un Presidente fuerte pero acotado, capaz de tomar decisiones pero controlado; y, por el otro, un Congreso que canalice las demandas y necesidades de la ciudadanía, pero que sepa trascender los intereses de una clientela o de un sector; un Congreso que debata, evalúe y fiscalice sin entorpecer ni tratar de bloquear al gobierno.

Ésta es precisamente una de las ecuaciones políticas irresueltas de nuestra democratización. Como vimos en el punto anterior, una tendencia importante dirigida a reequilibrar esta compleja, difícil y,

---

598 Como sostiene Payne en una de sus principales conclusiones. J. Mark, "Sistemas de partidos y gobernabilidad democrática", en Payne, J. Mark, "Sistemas de partidos y gobernabilidad democrática", en J. Mark Payne, Daniel Zovatto G. y Mercedes Mateo Díaz (coords.), *La política importa. Democracia y desarrollo en América Latina*, BID-IDEA, Washington, 2006.

al mismo tiempo, vital relación entre el Ejecutivo y el Congreso, fue imponer controles o restringir el poder presidencial de emitir decretos, además de fortalecer las capacidades del Poder Legislativo mediante la modernización de sus sistemas de información y la profesionalización del personal de apoyo con que cuentan los congresos y las comisiones legislativas. Sin embargo, pese a estas reformas, y en términos de sus poderes constitucionales, la figura presidencial se mantiene relativamente poderosa en un número importante de países de la región.

En efecto, el estudio comparado de las reformas en este ámbito permite identificar diversas tendencias, algunas de ellas contradictorias entre sí. Para decirlo en palabras de Freidenberg y Došek:

> Mientras se busca una mayor inclusividad en el Ejecutivo, también se concentra el poder y se fortalece a los presidentes. Al mismo tiempo que se pretende una mayor representatividad en el Legislativo, se abren los candados de la competencia y se personaliza el poder. Por tanto, las reformas generan incentivos contradictorios para los actores políticos –élites y ciudadanos– que integran el sistema político. [599]

Hay que tener presente, asimismo, que la Constitución sólo equilibra parcialmente el poder del Ejecutivo y del Legislativo. En efecto, por una parte, la Ley Fundamental a menudo está sujeta a distintas interpretaciones y puede inclinarse a favor del Ejecutivo si éste tiene influencia sobre el Congreso, la Corte Suprema o la Asamblea Constituyente. Por otra parte, existe otra serie de factores que inciden en esta relación, entre ellos: la fragmentación del sistema de partidos, el grado de apoyo partidista con que cuenta el Presidente en el Congreso, la fuerza de la oposición y las condiciones socioeconómicas.

La fragmentación del sistema de partidos puede privar al mandatario de mayorías que le permitan trabajar en el Congreso lo cual debilita, a su vez, la capacidad de acción colectiva de los representantes legislativos. Los sistemas de partido concentrados aumentan las probabilidades de conformar gobiernos unipartidistas de mayor-

---

599 Flavia Freidenberg y Tomás Došek, "Las reformas electorales…", art. *cit.*, 2015.

ía absoluta y, en principio, fortalecen al Presidente en su relación con el Legislativo. Las crisis económicas o sociales también pueden ser utilizadas para legitimar la usurpación del poder por parte del mandatario, o la delegación de poderes por parte del Congreso (cada vez más común en varios países de la región), para dar mayor poder de decisión al Ejecutivo.

En síntesis, como demuestra la experiencia comparada, no son infrecuentes los episodios en que las relaciones entre Ejecutivo y Legislativo se complican a tal grado que el sistema se obstruye o simplemente se vuelve inoperante.[600] Evitar estos escenarios es una de las principales preocupaciones de la política y la ciencia política latinoamericana contemporánea. Y la solución clásica apunta a dos fórmulas: *1*) revisar la configuración del sistema electoral a fin de reducir el multipartidismo extremo, o bien, *2*) modificar la estructura fundamental del régimen político para pasar del sistema presidencialista a uno parlamentario o semipresidencialista.[601]

E. *La importancia del sistema electoral y las principales tendencias de su reforma*

Como analizamos en el capítulo III, existe un amplio consenso de que la escogencia de un sistema electoral constituye una de las decisiones más importantes para cualquier democracia por sus consecuencias políticas, especialmente por su impacto en el número de partidos, el incentivo o la inhibición al pluralismo y la composición de las asambleas y los gobiernos.

Debemos asimismo tener presente, que la elección de los sistemas electorales la hacen los partidos u organizaciones políticas ya existentes. En otras palabras, los sistemas electorales —como otras instituciones políticas— son también creaciones de los partidos, las

---

600 La grave crisis política en Brasil durante 2015 y 2016 es un buen ejemplo (si bien no el único) de esta problemática.

601 Uno de los textos que mejor sintetizan las fórmulas empleadas en América Latina para promover una "buena gobernanza" en los regímenes de separación de poderes es decir presidencialistas, es el de Josep Colomer y Gabriel Negretto, "Gobernanza...", art. *cit.,* 2003.

asambleas y los gobiernos previamente actuantes, cada uno de los cuales tiende a preferir aquellas fórmulas y procedimientos institucionales que consoliden, refuercen o aumenten su poder relativo.

Durante estos 38 años, los sistemas electorales han sido objeto de una profusa reforma, entre cuyas tendencias principales destacan las siguientes:

➢ En el nivel legislativo predomina la fórmula electoral de representación proporcional (en 14 de los 18 países) con listas cerradas y bloqueadas. Asimismo, la mayoría de los países cuentan con elecciones (presidenciales y legislativas) simultáneas o parcialmente simultáneas. En cuanto al tipo de fórmula electoral proporcional, en 10 países se utiliza la fórmula D'Hondt, la menos proporcional y que favorece de manera sistemática a los partidos más grandes.[602]

➢ En materia de participación política de las mujeres, el objetivo principal debe ser ir más allá del reconocimiento de una condición o situación jurídica presupuesta y objetivamente existente; es decir, la meta debe consistir en lograr la inclusión efectiva y en condiciones de paridad de las mujeres en un sistema político que aún les es hostil. Es indispensable, por tanto, reforzar los mecanismos e instrumentos electorales para una profundización de la democracia más incluyente y equitativa.

En cuanto a los resultados más importantes de las citadas reformas, apuntamos los siguientes:

➢ En la mayoría de los casos, las reformas han tendido a favorecer la representatividad en detrimento de la efectividad o gobernabilidad. Por lo tanto, si bien a comienzos del periodo estudiado los sistemas de partidos de América Latina estaban bastante fragmentados, las reformas a los sistemas electorales agravaron dicha fragmentación, trayendo como consecuencia, en varios países, problemas de gobernabilidad. Por consiguiente, la tendencia mayoritaria de las reformas no ha coincidido con la opinión generalizada de los estudios académicos sobre la necesidad de un sis-

---

602 A éstos pueden sumarse otros dos países con sistemas mixtos, que combinan la fórmula electoral D'Hondt con la de mayoría relativa: Bolivia (mixto proporcional) y Venezuela (mixto mayoritario).

tema de partidos más concentrado para que la democracia presidencialista funcione de manera más eficaz.

➢ Las reformas destinadas a aumentar el poder de decisión del electorado para votar a sus representantes tuvieron efectos modestos debido, entre otros varios factores, al gran número de partidos y candidatos por circunscripción que disputan cargos electivos y al nivel de información que ello exige a los ciudadanos, todo lo cual hace difícil que éstos (los ciudadanos) puedan ejercer una elección informada. Además, el debilitamiento de los partidos, fenómeno quizá acentuado en los sistemas de voto preferencial, socava la capacidad del electorado para indicar a las autoridades, mediante el voto, sus preferencias con respecto a asuntos políticos fundamentales y, sobre esa base, responsabilizar a los legisladores por su desempeño.

En resumen: si bien durante estas tres décadas y media se han adoptado numerosas reformas en los sistemas electorales de América Latina, la mayoría de ellas, no han aliviado de manera sustancial los problemas de gobernabilidad ni tampoco han reforzado la credibilidad en las instituciones representativas de la región.

F. *La segunda vuelta o balotaje en versión latinoamericana*

Como señalamos en el capítulo IV, el balotaje (*ballotage* o segunda vuelta) es una institución del derecho constitucional francés, reglamentado por vez primera en 1852 y recuperado de manera definitiva por la Constitución francesa de la V República. Una particularidad (de las varias que existen) de la reglamentación del balotaje en nuestra región consiste en que, a diferencia del modelo francés (que se utiliza para elegir tanto al Presidente como a los representantes en la Asamblea), en América Latina (salvo Haití) se lo utiliza únicamente para elegir al titular del Poder Ejecutivo.

Hasta 1978, el sistema de mayoría relativa era el que prevalecía para la elección del Presidente. Durante La tercera ola, la tendencia regional predominante para la elección del titular del Poder Ejecutivo ha sido sustituir el sistema de mayoría relativa con el balotaje o segunda vuelta. Entre 1978 y 2016 han tenido lugar más de 15 reformas a la fórmula de elección presidencial; como resultado de las mismas, siete países cambiaron la regla de mayoría relativa por la de mayoría absoluta o calificada, buscando con ello lograr una mayor inclusividad en la regla de elección presidencial. [603]

Como consecuencia de estas reformas, en la actualidad, 12 de los 18 países (además de Haití) reglamentan el balotaje en diversas modalidades. En ocho de los 12 casos, la mayoría que se exige es de 50% más uno de los votos. Costa Rica, en el otro extremo, exige un porcentaje inferior: 40% de los votos más uno. En Ecuador y Bolivia, 50% más uno, o bien 40% con una diferencia de más de 10 puntos, y en Argentina, 45% más uno, o bien 40% con una diferencia de más de 10 puntos.

Sólo un tercio de los países de la región (México, Honduras, Panamá, Paraguay y Venezuela) no la contemplan, y desde principios de 2014 tampoco lo hace Nicaragua, que decidió retornar el sistema de mayoría relativa. Este último país es el único que primero transitó del sistema de mayoría relativa al de mayoría absoluta o calificada para posteriormente regresar al de mayoría relativa.

Sobre las virtudes y falencias del balotaje hay un intenso debate en la región. Sus defensores argumentan que el sistema tiene dos objetivos principales: *1*) garantizar una alta legitimidad de origen del presidente electo, y *2*) fortalecer la gobernabilidad democrática, al promover la formación de coaliciones electorales entre la primera y la segunda vuelta, las cuales podrían transformarse más adelante en coaliciones de gobierno. Para sus detractores, en cambio, el balotaje en la práctica cumple difícilmente con estas supuestas virtudes. Señalan que la elevada legitimidad de origen del Presidente puede ser artificial e inestable.

Los detractores del balotaje aseguran que genera menores incentivos para el voto estratégico en la primera vuelta, lo cual favorece el incremento del número de partidos. Advierten, asimismo, acerca de la posibilidad de que, indirectamente, promueva problemas de gobernabilidad en lugar de resolverlos, ya que las elecciones legislativas y presidenciales no son técnicamente simultáneas; las primeras se definen en la primera ronda, lo que genera el riesgo de que el

---

603 *Idem.*

presidente electo en la segunda vuelta carezca de la mayoría del respaldo legislativo.

De las más de 130 elecciones presidenciales que tuvieron lugar entre 1978 y 2016, poco más de ochenta (80) se celebraron bajo el principio de balotaje, ya que la norma electoral contemplaba este mecanismo al llevarse a cabo la elección. Sin embargo, sólo en cuarenta y cinco (45) elecciones de las mencionadas hubo necesidad de recurrir al balotaje, las cuales tuvieron lugar en once (11) de los dieciocho(18) países; de éstas, en treinta y dos (32) casos triunfó en segunda vuelta quien había ganado en la primera; únicamente en doce (12) ocasiones de las cuarenta y cinco(45) con balotaje hubo reversión de resultado, y sólo en un caso (Argentina, 2003), quien quedó en primer lugar, el ex presidente Carlos Menem, no se presentó a la segunda vuelta y Néstor Kirchner fue designado Presidente de la República para el periodo 2003-2007.

Como podemos observar, el mecanismo de reversión de resultado es poco probable pero no imposible; en los últimos 38 años ha tenido lugar 12 veces, a saber: una en Guatemala (1991), República Dominicana (1996), Uruguay (1999) y Argentina (2015); dos en Colombia (1998 y 2014), tres en Ecuador (1984, 1996 y 2006) y en Perú (1990, 2006 y 2016). De estos datos se desprende que los países de la región Andina (Ecuador, Colombia y Perú) concentran hasta ahora la gran mayoría de los casos de reversión de resultado.

G. *La reelección dejó de ser tabú*

En los últimos 20 años, América Latina pasó de ser una región de fuerte convicción antirreeleccionista a ser claramente pro reeleccionista. La reelección está permitida actualmente en 14 de 18 países, y sólo cuatro la prohíben de manera absoluta: Guatemala, México, Paraguay y, a partir de 2015, Colombia. La normativa presenta, sin embargo, variaciones importantes.

En Venezuela, Nicaragua[604] y Ecuador se autoriza la reelección indefinida. En cuatro países (Argentina, Bolivia, Brasil y Honduras) la reelección consecutiva está permitida, pero no de manera indefinida. En otros siete casos sólo es posible después de haber transcurrido al menos un mandato presidencial (Costa Rica, Chile, El Salvador, Panamá, Perú, República Dominicana y Uruguay). Como vemos, la reelección dejó de ser un tabú político en la región.

En línea con el creciente fenómeno de la personalización de la política, las reformas en favor de la reelección, sobre todo en su modalidad consecutiva, tuvieron nombre y apellido; se llevaron a cabo durante la presidencia de los mandatarios que querían reelegirse y lograron su objetivo,[605] salvo en República Dominicana con el presidente Hipólito Mejía. Una mirada al mapa político latinoamericano nos muestra una ola reeleccionista y una obsesión personalista por el poder que resulta perjudicial para una región caracterizada por la debilidad institucional, la creciente personalización de la política y el hiperpresidencialismo.

Como tuvimos ocasión de analizar, también en el capítulo IV, el tema de la reelección sigue muy presente en la agenda política regional. De hecho, el periodo 2013-2016 ha sido semillero de noticias en relación con esta cuestión. En República Dominicana, la reforma de julio de 2015, reimplantó la reelección inmediata que había sido sustituida por la reelección alterna en la Constitución Política de 2010. Otros dos países se han movido en "direcciones extremas". Por un lado, Nicaragua eliminó del texto constitucional cualquier impedimento a la reelección, por lo cual, como ya señalamos, ahora está permitida de manera indefinida; por otro lado, en

---

604 Una polémica sentencia de la Corte Suprema de Nicaragua, de octubre de 2010, habilitó al presidente Ortega a presentarse a la reelección consecutiva en las elecciones de noviembre de 2011.

605 Como bien señala Buquet, "todas las reformas que introdujeron la reelección presidencial inmediata fueron promovidas por coaliciones ascendentes construidas en torno de un líder carismático (Fujimori, Cardoso, Menem, Chávez, Uribe) que resultó reelecto en todos los casos. Daniel Buquet, "Entre la legitimidad y la eficacia: reformas en los sistemas de elección presidencial en América Latina", *Revista Uruguaya de Ciencia Política*, vol. 16, núm. 1 (Instituto de Ciencia Política, Montevideo, 2007, p. 47).

junio de 2015, Colombia aprobó una reforma que prohibió la reelección presidencial, tras una década de su adopción.

Por su parte, en Honduras, el 22 de abril de 2015, la Corte Suprema declaró inaplicables los artículos de la Constitución Política que prohibían la reelección presidencial y que además sancionaban al funcionario público y a cualquier otro ciudadano que propusiera o apoyara su reforma por ser artículos de carácter irreformable. En el caso de Ecuador, en 2015 fue aprobada la reforma impulsada por el presidente Correa para pasar de la elección consecutiva a la indefinida.

Por su parte, en Bolivia, la Asamblea Legislativa reformó (con mayoría de dos tercios) parcialmente la Constitución Política, autorizando a Morales a postularse una vez más a la Presidencia en 2019 (periodo 2020-2025), y fijó como fecha del referéndum popular, para validar o rechazar esta reforma, el 21 de febrero de 2016. El citado referendo tuvo lugar en la fecha indicada y la propuesta favorable a la reelección del Presidente Morales fue derrotada.

Como se observa, la ola reeleccionista sigue con mucha fuerza en la región. En nuestra opinión –como ya tuvimos ocasión de pronunciarnos en el mismo capítulo IV– algo anda muy mal en una democracia cuando un Presidente se considera tan indispensable como para cambiar la Constitución con el objetivo de continuar en el poder. En efecto, el fortalecimiento y la consolidación de las democracias en América Latina no se conseguirá a través de líderes carismáticos y providenciales, sino por la calidad de las instituciones, la madurez de los ciudadanos y una cultura cívica sólida. Para decirlo en palabras de Enrique Krauze:

> El siglo XIX latinoamericano fue el del caudillismo militarista. El siglo XX sufrió el redentorismo iluminado. Ambos siglos padecieron a los hombres "necesarios". Tal vez en el siglo XXI despunte un amanecer distinto, un amanecer plenamente democrático donde no haya hombres 'necesarios', donde los únicos necesarios seamos los ciudadanos actuando libremente en el marco de las leyes y las instituciones.[606]

---

606 Enrique Krauze, "Un amanecer distinto para Venezuela", *El País,* Opinión, 7 de marzo de 2013.

H. *Importancia y paradoja de los partidos políticos*

En América Latina, los partidos han asumido un rango constitucional que, en diversas formas y medidas, los define, los protege y los fortalece jurídicamente. La gran mayoría de los países ha instaurado legislaciones que pueden catalogarse "de alta intensidad", es decir, abarcadoras y desarrolladas en los ámbitos más diversos de la vida de los partidos políticos.

En todos los casos, las constituciones y las legislaciones han conferido a los partidos el papel de sujetos privilegiados de la representación política y de la participación popular (y en numerosos países se les ha dado incluso el monopolio de la representación política), además de ser depositarios –bajo fórmulas diversas– de financiamiento y prerrogativas estatales.[607]

En este sentido, la propia realidad ha superado una discusión política e intelectual que se inició con La tercera ola, a saber: si el derecho debía o no regular de manera detallada a los partidos políticos.[608] En efecto, durante el periodo que nos ocupa, la regulación jurídica de las organizaciones políticas no ha hecho sino ampliarse y multiplicarse hasta generar "una de las estructuras legales más frondosas para los partidos políticos en las democracias del mundo occidental".[609]

De esa manera, la región ha encarado el reto de "racionalizar efectivamente esta parcela de la realidad política, introduciendo en ella los parámetros del Estado de derecho",[610] dotando de coherencia a cuatro factores clave para la existencia y el funcionamiento de los partidos:

> ➤ La reafirmación de la democracia representativa; ideología democrática; La organización y democracia interna, y el financiamiento de los partidos.

---

607 Daniel Zovatto G. (coord.), *Regulación jurídica de los partidos políticos en América Latina*, UNAM-IDEA, 2006, pp. 8-19.

608 Pedro de Vega, *Teoría y práctica de los partidos políticos,* Cuadernos para el Diálogo, Madrid, 1977, pp. 21-23.

609 *Ibídem*, p. 35.

610 Raúl Morodo y Pablo Lucas Murillo de la Cueva, *El ordenamiento constitucional de los partidos políticos*, UNAM, México, 2001, p. 58.

En efecto, al amparo de ese edificio normativo, se consolidó uno de los hechos clave de la democratización: la centralidad de los partidos políticos –pese a la crisis de credibilidad que éstos sufren en un elevado número de países– para articular la vida política, convirtiendo a las democracias latinoamericanas en un "Estado de partidos".

Esta evolución entraña, empero, una doble paradoja: si bien la llegada de La tercera ola llegó acompañada de un resurgimiento y un protagonismo casi monopólico de los partidos políticos, curiosamente, y al mismo tiempo, con el paso del tiempo ha ido mermando su legitimidad y credibilidad.

Las mediciones sistemáticas hechas por Latinobarómetro y LAPOP arrojan una evidencia confirmada y continuada por más de una década: mientras se fortalece la confianza pública en la democracia como sistema y se validan las elecciones como el mecanismo de conformación de gobierno y representación, se debilita al mismo tiempo la confianza en los partidos y en los congresos habitados por ellos, lo que constituye "uno de los principales talones de Aquiles de la democracia representativa en América Latina".[611]

A esta primera paradoja se suma una segunda, que parece dar cuenta de la maduración democrática de la región: no obstante toda esa carga crítica y la elevada desconfianza que existe en relación con los partidos, los mismos datos de las encuestas citadas confirman que los partidos políticos son percibidos como instituciones imprescindibles para el funcionamiento político de las democracias representativas.

En efecto, en casi todos los países de la región, a pesar de la crisis de legitimidad y credibilidad que atraviesan estas instituciones, se consolida una tendencia –de varios años– que proyecta la imagen de un típico ciudadano desconfiado y crítico de los partidos, pero consciente del papel insustituible que éstos desempeñan en el equilibrio social. A todas luces, este fenómeno informa de la existencia de una conciencia cívica y democrática más sofisticada; otro fruto maduro –de raíz cultural– de La tercera ola.

---

611 Latinobarómetro 2008. Santiago de Chile, en: http://www.latinobarometro.org/docs/INFORME_LATINOBAROMETRO_2008.pdf.

Por ello la importancia y urgencia de pasar, como aconseja Mustapic, del "malestar con los partidos a la renovación de los partidos",[612] ya que, para lograr la consolidación de la democracia, el crecimiento económico y el desarrollo, importa, y mucho, la calidad de las instituciones y de la política –como lo señalamos en la introducción–. Y no es posible tener instituciones y política de mejor calidad si no fortalecemos, democratizamos, profesionalizamos, modernizamos e institucionalizamos los partidos. Estas acciones son, asimismo, de vital importancia para lograr que se constituyan en remedios efectivos contra el populismo y el personalismo.

En efecto, nada contribuye tanto a la credibilidad y a la consolidación de la democracia como el prestigio y la institucionalización de un sistema de partidos; y a la inversa, nada erosiona más la vida democrática como el desprestigio y la parálisis de los partidos y su incapacidad para ofrecer respuestas eficaces a las demandas de la ciudadanía. Por ello, como bien recomienda Ludolfo Paramio, "[…] una reforma prioritaria debería ser la reforma de los partidos, para hacerlos más responsables y menos tentados de sacrificarlo todo a la rentabilidad electoral inmediata".[613]

Ciertamente, como se señala en *La democracia en América Latina* (PNUD) los partidos no pasan por su mejor momento en ningún lugar del mundo pero, por mucho que se potencie la participación ciudadana y la movilización de la sociedad, sin partidos serios y

---

612   Según Mustapic, "los resultados de las numerosas reformas políticas dirigidas a fortalecer los lazos entre los partidos y los ciudadanos, sea ampliando los espacios de la democracia electiva, sea creando nuevos ámbitos de participación, no produjeron los resultados esperados. La proliferación de instancias electivas, ya sea porque se crearon nuevas geografías políticas con los procesos de descentralización, ya sea porque se amplió la oferta de candidatos, o porque los partidos mismos abrieron sus puertas a los ciudadanos, hicieron más difícil e impredecible la actividad de los partidos", Ana Maria Mustapic, "Del malestar con los partidos a la renovación de los partidos", IFCH, São Paulo, 2007, pp. 23-24.

613   Ludolfo Paramio, "Reforma del Estado y reforma política", Ponencia introductoria de la VI Conferencia Iberoamericana de Ministros de Administración Pública y Reforma del Estado, San José, Costa Rica, 8 y 9 de julio de 2004, pp. 19-20.

confiables es difícil imaginar que se puedan formar gobiernos eficientes. En particular, no tiene demasiado sentido tratar de erradicar la corrupción de los gobiernos si no se buscan mecanismos que desincentiven las formas ilegales de financiación política. Desgraciadamente, no se puede esperar a contar con una nueva clase política y con partidos responsables y honestos para intentar plantear una nueva agenda democrática. Tampoco es posible postergar la respuesta a demandas sociales o a reformas de Estado hasta el momento en que se garantice la financiación de los gobiernos y la estabilidad financiera de los países. Ésta es la complejidad del desafío que tenemos por delante: "Hay que reconstruir el barco en alta mar".[614]

En síntesis, los problemas que hoy padece la región se deben, en gran parte, al fracaso de los partidos en su papel político dentro del sistema. Poco se puede avanzar si no se cuenta con partidos cuya organización, programas y hábitos no sean los adecuados para las necesidades de las nuevas democracias y de una nueva ciudadanía que no sólo está más informada, sino que también es más exigente en cuanto a sus derechos. El rezago que existe en torno a los partidos, y el consiguiente descontento de la población con su desempeño, constituye un aspecto medular en el proceso de reforma que debe emprender la región. Éste es, en mi opinión, una de las la prioridades más importantes de la agenda democrática de los próximos años.

I. *Los límites de la ingeniería política para reformar los partidos políticos*

La noción de la importancia de las instituciones políticas y la necesidad de contar con liderazgos responsables para mejorar la calidad de la democracia es ampliamente compartida por los propios líderes políticos, como consta en el Informe del PNUD sobre *La democracia en América Latina*. Existe una fuerte autocrítica de parte de la clase política latinoamericana sobre la crisis que atraviesan los partidos, así como un consenso bastante generalizado de que hay que encontrar las soluciones a los problemas de la democracia dentro de la política y dentro de la democracia.

---

614 *Idem.*

Sin embargo, en la doctrina no hay consenso respecto de la capacidad de la ingeniería política para reformar los partidos. Existen opiniones para todos los gustos, desde los escépticos hasta los optimistas, que consideran que mediante la reingeniería política, las reformas jurídicas y el cambio en el comportamiento de las élites es posible mejorar su desempeño y fortalecer sus niveles de legitimidad.

Linz –quien describe a los partidos como necesarios pero no creíbles, particularistas e idénticos a la vez, interesados en opiniones o en votos, representativos de intereses o de intereses especiales y corruptos– duda acerca de la posibilidad de que la imagen de los políticos y de los partidos pueda ser mejorada sustancialmente mediante reformas políticas, ya que algunos de sus principales problemas son inherentes a su naturaleza y, por lo tanto, difícil, si no imposible, de corregir mediante la ingeniería institucional. Janda, por su parte, señala que debemos tener presente las limitaciones de la teoría empírica a la hora de predecir la manera en que la regulación de los partidos afectará su funcionamiento y el de sus sistemas.[615]

Por último, una revisión de los procesos llevados a cabo en el terreno de la ingeniería política de los sistemas de partidos evidencia que no se trata de instituciones fácilmente maleables que puedan ser modificadas igual que otras partes del sistema político. Sin embargo, existen normas relativas a los partidos que, si se incorporan en la legislación electoral, pueden elevar el contexto de exigencia hacia estas organizaciones.

Entre estas normas cabe mencionar las siguientes: la rendición de cuentas, la transparencia –tanto en general como en relación con el financiamiento político– y las fórmulas de elección democrática de candidatos y dirigentes. En consecuencia, si bien no deben abandonarse los intentos de promover la democracia a través de la reforma a los partidos, esta cuestión exige un abordaje cuidadoso, práctico y, sobre todo, realista.

---

615 Kenneth Janda, *Political Parties and Democracy in Theoretical and Practical Perspectives: Adopting Party Law*, National Democratic Institute for International Affairs, Washington, 2005.

J. La pérdida del monopolio de los partidos mediante candidaturas independientes

La crisis que afecta a los partidos y, en consecuencia, la búsqueda por parte de los ciudadanos de otras alternativas para canalizar sus intereses, ha motivado el surgimiento de candidaturas y movimientos políticos independientes. Más de la mitad de los países ya las regulan en el nivel presidencial. La aparición de estas nuevas instancias de representación ha tenido sus efectos en la vida jurídica de los Estados y de los partidos, por lo que las legislaciones han debido adaptarse para regular su participación en la vida política.

Como se analizó en el capítulo V, este tema es actualmente objeto de un amplio debate debido a que el monopolio de los partidos está siendo desafiado por la presencia creciente de este tipo de organizaciones, muchas veces carentes de la estructura necesaria para orquestar y poner en práctica un buen programa de gobierno. Sin embargo, la experiencia comparada evidencia que, en varios países de la región, estas nuevas formas de representación política cuentan con el apoyo de importantes sectores de la ciudadanía.

Como bien apuntan Freidenberg y Došek:

> Esta tendencia hacia la personalización del vínculo entre políticos y electores se potencia por el esfuerzo realizado por las élites de algunos sistemas políticos para desmantelar el monopolio de la representación de los partidos en la definición de las candidaturas tanto legislativas como presidenciales. A nivel presidencial, nueve países (Bolivia, Chile, Colombia, Ecuador, Honduras, Paraguay, República Dominicana, Venezuela y México) reformaron sus legislaciones para permitir las candidaturas independientes en el régimen político electoral, con lo cual se busca satisfacer la presión de la opinión pública que exige una mayor legitimidad del sistema político.[616]

Sin embargo, las escasas experiencias que han tenido lugar en el nivel presidencial durante estos 38 años arrojan resultados mayoritariamente negativos desde el punto de vista del fortalecimiento de la institucionalidad democrática.

---

616 Flavia Freidenberg y Tomás Došek, "Las reformas electorales..." art. *cit.*, 2015.

K. *El aumento del transfuguismo*

El transfuguismo constituye uno de los problemas más graves que afecta actualmente a los partidos políticos y los principios de representación y gobernabilidad del sistema democrático. En el centro de la discusión se encuentra el tema de la titularidad, personal o no, del escaño. En América Latina, si bien el fenómeno ha generado iniciativas para tratar de evitar este tipo de prácticas políticas, lo cierto es que la mayoría de ellas aún no se ha cristalizado en reformas exitosas.

En efecto, un análisis de la situación latinoamericana muestra que, salvo contadas excepciones, las reformas destinadas a evitar esta grave patología han sido inexistentes o ineficaces. Constituye, por lo tanto, uno de los temas pendientes y prioritarios del proceso de reforma electoral latinoamericano del futuro inmediato.

L. *Dinero y política*

Como hemos analizado en el capítulo VI, la relación entre el dinero y la política se ha convertido en uno de los grandes problemas de los gobiernos democráticos, por lo que no es posible una vida política saludable en tanto el uso del dinero carezca de controles efectivos. Durante el periodo que nos ocupa, la expansión de la democracia, la creciente complejidad de los procesos electorales y la conciencia de los riesgos que la corrupción y la penetración del narco dinero y del crimen organizado suponen para la viabilidad de los sistemas democráticos, han situado al financiamiento de la actividad política en el centro de la discusión pública en América Latina. De ahí que, lejos de ser un tema aislado, el financiamiento de la política recorre actualmente la columna vertebral de los sistemas democráticos de la región.

En efecto, más allá de la evidente dimensión económica involucrada –que obliga a mantener límites razonables al gasto electoral y a hacer un uso racional de los recursos–, sus consecuencias e implicaciones se extienden a otros ámbitos de la competencia democrática y del ejercicio del poder: la autonomía del poder político respecto del poder económico y los grupos de interés; el ingreso de dinero proveniente del crimen organizado y de los cárteles de la droga a la política; la equidad en las condiciones de competencia –incluido el acceso a los medios de comunicación, sobre todo a la televisión–; las oportunidades para nuevos partidos y fuerzas políticas; el grado en que la diversidad política encuentra un cauce en el sistema partidario, y la cercanía entre partidos y candidatos y los electores. Todos ellos se encuentran en conexión directa con la forma en que se financia a los partidos y se mantiene en funcionamiento el sistema electoral.

Para decirlo de manera directa: aunque la democracia como método no tiene precio, sí tiene un costo de financiamiento que hay que solventar; el uso de recursos económicos es un elemento imprescindible para la competencia democrática. Más que una patología de la democracia –como frecuentemente se la presenta en la discusión pública–, el financiamiento político es parte de la normalidad y la salud de la democracia. Es innegable, sin embargo, que el dinero es capaz de introducir distorsiones significativas en el proceso democrático. Como bien apunta Woldenberg "No hay política sin dinero, pero el dinero desbordado puede erosionar la política democrática".[617] De ahí la importancia de que, en vez de demonizar al dinero ("la leche materna" de la política),[618] se establezca un marco regulatorio que garantice niveles adecuados de transparencia y equidad, todo ello acompañado de órganos de control y un régimen de sanciones que permitan al sistema democrático controlar el dinero, y no a la inversa.

En resumen: el financiamiento de los partidos políticos y de las campañas electorales es un tema complejo, controvertido e irresuelto, para el cual no existen panaceas ni fórmulas mágicas, y cuyo perfeccionamiento se alcanza por aproximaciones graduales y sucesivas más que por amplias y muy ambiciosas iniciativas de reforma. Durante las últimas tres décadas y media se han logrado avances importantes en esta materia, si bien con importantes variaciones

---

617 José Woldenberg, "Prólogo", en Kevin Casas y Daniel Zovatto, *El costo de la democracia: ensayos sobre el financiamiento político en América Latina*, IIJ-UNAM, OEA e IDEA Internacional, México, 2015, p. xi.

618 *Ibídem*, "Para llegar a tiempo. Apuntes sobre la regulación del financiamiento político en América Latina", *Nueva Sociedad*, núm. 225 (Fundación Friedrich Ebert, Nueva York, 2010), pp. 49-67.

entre los distintos países. Después de haber estado prácticamente ausente en la agenda política regional –durante los primeros años de La tercera ola–, el financiamiento de la política ha venido ocupando un lugar cada vez más central en la agenda política latinoamericana, dando lugar a numerosas e importantes reformas, constituyéndose de este modo en un asunto no sólo técnico sino esencialmente político, que es fundamental para la calidad y el buen funcionamiento de la democracia.

Como señalamos en el capítulo VI, y reiteramos ahora, un buen sistema de financiamiento debe garantizar una competencia política abierta, libre y equitativa; niveles adecuados de transparencia –sobre el origen y destino de los recursos–, y contribuir a fortalecer la confianza pública en los partidos, la política y la democracia. En este sentido, un sistema mixto –dotado de recursos adecuados, públicos y privados–, con divulgación y transparencia plena, todo ello seguido de un órgano de control competente y autónomo, y respaldado por un régimen eficaz de sanciones, son requisitos esenciales para el éxito de una reforma en esta materia.

M. *Invención institucional: las autoridades electorales*

Como analizamos detalladamente en el capítulo VII, nuestra democratización exigió un árbitro competente, imparcial y veraz, un basamento de reglas, instituciones y personalidades capaces de organizar los comicios y de dictar un veredicto creíble en torno al vencedor de las elecciones recurrentes. Nada podría comprenderse del periodo que se analiza en esta investigación, si no se distingue esta asignatura, cuyo peso fue mucho mayor en la transición latinoamericana al compararla con otras transiciones.

El tipo de problemas que la democratización tuvo que resolver en América Latina empezó allí, desde lo básico, fortificando instituciones o creando nuevas. Se trataba de resolver uno de los déficits más viejos de la convivencia social y política: el fraude electoral, la recurrente y catastrófica ilegalidad, la ilegitimidad y la impugnación en los comicios que arrastraba la situación social y política a un conflicto permanente incapaz de hacer madurar la vida democrática, ya no se diga la estabilidad política o el desarrollo económico.

Estos 38 años han significado el tiempo de una invención institucional especial. América Latina debía crear o reformar órganos y mecanismos para contar con arbitrajes confiables en sus elecciones, y desde las historias particulares ensayó fórmulas variadas que acabaron confluyendo en una tradición propia: la de enclavar a los organismos electorales en el texto de las leyes fundamentales para dotarlos de una fortaleza e independencia que nunca tuvieron.

Como resultado de este proceso, en los 18 países, según el caso, se organizaron desde cero o se rehabilitaron organismos especializados en materia electoral; se los reformó y modernizó, se reforzó su presencia y capacidad, erigiéndolos en organismos constitucionales; se volvieron permanentes y, al final, ante la complejidad e intensidad de la competencia partidista, sus funciones se expandieron y multiplicaron, desarrollando un vasto corpus jurídico e institucional original, singular de América Latina. Las funciones clásicas fueron ampliadas hacia otras nuevas, inimaginables en el comienzo de las transiciones democráticas: emitir los documentos de identificación válidos para ejercer el voto a todos los ciudadanos; fiscalizar las finanzas de los partidos; intervenir en las decisiones internas de los partidos, e incluso regular los espacios en radio y televisión para las campañas electorales. Puede decirse que la existencia de los organismos electorales, su reconocimiento en el ámbito constitucional, su autonomía, su fortalecimiento y legitimidad institucional, y la expansión de sus funciones representan uno de los rasgos más distintivos de la "innovación" institucional que tuvo lugar durante La tercera ola, a la vez que constituye una de las principales garantías de la consolidación de las democracias en la región.

En efecto, la presencia de organismos electorales "profesionales, competentes e independientes", como se señala en el *Informe de la Comisión Global*, es asimismo *conditio sine quanon* para garantizar la celebración de elecciones con integridad, las cuales son cruciales para la legitimidad y calidad del sistema democrático. Su integridad no sólo promueve los valores democráticos y los derechos humanos, sino también contribuye a mejorar la gobernabilidad, a combatir la corrupción, a empoderar a grupos minoritarios y a asegurar la entrega de servicios públicos de calidad a toda la ciudadanía.[619]

N. *Sin democracia representativa sólida no hay democracia directa genuina*

Uno de los desenlaces inevitables del desarrollo democrático es la constitución de partidos políticos y, con ellos, la elección de legisladores y el funcionamiento del Congreso representativo. En la misma medida en que esos mecanismos se normalizan y se vuelven rutina estable, se abre una brecha, una desconfianza vaga y amplia que acusa a los operadores políticos de encerrarse progresivamente en sus esferas de decisión y volverse cada vez más indiferentes a la "voluntad de la gente".

Como bien ha señalado Rosanvallon:

> Desde su génesis, el ideal democrático ha crecido sobre una paradójica dualidad: libertades, voto del pueblo, representación efectiva, al lado de la suspicacia, de la dolorosa experiencia de la corrupción, del riesgo que supone delegar las funciones en un representante, al que siempre se le pueden imponer intereses particulares por sobre los de la mayoría.[620]

Esta desconfianza a la representación política, que habita en el alma convulsa de la democracia, pervive hasta nuestros días y conforma un abanico de alegatos y dispositivos de control, de interven-

---

619 Según el *Informe de la Comisión Global del año 2012*: "Para que las elecciones sean democráticas, fomenten el desarrollo y promuevan la seguridad, deben celebrarse con integridad"; es decir, deben ser elecciones basadas en los principios democráticos del sufragio universal y la igualdad política, y que den respuesta a cinco cuestiones principales: *i)* vigencia de un Estado de derecho; *ii)* organismos electorales profesionales, competentes e independientes; *iii)* garantizar una competencia multipartidista en condiciones de libertad y equidad; *iv)* promover una participación política amplia e inclusiva, y *v)* regular el financiamiento político de forma adecuada.

620 Dudas y paradojas que fueron plasmadas desde 1649, en el "Acuerdo del Pueblo", en Londres, que como se sabe es uno de los documentos programáticos centrales de la revolución inglesa. Véase, Pierre Rosanvallon, *La contra democracia: la política en la era de la desconfianza*, Manantial, Buenos Aires, 2007.

ción y de implicación en el gobierno y las decisiones públicas, paralelamente a los mecanismos constitucionales clásicos. Y la regulación creciente de los mecanismos de democracia directa, como tuvimos ocasión de analizar en el capítulo VIII, ha sido una de las respuestas más importantes para hacer frente a la desconfianza democrática y a la crisis de la democracia representativa.[621]

En síntesis, la experiencia del ejercicio de los mecanismos de democracia directa en América Latina arroja resultados mixtos: desde constituir un vehículo genuino para la inauguración democrática y su profundización; pasando por ser un instrumento utilizado por los gobiernos para aprobar reformas constitucionales y leyes, para sortear los vetos parlamentarios y evadir los controles de las instituciones republicanas, hasta constituir un mecanismo de los ciudadanos para expresar su inconformidad con el gobierno en turno o con ciertas políticas.

En palabras de Lissidini,[622] el ejercicio de la democracia directa entraña oportunidades y peligros.[623] Entre las primeras cabe señalar

---

621 Para Nohlen, "[…] en América Latina el propósito de fortalecer la democracia a través de la introducción de mecanismos de democracia directa surgió con mayor fuerza en la medida en que los canales de representación entraban o eran considerados en crisis". Dieter Nohlen, *Ciencia política y democracia en su contexto,* Tribunal Contencioso Electoral, Quito, 2010, p. 25.

622 Alicia Lissidini, *Democracia directa en Latinoamérica: entre la delegación y la participación,* Clacso, Buenos Aires, 2011, p. 87. Disponible, también, en: http://bibliotecavirtual.clacso.org.ar/ar/libros/becas/lisidini/lisidini.pdf. Según Lissidini, las recientes reformas constitucionales en Ecuador (2008) y Bolivia (2009) ampliaron tanto la democracia directa como la democracia participativa, lo cual confirma la tendencia y plantea nuevas interrogantes sobre el papel que tendrán estos mecanismos tanto en la estabilidad como en la profundidad de la democracia en ambos países. Y dentro de esta línea de pensamiento, se pregunta: ¿contribuirán a la pacificación o exacerbarán las diferencias? ¿promoverá la participación y el involucramiento de los ciudadanos o aumentará el poder de los presidentes a costa de los mecanismos de representación?, ¿lograrán mejorar la calidad de la democracia?.

623 Numerosos autores han observado con desconfianza los mecanismos de democracia directa. Así, por ejemplo, para Georges Burdeau "a través de la consulta popular se pide al pueblo que diga qué quiere, pero en realidad lo

lo siguiente: incentivar la participación; promover la cultura de involucramiento de la ciudadanía en los asuntos de interés público; controlar y transparentar la política y, en particular, dinamizar a los partidos a través de una mayor participación ciudadana. Respecto de los segundos, el peligro que presenta mayor gravedad es la potencial utilización de estos mecanismos de parte de los Ejecutivos y, sobre todo, en contextos de baja institucionalidad, lo cual puede acarrear un aumento de la delegación y del verticalismo presidencial y el consiguiente debilitamiento de la democracia.

En efecto, la democracia directa "puede contribuir a transformar la democracia, como proponen Cain, Dalton y Scarrow,[624] democratizando la agenda política y promoviendo la participación ciudadana, pero también puede fomentar un aumento del poder y de la discrecionalidad del Ejecutivo en detrimento de otros mecanismos de intermediación y representación, y por lo tanto promover una democracia de tipo delegativa (en el sentido que le da O'Donnell).[625]

Para evaluar sus efectos debe entonces considerarse: el diseño legal de los mecanismos; las características de los actores que lo ejercen, y el contexto social y político en el que éstos tienen lugar. Por ello, la conclusión más importante que se desprende de nuestro análisis es que, lejos de contraponérsele, la democracia directa tiene como precondición una democracia representativa fuerte, porque sus premisas lógicas constituyen la existencia de un Estado de-

---

que se espera y lo que resulta es la confirmación de la propia voluntad del líder". Para Max Weber, el plebiscito es "el instrumento específicamente cesarista [calificando] a la democracia plebiscitaria como la ideología de la dictadura contemporánea". Véase Dieter Nohlen, *Ciencia política y democracia..., op. cit.,* 2010, pp. 25-27.

624 Bruce Cain, Russell Dalton y Susan Scarrow, *Democracy Transformed?: Expanding Political opportunities in Advanced Industrial Democracies,* Universidad de California, Los Ángeles, 2003.

625 Guillermo O'Donnell, "Delegative Democracy", *Journal of Democracy,* vol. 5 núm. 1 (The Johns Hopkins University Press, Baltimore, 1994), pp. 55-69.

mocrático garante de derechos políticos y de partidos institucionalizados que expresen un pluralismo real y efectivo.[626]

La democracia directa requiere, además, la plena vigencia de la libertad de expresión e información así como condiciones de equidad del proceso deliberativo y electoral.

Por todo ello, resulta aconsejable un empleo prudente y no desvirtuado de estos mecanismos. No hay que olvidar que, en más de una ocasión, los enemigos de la libertad y de la democracia han sido los que han recurrido al uso desvirtuado de los mecanismos de democracia directa (Aragón y López).[627] Éste es, precisamente, el peligro que debe evitarse.

De ahí la necesidad, de cara a la actual coyuntura latinoamericana, de prestar atención urgente y prioritaria al fortalecimiento del Estado democrático y al mejoramiento de la eficacia de los mecanismos y órganos centrales de la democracia representativa, en particular a la institucionalización y el fortalecimiento de un sistema de partidos políticos estable, eficaz y democrático. En pocas palabras: sin democracia representativa sólida, no hay democracia directa auténtica.[628]

---

626 Para Nohlen "[si bien] en la gran mayoría de las democracias modernas se han introducido mecanismos de democracia directa, o sea, ambas formas de participación, la electoral y la plebiscitaria conviven pacíficamente [...] la más importante condición de que esta convivencia se realice es la fuerte institucionalización y estabilidad de un sistema de partidos políticos. En otras palabras, que la participación política tenga su principal cauce en las elecciones y a través de los partidos políticos. El referendo o plebiscito es sólo un recurso adicional para dar mayor legitimidad a una decisión política, sobre todo si ésta es trascendental, como en el caso, por ejemplo, de un referéndum para legitimar una nueva constitución". Dieter Nohlen, *Sobre democracia electoral. La importancia de lo electoral en el desarrollo político de América Latina*, 2011, p. 24. Disponible también en: www.trife.gob.mx/ccje/Archivos/ponencias/ConferenciaDieterNohlen%5B1%5D.pdf.

627 Manuel Aragón y José Luis López, "Plebiscito" *en Diccionario Electoral*, t. II, IIDH, San José, Costa Rica, 2000, p. 981.

628 International IDEA, *Direct Democracy: An overview of the International IDEA Handbook*, International IDEA. Estocolmo, 2008. p. 29.

O. *Condenados a seguir reformando, ahora, desde las lecciones y la experiencia propias*

Si, como señala Morlino, la democracia en América Latina implica un cambio continuo, una construcción social amplia, entonces, una cosa es segura: la región vivirá todavía un periodo intensamente reformista en el futuro inmediato. Podemos también decirlo de otro modo. La dinámica de las transiciones adquirió vida propia y las leyes y las instituciones (incluso las Constituciones) han sido y seguirán siendo modificadas, bajo el empuje de las tensiones irresueltas de la propia democratización, entre otras, en los siguientes ámbitos:

1. La fricción constante entre los Poderes Legislativo y Ejecutivo;
2. Las nuevas demandas sociales que reclaman mayor participación e involucramiento de los ciudadanos, así como mayor transparencia y rendición de cuentas;
3. La necesidad de modernizar, fortalecer, democratizar y transparentar a los partidos, los parlamentos y la política misma, y
4. El nuevo acomodo que reclaman los poderes de hecho en el ecosistema democrático.

La visión comparada que ofrece la presente investigación reconoce en estos cuatro factores el origen de muchas de las fuertes pulsiones de cambio que todavía hacen presión en América Latina y que van determinando el contenido de la próxima agenda de reformas. En este interregno reformador destaca un cambio sustantivo: las reglas, las instituciones y los sistemas electorales dejan de tener el peso determinante que tuvieron durante la primera generación de reformas (si bien siguen teniendo importancia) y, en su lugar, vienen ganando relevancia creciente los temas relacionados con el fortalecimiento de las instituciones, en especial lo que se refiere a la calidad de la democracia y la integridad de las elecciones; el papel del dinero en la política desde una óptica más holística –relacionado con los marcos de integridad, lucha contra la corrupción, el tráfico de influencias y los conflictos de interés–; el fortalecimiento del Estado de derecho y el fin de la impunidad; la expansión de la ciudadanía hacia una de carácter más integral, y una gobernabilidad democrática con mayores niveles de eficacia –sobre todo en la provisión de servicios públicos de calidad–, transparencia y rendición de cuentas.

Y en la puesta en marcha de esta nueva agenda existe una ventaja adicional: América Latina ya puede aprender de sus aciertos y de sus errores, de lo que funciona y de lo que no funciona en el contexto latinoamericano. Y esta experiencia comparada en materia de reformas político-electorales constituye un valioso acervo, conceptual y práctico, un rico proceso de aprendizaje democrático del cual se derivan lecciones útiles para tener en cuenta de cara a los procesos de reforma del futuro inmediato.

P. *Tendencias y resultados de las reformas*

Como se señaló al inicio de estas conclusiones , y contrario al supuesto del *statu quo* de los sistemas electorales, las reformas no sólo han sido frecuentes sino también han abarcado una elevada cantidad de dimensiones o ámbitos temáticos, aunque en un buen número de ocasiones, lamentablemente, sin brújula.

Particularmente preocupante ha sido la tendencia a ignorar la recomendación básica del cambio político institucional que recomienda Nohlen: siempre y en todas partes, tomar en cuenta el contexto y evaluar las reformas contemplando los ángulos de la trilogía "sistema de gobierno, sistema electoral y sistema de partidos políticos".[629] Como se trata de dimensiones íntimamente vinculadas, de realidades que a menudo se entrecruzan y yuxtaponen, la alteración en una de ellas afecta de distintas maneras a las otras y viceversa.

Ello conduce a una sinergia compleja entre valores encontrados: mayorías estables o representación; pluralidad o gobernabilidad; negociación o eficacia inmediata; sistemas puros o mixtos. En el fondo, se trata de una de las obviedades más esenciales de la ingeniería institucional, pero, precisamente debido a su nivel absolutamente básico, suele desdeñarse o no ser considerado lo suficiente por los reformadores, generando siempre consecuencias inesperadas y no deseadas.

---

629 Dieter Nohlen, *Sobre democracia electoral...*, *op. cit.*, 2011, p. 24.

Otro buen número de reformas no han cristalizado o bien no han alcanzado los objetivos buscados, ya que adolecieron de serios defectos o limitaciones entre los que, por su importancia, destacan: *1)* el carácter coyuntural de las reformas; *2)* un marcado desconocimiento de las cuestiones técnicas, y, quizá la más grave de todas, *3)* la falta de compromiso de los partidos políticos con dichas reformas. Estas variables se analizarán de seguidas.

En efecto, un primer grupo de reformas se ha hecho de manera cortoplacista, coyuntural, con un enfoque más táctico que estratégico, con el objetivo de obtener beneficios concretos a favor de una fuerza o fuerzas políticas en el corto plazo.[630] Como bien señalan Colomer y Negretto,[631] en el mundo real, la elección de instituciones comporta una interacción estratégica en la que diversos actores con preferencias diferenciadas deciden de acuerdo con su propio interés. En otras palabras, los actores políticos eligen por lo general instituciones no para aumentar la eficiencia social sino para maximizar su probabilidad de obtener cargos y ejercer influencia sobre las políticas públicas una vez elegidos. Por ejemplo, los individuos y los partidos que controlan o esperan controlar al Ejecutivo suelen favorecer una fuerte concentración de poderes en este ámbito, mientras que los legisladores y los partidos que anticipan perder la Presidencia en la siguiente elección tienden a apoyar reglas que incrementan el poder del Congreso.

---

630 El carácter cortoplacista de ciertas reformas es criticado por Freidenberg y Došek, para quienes "Resulta evidente que varias de las reformas como la personalización del voto, la imposición de elecciones internas obligatorias a las dirigencias de los partidos o las candidaturas independientes han sido más una manera de "darle algo" a la ciudadanía que ejercía la presión que el resultado de un diagnóstico serio y, por tanto, una política para dar respuesta a los problemas más estructurales que ese diagnóstico planteaba. Este cortoplacismo en la elaboración de las reformas es el que conduce a que éstas no terminen de asentarse (y los actores no terminen de adaptarse al juego estratégico), porque resulta más sencillo impulsar una nueva reforma (o una contrarreforma) que adaptarse a las nuevas reglas y reconocer las responsabilidades por impulsar reformas sin un diagnóstico adecuado de largo plazo". Flavia Freidenberg y Tomás Došek, "Las reformas electorales..." art. *cit.*, 2015.

631 Josep Colomer y Gabriel Negretto, "Gobernanza...", art. *cit.*, pp. 45-49.

Un segundo grupo de reformas se caracteriza por la ignorancia y el desconocimiento de parte de los actores que las llevaron a cabo. En efecto, según Freidenberg y Došek:

> Una gran cantidad de reformas han sido más bien parches e *intercambios* entre partidos, producto de negociaciones entre élites políticas para satisfacer intereses partidistas, más que resultado de evaluaciones profundas sobre las debilidades (técnicas) del sistema electoral. Muchas de las reformas realizadas buscaron obtener beneficios concretos a favor del partido en el poder, sujetas a los cambios de la coyuntura, sin pensar en el largo plazo, o fueron resultado de las presiones de la opinión pública.[632]

Por último, en un tercer grupo de reformas se constata la falta de un verdadero compromiso de los actores políticos hacia ellas. Como señala Hurtado:

> Frecuentemente, el principal y más grande obstáculo que debe enfrentar una reforma política se encuentra entre quienes deben aprobarla y ejecutarla. Los partidos y sus líderes, si está de por medio la posibilidad de que pudieran ser afectados sus intereses, o mermada su influencia, suelen postergar su discusión y cuando se ven enfrentados a considerarla interponen toda clase de obstáculos para que siga su curso legal. En el caso de que, debido a circunstancias singulares, llegara a aprobarse, manipulan su puesta en práctica o simplemente no cumplen las nuevas disposiciones, conspiración que les resulta fácil de armar en razón de que controlan los órganos encargados de plasmarla. Enfrentados los partidos a decidir entre el interés de la democracia y el suyo, con frecuencia se pronuncian por el segundo. Una muestra de su conducta utilitaria es el hecho de que los partidos que

---

632 Flavia Freidenberg y Tomás Došek, "Las reformas electorales…", art. *cit.,* 2015. Estos autores subrayan, asimismo, el carácter contradictorio de muchas de las reformas latinoamericanas al señalar que "Mientras (con algunas reformas) se ha buscado promover la inclusión, el pluralismo y la proporcionalidad en la competencia electoral, (en otras) se ha permitido que presidentes poderosos reformen las reglas de juego para perpetuarse en el poder (reelección indefinida) o incluso los sistemas judiciales han contribuido a que esos presidentes consiguieran incrementar sus poderes. Las reglas formales que han resultado de estos cambios en la legislación promueven la concentración del poder mientras impulsan un mayor pluralismo e inclusión en la representación política.

se opusieron a determinadas reformas cuando fueron minoritarios las apoyaron al convertirse en mayoritarios, y viceversa.[633]

En otro buen número de casos las reformas políticas y electorales no produjeron los resultados virtuosos que esperaban obtener quienes las modelaron teóricamente y las diseñaron jurídicamente, debido a limitaciones interpuestas por las realidades nacionales y por la forma en que asumieron sus responsabilidades los diversos integrantes de la sociedad política. Esto se debe a que las instituciones, *per se*, no producen necesariamente los efectos que se espera de ellas, pues, al decir de Huntington, las organizaciones políticas no se crean de la noche a la mañana ya que el desarrollo político es lento, en especial, cuando se lo compara con el ritmo, en apariencia, más rápido del desarrollo económico.[634]

Para decirlo en palabras de Freidenberg y Došek:

> [En América Latina] se identifican dos grandes tendencias contradictorias. Por un lado, una creciente concentración del poder en el Ejecutivo, la aprobación de medidas orientadas al debilitamiento de los partidos como actores centrales de la representación, así como también a favorecer la personalización del vínculo elector-partido por reformas como el voto preferencial o el desbloqueo de las listas. Sin embargo, por otro lado, es evidente que al mismo tiempo muchas de las reformas realizadas en las últimas décadas van orientadas a generar una mayor inclusión y participación de sectores anteriormente excluidos (como la aprobación de cuotas de género o la paridad, las candidaturas independientes o la inclusión del voto en el extranjero) y de democratización del proceso de selección de candidaturas.[635]

Empero, no todas las reformas fueron ineficientes en el sentido arriba expuesto. También hubo reformas muy bien estudiadas, secuenciales, progresivas, que desde su diseño inicial calcularon los

---

633 Osvaldo Hurtado, *Elementos para una reforma política en América Latina*, Serie de informes técnicos del Departamento de Desarrollo Sostenible (SGC-104), BID, Washington, 2005, pp. 4-12.

634 Samuel P. Huntington, *La tercera ola. La democratización a finales del siglo XX*, Paidós, Barcelona, 1994, pp. 67-74.

635 Flavia Freidenberg y Tomas Došek, "Las reformas electorales...", art. *cit.*, 2015, p. 4.

resultados previsibles así como los efectos no deseados, y que tuvieron en cuenta el contexto.

En resumen: la tendencia en América Latina a fortalecer los partidos e incentivar la participación de los ciudadanos, intensificando al mismo tiempo el pluralismo y la competencia por el poder político, en muchos casos ha deparado problemas complejos de gobernabilidad, gobiernos de minorías, relaciones tensas entre el Ejecutivo y el Legislativo, y congresos estancados por la imposibilidad de encontrar consensos y mínimos de votación.[636]

Como bien ha dicho Nohlen:

> En América Latina, se observa una tendencia a favorecer reformas que amplían los canales de participación. Sin lugar a dudas, la participación constituye un objetivo relevante, incluso un valor en sí mismo. Sin embargo, resulta imperioso para la salud de la democracia balancear adecuadamente la participación con la efectividad del sistema político. [...] Por supuesto, la gobernabilidad, vinculada con el desempeño de los gobiernos en el campo de las políticas públicas, es un objetivo crucial para el futuro de la democracia en América Latina.[637]

---

636 Para Freidenberg y Došek: "La evaluación de las reformas analizadas muestra las contradicciones generadas en estos procesos reformistas, que han caminado hacia polos opuestos en términos de representación y gobernabilidad (Negretto, 2010; Marenco, 2010), y no han podido dar respuesta a muchos de los dilemas que enfrentaban los sistemas democráticos en la región. Las explicaciones de los procesos de cambio parecen encontrarse entre dos posturas teóricas: por un lado, muchas se explican por los cálculos de las élites (del mismo modo que lo argumentan los autores dentro de la elección racional) (Boix, 1999; Benoit, 2004; Geddes, 1991) y por otras razones relacionadas con los valores y convicciones de estos mismos actores partidistas, la cultura política, es decir, el descontento de la ciudadanía con la legitimidad del régimen, o con difusión transnacional y la promoción de las organizaciones regionales/internacionales (Norris, 2011; Celis *et al.*, 2011; Katz, 2005; Weir, 1992; Reynolds *et al.*, 2006; Krook, 2006)".

637 Según Nohlen existe cierto *trade off* entre la participación y la efectividad. Distingue también entre *input legitimacy* (legitimidad de entrada) y *output legitimacy* (legitimidad de salida), señalando que "en América Latina, en el discurso político y en numerosas reformas se ha dado prioridad a la legitimidad de entrada; se impone, sin embargo, aumentar la legitimidad de sali-

En efecto, no cabe duda de que la participación, la competencia auténtica y la presencia de fuerzas políticas plurales son elementos de gran importancia. Sin embargo, resulta fundamental lograr un balance adecuado entre participación-competencia y efectividad del sistema, y, precisamente en este tema, es donde la agenda de la región tiene el campo abierto y más prometedor.

En pocas palabras, los resultados de las reformas durante estas tres décadas y media han sido mixtos. Mientras en algunos temas se lograron avances importantes —fortalecimiento de los organismos electorales, regulación del financiamiento de los partidos, utilización de las cuotas o leyes de paridad de género para mejorar los niveles de participación y representación de las mujeres en la política, etc. —, en otros, en cambio (sobre todo en materia de representación, rendición de cuentas y eficacia), ha sido más bien modesto debido a la dificultad que entraña la construcción de instituciones.

3. *Lecciones, criterios y reflexiones finales para la nueva agenda de reformas*

Tres décadas y media después del inicio de La tercera ola, la reforma política y electoral sigue ocupando un lugar relevante en la agenda política de América Latina. Esta observación no sólo refleja las numerosas reformas que se programan y se llevan a cabo, sino que también se desprende de las encuestas entre políticos y politólogos que, en buen número, manifiestan la idea de que lo más apremiante son las reformas institucionales. Según un estudio del PNUD sobre el tema, la reforma política es vista por 45% de los entrevista-

_____

da. Ya es hora de pensar en la gobernabilidad, en su aumento a través de reformas institucionales, sin perder de vista la incidencia en el funcionamiento del sistema político de factores no institucionales". Entre ellos destaca la cultura política, factor que tiene mayor incidencia en el desempeño de las instituciones que en sentido inverso, es decir de las instituciones en el desarrollo de la cultura política. Véase Dieter Nohlen, "Prólogo", en Daniel Zovatto G. y José de Jesús Orozco Henríquez, *Reforma política y electoral en América Latina (1978-2007)*, IIJ/UNAM-IDEA, México, 2008, 2008, p. 17.

dos (primer lugar) como el principal instrumento para dar respuesta a los problemas que aquejan a la democracia.[638]

Por otro lado, una atenta mirada a estos procesos de reforma nos advierte, como bien señalan Freidenberg y Došek que:

> [...] cada vez [es] más patente que los partidos políticos y sus élites no son los únicos actores relevantes en las reformas político-electorales y su análisis. Aunque persista su importancia, otros protagonistas como el poder judicial (Martínez Barahona, 2010; Katz 2011), la ciudadanía por medio de la presión de opinión pública (Norris, 2011), de diversos mecanismos de democracia directa (Altman, 2010; LeDuc, 2011) o como actores de la sociedad civil doméstica (Htun *et al.*, 2014), las organizaciones regionales e internacionales que promueven determinadas innovaciones en materia electoral y los actores transnacionales (Krook, 2006; Celis *et al.*, 2011) necesitan ser tomados en cuenta como actores importantes en los procesos de reformas electorales.[639]

Respecto del contenido, la nueva agenda de reforma que necesita la región en materia política y electoral debe dar respuesta, entre otras, a las siguientes interrogantes:

> ➤ ¿Cómo logramos, mediante diseño institucional, fortalecer, democratizar y relegitimar los sistemas políticos para que puedan resistir, democráticamente, los múltiples desafíos que enfrentan?

> ➤ ¿Cómo creamos las condiciones de estabilidad política y de eficacia que aseguren la gobernabilidad?

> ➤ ¿Cómo conciliamos los objetivos de representación, de participación y de gobernabilidad de manera equilibrada y eficaz?

> ➤ ¿Cómo diseñamos y ponemos en marcha un sistema político capaz de dar respuesta eficaz y oportuna, mediante políticas públicas, a los problemas de la pobreza, de la desigualdad, de la corrupción y de la inseguridad?

---

638 PNUD, *La democracia en América Latina. Hacia una democracia de ciudadanas y de ciudadanos,* Nueva York. 2004, en: http://www2.ohchr.org/spanish/issues/democracy/costarica/docs/PNUD-seminario.pdf.

639 Flavia Freidenberg y Tomás Došek, "Las reformas electorales...", art. *cit.,* 2015.

➤ ¿Cómo damos respuestas institucionales eficaces a los problemas de la personalización del poder y al hiperpresidencialismo, a la crisis de legitimidad de los partidos, a la captura del Estado por parte de intereses privados?

Ahora bien, con base en lo que hemos afirmado a lo largo de esta investigación, queda claro que no se dará respuesta a los graves problemas de gobernabilidad y de representación únicamente mediante la reforma constitucional o la ingeniería institucional. América Latina está llena de ejemplos de cómo han fracasado los intentos de esta naturaleza. Los problemas actuales de la democracia latinoamericana no se resolverán si se apuesta todo a la ingeniería constitucional. Ésta importa, y mucho, ya que permite crear los incentivos adecuados para mejorar el desempeño de las instituciones del sistema político, pero la prioridad debe residir en la institucionalización de un sistema de partidos democrático y el fortalecimiento de un liderazgo político responsable. Tampoco debe soslayarse la importancia de la cultura jurídica y política, la cual como ya se ha señalado desempeña un papel muy importante.

Por todo ello, en el previsible siguiente ciclo de cambio institucional sería deseable que predominen las reformas basadas en una discusión cuidadosa, en la evidencia empírica y, sobre todo, alejadas de las prescripciones teóricas "puras" para sustentar las decisiones en una metodología histórica que comprenda la imbricación inevitable entre los tres sistemas: el de gobierno, el electoral y el de los partidos políticos.

Coincidimos con Nohlen, quien señala que el análisis y estudio detallado de las tres grandes variables políticas —sistema de gobierno, sistema electoral y sistema de partidos— que están en constante interacción, debe constituir el aspecto central de todo proceso de reforma. Por todo ello, a la hora de pensar y diseñar las reformas, es importante insistir en la necesidad de diferenciar cuidadosamente y en tener siempre presente la íntima relación que existe entre el sistema de gobierno, el sistema electoral y el sistema de partidos políticos. Es igualmente importante distinguir:

> [...] entre los factores institucionales y los no institucionales y, dentro del primer grupo, entre factores individuales como el sistema de gobierno, el sistema electoral y el sistema de partidos políticos. El es-

tudio de la famosa trilogía de factores, por lo demás, no debe restringirse a cada uno de ellos, sino que debe enfocar su interrelación. ¿Qué se puede saber realmente sobre el funcionamiento de un sistema presidencial sin considerar la estructura y el grado de institucionalización del sistema de partidos políticos como factores intervinientes? En el fondo muy poco, como lo demuestra precisamente el funcionamiento diferente de los sistemas presidenciales en América Latina.[640]

Por todo ello, cualquier cambio que se quiera desarrollar en alguno de los tres elementos debe ser analizado y cuantificado cuidadosamente para prever, en la medida de lo posible, los efectos sobre los demás componentes de la trilogía. El análisis serio y responsable, que reflexione permanentemente sobre las interacciones reales de las variables; el poder mirar al sistema político como un todo, constituye el requisito *sine qua non* para los futuros procesos de reforma política y electoral en la región.[641]

A. *Lecciones*

Un balance comparado en materia de reformas político-electorales durante estas tres décadas y media evidencia las siguientes lecciones:

➢ Las reformas político-electorales posibles son tantas como la imaginación política admita. Las restricciones dependen, por un

---

640 Dieter Nohlen y Mario Fernández, *El presidencialismo renovado, instituciones y cambio político en América Latina*, Nueva Sociedad, Caracas, 1998.

641 Flavia Freidenberg y Tomás Došek, "Las reformas electorales…", art. *cit.*, 2015. Para estos autores: "La ausencia de investigación comparada trasnacional en diferentes contextos, la correlación de fuerzas, las dinámicas interpartidistas y la necesidad de un mayor diálogo entre la academia y los tomadores de decisión (políticos) dificultan la elaboración de buenos diagnósticos que contribuyan a identificar cuáles serán reformas electorales exitosas. Esto ha conducido a ralentizar la identificación de buenas prácticas, aprendizajes de fracasos previos en el propio país o en otros contextos nacionales, e identificar cuáles de las reformas deberían ser descartadas o propuestas con mucha precaución y sensibilidad a cada caso por los efectos que ya han tenido sobre la representación o la gobernabilidad en otros países de la región".

lado, de los objetivos trazados y, por el otro, de los intereses de los actores políticos que tienen a su cargo dicha tarea.[642]

➤ Las instituciones cuentan, pero su peso es relativo y varía en función del contexto en que operan.

➤ No existe ningún sistema ideal o bestsystem. Como bien señala Sartori,[643] el mejor sistema es aquel que mejor se adapta al contexto en cuestión. Por ello no hay ninguna solución institucional general o "tipos ideales".

➤ Toda solución tiene que ser diseñada conforme a las características del contexto y de la coyuntura en que debe operar — "institucionalismo contextualizado"—. Por tanto, "las migraciones institucionales tienen sus límites. [Es decir,] hay que suponer incluso que el contexto diferente va a producir efectos distintos y no deseados de las mismas instituciones formales".[644]

➤ No hay sistema político ni arreglo institucional que no pueda mejorarse ni que deje completamente satisfechas a todas las fuerzas políticas.

➤ La eficiencia de un sistema político-electoral no depende únicamente de su armado institucional. El comportamiento de los actores políticos y de la ciudadanía es también una variable determinante.

➤ Hay que evitar caer en el simplismo monocausal de responsabilizar demasiado a las instituciones o esperar mucho de ellas. De ahí surge la importancia de poner atención a otros dos factores: la calidad de los liderazgos y la cultura política,[645] los cuales no

642 María Amparo Casar, *Para entender la reforma política del Estado*, Nostra Ediciones, México, 2007.

643 Giovani Sartori, *Comparative Constitutional Engineering. An Inquiry Into Structures, Incentives and Outcomes*, MacMilan, Basingstoke/Londres, 1994, pp. 78-85.

644 Dieter Nohlen, *Ciencia política y democracia...*, op. cit., 2010, p. 11.

645 Como señala Norris: "Aunque hay muchas razones para dudar si las actitudes culturales son importantes, de hecho, resulta que lo son. [...] Las sociedades con fuertes aspiraciones democráticas proporcionan las condiciones más favorables para la democratización. Por lo tanto, la cultura no puede reducirse simplemente a los patrones de modernización de la sociedad; en cambio, las esperanzas previas desempeñan para la democracia un papel independiente para ayudar a fortalecer y sostener los regímenes democráti-

sólo cuentan en el momento de diseñar las instituciones sino también en su manejo y funcionamiento. En otras palabras, hay que establecer un balance adecuado entre líderes políticos efectivos, prácticas sociales pro democracia e instituciones fuertes, capaces de dar respuestas a las demandas de la sociedad.

➢ No hay sistema constitucional ni legal que resista el comportamiento antisistema de parte de la clase política o su resistencia a cooperar, o bien de parte de actores clave del proceso económico y social.

B. *Criterios generales*

Con base en las lecciones que resultan de la experiencia comparada latinoamericana en materia de reformas político-electorales, podemos identificar los siguientes criterios generales para el diseño de un proceso de reforma exitoso y sostenible en el tiempo, a saber:

a) *La dirección del proceso de reforma.* El curso básico del proceso de reforma, en cuanto al destino (lo que se quiere como resultado) y al camino (entre los cursos alternativos, la selección del que se considera óptimo), debe estar claramente establecido y consensuado. Es difícil un proceso de reforma eficiente sin una visión u orientación general coherente. Por ello la importancia de ponerle brújula al proceso reformador para no perder el norte: incrementar la efectividad del régimen político y mejorar al mismo tiempo las condiciones de representación y de gobernabilidad democrática. Y, como se ha venido insistiendo, en la consecución de este objetivo no existen soluciones institucionales generales, aplicables a todos los países por igual. Estamos a favor de reformas contextualizadas y de carácter específico, no referidas a América Latina en general sino a países concretos.

---

cos" [trad. propia]. Pippa Norris, *Democratic Deficit. Critical Citizens Revisited*, Cambridge University Press, Cambridge, 2011, pp. 234-235. Véase también: Seymour Martin Lipset y Jason Lakin, *The Democratic Century*, The University of Oklahoma Press, Oklahoma, 2004; así como Nohlen, quien señala lo siguiente: "[...] De ahí, la importancia de que "las instituciones por trasladar sean adaptables a las culturas domésticas, pues en su funcionamiento el contexto hace la diferencia". Dieter Nohlen, *Sobre democracia electoral...*, op. cit., 2011, p. 12.

En efecto, reformar por reformar sin una profunda reflexión, sin un conocimiento amplio de la realidad jurídica, política, social y económica de un país constituye un verdadero desaguisado, porque no existen "recetas únicas" para los cambios político-electorales. En suma, el desafío reside en incrementar la legitimidad y efectividad de los regímenes políticos mediante reformas viables y adecuadas al contexto político y cultural específico del país en cuestión, sin perder en el camino demasiada representatividad y participación ni comprometer el necesario e indispensable sistema de frenos y contrapesos entre el Ejecutivo y el Legislativo.

b) *La necesidad de hacer las preguntas correctas.* Todo proceso de reforma debe responder, al menos, a las siguientes preguntas claves:

➢ ¿Cuál es el problema que se pretende solucionar?

➢ ¿Qué soluciones alternativas hay?

➢ ¿Cuáles de estas opciones serían las más adecuadas para el caso concreto?

➢ ¿Qué factores condicionan a qué variables?

➢ ¿Cuáles son los efectos deseados y los no deseados de cada una de las opciones?

➢ ¿Cuál es el grado de correspondencia que las diferentes opciones tienen en relación con el contexto dentro del cual deben operar?

➢ ¿Qué tan viables son –en términos políticos– las diferentes opciones?, y

➢ ¿Qué experiencias comparadas pueden analizarse para aprovechar el estado actual de conocimiento sobre el tema?

c) *La progresión de las reformas.* Una vez identificada y consensuada la dirección que se ha de seguir, es necesario avanzar con pasos no demasiado ambiciosos pero consistentes, de tal forma que aunque éstos tengan un alcance limitado sean lo suficientemente firmes para evitar el riesgo de retrocesos potenciales. Deben identificarse los puntos críticos en donde inicia el proceso de reformas, entendiendo por puntos críticos aquéllos en los cuales una vez consolidadas las reformas pueden generarse procesos auto-sostenidos de cambio y desarrollo institucional. En efecto, en lugar de cambios radicales, la experiencia comparada aconseja reformas progresivas, graduales, que vayan mejorando la capacidad de funcionamiento de estas instituciones más que reemplazarlas de un momento a otro. Sin embargo, tampoco debemos permitir que la cautela y el conservadurismo limiten nuestra capacidad de reormas creativas y novedosas simplemente por el temor al cambio. El apego a la tradición y al inmovilismo del *statu quo* es tan dañino como el cambio excesivo.

d) *La simultaneidad de las medidas complementarias.* Las reformas deben inscribirse dentro de un contexto institucional más amplio, en el que se conciban acciones paralelas y complementarias que ayuden en su conjunto a los fines generales definidos en el punto primero. En este sentido, resulta interesante concebir las reformas institucionales en términos de los incentivos concretos que se ofrecen a los actores políticos, para que éstos tengan el incentivo de modificar su comportamiento y de ajustarse a las nuevas finalidades que la reforma trae consigo.

e) *La contextualización de las reformas.* Las reformas institucionales de carácter político-electoral no pueden ser consideradas fuera de su contexto político, socioeconómico, histórico y cultural. En otras palabras, una misma institución funcionará de forma diferente según el contexto en el que se encuentre. Las evidencias empíricas en materia de reforma política y electoral en la región, de las últimas tres décadas y media, así lo confirman. Una buena ingeniería institucional que sepa responder a las necesidades de cada estructura social es condición necesaria pero no suficiente para asegurar la permanencia de la democracia. Las condiciones políticas, socioeconómicas y culturales en las que las instituciones operan son fundamentales para entender por qué ciertas reglas formales funcionan en un determinado contexto y fracasan en otro. De ahí la importancia, como bien recomienda Nohlen, de dejar de lado un debate basado en tipos ideales no contextualizados que aportan poco o nada.

f) La durabilidad y estabilidad de ciertas líneas principales de acción en lo que se refiere a las reformas políticas e institucionales. Las reformas que correspondan a correlaciones políticas o equilibrios de poder coyunturales y no se asienten en un amplio consenso social están condenadas al fracaso, al no responder a este requisito general de durabilidad y estabilidad en el mediano y largo plazo.

• • • • •

Al cierre de esta investigación destacan, por su importancia, dos reflexiones principales:

La primera, las instituciones funcionan de forma diversa con base en el contexto socioeconómico, político y cultural en el que se desempeñan. Esto ha llevado a algunos expertos a tener una visión pesimista y bastante determinista de los procesos de reforma: señalan que éstos están abocados al fracaso cuando el contexto no reúne condiciones mínimas o una "masa crítica" necesaria para producir cambios sustanciales. Nosotros, en cambio, tenemos una opinión diferente, sin caer en el extremo de pecar de un excesivo optimismo. Desde nuestro razonamiento, instituciones más legítimas, transparentes y eficientes deberían inducir comportamientos más democráticos en las poblaciones por ellas gobernadas. Una mayor eficacia institucional debería verse reflejada en una mayor satisfacción pública y, por tanto, en un mayor reconocimiento de la ciudadanía hacia las élites e instituciones que los representan; en otras palabras, en un aumento de la legitimidad del sistema y de sus instituciones. Se iniciaría así un círculo virtuoso en el que instituciones más democráticas producirían comportamientos más democráticos que, a su vez, tendrían como resultado el fortalecimiento de las primeras.

La segunda, la vida democrática constituye un caldo de cultivo vital y dinámico que suele propiciar cambios importantes en la cultura política y en lo que las sociedades no podían admitir o siquiera imaginar hasta hace muy poco tiempo. Estas tres décadas y media de reformismo sistemático validan la tesis de Hirschman:[646] la democratización latinoamericana fue viable y será posible si somos capaces de trascender el fatalismo y nos colocamos al acecho de los acontecimientos históricos inusitados, de las raras y nuevas concatenaciones, de los pequeños senderos que nos permiten construir un cambio que nos conduzca hacia delante. Estas lecciones han sido corroboradas a lo largo de los últimos 38 años, y en un sentido muy

---

646 Albert Otto Hirschman, "La democracia en América Latina", art. *cit.,* 1986, p. 9.

profundo establecen el carácter cambiante que por necesidad –no por virtud– ha asumido la democracia en la región.

REFLEXIÓN FINAL

Como señalamos en el capítulo I, América Latina presenta una situación inédita en el escenario mundial, pues combina por un lado, a países que cuentan en su casi totalidad con regímenes políticos democráticos, y por otro lado, con amplios sectores de su población que viven por debajo de la línea de pobreza (cerca de un tercio de la población), con la distribución del ingreso más desigual del mundo, con altos niveles de corrupción y debiendo hacer frente a una ola creciente de violencia e inseguridad.

Asimismo, en un contexto latinoamericano de crecimiento económico moderado o mediocre (según sea el caso) los gobiernos tendrán que afrontar las expectativas y demandas ciudadanas en condiciones de mayor austeridad. Como consecuencia, los conflictos sociales seguirán presentes (o incluso en aumento) con reclamos que, si bien no pondrán en juego la continuidad democrática, seguramente harán la gobernabilidad más compleja.

Por ello es importante estar atentos ante la irrupción de nuevos fenómenos y tendencias. Para decirlo en palabras de O'Donnell: la "realidad obliga" a actualizarnos de manera permanente para estar en posibilidades de analizar y detectar la realidad e identificar los nuevos fenómenos, las nuevas realidades y tendencias que emergen en la región y que atentan contra la calidad de la democracia y la integridad de las elecciones.

El siglo XX fue sin duda el siglo de la democracia, como bien nos recuerda Amartya Sen. La democracia fue, pese a todos los desafíos, la gran ganadora de los choques ideológicos del siglo pasado frente al nazismo, el fascismo y el comunismo.

Pero el camino democrático, como hemos visto durante estos 2.500 años –desde que Pericles y Clístenes la fundaron en Atenas cinco siglos antes de Cristo–, y a lo largo de sus tres olas, no es recto ni está exento de desafíos y obstáculos.

Los gobiernos de los países de las Américas, reunidos en Lima, adoptaron por unanimidad, el 11 de septiembre de 2001, la Carta Democrática Interamericana, la cual en su Art. 1 establece expresamente que: "Los pueblos de América tienen derecho a la democracia y sus gobiernos la obligación de promoverla y defenderla".

La misma Carta establece, en su artículo 3, cuáles son los elementos esenciales de la democracia representativa, señalando de manera clara, entre otros: el régimen plural de partidos; la separación e independencia de los poderes públicos; el respeto a los derechos humanos y las libertades fundamentales; la celebración de elecciones periódicas, libres, justas y basadas en el sufragio universal y secreto como expresión de la soberanía del pueblo, y [se destaca] *el acceso al poder y su ejercicio con sujeción al Estado de derecho*, es decir, que, para tener verdadera legitimidad democrática, no basta con la legitimidad de origen, sino que también es necesaria la legitimidad de ejercicio.

Y es precisamente este derecho a la democracia representativa, en los términos conceptualizados por la Carta Democrática Interamericana, el que como ciudadanos de América debemos reivindicar, promover, exigir y defender de cara a los nuevos desafíos y peligros que la democracia enfrenta en nuestra región.

No existen democracias consolidadas. La democracia, a decir de Sartori, antes que nada y sobre todo es un "ideal". Pero también, como acertadamente dice Touraine, es un "trabajo". Es, en definitiva, como expresa Dahl, una "construcción permanente" que hay que reinventar, recrear, perfeccionar y defender todos los días.

ANEXO I

AGENDA DE REFORMA POLÍTICA Y ELECTORAL EN AMÉRICA LATINA

Este primer anexo tiene por objetivo presentar una panorámica regional meramente ilustrativa y en modo alguno exhaustiva de la intensa agenda de reforma política y electoral que existía en los 18 países de América Latina al 31 de diciembre de 2016. Cabe tener presente que debido a la dinámica de la propia agenda de reforma, muy probablemente cuando el lector tenga este libro en sus manos, en varios países de la región el estado de la agenda reformadora haya experimentado cambios importantes.

ÁMBITO DE LA REFORMA

PAÍS	RÉGIMEN DE GOBIERNO	SISTEMA ELECTORAL	GÉNERO	ORGANISMOS ELECTORALES	DEMOCRACIA DIRECTA	PARTIDOS POLÍTICOS	OBSERVACIONES
ARGENTINA	No	No existen propuestas dirigidas a reformar el sistema electoral. Sí Propuesta de reforma del mecanismo de votación. El proyecto de reforma enviado por el Gobierno al Congreso a fines de mayo del 2016 propone un cambio del mecanismo de votación. El proyecto propone adoptar el mecanismo de boleta única electrónica para todas las categorías de cargos nacionales. A fines de 2016, la propuesta del Gobierno había sido aprobada en la Cámara de Diputados pero no logró apoyo en el Senado.	Sí El Senado aprobó un proyecto para establecer la paridad de género en las listas de candidatos. El proyecto fue girado a Diputados. En simultáneo, los diputados aprobaron la paridad de género. A fines de 2016 los proyectos no habían sido aprobados.	No La discusión del tema está en la agenda, pero aún no hay un modelo propuesto. En el proyecto del Gobierno se contempla la dotación a la Justicia Electoral de nuevas competencias, entre ellas, la del escrutinio provisional que actualmente está en manos de la Dirección Nacional Electoral dependiente del Ministerio del Interior.	No	Sí La reforma propuesta por el Gobierno (aún no aprobada) incluye algunos aspectos puntuales sobre el control del financiamiento político, entre ellos aumentar el número de auditores de la Cámara Nacional Electoral de 7 a 24. El Gobierno prometió enviar un proyecto de reforma integral sobre financiamiento político durante el 2017.	Otros temas: Se aprobó la ley que establece la obligatoriedad de los debates presidenciales. Ley 27.337 publicada en BO 13-12-16. Se propuso, asimismo, buscar la armonización de las fechas de los diversos tipos de elecciones (nacionales, provinciales y municipales), tema complejo sobre el cual a fines de 2016 no se había llegado a una decisión.
BOLIVIA	No	Sí El Gobierno de Evo Morales expresó en diciembre de 2016 su interés en buscar diferentes modalidades que permitan al Presidente buscar un cuarto periodo de gobierno consecutivo.	No	No	No	No	

PAÍS	ÁMBITO DE LA REFORMA						OBSERVACIONES
	RÉGIMEN DE GOBIERNO	SISTEMA ELECTORAL	GÉNERO	ORGANISMOS ELECTORALES	DEMOCRACIA DIRECTA	PARTIDOS POLÍTICOS	
BRASIL	No	Sí	Sí	No	Sí	Sí	En julio de 2016 se introdujo en el Senado, la propuesta de enmienda constitucional (PEC) n° 36/2016 que "Modifica los incisos 1°, 2° y 3°, del art. 17 de la Constitución Federal y le agrega los incisos 5°, 6°, 7° y 8°, para permitir distinguir entre partidos políticos, para fines de funcionamiento parlamentario, con base en su desempeño electoral." Después de aprobada en dos turnos en el Senado, la PEC fue enviada en noviembre a la Cámara de Representantes, donde se procesa en régimen especial como PEC 282/2016. A fines de 2016 la PEC se encontraba en la Comisión de Constitución y Justicia y de Ciudadanía de la Cámara. Asimismo, se creó en octubre de 2016 la Comisión Especial para el Análisis, Estudio y Formulación de Proposiciones Relacionadas a la Reforma Política. Hasta diciembre dicha Comisión Especial, compuesta por 34 Diputados y sus respectivos suplentes, se reunió cuatro veces y, en su plan de trabajo, informó que esperaba dedicar de ocho a diez sesiones adicionales para celebrar audiencias públicas para recabar los puntos de vista de diversos sectores.

PAÍS	ÁMBITO DE LA REFORMA						OBSERVACIONES
	RÉGIMEN DE GOBIERNO	SISTEMA ELECTORAL	GÉNERO	ORGANISMOS ELECTORALES	DEMOCRACIA DIRECTA	PARTIDOS POLÍTICOS	
BRASIL							Los ejes principales de la reforma en estudio son: - Sistema Electoral y modelo de financiación de campañas; - Partidos políticos: democracia interna, coaliciones, cláusulas de barrera, federaciones y demás temas correspondientes; - Mecanismos de democracia directa; - Mecanismos de incentivos a la participación de las mujeres en la política; y - Temas diversos, como duración de mandato/reelección, coincidencia de las elecciones, obligación del voto, entre otros.
CHILE	Sí Se retoma el tema de la reforma del sistema presidencial por uno semi-presidencial. Moción legislativa, Boletín Oficial 10607-07, se encuentra en primer trámite constitucional desde 12 de abril de 2016.	Sí Ley 20.914. Permitir la inscripción de pactos electorales diversos en elecciones municipales. Ley 20.913 Permitir a los partidos políticos la presentación de candidaturas solo en regiones donde se encuentren legalmente constituidos.	No Ley 20.840 de 2015, incorpora cuota de género para el Congreso.	No Ley 20.860 de 2015.	No	Sí Ley 20.900 del 11 de abril de 2016. Ley 20.915 del 11 de abril de 2016. Financiamiento: Redefine el concepto de gasto electoral. Obliga a rendir cuentas de gastos menores en forma detallada. Aumenta el aporte estatal a los partidos. Se rebaja el límite del gasto electoral en un 50%.	

PAÍS	RÉGIMEN DE GOBIERNO	SISTEMA ELECTORAL	GÉNERO	ORGANISMOS ELECTORALES	DEMOCRACIA DIRECTA	PARTIDOS POLÍTICOS	OBSERVACIONES
CHILE						Se prohíbe aporte de personas jurídicas a las campañas. Creación de aporte permanente para actividades de investigación, fomento a la participación femenina y de los jóvenes, y para formación cívica. Candidaturas independientes: Los pactos electorales también pueden asociarse con candidatos independientes. Campaña electoral: Ampliación del periodo de campaña electoral. Propaganda en calles se inicia 30 días antes de la elección. Prohibición de gigantografías.	
COLOMBIA	No	No	No	No	No	No	A fines de 2016 no había ningún proyecto de reforma política, en relación con las categorías de la matriz. Existe en cambio una iniciativa de reforma constitucional que busca modificar los trámites de reformas constitucionales y legales, con el fin de facilitar

PAÍS	ÁMBITO DE LA REFORMA						OBSERVACIONES
	RÉGIMEN DE GOBIERNO	SISTEMA ELECTORAL	GÉNERO	ORGANISMOS ELECTORALES	DEMOCRACIA DIRECTA	PARTIDOS POLÍTICOS	
COLOMBIA	No		Sí Existe un proyecto (presentado en 2013), con el objetivo de incluir la alternancia horizontal.				la aprobación de los acuerdos de paz, sobre todo el punto 2 sobre participación política. Muy probablemente veremos en 2017 varias propuestas de reforma tanto política como electoral dirigidos a buscar la implementación de los acuerdos de paz.
COSTA RICA				No	No	Sí Expediente Legislativo N°. 18.739, del 1º. De abril de 2013. Tiene como objetivo promover mayores condiciones de equidad en la contienda electoral. Las propuestas son las siguientes: 1. Robustecer el sistema de financiamiento anticipado de las elecciones nacionales y municipales, permitiendo a los partidos utilizar, antes de las votaciones, hasta un cincuenta por ciento (50%) del monto que se determine como contribución estatal. 2. Establecer franjas electorales que permitan a los partidos políticos colocar propaganda gratuita en radio y televisión.	

682

	ÁMBITO DE LA REFORMA						
PAÍS	RÉGIMEN DE GOBIERNO	SISTEMA ELECTORAL	GÉNERO	ORGANISMOS ELECTORALES	DEMOCRACIA DIRECTA	PARTIDOS POLÍTICOS	OBSERVACIONES
COSTA RICA						3-Crear un incentivo fiscal a favor de quienes realicen donaciones modestas a los partidos políticos, esto con el fin de favorecer pequeñas contribuciones de muchos ciudadanos en vez de grandes donaciones de unos pocos. 4-Regular el transporte público gratuito de los electores a cargo de los concesionarios. 5-Eliminar la obligación legal de publicar los estados financieros de los partidos en diarios de circulación nacional, bastando que se coloquen en el sitio web del TSE. 6-Ampliar las atribuciones del fiscal partidario para que vele por la corrección en el manejo de las finanzas. 7-Eliminar los certificados de cesión de contribución estatal.	
Ecuador	No	No	No	No	No	No	
EL SALVADOR	No	Sí (Sentencia de la CSJ del 5 de noviembre de 2014) Tema: regulación del voto cruzado.	Sí (Art. 37 de la Ley de partidos aprobada en febrero de 2013).	Sí (Sentencias de la CSJ de junio de 2014 y julio de 2015) Tema: incompatibilidad de la	No	Sí (Sentencia de la CSJ de abril de 2014). Tema: Omisión de la regulación sobre la	A fines de 2016 no estaban previstas reformas, a menos que se regulara en el Código lo relativo a la integración de los organismos electorales temporales, que la Sala de lo

PAÍS	RÉGIMEN DE GOBIERNO	AMBITO DE LA REFORMA					
		SISTEMA ELECTORAL	GÉNERO	ORGANISMOS ELECTORALES	DEMOCRACIA DIRECTA	PARTIDOS POLÍTICOS	OBSERVACIONES
EL SALVADOR		1. Voto de salvadoreños en el exterior (atiende aprobación de la ley especial para el ejercicio del voto desde el exterior de enero de 2013 con vigencia a partir de presidenciales de 2014). 2. (Sentencia de la CSJ del 5 de noviembre de 2014) Tema: regulación del voto cruzado. 3. Integración plural de los Concejos Municipales (atiende aprobación de nuevo Código Electoral en marzo de 2013). Con anticipación quien ganaba se lo llevaba todo. 4. Votación directa por diputados del Parlamento Centroamericano (atiende reforma de julio de 2014 al Código Electoral).	Establece cuota del 30% de participación de la mujer en planillas para elección de diputados a la Asamblea Legislativa, PARLACEN y miembros de Concejos Municipales	vinculación partidaria con las magistraturas del Tribunal Supremo Electoral y ciudadanización de los Organismos Electorales Temporales, respectivamente. Las sentencias motivaron las reformas al Código Electoral de julio de 2016: Que todos los partidos políticos puedan participar en el sorteo del quinto integrante de las Juntas Electorales Departamentales (JED) y las Juntas Electorales Municipales (JEM). También establece que los integrantes de estos organismos no deberán ser afiliados a los partidos políticos. Para hacer efectivo lo anterior se reforma el Art. 91, sobre la integración y sede de Junta Electoral Distrital; el Art. 92, referente a los requisitos para integrar Junta Electoral Departamental; el Art. 95, integración y sede de Junta Electoral Municipal; y el Art. 97, relativo a los requisitos para integrar Junta Electoral Municipal.		fiscalización del financiamiento político y de los procesos de democracia interna en los partidos. En octubre de 2016 se aprobaron reformas a la Ley de Partidos para regular los plazos en los que deben realizarse elecciones internas e inscripción de candidatos: El nuevo Artículo 37-K establece que las elecciones internas para elegir cargos de elección popular deberán celebrarse a más tardar dos meses antes de la convocatoria a elecciones. Una vez finalizado el proceso de elecciones internas, ya sea para elegir autoridades partidarias o candidaturas a cargos de elección popular, la Comisión Electoral declarará electos a los ciudadanos y ciudadanas que corresponda, y los registrará ante el máximo organismo de dirección del partido político. Sobre las solicitudes de inscripción se reforma el artículo 37-E,	Constitucional ordenó sean integradas por ciudadanos no afiliados a partidos políticos. El TSE estaba trabajando este tema, pero no había claridad si la Asamblea Legislativa lo aprobaría o no.

			ÁMBITO DE LA REFORMA				
PAÍS	RÉGIMEN DE GOBIERNO	SISTEMA ELECTORAL	GÉNERO	ORGANISMOS ELECTORALES	DEMOCRACIA DIRECTA	PARTIDOS POLÍTICOS	OBSERVACIONES
EL SALVADOR						dejando establecido que la solicitud de inscripción como candidato o candidata a cargos de elección popular o a cargos de autoridad partidaria, se presentará ante la Comisión Electoral por el propio interesado. En cuando a la sustitución de candidatos se reforma el artículo 37-L, estableciendo que una vez practicadas las elecciones internas, no se podrán hacer cambios en las listas de candidatos de elección popular, excepto en los casos que el electo no llene los requisitos establecidos en la Constitución y el Código Electoral, por renuncia del candidato en forma escrita o por causa de fuerza mayor, en estos casos lo sustituirá el candidato que haya obtenido mayor cantidad de votos en forma descendente. Se aclara que será nulo de pleno derecho la inobservancia de las reglas establecidas en los incisos anteriores.	

685

	ÁMBITO DE LA REFORMA						
PAÍS	RÉGIMEN DE GOBIERNO	SISTEMA ELECTORAL	GÉNERO	ORGANISMOS ELECTORALES	DEMOCRACIA DIRECTA	PARTIDOS POLÍTICOS	OBSERVACIONES
EL SALVADOR	No	Sí. Se fijó el número de diputados en 160. Los distritos electorales tendrán un número fijo de diputados independientemente de su población. Reconocimiento del voto en el extranjero. Se propone un nuevo calendario electoral.	No. El proyecto de reforma incluía propuestas en materia de la paridad de género pero no fueron aprobadas por el Congreso.			También define que si la papeleta para las elecciones legislativas y Parlamento Centroamericano aún no estuviere impresa, se hará el cambio de la fotografía, de lo contrario, las preferencias a favor del candidato sustituido, valdrán para la persona que lo sustituye.	
GUATEMALA	No	No	No	Sí. Se establece la presidencia rotativa del TSE. Se crea la Unidad de control y fiscalización del financiamiento de los partidos políticos y la Unidad especializada sobre medios de comunicación.	No	No	Esta reforma concluye un proceso iniciado en 2012. Las reformas actuales son consideradas reformas de segunda generación, y se espera que poco a poco ayuden a estabilizar el proceso de actualización del sistema electoral guatemalteco. A fines de 201 existía una discusión para pasar de la lista cerrada y bloqueada hacia el voto preferente. Se estima que este será un tema fuerte de cara a una nueva generación de reformas en 2017.
HONDURAS	No	No	No	No	No	No	
MÉXICO	No	No	No	No	No	No	

PAÍS	ÁMBITO DE LA REFORMA						OBSERVACIONES
	RÉGIMEN DE GOBIERNO	SISTEMA ELECTORAL	GÉNERO	ORGANISMOS ELECTORALES	DEMOCRACIA DIRECTA	PARTIDOS POLÍTICOS	
NICARAGUA	No	No	Sí Se determinó que para todos los cargos salvo el de Presidente tiene que haber 50% de mujeres y 50% de hombres.	No	No	No	En general los cambios sufridos por la Ley Electoral en la última reforma fueron de procedimientos y no de fondo. El cambio más importante fue la posibilidad de elección indefinida del titular del ejecutivo.
PANAMÁ	No	Sí Propuesta para pasar de lista bloqueada con voto preferente único al sistema anterior a la reforma de 2012 que consiste en lista cerrada y desbloqueada con voto preferente. Se pretende también modificar el sistema de adjudicación en los circuitos plurinominales.	Sí Se propone avanzar a un sistema de oferta de paridad y alternancia, pero que no garantiza ninguna cuota porque el elector siempre puede con su voto preferente alterar la oferta electoral.	Sí Se propone modificar la jurisdicción electoral a fin de que se cumpla con la doble instancia en lo administrativo, pues ya existe a nivel penal electoral salvo para los funcionarios que tienen mando y jurisdicción a nivel nacional. (La resolución de las controversias electorales se adjudicarían a los actuales juzgados penales electorales, cuyos fallos podrán ser apelados al TE, que se convierte en un tribunal de apelación).	No	Sí Reducción de umbral para reconocimiento y subsistencia de los partidos políticos. Establecer límites de gastos y donaciones de origen privado. Controles para el cumplimiento de los topes. Controles para la compra de propaganda audiovisual. Prohibición de publicidad estatal (tanto a nivel nacional como local) en el proceso electoral. Adopción de normas para hacer efectivas las sentencias la Corte Suprema de Justicia sobre el tema de candidaturas de libre postulación.	Todas estas reformas forman parte del Proyecto de reformas al Código Electoral presentado a la Asamblea Nacional el 18 de enero de 2016.

PAÍS	ÁMBITO DE LA REFORMA						
	RÉGIMEN DE GOBIERNO	SISTEMA ELECTORAL	GÉNERO	ORGANISMOS ELECTORALES	DEMOCRACIA DIRECTA	PARTIDOS POLÍTICOS	OBSERVACIONES
PARAGUAY	Sí Existen conversaciones preliminares para regular la reelección presidencial vía enmienda constitucional. Existe una fuerte oposición a esta propuesta.	No	Sí Propuesta para establecer la paridad.	No	No	No En 2012 se aprobó una Ley específica sobre financiamiento de los partidos políticos, la cual entró en vigencia recién en 2015.	
PERÚ	No	No	No	No	No	No	
REPÚBLICA DOMINICANA	No	Sí En 2015 se reintrodujo una propuesta de reforma a la ley electoral vigente.	No	No	No	Sí En 2015 se reintrodujo una propuesta de Ley de Partidos Políticos. La propuesta contempla regulaciones en materia de control del financiamiento público y privado, topes en gastos y en tiempos de campaña, franjas para publicidad electoral. El objetivo es mejorar las condiciones de la competencia política (equidad).	En 2015 se hizo una reforma constitucional que integró el tema de la reelección presidencial por dos periodos y nunca más. Desde el 2010, está pendiente hacer una reforma a la legislación electoral para adecuarla a la Constitución aprobada ese año. A fines de 2016 existían dos proyectos importantes. Uno, el de una nueva ley electoral, el cual fue presentado por la Junta Central Electoral en el 2011 y luego reintroducido al Congreso en 2015. También se presentó un proyecto de ley de partidos políticos, primero en el 2011 y luego reintroducido al Senado a principios del 2015. Este último proyecto se viene discutiendo en el país desde hace más de una década.

PAÍS	ÁMBITO DE LA REFORMA						
	RÉGIMEN DE GOBIERNO	SISTEMA ELECTORAL	GÉNERO	ORGANISMOS ELECTORALES	DEMOCRACIA DIRECTA	PARTIDOS POLÍTICOS	OBSERVACIONES
URUGUAY	No	No	No	No	No	En el Senado funciona una Comisión que estudia posibles reformas al régimen de financiamiento político.	
VENEZUELA	Sí Modificación del periodo constitucional del Presidente de la República. Eliminación de la reelección indefinida.	Sí Eliminación de la reelección indefinida de Presidente de la República y demás cargos de elección popular. Sustituir el sistema electoral paralelo, contrario al principio de la personalización del sufragio y la representación proporcional, por un sistema electoral que sea representativo, proporcional y personalizado	Sí 1. Dotar de rango legal al criterio de paridad previsto en el artículo 133 del Reglamento de la LOPRE, aunque modificando su redacción para otorgarle carácter vinculante. 2. Se propone que la proporción de paridad sea de 40/60 –en lugar de 50/50 como propone el Reglamento–, con el objetivo de permitir mayor flexibilidad para su cumplimiento. 3. Se propone que el cumplimiento de este criterio tenga como base las postulaciones presentadas en la totalidad de circunscripciones que integran cada entidad federal.	Sí Se adecuan las competencias del Poder Electoral a la propuesta global de reforma legislativa electoral. En consecuencia: 1. Principio de legalidad: se enfatiza que el ejercicio de todas las competencias del CNE se hará siempre con plena sujeción a la Ley. 2. Reglamentos; se limita, a sus justos términos, la potestad reglamentaria del CNE. 3. Elecciones internas: se establecen pautas para su intervención en procesos electorales internos (sindicatos, gremios, organizaciones con fines políticos u organizaciones de la sociedad civil). Así, la participación del CNE deberá siempre respetar la autonomía de estas entidades/organizaciones. 4. Campaña: se incluye la potestad del CNE de administrar las cesiones obligatorias de los medios de comunicación social durante la campaña electoral. Designación y Remoción de Rectores:	Sí Propuesta para una Ley Orgánica de referendos El objetivo es regular los diferentes tipos de referéndum que existen en Venezuela.	No	Otros temas de la reforma propuesta son: • Principios rectores del proceso electoral. • Registro Electoral. • Convocatoria a elecciones. • Proceso de postulaciones – requisitos. • Campaña electoral y su financiamiento. • Organismos electorales subalternos. • Sistema automatizado. Actos de votación, escrutinio y totalización. • Auditorías – verificación ciudadana. • Mantenimiento de orden público durante la jornada electoral. • Acceso al material electoral. • Observación electoral – nacional e internacional. • Elección a órganos deliberantes de competencia internacional y procesos electorales internos. • Sufragio y participación de electores en el extranjero.

PAÍS	ÁMBITO DE LA REFORMA						
	RÉGIMEN DE GOBIERNO	SISTEMA ELECTORAL	GÉNERO	ORGANISMOS ELECTORALES	DEMOCRACIA DIRECTA	PARTIDOS POLÍTICOS	OBSERVACIONES
VENEZUELA			4. En caso de listas cuyo número de postulaciones sea impar, la diferencia entre el total de mujeres y hombres no sea superior a uno. 5. Es necesario incorporar la exigencia de alternabilidad, que consiste en que la posición y el orden de las postulaciones se distribuyan de forma sucesiva y alternativa entre mujeres y hombres o viceversa, hasta que se agote cada lista.	1. Plazo: los Rectores del CNE serán designados por 7 años sin posibilidad de "reelección". 2. Requisitos de sus integrantes: no ejercer de militancia político-partidista para garantizar su autonomía e independencia en el cumplimiento de sus funciones. 3. Pre-selección de Rectores – Comité de Postulaciones Electorales: se afianza el ejercicio del derecho a la participación ciudadana en asuntos electorales y se "elimina el origen partidista" en este proceso, en tanto será la sociedad civil quien integre tal Comisión; los Diputados de la AN sólo participarán en la fase final de designación. 4. Principios del proceso de selección: autonomía, independencia, imparcialidad, publicidad, transparencia, participación ciudadana, eficiencia, celeridad y meritocracia. 5. Consulta pública: como en caso que la AN no logre el quórum/consenso necesario para la designación de Rectores, su escogencia se someterá a consulta popular. 6. Causales de remoción: se precisan las causales de remoción de los Rectores, procurando mayor seguridad jurídica en este asunto de especial trascendencia.			• Revisión y nulidad de actos electorales. • Régimen sancionatorio.

Matriz de reformas políticas y electorales en América Latina: elaboración propia.
Actualizada a diciembre de 2016.

ANEXO II
CHILE: LA AGENDA DE PROBIDAD 2015-2016

En Chile, el año 2015 estuvo marcado en el ámbito político por los casos de financiamiento irregular de las campañas electorales y la conmoción que estos escándalos provocaron en la ciudadanía, en los partidos políticos, en las instituciones públicas, en el sector privado, en los medios de comunicación y redes sociales, así como en la sociedad en su conjunto.

Frente a este hecho, el gobierno de la presidenta Michelle Bachelet respondió creando un Consejo Asesor Presidencial contra los conflictos de interés, el tráfico de influencias y la corrupción. Las recomendaciones de este Consejo[647] fueron adoptadas, en su mayoría, por el Ejecutivo, el cual envió al Congreso, durante el segundo semestre de 2015, un total de seis iniciativas (todas ellas forman parte de la Agenda de Probidad).

Como bien señala Marcela Ríos, estos casos de corrupción y de financiamiento ilegal de la política conmocionaron a la sociedad chilena y tuvieron el efecto virtuoso de generar una demanda ciudadana y un convencimiento de parte de las autoridades de gobierno, parlamentarios y partidos políticos, de que era imprescindible promover cambios urgentes e importantes a la relación entre dinero y política.

Como resultado de este proceso, a finales de 2015 las primeras cuatro leyes (del paquete de seis) quedaron aprobadas: *1*) sobre pérdida de escaños (Ley de reforma constitucional 20.870); *2*) sobre probidad en la función pública y prevención de los conflictos de

---

647   Véase el Informe del Consejo en www.consejoanticorrupcion.cl.

intereses (Ley 20.880, que amplía las declaraciones de patrimonio e intereses); *3*) la reforma constitucional Ley 20.860, que otorgó autonomía constitucional al Servicio Electoral (en adelante Servel), y *4*) la que regula y amplía las facultades de esta última institución (Ley 20.900, para el fortalecimiento y transparencia de la democracia).

Las dos leyes que estaban pendientes: *1*) sobre "fortalecimiento y transparencia de la democracia" (Ley 20.900, que regula el financiamiento de las campañas electorales,) y, *2*) Ley 20.915, que "fortalece el carácter público y democrático de los partidos políticos y facilita su modernización", fueron aprobadas por el Congreso en enero de 2016 y promulgadas por la presidenta Bachelet el 11 de abril del mismo año.

Todas estos cambios, junto con la reforma electoral y las modificaciones introducidas al Servel (en relación con su autonomía y funciones) constituyen una profunda transformación –sin lugar a dudas la más importante desde el retorno de Chile a la democracia– de las reglas del juego y de los incentivos con que venía funcionando el sistema político, las cuales, seguramente, generarán nuevas dinámicas en la competencia por el poder, en el sistema de partidos, en la relación entre el dinero y la política y en el tipo de representación.

Como bien expresó la presidenta Bachelet en la ceremonia de promulgación:

> [Estas] normas [...] establecen un conjunto de medidas que imponen obligaciones y límites muy precisos a la actividad partidaria y electoral, entre otros aspectos, transparentando y democratizando la vida interna de los partidos y eliminando definitivamente el poder del dinero del financiamiento electoral [...]. Chile merece una política que se hace de frente, que no tiene nada que esconder, que se somete al escrutinio público, a la sana competencia y la transparencia. Una política que se construye a partir de ideas y no de eslóganes, que sabe dialogar, que reconoce la diversidad y que crea un bien común. Una política cuyo único norte es el bienestar, la libertad y la paz de las personas.

Con respecto a los cambios normativos sobre fortalecimiento y transparencia de la democracia y sobre la modernización y fortalecimiento del carácter público de los partidos políticos, Bachelet señaló que, con estas leyes

[…] estamos fijando nuevas reglas para nuestra democracia; estamos haciendo lo necesario para que la democracia sea un espacio de juego limpio, no queremos para Chile una política que se hace a espaldas de la gente o que pueda verse contaminada con el dinero; no queremos que triunfe el que pone más carteles o el que contrata más brigadistas; no queremos que en los partidos las designaciones se hagan a dedo, ni que existan barreras para los que quieran trabajar desinteresadamente por su país; no queremos que las mujeres y los jóvenes queden fuera del liderazgo político. […] A partir de ahora, con estas nuevas leyes, las reglas del juego de la política chilena cambiaron; son más exigentes, más transparentes, con prohibiciones claras y pérdida de escaño para quienes cometan delito. Las empresas ya no van a poder financiar a candidatos, entre otras prohibiciones.

A continuación, resumimos las principales reformas introducidas por ambas leyes en relación con las siguientes cuestiones: *1*) los partidos políticos; *2*) el financiamiento de las campañas electorales; incluyendo el tema de la propaganda y el gasto electoral; *3*) la autonomía constitucional y las nuevas atribuciones de Servel, y el endurecimiento del régimen de sanciones.

1.   Partidos políticos: naturaleza jurídica, democracia interna y financiamiento. La nueva ley de partidos políticos regula a estas organizaciones como instituciones de derecho público, las cuales tendrán dentro de sus principales deberes promover la participación ciudadana.

     La democracia interna –como bien apunta Eduardo Engel– fue una de las áreas temáticas que más debate concitó. Las reformas aprobadas van dirigidas a fortalecer de manera importante la democracia interna de los partidos, lo cual debería traducirse en partidos más democráticos y más programáticos. Estos cambios, de lograrse en la práctica, deberían hacer más atractiva la participación ciudadana en los partidos políticos, sobre todo la de los jóvenes.

     De manera resumida, cabe señalar que los partidos deberán reinscribir a sus militantes en un plazo de 12 meses desde la promulgación de la ley, de modo que sus padrones sean confiables; quienes quieran ingresar a un partido no podrán ser rechazados de manera arbitraria. Todos los militantes podrán acceder a los padrones electorales (de modo de terminar con los caciques) y ningún candidato tendrá ventajas indebidas en elecciones internas futuras. Las elecciones de las directivas de los partidos serán supervisadas por el Servel, que tendrá la facultad de instalar ministros de fe en los lugares de votación. Habrá mayor equidad de género en las directivas, y éstas serán escogidas mediante elección directa (un militante = un voto) o vía un órgano intermedio. El financiamiento de los partidos tendrá un componente de financiamiento público importante y el financiamiento privado sólo provendrá de personas naturales, y la información será de carácter público.

Más precisamente, entre los principales cambios introducidos a la ley de partidos políticos destacan, por su importancia, los siguientes:

a. Concepto de partidos: son asociaciones dotadas de personalidad jurídica de derecho público, que expresan el pluralismo político, concurren a la formación y expresión de la voluntad popular y son mediadoras entre los ciudadanos y el Estado.

b. Constitución de partidos: *1*) se necesitan las firmas de afiliados de 0.25% de los votantes en la última elección de diputados provenientes de al menos tres regiones contiguas o de ocho en todo el país; *2*) se simplifica el procedimiento de constitución de un partido político disponiendo, entre otras medidas, que el notario que intervenga no podrá negarse injustificadamente a extender la correspondiente escritura pública, ni podrá cobrar por ella.

c. Afiliación: *1*) se establecen plazos de respuesta a la solicitud de ingreso y se prevé que, si no hay respuesta dentro de dicho plazo, la misma se entiende aceptada; *2*) el Servel está a cargo de la actualización de los padrones de los partidos, y *3*) las autoridades partidarias deberán entregar los padrones a solicitud de cualquier afiliado.

d. Aportes: *1*) sólo se permiten aportes provenientes de personas naturales, los de personas jurídicas quedan prohibidos, y *2*) el aporte máximo de personas naturales a partidos políticos es de 300 UF* al año si no es afiliado y de 500 UF si es afiliado.

---

* Unidad de Fomento: unidad de cuenta reajustable de acuerdo con la inflación.

e. Financiamiento público: *1*) distribución: 20% del financiamiento se distribuye entre todos los partidos de acuerdo al número de regiones en que esté constituido y el restante 80% entre todos los partidos que cuentan con representación parlamentaria, de acuerdo con el resultado electoral que hayan obtenido durante la última elección. De ese monto, 10% debe destinarse a fomentar la participación de las mujeres; *2*) se fijan nuevas normas de publicidad de contabilidad; *3*) se establece la reinscripción de los afiliados como requisito para la entrega del financiamiento público, la cual, deberá realizarse dentro de los 12 meses luego de promulgada la ley. Los partidos que no lleven a cabo la reinscripción quedan suspendidos de sus derechos y no se contabilizan en el padrón. La reinscripción se puede llevar a cabo de forma personal ante ministro de fe, por internet o votando en las siguientes elecciones internas.

f. Derechos y deberes: se establece un estatuto mínimo.

g. Cuotas de género: Se fija un equilibrio de género dentro de los organismos directivos, estableciendo en la integración de los órganos directivos debe imperar una cuota de 60/40. Es decir, ningún género puede tener una presencia mayor a 60% ni menor a 40 por ciento.

h. Disolución: se sanciona con la disolución del partido político la infracción grave y reiterada de las normas sobre financiamiento de los partidos políticos.

i. Transparencia: impone a los partidos políticos el deber de mantener a disposición permanente del público, a través de sus sitios web, en forma completa, actualizada al menos trimestralmente y de un modo que permita su fácil identificación y un acceso expedito, la información que guarde relación con la transparencia de sus principios, institucionalidad y financiamiento, entre otras materias.

j. Organización interna: establece una nueva forma de organización interna de los partidos, señalando que éstos deberán contar, al menos, con las siguientes estructuras: un órgano ejecutivo; un órgano intermedio colegiado y un tribunal supremo, los que deberán ser conformados tanto a nivel nacional como regional: *1*) elecciones internas: *a*) el Servel las puede fiscalizar como ministro de fe; *b*) en materia de democracia directa se dispone que el órgano ejecutivo puede ser electo directamente por los militantes o por el órgano intermedio colegiado, según determinen los estatutos. En el segundo caso, el órgano intermedio colegiado debe ser electo por los militantes directamente; *c*) las elecciones se realizarán al menos cada tres años; *d*) el Servel debe aprobar los reglamentos internos de las elecciones: *e*) se pueden reclamar ante el Tribunal Supremo y, con ciertos requisitos, ante el Tribunal Calificador de Elecciones; *f*) se crean los tribunales regionales; *g*) se regula su régimen patrimonial, con ciertas limitaciones: uso de bienes raíces mayoritariamente para el cumplimiento de sus fines, limitaciones en relación con los tipos de instrumentos en que los partidos pueden invertir. *2*) Transparencia: *a*) deberes de transparencia activa: publicar la información en el sitio web de los partidos, actualizada cada tres meses y que se podrá reclamar por la infracción al Consejo para la Transparencia; *b*) transparencia pasiva: se replican las causales de reserva del artículo 8° de la Constitución y se puede reclamar al Servel por denegaciones.

k. Disolución: se eleva el número de parlamentarios que deben contar los partidos para no disolverse por no alcanzar un umbral de votaciones, el que también se aumenta.

l. Sanciones: se clarifican las sanciones por infracciones a la ley, dando un catálogo amplio al Servel, desde multas hasta la disolución del partido político.

m. Fiscalización: se otorgan mayores facultades al Servel para fiscalizar el cumplimiento de la ley.

Otras disposiciones relativas a los partidos políticos:

➢ Los partidos sólo podrán invertir su patrimonio financiero proveniente del fisco en valores de renta fija emitidos por el Banco Central, en depósitos a plazo y cuotas de fondos mutuos.

➢ Los partidos deberán informar anualmente al Servel la totalidad de los bienes inmuebles inscritos a nombre del partido.

➢ Se acordó que dos tercios de las propiedades deberán dedicarse en forma exclusiva a los fines partidarios, mientras que lo demás se podrá arrendar.

2. Reformas relativas al financiamiento de las campañas electorales. Los cambios introducidos tienen como uno de sus principales objetivos contar con campañas más propositivas y menos centradas en el marketing.

Se define un concepto mucho más general de propaganda electoral, de modo que ahora no sólo el llamado directo a votar será considerado campaña, y los gastos que se realicen antes del plazo se contabilizan con el doble de su valor para efectos del límite de gasto. También existirá un registro de brigadistas y los candidatos serán responsables por los delitos que aquéllos cometan.

También se contempla una mejora importante en relación con la transparencia del financiamiento de campañas. La mayoría de las donaciones (al menos 80% del financiamiento de cada candidato) se harán públicas durante la campaña, con el objetivo de que la identidad de los principales financistas de cada candidato sea conocida antes de elegir entre ellos. Sólo las donaciones menores no serán conocidas por los votantes (pero sí por el Servel y el candidato, quien puede optar por rechazarlas) con objeto de proteger a ciudadanos que quieran contribuir a las campañas sin temor a represalias de sus empleadores.

Evaluación. Más allá de los importantes avances, subsisten algunas deficiencias, entre ellas: *1*) no se adoptan medidas concretas para evitar el uso de fondos públicos para fines electorales por parte de los gobiernos, como, por ejemplo, prohibir nuevas contrataciones por honorarios durante periodos electorales, y *2*) no se exige que la propaganda electoral de los candidatos consigne el logo de su partido.

El proyecto de fortalecimiento y transparencia de la democracia fija un financiamiento estatal a los partidos. Por ello, la nueva legislación prohíbe los aportes de personas jurídicas o empresas, además de rebajar el límite al gasto electoral. Sin embargo mantiene los aportes anónimos, aunque con otro nombre: "aportes menores sin publicidad", si bien ven disminuidos sus topes.

Además de todo lo anterior, se disminuye el límite de gasto electoral y se fijan nuevas restricciones a la propaganda electoral.

2.1. Propaganda electoral: *a)* se amplía el sujeto y concepto, entendiendo por propaganda la que promueve la imagen de cualquier persona para fines electorales; *b*) sólo puede realizarse propaganda en espacios públicos, plazas o parques expresamente autorizados por el Servel, de acuerdo con el listado que publica; *c*) se prohíben las gigantografías y palomas; *d*) se establece registro de brigadistas; los candidatos, jefes de campaña o quienes estén a cargo de coordinarlas, son subsidiariamente responsables de los daños dolosamente causados por éstos, y deberán denunciar toda falta o delito cometido por sus brigadistas; *e*) la propaganda con infracción a la ley tiene sanción de multa de 20 a 200 UTM,** y el Servel habilitará un sitio electrónico para recibir denuncias; *f*) programa y declaraciones de intereses y patrimonio: se establece la obligación de los candidatos a Presidente presentar programas de gobierno en el momento de declarar candidaturas, así como hacer declaración de intereses y patrimonio.

2.2. Gasto electoral: *1*) concepto: gasto electoral es todo desembolso en dinero o contribución evaluable en dinero realizado por el candidato o un tercero en su favor; *2*) mayor aporte estatal: sube de 0.01 a 0.02 UF por votos obtenidos en la última elección. Asimismo, se incrementa el aporte que los candidatos a presidente de la Republica reciben por concepto de reembolso de gastos electorales al término de las campañas, de 0.03 a 0.04 UF por voto obtenido; *3*) se rebaja el límite de gasto electoral en 50%, con excepción del caso de las elecciones municipales, donde se mantuvo el límite vigente debido a su bajo monto: *a*) disminuye el aporte de las personas naturales: no podrán aportar, en una misma elección, una suma que exceda 10% del límite del gasto electoral fijado para la respectiva comuna, y tampoco podrá efectuar en una misma elección de alcaldes o concejales aportes por una suma superior a las 1000 o 2000 UF en el caso de comicios parlamentarios, de consejeros regionales o presidenciales; *b*) todos los aportes efectuados a candidatos o sus partidos durante las campañas electorales deberán ser públicos y fácilmente consultables por la ciudadanía; *c*) aportes menores sin publicidad: se consagra esta nueva figura, que reemplaza a la de los aportes anónimos. De esta forma, el candidato conocerá los montos y tendrá la opción de aceptarlos o rechazarlos. La identidad del aportante se mantendrá en reserva para la ciudadanía. Los partidarios de mantener este resguardo ejemplifican el caso de personas cuyo empleador tiene una sensibilidad política distinta. Para las elecciones presidenciales, el monto máximo se estableció en 40 UF; de 20 UF para los comi-

---

** Unidad Tributaria Mensual

cios parlamentarios y de 15 UF para los de alcaldes; *d*) los aportes personales que los candidatos efectúen no pueden superar 25% del gasto electoral permitido; *e*) se regula el periodo de la precampaña electoral: la campaña electoral (solamente para quienes aspiren a ser candidatos a Presidente de la República) se extiende por un periodo que inicia 200 días anteriores a la elección. En ese periodo podrán percibir los aportes de personas naturales y se aplicará, como límite al gasto electoral, 10% de lo permitido para la elección presidencial; *f*) pérdida de escaño: podrán perder su escaño aquellos representantes que cometan infracciones graves a la legislación sobre el control y gasto electoral.

3. Nuevas facultades para el Servel y endurecimiento de las sanciones: *1*) el Servel será el encargado de fiscalizar los procesos electorales, y para ello contará con autonomía constitucional, al tiempo que tendrá nuevas atribuciones y mayores herramientas de control, y *2*) con base en sus nuevas facultades, el Servel podrá fiscalizar en terreno el cumplimiento del límite al gasto, lo cual le permitirá detectar fuentes de financiamiento ilegal. La nueva legislación contempla asimismo un endurecimiento de las sanciones (las cuales se espera tengan un efecto disuasivo), que van desde multas hasta la pérdida del cargo y penas de cárcel.

Otra novedad es que la nueva ley permite que los ciudadanos (y ya no sólo los presidentes de los partidos, como estipulaba la legislación anterior) puedan denunciar al Servel la propaganda fuera de plazo, de mayor tamaño que la permitida o instalada en lugares no autorizados. También podrán denunciar otros ilícitos, como financiamiento ilegal de partidos y campañas.

Se fijan nuevas regulaciones a la estructura, funciones y atribuciones del Servel, considerando los cambios ya introducidos en la reforma de autonomía del organismo. Entre estas medidas cabe citar: *1*) se crean nuevas subdirecciones y funciones fiscalizadoras del Servel a partidos, campañas y financiamiento, y *2*) se aumenta la planta del Servel, se crea un bono electoral y se establece la posibilidad de contratar personal por honorarios en periodo de elecciones.

En relación con el régimen de sanciones, también hay importantes novedades: *1*) se determina que quien otorgue u obtenga aportes para candidaturas o partidos políticos, cuyo monto exceda 40% los topes establecidos en la ley tendrá una pena de presidio menor en su grado mínimo a medio (o sea, desde 61 días a 3 años y un día), además de una multa equivalente al triple del monto involucrado; 2) en el caso de que existan aportes de personas jurídicas (empresas) se fija la misma pena de hasta tres años y un día, además de multa por el triple del monto otorgado u obtenido; 3) si un administrador electoral, administrador general electoral o administrador general de los fondos de un partido político entrega información falsa al Servel, recibirá penas de prisión menor en su grado máximo (tres años y un día a cinco años); 4) se establece sanción de multa del triple de lo donado en el caso de las personas jurídicas; 5) se establecen sanciones de presidio para ciertas infracciones a la ley; 6) se establecen las causales de pérdida del cargo: sobrepasar el límite al gasto en más de 25% siempre que sea superior a 100 UF y ser condenado por algunos de los delitos establecidos en la ley, y 7) se establece la prescripción de dos años contados a partir de la comisión de la infracción.

Evaluación final. Pese a los importantes avances logrados gracias a esta ambiciosa reforma, subsisten a juicio de ciertos analistas determinadas deficiencias, entre las que cabe citar: 1) la falta de medidas concretas destinadas a evitar el uso de fondos públicos para fines electorales por parte de los gobiernos, como, por ejemplo, la falta de prohibición de llevar a cabo nuevas contrataciones de honorarios durante los períodos electorales; 2) no obstante que la nueva legislación prohíbe los aportes de personas jurídicas, mantiene en cambio los aportes anónimos de personas naturales, si bien con otro nombre: "aportes menores sin publicidad", lo cual podría afectar el principio de plena transparencia; 3) en materia de fiscalización, y pese a los importantes avances registrados en este ámbito subsisten algunas deficiencias, entre ellas: falta de consideración de las condiciones de reemplazo por pérdida del cargo por infracciones graves a las leyes sobre financiamiento y el mantenimiento de la regla vigente que establece que es el partido el que designará al reemplazante; 4) respecto del régimen de sanciones, si bien estoy a favor del endurecimiento de las mismas, observo como debilidad que los delitos prescriben a los dos años pero contados a partir de que se comete la infracción. En efecto, como las rendiciones de cuentas de los partidos incluyen información clave para iniciar una investigación, hubiese sido más razonable que la prescripción comenzara a correr desde el momento en que el candidato o candidata hace entrega de dicha cuenta a la autoridad electoral; y *5)* la reforma adolece de una completa adecuación del Tribunal Calificador de Elecciones –TRICEL- (institución que recibirá las apelaciones de las sanciones impuestas por el Servel), a esta nueva realidad en la que el TRICEL tendrá probablemente mucho más trabajo que en el pasado. Finalmente, cabe señalar la crítica de parte de determinados analistas y políticos que consideran que la citada reforma política y electoral ha pecado de una regulación excesiva en materia de campañas electorales, agravado por la existencia de límites muy bajos en relación con el gasto electoral, provocando –como pudimos constatar durante la pasada elección municipal de octubre de 2016- un alto grado de invisibilización de las propuestas y haber contribuido, quizás, a un aumento del abstencionismo. En mi opinión, comparto solo parcialmente esta posición, ya que si bien coincido con algunas de las críticas arriba expresadas, considero asimismo que los partidos y candidatos que participaron en la pasada elección municipal no tuvieron la capacidad de saber innovar a la hora de hacer sus propuestas a la ciudadanía (compensando la disminución de recursos publicitarios disponibles con un incremento del contacto personal con la población) como es el espíritu buscado por la citada reforma.

ANEXO III
LA REFORMA ELECTORAL DE 2016 EN GUATEMALA

1. Contexto de la reforma

DESDE la promulgación en 1985 del Decreto 01-85, Ley Electoral y de Partidos Políticos, como herramienta para construir la legitimidad de las instituciones de la emergente democracia guatemalteca, varios han sido los intentos por avanzar en una reforma electoral que complementara y mejorara los avances obtenidos con esa Ley. Si bien en el transcurso de varias décadas se discutieron algunos textos con el objetivo de implementar una nueva reforma electoral, la realidad es que solamente dos proyectos han resultado en modificaciones relevantes a la ley electoral: la reforma dada en 2004, corregida en 2006, y más recientemente, la aprobada en mayo de 2016.

La coyuntura política generada por los escándalos de corrupción que salieron a la luz en 2015, fue el marco de referencia que motivó y facilitó la aprobación de la más reciente reforma. En efecto, cuando en abril de ese año el Ministerio Público y la Comisión Internacional en Contra de la Impunidad en Guatemala (CICIG) pusieron en evidencia los nexos entre altos funcionarios públicos (entre ellos, el Presidente y la Vicepresidenta) y una red de defraudadores aduaneros, además de otros hechos delictivos que salpicaban a los partidos políticos,[648] la sociedad guatemalteca reaccionó de forma contun-

---

648 Véase Joel Suncar, "La Línea y el manejo de una estructura" *Prensa libre*, 16 de abril de 2015. Disponible en: http://www.prensalibre.com/guatemala/politica/la-linea-y-el-manejo-de-una-estructura.

dente con una movilización sin precedentes en los últimos cuarenta años.

El destape del caso "La Línea" congregó a los guatemaltecos a manifestarse, sábado a sábado, durante más de 20 semanas, en la Plaza Central frente al Palacio Nacional, exigiendo la renuncia de sus autoridades, la depuración del Congreso de la República y la implementación de reformas estructurales en el sistema político y electoral.

Es en este escenario que se escribe el capítulo más reciente de la reforma electoral en Guatemala. El Tribunal Supremo Electoral (TSE), con el apoyo de gran diversidad de organizaciones de la sociedad civil, agrupadas muchas de éstas en la Plataforma Nacional para la Reforma del Estado y la Convergencia Nacional para la Reforma Política (Conarep), hizo propio el clamor popular y el 26 de junio de 2015, aprovechando el impulso que otorgaban las manifestaciones ciudadanas, entregó al Congreso de la República la iniciativa Nº 4974.

Con la iniciativa remitida por el TSE, más una anterior que había sido dictaminada por el Congreso antes de la crisis política (Nº 4535), además de los aportes de la sociedad civil organizada –el Parlamento integró una nueva iniciativa (Nº 4783) que fue aprobada en primera y segunda lectura, y remitida a la Corte de Constitucionalidad (CC) para su opinión consultiva en octubre de 2015. Por su parte, la CC envió su dictamen final en febrero de 2016.

El recorrido que hubo de hacer el proyecto de ley no pasó desapercibido o sin tropiezos, puesto que las reformas enfrentaron a los poderes Legislativo y Ejecutivo. En efecto, una vez recibido el dictamen de la CC, el Congreso realizó la respectiva aprobación y lectura por artículos, y el proyecto de ley fue enviado al Presidente de la República para su sanción.

Entre los presidentes de ambos poderes del Estado hubo un intercambio poco cordial de comentarios respecto al proyecto de ley. De acuerdo con Mario Taracena, Presidente del Congreso, entre el Congreso y el dictamen de la CC se aprobaban más de 80% de lo que proponía el TSE. Sin embargo, a criterio del Presidente de la República, Jimmy Morales, esas reformas no representaban el clamor popular porque dejaban fuera algunos aspectos relevantes solicitados por la ciudadanía, tales como la prohibición de la reelección, la paridad y alternabilidad para grupos vulnerables, entre otros.[649] Por ello, el Presidente se inclinaba por vetar las reformas.

Ante esa coyuntura de desacuerdo, el Jefe del Poder Ejecutivo decidió convocar a un ejercicio de reflexión desde la sociedad civil. Así, en un encuentro en el que participaron 31 representantes de esas organizaciones, 30 manifestaron su acuerdo en que, si bien las reformas no eran perfectas, sí significaban un gran avance en materia de acceso a medios de comunicación, control del financiamiento y fortalecimiento del Tribunal Supremo Electoral. El Presidente decidió entonces sancionar las reformas e iniciar de inmediato un diálogo para presentar una nueva generación de propuestas que recogiera lo omitido.[650]

Cabe destacar que la reforma aprobada fue procesada en tiempo récord, puesto que en un año transitó por todas las instancias –Congreso de la República y Corte de Constitucionalidad–, hasta ser sancionada por el Presidente de la República el 25 de mayo y publicada, finalmente, en el *Diario Oficial* el 1 de junio de 2016. Si bien no se alcanzó el objetivo inicial, con respecto a que estuviese aprobada antes de las elecciones de septiembre de 2015, lo cierto es, que hasta hace algunos meses los más comprometidos con las reformas al sistema político podrían haber coincidido en la imposibilidad de concretarlas en el corto plazo, por lo que de alguna manera, la pronta sanción del proyecto de ley N° 4783 se perfiló como una efectiva gestión de las autoridades del Congreso y del gobierno por atender la demanda social de avanzar hacia mecanismos de fortalecimiento y depuración del sistema político.

---

649 Véase Joel Suncar y Geovanni Contreras, "Taracena y Morales se enfrentan por las reformas a la ley electoral", *Prensa libre*, 10 de mayo de 2016. Disponible en:http://www.prensalibre.com/guatemala/politica/taracena-y-morales-se-enfrentan-por-reformas-a-ley-electoral.

650 Véase Presidente Morales sanciona reformas a Ley Electoral, pero enviará nueva iniciativa al Congreso. Disponible en http://www.guatemala.gob.gt/index.php/noticias/item/2161-presidente-morales-sanciona-reformas-a-ley-electoral-pero-enviara-nueva-iniciativa-al-congreso. Véase también: Eder Juárez, "Inicia discusión para nuevas reformas a la Ley Electoral", *REPÚBLICA.GT*, s/f. Disponible en: http://www.republicagt.com/politica/inicia-discusion-para-nuevas-reformas-a-la-ley-electoral/.

2. Principales contenidos de la reforma

Es posible afirmar que la reforma electoral guatemalteca de 2016 atendió dos necesidades claramente definidas: la primera, complementar aspectos que habían quedado irresueltos o no ampliamente desarrollados en la reforma de 2004-2006 y, la segunda, atender las demandas de la población surgidas a raíz de la crisis política de 2015.

En relación con el primer planteamiento, puede señalarse, que se trataba de actuar sobre problemas claves de funcionamiento del sistema electoral y de partidos, que básicamente se pueden sintetizar en los siguientes:

- ➢ La elevada dependencia financiera de los partidos políticos de capitales privados, principalmente para las campañas electorales y, directamente vinculado a esta dependencia, el alto riesgo de penetración de redes de crimen organizado y corrupción.
- ➢ Debilidad del régimen de sanciones y limitada capacidad jurisdiccional del TSE.
- ➢ Poca presencia y representación territorial de los partidos,
- ➢ Reglas laxas y difusas para la creación y cancelación de partidos políticos.
- ➢ Poca capacidad de control y fiscalización de los partidos por parte del TSE.
- ➢ Escasa efectividad de los mecanismos de transparencia y rendición de cuentas establecidos en la reforma del 2004-2006.
- ➢ Limitada democracia interna de los partidos y poca inclusión de segmentos de población como las mujeres, los indígenas y los migrantes.

Con respecto a la segunda necesidad planteada, la reforma aprobada trató de atender las demandas de la ciudadanía, principalmente en relación con los siguientes temas:

- ➢ La no reelección de diputados, e incluso de alcaldes.
- ➢ Establecimiento de control y sanción al transfuguismo parlamentario.
- ➢ Validez del voto nulo en las elecciones y obligación de repetir las elecciones en caso de que el voto nulo resultase mayoritario.
- ➢ Posibilidad de presentar candidaturas al parlamento a través de comités cívicos departamentales.

La iniciativa 4783 aprobada por el Congreso y remitida a la CC incluyó los aspectos citados, aunque racionalizados desde la perspectiva del proceso de construcción de acuerdos políticos y posteriormente, desde el análisis de constitucionalidad que la CC realizó. Como se indicó anteriormente, la reforma no llenó todas las expectativas entre los sectores políticos y sociales guatemaltecos, pero hubo consenso en que representó un avance importante para regular el funcionamiento del sistema político.

Se puede señalar que, en términos generales, la reforma abordó cuatro temas fundamentales (y sus respectivos subtemas), los cuales se presentan en la siguiente tabla, y serán desarrollados de seguido.

CUADRO 1.   *Guatemala: Ejes temáticos de la Reforma Electoral 2016*

Tema	Subtemas
Ciudadanía y sufragio	Voto en el exterior, residencia electoral, voto nulo.
Partidos políticos	Democracia interna, gobierno, existencia legal, transfuguismo parlamentario, financiamiento, control y fiscalización.
Órganos electorales	Atribuciones del TSE, presidencia rotativa, vacancias, elección de la magistratura, calificación de elecciones por cargos intermedios, nuevos órganos del TSE.
Proceso electoral	Cambios en el calendario electoral, definición de voto nulo, voto blanco, voto inválido, número fijo de congresistas, plazos de repetición de elecciones, regulación de vacantes en el Parlamento centroamericano, regulación de las elecciones municipales, inscripción de candidaturas, regulación de propaganda electoral, publicidad de información electoral relevante.

FUENTE: Elaboración propia.

A. *Ciudadanía y sufragio*

La reforma apunta a ampliar los márgenes de inclusión del régimen electoral, tanto desde la lógica de reconocer ciertos actores excluidos de los procesos electorales –como la población migrante– contener prácticas negativas que alteran la conformación del padrón electoral en ciertos distritos, especialmente, en el ámbito local; y dotar de mayor poder al ciudadano, dando validez a su decisión de votar nulo. En específico, la reforma señala lo siguiente:

➢ *Establecimiento del derecho de voto de nacionales en el exterior.* Se incorpora el derecho al voto en el extranjero a los ciudadanos guatemaltecos para la elección de Presidente y Vicepresidente. (Reforma del artículo 12 LEPP.).

➢ *Establecimiento de límites al llamado acarreo de votantes (cambios artificiales de residencia electoral).* Se sanciona y regula el cambio ficticio de residencia electoral, estableciendo como requisito que el cambio se realice, como mínimo, un año antes de la convocatoria a elecciones. (Reforma del artículo 13 LEPP.).

➢ *Validez del voto nulo.* La reforma establece que el voto nulo será contabilizado como voto válido. Se busca dar mayor utilidad al voto nulo como expresión de la voluntad del ciudadano. La norma establece que el voto nulo, incluso, puede obligar a la repetición de una elección en el distrito o circunscripción específica de que se trate, siempre y cuando alcance la mayoría absoluta.

B. *Partidos y otras organizaciones políticas*

a. *Gobierno y democracia interna de los partidos políticos*

Dos preocupaciones orientan la reforma en esta materia: la necesidad de crear mecanismos explícitos para fortalecer los grados de democracia interna de los partidos y cómo mejorar su gobierno interno. En el primer caso, el tema pasa por tratar de mitigar el predominio y sujeción de los partidos a líderes específicos; el segundo, por facilitar el funcionamiento de los órganos de gobierno interno y reducir los costos asociados a su funcionamiento. La preocupación por la democracia y mejor funcionamiento al interior de los partidos se ve reflejada en las siguientes reformas puntuales:

➢ *Se establece el principio de representación proporcional de minorías en la integración de órganos de gobierno interno.* Se establece que el Comité Ejecutivo Nacional deberá estar integrado de manera proporcional por las diferentes corrientes internas que compitan por la conducción del partido. (Reforma del artículo 28 LEPP.)

➢ *Se modifica la integración y vigencia del Comité Ejecutivo Nacional* (CEN). Se reduce el número de miembros de 20 a 15 y se aumenta el periodo de vigencia de ese cuerpo colegiado de dos a tres años. Con ello se busca facilitar el funcionamiento del CEN y el establecimiento del quórum de ley, así como dar mayor estabilidad a la conducción del partido. Asimismo, reduce los costos de funcionamiento interno de los partidos, al ampliar el periodo entre la realización de asambleas. (Reforma artículo 31 LEPP.)

➤ *Se incorporan regulaciones sobre la Secretaría General del Partido y sus órganos departamentales y municipales.* Se aumenta el periodo de representación a tres años, cambio que alinea su periodo al del CEN, y se establecen límites a la reelección; la Secretaría General podrá reelegirse por una vez consecutiva y podrá optar nuevamente al puesto dejando pasar un periodo. Asimismo, se prohíbe que la persona que ocupe la Secretaría General asuma cargos o empleos públicos en el Estado en cualquier modalidad, con lo cual se busca que se enfoque estrictamente al fortalecimiento de la organización partidaria, especialmente en aquellos casos en los que el partido asuma el poder u obtenga representación parlamentaria. Estas regulaciones alcanzan también a las secretarías departamentales y municipales. (Reformas artículos 32, 43 y 50 LEPP.).

b. *Existencia legal de las organizaciones políticas*

Dada la dinámica guatemalteca de altos índices de nacimiento y muerte de partidos políticos, así como la existencia de los llamados partidos latentes (los que tienen existencia legal pero no compiten en elecciones), la reforma busca mejorar los procesos de registro, existencia y cancelación de los partidos. Los principales cambios aprobados en este ámbito son:

➤ *Inscripción de los partidos políticos.* Se especifica la condición o carácter de "compareciente" para los inscritos en el Acta de Constitución de un partido político, con lo que se busca dotar de certeza no sólo la existencia de las personas sino su voluntad expresa de crear y participar en una organización política. (Reforma artículo 63 LEPP.) Complementariamente, se precisa una serie de elementos que deben formar parte sustancial de los estatutos del partido político, que incluye aspectos tales como: definición de la filosofía que constituye su fundamento ideológico; admisión del pluralismo ideológico y político en el sistema de partidos; regulación precisa de la democracia interna del partido; manifestación de que aceptarán las decisiones de la mayoría y respetarán las opiniones de la minoría; aceptación de la representación proporcional de minorías en los órganos de dirección del partido; admisión de la existencia de corrientes políticas al interior de los partidos, y establecimiento de sanciones rigurosas para las conductas de los afiliados que sean contrarias a las declaraciones de derechos humanos, convenios y tratados internacionales que en esa materia hayan sido ratificados por el país. (Reforma artículo 65 LEPP.).

➢ *Cancelación de partidos políticos.* Se indica que, además de la regla vigente de que un partido será cancelado si en las elecciones para Presidente y Vicepresidente de la República o en el Listado Nacional para cargos de diputados no obtiene al menos 5% de los votos válidos emitidos, la cancelación del registro legal también podrá aplicarse cuando un partido no postule candidatos a la Presidencia y Vicepresidencia de la República o no postulen candidatos a diputados en más de la mitad de los distritos electorales, salvo que haya alcanzado representación en el Congreso. (Reforma artículo 93 LEPP.).

➢ *Reglas sobre los comités cívicos electorales.* Además de redefinir el carácter de estas organizaciones no permanentes[651] de postulación de candidaturas a nivel municipal, como representantes de sectores sociales, corrientes de opinión y pensamiento político (Reforma artículo 97 LEPP), se establece que los comités serán regulados y sancionados utilizando supletoriamente las normas que al respecto existen para los partidos políticos. (Reforma artículo 101 LEPP.).

c. *Transfuguismo parlamentario*

Guatemala es uno de los países que muestra un comportamiento más agresivo en materia de transfuguismo. Alrededor de 60% de los congresistas en las últimas legislaturas han cambiado de partido al menos una vez, lo cual hace más compleja la gobernabilidad interna del Congreso y el establecimiento de acuerdos estables tanto en materia de relaciones de poder como de agenda legislativa. La reforma apuntó a poner controles al fenómeno del cambio de partido, estableciendo dos limitaciones explícitas:

---

651 Los comités cívicos tienen vigencia desde la fecha de la convocatoria a las elecciones hasta el día en que éstas se realizan, independientemente de su resultado. Puede darse el caso de que un comité cívico obtenga una alcaldía y aun así desaparezca.

➤ Limitación para que un partido pueda recibir a diputados electos por otra agrupación, con lo cual, si bien no hay prohibición expresa de que un diputado pueda renunciar a su partido, sí se impide que pueda incorporarse a otro partido o bancada legislativa.

➤ Indicación expresa de que los puestos asumidos por un diputado en los órganos de gobierno interno y comisiones legislativas serán del partido y no del congresista. (Reforma artículo 205 LEEP.).

Esta reforma busca quitar incentivos a los diputados tránsfugas. Si bien no existe prohibición expresa de renuncia de un congresista a su partido, queda en condición de marginalidad en la vida legislativa por cuanto no puede asumir comisiones legislativas, formar parte de la junta directiva o crear nuevos bloques legislativos, como ha ocurrido en los últimos años.

d. *Régimen de financiamiento, control y fiscalización*

a'. *Financiamiento de las organizaciones políticas.*

En materia de financiamiento, con la reforma de 2016 se mejora la asignación de los fondos públicos y se direcciona su uso; se atiende el asunto del financiamiento de campaña, mediante el establecimiento de un sistema de régimen de acceso igualitario a los medios; se ajusta el tope al gasto electoral y se afinan las prohibiciones en relación con contribuciones y contribuyentes privados. Las reformas clave en esta materia incluyen:

➤ *Establecimiento de criterios de direccionamiento para el uso de los fondos públicos.* Se establece que 30% del aporte del Estado debe invertirse para la formación y capacitación de afiliados; 20% para actividades nacionales y funcionamiento de la sede nacional, y 50% para el pago de funcionamiento y otras actividades del partido en los departamentos y municipios en los que tenga organización partidaria vigente y registrada legalmente. El enfoque de distribución descentralizada de la mitad del aporte estatal se lleva más allá, incluyendo criterios de asignación para órganos departamentales (una tercera parte) y municipales (dos terceras partes) de su organización territorial vigente (Reforma artículo 21 bis LEPP.).

➤ *Autorización para que los fondos del aporte estatal puedan ser utilizados en la campaña electoral, en el año que coincide con las elecciones.* Se establece que estos recursos podrán invertirse en la campaña, haciendo excepción de los criterios de asignación explicados en el punto anterior, pero estableciendo que éstos serán considerados dentro del límite o techo de gastos de campaña electoral, previsto en el literal e) del artículo 21 Ter de la Ley. (Reforma artículo 21 bis LEPP.).

➤ *Reducción del techo de gasto electoral.* El límite máximo de gastos de campaña electoral para cada organización política se reduce del equivalente a 1 dólar estadunidense por empadronado al 31 de diciembre del año anterior a las elecciones establecido en la reforma 2004-2006, a la mitad (50 centavos de dólar). En caso de coaliciones, el límite no puede exceder el monto individual. (Reforma artículo 21 ter LEPP.).

➤ *Creación de un sistema indirecto de financiamiento para el acceso a medios de comunicación social.* Se establece un sistema de adjudicación de tiempos y espacios en medios de comunicación para la campaña electoral, que distribuye el beneficio a partir de un criterio igualitario entre los partidos que presenten candidaturas a nivel nacional para Presidente y Vicepresidente o que compitan en al menos 12 de los 22 departamentos. (Reforma artículo 220 LEPP.) En periodos no electorales, los partidos con derecho a financiamiento del Estado podrán pedir al TSE que contrate medios con cargo a la contribución estatal para la difusión de sus actividades e ideas. (Reforma artículo 222 LEPP.).

➤ Incluye la prohibición de que los partidos o sus dirigentes, de manera directa o a través de terceras personas, puedan contratar directamente publicidad en los medios. La prohibición alcanza a los ciudadanos en general. (Reforma artículo 221 LEPP.) También establece que, para hacer efectivo el proceso de implementación de estas normas, los medios deberán, en el mes de diciembre del año previo a las elecciones, remitir los pliegos tarifarios que estarán vigentes para el periodo de la campaña electoral. (Reforma artículo 222 LEPP.).

➤ *Afinamiento de prohibiciones y límites en materia de aportes privados.* Se refuerzan las prohibiciones en materia de financiamiento político, incluidas ahora las siguientes(Reforma artículo 21 ter): contribuciones de Estados, personas individuales o jurídicas extranjeras; contribuciones de personas que hayan sido condenadas por delito contra la administración pública, lavado de dinero y otros activos, y otros delitos relacionados; contribuciones de personas cuyos bienes hayan sufrido procesos de extinción de dominio o personas vinculadas; aportes de fundaciones o asociaciones de carácter civil con carácter apolítico y no partidario, menos las contribuciones que entidades académicas o fundaciones otorguen para fines de formación, pero éstas deben reportarse al TSE; contribuciones anónimas.

➢ Adicionalmente, se mantiene el límite para que personas individuales o jurídicas puedan hacer aportaciones mayores al 10% del límite de gastos de campaña establecido para un evento electoral específico. En el caso de los comités cívicos, los mismos no serán sujetos de financiamiento público, pudiéndose financiar únicamente con aportes privados, los cuales tendrán como límite el equivalente a diez centavos de dólar por cada ciudadano empadronado de la circunscripción municipal respectiva.

➢ *Reforzamiento de los mecanismos de contabilidad.* Se refuerzan las regulaciones ya establecidas en materia de registro, contabilidad y reporte de contribuciones privadas y gastos de campaña. En este sentido, el sistema de contabilidad y rendición de cuentas incluye las siguientes medidas (Reforma artículo 21 ter):

▪ Las contribuciones a favor de organizaciones políticas deben realizarse de acuerdo con los requisitos bancarios y financieros a los que estén sujetos. Por lo tanto, la organización política está obligada a emitir recibo contable.

    ▪ Las organizaciones políticas, por medio de sus comités ejecutivos nacionales, tienen que llevar un estricto registro contable.

    ▪ El patrimonio de las organizaciones políticas debe ser registrado íntegramente y no pueden formar parte de éste títulos al portador ni cuentas anónimas.

    ▪ Todas las donaciones a favor del partido político deben ser expresamente aceptadas y justipreciadas por escrito por la entidad favorecida.

➢ *Publicidad de la información sobre financiamiento privado.* Los cambios se refieren a que los partidos políticos y los comités cívicos electorales tendrán que publicar por cualquier medio electrónico, treinta días antes de la fecha fijada para la realización de las elecciones, el monto de los aportes que personas individuales o jurídicas hayan efectuado, en el caso de los partidos políticos durante los últimos dos años y en el de los comités cívicos electorales desde la fecha de su creación; y el balance de estados financieros de la entidad correspondiente al último año previo a la realización de las elecciones. Este informe tiene que presentarse al TSE, órgano que lo pondrá a disposición de la ciudadanía. (Reforma artículo 21 Quinquies LEPP.)

➢ *Rendición de cuentas.* Deberán remitirse trimestralmente informes detallados de ingresos y egresos, así como una copia certificada de los estados de cuenta bancarios, bajo juramento, al órgano de fiscalización financiera. Asimismo, debe remitirse un informe financiero anual al TSE, firmado por contador público y auditor, que sea colegiado activo. Cuando considere pertinente, la autoridad electoral podrá ordenar la realización de auditorías a los partidos políticos para determinar el cumplimiento de la ley. Se adiciona que cada secretario de los comités ejecutivos nacionales, departamentales y municipales es responsable, junto con cada secretario de finanzas, de la declaración jurada sobre las fuentes de ingreso y financiamiento público y privado que reciba la organización política en su jurisdicción. (Reforma artículos 22 y 24 LEPP.)

b'. *Régimen de control y fiscalización de las finanzas de los partidos y la campaña electoral.*

Antes de la reforma de 2014-2016, el TSE carecía de mandato en materia del control y la fiscalización del financiamiento privado de los partidos políticos. Si bien con esa reforma se estableció por primera vez dicha atribución, ésta quedó establecida de manera genérica y no se previeron los mecanismos que permitieran al TSE ejercerla con propiedad.

La reforma de 2016 avanza notablemente en desarrollar ese mandato y en dotar de capacidades al TSE para hacerlo efectivo; establece desde cambios institucionales a lo interno del Tribunal, hasta lineamientos más específicos sobre cómo ejercer ese control. Asimismo, desarrolla un régimen de sanciones que dota al órgano electoral de un instrumental más fuerte para ejercer su función.

Varios cambios específicos merecen particular mención:

➢ *Estimación de las contribuciones en especie.* El TSE tiene la tarea de estimar las contribuciones en especie no registradas por los partidos, en lo que constituye un primer esfuerzo de regular este tipo de contribuciones que normalmente no son registradas ni reportadas en los informes periódicos que los partidos deben entregar al organismo electoral. (Reforma artículo 21 LEPP.)

➢ *Establecimiento de definiciones atinentes a la regulación del financiamiento.* La reforma incorpora una serie de definiciones orientadas a identificar y precisar tanto actores directos como indirectos que pueden ser objeto de control y fiscalización por parte del TSE. (Reforma artículo 21 Quater LEPP.)

➢ *Regulación de la propaganda fuera de campaña electoral.* Se establece que, si una persona jurídica realiza actos de propaganda electoral, antes o después de la convocatoria, a favor de un candidato o de una organización política, el TSE podrá ordenar al Registro de Ciudadanos la inmediata cancelación de su personalidad jurídica. (Reforma artículo 21 ter LEPP.)

➢ *Facultad de solicitar información detallada.* Se establece que el TSE tendrá la facultad de solicitar la información que acredite los aportes dinerarios y no dinerarios efectuados por cualquier financista político. (Reforma artículo 21 LEPP.)

➢ *Control cruzado de información financiera.* Se indica que el TSE puede solicitar información –bajo reserva de confidencialidad– a otras instituciones del Estado, tales como: la Contraloría General de Cuentas; la Superintendencia de Administración Tributaria; la Superintendencia de Bancos, y la Superintendencia de Telecomunicaciones. Con ello se fortalece el control cruzado de los flujos financieros vinculados al financiamiento político. (Reforma artículo 21 LEPP.)

➢ *Individualización de los sujetos sometidos a control y fiscalización.* El Secretario General Nacional, los secretarios departamentales y municipales de cada partido político y los comités cívicos electorales están sujetos a la fiscalización de la Contraloría General de Cuentas y del TSE. Además, se individualiza la responsabilidad de los fondos que se asignen a cada uno. (Reforma artículo 19 bis y 21 bis LEPP.)

➢ *Vinculación con régimen de sanciones.* Se indica expresamente que el incumplimiento de estas normas conllevará la aplicación de sanciones administrativas, ya sea para las organizaciones políticas como para los secretarios nacionales, departamentales o municipales, personas que realicen aportes, quienes las reciban y candidatos que se beneficien de ellas. (Reforma artículo 21 ter LEPP.)

➤ *Creación de unidad especializada.* Se crea la Unidad de Control y Fiscalización del TSE, como órgano especializado para desarrollar esta función y se instruye al Tribunal establecerla en los seis meses siguientes a la emisión de la ley.

c'. *Régimen de sanciones e impartición de justicia electoral*

Una de las mayores debilidades del régimen electoral guatemalteco ha estado relacionada históricamente con la debilidad jurisdiccional del TSE y con la insuficiencia del régimen de sanciones. La reforma cambia esto notablemente, al aumentar severamente el monto económico de las sanciones y establecer un principio de individualización de las responsabilidades económicas y eventualmente penales.

➤ *Sanciones.* La reforma da un salto cualitativo en materia sancionatoria, dotando de mayores capacidades coercitivas al TSE para controlar tanto los temas de financiamiento político como los referentes a la regulación de la campaña electoral y la supresión de la llamada campaña adelantada o realizada fuera de los plazos de ley. En esta línea, el TSE contará con una gama de sanciones de orden administrativo y económico, además de una más clara tipificación de la índole de infracción y su relación con el tamaño de la sanción que puede aplicar para la misma. Asimismo, se establece la posibilidad de que el TSE, identificado un potencial delito de efectos penales, pueda remitir los casos al Ministerio Público para el correspondiente proceso de investigación y persecución criminal. En este punto es importante notar que dicho Ministerio ha avanzado en la creación de una Fiscalía Especial de Delitos Electorales, que ahora tiene carácter permanente.

- *Variedad de sanciones.* El TSE, como encargado de imponer sanciones a las organizaciones políticas y candidatos por infracción a las normas de la LEPP y a las que rigen su constitución y funcionamiento, podrá –dependiendo de la gravedad de la infracción y de la jurisdicción– imponer sanciones de diferente tipo: amonestación pública o privada; multa; suspensión temporal; suspensión de la facultad de recibir financiamiento político público o privado, si es que hay una contravención a las normas que regulan el financiamiento y fiscalización de las organizaciones políticas; y cancelación del partido. (Reforma artículo 88 LEPP.)

- *Individualización de las responsabilidades civiles o penales.* Se establece que las sanciones podrán ser aplicadas al partido u organización política, así como a los individuos claramente tipificados en la ley como responsables, mismos que alcanzan la figura de los secretarios generales a lo largo de la estructura del partido, entre otros. (Reforma artículo 88 LEPP.)

- *Daño al patrimonio cultural y ambiental.* Dadas las dinámicas convencionales de hacer campaña de los partidos a nivel territorial y nacional, se establecen sanciones vinculadas a mitigar o evitar daños al patrimonio cultural y ambiental del Estado. (Reforma artículo 88 LEPP.)

- *Establecimiento de un sistema de multas proporcionales al tipo de infracción.* Se definen todos los causales de multa y se incrementan los montos desde 500 hasta 250000 dólares estadunidenses, indicando claramente los rangos de multa que son aplicables para cada causal, en un esfuerzo por establecer un cierto principio de proporcionalidad. Asimismo, se establecen plazos perentorios para el cumplimiento de las diferentes fases del proceso sancionatorio. (Reforma artículos 90 y 90 bis LEPP.)

- *Se regula la sanción de suspensión temporal del partido político.* Se establece que esta sanción aplicará cuando un partido u organización política rebase el límite de 120 días luego del proceso electoral, para entregar a la autoridad electoral los reportes e información detallada sobre gastos de campaña y contribuciones privadas. (Reforma artículo 92 LEPP.)

- *Sanción por propaganda ilegal de personas individuales.* Se establece que un candidato que haga campaña a título individual a cargos de elección popular, publicitando su imagen en los medios de comunicación antes de la convocatoria a elecciones, podrá ser sancionado con la no inscripción de su candidatura. (Reforma artículo 94 bis LEPP.)

➢ *Capacidad jurisdiccional.* En esta materia cabe afirmar que la reforma es sumamente acotada y orientada básicamente a hacer explícita la secuencia de uso de recursos, plazos, competencias y responsabilidades en caso de incumplimiento. Si bien estuvo en la mesa de discusión el tema de eliminar la posibilidad de impugnar por la vía del amparo ante la Corte Suprema de Justicia (CSJ) las resoluciones del TSE, dejando como única instancia revisora a la CC, dicha reforma fue eliminada del proyecto final en razón de que ameritaba una reforma constitucional. Como consecuencia, se ha planteado la posibilidad de crear una jurisdicción electoral específica, ya sea que se asigne al TSE o que se opte por la separación de las funciones administrativa y jurisdiccional, inscribiéndose en el modelo de organizaciones electorales bicamerales. Algunas reformas puntuales que se aprobaron en esta materia son:

- *Plazos de procesos revocatorios.* Se regulan los plazos de los procesos internos del TSE para el trámite del recurso de revocatoria de una decisión o resolución. Se establece claramente la secuencia del mismo desde la perspectiva de las instancias internas involucradas y de los plazos máximos para cada fase, en un esfuerzo por agilizar la toma de decisiones internas del TSE. (Reforma artículo 189 LEPP.)

- *Regulación recurso de nulidad.* Se define que el TSE es el órgano competente para resolver el recurso de nulidad (Reforma artículo 249 LEPP) y se define el plazo para resolver este recurso en alzada, indicando que, en caso de incumplimiento, se podrá iniciar proceso de destitución del responsable por no dictar resolución en el plazo de ley establecido e incluso ser penalmente procesado por no notificar resoluciones dentro del plazo determinado. (Reforma artículo 247 LEPP.)

- *Regulación del recurso de amparo.* Se establece que la CSJ es el órgano competente para resolver este recurso (Reforma artículo 249 LEPP) y se indica que podrá acudirse a este recurso sólo cuando se ha agotado el recurso de nulidad. (Reforma artículo 248 LEPP.)

C. *Autoridades y órganos electorales*

La reforma en materia de la organización electoral ha sido un debate continuo y no resuelto. Desde la discusión de la reforma 2004-2006, diversos partidos y dirigentes políticos han valorado la idea de separar las funciones de administración de elecciones e impartición de justicia electoral, creando dos órganos autónomos aunque complementarios, al estilo de otros países como Chile y México. Esa idea, aunque se ha planteado, nunca se ha concretado en una propuesta puntual.

Para el proceso de reforma que termina siendo aprobado en 2016, el proyecto original incluía una versión intermedia de esta división funcional: se establecía que el TSE contaría con dos ámbitos de acción legal: por un lado, la organización de las elecciones, para la cual se creaba la figura de una dirección general y se definía una serie de órganos especializados; y por el otro, la función jurisdiccional que se asignaba a la Secretaría General del TSE, ambas funciones bajo la responsabilidad del pleno de magistrados. Sin embargo, la evolución de las negociaciones condujo a que se descartara esa separación funcional e incluso se eliminara la figura de la dirección general, que además tenía como objetivo eliminar las funciones administrativas de la magistratura, conservándose únicamente la creación de algunas unidades especializadas asociadas a los nuevos mandatos asignados al organismo electoral. Las principales reformas fueron las siguientes.

➤ *Apertura de las sesiones de los órganos electorales a la participación de fiscales de partidos en periodo electoral.* Se establece el derecho de los fiscales de los partidos políticos debidamente acreditados de participar en las sesiones del TSE y de sus órganos intermedios temporales durante el proceso electoral oficial. Tendrán derecho a voz pero no voto en las decisiones. (Reforma artículo 130 LEPP.)

➤ *Atribuciones del TSE.* Aunque no se dan cambios sustanciales en las atribuciones y obligaciones del TSE, se afinan ciertos mandatos específicos, como en el caso en que se aclara su atribución de especificar la fecha de convocatoria de las elecciones dentro de los parámetros del nuevo calendario electoral establecido, y se refuerza su carácter de rector máximo del proceso electoral, indicando expresamente su facultad de definir directamente las medidas y sanciones necesarias para tutelar los principios que informan al proceso electoral para hacer valer el régimen de sanciones. (Reforma artículo 125 LEPP.)

➤ Se adicionan explícitamente, como atribuciones, la obligación de aplicar el régimen de sanciones, incluida la cancelación de un partido o no inscripción de una candidatura por campaña adelantada. (Reforma artículo 125 LEPP.)

➤ *Presidencia rotativa y cubrimiento de vacancias.* Respecto a la presidencia del TSE, se especifica que será desempeñada por todos los magistrados titulares que la integran, en forma rotativa, en cinco periodos iguales, estableciendo como criterio de orden de precedencia, que inicie el magistrado de mayor edad y así secuencialmente. Se mantiene que la designación de la presidencia se realizará en la primera sesión que el TSE celebre después de su instalación. (Reforma artículo 126 LEPP.)

Complementariamente, la reforma establece que, en caso de ausencia temporal de un magistrado o magistrada, el puesto será cubierto por uno de los suplentes a través del mecanismo de sorteo. En caso de retiro o ausencia definitiva, el puesto será asumido por el magistrado suplente según el orden de elección realizado en su oportunidad por el Congreso de la República. Posteriormente, el Congreso deberá elegir la nueva magistratura suplente. (Reforma artículo 127 LEPP.)

- *Sobre la elección de la magistratura.* Se mantiene el modelo de elección a través de una comisión de postulación, así como los criterios establecidos para su integración. No obstante, se establece que las sesiones de dicha comisión deberán ser públicas, al tenor de lo que establece la Ley de Comisiones de Postulación que regula los procesos de selección y designación de las cortes y órganos de control. Asimismo, se establece que, para la elección de los cinco magistrados propietarios y cinco suplentes, la Comisión deberá de presentar al Congreso una lista de 20 candidatos preseleccionados, lo cual significa una reducción a la mitad en comparación con la regla previa. (Reforma artículo 141 LEPP.)

- *Funciones de cargos específicos.* La presidencia podrá delegar la representación legal del TSE en otro magistrado propietario y la representación judicial en terceros con el fin de atender tareas propias de las atribuciones principales del organismo electoral. (Reforma artículo 142 LEEP.) Asimismo, se establece que, para el cumplimiento de sus funciones, la Secretaría General podrá utilizar supletoriamente la Ley del Organismo Judicial. (Reforma artículo 144 LEPP.)

- *Proceso de calificación de las elecciones por parte de órganos intermedios.* A la función tradicional de las juntas electorales departamentales, según la cual deberán declarar el resultado, validez o nulidad de las elecciones en los municipios a su cargo, así como enviar la información correspondiente a las elecciones en su departamento al TSE, se agrega explícitamente que los resultados emitidos no podrán ser modificados por ninguna autoridad electoral sin que se realice debido proceso en el seno de la Junta correspondiente y con presencia de los fiscales acreditados por los partidos políticos ante la misma.(Reforma artículo 177 LEPP.)

- *Nuevos órganos del TSE.* Además de la Unidad de Control y Fiscalización ya mencionada, la reforma establece la creación de una Unidad de Medios de Comunicación y Encuestas, para que esté a cargo de esta atribución específica.

D. *Proceso electoral*

Las reglas del proceso electoral se ajustan de varias maneras: hay un cambio en la fecha de las elecciones que actúa sobre la totalidad del calendario electoral; no obstante, esto no significa un cambio en los periodo formales de vigencia de los gobiernos, sino un ajuste en el calendario de organización de las elecciones y en los plazos propios de la campaña electoral; se afinan las regulaciones en relación con las campañas electorales, prohibiendo la campaña anticipada e incluyendo la prohibición de que terceras personas u organizaciones no partidarias realicen actividades de esta naturaleza; se prohíbe la realización y publicidad de encuestas en los 15 días previos a la jornada electoral, y se afina la regulación sobre uso de recursos del Estado. A continuación un mayor detalle sobre estas reformas:

➢ *Cambios en el calendario electoral.* La fecha de las elecciones se adelanta al mes de junio la primera ronda y se mantiene la segunda ronda –en caso de necesidad– dentro del rango establecido de 45 a 60 días posterior a la fecha de la primera elección. La convocatoria se realizará la segunda o tercera semana de enero del año de las elecciones y, a partir de ello, el proceso se divide en tres fases: inscripción de candidaturas, durante la cual no se puede realizar propaganda electoral; campaña electoral, reducida ahora a tres meses calendario; y realización de las jornadas de elecciones y su calificación y la adjudicación de los cargos. Se ratifica que en caso de que triunfe el voto nulo, la elección se repite; si la elección que se repite no es la presidencial, la nueva elección de que se trate se organizará durante la segunda vuelta presidencial. (Reforma artículo 196 LEEP.)

➢ *Definición de voto nulo, voto blanco, voto inválido y efectos.* Se definen las tres categorías de voto indicadas (Reforma artículo 237 LEPP); se afina la interpretación del voto nulo y, en caso de triunfo de este con mayoría absoluta, se ordena la repetición de las elecciones. (Reforma artículo 203 bis LEEP.)

➢ *Regulación de vacantes en el Parlamento Centroamericano.* Se establece que en caso de vacante de un cargo al Parlacen, éste será sustituido por el que le sigue en la lista del mismo partido; si el partido no hubiera postulado más personas, el cargo se asignará al candidato siguiente de otro partido político. (Reforma artículo 204 LEEP.)

> *Número fijo de congresistas.* Se instituye un número fijo de congresistas en 160, dos más que la integración actual del Parlamento; de estos, 34 serán por listado nacional y 126 por listados asignados a cada distrito electoral departamental. Con el número fijo se elimina el criterio de vinculación entre tamaño de población y número de congresistas, a la vez que se asigna un número predeterminado para cada distrito electoral. (Reforma artículo 205 LEEP.)

> *Regulación sobre las elecciones municipales.* Se define que sólo podrán ser electos alcalde o miembro de una corporación municipal personas empadronadas en el mismo municipio, en una reforma coherente con la prohibición de traslado artificial de votantes ya explicado en un apartado previo. En caso de que se elija a una persona que haya ocupado cargos municipales en los tres meses previos a la elección, la misma será declarará nula, salvo los casos de reelección que están autorizados por la ley. Se establece la prohibición de que un partido reciba a miembros de corporaciones municipales electos por otra organización política durante los tres primeros años del periodo de vigencia del nombramiento. (Reforma artículo 206 LEEP.)

> *Regulación de plazos para la repetición de elecciones.* Se definen plazos para la repetición de las elecciones, poniendo como fecha máxima para la realización de la nueva jornada electoral, octubre del año de las elecciones. (Reforma artículo 210 LEEP.)

> *Sobre el proceso de inscripción de candidaturas.* Se definen y armonizan plazos con las nuevas fechas generales del calendario electoral (Reforma artículo 215 LEPP); se precisan plazos internos dentro del proceso de inscripción (Reforma artículo 216 LEPP); y se especifica, dentro de los requisitos para inscribir candidatos, la necesidad de contar con una constancia transitoria de inexistencia de reclamación de cargos emitida por la Contraloría General de Cuentas, misma que aplica para personas que hayan tenido responsabilidad de administrar recursos públicos (Reforma artículo 214 LEEP.)

> *Regulaciones sobre la propaganda electoral.* Se incorporan o afinan varios aspectos relevantes en materia de propaganda electoral: (Reforma artículo 291 LEEP.)

- Se define con mayor precisión qué es propaganda electoral, estableciendo los sujetos que pueden realizarla, los objetos que se pueden difundir y ciertos criterios orientadores sobre la misma; y los tipos de medios de comunicación que se pueden utilizar.

- Se individualizan las responsabilidades financieras, tanto del candidato como del partido u organización, por el no retiro de la propaganda electoral hasta 60 días posteriores a la jornada electoral.

- Se indica la prohibición de que terceros individuos o entidades hagan propaganda electoral.

- Se norma la no utilización de los recursos de las instituciones públicas del Estado.

- Se prohíben las dádivas o prebendas, como forma de clientelismo político que puede derivar en compra del voto.

- Se prohíbe la publicación de encuestas de opinión pública sobre las elecciones a partir de 15 días antes de la jornada electoral.

➢ *Publicidad de información electoral relevante.* Se establece que será responsabilidad del TSE:

- Informar a los partidos y al público la ubicación de las localidades donde se ubicarán las juntas receptoras de votos, así como su número proyectado, todo ello dentro de los plazos establecidos por esta ley. (Reforma artículos 224 y 229 LEPP.)

- Publicar el padrón electoral dentro de los plazos de ley, así como garantizar que todos los trámites de inscripción, actualización y depuración del padrón serán gratuitos para la ciudadanía. (Reforma artículo 225 LEPP.)

3. *Balance*

Sin duda alguna, la reforma electoral de 2016 ha significado un gran paso en el fortalecimiento del régimen político guatemalteco. No obstante, la persistencia de retos importantes, es necesario no perder la perspectiva de que los cambios han representado avances significativos para la institucionalidad política y electoral del país.

A pesar de los logros alcanzados con la reforma de 2016, aún quedan temas pendientes que diversos sectores políticos y ciudadanos han reclamado, entre ellos los siguientes:

> ➤ Financiamiento: aún se permite el financiamiento de campañas por contratistas del Estado, allanando el camino al tráfico de influencias. La iniciativa no planteó cambios en este sentido.

> ➤ Reelección: continúa permitida la reelección indefinida de alcaldes y diputados. Las propuestas para limitar el poder local no fueron tomadas en cuenta.

> ➤ Elección uninominal: las elecciones de diputados se realizan actualmente mediante listados cerrados y bloqueados. Se plantea la opción de votación desbloqueada e incluso abierta; bajo el formato actual, las listas privilegian candidatos que cuentan con financiamiento o un acentuado liderazgo territorial.

> ➤ Paridad: la iniciativa que proponía fomentar la participación de mujeres e indígenas no fue aceptada por los diputados.

> ➤ Voto nulo: se acepta el voto nulo, pero las elecciones se repiten con los mismos candidatos, lo que propiciaría comicios sin la renovación de opciones electorales. Adicionalmente, su aplicación —al pedir 50% más uno de los votos emitidos— es prácticamente inviable.

> ➤ Dimensión jurisdiccional: el TSE sigue siendo un órgano supeditado jurisdiccionalmente, dado que se mantiene el recurso de amparo para todas las decisiones del TSE ante la Corte Suprema de Justicia y la Corte de Constitucionalidad. Se abre, por ende, el debate sobre la creación o no de una jurisdiccional electoral específica.

Cabe recordar, en ese sentido, que en materia de reforma política y electoral no existen fórmulas definitivas, y que los avances deben verse siempre como un proceso de aproximaciones sucesivas. En 1985, Guatemala incursionó en el camino del fortalecimiento de la institucionalidad electoral y ha continuado dando pasos que han redundado en mejores normas y prácticas en materia electoral. La voluntad de avanzar hacia la atención de problemas de transparencia, equidad, justicia electoral, participación política, control, se ha hecho manifiesta con la reciente reforma electoral, y la discusión sobre los temas pendientes no ha sido cerrada en los sectores políticos y sociales del país.

Por último, cabe señalar que, si bien la reforma electoral de 2016 constituye en sí misma una gran oportunidad para el avance democrático del país, es importante realizar esfuerzos paralelos para que los cambios legales vayan acompañados de una forma diferente de hacer política, que se encuentre firmemente enraizada en una nueva cultura política e institucional. Como hemos señalado en otros análisis, es importante reformar las instituciones y las reglas, hay que crear ciudadanía, pero también hay que ayudar a cambiar –y para bien–, a la clase política. El reto pasa entonces, también, por recuperar la credibilidad en la política, acercarla a la ética, pero sobre todo reconectarla con la gente.

REFERENCIAS GENERALES

Abal Medina, Juan Manuel, y Marcelo Cavarozzi (coords.), *El asedio a la política: los partidos latinoamericanos en la era neoliberal*, Homo Sapiens, Rosario, 2002.

Acemoglu, Daron, Johnson, Simon, Robinson, James A. y Yared, Pierre From Education to Democracy?, *American Economic Review*, vol. 95, núm. 2, 2004, pp. 44-49.

Acemoglu, Daron, y Robinson, James A. "A Theory of Political Transitions", *The American Economic Review,* vol. 91, núm. 4 (septiembre de 2001), pp. 938-963.

Acemoglu, Daron, y Robinson, James A. *Por qué fracasan los países. Los orígenes del poder, la prosperidad y la pobreza*, Deusto (Grupo Planeta), Barcelona, 2012.

Alcántara Sáez, Manuel, *¿Instituciones o máquinas ideológicas? Origen, programa y organización de los partidos latinoamericanos*, ICPS, Barcelona, 2004.

Alcántara Sáez, Manuel, "Calidad de la democracia y retos de la política en América Latina*"*, en *Seminario Democracia y Reformas Política en México y América Latina*, Centro de Formación del Instituto Electoral del Estado de México, Toluca (México), 26 y 27 de noviembre de 2007, pp. 17-18.

Alcántara Sáez, Manuel, "Los retos actuales de la política en América Latina", *Revista Mexicana de Análisis Político y Administración Pública Departamento de Gestión Pública y Departamento de Estudios Políticos y de Gobierno*, vol. 2 núm. 2 (Universidad de Guanajuato, México, julio-diciembre 2013), pp. 9-30. Disponible en: http://www.remap.ugto.mx/in-dex.php/remap/article/view/53.

Alcántara Sáez, Manuel, "Luces y sombras de la calidad de la democracia en América latina", *Revista de Derecho Electoral*, Tribunal Supremo de Elecciones, núm. 6, San José, Costa Rica, segundo semestre, 2008.

Alcántara Sáez, Manuel, *El oficio del político*, Tecnos, Madrid, 2012.

Alcántara Sáez, Manuel, *Gobernabilidad, crisis y cambio. Elementos para el estudio de la gobernabilidad de los sistemas políticos en épocas de crisis y de cambio*, FCE, México, 2004.

Alcántara Sáez, Manuel, *Sistemas políticos de América Latina*, Tecnos, Madrid, 1999.

Almond, Gabriel, y Verba, Sidney, The Civic Culture*: Political Attitudes and Democracy in Five Nations*, Little, Brown, and Co., Boston, 1963.

Altman, David, "Plebiscitos. Referendos e iniciativas populares en América Latina: ¿mecanismos de control político o políticamente controlados?", *Perfiles Latinoamericanos*, núm. 35, enero-junio de 2019.

Altman, David, y Pérez-Liñán, Aníbal (2002), "Assessing the Quality of Democracy: Freedom, Competitiveness and Participation in Eighteen Latin American Countries", *Democratization,* vol. 9, núm. 2, pp. 85-100.

Altman, David, y Pérez Liñán, Aníbal, "Una aproximación teórica y empírica", *Journal of Democracy*, vol. 15, núm. 4, 2004.

Andrea Sánchez, Francisco José de, *Los partidos políticos. Su marco teórico-jurídico y las finanzas de la política*, UNAM, México, 2002.

Aragón, Manuel, y López, José Luis, "Plebiscito", *Diccionario Electoral*, IIDH, San José, Costa Rica, 2000.

Avril, Pierre, "Regulation of political finance in France", en Herbert E. Alexander y ReiShiratori (eds.), *Comparative Political Finance Among the Democracies*, Westview Press, Boulder (CO), 1994.

Baca Olamendi, Laura, Bokser-Liwerant, Judit, Castañeda, Fernando, Cisneros, Isidro H. y Fernández del Castillo, Germán Pérez (comps.), *Léxico de la política*, FCE-Conacyt-Flacso, Heinrich Boll Stiffung, México, 2000.

Ballington, Julie, "Gender Equality in Political Party Funding", en *Handbook on Funding of Political Parties and Election Campaigns*, International IDEA, Estocolmo, 2003.

Ballington, Julie, y Karam, Azza (eds.), *Mujeres en el Parlamento. Más allá de los números*, International IDEA, Estocolmo, 2005. Disponible en: http://www.idea.int/publica-tions/wip/upload/WiP_Spanish_hires-final.pdf

Barómetro de las Américas. Disponible en: www.vanderbilt.edu/lapop/insights/IO901es.pdf

Barreda Diez, Mikel, y Ruiz Rodríguez, Leticia M. "La cadena causal de la confianza en os organismos electorales de América Latina: sus determinantes y su impacto sobre la calidad de la democracia", *Revista de Ciencia Política*, núm. 3, vol. 33 (Santiago de Chile, noviembre-diciembre, 2013), pp. 649-673.

Barreda Diez, Mikel, y Ruiz Rodríguez, Leticia M. (eds.), *Percepciones ciudadanas de los organismos electorales latinoamericanos, en organismos electorales y calidad de la democracia en América Latina*, JNE y Escuela Electoral y de Gobernabilidad, Lima, 2014.

Barreto, Leonardo, y Fleischer, David "Reformas políticas y democracia en Brasil", en Zovatto, Daniel y Orozco Henríquez, José de Jesús (coords.), *Reforma política y electoral en América Latina, 1978-2007*, IIJ-UNAM, México, 2007.

Barrientos del Monte, Fernando, "Confianza en las elecciones y el rol de los organismos electorales en América Latina", *Revista de Derecho Electoral*, núm. 10, (San José, Costa Rica, segundo semestre, julio-diciembre, 2010).

Barrientos del Monte, Fernando, "Organismos electorales y calidad de la democracia en América Latina. Un esquema de Análisis", Documento presentado en el II Annual Work shop of European Network on Latin American Politics (Nuffield College, Oxford, Inglaterra, 26-28 de marzo 2008).

Barrientos del Monte, Fernando, "The changing nature of democratization in Latin America; rights, politics and development", Documento presentado en el II Annual Workshop of European Network on Latin American Politics (Nuffield College, Oxford, Inglaterra, 26-28 de marzo 2008).

BBCMundo.com, "Caso maletín: cuatro detenidos en EE.UU.", BBC Mundo.com 13 de diciembre de 2007.

BBCMundo.com, "Maletín: apuntan al gobierno venezolano", BBC Mundo.com 17 de octubre de 2008.

Beato, Paulina, y Antonio Vives, "¿Por qué está quedando atrás América Latina?", Serie de Informes técnicos del Departamento de Desarrollo Sostenible, BID, Washington, 2005.

Becerra, Ricardo, "La urgencia de los partidos de la post-transición, o ¿cómo se gobierna la pluralidad?", *Configuraciones*, núm. 10-11, Instituto de Estudios para la Transición Democrática, México, 2003.

Bejarano, Ana María, Navia, Patricio, Pérez Liñán, Aníbal y Negretto, Gabriel "Tuercas y tornillos en la fábrica de constituciones", *Política y Gobierno*, vol. 21, núm. 2, 2014.

Bendel, Petra, "Los partidos políticos: condiciones de inscripción y reconocimiento legal, democracia interna, etcétera", en Dieter Nohlen *et al.*, *Tratado de derecho electoral comparado de América Latina*, FCE, México, 1998.

BID, *Desarrollo más allá de la economía. Informe 2000. Progreso económico y social en América Latina*, BID, Washington, 2000.

Bidart Campos, Germán José, *Tratado elemental de derecho constitucional argentino*, vol. 1-A, Ediar, Buenos Aires, 2000.

Blanco Valdés, Roberto Luis, *Los partidos políticos (temas clave de la Constitución española)*, Tecnos, Madrid, 1997.

Bobbio, Norberto, *Liberalismo y democracia*, FCE, México, 1991.

Bobbio, Norberto, Matteucci, Nicola y Pasquino, Gianfranco (coords.), *Diccionario de política*, Siglo XXI Editores, México, 1998.

Boix, Carlos, "Las elecciones primarias en el PSOE", *Claves de Razón Práctica*, núm. 83 (Promotora General de Revistas, Madrid, 1998), pp. 34-38.

Boix, Carlos, y Stokes, Susan C. "Endogenous Democratization", *World Politics*, vol. 55, julio 2003.

Brenes Villalobos, Luis Diego, "(Des) confianza en los organismos y procesos electorales en América Latina", *Boletín Datos de Opinión*, núm. 10 (Universidad de Salamanca, Salamanca, 10 de julio, 2012).

Brewer-Carías, Allan R., "Reforma electoral en el sistema político en Venezuela", en Zovatto G. Daniel y Orozco Henríquez, José de Jesús, *Reforma política y electoral en América Latina, 1978-2007*, UNAM-IDEA, México, 2008.

Brewer-Carías, Allan R., "Regulación jurídica de los partidos políticos en Venezuela" en Zovatto, Daniel, (Coord.), *Regulación jurídica de los partidos políticos en América Latina*, Universidad nacional Autónoma de México, International IDEA, México, 2006, pp. 893-937.

Brewer-Carías, Allan R., "Reforma Constitucional, Asamblea Nacional Constituyente y Control judicial contencioso administrativo: El caso de Honduras (2009) y el precedente venezolano (1999)" en *Revista de la Facultad de Derecho*, N° 60-61, (2005-2009), Universidad Católica Andrés Bello, Caracas, 2009, pp. 63-112.

Brewer-Carías, Allan R., *Principios del estado de Derecho. Aproximación histórica, Cuadernos de la Cátedra Mezerhane sobre democracia,*

Estado de derecho y derechos humanos, Miami Dade College, Programa Goberna Las Américas, Editorial Jurídica Venezolana International, Miami-Caracas, 2016.

Buquet, Daniel, "Entre la legitimidad y la eficacia: reformas en los sistemas de elección presidencial en América Latina", *Revista Uruguaya de Ciencia Política,* vol. 16, núm. 1 (Instituto de Ciencia Política, Montevideo, 2007).

Burnell, Peter, y Ware, Alan, *Funding Democratization,* Manchester University Press, Manchester (NH), 1998.

Cain, Bruce, Dalton, Russell y Scarrow, Susan, *Democracy Transformed?: Expanding Political opportunities in Advanced Industrial Democracies,* Universidad de California, Los Ángeles, 2003.

Calle Lombana, Humberto de la, "Financiamiento político: público, privado, mixto", en Steven Griner y Daniel Zovatto G. (coords.), *De las normas a las buenas prácticas. El desafío del financiamiento político en América Latina,* OEA-IDEA, San José, Costa Rica, 2004.

Calle Lombana, Humberto de la, "La crisis de los partidos políticos: ¿Profundización o reforma? Hacia una agenda interamericana para la reforma y modernización de los partidos políticos", Foro Interamericano sobre Partidos Políticos de la OEA, Washington, 2003. Disponible en: http://bibliotecavirtual.clacso.org.ar/ar/libros/normas/El_desafio_del_Financiamiento/dream%20weaverr/OTROS%20DOCUMENTOS/Informe_FIAPP_Cartagena.pdf

Calle Lombana, Humberto de la, "Reforma electoral en Colombia", en Zovatto G., Daniel y Orozco Henríquez, José de Jesús *Reforma política y electoral en América Latina, 1978-2007,* UNAM-IDEA, México, 2008.

Cameron, Maxwell A., "Citizen ship deficits in Latin America's democracies", *Convergencia,* vol. 14, núm. 45 (Universidad Autónoma del Estado de México Toluca, México), septiembre-diciembre, 2007, pp. 11-30

Cameron, Maxwell A., Hirshberg, Eric y Sharpe, Kenneth E., (eds.), *Nuevas instituciones de democracia participativa en América Latina: la voz y sus consecuencias,* Flacso, México, 2012.

Camou, Antonio, "Gobernabilidad", en Baca Olamendi, Laura, Bokser-Liwerant, Judit, Castañeda, Fernando, Cisneros, Isidro H. y Pérez Fernández del Castillo, Germán, (comps.), *Léxico de la política,* FCE, Conacyt, Flacso, Heinrich Böll Stiftung, México, 2000 (Política y Derecho).

Caputo, Dante (coord.), *Política, dinero y poder. Un dilema para las democracias de las Américas*, FCE, OEA, IFE, Gobierno de España, IDEA Internacional, México, 2011 (Col. Política y Derecho). Disponible también en: www.oas.org/es/sap/docs/OEA_Poliit_dinero_poder_s.pdf

Caputo, Dante, "No sólo de elecciones vive la democracia", *La Nación*, Buenos Aires, 24 de junio de 2015. Disponible en: http://www.lanacion.com.ar/1804367-no-solo-de-elecciones-vive-la-democracia

Cardoso, Fernando Henrique, "Los partidos políticos", *Foreign Policy en Español* (Madrid, octubre-noviembre 2005).

Cardoso, Fernando Henrique y Foxley, A., (eds.), *A medio camino: nuevos desafíos de la democracia y el desarrollo en América Latina*, Uqbar-Cieplan, Santiago de Chile, 2009.

Carey, John M., "El bono de las primarias en América Latina", en Arturo Fontaine, Cristián Larroulet, Jorge Navarrete, Ignacio Walker (coords.), *Reforma de los partidos políticos en Chile*, Santiago de Chile: PNUD, CEP, Libertad y Desarrollo, Proyectamérica y Cieplan, 2008.

Carpizo, Jorge, "México, ¿sistema presidencial o parlamentario?", *Cuestiones Constitucionales*, núm. 1 (IIJ/UNAM, México, 1999), pp. 49-84.

Carpizo, Jorge, *Concepto de democracia y sistema de gobierno en América Latina*, IIJ-UNAM, México, 2007.

Carrillo i Martínez, Agustí, *La gobernanza hoy: 10 textos de referencia*, Instituto Nacional de Administración Pública, Madrid, 2005.

Carrillo, Manuel, Alfonso Lujambio, Carlos Navarro y Daniel Zovatto G. (coords.), *Dinero y contienda político-electoral. Retos para la democracia*, FCE-IFE, México, 2003.

Casar, María Amparo, *Para entender la reforma política del Estado*, Nostra Ediciones, México, 2007.

Casas Zamora, Kevin, "Cinco reflexiones sobre las reformas políticas en América Latina", en Kevin Casas Zamora, Raquel Chanto, Betilde Muñoz-Pogossian y Marian Vidaurri (eds.), *Reformas políticas en América Latina: tendencias y casos*, OEA Washington, 2015.

Casas Zamora, Kevin, "Debates: dinero y política ¿cono de sombras?", 29 de septiembre de 2015. Disponible en: http://minseg.clientes.ejes.com/noticia_completa.cfm?id=43803983&desde=42274&fecha=42274&tipo=G&canal=8952358&mime=&qidx_cursor=1&page=1&total_pages=3&rpp=25&return_url=%2Fdefault.cfm%3Fdesde%3D42274%26fecha%3D42274%26tipo%3DG%26canal%3D8952358%26mime%3D%26qidx_cursor%3D1

Casas Zamora, Kevin, "Dinero y política: independencia de los órganos de control", *Clarín*. Disponible en: http://www.clarin.com/opinion/financiamiento_politico-organismos_de_control-campanas_electorales_0_1439856387.html

Casas Zamora, Kevin, "Financiamiento de campañas en Centroamérica y Panamá", *Cuaderno de CAPEL*, núm. 48 (IIDH-CAPEL, San José, Costa Rica, 2003).

Casas Zamora, Kevin, y Zovatto G., Daniel, "Para llegar a tiempo. Apuntes sobre la regulación del financiamiento político en América Latina", *Nueva Sociedad*, núm. 225 (Fundación Friedrich Ebert, Nueva York, 2010), pp. 49-67.

Casas Zamora, Kevin, y Daniel Zovatto G., *El costo de la democracia: ensayos sobre el financiamiento político en América Latina*, IIJ-UNAM, OEA e IDEA Internacional, México, 2015.

Casas Zamora, Kevin, y Miguel Carter, "La corrupción que sacude nuestras democracias", Clarín, Opinión, 6 de abril de 2016. Disponible en: www.clarin.com

Castañeda, Jorge, "Candidaturas independientes", *Reforma* (México, 15 de junio de 2005).

Castillo, Pilar del, y Zovatto G., Daniel, *La Financiación de la política en Iberoamérica*, IIDH-CAPEL, San José, Costa Rica, 1998.

CEPAL, *La hora de la igualdad: brechas por cerrar, caminos por abrir*, 2010. Disponible en: http://repositorio.cepal.org/bitstream/handle/11362/13309/S2010986_es.pdf?sequence=1

CEPAL, *Panorama Social de América Latina*, 2015

Chasquetti, Daniel, "Democracia, multipartidismo y coaliciones en América Latina: evaluando la difícil combinación", en Jorge Lanzaro (comp.), *Tipos de presidencialismo y coaliciones políticas en América Latina*, Clacso, Buenos Aires, 2001.

Cheibub, José Antonio, *Presidentialism, Parliamentarism and Democracy*, Cambridge University Press, Cambridge (MA), 2010.

Cobo, Rosa, "Democracia paritaria y sujeto político feminista", *Anales de la Cátedra Francisco Suárez*, vol. 36 (Departamento de Filosofía del Derecho Moral/Universidad de Granada, Granada, 2000), pp. 29-44.

Colomer, Josep M., *Teorías de la transición*, Paidós, Barcelona, 1994, pp. 37-38, así como en *Revista de Estudios Políticos* (Nueva época), núm. 86, Madrid, octubre-diciembre de 1994. Disponible en versión digital: http://www.cepc.es/rap/Publicaciones/Revistas/3/REPNE_086_241.pdf

Colomer, Josep, *¿Cómo votamos? Los sistemas electorales del mundo. Pasado, presente y futuro*, Gedisa, Barcelona, 2004.

Colomer, Josep, "Las elecciones primarias presidenciales en América Latina y sus consecuencias políticas", en Abal Medina, Juan Manuel y Cavarozzi, Marcelo, *El asedio a la política: los partidos latinoamericanos en la era neoliberal*, Homo Sapiens, Rosario (Argentina), 2002.

Colomer, Josep, y Gabriel L. Negretto, "Gobernanza con poderes divididos en América Latina", *Política y Gobierno*, núm. 1 (CIDE, México, 2003).

Comisión de la Verdad para El Salvador, Wikipedia. Disponible en: http://es.wikipedia.org/wiki/Comisi%C3%B3n_de_la_Verdad_para_El_Salvador

Comisión de la Verdad y de la Reconciliación (CVR), Wikipedia, agosto de 2003, Disponible en: http://es.wikipedia.org/wiki/Comisi%C3%B3n_de_la_Verdad_y_Reconciliaci%C3%B3n_(Per%C3%BA)

Comisión Latinoamericana sobre Drogas y Democracia, *Drogas y democracia. Hacia un cambio de paradigma*, Brasil, 2010.

Comisión para el Esclarecimiento Histórico, durante el llamado Genocidio Maya", Wikipedia. Disponible en: http://es.wikipedia.org/wiki/Genocidio_guatemalteco

Conadep, *Nunca más*, Comisión Nacional sobre la Desaparición de Personas (Conadep), informe conocido también como "Informe Sábato", septiembre de 1984.

Córdova Vianello, Lorenzo, y Murayama Rendón, Ciro, *Elecciones, dinero y corrupción: Pemexgate y amigos de Fox,* Cal y Arena, México, 2006.

Corrado, Anthony, Thomas E. Mann, Daniel R. Ortiz, Trevor Potter y Frank J. Sorauf (eds.), *Campaign Finance Reform: A Sourcebook*, Brookings Institution Press, Washington, 1997.

Corrales, Javier, "Latin America's Neocaudillismo: Ex-Presidents and Newcomers Running forPresident... and Winning", *Latin American Politics and Society,* vol. 50, núm. 3, 2008, pp. 1-35.

Couffignal, Georges (comp.), *Democracias posibles*, FCE, México, 1993

Cox, Gary W., y Morgenstern, Scott "Reactive Assemblies and Proactive Presidents. A Typology of Latin American Presidents and Legislatures", Documento preparado para el 21º Congreso Internacional de la Asociación de Estudios de América Latina, Chicago, 24-26 de septiembre de 1998.

Coyle, Andrew, *A Human Rights Approach to Prison Management*, International Centre for Prison Studies, King's College, Londres, 2009.

Crozier, Michel, Huntington, Samuel P.y Watanuki, Joji *The Crisis of Democracy. Report on the Governability of Democracies to the Trilateral Commission*, New York University Press, Nueva York, 1975.

Cumplido, Francisco, "El estatuto jurídico de los partidos políticos", *Estudios Públicos, núm.* 14 (Centro de Estudios Públicos, Santiago de Chile, 1984).

Da Silva, José Alfonso, *Curso di direito costitucional positivo*, 9ª ed., Malheiros Editores, São Paulo, 1993.

Dahl, Robert Alan, *La poliarquía*, Editorial Rei, México, 1997.

Dahl, Robert Alan, *La Democracia*, Ariel, Madrid, 2012.

Dahl, Robert Alan, La democracia y sus críticos, Paidós Ibérica, Madrid, 1992.

Dahlerup, Drude, "Comparative Studies of Electoral Gender Quotas", en International IDEA, "The Implementation of Quotas: Latin American Experiences", *Quota Workshop Report Series*, núm. 2, International IDEA, Estocolmo, 2003, pp. 10-19.

Dalton, Russell J. (ed.), *Citizen Politics: Public Opinion and Political Parties in Advanced Industrial Democracies*. Sage Publications, Los Ángeles (CA), 2014.

Dani Rodrik, "Repensar la democracia", 11 de junio de 2014. Disponible en: www. Project-syndicate.org.

Declaración de Atenas, 16 de abril de 2003. Disponible en: http://www.consilium.europa.eu/uedocs/cms_data/docs/pressdata/es/ec/75545.pdf.

Diamond, Larry J., *Developing Democracy: Toward Consolidation*, The Johns Hopkins University Press, Baltimore, 1999.

Diamond, Larry J., y Morlino, Leonardo, *Assessing the Quality of Democracy (A Journal of Democracy Book)*, The Johns Hopkins University Press, Baltimore, 2005.

Diamond, Larry J., y Morlino, Leonardo, *The Quality of Democracy*, Center on Democracy, Development, and The Rule of Law, Stanford Institute on International Studies, Stanford, 2004

Diamond, Larry J., y Plattner, Marc. F., (eds.), *The Global Divergence of Democracies*, The Johns Hopkins University Press, Baltimore, 2001.

Diamond, Larry J., y Gunther, Richard, *Political Parties and Democracy*, The John Hopkins University Press, Baltimore, 2001.

Drucker, Peter F., *The New Realities*, Harper and Row, Nueva York, 1989.

Duverger, Maurice, *Los partidos políticos*, FCE, México, 1987.

Duverger, Maurice, *Instituciones políticas y derecho constitucional*, 6ª ed., Ariel, Barcelona, 1980.

Easterly, William, *The Elusive Quest for Growth: Economists Adventures and Misadventures in the Tropics*, MIT Press, Cambridge (MA), 2002.

El Diario, "Registran Candidatura de Héctor Murguía, *El Diario* (Ciudad Juárez, 23 de abril de 2009).

El País, entrevista a Ricardo Lagos, *El País* (Madrid, 5 de diciembre 2004).

El Universal, "Héctor Murguía: los narcos en casa", *El Universal* (México, 27 de marzo de 2009).

Ellis, Andrew, Reilly, Ben y Reynolds, Andrew, *Diseño de sistemas electorales, El nuevo manual de IDEA Internacional*, IDEA Internacional-IFE-TEPJF, México, 2006. Disponible en: http://www.idea.int/publications/esd/es.cfm

Ellis, Andrew, Orozco Henríquez, José de Jesúsy Zovatto G., Daniel, (coords.), *Cómo hacer que funcione el sistema presidencial*, UNAM-IDEA Internacional, México, 2009.

Ellis, Andrew, y Kirsti Samuels, "Para que el presidencialismo funcione: compartir y aprender de la experiencia global", en Ellis, Andrew, Orozco Henríquez, José de Jesús, Zovatto G., Daniel (coords.), *Cómo hacer que funcione el sistema presidencial*, UNAM-IDEA Internacional, México, 2009.

Elster, Jon, *Rendición de cuentas. La justicia transicional en perspectiva histórica*, Katz Editores, Buenos Aires, 2006.

Enzensberger, Hans Magnus, *Zigzag*, Anagrama, Barcelona, 1999.

Estefanía, Joaquín, "El gran laboratorio", *El País*, 26 de octubre de 2014. Disponible en: http://elpais.com/elpais/2014/10/24/opinion/1414158052_983927.html

Ewing, Keith, *Money Politics and Law. A Study of Electoral Campaign Finance: Reform in Canada*, Clarendon Press, Oxford, 1992.

Fajnzylber, Fernando, *Industrialización e internacionalización en América Latina*, FCE, México, 1980.

FEC, *Annual Report*, Federal Election Commission, 1998.

Fernández Baeza, Mario, "Partidos políticos", en *Diccionario electoral*, IIDH-CAPEL, San José, Costa Rica, 2003, p. 976.

Ferreira Rubio, Delia M., "Alianzas electorales", en *Diccionario electoral*, t. I, IIDH-CAPEL, San José, Costa Rica, 2000, p. 23.

Ferreira Rubio, Delia M., "Rendición de cuentas y divulgación", en Steven Griner y Daniel Zovatto G. (coords.), *De las normas a las buenas prácticas. El desafío del financiamiento político en América Latina*, OEA-IDEA, San José, Costa Rica, 2004.

Ferreyra, Raúl, "Sobre las candidaturas electorales independientes de los partidos políticos". *Exposición presentada en las Jornadas sobre Reforma Política y Constitucional*, Comisión de Asuntos Constitucionales, Legislatura de la Ciudad de Buenos Aires, 5 de agosto de 2002, p. 7.

Fix-Zamudio, Héctor, "Valor actual del principio de la división de poderes y su consagración en las constituciones de 1857 y 1917", *Boletín del Instituto de Derecho Comparado de México*, año XX, núm. 58-59 (IDC-UNAM, México, enero-agosto de 1967), pp. 36 y ss.

Flisfisch, Ángel, *Gobernabilidad y consolidación democrática*, Flacso, Santiago de Chile, 1987.

Fontaine, Arturo, Larroulet, Cristián, Navarrete, Jorge y Walker, Ignacio, (coords.), *Reforma de los partidos políticos en Chile*, PNUD, CEP, Libertad y Desarrollo, Proyectamérica y CIEPLAN, Santiago de Chile, 2008.

Freedom House, *Map of Freedom in the World, 2008*, Freedom House, Washington, 2008. Disponible en: http://www.freedomhouse.org

Freidenberg, Flavia, *Cuando la ciudadanía decide tomar las riendas: desafíos institucionales de las candidaturas independientes en perspectiva comparada*, Tribunal Electoral del Poder Judicial de la Federación, México, 2016.

Freidenberg, Flavia, "Democracia interna en los partidos políticos", en Nohlen, Dieter, Zovatto G., Daniel y Orozco Henríquez, José de Jesús, y Thompson, José, (comps.), *Tratado de derecho electoral comparado de América Latina*, IIDH-CAPEL-Universidad de Heidelberg-IDEA-TEPJFM-IFE-FCE, México, 2007.

Freidenberg, Flavia, "Democracia interna: reto ineludible de los partidos políticos", *Revista de derecho electoral* (Tribunal Supremo de Elecciones, San José, Costa Rica, 2006), núm. 1., primer semestre. Disponible también en: http://www.tse.go.cr/revista/art/1/freidenberg.pdf.

Freidenberg, Flavia, "La democratización de los partidos políticos: entre la ilusión y el desencanto", en Thompson, José y Sánchez, Fernando (eds.), *Fortalecimiento de los partidos políticos en América Latina:*

Institucionalización, democratización y transparencia, IIDH-CAPEL, San José, Costa Rica, 2006.

Freidenberg, Flavia, "La *reina* de las reformas: las elecciones internas a las candidaturas presidenciales en América Latina", en Freidenberg, Flavia y Muñoz-Pogossian, Betilde (eds.), *Las reformas políticas a las organizaciones de partidos*, INE, TEPJF, OEA, Instituto de Iberoamérica y SAAP, México, 2015.

Freidenberg, Flavia, y Muñoz-Pogossian, Betilde, (eds.), *Las reformas políticas a las organizaciones de partidos*, INE, TEPJF, OEA, Instituto de Iberoamérica y SAAP, México, 2015.

Freidenberg Flavia, y Došek, Tomás, "Las reformas electorales en América Latina [1978-2015]", en Kevin Casas Zamora, Raquel Chanto, Betilde Muñoz-Pogossian y Marian Vidaurri (eds.), *Reformas políticas en América Latina: tendencias y casos*, OEA Washington, 2015.

Freidenberg, Flavia, y Došek, Tomás, "Las reformas electorales en América Latina: estrategias conceptuales y desafíos metodológicos", en Fernando Tuesta Soldevilla (ed.); *Las reformas electorales en América Latina*, Jurado Nacional de Elecciones, Lima. 2016.

Friedman, Benjamin, *The Moral Consequences of Economic Growth*, Random House, Nueva York, 2005.

Fukuyama, Francis, "At the 'End of History' Still Stands Democracy", *Wall Street Journal*, junio 6 de 2014.

Fukuyama, Francis, *Political Order and Political Decay: From the Industrial Revolution to the Globalization of Democracy*, Farrar, Straus and Giroux, Nueva York, 2014.

Fundación Milenio, *Proyecto de reforma a la Constitución Política del Estado 1991-1992*, Milenio, La Paz, Bolivia, 1997.

Gallo, Adriana, "El proceso electivo trifásico en América Latina. Análisis del impacto de la interacción de los nuevos instrumentos institucionales", *Espiral*, vol. XVIII, núm. 51, mayo-agosto de 2011. Disponible en: http://www.redalyc.org/ar-ticulo.oa?id=13819925004.

García Díez, Fátima, *The Emergence of Electoral Reforms in Contemporary LatinAmerica*, Institut de Ciéncies Politiques i Socials, Barcelona, 2001.

García Laguardia, Jorge Mario, "Constitucionalización de los partidos políticos", en *Diccionario electoral*, IIDH-CAPEL, San José, Costa Rica, 2003.

García Laguardia, Jorge Mario, "Nuevas instituciones de derecho electoral centroamericano", *Justicia Electoral*, núm. 1 (Tribunal Federal Electoral, México, 1992).

García Laguardia, Jorge Mario, "Régimen constitucional de los partidos políticos en Centroamérica", *Sistemas electorales y representación política en América Latina*, Fundación Friedrich Ebert-Instituto de Cooperación Iberoamericana, Madrid, 1986.

García Laguardia, Jorge Mario, *Breve historia constitucional de Guatemala*, Universidad de San Carlos de Guatemala-Editorial Universitaria, Ciudad de Guatemala, 2010,

García Quesada, Ana Isabel, "Financiamiento político y perspectiva de género", en Griner, Steven, y Zovatto G., Daniel, (coords.), *De las normas a las buenas prácticas. El desafío del financiamiento político en América Latina*, OEA-IDEA, San José, Costa Rica, 2004, pp. 143-183.

García Rodríguez, Juan Ignacio, "Proceso y justicia electoral", en *Tendencias contemporáneas del derecho electoral en el mundo*, Memoria del II Congreso Internacional de Derecho Electoral, Cámara de Diputados-IFE-TFE-UNAM, México, 1993.

Geddes, Barbara, "Initiation of New Democratic Institutions. Eastern Europe and Latin America", en Lijphart, Arend y Waisman, Carlos H., (eds.), *Institutional Design in New Democracies: Eastern Europe and Latin America,* Westview Press, Boulder (CO), 1996.

Geddes, Barbara, y Artur Ribeiro-Neto, "Institutional Sources of Corruption in Brazil", *Third World Quarterly*, vol. 13, núm. 4 (Routledge, Londres, 1992), pp. 64-66.

Gelli, María Angélica, "Constitución de la Nación Argentina", t II, 4ª ed., ampliada y actualizada, La Ley, Buenos Aires, 2009.

Gil Robles, José María, y Pérez-Serrano, Nicolás, *Diccionario de términos electorales y parlamentarios*, Taurus, Madrid, 1977.

Ginsburg, Tom, Melton, James y Elkins, Zachary "On the Evasion of Executive Term Limits", *William and Mary Law Review*, vol. 52, 2011, p. 1807.

González del Riego, Delfina, *Cincuenta años del voto femenino en el Perú historia y realidad actual*, 2ª ed., Cendoc MIMDES, Perú, 2009.

González Rissotto, Rodolfo, "Democracia directa: El caso de Uruguay", en Alicia Lissidin, Yanina Welp y Daniel Zovatto G. (comps.), *Democracia directa en Latinoamérica: entre la delegación y la participación*, Prometeo, Buenos Aires, 2008.

González-Varas, Santiago, *La financiación de los partidos políticos*, Libros Dykinson, Madrid, 1995.

Griner, Steven, y Zovatto G., Daniel, (coords.), *De las normas a las buenas prácticas. El desafío del financiamiento político en América Latina*, OEA-IDEA, San José, Costa Rica, 2004.

Grofman, Bernard, y Lijphart, Arend, *Electoral Laws and Their Political Consequences*, Universidad de California, San Diego (CA), 1994.

Gros Espiell, Héctor, *La corte electoral del Uruguay*, IIDH/CAPEL, San José, Costa Rica, 1990.

Gros Espiell, Héctor, "Uruguay", en Daniel Zovatto G., (coord.), *Regulación jurídica de los partidos políticos*, UNAM-IDEA, México, 2006.

Gross, Kenneth A., "The Enforcement of Campaign Finance Rules: A System in Search of Reform", en Anthony Corrado, Thomas E. Mann, Daniel R. Ortiz, Trevor Potter y Frank J. Sorauf (eds.), *Campaign Finance Reform: A Sourcebook*, Brookings Institution Press, Washington, 1997.

Gunlicks, Arthur, "The New German Party Finance Law", *German Politics*, vol. 4, núm. 1, 1995.

Haggard, Stephan, y Kaufman, Robert R., *The Political Economy of Democratic Transitions*, Princeton University Press, Princeton, 1995.

Hagopian, Frances, y Mainwaring, Scott P., (eds.), *The Third Wave of Democratization in Latin America. Advances and Setbacks*, Cambridge UniversityPress, Nueva York, 2005.

Hartlyn, Jonathan, Mccoy, Jennifer y Mustillo, Thomas M., "La importancia de la gobernanza electoral y la calidad de las elecciones en la América Latina contemporánea", *América Latina Hoy*, vol. 51 (Universidad de Salamanca, Salamanca, 2009), pp. 15-40.

Heinrich, Triepel, "Derecho constitucional y realidad constitucional", en Kurt Lenk y Franz Neumann (eds.), *Teoría y sociología críticas de los partidos políticos*, Anagrama, Barcelona, 1980.

Heywood, Andrew, *Politics*, Macmillan, Londres, 1997.

Hirschman, Albert Otto, "La democracia en América Latina", *Vuelta* (Editorial Vuelta, México, 1986).

Huntington, Samuel P., *La tercera ola. La democratización a finales del siglo XX*, Paidós, Barcelona, 1994.

Huntington, Samuel P., *El orden político en las sociedades en cambio*, Paidós Ibérica, Madrid, 2014.

Huntington, Samuel P., *The Third Wave: Democratization in the Late 20th Century*, University of Oklahoma Press, Norman, Oklahoma, 1991.

Hurtado, Osvaldo, *Elementos para una reforma política en América Latina*, BID, Washington, 2005 (Serie de informes técnicos del Departamento de Desarrollo Sostenible).

Hurtado, Osvaldo, *Elementos para una reforma política en América Latina*, Serie de informes técnicos del Departamento de Desarrollo Sostenible (SGC-104), BID, Washington, 2005.

IDEA Internacional, *Manual para el diseño de sistemas electorales*, IDEA Internacional, 2000.

IDEA Internacional, *The International IDEA Handbook of Electoral System Design*, International IDEA, Estocolmo, 1997.

IDEA International, *Voter TurnOut*, Base de datos sobre la participación electoral. Disponible en: www.idea.int.

IDEA, "The Implementation of Quotas: Latin American Experiences", *Quota Workshop Report Series*, núm. 2, International IDEA, Estocolmo, 2003

IDEA, *Direct Democracy: An overview of the International IDEA Handbook*, International IDEA, Estocolmo, 2008.

IDEA, *Electoral Management Design. The International IDEA Handbook*, Estocolmo, 2006.

IETD, *Equidad social y parlamentarismo*, Instituto de Estudios para la Transición Democrática, México, 2010.

Informe de la Comisión Global, *Profundizando la Democracia. Una estrategia para mejorar la integridad electoral en el mundo*. Disponible en: http://www.ine.mx/docs/IFE-v2/CAI/CAI-Varios/2012/3erForoDemocraciaLat/3erForoDemocraciaLat-docs/Informe-Comision-Global.pdf

Inglehart, Ronald, y Welzel, Christian, *Modernization, Cultural Change and Democracy: The Human Development Sequence*, Cambridge University Press, Cambridge (MA), 2005.

Inkeles, Alex, "Participant CitizenshipinSix Developing Countries", *American Political Science Review*, vol. 63, núm. 3, 1969, pp. 1120-1141.

Innerarity, Daniel, "La importancia de ponerse de acuerdo", *El País* (Opinión), 19 de octubre de 2012.

Innerarity, Daniel, *La política en tiempos de indignación,* Galaxia Gutenberg, Madrid, 2015.

Janda, Kenneth, *Political Parties and Democracy in Theoretical and Practical Perspectives: Adopting Party Law*, National Democratic Institute for International Affairs, Washington, 2005.

Jáquez, Antonio, "El 'Pemexgate', una novela de no-ficción", *Proceso*, México, 13 de octubre de 2002.

Jaramillo, Juan Fernando, "Los órganos electorales supremos", en Nohlen, Dieter, Zovatto G., Daniel, Orozco Henríquez, José de Jesús y Thompson, José (comps.), (comps.), *Tratado de derecho electoral comparado de América Latina*, IIDH-CAPEL-Universidad de Heidelberg-IDEA-TEPJFM-IFE-FCE, México, 2007.

Jardim, Torquato, "Processo e justiça eleitoral (Introduçao ao sistema electoral brasileiro)", *Tendencias contemporáneas del derecho electoral en el mundo*. Memoria del II Congreso Internacional de Derecho Electoral, Cámara de Diputados-IFE-TFE-UNAM, México, 1993, pp. 761-787.

Jarquín, Edmundo, y Echebarría, Koldo, "El papel del Estado y la política en el desarrollo de América Latina (1950-2005)", en Payne, J. Mark, Zovatto G. Daniel y Mateo Díaz, Mercedes, (coords.), *La política importa. Democracia y desarrollo en América Latina*, BID-IDEA, Washington, 2006.

Jones, Mark P., *Electoral Laws and the Survival of Presidential Democracies*, University of Notre Dame Press, South Bend (IN), 1995.

Jordan, David C., *Drug Politics: Dirty Money and Democracies*, University of Oklahoma Press, Norman (OK), 1999.

Kalss, Susanne, Velásquez Castellanos, Iván (eds.), *Visión crítica a la nueva Constitución Política del Estado*, Konrad Adenauer Stiftung, La Paz, Bolivia, 2009.

Karl, Terry Lynn, "Economic Inequality and Democratic Instability", *Journal of Democracy*, vol. 11, núm. 1 (The Johns Hopkins University Press, Baltimore, enero de 2000), pp. 149-156.

Katz, Richard S., "Democracy and the Legal Regulation of Political Parties", en USAID Conference on Changes in Political Parties, United States Agency for International Development, Washington, 1 de octubre de 2004.

Katz, Richard S., y William Crotty (eds.), *Handbook of Party Politics*, Sage Publications, Thousand Oaks (CA), 2006.

Kelsen, Hans, *Esencia y valor de la democracia*, 2ª ed., Guadarrama, Barcelona, 1977.

Kinzo, Maria D'Alva Gil, "Funding Parties and Elections in Brazil", en Burnell, Peter y Ware, Alan, *Funding Democratization*, Manchester University Press, Manchester (NH), 1998.

Kornblith, Miriam, "Democracia directa y revocatoria de mandato en Venezuela", en *Conferencia Internacional: Democracia directa en América Latina*, Buenos Aires, 14 y 15 de marzo de 2007. Disponible en: http://www2.congreso.gob.pe/sicr/cendocbib/con4_uibd.nsf/77-F465A10BB48A2F05257BE30067FB81/$FILE/democracia_directa_venezuela.pdf.

Krauze, Enrique, "Un amanecer distinto para Venezuela", *El País*, Opinión, 7 de marzo de 2013.

Lagos, Ricardo, entrevista, *El País,* Madrid, 5 de diciembre de 2004.

Lamounier, Bolívar, y Nohlen, Dieter, (comps.), *Presidencialismo ou Parlamentarismo*, IDESP-Diçoes Loyola, São Paulo, 1993.

Layton, Matthew L., "Trust in Elections", *Americas Barometer Insights*, núm. 37 (LAPOP, Insights series, Vanderbilt University Press, Vanderbilt, 2010).

Lanzaro, Jorge (comp.), *Tipos de presidencialismo y coaliciones políticas en América Latina*, Clacso, Buenos Aires, 2001.

Lanzaro, Jorge (ed.), *Presidencialismo y Parlamentarismo. América Latina y Europa Meridional*. Centro de Estudios Políticos y Constitucionales, Madrid, 2012.

Lanzaro, Jorge, "Democracia presidencial y alternativas pluralistas. El caso uruguayo en perspectiva comparada", en I. Cheresky e I. Pousadela (eds.), *Política e instituciones en las nuevas democracias latinoamericanas*, Paidós, Buenos Aires, 2000.

Lanzaro, Jorge, "Presidencialismo con partidos y sin partidos. El presidencialismo en América Latina: debates teóricos y evolución histórica", en Jorge Lanzaro (ed.), *Presidencialismo y Parlamentarismo. América Latina y Europa Meridional*, Centro de Estudios Políticos y Constitucionales, Madrid, 2012.

Larserud, Stina, y Taphorn, Rita, *Designing for Equality: Best-Fit, Medium-Fit and Non-Favourable Combinations of Electoral Systems and Gender Quotas*, IDEA, Estocolmo, 2007. Disponible: http://aceproject.org/eroen/topics/electoralsystems/Idea_Design_low.pdf.

Latinobarómetro 2008. Santiago de Chile. Disponible en: http://www.latinobarometro.org/docs/INFORME_LATINOBAROMETRO_2008.pdf.

Latinobarómetro, 2009. Disponible en: www.Latinobarometro.org.

Latinobarómetro, 2010. Disponible en: www.Latinobarometro.org.

Latinobarómetro, 2011. Disponible en: www.Latinobarometro.org.

Latinobarómetro, 2012. Disponible en: www.Latinobarometro.org.

Latinobarómetro, 2013. Disponible en: www.Latinobarometro.org.

Latinobarómetro, 2014. Disponible en: www.Latinobarometro.org.

Latinobarómetro, 2015. Disponible en: www.Latinobarometro.org.

Baca Olamendi, Laura, Bokser-Liwerant, Judit, Castañeda, Fernando, Cisneros, Isidro H. y Pérez Fernández del Castillo, Germán (comps.), *Léxico de la política*, FCE, México, 2000.

Lenk, Kurt, y Neumann, Franz (eds.), *Teoría y sociología críticas de los partidos políticos*, Anagrama, Barcelona, 1980.

Levine, Daniel H., y Molina, José E. (eds.), *The Quality of Democracy in Latin America*, Lynne Rienner Publishers, Boulder (CO), 2011.

Levine, Daniel H., y Molina, José E., "Evaluating the Quality of Democracy in Latin America", en Daniel H. Levine y José E. Molina (eds.), *The Quality of Democracy in Latin America*, Lynne Rienner Publishers, Boulder (CO), 2011, pp. 1-19.

Levitsky, Steven, y Way, Lucan A. "Elecciones sin democracia. El surgimiento del autoritarismo competitivo", *Estudios Políticos*, núm. 24, (Medellín, enero-junio 2004), pp. 159-176. Disponible en: http://biblioteca.clacso.edu.ar/ar/libros/colombia/iep/24/8%20autoritarismo%20competitivo.pdf.

Levush, Ruth (coord.), *Campaign Financing of National Elections in Foreign Countries*, preparado por el personal de Law Library of Congress, Washington, 1991.

Lijphart, Arend, "Constitutional Design for Divides Societies", *Journal of Democracy*, vol. 15, núm. 2 (The Johns Hopkins University Press, Baltimore, 2004), pp. 96-109.

Lijphart, Arend, "Presidencialismo y democracia mayoritaria: observaciones teóricas", en Linz, Juan José y Valenzuela, Arturo (comps.), *La crisis del presidencialismo. Perspectivas comparativas*, Alianza, Madrid, 1997.

Lijphart, Arend, "Unequal participation: Democracy's unresolved dilemma. Presidential Address American Political Science Association, 1996", *American Political Science Review*, vol. 91, 2007. pp. 1-14.

Lijphart, Arend, y Waisman, Carlos H. (eds.), *Institutional Design in New Democracies: Eastern Europe and Latin America*, Westview Press, Boulder (CO), 1996.

Linz, Juan José, "Crisis, Breakdown, and Reequilibration", en Linz, Juan José y Stepan, Alfred (eds.), *The Breakdown of Democratic Regimes*, The Johns Hopkins University Press, Baltimore, 1978.

Linz, Juan José, *La quiebra de las democracias*, Alianza Editorial, México, 1990.

Linz, Juan José, *Michels e il suo contributo alla sociologia politica*, Il Mulino, Bolonia, 1966.

Linz, Juan José, "The Perils of Presidentialism", *Journal of Democracy*, vol. 1, núm. 1 (The Johns Hopkins University Press, Baltimore, 1990).

Linz, Juan José, "The Virtues of Parliamentarism", *Journal of Democracy*, vol. 1, núm. 4 (The Johns Hopkins University Press, Baltimore, otoño de 1990), pp. 84-91.

Linz, Juan José, y Stepan, Alfred C., Problems of Democratic Transition and Consolidation*: Southern Europe, South America, and Post-Communist Europe*, The Johns Hopkins University Press, Baltimore, 1996.

Linz, Juan José, y Stepan, Alfred C. *The Breakdown of Democratic Regimes*, The Johns Hopkins University Press, Baltimore, 1978.

Linz, Juan José, y Stepan, Alfred C., "Toward Consolidated Democracies", *Journal of Democracy*, vol. 7. núm. 2 (The Johns Hopkins University Press, Baltimore, abril de 1996).

Linz, Juan José, y Valenzuela, Arturo, (comps.), *La crisis del presidencialismo. Perspectivas comparativas*, Alianza, Madrid, 1997.

Linz, Juan José, y Valenzuela, Arturo, *The Failure of Presidential Democracy,* The Johns Hopkins University Press, Baltimore, 1994.

Lipset, Seymour Martin, "Algunos requisitos sociales de la democracia: desarrollo económico y legitimidad política", *American Political Science Review*, vol. 53, marzo 1959, pp. 69-105.

Lipset, Seymour Martin, "Some Social Requisites of Democracy: Economic Development and Political Legitimacy", *American Political Science Review*, vol. 53, núm. 1, 1959.

Lipset, Seymour Martin, *El hombre político: las bases sociales de la política*, The Johns Hopkins University Press, Baltimore, 1981.

Lipset, Seymour Martin, y Jason Lakin, *The Democratic Century*, The University of Oklahoma Press, Norman, Oklahoma, 2004.

Lissidini, Alicia, "Democracia directa en Uruguay y en Venezuela: nuevas voces, antiguos procesos", en Cameron, Maxwell A., Hershberg, Eric y Sharpe, Kenneth E., (eds.), *Nuevas instituciones de democracia participativa en América Latina: la voz y sus consecuencias*, Flacso, México, 2012.

Lissidini, Alicia, "La historia de los plebiscitos en el Uruguay: ni tan democráticos ni tan autoritarios (1917-1971)", *Cuadernos del CLAEH*, segunda serie, año 23, núm. 81-82, Revista Ciencias Sociales (Centro Latinoamericano de Economía Humana, Uruguay, 1998), pp. 1-2.

Lissidini, Alicia, "La política en movimiento. Estados, democracias y diversidades regionales", Ponencia presentada en el XI Congreso Nacional de Ciencia Política, Paraná, 17 a 20 de julio de 2013.

Lissidini, Alicia, *Democracia directa en Latinoamérica: entre la delegación y la participación*, Clacso, Buenos Aires, 2011. Disponible, también, en: http://bibliotecavir-tual.clacso.org.ar/ar/libros/becas/lisidini/lisidini.pdf.

Lissidin, Alicia, Welp, Yanina y Zovatto G., Daniel (comps.), *Democracia directa en Latinoamérica: entre la delegación y la participación*, Prometeo, Buenos Aires, Prometeo, 2008.

Lissidini, Alicia, Welpy, Yanina y Zovatto G., Daniel (comps.), *Democracias en movimiento Mecanismos de democracia directa y participativa en América Latina*, UNAM Centro de Investigaciones sobre Democracia Directa-IDEA, México, 2014.

Llanos Cabanillas, Beatriz, "A modo de introducción: Caminos recorridos por la paridad en el mundo", en IDEA Internacional y Comisión Interamericana de Mujeres, *La apuesta por la paridad: democratizando el sistema político en América Latina. Los casos de Ecuador, Bolivia y Costa Rica*, Lima, OEA, International IDEA y CIM, 2013, pp. 17-46.

Llanos Cabanillas, Beatriz, y Kristen Sample, *Treinta años de democracia: ¿en la cresta de la ola? Participación política de la mujer en América Latina*, IDEA Internacional, Lima. 2008.

Loewenstein, Karl, "La 'presidencia' fuera de los Estados Unidos (Estudio comparativo de instituciones políticas)", *Boletín del Instituto de Derecho Comparado de México*, año 2, núm. 5 (IDC-UNAM, México, 1949), pp. 21-28.

Loewenstein, Karl, *Teoría de la Constitución*, trad. Alfredo Gallego, 2ª ed., Ariel, Barcelona, 1976.

Lora, Eduardo A., y Panizza, Ugo G., "Structural Reforms in Latin America Under Scrutiny", documento preparado para el seminario Reforming Reforms, IADB-IAIC, Fortaleza (Brasil), 11 de marzo de 2002. Disponible en: http://www.iadb.org/res.

Lund, Michel, Méndez-Montalvo, Myriam y Zovatto G., Daniel "Comisiones de la verdad. La experiencia latinoamericana", *Nexos*, 47, vol. XXVI, núm. 319, año 26, 2004, pp. 47-53.

Mahoney, James, "Path Dependent Explanations of Regime Change: Central America in Comparative Perspective", *Studies in Comparative International Development*, vol. 36, núm. 1, 2001, pp. 111-141.

Mainwaring, Scott P., "Pluripartidismo, federalismo fuerte y presidencialismo en Brasil", en Mainwaring, Scott P. y Soberg Shugart, Matthew (eds.), *Presidencialismo y democracia en América Latina*, Buenos Aires, Paidós, 2000.

Mainwaring, Scott P., "Presidentialism, Multipartidism, and Democracy. The Difficult Combination", *Comparative Political Studies*, vol. 24, núm. 1 (Sage, Londres, 1993), pp. 198-228.

Mainwaring, Scott P., *Rethinking Party Systems in the Third Wave of Democratization: The Case of Brazil*, Stanford University Press, Stanford (CA), 1999.

Mainwaring, Scott P., y Pérez Liñán, Aníbal "Latin American Democratization since 1978. Democratic Transitions, Breakdowns and Erosions", en Frances Hagopian y Scott P. Mainwaring, *The Third Wave of Democratization in Latin America: Advances and Setbacks*, Cambridge University Press, Nueva York, 2005, pp. 14-59.

Mainwaring, Scott P., y Pérez-Liñán, Aníbal, *Democracies and Dictatorships in Latin America. Emergence, Survival and Fall*, Cambridge University Press, Cambridge (MA), 2013.

Mainwaring, Scott P., y Valenzuela, Arturo (comps.), *Politics, Society, and Democracy, Latin America*, Westview Press, Boulder (CO), 1998.

Mainwaring, Scott P., y Valenzuela, Arturo (eds.), *Politics, Society, and Democracy: Latin America* [Ensayos en homenaje a Juan José Linz], Westview Press, Boulder (CO), 1997.

Mainwaring, Scott P., y Soberg Shugart, Matthew (comps.), *Presidencialismo y democracia en América Latina*, Paidós, Buenos Aires, 2002.

Mainwaring, Scott P., y Soberg Shugart, Matthew, "Presidencialismo y democracia en América Latina: revisión de los términos del debate", en Scott P. Mainwaring y Matthew Soberg Shugart (comps.), *Presidencialismo y democracia en América Latina*, Paidós, Buenos Aires, 2002.

Mainwaring, Scott P., y Torcal, Mariano "Party System Institutionalization and Party System Theory after the Third Wave of Democratization", en *R. Katz y W. Crotty, Handbook of Party Politics*. Sage Publications, Thousand Oaks (CA), 2006.

Mainwaring, Scott P., y Scully, Timothy R., (eds.), *Building Democratic Institutions: Party Systems in Latin America*, Stanford University Press, Stanford (CA), 1995.

Mainwaring, Scott P., y Scully, Timothy R., "Introduction: Party Systems in Latin America", en Scott P. Mainwaring y Timothy R. Scully (eds.), *Building Democratic Institutions: Party Systems in Latin America*, Stanford University Press, Palo Alto (CA), 1995.

Malem, Jorge, "Financiamiento, corrupción y gobierno", en M. Carrillo *et al., Dinero y contienda político-electoral. Retos para la democracia*, FCE-IFE, México, 2003.

Manin, Bernard, *Los principios del gobierno representativo*, Cambridge University Press, Londres, 1997.

Maravall, José María, *Los resultados de la democracia*, Alianza Editorial, Madrid, 1995.

March, James G., y Olsen, Johan P., *El redescubrimiento de las instituciones. De la teoría organizacional a la ciencia política*, 2ª ed., FCE, México, 1997 (Nuevas lecturas de Política y Gobierno).

Marshall, Thomas H. (comp.), *Class, Citizenship and Social Development*, Doubleday, Garden City (NY), 1965.

Marshall, Thomas H., "Citizenship and Social Class", en Marshall, Thomas H. (comp.), *Class, Citizenship and Social Development*, Doubleday, Garden City (NY), 1965.

Martínez B. Elena, y Brenes B., Amelia, "Y volver, volver, volver..." Un análisis de los casos de intervención de las Cortes Supremas en la reelección presidencial en Centroamérica". *Anuario de Estudios Centroamericanos*, núm. 38 (Universidad de Costa Rica, Costa Rica, 2012), pp. 109-136.

Mateo Díaz, Mercedes, y Payne, J. Mark, "Trends in electoral participation", en J. Mark Payne, Daniel Zovatto G. y Mercedes Mateo Díaz (coords.), *Democracies in Development: Politics and Reform in Latin America*, BID-IDEA-David Rockefeller Center for Latin American Studies-Harvard University, Washington, 2007.

Mayorga, Fernando, y Córdova, Eduardo *Gobernabilidad y gobernanza en América Latina*, Documento de trabajo, NCCR Norte-Sur, IP8, Ginebra, 2007.

Mayorga, René Antonio, "El financiamiento de los partidos políticos en Bolivia", en Del Castillo, Pilar y Zovatto G., Daniel, *La Financiación de la política en Iberoamérica*, IIDH-CAPEL, San José, Costa Rica, 1998.

Mayorga, René Antonio, *Presidencialismo parlamentarizado y gobierno de coalición en Bolivia*, Clacso, Buenos Aires, 2001.

Méndez, Juan E., O'Donnell, Guillermo y Pinheiro, Paulo Sérgio (eds.), *The (Un) Rule of Law and the Under privileged in Latin America*, University of Notre Dame Press-Helen Kellogg Institute for International Studies, Notre Dame (IN), 1999.

Michels, Robert, *Los partidos políticos: un estudio sociológico de las tendencias oligárquicas de la democracia moderna*, Amorrortu Editores, Buenos Aires, 2008.

Millán González, Navor, "Partidos políticos y democracia", *Revista Iniciativa, núm.* 16, Instituto de Estudios Legislativos, México, 2002, pp. 9-12.

Molina, José E., "Consecuencias políticas del calendario electoral en América Latina: ventajas y desventajas de elecciones simultáneas o separadas para presidente y legislatura". *América Latina Hoy*, vol. 29, Universidad de Salamanca, Salamanca, 29 de diciembre de 2001.

Molina, José E., "Elecciones en América Latina (2005-2006): desafíos y lecciones para la organización de procesos electorales". *Cuadernos de Capel*, 52, 2008, pp. 13-27.

Molina, José E., "Nivel de institucionalización del sistema de partidos y personalización de la política en América Latina (1990-2008)", en Torcal, Mariano (coord.), *Sistemas de partidos en América Latina: causas y consecuencias de su equilibrio inestable*, Anthropos Editorial, Barcelona, 2015, pp. 183-202.

Molina, José E., "Sistemas electorales parlamentarios y modelos de representación política: efecto de los distritos electorales, la fórmula electoral y el tamaño del congreso", *Revista de Derecho Electoral*, núm. 15, Tribunal Supremo de Elecciones, Costa Rica, enero-junio de 2013.

Molina, José E., y Álvarez, Ángel, (eds.), *Los partidos políticos venezolanos en el siglo XXI*, Vadell Hermanos Editores, Caracas, 2004.

Molina, José E., y Hernández, Janeth, *La credibilidad de las elecciones latinoamericanas y sus factores. El efecto de los organismos electorales, el sistema de partidos y las actitudes políticas*, Cuadernos del CENDES, núm. 41, 1999, pp. 1-26. Disponible también en: http://biblioteca.clacso.edu.ar/ar/libros/la-sa98/Molina-Hernandez.pdf

Montero, José Ramón, Gunther, Richard y Linz, Juan José (eds.), *Partidos políticos: viejos conceptos y nuevos retos*, Editorial Trotta y Fundación Alfonso M. Escudero, Madrid, 2007.

Moore, Barrington, *Social Origins of Dictatorship and Democracy: Lord and Peasant in the Making of the Modern World*, Beacon Press, Boston, 1966.

Morales, Sabina, "Reseña" del libro *Democracies and Dictator ships in Latin America. Emergence, Survival and Fall*, de Mainwaring, Scott P.y Pérez-Liñán, Aníbal, Cambridge University Press, Cambridge (MA), 2013 (*Crolar-Critical Reviews on Latin American Research*, vol. 3, núm. 2, 2014), pp. 91-93. Disponible en: http://www.crolar.org/index.php/crolar/article/view/155/pdf_90.

Moreno, Luis Alberto, y Helgesen, Vidar, "Prólogo", en Payne, J. Mark Zovatto G., Daniel y Mateo Díaz, Mercedes (coords.), *La política importa. Democracia y desarrollo en América Latina*, BID-IDEA, Washington, 2006.

Morgenstern, Scott, y Nacif, Benito *Legislative Politics in Latin America*, Cambridge University Press, Cambridge (MA), 2002.

Morlino, Leonardo, *Democracias y democratizaciones*, Centro de Investigaciones Sociológicas, Madrid, 2009 (Colección Monografías, núm. 267).

Morlino, Leonardo, *La calidad de las democracias en América Latina. Informe para idea Internacional*, 2ª ed. revisada, IDEA-LUISS, San José, Costa Rica, 2014.

Morodo, Raúl, y Murillo de la Cueva, Pablo Lucas, *El ordenamiento constitucional de los partidos políticos*, UNAM, México, 2001.

Mustapic, Ana Maria, "Del malestar con los partidos a la renovación de los partidos", IFCH, São Paulo, 2007.

Naím, Moisés, *Latin America's Journey to the Market: From Macroeconomic Shocks to Institutional Therapy*, ICS Press, San Francisco, 1995.

Naím, Moisés, *Panorama social de América Latina y el Caribe*, 2013. Disponible en: http://www.eclac.cl/noticias/pagi-nas/8/33638/panorama_social_versionfinal.pdf y http://www.asocamerlat.org/CEPAL_PanoramaSocial2013_AmericaLatina_diciembre2013.pdf.

Naím, Moisés, *The End of Power: From Boardrooms to Battlefields and Churches to States, Why Being In Charge Isn't What It Used to be*, Basic Books, Nueva York, 2013.

Navarro Méndez, José Ignacio, *Partidos políticos y democracia interna*, Centro de Estudios Políticos y Constitucionales, Madrid, 1999.

Navia, Patricio, "Participación electoral en Chile, 1988-2001", *Revista de Ciencia Política*, vol. XXIV, núm. 1, 2004.

Negretto, Gabriel L., "Choosing How to Choose Presidents. Parties, Military Rulers, and Presidential Elections in Latin America", *Journal of Politics*, vol. 68, núm. 2, 2006, pp. 421-433.

Negretto, Gabriel L., *La política del cambio constitucional en América Latina*, FCE, México, 2015.

Negretto, Gabriel L., "La reforma política en América Latina. Reglas electorales y distribución de poder entre Presidente y Congreso", *Desarrollo Económico*, vol. 50, núm. 198,197-221, 2010.

Negretto, Gabriel L., "Paradojas de la reforma constitucional en América Latina", *Journal of Democracy en Español*, vol. 1, núm. 1 (Pontificia Universidad Católica de Chile, Santiago de Chile, 2009), pp. 38-54.

Negretto, Gabriel L., *Making Constitutions: Presidents, Parties, and Institutional Choice in Latin America*, Cambridge University Press, Cambridge (MA), 2013.

Nohlen, Dieter, "El presidencialismo: análisis y diseños institucionales en su contexto", *Revista de Derecho Público*, núm. 74 (Universidad de Chile, Santiago de Chile, 2011), así como *Revista Latinoamericana de Política Comparada*, vol. núm. 6 (Celaep, diciembre 2012, pp. 49-76), p. 63. Disponible en: http://www.hss.de/fileadmin/americalatina/Ecuador/downloads/celaep_6-final.pdf.

Nohlen, Dieter, "Prólogo", en Zovatto G., Daniel y Orozco Henríquez, José de Jesús, *Reforma política y electoral en América Latina (1978-2007)*, IIJ/UNAM-IDEA, México, 2008.

Nohlen, Dieter, "Sistemas de gobierno: perspectivas conceptuales y comparativas", en Nohlen, Dieter y Fernández, Mario, (eds.), *Presidencialismo versus parlamentarismo en América Latina*, Nueva Sociedad, Caracas, 1991.

Nohlen, Dieter, *Ciencia política y democracia en su contexto*, Tribunal Contencioso Electoral, Quito, 2010.

Nohlen, Dieter, Zovatto G., Daniel, Orozco Henríquez, José de Jesús y Thompson, José (comps.), *Tratado de derecho electoral comparado de América Latina*, 2ª ed., IIDH-CAPEL-Universidad de Heidelberg-IDEA-TEPJFM-IFE-FCE, México, 2007.

Nohlen, Dieter, *El institucionalismo contextualizado. La relevancia del contexto en el análisis y diseño institucionales*, UNAM-Porrúa, México, 2006.

Nohlen, Dieter, *Sistemas electorales y partidos políticos*, FCE, México, 1998.

Nohlen, Dieter, *Sobre democracia electoral. La importancia de lo electoral en el desarrollo político de América Latina*, 2011. Disponible en: www.trife.gob.mx/ccje/Archivos/ponencias/ConferenciaDieterNohlen%5B1%5D.pdf.

Nohlen, Dieter, y Fernández, Mario (eds.), *Presidencialismo versus parlamentarismo en América Latina*, Nueva Sociedad, Caracas, 1991.

Nohlen, Dieter, y Fernández, Mario, *El presidencialismo renovado, instituciones y cambio político en América Latina*, Nueva Sociedad, Caracas, 1998.

Norris, Pippa, *Democratic Deficit. Critical Citizens Revisited*, Cambridge University Press, Cambridge (MA), 2011.

Norris, Pippa, *Why Electoral Integrity Matters*, Cambridge University Press, Cambridge (MA), 2014.

Nueva Sociedad, "¿Sin salida? Las cárceles en América Latina", *Nueva Sociedad*, núm. 208, marzo-abril de 2007.

O'Connor, James, *La crisis fiscal del Estado*, Península, Barcelona, 1994.

O'Donnell, Guillermo A., "Delegative Democracy", *Journal of Democracy*, vol. 5, núm. 1 (The Johns Hopkins University Press, Baltimore, 1994), pp. 55-69.

O'Donnell, Guillermo A., "Polyarchies and the (Un) Rule of Law in Latin America", en Méndez, Juan E., O'Donnell, Guillermo y Pinheiro, Paulo Sérgio (eds.), *The (Un) Rule of Law and the Under privileged in Latin America*, University of Notre Dame Press-Helen Kellogg Institute for International Studies, Notre Dame (IN), 1999.

O'Donnell, Guillermo, *Disonancias. Críticas democráticas a la democracia*, Prometeo Libros, Buenos Aires, 2007.

O'Donnell, Guillermo, Cullelly, Jorge Vargas y Lazzetta, Osvaldo (eds.), *The Quality of Democracy, Theory and Practice*, Notre Dame University Press, Notre Dame (IN), 2004,

O'Donnell, Guillermo, *Modernization and Bureaucratic Authoritarianism*, Institute for International Studies, UCLA, Berkeley, 1973.

O'Donnell, Guillermo, y Schmitter, Philippe C., *Transitions from Authoritarian Rule: Tentative Conclusions about Uncertain Democracies*, The Johns Hopkins University Press, Baltimore, 1986.

OEA-PNUD, *Nuestra democracia*, PNUD-OEA-FCE, México, 2010 (Colección Sociología).

OECD, Financing Democracy. Policy Capture, Funding of Political Parties and Election Campaigns. Building Trust in Public Institutions, París, 2015.

OECD, Lobbyists, Governments and Public Trust, vol. 3, Implementing the OECD principles for transparency and integrity in lobbying. París. 2014.

Offe, Claus, *Partidos políticos y nuevos movimientos sociales*, Editorial Sistema, Madrid, 1998.

Orozco Henríquez, José de Jesús (coord.), *Sistemas de justicia electoral: evaluación y perspectivas*, IFE, PNUD, IIJ/UNAM, IFES, IDEA, TEPJF, México, 2001.

Orozco Henríquez, José de Jesús, "La democracia interna de los partidos políticos en Iberoamérica y su garantía jurisdiccional", *VIII Congreso Iberoamericano de Derecho Constitucional*, Sevilla, diciembre de 2003, p. 12.

Orozco Henríquez, José de Jesús, "La división de poderes", en *Derechos del pueblo mexicano*, t. I, 3ª ed., Cámara de Diputados-Miguel Ángel Porrúa, México, 1985, pp. 647-651.

Orozco Henríquez, José de Jesús, *Las reformas electorales en perspectiva comparada en América Latina*, 2010, p. 6. Disponible en: http://www.tse.go.cr/revista/art/9/orozco_henriquez.pdf.

Orozco Henríquez, José de Jesús, "Sistemas de justicia electoral en el derecho comparado", en José de Jesús Orozco Henríquez (coord.), *Sistemas de justicia electoral: evaluación y perspectivas*, IFE, PNUD, IIJ/UNAM, IFES, IDEA, TEPJF, México, 2001, pp. 45-58.

Orozco Henríquez, José de Jesús, *El derecho constitucional consuetudinario*, UNAM, México, 1983.

Orozco Henríquez, José de Jesús, y Zovatto G., Daniel "Alcance de los poderes presidenciales en los países latinoamericanos", en Ellis, Andrew, Orozco Henríquez, José de Jesús y Zovatto G. Daniel (coords.), *Cómo hacer que funcione el sistema presidencial*, UNAM-IDEA Internacional, México, 2009.

Ortega y Gasset, José, *La rebelión de las masas*, Editorial Austral, Madrid, 2005.

Ortiz Ortiz, Richard, "Contextos, instituciones y actores políticos: Dieter-Nohlen y el estudio de las instituciones políticas en América Latina", en Nohlen, Dieter, *El institucionalismo contextualizado. La relevancia del contexto en el análisis y diseño institucionales*, UNAM-Porrúa, México, 2006.

Pachano, Simón, "Democracia directa en Ecuador", Conferencia Internacional Democracia Directa en América Latina, Buenos Aires, 14 y 15 de marzo de 2007. Disponible en: http://www.flacsoandes.edu.ec/biblio/catalog/resGet.php?resId=22450.

Paramio, Ludolfo, "Reforma del Estado y reforma política", Ponencia introductoria de la VI Conferencia Iberoamericana de Ministros de Administración Pública y Reforma del Estado, San José, Costa Rica, 8 y 9 de julio de 2004, pp. 19-20.

Pasquino, Gianfranco, *Sistemas políticos comparados*, Prometeo Libros y Bononiae Libris, Buenos Aires, 2000.

Payne, J. Mark, "Sistemas de partidos y gobernabilidad democrática", en J Payne, Mark, Zovatto G. Daniel y Mateo Díaz, Mercedes (coords.), *La política importa. Democracia y desarrollo en América Latina*, BID-IDEA, Washington, 2006.

J. Payne, Mark, Zovatto G. Daniel y Mateo Díaz, Mercedes (coords.), *Democracies in Development: Politics and Reform in Latin America*, BID-IDEA-David Rockefeller Center for Latin American Studies-Harvard University, Washington, 2007.

Paz, Octavio, *Tiempo nublado*, Seix Barral, Barcelona, 1983.

Penfold, Michael, Corrales, Javier y Hernández Jiménez, Gonzalo "Los invencibles: la reelección presidencial y los cambios constitucionales en América Latina", *Revista de Ciencia Política*, vol. 3, núm. 34, 2014.

Perelli, Carina, "Reformas a los sistemas electorales: algunas reflexiones desde la práctica", *Revista Ciencia Política,* vol. 26, núm. 1 (Pontificia Universidad Católica de Chile, Santiago, 2006.

Pérez Liñán, Aníbal, "Los efectos del *ballotage* en los sistemas electorales y de partidos en América Latina", *Trabajo preparado para el II Seminario Iberoamericano sobre Partidos Políticos*, Cartagena de Indias (Colombia), 19-22 de septiembre de 2006.

Peréz Liñan, Aníbal, *Juicio político al presidente y nueva inestabilidad en América Latina*, FCE, México, 2009.

Pérez-Liñán, Aníbal, "Instituciones, coaliciones callejeras e inestabilidad política. Perspectivas teóricas sobre las crisis presidenciales", *América Latina Hoy*, núm. 49 (Ediciones Universidad de Salamanca, Salamanca, 2008), pp. 105-126.

Peschard, Jacqueline, "El Sistema de cuotas en América Latina. Panorama general", en Ballington, Julie, y Méndez-Montalvo, Myriam, (eds.), *Mujeres en el Parlamento. Más allá de los números*, Estocolmo, International IDEA, 2002, pp. 173-186. Disponible en: http://www.idea.int/publications/wip/upload/chapter_04a-CS-LatinAmerica.pdf.

Peza, José Luis de la, "Candidaturas independientes", en *Tratado de derecho electoral comparado en América Latina*, IIDH-CAPEL-Universidad de Heidelberg-IDEA-TEPJFM-IFE-FCE, México, 2007.

Pharr, Susan J., y Putman, Robert D. *Disaffected Democracies: What's Troubling the Trilateral Countries*, Princeton University Press, Princeton, 2000.

Picado León, Hugo, e Aguilar Olivares, Ileana "La formación en democracia: nueva tendencia en los organismos electorales latinoamericanos", *Revista de Derecho Electoral*, núm. 14 (TSE, San José, Costa Rica, julio-diciembre de 2012), pp. 116-141.

Pierson, Paul, "Increasing Returns, Path Dependence, and the Study of Politics", *American Political Science Review*, vol. 92, núm. 4, 2000, pp. 251-267.

Piketty, Thomas, "La mayor desigualdad la provoca el desempleo", *El País*, domingo 13 de enero de 2015. Disponible en: https://planeacionibero.wordpress.com/2015/01/13/piketty-la-mayor-desigualdad-la-provoca-el-desempleo/.

PNUD, *Índice de Democracia Electoral* (IDE) 2004.

PNUD, *Informe regional de desarrollo humano 2013-2014. Seguridad Ciudadana con rostro humano: diagnóstico y propuestas para América Latina*. Disponible en: http://www.latinamerica.undp.org/content/dam/rblac/img/IDH/IDH-AL%20Informe%20completo.pdf.

PNUD, *Informe regional sobre desarrollo humano para América Latina y el Caribe. Actuar sobre el futuro, romper la transmisión inter generacional de la desigualdad*, 2010. Disponible en: http://hdr.undp.org/es/informes/regional/destacado/RHDR-2010-RBLAC.pdf.

PNUD, *Informe sobre desarrollo humano, 2013, "El ascenso del Sur; progreso humano en un mundo diverso"*. Disponible en: http://www.undp.org/content/dam/undp/library/corporate/HDR/2013Gl obalHDR/Spanish/HDR2013%20Report%20Spanish.pdf.

PNUD, *Informe sobre desarrollo humano*, PNUD, 2013. Disponible en: http://hdr.undp.org/sites/default/files/hdr2013_es_complete.pdf.

PNUD, *La democracia en América Latina. Hacia una democracia de ciudadanas y de ciudadanos*, Nueva York. 2004. Disponible en: http://www2.ohchr.org/spanish/issues/democracy/costarica/docs/PNU D-seminario.pdf.

PNUD, *Nuestra democracia*, PNUD-OEA-FCE, México, 2010. Disponible en: www.undp.org.mx.

PNUD, *Nuestra democracia*. Disponible en: http://www.oas.org/es/sap/docs/Nuestra_Dem_s.pdf.

Pollock, James K., *Money and Politics Abroad*, Alfred A. Knopf, Nueva York, 1932.

Portantiero, Juan Carlos, *La producción de un orden. Ensayos sobre la democracia entre el estado y la sociedad*, Nueva Visión, Buenos Aires, 1988.

Powell, Jr., G. Bingham, "American Voter Turnout in Comparative Perspective", *American Political Science Review*, vol. 80, núm. 1, de marzo de 1986, pp. 17-43.

Presno Linera, Miguel Ángel, "La superación del transfuguismo político en las corporaciones locales como exigencia de una representatividad democrática", *Revista de Estudios de la Administración Local y Autonómica, núm.* 277 (Ministerio de la Presidencia-Instituto Nacional de la Administración Pública, Madrid, mayo-agosto de 1998), pp. 117-136.

Przeworski, Adam, *Democracia y mercado*, Cambridge University Press, Cambridge (MA), 1995.

Przeworski, Adam, *Democracy and the Limits of Self-Government*, Cambridge University Press, Cambridge (MA), 2010.

Przeworski, Adam, Álvarez, Michael E., Cheibub, José Antonio y Limongi, Fernando, *Democracia y desarrollo: instituciones políticas y bienestar en el mundo, 1950-1990*, Cambridge University Press, Cambridge (MA), 2000.

Przeworski, Adam, *Democracia y mercado: reformas políticas y económicas en la Europa del Este y América Latina*, Cambridge University Press, México D.F, 1995.

Pulzer, Peter "Votes and Resources: Political Finance in Germany", *German Politics and Society,* vol. 19, núm 1, (BMW Center for German and European Studies, Washington, 2001).

Putnam, Robert, *Bowling Alone: The Collapse and Revival of American Community,* Simon &Schuster, Nueva York, 2000.

Rae, Douglas W., *The Political Consequences of Electoral Laws,* Yale University Press, New Haven, 1971.

Reniu i Vilamala, Josep María, "Transfuguismo", *Diccionario crítico de ciencias sociales,* Plaza y Valdés, Madrid y México, 2008, y Universidad Complutense de Madrid, disponible en: www.ucm.es/info/eurotheo/diccionario/T/transfuguismo.htm.

Rial, Juan, "Coalición de partidos", en *Diccionario electoral,* IIDH-CAPEL, San José Costa Rica, 2000, pp. 191-203.

Rivas Leone, José Antonio, "El neoinstitucionalismo y la revalorización de las instituciones", *Reflexión Política,* año 5, núm. 9 (IEP-UNAB, Santander, Colombia), junio de 2003.

Rodrik, Dani, "Institutions for High-Quality Growth: What They Are and How to Acquire Them", *Studies in Comparative International Development,* vol. 35, núm. 3, 2000, pp. 3-31.

Rosanvallon, Pierre, *La contra democracia: la política en la era de la desconfianza,* Manantial, Buenos Aires, 2007.

Rosanvallon, Pierre, *El buen gobierno,* Manantial, Buenos Aires, 2015.

Rostow, Walt Whitman, *Politics and the Stages of Growth,* Cambridge University Press, Cambridge (MA), 1971.

Rouquié, Alain, *A la sombra de las dictaduras: La democracia en América Latina,* FCE, México, 2011.

Roza, Vivian, Llanos Cabanillas, Beatrizy Garzón de la Roza, Gisela, *Partidos políticos y paridad: la ecuación pendiente,* BID e IDEA Internacional, Lima. 2010.

Sabsay, Daniel Alberto, "Status constitucional y legal de los partidos políticos; proceso electoral y regímenes políticos", en *Memoria del II Curso anual interamericano de elecciones,* IIDH-CAPEL, San José, Costa Rica, 1989.

Sachs, Jeffrey D., "Government, Geography and Growth. The True Drivers of Economic Development", *Foreign Affairs,* septiembre/octubre de 2012.

Salas, Alejandro, "Más corrupción en América Latina?", *Nueva Sociedad,* agosto de 2015. Disponible en: http://nuso.org/articulo/mas-corrupcion-en-america-latina.

Sartori, Giovani, *Comparative Constitutional Engineering. An Inquiry Into Structures, Incentives and Outcomes,* MacMilan, Basingstoke/Londres, 1994.

Sartori, Giovani, *Teoría de la democracia. El debate contemporáneo,* Alianza Universidad, Madrid, 1988.

Sartori, Giovanni, *"Neither Presidentialism nor Parlamentarism ",* en Linz, Juan J. y Valenzuela, Arturo, *The Failure of Presidential Democracy,* The Johns Hopkins University Press, Baltimore, 1994.

Sartori, Giovanni, *Homo videns: la sociedad teledirigida,* Taurus, Madrid, 1998.

Sartori, Giovanni, *Partidos y sistemas de partidos,* Alianza Editorial, Madrid, 2000 [*Parties and Party Systems. A Framework for Analysis,* Cambridge University Press, Nueva York, 1976].

Sartori, Giovanni, *Videopolítica. Medios, información y democracia de sondeo,* FCE-ITESM, México, 2005.

Schafrik, Fabiana Haydeé, "El jefe de Gabinete de Ministros a 20 años de la reforma constitucional", en Antonio María Hernández y Alberto García Lema (coords.), *A 20 años de la reforma constitucional de 1994,* Abeledo-Perrot, Buenos Aires, 2014, pp. 147-153.

Schattschneider, Elmer Eric, *The Semi-Sovereign People: A Realist's View of Democracy in America,* Harcourt Brace Jovanovich College Publishers, Fort Worth (TX), 1975 Holt, Rinehart and Winston, New York, 1960.

Sen, Amartya, "Democracia como valor universal", en Diamond, Larry J. y Plattner, Marc F. (eds.), *The Global Divergence of Democracies,* The Johns Hopkins University Press, Baltimore, 2001.

Sen, Amartya Kumar, *Development as Freedom,* Knopf, Nueva York, 1999.

Serrafero, Mario D., *La jefatura de gabinete y las crisis políticas: el caso De la Rúa.* Disponible en: www.saap.org.ar/esp/docs-revista/revista/pdf/1 (Consultado el 27 de junio de 2014).

Serrafero, Mario, D. "Reelección presidencial en América Latina: Evolución y situación actual", *Boletín de Política Comparada,* vol. 2, núm. 2, 2009.

Shugart, Matthew Soberg, y John L. Carey, *Presidents and Assemblies. Constitutional Design and Electoral Dynamics*, Cambridge University Press, Cambridge (MA), 1992.

Silvero Salgueiro, Jorge, "Prohibición constitucional absoluta de reelección presidencial", *ABC*, Paraguay, 14 de marzo de 2016. Disponible en: www.abc.com.py

Sojo, Carlos, *Democracias con fracturas: gobernabilidad, reforma económica y transición en Centroamérica*, Flacso, San José, Costa Rica, 1999.

Sorauf, Francis J., *Inside Campaign Finance: Myths and Realities*, Yale University Press, New Haven, 1992.

Stein, Ernesto, Tommasi, Mariano, Echebarria, Koldo, Lora, Eduardo y Payne, J. Mark (coords.), *La política de las políticas públicas. Progreso económico y social en América Latina. Informe 2006*, BID, Harvard University, Planeta, Cambridge (MA), 2006.

Stiglitz, Joseph E., *El precio de la desigualdad*, Taurus, México, 2012.

Suárez, Waldino Cleto, "El poder ejecutivo en América latina: Su capacidad operativa bajo regímenes presidencialistas de gobierno", *Revista de Estudios Políticos*, núm. 29, 1982, p. 121.

The Economist, "Drugs are Back", *The Economist* (Londres, 25 de mayo de 1996).

The Economist, "Well I Never, Says the President", *The Economist* (Londres, 29 de junio de 1996)

The Economist, "What's gone wrong with democracy", *The Economist*, 1 de marzo de 2014.

The New York Times, "Conviction in Spy Case Over Cash-Filled Suitcase", *The New York Times* (Nueva York, 3 de noviembre de 2008).

The Wall Street Journal, Fukuyama, Francis, "At the 'End of History' Still Stands Democracy", *The Wall Street Journal* (Nueva York, junio 6 de 2014).

Thibaut, Bershard, "Instituciones de democracia directa", en Dieter Nohlen *et al.* (comps.), *Tratado de derecho electoral comparado en América Latina*, IIDH-CAPEL-Universidad de Heidelberg-IDEA-TEPJFM-IFE-FCE, México, 2007.

Thorp, Rosemary, *Progreso, pobreza y desarrollo. Una historia económica de América Latina en el Siglo XX*, BID, Washington, 1998.

Torcal, Mariano (coord.), *Sistemas de partidos en América Latina: causas y consecuencias de su equilibrio inestable*, Anthropos Editorial, Barcelona, 2015.

Torre, Augusto de la, "Movilidad económica y el surgimiento de la clase media en América Latina", presentación en el Seminario sobre Surgimiento de la clase media en América Latina, CEPAL-Banco Mundial, Santiago de Chile, 11 de enero de 2013.

Torre, Augusto de la, *La hora de la igualdad: brechas por cerrar, caminos por abrir*, 2010. Disponible en: http://www.eclac.org/publicaciones/xml/0/39710/100604_2010-114-SES.33-3_La_hora_de_la_igualdad_doc_completo.pdf

Torres Rivas, Edelberto, y Aguilar, Carla "Introducción. Financiación de partidos y campañas electorales. El caso guatemalteco", en Del Castillo, Pilar y Zovatto G., Daniel (eds.), *La financiación de la política en Iberoamérica*, IIDH-CAPEL, San José, Costa Rica, 1998.

Touraine, Alain, *¿Qué es la democracia?*, FCE, México, 1994.

Treminio, Ilka, "La reforma constitucional de Rafael Correa. El caso de la reelección presidencial en Ecuador", *Revista América Latina Hoy*, vol. 67, 2014, pp. 65-90.

Treminio, Ilka, "Las reformas a la reelección presidencial del nuevo siglo en América Central. Tres intentos de reforma y un golpe de Estado", *Política y Gobierno*, vol. 22, núm. 1, 2015.

Tuesta Soldevilla, Fernando (ed.), *Las reformas electorales en América Latina*, Jurado Nacional de Elecciones, Lima. 2016.

Urruty, Carlos A., "La justicia electoral en la República Oriental del Uruguay", *Justicia Electoral*, núm. 1 (Tribunal Federal Electoral, México, 1992).

Valadés, Diego, *El gobierno de gabinete*, 2ª ed., IIJ-UNAM, México, enero de 2005 (Serie de estudios jurídicos, núm. 52). Disponible en: http://www.juridicas.unam.mx/publica/rev/cconst/cont/13/rb/rb12.htm

Valadés, Diego, *La parlamentarización de los sistemas presidenciales*, UNAM, México, 2007.

Valenzuela, Arturo, "Partidos políticos y el desafío de la democracia en América Latina", IV Reunión Plenaria: Círculo de Montevideo, Madrid, 13 y 14 de octubre, 1998, p. 145. Disponible en: http://www.circulodemontevideo.com/files/Cuarta_Reunion_Plenaria.pdf

Valenzuela, Arturo, "The Crisis of Presidentialism", en Mainwaring, Scott P. y Valenzuela, Arturo (eds.), *Politics, Society, and Democracy: Latin America* [Ensayos en homenaje a Juan J. Linz], Westview Press, Boulder (CO), 1997.

Vallès, Josep María, y Bosch, Agustí, *Sistemas electorales y gobierno representativo*, Ariel, Barcelona, 1997.

Vanossi, Jorge, *Teoría constitucional*, Depalma, Buenos Aires, 2000.

Vargas Machuca, Ramón, "A vueltas con las primarias del PSOE: ¿Por qué cambian los partidos?", *Claves de Razón Práctica*, núm. 86, Promotora General de Revistas, Madrid, 1998.

Vargas, Jean Paul, y Dennis P. Petri, *Transfuguismo: desafíos político-institucionales para la gobernabilidad parlamentaria en Centroamérica*, Fundación Demuca, San José, Costa Rica, 2010.

Vargas, Mauricio, Jorge Lesmes y Edgar Téllez, *El Presidente que se iba a caer*, Planeta, Bogotá, 1996.

Vega, Pedro de, *Teoría y práctica de los partidos políticos*, Cuadernos para el Diálogo, Madrid, 1977.

Von Mettenheim, Kurt (ed.), *Presidential Institutions and Democratic Politics*, The Johns Hopkins University Press, Baltimore, 1997.

Ward, Gene, "Disclosure Requirements in Political Party and Campaign Financing", documento presentado en la II Reunión del Foro Interamericano de Partidos Políticos, Vancouver, 2002.

WEF, "The Global Competitiveness Report". Disponible en: http://www3.weforum.org/docs/WEF_GlobalCompetitivenessReport _2013-14.pdf

Woldenberg, José, "Prólogo", en Casas Zamora, Kevin y Zovatto G., Daniel, *El costo de la democracia: ensayos sobre el financiamiento político en América Latina*, IIJ-UNAM, OEA e IDEA Internacional, México, 2015.

Woldenberg, José, "Relevancia y actualidad de la contienda político-electoral", en Carrillo, Manuel, Lujambio, Alfonso, Navarro, Carlos y Zovatto G, Daniel (coords.), *Dinero y contienda político-electoral. Retos para la democracia*, FCE-IFE, México, 2003.

Woldenberg, José, *Después de la transición: gobernabilidad, espacio público y derechos*, Cal y Arena, México, 2006.

Yáñez, Ana María, *Mujeres y política: El poder escurridizo. Las cuotas en los tres últimos procesos electorales*, USAID; Movimiento Manuela Ramos, Lima, 2001.

Zovatto G., Daniel (comp.), *Regulación de los partidos políticos en América Latina*, UNAM-IDEA Internacional, México, 2006. Disponible también en: http://www.fundacionpreciado.org.mx/biencomun/bc186/Daniel_Zovatto.pdf

Zovatto G., Daniel, "El Financiamiento electoral: subvenciones y gastos", en Nohlen, Dieter, Zovatto G., Daniel, Orozco Henríquez, José de Jesús y Thompson, José (comps.), *Tratado de derecho electoral comparado de América Latina*, IIDH-CAPEL-Universidad de Heidelberg-IDEA-TEPJFM-IFE-FCE, México, 2007.

Zovatto G., Daniel, "Instituciones, democracia y desarrollo", *La Nación* (Costa Rica, 27 de octubre de 2013). Disponible en: http://www.nacion.com/opinion/foros/Instituciones-democracia-desarrollo_0_1374662543.html

Zovatto G., Daniel, "La democracia interna de los partidos políticos en América Latina", *Revista Debates de Actualidad*, núm. 188, Asociación Argentina de Derecho Constitucional, Buenos Aires, 2002, p. 59-74.

Zovatto G., Daniel, "La reforma en los partidos políticos", en Daniel Zovatto G., *Reforma político-electoral e innovación institucional en América Latina durante la tercera ola democrática (1978-2009)*, Tesis de doctorado por la Universidad Complutense de Madrid, 2013. Disponible en: http://eprints.ucm.es/17751/

Zovatto G., Daniel, "Las Instituciones de la democracia directa a nivel nacional en América Latina. Balance comparado: 1978-2007", en Alicia Lissidini*et al.* (coords.), *Democracia directa en Latinoamérica: entre la delegación y la participación*, Prometeo, Buenos Aires, 2008.

Zovatto G., Daniel, y Orozco Henríquez, José de Jesús, (coords.), *Reforma política y electoral en América Latina (1978-2007)*, IIJ/UNAM-IDEA, México, 2008.

ÍNDICE GENERAL

www.ingramcontent.com/pod-product-compliance
Lightning Source LLC
Chambersburg PA
CBHW021840020426
42334CB00013B/130